U0605700

# 大清現行刑律講義



[清] 吉同鈞 撰
栗銘徽 點校

清華大學出版社
北京

## 內 容 簡 介

"律例叢刊"是以《大清律例》爲主要内容，分研究論文、專題研究以及大清律例點校等不同形式，對我國古代法典之最後形態及典型代表進行深入多視角的研究。"律例叢刊"内容深蘊我國傳統法制之經驗，凝結數千年綿延不竭之文化，具有極大的學術價值及現實意義。

"律例叢刊"之《大清現行刑律講義》是晚清著名律學家、法律館總纂官吉同鈞爲講習《大清現行刑律》而專門撰寫，共八卷，與《大清現行刑律》體例相對應，分爲"名例、職制、公式、户役、田宅、婚姻、倉庫、課程、錢債、市廛、祭祀、禮制、宮衛、軍政、關津、厩牧、郵驛、盜賊、人命、鬥毆、罵詈、訴訟、受贓、詐僞、犯姦、雜犯、捕亡、斷獄、營造、河防"共十三門，收録律文三百八十九條、附例共計一千三百二十七條。正文内容以律文居前、講義居中、例文居後。其中，律文和例文爲《大清現行刑律》原文，講義是對律文和例文的闡述與解讀。

這部書是法制史，尤其是研究清史領域學者及研究生的重要參考書。



**圖書在版編目(CIP)數據**

大清現行刑律講義/栗銘徽點校. —北京：清華大學出版社，2017(2018.2 重印)
(律例叢刊)
ISBN 978-7-302-45847-0

Ⅰ. ①大… Ⅱ. ①栗… Ⅲ. ①清律—研究 Ⅳ. ①D929.49

中國版本圖書館 CIP 數據核字(2016)第 287800 號

**責任編輯：** 李文彬
**封面設計：** 傅瑞學
**責任校對：** 王淑雲
**責任印製：** 楊　艳

**出版發行：** 清華大學出版社
**網　　址：** http://www.tup.com.cn, http://www.wqbook.com
**地　　址：** 北京清華大學學研大廈 A 座　**郵　　編：** 100084
**社 總 機：** 010-62770175　**郵　　購：** 010-62786544
**投稿與讀者服務：** 010-62776969，c-service@tup.tsinghua.edu.cn
**質量反饋：** 010-62772015，zhiliang@tup.tsinghua.edu.cn
**印 裝 者：** 虎彩印藝股份有限公司
**經　　銷：** 全國新華書店
**開　　本：** 170mm×240mm　**印　　張：** 32　**字　　數：** 556 千字
**版　　次：** 2017 年 1 月第 1 版　**印　　次：** 2018 年 2 月第 2 次印刷
**定　　價：** 120.00 元

產品編號：068555-02

# “律例叢刊”發刊旨趣

中國是擁有五六千年悠久文明史的東方古國，中國的法制傳統源遠流長，獨具特色。自先秦李悝“撰次諸國法，著《法經》”六篇以迄明清，歷經兩千餘年的發展演變，其間雖代有增損，但卻前後相隨，綿延流潤，終於形成了以律例為代表的中國固有法典的最後形態。如果說，律彰顯了法律的穩定、統一和簡明的必要性，例則展現了法律的變通、歧異和繁複的必然性；同時也隱喻了宇宙自然廣狹恒暫與人類理智情感交織並在的光彩多姿，充分印證了《周易》所揭示的不易、變易、易簡的辯證統一哲理。

要言之，我國的傳統律例，深蘊歷代法制之精粹，凝結國族數千年文化之真髓，堪稱“無上之家珍”、“曠世之瑰寶”，理當與時俱進，發揚光大。惜乎晚清以降，國人自暴自棄，甘居下劣，置中國固有律例簡易、通權、持久之三諦於不顧，取西洋之土苴緒餘，奉為神聖。如今，西法東漸業已百年有奇，考其成效，雖不無可取之處，但其蔑棄人倫、偏逐物利、標榜繁苛之流弊亦已暴露無遺，貽害深重！

是知中西法律，寸有所長，尺有所短，不可不慎加採擇，棄惡從善、取精用弘，方是正道！太史公有言曰：“居今之世，志古之道，所以自鏡也，未必盡同。”朱子亦有詩云：“問渠那得清如許，為有源頭活水來。”我們編纂《律例叢刊》之目的，既非返古，亦非泥古；而是述古、知古，著意於從中國固有文化的源頭活水中發掘自新自強之動力。

“律例叢刊”選輯作品不拘形式，專著、譯著、論文集、古籍整理等，凡與中國固有法律及其文化相關者，皆在收錄之列；惟以前沿性、學術性為首要考量。本《叢刊》將以開放的心態，寬闊的視野，廣邀海內外學人，尤其年輕學子加盟共建，以文會友、以質取文，不以作者之聲名地位為限！

《詩·大雅·文王》不有言乎：“周雖舊邦，其命維新”！《律例叢刊》編纂之旨趣，在此！

編委會同仁謹識

丙申年四月初九日

西元 2016 年 5 月 15 日

# 鳴律學之絶響，啟法家之秘鑰

## ——吉同鈞《大清現行刑律講義》

## （代序）

《大清現行刑律講義》成書已逾百年，作為清代律學最為晚近的一部著作，該書貫通中西，不僅薈萃了有清一代傳統律學研究的精華，還引入了近代西方刑法的概念、條文作為中律的參考。本書不僅是研究清代律學的重要資料，其對於人們反思法律移植的利弊得失、考察東西方刑法理念之異同亦均具有較高的學理價值。

### 作者其人

吉同鈞（1854～1934）字石笙，號頑石，陝西韓城人。三十七歲始中進士，分刑部任職，受薛允升和趙舒翹兩位“陝派律學”前輩的指點和影響，加之自身對律學的刻苦鑽研，終成一代名家。清末修訂法律大臣沈家本在《大清現行刑律講義》的序言中評價道：“當光緒之初，有豫、陝兩派，豫人以陳雅儂、田雨田為最著，陝則長安薛大司寇為一大家。余若故尚書趙公及張麟閣總廳丞，於《律例》一書，固皆讀之、講之而會通之。余嘗周旋其間，自視弗如也。近年則豫派漸衰矣，陝則承其鄉先達之流風遺韻，猶多精此學者。韓城吉石笙郎中同鈞，於《大清律例》一書講之有素，考訂乎沿革，推闡乎義例，其同異重輕之繁而難紀者，又嘗参稽而明辨之，博綜而審定之，余心折之久矣。”①

作為清末“陝派律學”的重要代表，吉同鈞學問精湛，不僅具有深厚的中國傳統律學修養，對歐美、日本諸國法律亦有相當的研究。吉同鈞曾同時兼任律學館、京師法律學堂、京師法政學堂和大理院講習所的律學教習，在當時享有盛譽，時人稱讚他說：“先生為署中名宿，確窺其鄉先正薛雲階尚書堂奥，故其於律也，

①[清]吉同鈞：《大清現行刑律講義・序》，法部律學館，宣統二年七月石印本。

有如土人指路：若者為某水、若者為某山、若者為某深梁、若者為某關隘，無不了然於心而快然於口也。……門牆桃李殆數千人，所著《講義》風行一時，學者以其片紙珍若拱璧焉。"[①]而吉同鈞任職法部最重要的成就，便是他作為清末修律工程的全程參與者，不僅草擬了前期的修律計畫，同時也是《大清現行刑律》修訂的實際負責人。《大清現行刑律》是中國帝制時代最後一部頒布實施的刑法典，作為清末修律的階段性產物，在中國刑法史上具有承上啟下的重要意義；而吉同鈞作為法律館總纂官，直接負責《大清現行刑律》制定的全過程。考察《大清現行刑律》的具體內容亦可看出，這部法典無論是立法思想還是體例設計，以至於律例條文的刪改取捨，均符合吉同鈞所秉持的理念與主張，時人稱"《現行刑律》頒行，其中因革損益，多有變更，先生（按：即吉同鈞）職總纂修，筆削皆出其手。……凡經憲政編查館法律館核訂修正者，先生皆一一參考而規定之。"[②]信非虛言。有當代學者也認為"（《大清現行刑律》）幾乎按他（按：即吉同鈞）的意見在原來《大清律例》的基礎上刪除改併而成的。"[③]

然而這樣一位名震一時的法學名家、清末修律時期發揮重要影響的歷史人物，自宣統三年以後便徹底淡出了人們的視野，消失于歷史的長河之中。民國以降，吉同鈞的名字如泥牛入海，從此杳無蹤跡。與薛允升、沈家本等晚清其他律學名家至今仍為中國法制史、中國刑法史的研究者們所熟知不同，一直以來，吉同鈞的名字很少再為人們所提及，其著作亦未受到應有的重視，這不能不說是一個令人感到惋惜與困惑的局面。

## 成書歷史背景

成書於清宣統二年的《大清現行刑律講義》是吉同鈞為講習《大清現行刑律》而專門撰寫的。在《大清現行刑律講義》問世之前，吉同鈞曾於光緒三十四年撰有《大清律例講義》，但此書的內容只有《名例律》和《刑律•賊盜》共三卷。在當時，除了吉同鈞的《講義》外，清末各法政學堂為講習《大清律例》而專門出版的《講義》類著作還有民政部高等巡警學堂教員徐象先的《大清律講義》和青島特別高等專門學堂總稽察蔣楷的《大清律講義前編》等等，這些作者均為當時精通刑名律學之士，其所著《講義》甫經問世便頗受好評，被世人奉為指南。

但無論是吉同鈞的《大清律例講義》還是徐象先的《大清律講義》抑或蔣楷

①[清]吉同鈞：《大清現行刑律講義・序》，法部律學館，宣統二年七月石印本。
②[清]吉同鈞：《大清現行刑律講義・序》，法部律學館，宣統二年七月石印本。
③俞江：《傾聽保守者的聲音》，載《讀書》2002（4）。

的《大清律講義前編》，均是對《大清律（例）》部分篇目的介紹與講解，因此通過這幾部《講義》並不能對《大清律（例）》形成一個系統全面的了解。於是吉同鈞在《大清律例講義》上述三卷問世之後，便繼續《刑律》門未完各項及《吏律》、《戶律》、《禮律》、《兵律》、《工律》各門的撰寫工作。而就在這些章節行將完成、付諸排印之際，清政府《大清現行刑律》修訂告成，由於《大清現行刑律》的修訂本就由吉同鈞負責，且《大清現行刑律》與《大清律例》二者內容並沒有很大出入，因此吉同鈞在很短的時間內（“帀月而始就”[①]）便將《大清律例講義》書稿修改為《大清現行刑律講義》並刊印出版。

《大清現行刑律》是中國帝制時代最後一部頒布實施的刑法典，作為清末修律的階段性產物，具有承上啟下的意義。當時法令新舊過渡，頭緒紛繁，《大清現行刑律》內容較之舊律有一定程度的變更，因此吉同鈞《大清現行刑律講義》的問世，對幫助當時人們理解、掌握《大清現行刑律》無疑是非常及時的。更重要的是，當時引進、採用西法已是大勢所趨，中國首部仿效西方國家刑法原則、體例而制定的《大清新刑律》也行將問世。由於中外風俗不同、宗教各異，如果不深究中國傳統律法的本源而考其得失，遽以西法取而代之，或新舊雜糅，則很可能造成削足適履，背道而馳，以至終究無法融會貫通。因此，講讀中律之功仍不可一朝而廢，否則後來者便無門徑可尋。《大清現行刑律講義》於此時應運而生，成為新法與舊律之間過渡的紐帶。

## 本書內容

吉同鈞所著《大清現行刑律講義》共八卷，與《大清現行刑律》篇目相對應，分為“名例、職制、公式、戶役、田宅、婚姻、倉庫、課程、錢債、市廛、祭祀、禮制、宮衛、軍政、關津、廄牧、郵驛、賊盜、人命、鬬毆、罵詈、訴訟、受贓、詐偽、犯姦、雜犯、捕亡、斷獄、營造、河防”共三十門，本書正文內容：在各門之內，依律目次序，對律文及其條例進行講解。順序以律文居前、講解居中、條例居後。其中，律文和條例為《大清現行刑律》原文。

吉同鈞對《大清現行刑律》律例條文的講解步驟，先是追溯其根源、展示其演變：或係由唐律變通，或係明所創造，文字係何年修改，小注係某年增添……務使古今異同脈絡明晰，輕重等差一目了然；而後揭示其文義宗旨，從概念術語到立法技術，再到量刑原則乃至刑名原理，梳文櫛字，詮解詳明，俾令剖晰明白，

①[清]吉同鈞：《大清現行刑律講義·序》，法部律學館，宣統二年七月石印本。

閱者不至迷誤，若遇有深奧晦澀之處，“或援經史以闡其理，或引刑案以實其事”①，並博採前人諸說以助解讀；篇末又雜引外國之律以與中律相比較，通過分析雙方的優劣，使讀者擴張眼界並了解中外法律宗旨的異同。對於吉同鈞的講義，時人有稱讚道：“律中之義固已發明，律外之義尤能推闡，更於渙者萃之以見律義之貫通，幽者顯之以見律義之渾括，上而考諸古今之沿革，旁而參諸歐亞之異同，引徵博洽，疏證詳明。……無遺意、無泛詞、語不離宗、言皆有物，使讀律之人，淺者見淺、深者見深。是編，真法家之秘寶也！”②

有學者稱，吉同鈞是一位“懂得制度的保守者”③，表現在他對本朝律法即《大清律》推崇備至，而對以西法替代中律則表現出抵觸。吉同鈞認為，《大清律》實乃“國粹”，已是“盡善之書”：“國初雖沿用明律，而修訂之本仍根源于《唐律疏議》，此《大清律》所以斟酌百王，為損益盡善之書也。”④“《大清律》一書，導源于唐明，熟悉乎風俗巧詐之故，詳酌乎人情天理之平，為中國保護治安者殆數千年。”⑤因此，對於當時人們為引進西法而不惜捨棄中律的現象，吉同鈞甚至直接斥其為“醉歐風，數典而忘其祖也。”⑥並表示“淺學一知半解，遽行妄談古制、輕言改作，其亦太不自量矣！”⑦因此，由吉同鈞主持修訂的《大清現行刑律》雖然名為新舊刑律的“過渡之法”，但實際內容卻與《大清律》並無根本區別，以致有人批評道：“是書（按：即《大清現行刑律》）僅刪繁就簡，除削六曹舊目而外，與《大清律》根本主義，無甚出入，與今之《新刑律》亦並不銜接，實不足備新舊律過渡之用。蓋與斯役者，皆刑部秋審處及刑幕人員，其學問想思，不能出《大清律》範圍之外也。”⑧而吉同鈞自己也承認，由他主持修訂《現行刑律》，一個重要的目標便是通過“保全舊律之精粹”以抵制西律的入侵：“鄙人奉派總纂之職，首倡保存舊律，而大臣及政府不以為然，一意主張改用外律，牢不可破，不得已調停其間，修改《大清律》為《現行律》，芟繁就簡，避重減輕，略換面目，仍存精粹，以為抵制之法。”⑨而在《大清現行刑律講義》中，吉同鈞則以更加直接的方式宣揚他對本朝律法的維護之意以及對引入西法的擔憂，不過，

①[清]吉同鈞：《大清現行刑律講義・自序》，法部律學館，宣統二年七月石印本。
②[清]吉同鈞：《大清現行刑律講義・序》，法部律學館，宣統二年七月石印本。
③俞江：《傾聽保守者的聲音》，載《讀書》2002（4）。
④[清]吉同鈞：《大清現行刑律講義・序》，法部律學館，宣統二年七月石印本。
⑤[清]吉同鈞：《大清律例講義・序》，法部律學館，光緒三十四年石印本。
⑥[清]吉同鈞：《大清律例講義・自序》，法部律學館，光緒三十四年石印本。
⑦[清]吉同鈞：《大清現行刑律講義・父祖被毆》，法部律學館，宣統二年七月石印本。
⑧江庸：《五十年來之中國法制》，載申報館編《最近之五十年》，8頁，上海，申報館，1923。
⑨[清]吉同鈞：《答友人問新舊法律之得失》，載《樂素堂文集》卷六，19頁，北京，中華印書局，1932。

由於吉同鈞長期鑽研刑名法學之書，並實際參與、從事著法律實務工作，因此他與那些紙上談兵、空口無憑的盲目守舊之輩自不可相提並論。在《大清現行刑律講義》中，無論是對中律的維護還是對變法的質疑，作者都是以具體分析、嚴謹邏輯為支撐的，而在此前撰寫《大清律例講義》之初，吉同鈞還曾借用西方學說來輔助自己的論點："西儒斯賓塞爾有言，一國之法律，必須與本國之歷史及國體有同一之性質，否則實行之流弊不可勝防云云，此即我國變法之藥石也。"[①]因此，全面反映吉同鈞法律思想與立法理念的《大清現行刑律講義》，其中大部分的論證即使在今天看來仍然具有較強的說服力與較高的學理價值。

## 本書價值與意義

清代律學是中國古代傳統律學發展的最後階段，前後延續長達二百餘年，其時官私並舉，湧現出了一大批律學家與律學著作。[②]然而在這樣一個刑名之學人才輩出、律學研究成果豐碩的朝代，吉同鈞《大清現行刑律講義》仍然能夠算得上是一部經典之作，這是因為相比於清代各類律學作品，該部《講義》具備以下這些獨特的價值與意義。

第一，《大清現行刑律》雖然實施時間很短，但作為中國帝制時代最後一部正式頒布實施的刑法典，它在中國法制史上的意義不言而喻，而《大清現行刑律講義》是清代唯一一部系統分析、全面解讀《大清現行刑律》的著作（清代其他律學作品均以《大清律（例）》及其他古代律典為研究對象），加之吉同鈞本人又直接負責《大清現行刑律》的編纂工作，法典本身與法典講義係同一作者，因此該部《講義》之於《大清現行刑律》，"唯一性"與"權威性"這兩個重要特點同時具備。

第二，吉同鈞作為"陝派律學"的代表人物，中國傳統律學修養深厚，其《大清現行刑律講義》是有清一代最後一部主要使用傳統律學方法與概念撰就的律學著作，它最完整地總結、吸納了前人諸說，薈萃了有清一代律學研究的精華。而隨著清末變法修律的展開、中國傳統法律體系的崩潰以及"陝派律學"的沒落，吉同鈞《大清現行刑律講義》竟成中國傳統律學著述之絕響。因此是書對研究清代律學乃至中國傳統律學具有無可替代的學術價值。

第三，《大清現行刑律講義》相比於清代其他律學作品的另一個突出特點，是該書撰就於中國法律古今交替之際，因而引入了當時西方各國刑法理念或刑法條

①[清]吉同鈞：《大清律例講義・自序》，法部律學館，光緒三十四年石印本。
②張晉藩：《清代律學興起緣由探析》，載《中國法學》2011（4）。

文作為中律的參考與對照；而相比於同時期其他（法）律學家的各種《講義》類作品（包括吉同鈞於此前完成的《大清律例講義》），《大清現行刑律講義》所涵蓋的範圍最為豐富完整。因此本書是清代唯一一部貫通中西、運用但不局限于傳統律學的方法與材料對中國傳統刑事律典進行全面考察並在當時產生較大影響的律學著作。

第四，已如前述，吉同鈞作為一位“懂得制度的保守者”，在當時“變法自強”呼聲四起的大環境中、在清政府急於收回“領事裁判權”的壓力之下，他並未隨波逐流，而仍然提倡重視作為“國粹”的中律並倡導從中汲取營養，呼籲人們警惕對外國法律不加取捨盲目移植的行為。吉同鈞在《講義》中稱，“外國法律行之外國則盡善，行之中國難盡通。……且外國刑法亦各不同矣，無論流徒禁役，各因所宜。……再，外國均有習慣之法，雖政教日趨新異，而本國習慣之法終不能廢，《大清律》即中國習慣之法也。”[①]而《講義》中許多涉及中西法律差異的論述都是在圍繞著上述觀點進行展開，可以說，吉同鈞《大清現行刑律講義》是最早在微觀層面對比中西法律之優劣並反思移植外國法律利弊得失的專業論著，或為中國知識界質疑並反駁歐洲中心論和西方法律優越論的開山之作。而且後來的歷史發展也顯示，晚清政府急於求成地模範西方變法修律，對通行已久的本朝律例不分良莠一概捨棄，以撕裂傳統的方式強行推進法律文本與法律制度的“近代化”，如此大刀闊斧的改弦更張，最終不僅無補于國祚延綿，其對中國法律自然發展規律所造成的破壞，至今仍未能完全修復。清末變法修律距今已過去了一百餘年的時間，在此期間，中國無論是社會政治經濟還是風俗人情法理各領域都發生了一些巨變，但是移植外國法律為本國所用所將面臨的一些基本風險及其解決思路，當代中國與晚清時期仍有許多相同。而《大清現行刑律講義》作為清末西法東漸特殊歷史時期的產物，吉同鈞以一位專業人士的視角和一個親歷者的身份，見證並分析了當時新舊法律此消彼長的過程，其研究方法與問題意識乃至他的一些具體觀點，對於今天的法學研究者與法律工作者而言，則並未因時代的變遷而喪失其學理價值與借鑒意義。

丙申仲夏月，栗銘徽於清華園

①[清]吉同鈞：《大清現行刑律講義·序》，法部律學館，宣統二年七月石印本。

# 凡　　例

一、本書據清宣統二年法部律學館吉同鈞編纂的《大清現行刑律講義》為底本，多方收集補充後點校整理而成。

二、本書文字盡量保持原貌，古今字、異體字、俗體字、通假字等一般均仍原文，不作改動。但由於本書原件為抄本石印，不同章節由不同的抄錄者完成，因各人習慣不同而導致許多不規範用字的存在，如同一律例條文在不同章節出現便存在前後不一的用字，甚至同一字在同一段落內部就有不止一種寫法，為避免可能因此造成的文義混亂，本書在最大程度保持原書面貌的前提下，對使用頻率比較高而寫法又比較混亂的異體字（如"箇、個"、"衆、眾"、"挐、拏"、"疎、疏"、"壻、婿"、"旂、旗"等等），按規範的繁體字予以統一。同樣地，對電腦無法錄入的俗體字、異體字，以及時人為避諱而創造的缺筆字等，亦以規範的繁體字予以替換。另外，原書中有對少數民族侮辱性的稱謂，如"猺"、"獞"、"猓"之類，本書以"瑶"、"僮"、"倮"等予以替換。以上這些均在文中徑改，不再出校。

三、書中被更正的字、句用圓括號標出，替代的字、句用方括號標出。

四、《大清現行刑律講義》基本完整地收錄了同一時期問世的《大清現行刑律》的律例全文，但由于當時《大清現行刑律講義》付諸排印之後，《大清現行刑律》仍有修改變動，因此二者所列律文、例文在文字內容與條文順序方面存在一些差異，經筆者逐條對比，發現兩者的不同約有兩百處之多。吉同鈞在原書篇首《凡例》中解釋到："是編所列律文、例文係照《現行律》案語及核訂修正各原本逐條校對，無敢稍易，惟法律館排印是書，隨後尚有酌改之處，擬俟書出另印拾遺以規完備，姑先誌歉。"由於《大清現行刑律講義》所收律例條文對於今人考察《大清現行刑律》的修訂過程已具有獨立價值，因此除了一些明顯的漏字、錯字需要通過對校加以修正外，本書不以《大清現行刑律》內容為準對《大清現行刑律講義》所列條文進行更正，從而保全《大清現行刑律講義》的歷史原貌。

五、本書採用繁體字橫排方式整理出版，原書中小字注釋是以雙列豎排，本書改以單行小字橫排。而為適應當代讀者的閱讀習慣，本書在原書版式的基礎上又適當加以調整，如古人出於對皇室、對天地的尊崇，遇相關字樣必於次行抬头一格或二三格书写，現一律按正常格式排印。

六、本書點校因不涉及版本，故一般不出校勘記，若以它書校者，則出校，校勘記置於每卷最後。

七、原書每卷卷末附有勘誤表，本次點校整理過程中已依據勘誤表對原書錯誤逐一改正，因此原勘誤表已無實際用途，故不再錄入。

八、本書原件 PDF 電子掃描版由張一民同學提供，本書卷一、三、四、五的文字錄入由肖飛（卷一）、趙博揚（卷三）、姚宇（卷四、卷五）三位同學分別幫助完成，本書卷二的文字標點修改工作獲得吳傑老師的協助，本書整理校對過程中遇到的疑難問題由蘇亦工教授給予指點解答。在此對他們付出的辛勞與提供的幫助深表感謝！

九、筆者限於水平，錯誤和疏漏之處自所難免，希望讀者多加指正。

# 目 錄

# 大清現行刑律講義原序之一

## 序

法部律學館開辦已五歷寒暑，平日課目以講授中律為獨多，吉石笙先生適領斯席。先生為署中名宿，確窺其鄉先正薛雲階尚書堂奧，故其於律也，有如土人指路，若者為某水、若者為某山、若者為某澤梁、若者為某關隘，無不了然於心而快然於口也。官西曹，閱二十年，經手准駁稿件不可以數計，歷掌署中要差，以能名著。近年自吾館而外並充法律館總纂，先後主講大理院講習所、京師法律法政各學堂，门墻桃李殆數千人，所著《講義》風行一時，學者得其片紙珍若拱(壁)［璧］焉。歲戊申，館中嘗取其《名例律》及《刑律·賊盜》一項鉛印數千部，遠近徵索，不數月而一空。續著《刑律·人命》、《鬪毆》各項及《吏》、《戶》、《禮》、《兵》、《工》各門，至今春一體脫稿，學員亟謀合全書付印，而《現行刑律》適值修訂告成，先生乃一依覈定修正之本，斟酌而損益之，期有當目前引用，又帀月而始就。吁！先生之學精，先生之力亦瘁矣。夫以今日而言，法令新舊過渡，頭緒紛繁，安所得一尋源導流之定本，俾用法者援引而不迷，讀法者研究而不誤哉？茲編一出，直省各級職審判者，其必奉為指南車首東馬也，斷可識已。芳以秋署副郎提調館務，去秋改官諫院，重承同人厚愛，公稟奏留，兼差法院，津涯茫未有得，而獨幸與先生同事久，朝論夕討，霑溉良多。且也志趣冷落，風格睽孤，彼此又復相類，每館課之餘，兀坐退室，烹杯茗，作竟日談，先生輒軒渠曰：以君之學之才，若能久任法司，壹志治律，當為生民造福非淺。斯言維譽非其人，而先生存心興法律本旨，涖可知矣。《講義》印既竣，同人以弁言屬，謹撮舉顛末而喜付之。

宣統二年六月，長白崇芳序

# 大清現行刑律講義原序之二

## 序

歲戊申，律學館刷印《大清律例講義》三卷，同年友韓城吉君石笙主講是館，所手著以課同人者也，顧僅有《名例》、《賊盜》兩門，其後修訂法律館亦以是編付印，雖卷數較多，均未完備，同人以未窺全豹為憾，相率請君纂著成書，用資快覩。正擬續為排編，適值頒布《現行律》，一切多改從輕。君乃分門別類，反覆推求，抉異參同，重加論說，書成以付同人校訂登版，而屬序於余。余惟刑名與道德相為表裏者也，《書》曰：明于五刑，以弼五教，刑期于無刑。蓋聖人制刑，非期於刑殺人，凡以輔吾教之不逮而已。董仲舒云："天道之大者在陰陽，陽為德，陰為刑，刑主殺而德主生，是故陽常居大夏，而以生育長養為事，陰常居大冬，而積於空虛不用之地，此以見天之任德不任刑也。"然其實四時之運，寒涼肅殺常居其半，而涵育發生之心未始不流行乎其間。自周道衰微，士皆習於申韓家言，其學專務深文，於是刑名與道德歧而二之，而世遂薄刑名而不為。逮至於秦，誅及腹誹偶語，刻苛極矣；漢興，除秦苛政，約法三章，由是法網疏闊，文景之世，幾至刑措；歷唐而宋而元、明，寬嚴互尚，代有增損，其間尤以《唐律疏議》為最善，洵足為百王之矩矱也。我朝《大清律》一書雖沿仍明律，實用唐律為根據，加以聖聖相承，慎重審定，參酌得中。今上御宇，繼志述事為立憲之豫備，允當首定新律以與薄海同風，而又恐吾民狃於習慣，驟與之語更張，或有扞格而不相入者，爰命修訂法律館就前此刪定舊律再加刪繁就簡，以為接遞新律之用，名之曰《現行律》。君實分承館務，預於斯役，則是編之作，其於因仍沿革之源流瞭如指掌，直不啻自道其心得焉，是足以津逮後學，為世寶貴無疑也。余與君既同蘭譜，復同隸秋曹，顧十餘年間，雖私衷傾慕，而蹤跡則疏，比來共事律學館，朝夕聚首，相與上下其議論，乃知君性情之真摯、品概之卓越，其學問實有大過乎人者，而固不徒以文章見長也。然則讀是編者，豈遂足盡君之生平也哉。

宣統二年季夏，法部律學館監督慈谿陳康瑞書於振雅堂之南窗

# 大清現行刑律講義原序之三

## 序

光緒戊申，籌備立憲之第一年，為京師審判開辦之始，由是商埠、省城、州縣、鄉鎮分年次第舉行，可見國無法不立，審判固憲政之先鞭也。律學館之設創自三十二年，實為司法前途預備，數年以來，成效頗著，各級審判廳員取材於本館者最多，此皆由雲亭前後長官平日盡心規畫而始有今日也。吉石笙先生為律學名家，中外交推，咸資師表，主講本館。口授之餘，復手著《講義》以餉同學，律中之義固已發明，律外之義尤能推闡，更於渙者萃之以見律義之貫通，幽者顯之以見律義之渾括，上而考諸古今之沿革，旁而參諸歐亞之異同，引徵博洽，疏證詳明，學者手置一編，如獲珍異。館課而外，又分日試，以稿判論批諸作，每課皆百餘人。佳作如林，迭選成集，人才如此其衆，皆先生之教導，有以致之。曩者將先生纂定《名例》、《賊盜》講義付之鉛印，一時爭取求者，洛紙頓貴，然衹略見一斑。今年四月，《現行刑律》頒行，其中因革損益，多有變更，先生職總纂修，筆削皆出其手，又將暇時舊著《講義》詳加改定，而續撰全書，一體脫稿。凡經憲政編查館法律館核訂修正者，先生皆一一參考而規定之，無遺意，無泛詞，語不離宗，言皆有物，使讀律之人，淺者見淺，深者見深，是編真法家之祕寶也。監督陳雪樵、正郎提調崇秋浦、侍御並謹與同館諸友均百回讀之，愛不釋手，醵資付印，將蕆事，催謹序，謹不敏，何敢贊一詞？第思開館伊始，即充提調於茲，今已三年矣，每日辦事之暇，隨時聽講，藉以監堂，自公退食，尤喜問難質疑，受益實非淺尠。謹兼理地方審判廳刑科庭長，倏亦兩載有餘，經手之案已千百起，以平時之講求，證臨時之經驗，竊喜智識日進。此又由雲亭前後長官愛謹深而先生之所以成謹者愈厚也，故不揣譾陋，援筆而為之序。

宣統二年七月，法部郎中劉敦謹書於律學館之還龕

# 大清現行刑律講義原序之四

## 大清律例講義原序

天下之學必講焉而後明，矧在專門義博而科繁，安有不講而能明者？講讀律令，舊載吏律，乾隆初，吏部以內外官員各有本任承辦事例，律例款項繁多，難概責以通曉，奏請刪除官員考校律例一條，上不允，誠以律例關繫重要，非盡人所能通曉，講讀之功不可廢也。乃今之說者謂律例當使官吏盡諳，顓愚共喻，信斯言也。必使人人皆能通曉，無待於講焉而後可，必深辭古義非講不明者，概加芟薙焉而後可。不然，官吏尚未能盡諳，又安望顓愚之共喻哉？講讀之文載在功令，烏可誣也，夫讀者但記誦其辭，講者必解說其意，舉凡禮教之精微，事情之繁賾，一字一句皆有至理存焉。是即講之讀之尚恐有不能通曉者，屬在官吏職當盡諳，而官吏之諳之者已不多，覬若欲顓愚之人莫不喻之，能乎？否乎？在昔漢律各為章句，叔孫宣、郭令卿、馬融、鄭元諸儒十有餘，家家數十萬言，凡斷罪所由用者合二萬六千二百七十二條，七百七十三萬二千餘言，魏世詔用鄭氏章句，不得雜用餘家，夫以康成一代大儒，其所 以講之者，猶如是之詳且盡也。其後唐律則有《疏議》三十卷，在唐初，律學專家頗有其人奏勅纂修《疏議》，其所以講之者，又如是之詳且盡也。洎乎有明，說律之書不下數十家，《瑣言》、《讀法》、《纂註》、《箋釋》諸書，世尚有傳本，或自申己見，或彙輯羣言，其所以講之者，又如是之詳且盡也。使果人人皆能通曉，古之人何如是之不憚煩哉！《大清律例》承明律而損益之，雍正、乾隆以來，疊經修改，其條例視明代增千數百條，律文則因者多而革者少。順治初，以律文有難明之義、未足之語，增入小註，雍正三年，又纂總註附於律後，並列聖垂訓，命官撰集，豈非以禮教之精微、事情之繁賾，正有非官吏之所能盡諳、顓愚之所能共喻者乎？此其所以講之者又如是之詳且盡也。然則《律例》一書，將欲考其沿革，窮其義例，辨其同異，權其輕重是非，講不為功，今試進司牧之自負能名，幕府之素稱老手者，舉律例而周諮焉，其閱歷非不深也，其辦案非不精覈也，若夫歷代之沿革，亦嘗考訂之乎？法經之義例亦嘗推闡之乎？律與律之同異、例與例之同異、律與例之同異亦嘗參稽而明辨之乎？律輕例重之故、律重例輕之故、古律與今律重輕之故、此律與彼律重輕之故，亦嘗博綜而審定之乎？皆將遜謝不遑，曰未也。夫不明沿革，必至修一例而貽害無窮，不明義例必至斷一案而情法失當，不明同異必至援引不衷，於是甲罪用乙例、乙罪用甲例，不明重輕必至權衡不得其平，重者失之輕、輕者失之重，夫孰非不講之為害哉，獨是律例為專門之學，人多憚其難，故雖著講讀之律而世之從事斯學者實鮮，官西曹者職守所關，尚多相與討論，當光緒之初，有豫陝兩派，豫人以陳雅儂、田雨田為最著，陝則長安薛大司寇為一大家，餘若故尚書趙公及張麟閣總廳丞，於《律例》一書固皆讀之講之而會通之，余嘗周旋其間，自視弗如也，近年則豫派漸衰矣，陝則承其鄉先達之流風遺韻，猶多精此學者。韓城吉石（生）［笙］郎中同鈞於《大清律例》一書講之有素，考訂乎沿革，推闡乎義例，其同異重輕之繁而難紀者，又嘗參稽而明辨之，博綜而審定之，余心折之久矣。迨偕順德伍秩庸侍郎奏請專設法律學堂，於丙午九月開學，學堂科目特設有《大清律例》一門，即延石（生）［笙］主講，於今已閱五學期，所編《講義》積成二十冊，其於沿革之源流、義例之本末、同異之比校、重輕之等差，悉本其所學引伸而發明之，辭無弗達、義無弗宣，洵足啟法家之秘鑰，而為初學之津梁矣。余奉命修律，采用西法，互證參稽，同異相半，然不深究夫中律之本原而考其得失，而遽以西法雜糅之，正如枘鑿之不相入，安望其會通哉？是中律講讀之功仍不可廢也。余嘉是編之成，幸斯學之未墜，而後來者有門徑之可尋也，故樂為之序。

宣統建元六月，歸安沈家本

# 大清現行刑律講義原序之五

## 自序

上古律無專書，《風俗通》云：皐陶謨，虞造律。《易》云：師出以律。《左傳》云：百官戒懼，不敢易紀律。觀於兵有律，官有律，可知刑亦有律也。特是三代以前，刑律與道德合為一體，試觀六經為載道之書，而刑律即寓其中，如《易》之訟與噬嗑、《書》之皐謨呂刑、《詩》之鼠牙雀角、《周禮》之秋官司寇、《春秋》之晉鼎鄭書，皆後世言法律者之鼻祖也。迨及戰國，道德衰微而法律乃為專門之學，當時法家之書，李悝三十二篇、商君二十九篇、申不害六篇、處子九篇、慎到四十二篇、韓非五十五篇、游棣子一篇，各立門戶，專務深文。從此刑名與道德始分兩途，言道德者以刑名為苛刻，言刑名者亦以道德為迂闊，後世儒者薄刑名而不為，皆自戰國諸子始。漢興，除秦苛政，約法三章，酇侯取李悝《法經》六篇，增益三篇，名曰《九章律》，叔孫通益《旁律》十八篇，文帝除收孥誹謗律及肉刑，故史遷有斵雕為樸、網漏吞舟之喻。武帝詔定律令，張湯益《越宫律》二十七篇，趙禹益《朝律》六篇，合舊律為六十篇，三百五十九章，漸涉繁密。宣帝時路溫舒請刪除不果，成帝詔刪律為二百章，和帝命陳寵鈎校律令，溢於甫刑者除之，餘悉改為故事，寵子忠又奏除蠶室之刑，而馬融、鄭元諸儒為之章句，從此律學昌明，士遂不敢鄙刑名為小道矣。魏大和時命陳羣、劉卲等修新律十八篇，晉武帝復命賈充、羊祜、杜預等十四人定新律二十篇，齊高帝命竟陵王子良、宗躬、孔稚圭等定律為二十卷，梁武帝命蔡法度、沈約、范雲等損益舊律為三十卷，又修令三十卷，科三十卷，陳復命范泉、徐陵等定律為二十卷，令三十卷，科三十卷，法網復繁密矣。北齊文宣帝命趙郡王叡刪除重刑造齊律十二卷，新令四十卷，周命趙肅等定律二十五卷，隋文帝命高熲、楊素定律十二卷，後復命蘇威、牛宏等除死罪八十一條，約為十二篇，煬帝又更為十八篇，故律書至隋已可謂簡要得中矣。唐高祖命裴寂等定律五十七卷，太宗命房元齡等益為九十一卷，大致一依隋律，而改絞罪之半為斷右趾，後除斷趾改為加役流，又降大辟為流者九十餘條。高宗又命長孫無忌等十九人定為三十卷，共五百條，撰製為疏，即今所傳之《唐律疏議》是也。其後劉仁軌、韋安石、姚崇、宋璟、裴光庭迭有增刪，要以永徽之《疏議》三十卷最為善，論者謂《唐律疏議》集漢魏六朝之大成，而為宋、金、元、明之矩矱，誠確論也。五代承用唐律，周世宗改名《刑統》，（宋）顯德時定《刑統》二十卷，開寶時益為三十卷，此外又有編敕十五卷，天聖四年，命夏竦重刪編敕，咸平時，李範等又加刪修，降及南宋。遼金崛興，遼始制凌遲重刑而金因之，元初循用金律，世祖簡除煩苛，始定新律，名曰《至元新格》，仁宗又集格例成書，名曰《風憲宏綱》，英宗復命儒臣大加損益，名曰《大元通制》，其刑較唐、宋尤為輕恕，然其失在於緩弛而不知檢。明太祖矯元之弊，初作《大誥》，頗流嚴刻，後命丞相李善長等總修律令，為律二百八十五條，令一百四十五條，洪武六年又詔刑部尚書劉惟謙審定明律，續律一百二十八條，舊令改律三十六條，因事制律三十一條，掇唐律以補遺一百二十三條，合舊律共為六百六條，分三十卷，九年又釐正十三條，然當時止有律令，尚無條例，十六年命翰林官同刑部官取歷年所增條例以類附入，三十年又命刑官取《大誥》條目撮要附於律後，從此律令以外又有條例之名。（宏）［弘］治十年，命尚書白昂等增歷年條例經久可行者二百九十七條，嘉靖三十年，復加修續，萬歷十三年，刑部尚書舒化等重定為三百八十二條。此有明一代律例之大凡也。我朝定鼎之初，即命刑部尚書吳達海、侍郎黨崇雅等詳繹明律，參以國制，書成，命大學士范文程、洪承疇等審定，名曰《大清律集解附例》十卷，康熙六年命對喀納等復行校正，十八年又命刑部將定律之外所有條例應去應存詳加酌定，二十八年又命尚書圖納、張玉書等為修律總裁，書成進呈，留覽未發，雍正元年，復命大學士朱軾等詳加分晰，至五年頒行，乾隆元年又命尚書三泰等總修律例，逐條考正，分律為四百三十六門四十七卷，定例一千四百九條，此後定為十年大修、五年小修，嘉慶、道光、咸豐年間迭次增修，至同治九年纂修以後，例文增至一千九百九十二條，迄今近四十年未加修訂，故律外又增章程百有餘條。此歷代法律之沿革也。總之，法律與時為變通，開創之初法網疏闊，叔季之朝科條繁重，其大較也，統觀上下四千年來，唐虞三代刑法簡矣，降及春秋漸失煩密，至秦而刻酷極矣，由秦至漢初，為刑律由重變輕之世，由漢至六朝，為刑律由輕變重之世，周、隋以迄唐、宋，復由重而變為輕，南宋以迄遼、金，復為由輕而變為重，元代金而復尚寬大，明代元而矯用嚴威，若專論一代之法，漢律始寬終嚴，明律始嚴終寬，秦法始終嚴酷，元法始終寬縱，得寬嚴之中者，其為唐、宋二代乎？國初雖沿用明律，而修訂之本仍根源於《唐律疏議》，此《大清律》所以斟酌百王，為損益盡善之書也。近來條例雖涉紛繁，惟光緒三十一年已經刑部奏請刪除三百四十四條，上年又經修律大臣奏准刪除數十條，現又奉旨大加修訂，刪繁就簡，較前更為切當矣。又嘗綜觀外國法典，英律有成文法、不成文法，共一百二十餘篇，其刑有死刑、徒刑、囚獄、苦役、隘牢、笞刑、罰金數種，而死刑則止於絞；美律五千五百餘條，其刑分死刑、囚獄、苦役、罰金，死刑亦止於絞；俄律十二卷，共一千七百十一條，其刑分處決、罰作苦工、發往極邊邊遠看押監禁、身刑的決、申飭罰鍰並銷奪公權數種，而處決用斬，間有用鎗斃者，則特別之法也；德律二十九章，共三百七十條，其刑分死刑、無期懲役、有期懲役、長期禁錮、短期禁錮、長期拘留、短期拘留、罰金、剝奪公權數種，而死刑止用斬不絞；法律四編，共四百八十四條，其刑分死刑、徒刑、流刑、囚禁、徒役、追放、剝奪公權、禁錮、罰金等項，死刑亦斬不絞，其弒親應死者，於刑場使跣足首蒙黑絹而已；日本刑法四百三十條，其主刑分死刑、無期徒刑、流刑、有期徒刑、流刑、重懲役、輕懲役、重禁獄、輕禁獄、重禁錮、輕禁錮、拘留、罰金、科料十四項，此外又有剝奪公權、停止公權、監視、罰金、沒收五項為附加之刑，而死刑則絞不斬，改正刑法減縮為二百九十八條，主刑止留死刑、懲役、禁錮、罰金、拘留、科料，而廢除流刑、徒刑、禁獄數項，倣德法也；至於瑞士刑法二編，共二百五十六條，其刑止懲役、禁錮、罰金三項；和蘭刑法三編，共四百七十五條，主刑為禁錮、拘留、罰金三項，附加刑為剝奪權利、工藝場入監，物品沒收、判決公告四項，而均無死刑；意、比、西、葡諸國大略同於和、瑞，亦無死刑。此外洋各國刑法之大略也。而論者謂現在變法自強，當改用東西各國法律，反鄙薄《大清律例》，以為不適於用，不知外國法律行之外國則盡善，行之中國難盡通。夫以中國政教統一之邦，而直、奉、川、陝各省猶有專條，蒙古有蒙古之例，回民有回民之例，苗蠻有苗蠻之例，彼此猶難強同，況中外風俗不同，宗教各異，而欲屈我之法就彼之範，豈非削足適屨乎？且外國刑法亦各不同矣，無論流徒禁役，各因所宜，即死罪一項，現在法學家均主張廢除不用，然如瑞士、和蘭，地狹人少，教養普及，故可不用死刑，德、法則幅員較廣，雖欲驟廢死刑，而勢有所不能，若英、俄則更地大物博，不但死刑難廢，即身體之刑亦不能遽除，觀於英有笞刑、俄有身體的決之刑，其明徵也。夫笞杖為五刑之至輕，英、俄尚不能全去，中國廢之，近來已有窒礙，況其他重於此者乎？再，外國均有習慣之法，雖政教日趨新異，而本國習慣之法終不能廢，《大清律》即中國習慣之法也，廢之是猶乘馬駕車而去銜勒，如之何其可乎？西儒斯賓塞爾有言，一國之法律必須與本國之歷史及國體有同一之性質，否則實行之際，流弊不可勝防云云，此即我國變法之藥石也，當道大吏有鑒於此，懼新學之心醉毆風，數典而忘其祖也，故法政、法律學堂均設《大清律》一科，以示保全國粹之意。延鈞分膺講席上課以來，不敢放棄責任，每日入署辦公而外，必分四鐘餘暇以登堂講解，又以律義精深，非口說能盡，更作《講義》以筆代舌，一篇之中，先溯根源，繼揭宗旨，如篇幅過長，更為字梳句櫛，俾令脈絡明晰，遇有深奧之處，或援經史以闡其理，或引刑案以實其事。此外，如王氏之《箋釋》、洪氏之《輯註》、吳中丞之《律例通考》、薛尚書之《讀例存疑》，苟有發明，均為採入，蓋理惟求其顯露，故詞無取乎文深。篇末又雜引外國之律以與中律比較，彼法所長者，必加以褒美，彼法所短者，不曲為附和，或彼此宗旨符合，不過名詞文法之歧異，亦必剖晰明白，俾閱者不至迷誤。雖採輯外國之新法，仍恪守中國之舊典，現在修訂法律大臣將舊律刪繁就簡，均照新章一一改定，名之曰《現行律》，刪去二十餘門，共存律文四百十四條，又經憲政編查館核定，更去數條，刻已繕寫黃冊，請旨頒行，故《講義》照此改定，與舊律大有不同，從時尚也。今春律學館諸同志欲付石印，以廣流傳，余深慚淺俚無文，貽笑大雅，而又未便拂其所請，故詳考律書之源流，並誌其事之顛末，以質諸海內之深於法學者。

宣統庚戌仲夏，法部郎中韓城吉同鈞序於律學館

# 大清現行刑律講義編修者名單

## 纂著

賜進士出身三品頂戴，京察一等法部郎中丞參廳會辦兼審錄司掌印預保參議，法律館總纂法律學堂法政學堂律學館教習：韓城吉同鈞

## 總輯

賜進士出身花翎三品銜掌遼瀋道監察御史，律學館提調：長白崇芳

賜進士出身花翎四品銜法部郎中丞參廳會辦宥恤司幫印，律學館監督：慈谿陳康瑞

賜進士出身花翎三品銜，京察一等法部郎中丞參廳會辦兼地方審判廳刑科二庭庭長，律學館提調：山陰劉敦謹

## 分輯

主事：蓬溪吳思璘

主事：仁和韓文魁

郎中：臨汾段振基

## 勘誤

主事：甯化劉映奎

主事：桐鄉夏賫澄

主事：天津張珣

主事：惠民李汝森

主事：利津宋錫琨

主事：掖縣李宗沆

主事：宜黃許德烜

地方審判廳推事：內江賴毓靈

## 校對

主事：河間韓祖翼

員外郎：長白世杰

高等審判廳推事：利津宋錫泉

主事：河間韓景忠

主事：光州雷善勗

主事：金匱楊恩霈

主事：普定董懋基

主事：鐵嶺銘廉

主事：固始萬之一

主事：固原吳本鈞

主事：三原王正寬

小京官：長白繼椿

小京官：長白官喜

郎中：酆都王京普

錄事：長白蔭續

主事：河間李秉政

小京官：長白阿林

# 大清現行刑律講義原凡例

## 凡例

一、本律學館教員吉石笙先生所著《大清律講義》久為法學家所宗仰，戊申冬，館中曾以《名例》及《刑律·賊盜》兩門付活字板，特全豹之一班耳，己酉秋，法律館復將刑律十一門益以吏律《職制》、《公式》兩門付鉛，究亦在得半之數，今春全書一體脫槀，適值《現行刑律》告成，先生復逐條修改，務期吻合，以裨實用，同人亟付石印，用廣流傳，爰定名曰《現行刑律講義》。

一、是編循照律文逐條講解，間亦有剖辯例文之處，故各門末附載條例以備參考。

一、是編體例：首律文，次講義，次例文，例文低二格，講義則低三格，並各加一“按”字以別之，務使讀者一目了然。

一、《給沒贓物門》附六贓比較表，《強盜門》附古今中外強盜罪名列表，俾讀者一覽而知，《常赦所不原門》附光緒三十四年恩赦條款，尤有切於實用，最宜注意。

一、《文武官犯公罪》、《文武官犯私罪》本各為一門，茲編併入《職官有犯門》內，以義本一貫無取枝節；《罵詈門》本係八條，《講義》彙為一處，以免繁瑣，均與點竄二典者不同。

一、舊律沿明舊制，罪名間有嚴重之處，現在改從輕典，出入於唐律者實多，作者據唐律及元、明之制參觀互證，尤足使讀律者兼收博古通今之益。

一、《現行刑律》本將來新律之過渡，篇中歷引東西各國刑法與中律合參，於新律前途已具明修棧道暗度陳倉之妙用，非徒撰述博洽。

一、法令為民命生死所由關，故引據不厭詳明，是編各門下必首先標明此律根源，或係由唐律變通，或係明所創造，某年修改，某年增入，並某年添入小註，務使讀者得以因流溯源，雖寥寥數言，實法學星宿海也，幸勿忽過。

一、申韓學說易流苛刻，儒者輒目為一家言，茲編於評騭法律處，時露惻然藹然之旨，絕非專治刀筆。

一、是編所列律文、例文係照《現行律》案語及核訂修正各原本逐條校對，無敢稍易，惟法律館排印是書，隨後尚有酌改之處，擬俟書出另印拾遺以規完備，姑先誌歉。

# 大清現行刑律講義目錄

合和御藥

乘輿服御物

收藏禁書

御賜衣物

失誤朝賀

失禮

奏對失序

上書陳言

見任官輒自立碑

禁止迎送

公差人員欺陵長官

服舍違式

僧道拜父母

失占天象

術士妄言禍福

匿父母夫喪

棄親之任

喪葬

鄉飲酒禮

宮衛

太廟門擅入

宮殿門擅入

宿衛守衛人私自代替

從駕稽違

直行御道

宮殿造作罷不出

輒出入宮殿門

關防內使出入

向宮殿射箭

宿衛人兵仗

禁經斷人充宿衛

乘官畜脊破領穿

官馬不調習

宰殺馬牛

畜產咬踢人

隱匿孳生官畜產

私借官畜產

郵驛

遞送公文

邀取實封公文

鋪舍損壞

私役鋪兵

驛使稽程

多乘驛馬

多支廩給

文書應給驛而不給

公事應行稽程

乘驛馬齎私物

私驛民夫擡轎

病故官家屬還鄉

承差轉雇寄人

乘官畜產車船附私物

私借驛馬

賊盜上

謀反大逆

謀叛

造妖書妖言

盜大祀神御物

盜制書

盜印信

盜內府財物

盜城門鑰

屛去人服食

戲殺誤殺及過失殺傷人

夫毆死有罪妻妾

殺子孫圖賴人

弓箭傷人

車馬殺傷人

庸醫殺傷人

窩弓殺傷人

威逼人致死

尊長為人殺私和

同行知有謀害

鬬毆上

鬬毆

保辜限期

宮內忿爭

宗室覺羅以上親被毆

毆制使及本管長官

佐職統屬毆長官

上司官與統屬官相毆

九品以上官毆長官

拒毆追攝人

毆受業師

威力制縛人

鬬毆下

雇工毆家長

妻妾毆夫

同姓親屬相毆

毆大功以下尊長

毆期親尊長

毆祖父母父母

妻妾與夫親屬相毆

風憲官吏犯贓

因公科斂

尅留盜贓

詐偽

詐為制書

詐傳詔旨

對制上書詐不以實

偽造印信時憲書

私鑄銅錢

詐假官

詐稱內使等官

近侍詐稱私行

詐為瑞應

詐病死傷避事

詐教誘人犯法

犯姦

犯姦

縱容妻妾犯姦

親屬相姦

誣執翁姦

雇工人姦家長妻

姦部民妻女

居喪及僧道犯姦

官吏宿娼

買良為娼

雜犯

拆毀申明亭

夫匠軍士病給醫藥

賭博

閹割火者

囑託公事

有司決囚等第
檢驗屍傷不以實
決罰不如法
長官使人有犯
斷罪引律令
獄囚取服辯
赦前斷罪不當
聞有恩赦而故犯
婦人犯罪
死囚覆奏待報
斷罪不當
吏典代寫招草

營造

擅造作
虛費工力採取不堪用
造作不如法
冒破物料
帶造段疋
織造違禁龍鳳紋段疋
造作過限
修理倉庫

河防

盜決河防
失時不修隄防
侵占街道
修理橋梁道路

# 大清現行刑律講義卷一

## 名例上

按：名例者，本“刑名法例”之約詞。《唐律疏議》云：“名”訓為命，“例”訓為比，命諸篇之刑名，比諸篇之法例。又，宋孫奭云：主物之謂“名”，統凡之謂“例”。東西各國謂之“總則”，名異而義則同。其原始於李悝《法經》六曰《具法》，魏改為《刑名》，晉分為《刑名》、《法例》，北齊合為《名例》，隋、唐至今，相沿不改。以其為各律之綱領，故冠於諸律之首。詳見唐律《名例》序文，茲不多贅。

### 五刑

**罰金刑十：**

一等罰；銀五錢。〇收贖折半，下同。

二等罰；銀一兩。

三等罰；銀一兩五錢。

四等罰；銀二兩。

五等罰；銀二兩五錢。

六等罰；銀五兩。

七等罰；銀七兩五錢。

八等罰；銀十兩。

九等罰；銀十二兩五錢。

十等罰。銀十五兩。

**徒刑五：**

一年；依限工作。〇收贖銀十兩。

一年半；依限工作。〇收贖銀十二兩五錢。

二年；依限工作。〇收贖銀十五兩。

二年半；依限工作。〇收贖銀十七兩五錢。

三年。依限工作。〇收贖銀二十兩。

**流刑三：**

二千里；工作六年。〇收贖銀二十五兩。

二千五百里；工作八年。〇收贖銀三十兩。

三千里。工作十年。〇收贖銀三十五兩。

**遣刑二：**

極邊足四千里及煙瘴地方安置；俱工作十二年。

新疆當差。工作十二年。〇收贖銀數俱與滿流同。

**死刑二：**

絞；

斬。內外死罪人犯，除應決不待時外，餘俱監固，候秋審、朝審，分別情實、緩決、矜疑，奏請定奪。〇收贖銀四十兩。

按：此現在修訂《大清現行刑律》五刑也，分罰金、徒、流、遣、死五項，與舊律以笞、杖、徒、流、死為五刑之制大不相同。罰金分十等，舊律笞一十至笞五十，改為一等罰至五等罰，舊律杖六十至杖一百，改為六等罰至十等罰。一至五，以五錢為一等，自五錢起至二兩五錢止；六至十，以二兩五錢為一等，自五兩起至十五兩止。凡無力出銀者，以銀五錢折工作二日；惟十惡、姦盜等項，不准罰金，從重實行工作。此罰金之等第也。徒罪五等照舊，但均在本地收所工作，並不發配。流罪三等，亦仍其舊，惟分別情節輕重，其為赦款所不原者照舊發配，若非赦款所不原者，免其發配，均收入本地習藝所按年工作。流二千里者工作六年，二千五百里者八年，三千里者十年，限滿釋放，其情重發配者，均在配所照上年限工作，凡徒流所附杖罪，一概刪除。此徒流之等第也。至舊律五軍之名，一律改易，近軍三項併入流罪，遠軍二項改為安置，附近充軍改為流二千里，近邊軍改為流二千五百里，邊遠軍改為流三千里，舊律極邊四千里充軍改為極邊四千里安置，舊律煙瘴充軍改為煙瘴安置，舊律發遣新疆當差為奴、並發駐防黑龍江為奴各罪，其情輕者改為煙瘴安置，重者改為新疆當差，廢除為奴之罪，極邊與煙瘴兩項謂之“內遣”，新疆當差謂之“外遣”，合為三遣，以為滿流加等之用，內遣到配工作十二年，外遣到配亦工作十二年，惟外遣人犯限滿不准釋回，即在配所安插，此遣罪之等第也。死罪仍分斬、絞兩項，刪除凌遲、梟示、戮屍、剉屍各項，舊律凌遲、梟示之罪均改為斬立決，舊律斬立決均改為絞立決，舊律絞立決均改為絞監候，秋審入於情實，舊律斬監候均改為絞監候，凡舊律內戮屍、剉屍、緣坐、枷號、夾棍、鐵桿、石墩、遷徙、鞭責各名色，一概廢除。此新修律例五刑之名目細則也。至贖罪之法，除捐贖另設本例外，其舊納贖、贖罪各項圖說，一概廢除，止留收贖之名，而銀數仍較舊增多數倍。凡例應收贖者，均照罰金數目，各減一半，一等罰收贖銀二錢五分，以次遞加，至十等罰收贖銀七兩五錢；徒一年者，收贖銀一十兩，一年半十二兩五錢，二年十五兩，二年半十七兩五錢，三年二十兩；流二千里二十五兩，二千五百里三十兩，三千里三十五兩；內遣、外遣亦三十五兩；死罪四十兩。凡老幼廢疾及過失殺傷，情可矜憫者，均照以上數目收贖，其為律不應收贖者，無論徒流遣罪，均不准贖，婦女有犯，仍照舊罰金，亦不准收贖。此收贖之等第也。此外又有條例數則可與律文合參。

**條例**

一、凡處罰刑無力完繳者，收入習藝所工作，應罰一兩，折工作四日，以次遞加，限滿開釋。

一、凡婦女犯罰金罪名，依律處罰，其犯該徒流以上，除犯姦及例內載明應收所習藝者，一律按限工作，不准論贖外，其尋常各案，准其贖罪，徒一年贖銀二十兩，每等加銀五兩，至徒三年贖銀四十兩，流二千里贖銀五十兩，每等加銀十兩，至流三千里贖銀七十兩，應安置發遣者，照滿流科斷，如無力完繳，按銀一兩折工作四日，其未設有女犯習藝所地方，照工作時日改為監禁，俱限滿釋放。

一、凡關係十惡犯姦等項，應處罰金罪者，按應罰之數，以一兩折算四日，改擬工作。

一、凡罪犯應死，證據已確，不肯供認，應行刑訊者，概用竹板，長五尺五寸，大頭闊一寸五分，小頭闊一寸，重不過一斤，每次刑責不得過三十板，至初次訊供時，及徒流以下罪名，概不准刑訊，如有違例用刑者，該管上司即行據實条處。

一、凡問刑各衙門，除例載刑具外，不得任意私設，違者按違制律科斷。

一、凡京外職官下及軍民人等犯徒流以上，除詐偽、犯姦、略誘、和誘及常赦所不原外，准其捐贖。徒一年，三品以上官，捐銀一千兩，四品官捐銀五百兩，五六品官捐銀四百兩，七品以下及進士舉人捐銀三百兩，貢監生員捐銀二百兩，平民捐銀一百兩。每徒一等，三品以上官加銀二百五十兩，四品官加銀一百二十五兩，五六品官加銀一百兩，七品以下及進士舉人加銀六十五兩，貢監生員加銀五十兩，平民加銀三十五兩。由徒入流，三品以上官以五百兩為一等，滿流贖銀三千五百兩，四品官以二百兩為一等，滿流贖銀一千六百兩，五六品官以一百五十兩為一等，滿流贖銀一千二百五十兩，七品以下及進士舉人以八十兩為一等，滿流贖銀八百兩，貢監生員犯流二千里贖銀四百六十兩，每等加銀七十兩，平民犯流二千里，贖銀二百七十兩，每等加銀四十五兩，遣置各照滿流捐贖，俟銀數完繳，俱准免罪。若斬絞緩決各犯，如遇恩赦查辦減等，後有呈請贖罪者，法部覈准奏明，各照所減罪名捐贖。

## 十惡

按：律重綱常，首嚴十惡，十惡之犯，皆無君無親，罪大惡極，為天地間所不可容之罪，故特列篇首，以昭炯戒，其中不必盡大辟重典也，如“不孝”、“不敬”、“不睦”三項，死罪而外，亦有罪僅徒罰者，然事關名教，雖小難寬，論刑雖不至死，亦為常赦不原。《輯註》云：罪至死者，固為法所難宥，即罪不至死者，亦俱有乖倫理。即此意也。

一曰“謀反”。謂謀危社稷。

按：臣下將圖逆節，危及天下，不敢斥指，故曰“社稷”也。

二曰“謀大逆”。謂謀毀宗廟山陵及宮闕。

按：宗廟山陵，先君之辭；宮闕者，一人之辭。不敢明言，故曰“宗廟”、“宮闕”。以其干紀犯順，違背道德，故曰“大逆”。

三曰“謀叛”。謂謀背本國潛從他國。

按：如翻（誠）［城］①投偽、率衆外奔之類。

四曰“惡逆”。謂毆及謀殺祖父母、父母、夫之祖父母、父母，殺伯叔父母、姑、兄、姊、外祖父母及夫者。

按：五服之親，自相屠戮，蔑絕人倫，傷殘天性，故曰“惡逆”。

五曰“不道”。謂殺一家非死罪三人及支解人，若採生、折割、造畜蠱毒、魘魅。

按：兇忍殘賊，背棄正道，漢律云：殺不辜一家三人為不道，故曰“不道”。

六曰“大不敬”。謂盜大祀神御之物、乘輿服御物，盜及偽造御寶，合和御藥誤不依本方，及封題錯誤，若造御膳誤犯食禁，御幸舟船誤不堅固。

按：“偽造御寶”以上數項，關係至大，治罪宜重，而“合和御藥”以下數項，不過一時疏忽，然亦列於不敬者，君父之前不敢言誤，誤即由於輕忽，不敬莫大焉，故亦曰“大不敬”。

七曰“不孝”。謂告言咒罵祖父母、父母、夫之祖父母、父母，及祖父母、父母在別籍異財，若奉養有缺，居父母喪，身自嫁娶，若作樂、釋服從吉，聞祖父母、父母喪匿不舉哀，詐稱祖父母、父母死。

按：以上各項皆不孝之顯著於律者，大曰“惡逆”，小曰“不孝”，治罪輕重不同，詳見各律，至咒罵之咒，據唐律及薛氏《存疑》一書，咒當作詛，求愛媚解，若謂詛，欲令死及疾苦，則罪干大辟，應入惡逆，不僅不孝已也。

八曰“不睦”。謂謀殺及賣緦麻以上親，毆告夫及大功以上尊長、小功尊屬。

按：《書》云：九族既睦。此條皆親族相犯之事，彼此不相協和，故曰“不睦”。凡與父同輩者曰“尊屬”，與己同輩曰“尊長”，謀殺及賣，唐律無問尊卑長幼，明律專指尊長言，各不相同，而《現行律》註謂卑幼犯上則重，尊長犯下則輕，可見原包尊長卑幼在內，且止言謀殺而不言故鬭殺，若故鬭殺訖，亦在不睦之列，凡律之意，舉重以賅輕，此謀殺未傷，輕者尚為不睦，況故鬭殺訖，較謀殺未傷更重，自在包括之中，至賣緦麻以上親，賣者，賣為奴婢也，如賣為妻妾，未便即入此條。

九曰“不義”。謂部民殺本屬知府、知州、知縣，軍士殺本管官吏，卒殺本部五品以上長官，若殺見受業師，及聞夫喪匿不舉哀，若作樂、釋服從吉及改嫁。

按：上條五服親屬以天合者，此項部屬、師生、夫婦，皆非天合，以義相維，背義而行，故曰“不義”。

十曰“內亂”。謂姦小功以上親、父祖妾及與和者。

按：此專指小功以上之親而言，若小功親之妻不在此限，至父祖之妾，雖無服制而分親義重，不問有子無子並同，及與和者，謂婦人共男子，和姦亦問此律，此皆禽獸其行，朋淫于家，紊亂禮經，故曰“內亂”。

按：此條律目律註係唐律之文，明仍用之，小有異同，國朝迭加修改，現行律仍從其舊。“十惡”之名，古書不見，起於後周、後齊，當時僅有其名，而無其目，至隋開皇始創制此科，唐遵其制，至今因之。《禮記・王制》云“凡置五刑，必即天倫”，又“凡聽五刑之訟，必原父子之親，立君臣之義”，可見《律例》一書，所以正綱紀而明人倫。此篇首嚴亂臣賊子之防，次設蔑理犯分之戒，聖賢垂教之意與帝王御世之道，畢具於此。獨怪當世學士大夫，高談詩書，反目此為法術刑名之家，鄙之不屑寓目，及至身膺民社，一遇疑難大事，茫然無所措手，反委於幕府胥吏之手，欲不僨事得乎？因論律義有感記此，願我學友發憤讀律，一雪此恥。

## 八議

一曰“議親”。謂皇家袒免以上親，及太皇太后、皇太后緦麻以上親，皇后小功以上親，皇太子妃大功以上親。

按：以上分有尊卑，故禮有隆殺，雖同屬懿親而差等之不同如此。

二曰“議故”。謂皇家故舊之人，素得侍見，特蒙恩待日久者。

按：此蓋指從龍輔佐之人，如寵信之人不得謂之“故”也。

三曰“議功”。謂能斬將奪旗，摧鋒萬里，或率衆來歸，安濟一時，或開拓疆宇有大勳勞，銘功太常者。

按：太常，旗名。古者人臣有大功勞，則書於太常以引駕也。

四曰“議賢”。謂有大德行之賢人君子，其言行可以為法則者。

按：賈誼有言：“廉恥禮節以治君子，有禍死而無戮辱”，即此議賢之意。

五曰“議能”。謂有大才業能，整軍旅，治政事，為帝王之良輔佐者。

按：賢止言其德行，能必見之軍旅政事，非尋常所能及者方是。

六曰“議勤”。謂有大將吏，謹守官職，早夜奉公，或出使遠方，經涉艱難，有大勤勞者。

按：守官奉法必曰“大將吏”，可見小者不得與也，出使遠方必有大勳勞方謂之“勤”，若尋常涉歷外洋出使之人，不得與於其間。

七曰“議貴”。謂爵一品及文武職事官三品以上、散官二品以上者。

按：《周禮》鄭司農註云：若今時吏墨綬有罪，先請是也。

八曰“議賓”。謂承先代之後，為國賓者。

按：《書》曰“虞賓在位”，《禮》曰“天子存二代之後”，即議賓之典所由昉。

按：此條律文及註亦仍唐律，明添入註。國朝迭次修改，《現行律》仍從其舊，並無修改。八議之法乃國家優待親賢勳舊之典，凡有所犯應於法外優容。《周禮》云：以八辟麗邦法。今之八議，其目全同《周禮》，不過次序之間少有移易耳。程明道先生云：八議設而後輕重得宜。又，《會典》載：八議之條不可為訓，雖仍其文，實未嘗行。二說不無少異者，各有所指而言也。伏讀雍正六年上諭有曰：八議之條乃歷代相沿之文，其來已久，我朝律例於此條雖具載其文，而實未嘗照此例行者，蓋有深意存焉。夫刑法之設所以奉天罰罪，乃天下之至公至平，無庸意為輕重者也。若於親、故、功、賢人等之有罪者，故為屈法以示優容，則是可意為低昂，而律非一定者矣，尚可謂之公平乎？且親、故、功、賢人等，或効力宣勞為朝廷所倚眷，或以勳門戚畹為國家所優崇，其人既異於常人，則尤當制節謹度秉禮守義以為士民之倡率，乃不知自愛而致罹於法，是其違理道而蹈愆，尤非蚩蚩之氓無知誤犯者所可比也。儻執法者又曲為之宥，何以懲惡而勸善乎？如所犯之罪果出於無心而情有可原，則為之臨時酌量特與加恩，亦未為不可，若豫著為律，是於親、故、功、賢等人未有過之先即以不肖之人待之，名為從厚，其實乃出於至薄也。且使恃有八議之條或任意為非漫無顧忌，必有自干大法而不止者，是又以寬容之虛文，而轉陷之於罪戾。姑息之愛，尤不可以為優恤矣。今修輯律例各條，務須詳加斟酌以期至善，惟此八議之條，若概為刪去，恐人不知其非理而害法，故仍令載入，特為頒示諭旨，俾天下曉然於此律之不可為訓，而親故人等亦各儆惕而重犯法，是則朕欽恤之至意也。欽此。

按："《會典》：不可為訓"之說即本於此，可見八議雖古來寬厚優恤之典，惟法行先自貴始，今讀諭旨而聖人大公無私之心更有溢於尋常定例之外者，故備錄於後以備參考。

## 應議者犯罪

凡八議者犯罪，開具所犯事情。實封奏聞取旨，不許擅自勾問。若奉旨推問者，開（其）[具][②]所犯罪名及應議之狀，先奏請議，議定，將議過緣由奏聞，取自上裁。〇其犯十惡者，實封奏聞，依律議擬。不用此律。十惡，或專主謀反、叛逆言，非也。蓋十惡之人，悖倫逆天，蔑禮賊義，乃王法所必誅。故特表之，以嚴其禁。

按：此係明律，順治三年添入小註，現仍其舊，唐律謂之"議章"，蓋言以上八議之人犯罪，分作三層辦法，前後共奏三次：始則奏聞所犯之事，應否勾問，如奉旨免問，即作罷論，若准其勾問，然後推問，是第一層；推問已畢，即將所取供狀及所犯罪名、應議之處奏請簡派多官會議，是第二層；會議以後仍行具奏，如有死罪，惟云"依律合死"，不敢正言斬、絞，取自上裁，是第三層。緣八議之人，皆朝廷素所優待，除十惡之外，有犯一切罪名，皆當取決於上以定予奪，不許逕自擅擬，其慎重如此，所以篤親親敦故舊，尚功尊賢，勸能恤勤，敬大臣而崇賓禮，蓋即《論語》周公謂魯公之義而與《中庸》九經之旨隱隱符合也。考之《周禮》：甸師，王之同姓，有罪則死刑焉。鄭註引《文王世子》：公族有死罪，罄之於甸人。又曰：公族無宮刑，獄成致刑於甸人。又，《掌戮》：王之同族與有爵者，殺之於甸師氏。李氏光坡謂殺之於甸師氏者謂"不踣"，踣者，陳尸使人見之，既刑於隱處，故不踣也。此律即本於此，律外又有宗室、覺羅有犯與民人科罪不同各條，與律相輔而行，可並參之。

條例

一、凡宗室犯案到官，罪在流遣以上者，交大理院審理，如在徒罪以下及覺羅犯罪，交京師高等審判廳審理，至東三省移居宗室所犯案件，俱歸各該省高等審判廳審理。

一、凡宗室、覺羅，除犯該罰金及初犯徒、流、遣，或再犯徒罪或先經犯徒後犯流罪，仍由宗人府分別折罰圈禁外，如有三次犯徒或二次犯流，或一次犯徒一次犯至安置者，均擬實發盛京；如二次犯徒一次犯流，或一次犯流一次犯至安置者，均擬實發吉林；如二次犯應安置，或三次犯流或犯至外遣者，均擬實發黑龍江。若宗室釀成命案，按律應擬斬絞監候者，大理院知照宗人府先行革去宗室頂戴，照平人一律問擬斬絞，分別實緩，仍由宗人府進呈黃冊。

一、凡宗室、覺羅人等告訐之案，察其事不干己，顯係詐騙不遂者，所控事件立案不行，仍將該原告咨送宗人府，照違制律治罪，如妄捏干己，情由聳准，追提集人證質審，仍係詐詐不遂，串結捏控者，將該原告先行摘去頂戴，嚴行審訊，並追究主使教誘之犯。儻狡辯不承，先行掌責訊問，審係控款虛誣，罪應斬絞者，照例請旨辦理。其餘無論詐贓多寡、已未入手，但經商謀捏控，不分首從，俱實發吉林安置，主使教誘及助勢之犯，無論軍民，不分首從，俱流二千五百里，旗人有犯並銷除旗檔，其或所控得實，但審因串詐不遂，捏情圖准者，亦照此例定擬，不准以事出有因，量為援減。

一、已革宗室之紅帶、已革覺羅之紫帶，除有犯習教等重情另行奏明辦理外，其尋常各案照例科斷，應銷檔者免其銷檔，仍准繫本身帶子。

一、凡宗室、覺羅，犯罪時繫黃紅帶者，依宗室覺羅例辦理，若繫藍帶及不繫帶者，即照常人例治罪。

一、宗室緣事發遣遇赦減釋，如係由盛京釋回者即令回京，若由吉林、黑龍江釋回者，即令其在盛京移居，宗室公所酌給房屋居住。

一、宗室犯事到官，無論承審者何官，俱先將該宗室摘去頂戴，與平民一體長跪聽審，俟結案時如實係無干，仍分別奏咨給還頂戴。

一、凡宗室、覺羅婦女出名具控案件，除係呈送忤逆照例訊辦外，其餘概不准理，如有擅受，照例叅處。儻實有冤抑，許令成丁弟兄子姪或母家至戚抱告，無親丁者令其家人抱告，官為審理，如審係虛誣罪，坐抱告之人，若婦女自行出名刁控，或令人抱告後復自行赴案逞刁，及擬結後瀆控者，無論所控曲直，均照違制律治罪，有夫男者罪坐夫男，無夫男者罪坐本身，折罰錢糧。

一、凡宗室有犯圈禁之罪者，即行革去頂戴。

## 應議者之父祖有犯

凡應八議者之祖父母、父母、妻及子孫犯罪，實封奏聞取旨，不許擅自勾問。若奉旨推問者，開具所犯及應議之狀，先奏請議，議定奏聞，取自上裁。○若皇親國戚及功臣八議之中，親與功為最重。之外祖父母、伯叔父母、姑、兄弟、姊妹、女壻、兄弟之子，若四品、五品文武官之父母、妻未受封者。及應合襲廕子孫犯罪，從有司依律追問，議擬奏聞，取自上裁。其始雖不必叅提，其終亦不許擅決，猶有體恤之意焉。○其犯十惡及姦盜殺人、受財枉法者，許徑決斷。不用此取旨及奏裁之律。○其餘親屬、家人、管莊、佃甲，倚勢虐害良民，陵犯官府者，事發聽所在官司徑自提問。加常人罪一等。非倚勢而犯，不得概行加等。止坐犯人，不必追究其本主。不在上請之律。○若各衙門追問之際，占恡不發者，並聽當該官司實封奏聞區處。謂有人於本管衙門告發，差人勾問。其皇親國戚及功臣占恡不發出官者，並聽當該官司實封奏聞區處。

按：此亦明律，順治三年添入小註，現律刪去“反逆緣坐”四字。唐律謂之《請章》，唐律皇太子妃大功以上親不在八議之列，而入於《請章》，與此條各項並論，蓋因上八議而更推恩於其尊卑至親，而八議之中親與功更重故，又推恩於皇親功臣之以次至親至四品五品之官，雖不在議貴之列，然亦官階尊崇，故亦推恩於其父母妻子孫，惟情分親疏，故法有等差，皇親國戚之外祖父母以下各項雖亦不許擅決，其始究不必奏聞請旨，是於體恤優渥之中仍分輕重厚薄之等，至其餘親屬家人等，每多倚勢陵人，狐假虎威，若非從嚴懲治，則恃寵驕恣，勢必無惡不作，累及其主，故治罪加凡人一等而仍不追究其本主，雖以禁遏，實則保全其優待勳戚者至矣！使漢、明二祖依此法以行，何至醢韓彭而殺李傅，使後世有薄待功臣之議；使魏、晉諸帝依此法以行，何至翦枝葉以傷本根，致當時有相煎太急之歌。詳繹律意參以往事，可見法律一書仁之至而義之盡，與聖經賢傳相表裏，元儒柳贇謂經傳載道以行萬世，律文垂法以正人心，不其信歟？考之《史記·平原君傳》，李同戰死封其父為李侯，《後漢書·獨行傳》，小吏所輔捍賊代縣令死，除父奉為郎中，《蜀志》龐統為流矢所中卒，拜其父議郎，遷諫議大夫。以上皆死國事者之父，今例有“子孫陣亡聲請”一條，即是此意，亦以見例文與史事，其理本相貫通云。

## 職官有犯

凡在京在外大小官員，有犯公私罪名，所司開具事由，實封奏聞請旨，不許擅自勾問。指所犯事重者言，若事輕傳問，不在此限。若許准推問，依律議擬，奏聞區處，仍候覆准，方許判決。〇若所屬官被本管上司非禮陵虐，亦聽開具陵虐實迹實封，徑自奏陳。其被糸後，將原糸上司列款首告者，不准行，仍治罪。

**條例**

一、文職道府以上，武職副將以上，有犯公私罪名，應審訊者，仍照例奏糸，奉到諭旨再行提訊，其餘文武各員，於奏糸之日即將應質人犯拘齊審究。

一、凡文武官犯罪，本案革職，其罰金，輕罪免其罰贖，若革職後另犯罰金罪名者，照律處罰，其犯徒罪者，依應徒年限奏請發往軍台効力，贖罪限滿釋放，應流遣者，奏請發往新疆効力，贖罪有呈請捐贖者，法部核其情節分別准贖、不准贖二項，（扣）［擬］[③]定奏明請旨，不得以可否字樣雙請入奏，其貪贓官役概不准贖。

一、凡被糸革職訊問之員，審係無辜，即以開復定擬，不得稱已經革職無庸議奏覆其原糸，重罪審虛尚有輕罪，應以降級罰俸歸結者，開復原職，再按所犯分別降罰。

一、凡進士舉人貢監生員及一切有頂（帶）［戴］[④]官有犯罰金輕罪，照律處罰，如係寡廉鮮恥不顧行止及好訟多事與罪至十等罰者，分別咨糸除名，犯該徒流以上應收所工作，飭令充當書職等項雜役，仍於辦結后知照該部存案，其尋常例應罰贖之生監應否褫革開復，會同禮部或學部辦理。

一、文武生員犯該徒流以上等罪，地方官一面詳請斥革，一面即以到官之日扣限審訊，不必俟奉批回始行究擬，貢監生有犯，同。其情節本輕，罪止戒飭者，審明生員移會該學教官，照例發落，詳報提學使查核貢監生，由地方官照例發落。

一、僧道官有犯，徑自提問，及僧道有犯姦盜詐偽，並一應贓私罪名，責令還俗，仍依律例科斷，其公事失誤，因人連累及過誤致罪者，悉准罰贖，各還職為僧為道。

一、各處大小土官有犯徒流以上，依律科斷，其罪應處罰者，交部議處。

## 文武官犯公罪凡一應不係私己而因公事得罪者，曰公罪。

凡內外大小文武官犯公罪，該處一等罰者，罰俸一月；二等、三等罰，各遞加一月；二等罰，兩月；三等罰，三月。四等、五等罰，各遞加三月；四等罰，六月；五等罰，九月。該處六等罰者，罰俸一年；七等罰，降一級；八等罰，降二級；九等罰，降三級，俱留任。十等罰，降四級調用。如吏部、陸軍部《處分則例》，應降級革職戴罪留任者，仍照例留任。吏典犯者，罰金訖，仍留役。

## 文武官犯私罪凡不因公事己所自犯皆為私罪。

凡內外大小文武官犯私罪，該處一等罰者，罰俸兩箇月；二等，罰俸三箇月；三等、四等、五等罰，各遞加三月；三等罰，六月；四等罰，九月；五等罰，一年。該處六等罰者，降一級；七等罰，降二級；八等罰，降三級；九等罰，降四級。俱調用。十等罰，革職離任。犯贓者不在此限。吏典犯者，六等罰以上，罷役。

按：以上三門均係明律，雍正三年修改，乾隆五年改定，現又改笞杖為罰金，蓋言上司不得任意擅勾屬員，下屬亦不得挾嫌妄控上司也。唐律：七品以上官犯流罪以下減一等，九品以上官犯流罪以下聽贖。又有以官當徒流之法：諸犯私罪，以官當徒者，五品以上一官當徒二年，九品以上一官當徒一年，若犯公罪者，各加一年，當以官當流者，三流同比徒四年云云，與此不同。凡不係私己而因公事得罪者，曰公罪，凡不因公事，己所私犯皆為私罪。此律大致與《吏部則例》相同，惟《吏部則例》公罪杖一百者，革職留任，與此降四級調用稍有歧異耳。蓋視所犯之公私定處分之輕重，既論其事，又察其心，故犯者不得倖免，而誤犯者亦不至冤抑。原係分為三門，玆以先後文義相承，併為一處，從簡省也。唐律減等聽贖官當之法固為寬典，即明初運炭運米等法亦係優待之意，今例官員犯五等罰以下，准其罰俸相抵，尚與唐律相合，其公罪十等罰、私罪六等罰以上即分降調革職，已較古律為重，至犯徒不准官當，犯流亦不減等，而近來辦法，官員犯徒者從重發往軍台，犯流遣者從重發往新疆，不惟較平人不能減輕，反較平人格外加重。古今之不同如此，雖後世文法日趨繁重，亦可以觀人心而察世變矣。律外又有條例，可以合參。

## 犯罪得累減

凡一人犯罪應減者，若為從減、諸共犯罪，以造意者為首，隨從者減一等。自首減、謂犯法，知人欲告而自首者，聽減二等。故失減、謂吏典故出人罪，放而還獲，止減一等。首領官不知情，以失論，失出減五等，比吏典又減一等，還獲又減一等，通減七等。公罪遞減之類，謂同僚犯公罪，失於入者，吏典減三等。若未決放，又減一等，通減四等。首領官減五等，佐貳官減六等，長官減七等之類。並得累減而復減。如此之類，俱得累減科罪。

按：此仍明律，國初添小註，雍正三年修改，現律仍舊。言一人若犯數罪，其情節俱輕，按之各律均在可以減等之列者，准其以次遞減。蓋加罪有限制而減罪無限制，尋常加罪止准加二等，即各律有遞加專條者，亦祇加至滿流而止，不能加入於死；若減則不然，如果情有可原，由一等可減至五等，且有減至七等、九等者，更有減盡不科者。再，加罪則斬、絞為兩項，三流分三層，逐層遞加，共作五層；減罪則二死為一減，均減為流，三流為一減，均減為徒。此皆律之精義，惟恐問官涉於嚴酷，枉入人罪，故制為定律，所以杜深刻羅織之漸而開寬大輕宥之門，聖人之仁民者至矣。律文止言“為從”、“自首”、“故失”、“公罪”四項，不過略舉大概而言，此外可減者尚多，有因物之多寡而累減者，有因情之輕重而累減者，亦有因名分服制之尊卑親疏而累減者，其事甚多，不能悉舉細繹，“之類”二字，可見其餘皆在包括之中也。

## 以理去官以理，謂以正道理而去，非有別項事故者。

凡任滿得代、改除、致仕等官，與見任同。謂不因犯罪而解任者，若沙汰冗員、裁革衙門之類，雖為事解任、降等，不追誥命者，並與見任同。封贈官，與其子孫正官同。其婦人犯夫及義絕不改嫁者，親子有官，一體封贈。得與其子之官品同。謂婦人雖與夫家義絕，及夫在被出，其子有官者，得與子之官品同。為母子無絕道故也。此等之人犯罪者，並依職官犯罪律擬斷。應請旨者請旨，應徑問者徑問，一如職官之法。

按：此仍明律，雍正三年修改，乾隆五年刪定，現律仍舊，蓋言以正道理去官，非有別項事故，所以別於緣事革職得罪者也。唐律：諸以理去官與見任同，贈官及視品官與正官同，視六品以下，不在廕親之列。若藉尊長廕而犯所廕尊長，及藉所親廕而犯所親祖父母、父母者，並不得為廕。即毆告大功尊長、小功尊屬者，亦不得以廕論。其婦人犯夫及義絕者，得以子廕。其假版官犯流罪以下，聽以贖論云云。明律即本於此，而不如唐律詳備。凡以理去官，既不追奪誥命，則原品猶存，故得與見任相同，若未有誥封者，即難同於見任，自應以降等之級論也。婦人與夫家義絕及夫在被出，猶得與子之官品同者，夫妻之義雖絕，而母子無絕道也。此但指未改嫁者而言，若改嫁失節，即不得同子之官，即未嫁受封，若改嫁後，亦必追奪原封，蓋改嫁雖例所不禁，而失節究不准受封於體恤孀嫠之中，仍寓嘉獎貞節之意。外又有條例。但律但言與正官同者，例則兼及不同者，所以補律所未及，其中同而異、異而同之處，俱有精理存焉，詳繹合參，自知其妙。

**條例**

一、子孫緣事革職，其父祖誥勅不追奪者，仍與正官同。若致仕及封贈官犯贓，與無祿人同科。

## 無官犯罪

凡無官犯罪，有官事發，所犯公罪，應處罰者，俱依律處罰。〇卑官犯罪，遷官事發，在任犯罪，去任考滿、丁憂、致仕之類。事發，公罪應降罰者，依律降罰，罪重於降罰者，依律科斷。若事干埋沒錢糧、遺失官物，雖係公罪，事須追究明白。應賠償者賠償，應還官者還官。但犯一應私罪，並論如律。其吏典有犯公私罪名，各依本律科斷。

按：此仍明律，雍正三年修改，乾隆五年刪定，現又刪改。唐律：諸無官犯罪，有官事發，流罪以下，以贖論。十惡及五流，不用此律。卑官犯罪，遷官事發，在官犯罪，去官事發，或事發去官，犯公罪流以下，各勿論；餘罪，論如律。其有官犯罪，無官事發，有蔭犯罪，無蔭事發，無蔭犯罪，有蔭事發，並從官、蔭之法云云，較明律為詳，而明律稍加嚴厲。凡律稱“公罪”，本係就官職上說，若無官之時，似不得有公罪，此所謂“公罪”，如因人連累不由自己之事，亦可謂之“公罪”，“公”字正不必拘泥。至於錢糧官物，無官之時並不得經手，自係專指“遷官去任”、“黜革”二項而言，“無官”一層並不在內。錢糧官物追究明白者，謂應賠償者須賠償，應還官者須還官，不得以罪准寬免，並此亦與寬免也，此係慎重公款之意。律文統言有犯公私之罪，若此等人犯贓，後例另有專條，足補律所未及。又，《吏部則例》載：官員陞轉後，遇原任內事發，應以降調者，俱於現任內議以降調；又，已革官員遇有前任內事故，議處必分晰應降、應革、應罰之罪註冊，儻事後還職，仍將前任內處分查覈，如尚有應革之罪，不得即與還職，有應降之罪即照原職降級，有應罰之罪仍於補官日罰俸，其有級可抵者，查明抵銷；又，匿喪例載官吏丁憂，除公罪不問外，其犯贓罪及係官錢糧，依例勾問；又，官吏受財例載書吏差役作弊擾民，係知法犯法，加平人罪一等云云。皆與此律互相發明，當合參之。

**條例**

一、無官犯贓，有官事發，照有官糸提，以無祿人科斷。有官時犯贓，黜革後事發，不必糸提，以有祿人科斷。

## 除名當差

凡職兼文武官犯私罪，罷職不叙，應追奪誥勅除名削去仕籍。者，官階、勲。爵皆除。不該追奪誥勅者，不在此限。僧道犯罪，曾經決罰者，追收度牒。並令還俗。職官、僧道之原籍。軍民竈戶，各從本色，發還原籍當差。

按：此仍明律，雍正三年修改，乾隆五年改定，原律本係“匠竈”，國朝因無匠戶，遂改“匠竈”為“竈戶”。唐律：諸除名者，官、爵悉除，課、役從本色，六載之後聽叙，依出身法。免官者，三載之後降先品二等叙，免所居官及官當者，期年之後，降先品一等叙。若官盡未叙，更犯流罪以下罪者，聽以贖論，不在課役之限云云，均係棄瑕錄用之意。明律刪去後數節，凡官員一經犯罪即無聽叙之文，凡職官犯罪，私罪重於公罪，而贓罪尤重於私罪，例載凡失陷城池行間獲罪，及貪贓革職，各官封贈俱行追奪，其別項革職者免追，又，官員事後受財，不追奪誥勅云云。此律所謂“除名”，係指有犯貪贓應追奪誥敕削去仕籍者而言，若止罷職不叙，而例不追奪誥敕，尚不在官爵皆除之列。官階，謂出身以來之官；勲爵，謂世襲相承之職。至於僧道犯罪，例本分別公私，如係公事失錯，或因人連累及過誤致罪，悉准納贖，仍還職為僧道，若犯姦盜，一應贓罪，責令還俗。此律所謂“決罰”、“還俗”，即係有犯私罪之人，若犯公罪，不在此例。若軍民竈戶，係統承上職官僧道而言，謂職官除名、僧道還俗之後，仍查其原籍，為軍為民或係竈戶，各從本色發回，仍當本等之差也。

**條例**

一、凡失陷城池，行間獲罪，及貪贓革職，各官封贈俱行追奪。其別項革職者免追。

## 常赦所不原

凡犯謀反、叛逆、子孫謀殺祖父母父母、內亂、妻妾殺夫、雇工人殺家長、殺一家非死罪三人、採生折割人、謀殺、故殺、蠱毒魘魅、毒藥殺人、強盜、妖言、十惡等真正死罪及侵貪入己、軍務獲罪者，雖會赦並不原宥，其餘咸得赦除。律未賅載者，一以現奉恩赦條款為斷。〇若奉減等恩旨，則減死從流，流從徒，徒從罰金，亦准此查辦。恩赦所不得免者，即恩旨所不得減。

按：此律沿明舊文，雍正、乾隆年間修定。定律本意，原係分別“常赦”與“恩赦”兩層，常赦應嚴，恩赦應寬，兩項截然不同。蓋常赦為恆有之事，過寬則人思苟免，反開徼倖之門，故界限不妨從嚴；恩赦乃非常之典，過嚴則恩難普及，恐阻自新之路，故條款不妨從寬。其義固各有當，現在改易原文，以恩赦之條款作為常赦款目，大失定例本意。而現律凡常赦所得原者均准捐贖，亦均准留養，從此以後，凡犯非十惡等項者，均可捐贖，豈不反長犯罪者之膽力乎？此律殊多窒碍。

**條例**

一、凡關係軍機兵餉事務，俱不准援赦寬免。關係行間、兵餉者乃坐。

一、凡侵盜倉庫錢糧入己，數在一千兩以上擬絞監候之犯，遇赦准予援免，如數逾一萬兩以上者，不准援免。

一、誣告叛逆未決，應擬斬候者，不准援赦，又捕役誣拏良民及曾經犯竊之人，威逼承認，除被誣罪名遇赦尚准援免者，其反坐捕役，亦得援赦免罪外，若將平民及犯竊之輕罪人犯逼認為謀殺故殺強盜者，不准援免。

一、以赦前事告言人罪者，以其罪罪之。若干係錢糧、婚姻、田土等項罪，雖遇赦寬免，事須究問明白。應追取者，仍行追取。應改正者，仍行改正。

一、文武官員、舉人、監生生員及吏典兵役，但有職役之人犯姦盜詐偽，並一應贓私罪名，遇赦取問明白，罪雖宥免，仍革去職役。

一、凡問擬徒罪，奏請發往軍臺効力官犯，不論已未發配，遇赦減免，令該都統及各督撫造冊咨部彙奏存案，其有關人命，擬徒常犯遇赦減等，另冊報部核辦，不得與尋常徒犯按季冊報。

一、凡觸犯祖父母、父母發遣之犯，遇赦查詢伊祖父母、父母願令回家，如恩赦准其免罪者，即准釋放，若止准減等者，仍行減徒，其所減徒罪照律收贖追繳釋放，儻放回後復經祖父母、父母呈送者，發遣新疆當差。

一、凡宗室、覺羅及旗人、民人觸犯祖父母、父母呈送圈禁發遣之犯，除恭逢恩赦仍遵定例查詢辦理外，若遇有犯親病故，許令親屬呈報各該旗籍，咨明宗人府並行知配所督撫查覈原案，祇係一時偶有觸犯，尚無怙終屢犯重情，並察看本犯果有聞喪哀痛迫切情狀，如係宗室、覺羅，由宗人府奏請釋放，如係旗人、民人，由各督撫咨報法部覈明奏請釋放，如在逃被獲，訊明實因思親起見，又有聞喪哀痛情狀者，即免其逃罪，仍發原配安置，不准釋回，其逃回後自行投首，及親屬代首者，遇有犯親病故，准其察看情形，如實係聞喪哀痛，免其發回原配，仍照不應重律治罪，若本係桀驁性成屢次觸忤干犯，致被呈送者，不准釋回。

一、直省地方偶值雨澤愆期，應請清理刑獄者，該督撫一面奏聞，一面飭令問刑衙門將無關人命徒罪以下及牽連待質人犯酌量分別減免省釋辦結後，彙冊咨部存查。

一、凡三流安置人犯，係屬常赦所得原，毋庸發配者，如原犯係流二千里，在本地習藝所工作已過三年，原犯係流二千五百里，工作已過五年，原犯係滿流，工作已過七年，原犯極邊及煙瘴地方安置，工作已過八年，遇有減等恩旨，即照滿徒人犯例減折罰金追繳釋放。

一、凡在京、在外已徒而又犯徒，律應總徒四年，及原犯總徒四年、准徒五年者，若遇赦減等，與尋常徒犯一律辦理，其誣告人死罪未決，應流三千里加徒役三年者，遇赦減等，減為總徒四年，如所加徒役已滿，照尋常流犯減為徒三年。

又，查康熙六十一年上諭：援赦豁免人等，詳記檔案，如不悛改，後再有犯，加一等治罪云云，條例雖無明文，現俱照此辦理。又，乾隆十九年部議：凡事犯在恩詔以前，而到官羈禁在恩詔以後，例不援免，至婦女事犯在恩詔以前者，俱應援免，並不以到案羈禁為斷云云，從前大恩詔亦有不拘此例者，無論到官前後，但犯在赦前，亦俱准其援免，但此等曠典，惟大恩詔有之，非通例也。

光緒三十四年恩赦不准援免各犯罪名共五十一條：

一、謀反及大逆但共謀者

一、謀殺祖父母父母者

一、妻妾因姦同謀殺死親夫者

一、殺一家非死罪三人者

一、奴婢謀殺家長者

一、採生折割人為首及為從者

一、蠱毒殺人者

一、實犯大逆知情故縱隱藏者

一、光棍為首及為從者

一、奴婢毆家長者

一、興販私鹽聚衆十人以上帶有軍器拒捕傷人者

一、圖財害命得財因而殺死人命者

一、姦夫起意同謀殺死親夫者

一、惡徒夥衆搶去良人子弟強行雞姦為首者

一、搶奪殺人為首者

一、罪人拒捕殺人情節兇惡者

一、魘魅殺人者
一、毒藥殺人者
一、飛報軍情隱匿不速奏因而失誤軍機者
一、造讖緯妖言惑衆者
一、謀殺造意及貪賄挾嫌因姦因盜從而加功者
一、故殺者
一、謀故殺而誤殺旁人者
一、番役誣陷無辜妄用腦箍等刑致斃人命者
一、誘賣不從殺死人命者
一、守邊將帥失陷城寨者
一、強姦緦麻以上親之妻致本婦羞忿自盡者
一、竊盜拒捕殺人為首者
一、姦兄弟妻者
一、卑幼逞兇犯尊刃傷期親尊長者
一、卑幼逞兇犯尊毆死期功尊長者
一、雇工人誣告家長者
一、監禁罪犯在監毆斃人命者
一、官軍征討私逃再犯者
一、官私差人捕獲罪人聚衆打奪傷人者
一、故殺妻理曲殘忍者
一、奴姦家長之妾者
一、強奪良家妻女姦佔為妻妾者
一、投遞匿名文書告言人罪者
一、姦夫自殺其夫案內不知情之姦婦審係戀姦忘讐者
一、有祿人實犯枉法贓八十兩者
一、誣告將案外之人拖累拷禁致死一二人者
一、聽從母命毆死逼母改嫁之胞兄者
一、誤傷胞兄致死並非逞兇干犯者
一、救親情切及尊長蔑倫以致毆斃並刃傷期親尊長者
一、強姦十二歲以下幼女因而致死者
一、強盜及共謀為竊臨時行強者

一、竊盜首從各犯執持火器拒捕傷人臨時盜所護贓護伙者

一、發塚為從開棺見屍幫同下手者

一、發塚為從開棺見屍在外瞭望三次及三次以上者

以上各條，均係從前奏明不准援免之案，應遵照辦理。此次由臣部酌擬增入者一條：

一、凡犯絞立決罪名照章改為監候入實者謹按：此條係欽奉光緒三十一年刪除重刑諭旨，自應於此次赦款內增入，擬以不准援免，理合聲明。

統計不准援免罪名各犯共五十一條，其餘如有不在各項罪名之內，核其情罪較重，與不准之條相似者，應一律議以不准。

光緒三十四年恩赦不准援免酌入緩決各犯罪名共四十九條：

一、語言調戲致本夫羞忿自盡者此條係嘉慶元年奏明不准援免，酌入緩決。

一、強姦未成本婦羞忿自盡者此條係嘉慶二十五年奏明不准援免，酌入緩決。

一、故殺同堂弟妹理曲殘忍者

一、謀殺卑幼致死依故殺法理曲殘忍者

一、搶奪刃傷人未死者

一、竊盜臨時拒捕刃傷人未死者

一、威力制縛主使人致死情重者

一、卑幼毆本宗緦麻兄姊尊屬至死者

一、謀殺人從而加功並無貪賄挾嫌因姦因盜別情及被殺之人理曲者

一、罪人拒捕殺人情有可原者

一、搶奪滿貫及竊盜並奴婢雇工人行竊家長贓至五百兩以上者以上九條係道光三十年奏明不准援免，酌入緩決。

一、竊盜搶奪殺人為從幫毆刃傷及折傷者此條從前係在准免之列，因同治元年奏准搶竊罪至軍流以上均不准援免，此係例實之案，是以酌入緩決。

一、強姦未成刃傷本婦者此條從前係在准免之列，因道光三十年奏准通行，強姦婦女未成擬流，不准援免，此係例實之案，是以酌入緩決。

一、火器誤殺旁人者

一、火器殺人情有可原者

一、謀故殺情有可原者

一、毆死祖妾父妾情重者

一、鬬殺金刃十傷以上及鐵器二十五傷以上情節較兇者

一、鬭殺刃傷要害奇重及洞胸貫脇者

一、共毆致斃彼造四命以上案內下手致斃一命者

一、互毆致斃六命以上案內下手致斃一命者

一、聚衆共毆致斃一家二三命為從下手傷重者

一、聽糾致斃一命復聽從謀殺不加功者

一、糾毆金刃九傷以上聽糾十傷以上者

一、因瘋殺死平人非一家三命及一家二命者

一、致斃老人幼孩婦女情傷較重者

一、竊匪斃命情傷較重者

一、姦匪斃命情傷較重者

一、賭匪斃命情傷較重者

一、擅殺四五命以上情節慘忍者

一、邪術醫人致死情輕者

一、假差嚇詐致令自盡者

一、故殺恩養未久義子者

一、搶奪婦女已成夥犯拒殺事主或鎗傷事主或致本婦親屬自盡並乘機分搶財物案內為從尚未入室架拉及夥搶不止一次並被搶數至三人者

一、搶奪路行歸女尚未姦污未聚衆為首者

一、搶奪良婦未成致令自盡者

一、聚衆搶奪婦女未成為首者

一、誘拐幼孩被誘之人無下落者

一、行竊庫銀至一百兩以上並非糾衆肆竊者

一、竊盜刃傷事主夥賊遺火延燒致斃人命者

一、夥衆跟蹤行竊逾貫尚無積慣兇惡情事者

一、聚衆十人以上中途奪犯未傷差者

一、刁民聽從聚衆罷考照光棍為從並未毆官者以上三十條係光緒十五年奏明，不准援免，酌入緩決。

一、竊盜執持火器如首犯實因圖脫情急及事後拒捕放鎗並幫同放鎗傷人情輕者

一、發塚為從開棺見屍在外瞭望一二次者上二條係光緒二十年奏明不准援免，酌入緩決。

以上各條均係從前擬以不准援免酌入緩決之案，應遵照辦理，此次由臣部酌擬移改者共四條：

一、強姦已成者謹按：此項乾隆以前本在准免之列，嘉慶元年改為不准援免，酌入緩決，已屬從嚴。咸豐元年，復改為不准援免，則更嚴矣。查此項人犯既無人命可言，又不在十惡之條，似應查照嘉慶元年成案，仍將此條酌入緩決，理合聲明。

一、強盜聞拏投首及情輕者謹按：聞拏投首本皆有畏法之心，若一概不准援免似嫌過重。近年核辦秋朝審案內，遇有始終被逼勉從盜犯均得上邀寬典，免其勾決。此次赦款自應仰體恩施，擬將此項人犯酌入緩決，理合聲明。

一、鑿棺抽竊幫同下手三次及三次以上者

一、鑿棺抽竊在外瞭望六次者謹按：此二條係光緒二十年奏明不准援免之案，維時因初定發塚章程，故辦理較嚴，查鑿棺抽竊較開館見屍為輕，今擬將原定二條仍擬酌入緩決以示區別，理合聲明。

統計酌入緩決各犯共四十九條，其餘如有雖在應赦之條而情浮於法，或在不赦之列而法重情輕，亦應仿照酌核歸入緩決，臨時隨案詳慎辦理。

光緒三十四年恩赦不准援免仍准減等各犯罪名共九條：

一、竊贓滿貫並無積慣兇惡情狀者此條減發極邊安置。

一、竊盜三犯贓至五十兩以上者此條減發極邊安置。

一、誘拐子女被誘之人不知情情節較輕者此條減發極邊安置。

一、共毆人致死及鬭殺擬絞起意故折人肢體成廢者此條減為流三千里。

一、捉人勒贖案內擬絞僅止一人一次並無兇暴重情者此條減發極邊安置。

一、搶奪婦女已成為從並無入室架拉及夥犯拒殺事主各重情者此條減發極邊安置。

一、鑿棺抽竊在外瞭望一二次者此條減發極邊安置。

以上七條係從前准免之案，嗣以例案加嚴均擬減為軍流，近年奏請删除五軍名目，是以改為安置，此次臣部復移改減等者共兩條：

一、鑿棺抽竊幫同下手一二次者此條減發煙瘴安置。

一、鑿棺抽竊在外瞭望三次至五次者此條減發煙瘴安置。謹按：上二條係光緒二十年奏明酌入緩決之件，此次赦款臣部既於前二項酌加移改，自應將此二條擬以煙瘴安置，以別等差，理合聲明。

統計不准援免仍准減等各犯共九條，均應照章發配收所習藝，按限辦理，其搶奪之犯到配後免其監禁，仍充折磨苦工，限滿分撥各州縣安置。

光緒三十四年恩赦准予援免各犯罪名共三十三條：

一、文武生員欺壓平民毆人致死者

一、誣良為竊逼斃人命者

一、誣告人因而致死者

一、比照子孫因姦致父母自盡量減問擬絞候者

一、姦夫拒捕刃傷應捉姦之人者

一、姦夫自殺其夫姦婦不知情審非戀姦忘讐者

一、用藥迷人未得財為從者

一、悔過拒姦謀殺姦夫者

一、奴婢毆良人致死者

一、販私拒捕十人以上並未携帶軍器傷人者

一、偽造印信誆騙財物十兩以上為首者

一、故殺妻理直不殘忍者

一、故殺同堂弟妹理直不殘忍者

一、謀殺卑幼至死依故殺法理直不殘忍者

一、威力制縛主使人致死情輕者

一、鬭毆殺人者

一、同謀共毆人因而致死下手者

一、原謀共毆亦有致命重傷者

一、鬭毆而誤殺旁人擬絞者

一、毆小功親之雇工人至死者

一、家長故殺雇工人者

一、夫毆妻致死者

一、尊長毆緦麻小功大功卑幼之婦至死者

一、毆死期親尊長犯時不知以凡論者

一、無祿人枉法贓一百二十兩者

一、罪人已就拘執及不拒捕而擅殺擬絞者

一、平常發遣人犯逃後行兇為匪犯該軍流發遣者

一、受賄故縱罪囚贓未滿貫者

一、本夫登時殺死姦婦姦夫當時脫逃被獲者

一、致斃緦麻兄姊尊屬遇赦已經酌緩情輕者

一、毆姊之夫至死者

一、外姻尊長毆緦麻卑幼至死者

一、良人毆他人奴婢至死者

以上各條俱係循照舊章酌核准免之案，此次應遵照辦理，其有不在此內而案情似此者，亦一律酌量援免。

光緒三十四年十一月初九日恭逢恩詔查辦軍罪以下人犯不准免條款，共三十一條：

計開

一、大逆案內知情不首者

一、真正邪教等案內實係甘心聽從入教罪應發遣者

一、糾結添第等會名目案內隨同入會者

一、事關貽悞軍務及引惹邊衅者

一、祖父母父母呈首子孫發遣查詢犯親不願領回者

一、子貧不能養贍致父母自盡並因姦因盜致縱容之父母自盡及教令之父母被人謀故毆殺者

一、妻妾毆夫及妾毆傷正妻者

一、祖父母父母被殺子孫受賄私和者

一、毆傷期功尊長及逼迫功服尊長致死者

一、姦本宗緦麻以上外姻舅母及同母異父姊妹者

一、強姦小功以上親並強姦子婦未成者

一、藉充人牙將領賣婦人逼勒賣姦圖利月日經久者

一、奴僕及雇工人誘賣家長期親以下親屬者

一、凡用藥餅及一切邪術迷拐幼小子女為從罪應擬遣者

一、惡徒圖財放火故燒官民房屋公廨倉庫並謀財挾讎放火當被救熄及已經延燒尚未搶掠案內罪應軍流者

一、有祿人實犯枉法贓未至八十兩者比照定擬及無祿人准免。

一、官吏故出入人罪者

一、卑幼誣告尊長奴僕雇工人誣告家長者

一、刁徒直入衙門挾制官長並聚衆辱官案內情兇人惡者

一、實係積慣訟棍屢次主使教唆挾制官府者止係教唆一人一事，比照積慣例辦理者准免。

一、強娶強搶孀婦室女致令自盡罪應軍流者

一、軍民吏役毆傷制使本管官及奪犯毆官罪應軍流者

一、官員家丁騷擾驛站倚勢行兇致釀人命者

一、教誘人犯法致陷人死罪已決或致釀人命者

一、偷竊蒙古四項牲畜罪應擬遣者

一、兇惡棍徒屢次滋事怙惡不悛實在為害閭閻及致釀人命者

一、強姦婦女未成者

一、捉人勒贖案內罪應遣軍者

一、搶竊罪在軍流以上者

一、強竊盜窩主罪在軍流以上者

一、發掘墳塚案內罪在軍流以上者

以上不准援免遣軍流徒各罪共三十一條，徒罪收入習藝所，按限責令工作，餘俱發配安置，其強盜、搶奪、會匪、棍徒應免其監禁與不准免之遣軍流犯一體照章分別充當苦工及收所習藝，依限辦理，如有在配在所脫逃被獲者，軍流免其逃罪，仍發原配，依限工作，徒罪人犯毋庸從新起限，按日補工，其餘不在不准援免條款單內各犯，無論遣軍流罪，准予一律援免，其有情罪實在重大者，仍隨案酌核辦理。

## 犯罪存留養親

凡犯死罪，非常赦所不原，而祖父母、高、曾同。父母老七十以上。疾篤廢。應侍，或老或疾。家無以次成丁十六以上。者，即與獨子無異，有司推問明白。開具所犯罪名並應侍緣由，奏聞，俟取旨後照律收贖。犯徒、流而祖父母、父母老疾無人侍養。者，亦照所犯收贖，存留養親。遣罪人犯准滿流收贖。

按：此仍明律，國初添入小註，乾隆五年改定，現又刪改。乃法外之恩，矜恤罪人之親以廣孝治，即《經》所謂“輕重諸罰有權”，亦即王政恤無告之意也。唐律：諸犯死罪非十惡而祖父母、父母老疾應侍，家無期親成丁者，上請，犯流罪者，權留養親，若家有進丁及親終期年者，則從流，即至配所應侍，合居作者，亦聽親終期年，然後居作云云。可見留養之律由來已久。惟唐律所謂“老、疾”，必八十以上及篤疾方是，且所謂“成丁”者，以年二十一以上、五十九以下為斷，現在律註改作七十為“老”，廢亦曰“疾”，十六歲曰“成丁”，則較唐律更從寬矣。王者以孝治天下，犯罪之人雖無可矜，而其親老疾無依，若不許其存留侍養，未免有傷孝治，故設此律以施法外之仁。凡非常赦不原之死罪及遣、流、徒犯，均准其收贖以存留養親，情法兼備，義之盡、仁之至也。國朝推廣律義，權其輕重，又設有條例，雖鬬毆殺人之犯，若係情傷稍輕，俱准留養，而遣、流、徒犯之情重者仍不准其留養，蓋不以罪之大小為區別，而以情之輕重為區別，實足補律所未備。又改收贖為死者埋葬銀兩，凡鬬殺留養之案，追銀四十兩，案關人命，以一半給付死者家屬。又，孀婦獨子守節逾二十年者，亦准留養。毆死妻及故殺妻之案雖無父母可養，如係獨子，准其承祀。此歷來未有之曠典，曲體人情之極至者也。律外又有數例，與律互相發明，附錄於後，以備參考。

**條例**

一、大理院及各級審判廳審結遣、流以下人犯，有告稱祖父母、父母老疾應侍，及其母係屬孀婦守節二十年，家無以次成丁者，若例得准留養，如屬大、宛二縣民人，該縣出結府尹確查分報部院，屬內外巡警廳管轄地面居住者，該區官出結巡警總廳廳丞確察分報部院，如屬外省民人，州縣官出結，確察分報部院，俟收贖銀兩完繳，俱准存留養親。其各省審結人犯亦照此確察辦理。

一、死罪及遣、流、徒各犯到案之初，該承審官務將該犯有無祖父母、父母、兄弟、子姪及年歲若干、是否孀婦之子詳細取具確供，如漏未取供，交部照例分別議處。若祖父母、父母無存，或現存而未老疾，及伊母本非孀婦，或守節未至二十年，或該犯並非獨子，或家有以次成丁之人，與留養之例不符，該地方官知情捏報者，以故出論，如有受賄情弊，以枉法論，失察者亦交部議處，其鄰保族長人等，有假捏出結者，照證佐不言實情減本犯罪二等律治罪，若地方官查報後復將假捏情弊自行查明或上司復飭察出，及鄰保人等自行首送者，除本犯仍行按照律例擬罪外，官員及鄰保人等俱免議。

一、凡死罪案件，除謀、故殺及連斃二命，秋審時應入情實無疑之犯，雖親老丁單毋庸聲請留養外，其餘各案核其情節，秋審時應入可矜者，如有祖父母、父母老疾應侍及孀婦獨子伊母守節二十年者，該督撫查取各結聲明，具奏法部隨案核覆，聲請留養。其餘秋審並非應入可矜之案，該督撫於定案時止將應侍緣由聲明，不必分別應准不應准字樣，統俟秋審時法部核定後，先將此項人犯開單進呈恭候欽定，俟奉有諭旨，法部行文各該督撫，將准留各犯飭令該管州縣取具犯屬族鄰人等甘結，加具印結詳報，並追取收贖銀四十兩，如案關人命，以一半給死者家屬養贍，一半入官，將該犯保釋存留養親。若定案時非例應留養之人，迨至本屆秋審或已經秋審一次歸入舊事緩決以後，核其祖父母、父母已成老疾或伊母守節年分符合以及成招時家有次丁嗣經身故，或被殺之人先有父母，後經物故與留養之例相符者，亦准其隨時隨案奏請留養，京師秋審案件一體遵行，至留養之後復有不安分守法，別生事端，無論罪名輕重即照現犯定擬，不准再行聲請。

一、毆妻致死之案，除親老丁單或孀婦獨子應准查辦留養外，如父母已故，別無兄弟子孫，定案時將應行承祀緣由聲明法部，俟秋審後與尋常留養人犯一體開單進呈，其或定案時聲請留養之犯，遇有父母先存後故，與承祀之例相符者，該省按察司或提法使亦於秋審時確查報部，統俟奉有諭旨再行取結辦理，惟所追贖銀儘數入官。

一、凡卑幼毆死本宗期功尊長，定案時皆按律問擬，概不准聲請留養，其有所犯情節實可矜憫，奉旨改為絞監候者，統俟秋審情實，二次蒙旨免勾奏明，改入緩決之後，由該省按察司或提法使查明該犯應侍緣由，於秋審時報部核辦，至毆死本宗緦麻外姻功緦尊長，如有親老丁單，應行留養，均俟法部於秋審時分別准留不准留開單奏明辦理。

一、尊長故殺卑幼之案，如有親老丁單，定案時於摺內聲明，仍俟秋審時分別情罪輕重辦理。

一、殺人之犯有秋審應入緩決，應准存留養親者，查明被殺之人有無父母，是否獨子，於本內聲明。如被殺之人亦係獨子，但其親尚在，無人奉侍，不論老疾與否，殺人之犯皆不准留養。若被殺之人平日游蕩離鄉，棄親不顧，或因不供養贍，不聽教訓，為父母所擯逐，及無姓名籍貫可以關查者，仍准其聲請留養。至擅殺罪人之案與毆斃平人不同，如有親老應侍，照例聲請，毋庸查被殺之家有無父母、是否獨子。

一、凡犯罪有兄弟俱擬正法者，存留一人養親，仍照律奏聞請旨定奪。

一、凡曾經觸犯祖父母、父母，犯案並素習匪類，為父母所擯逐，及在他省獲罪，審係游蕩他鄉遠離父母者，俱屬忘親不孝之人，概不准留養，若係官役奉差或客商貿易在外寄資養親，確有實據及兩省地界毗連，相距在數十里以內者，該督撫於定案時察覈明確，按其情罪輕重，照例將應侍緣由於奏咨內聲敘。

一、流、遣人犯核其罪名，係常赦所不原者，毋庸聲請留養，若赦款得原之犯，自定案時以至工作未滿以前，遇有祖父母、父母老疾應侍，或孀婦獨子，伊母守節已至二十年，與例相符者，隨時咨部准其留養一次，各照所犯本罪追取收贖銀兩入官。其入所工作有年者，得平均按限折減。若留養之後復犯流置等罪，概不准再行聲請，至徒罪非有關十惡，俱得照例留養。

按：合參律例，有律嚴而例從寬者，亦有律寬而例從嚴者，其中因時制宜，皆有精義，此乃歷朝教孝之典，為我中國國粹所存。蓋百行以孝為先，移孝方可作忠，未有不孝於親而能忠君者。外國重忠而不重孝，是以律內均無此條，非但無所謂留養也，查俄律，謀殺父母者，亦不擬死；日本毆死父母者，雖擬絞罪，而毆傷者，僅加平人傷罪二等，雖毆至篤疾，亦僅治以無期徒刑，較之中國但毆即擬斬決，雖無傷亦坐，罵父母者，亦擬絞決之律，輕重大有不同，此等刑法各國自為風氣，原不能以強合，但我中國現行新政，修訂新律，此外各項皆可捨短取長，惟此本原之地，倫紀攸關，萬不可以遷就從人所願，講新學者，勿以此言為河漢則幸矣。

### 徒流人又犯罪

凡犯罪已發未論決又犯罪者，從重科斷。徒流遣已決而又犯罪，重於本罪者，亦同。安置復犯當差仍以當差為重。其重犯遣者，加役五年，重犯流者，加役三年，重犯徒者，加役一年。若加役並原犯併計不及後犯年限者，仍從重論，但總不得過四年。後犯之罪輕於本罪者，亦准此。例如遣罪犯流加役三年，遣流犯徒加役一年之類。若犯罰金以下，仍各依數處罰。

按：此係明律，其小註係國初修改，現又刪易，言犯罪已發已決而又犯罪之通例也。唐律：諸犯罪已發及已配而更為罪者，各重其事，即重犯流罪者，依留住法決杖於配所，役三年，若已至配所而更犯者，亦准此，即累流、徒應役者不得過四年，其杖罪以下亦各依數決之，累決笞、杖者不得過二百云云。與此律大致相同。惟唐律流又犯流止役三年，此役四年，唐律杖不得過二百，現律止處十等罰，則稍有異耳。蓋犯罪尚未論決，自應依二罪俱發從重從一之律，若既論決到配復犯他罪，即應再科後犯之罪，不准仍援從重之律，所以惡其怙終也。然重犯雖曰不悛，而立法宜有限制，如重犯流者儻再加流，則地過遠，故有拘役之法；重犯徒者，如再加徒，則年過久，故有不過四年之法。律文止言流又犯流，徒又犯徒，及流、徒又犯罰金，不言流又犯徒及徒又犯流者，已該括於“再科後犯”一句之內，如徒人又犯流者自應決遣，流人又犯徒者仍當拘役也。再，律止言徒、流又犯，例又補出外遣人犯又犯各條，如外遣人犯在配復犯斬絞監候者，改為情實，復犯外遣者，擬於配所監禁六年，應安置者，監禁四年，應流者三流，俱監禁三年，應徒者五徒，俱監禁一年，復犯罰金以下，酌量懲罰，又徒流安置各犯，如工作未滿復犯分別加役云云，皆足補律未備。現已刪除各例，止留二三條，未免涉於太簡矣。

**條例**

一、凡流遣應行發配人犯，於經過處所滋生事端者，核其所犯罪名，俱照在配復犯例分別治罪。

## 名例下

### 老小廢疾收贖

凡年七十以上、十五以下，及廢疾，瞎一目，折一肢之類。犯流罪以下，收贖。犯死罪者，不用此律。其餘侵損於人一應罪名，並聽收贖。犯該遣罪者，亦照流罪收贖。八十以上、十歲以下，及篤疾，瞎兩目、折兩肢之類。犯殺人謀、故、鬬毆。應死者，議擬奏聞，犯反逆者，不用此律。取自上裁。盜及傷人罪不至死。者，亦收贖，謂既侵損於人，故不許全免，亦令其收贖。餘皆勿論。謂除殺人應死者，上請；盜及傷人者收贖之外，其餘有犯皆不坐罪。九十以上、七歲以下，雖有死罪不加刑；九十以上犯反逆者，不用此律。其有人教令，坐其教令者；若有贓應償，受贓者償之。謂九十以上、七歲以下之人，皆少智力，若有教令之者，罪坐令之人。或盜財物，旁人受而將用，受用者償之。若老小自用，還著老小之人追徵。

按：此仍明律，國初及乾隆五年增入小註，現又删改，蓋恤老慈幼矜不成人之義也。律文全用唐律原文，不過稍易數字。《唐律疏議》"篤疾戇愚"之謂，此律註以瞎兩目、折兩肢為篤疾，則與唐律解釋不同。考之《周禮》："七十以上及未齔者並不為奴"，此律首段"七十以上"云云即本於此。又，《周禮》三赦之法：一曰"幼弱"，二曰"老耄"，三曰"戇愚"，此律次段"八十以上"云云即本于此。又，《禮記》云："九十曰耄，七歲曰悼，悼與耄雖有死罪不加刑"云云，此律三段"九十以上"云云即本於此。律註謂瞎一目、折一肢之類為廢疾，而條例又指出瞎一目之人不得以廢疾論贖，蓋以此等人原與平人無異也。殺人，謂謀故殺、鬬殺應抵償之罪，若殺一家三人、採生折割、造畜蠱毒等項殺人重罪不在此限；應死，謂殺人而外一切應斬、應絞之罪。此律分作三等：七十以上、十五歲以下，及廢疾犯流罪收贖，惟犯死罪者不用此律，凡犯遣罪者，亦照流罪收贖，此一等也；八十以上、十歲以下及篤疾，除殺人應抵者上請，盜及傷人者收贖，其餘皆不坐罪，惟犯反逆者不用此律，此一等也；九十以上、七歲以下，雖犯殺傷人及死罪皆不加刑，而九十以上犯反逆者仍科其罪，蓋以力雖不能任事，智猶可以與謀，至七歲以下智與力皆不及此，雖反逆亦不加刑，此一等也。至坐其教令之人亦有分別，如教小兒毆打父母，坐教令者以毆凡人之罪，不以毆父母論；教老人故殺子孫，坐教令者以殺凡人之罪，不以殺子孫論。此本律註，現已纂為條例。此外又有數例較律從重：如律文篤疾犯死罪上請，例則仍照本律問擬，毋庸聲請，入於秋審分別實緩，如係緩決，俟查辦減等時減為流置再行收贖。又，律文十歲以下殺人上請，例則十歲以下鬬毆殺人，如死者長於兇犯四歲以上方准依律聲請，若所長止三歲以下，按例擬絞，不得概行聲請。又，七十以上、十五以下及廢疾犯流，准其收贖一次，再犯不准收贖云云。此皆律寬例嚴。現在問案有例概不用律，此例應與律文一並參究。

**條例**

一、每年秋審人犯，現在年逾七十，經覆覈擬以可矜，蒙恩宥免減流者，俱准其收贖。

一、凡年七十以上、十五以下及廢疾犯流罪以下者，准其收贖一次，詳記檔案，若收贖之後復行犯罪，除因人連累過誤入罪者，仍准其照例收贖外，如係有心再犯，即各照應得罪名，按律治罪，不准再行收贖。

一、凡瞎一目之人有犯徒流遣等罪，俱不得以廢疾論贖，若毆人瞎一目者，仍照律科罪。

一、凡篤疾殺人之案，如釁起理直回毆適斃者，隨案減為流三千里收贖，若理曲肇釁或傷痕較多，及其餘犯一應死罪者，各照本律、本例問擬，毋庸隨案聲請俱入於秋審分別實緩辦理，其緩決之犯，俟查辦減等時，覈其情節應減流置者，再行依律收贖。

一、幼孩殺人之案，除七歲以下、十歲以下仍依律分別辦理外，至十五歲以下幼孩致斃人命，如死者年長四歲以上，恃長欺凌，力不能敵，回抵適傷者，隨案減為流三千里，若死亦幼孩及傷痕較多者，仍按律擬絞監候，如釁起護親，不論是否互鬬，及護伯叔父母兄姊，並無互鬬情形者，亦減為流三千里。

一、教令七歲小兒毆打父母者，坐教令者以毆凡人之罪。教令九十老人故殺子孫者，亦坐教令者以殺凡人之罪。

## 犯罪時未老疾

凡犯罪時雖未老疾，而事發時老疾者，依老疾論。謂如六十九以下犯罪，年七十事發；或無疾時犯罪，有廢疾後事發，得依老疾收贖。或七十九以下犯死罪，八十事發；或廢疾時犯罪，篤疾時事發，得入上請。八十九犯死罪，九十事發，得入勿論之類。若在徒年限內老疾，亦如之。謂如六十九以下，徒役三年，役限未滿，年入七十；或入徒時無病，徒役年限內成廢疾，並聽准老疾收贖。以徒一年，三百六十日為率，驗該徒若干，應贖銀若干，除去應役月日，餘該銀若干，照律收贖。犯罪時幼小，事發時長大，依幼小論。謂如七歲犯死罪，八歲事發，勿論；十歲殺人，十一歲事發，仍得上請；十五歲時作賊，十六歲事發，仍以贖論。

按：此亦明律，國初添入小註，與唐律原文一字不差。蓋承上條恤老慈幼矜不成人之義，而更推廣之也。依老疾幼小論者，或贖、或請、或勿論，俱依老小三等年歲及廢疾、篤疾分別擬斷。流罪已至配所不能復還，徒罪限內年入七十及成廢疾者，俱聽收贖。若小時犯罪，事發年雖長大仍以幼小論。蓋優老則據其現在發覺之年，矜幼則原其從前犯罪之歲，所以補前律之不及，而國家寬大忠厚之意亦可於言外見之。至於徒罪限內老疾除役過年月折算收贖餘罪之法，略舉一節可以類推：如徒三年，全贖應該出銀二十兩，以三年一千八十日計算，每日該銀一分八釐五毫零。如已役過一年之三百六十日，准去銀六兩六錢六分六釐六毫，未役二年之七百二十日該贖銀十三兩三錢三分三釐二毫零。此等細微末數雖不必見諸實事，惟公牘之上絲毫不能含糊，自應照此計算，亦以見讀律之家不可不兼明算術也。

## 給沒贓物

凡彼此俱罪之贓，謂犯受財枉法、不枉法，計贓，與受同罪者。及犯禁之物，謂如應禁兵器及禁書之類。則入官。若取與不和，用強生事，逼取求索之贓，並還主。謂恐嚇、詐欺、強買賣有餘利、科斂及求索之類。○其犯罪應合籍沒財產，赦書到後，罪人雖在赦前決訖，而家產未經抄劄入官，或罪未處決，籍沒之物雖已送官，但未經分配與人守掌者，並從赦免。其已抄劄入官守掌，及犯謀反、叛逆者，財產不分已未入官。並不准免。○若以贓入罪，正贓見在者，還官、主。謂官物還官，私物還主。又若本贓是驢，轉易得馬，及馬生駒，羊生羔，畜產蕃息，皆為見在。其贓已費用者，若犯人身死勿徵，別犯身死者，亦同；若不因贓罪，而犯別罪，亦有應追財物，如埋葬銀兩之類。餘皆徵之。若計雇工賃錢私借官車船之類。為贓者，死亦勿徵。○其估贓者，皆據犯處地方。當時犯時。中等物價估計定罪。若計雇工錢者，一人一日為銀一錢二分五釐，其牛馬駝贏驢、車船、碾磨、店舍之類，照依犯時雇工賃值，計算，定罪，追還。賃錢雖多，各不得過其本價。謂船價值銀一十兩，却不得追賃值一十一兩之類。○其贓罰金銀，並照犯人原供成色，從實追徵入官給主。若已費用不存者，追徵足色。謂人原盜或取受正贓，金銀使用不存者，並追足色。

按：此係明律，國初加入小註，現又刪改，蓋於追贓之中仍存矜恤之意也。唐律分為三門：一為彼此俱罪之贓，一為以贓入罪，一為平贓者。此合為一章，大致悉依唐律原文。惟唐律贓費用者死及配流均勿徵，現律刪去“配流”一層，惟死勿徵，則較嚴矣。又，唐律小註，凡贓皆徵正贓，惟盜贓倍備，若盜一尺須徵二尺之類，現律無此。再，唐律計庸者每人一日為絹三尺，現律改為銀一錢二分五釐，亦與唐律不同。通章分五段看：首節言贓物入官給主之法；二節言入官財產赦免、不赦免之法；三節言贓物應徵、勿徵之法；四、五節言估贓、追贓之法。總之，贓物有入官、有給主、有還官，而入官、給主、還官三項中又有赦免者、有勿徵者。必罪惡重大而始不赦，如謀反、叛逆之事，此外即應遇赦免追矣。必人贓見存而始追徵，如其人已死即不必徵，或未死而十分赤貧，亦有量追一半及勘實治罪豁免之例。其中纖細畢具，情與法可謂曲盡矣。至於斷付死者財產遇赦不得免追一項，本係律後總註，現已纂為條例。緣斷付死者之家財產係優恤生者以備養贍之用，與應合入官不同，蓋入官者可免而優恤死者之家不可免也，當分別觀之。此外又有與律互相發明者，如律稱身死勿徵，然官員侵盜錢糧入己者，該員身故，仍有將伊子監追之例。又，侵盜應追之贓，著落犯人妻及未分家之子名下追賠，如果家產全無，取結豁免，不得株連親族。又，應行查抄資產，而兄弟未經分產者，將所有產業按其兄弟人數分股計算，祗將本犯名下應得一股入官，其餘兄弟名下應得者概行給予。又，官員應追因公核減及分賠代賠之項，查明家產盡絕者，照例題豁，毋庸再於同案各員攤追，亦不追其妻子。又，搶竊之贓定案時嚴行比追，如果力不能完，即將本犯治罪取結豁免。又，命案內減等發落，應追埋葬銀兩勒限一箇月追完，如係十分貧難者，量追一半；如限滿勘實力不能完，取結豁免。又，應該償命罪囚遇赦宥免，追銀二十兩給其家屬，赤貧量追一半。又，強盜贓不足原失之數，將無主贓物賠補，如仍不足，將盜犯家產變價賠償。又，監守侵盜倉庫，有限四箇月、八箇月、十二箇月監追，及一年、二年、三年監追之條。以上數例散見各門，皆與此律互相牽涉，宜一併參考。再，給沒一法，外國均有。日本謂之徵償沒收，其沒收之法分為三項：一為法律禁制之物，二為供犯罪所用之物，三為因犯罪而得之物。徵償之法如犯人放免，若被害者請求其應還給贓物及賠償損害，仍不得免，若贓物尚在犯人之手，雖無請求即還給之云云。與中律大意相同，特文法與細則略有變通耳。諸學友現習日本刑法，故將中律與日法符合之處附錄於後，以為好學深思之一助。

**六贓細數比較**

監守盜：監守者有管掌倉庫錢糧之責，非但官吏，凡經管官之人如經紀、車戶、船戶之類均是。盜者，不分首從，併贓論罪。

一兩以下，工作六箇月。一兩以上至二兩五錢，工作八箇月。五兩，工作十箇月。七兩五錢，徒一年。十兩，徒一年半。十二兩五錢，徒二年。十五兩，徒二年半。十七兩五錢，徒三年。二十兩，流二千里。二十五兩，流二千五百里。三十兩，流三千里。四十兩，絞。

按：以上流罪、絞罪均係雜犯。雜犯三流總徒四年，雜犯絞准徒五年。現例一千兩以上實擬絞候，一百兩以上分別實擬流罪。

常人盜：常人對監守者而言，無論軍民官吏，凡無監守之責者均是，若盜倉庫錢糧亦不分首從，併贓論罪。

一兩以下，工作四箇月。一兩以上至五兩，工作六箇月。十兩，工作八箇月。十五兩，工作十箇月。二十兩，徒一年。二十五兩，徒一年半。三十兩，徒二年。三十五兩，徒二年半。四十兩，徒三年。四十五兩，流二千里。五十兩，流二千五百里。五十五兩，流三千里。八十兩，絞。

按：以上流、絞亦係雜犯，現例從重。一百兩以下分別實擬遣流；一百兩以上實擬絞候，為從減等。

竊盜：以一主為重，併贓論罪，為從減一等，掏摸者罪同。

一兩以下，工作兩箇月。一兩以上至十兩，工作四箇月。二十兩，工作六箇月。三十兩，工作八箇月。四十兩，工作十箇月。五十兩，徒一年。六十兩，徒一年半。七十兩，徒二年。八十兩，徒二年半。九十兩，徒三年。一百兩，流二千里。一百一十兩，流二千五百里。一百二十兩，流三千里。二百兩，發極邊足四千里安置。三百兩，發煙瘴地方安置。四百兩，發新疆當差。五百兩以上，絞監候，三犯流者，絞監候。

枉法贓：謂受有事人財而曲法處斷者，各主者通算全科，無祿人減一等，一百二十兩絞監候。

一兩以下，處七等罰，至八十兩，實擬絞監候，計數之法與常人盜相同，但彼流、絞係雜犯，此是實流、實絞耳。

不枉法贓：雖受有事人財而判斷並未曲法者，各主者通算折半科罪，一主亦折半科罪。無祿人減一等，罪止流三千里。

一兩以下，處六等罰，至一百二十兩以上，絞監候。計數之法與竊盜同。

坐贓致罪：凡官吏人等非因事而受財，如餽送、慶賀或私借所部內牛馬、衣物之類，又如被人盜財賠償之外多受人財，或科斂財物多收斛面而不入己者，或造作虛費人工、物料之類。非贓而分不應受，無贓而罪不能免，故不曰“計贓”而曰“坐贓”。在凡人為交際之常，在吏即為坐贓，所以杜貪污之漸也。此亦贓之最輕者。

一兩以下，二等罰。一兩以上二十兩以下，三等罰。二十兩，四等罰。三十兩，五等罰。四十兩，六等罰。五十兩，七等罰。六十兩，八等罰。七十兩，九等罰。八十兩，十等罰。一百兩，徒一年。二百兩，徒一年半。三百兩，徒二年。四百兩，徒二年半。五百兩。徒三年。

按：六贓而外，又有“挪移出納”一項，雖非監守自盜亦有應得之罪，律係計贓准監守自盜論，罪止滿流，例則分別五千兩以下者照律擬雜犯流，五千兩以上至一萬兩者擬實流三千里，一萬兩以上至二萬兩者發極邊足四千里安置，二萬兩以上者雖屬挪移，亦照侵盜錢糧例擬絞監候，仍勒限一年、二年、三年追完分別減免。

**條例**

一、凡問刑衙門自理罰金及收贖銀兩，歲底造冊申詳，上司報法部察核，並應開明罰贖人姓名及數目，曉示各該地方，如有以多報少及隱漏者，督撫奏參，以貪贓治罪。

一、京城現審案內，凡應追贓罰贓變贓贖銀兩，俱將該犯發交本旗籍，該管官定限一年追完，如逾限不行追交，法部即行查參，將承追各官照例議處。

一、大理院及京師各級審判廳現審案內違例入官住房、鋪面各項房屋，於定案後，大理院則徑咨民政部辦理，各級審判廳則徑咨內外城巡警總廳辦理，毋庸原問衙門估變。

一、京城現審竊盜案內無主贓物及一切不應給主之贓，如係金珠人參等物，交內務府；銀錢及銅鐵鉛錫等項有關鼓鑄者，交度支部；硫磺焰硝及甎石木植等項有關營造者，交農工商部；洋藥及鹽酒等項有關稅務者，交崇文門；其餘器皿衣飾及馬贏牲畜，均行文民政部，劄行內外城巡警總廳督同該區官當堂估值變價，交度支部彙奏，並將變價數目報法部查核，儻有弊混及變價不完，由法部奏叅。

一、地方官吏有將入官田房私租於人者，除照數追賠外，仍照侵盜錢糧例治罪。其一應變賣什物，俱勒限一年，眼同本犯家屬照數變賣，如逾限未變，器皿衣服仍於本地方勒變，一應金銀珠玉等物兌明分兩數目，造具清冊，眼同本犯家屬封固，取具並無更換甘結具文，解交藩庫。遇有便員附搭解部，轉交崇文門變價。若有竊換等弊，許家人及旁人首告，加倍追賠，仍照侵盜錢糧例治罪。

一、田房產業一經入官，即令本犯家屬將契券呈堂出業，該管官眼同原主秉公估定，開明價值，出示速售，有願買者即給與印照，不許原主勒索找價，仍令買主出具並無假冒影射甘結存卷。如該管官縱容原主據占影射，將據占之家屬、影射之父兄俱照隱瞞入官財物律，坐贓治罪，該管官並該上司俱照例分別議處。如並無影射等弊，首告之人揑詞陷害，按律反坐。至所典房地及質當物件，勒限令原主取贖，歸還原本。如逾限不贖，即開明原本價值出示招賣。

一、凡追贓人犯，除侵貪官吏仍照例限監追外，其搶奪竊盜之贓，問刑衙門於定案之日嚴行著追，如果力不能完，即將本犯治罪分別奏咨豁免。

一、凡內外官員名下應追因公覈減借欠等項，及該員本係分賠代賠，經地方官查明結報家產盡絕無力完繳者，俱照例奏豁，毋庸再於同案各員名下攤追。

一、虧空貪贓官吏一應追賠銀兩，該督撫委清查官產之員，會同地方官，令本犯家屬將田房什物呈明時價，當堂公同確估，詳登冊記，申報上司，仍令本犯家屬眼同售賣完項。如有侵漁需索等弊，許該犯家屬並買主首告，將侵漁需索之官吏照侵盜錢糧及受枉法贓律治罪。

一、緣事獲罪應行查抄貲產而兄弟未經分產者，將所有產業查明，按其兄弟人數分股計算，如家產值銀十萬，兄弟五人每股應得二萬，祇將本犯名下應得一股入官，其餘兄弟名下應得者，概行給予。

一、凡侵貪之案，如該員身故，審明實係侵盜庫帑，圖飽私橐者，即將伊子監追。

一、強竊盜賊現獲之贓，各令事主認領外，如強盜贓不足原失之數，將無主贓物賠補，餘剩者入官，如仍不足，將盜犯家產變（償）［價］⑤賠償，若諸色人典當收買盜贓及竊贓，不知情者勿論，止追原贓，其價於犯人名下追徵給主。

一、應該償命罪囚遇蒙赦宥，應給被殺家屬養贍銀二十兩，及命案內隨案減等，或罪應徒流人犯應追埋葬銀兩，並老小廢疾收贖、過失殺傷收贖、留養收贖各銀兩，俱勒限一箇月追完，有物產可抵者，亦著於限內變交，如審係十分貧難者，量追一半分別給屬、入官，若限滿勘實力不能完，其由死罪減等及例應流徒人犯，即行收所習藝，一面取具地鄰親族甘結，詳請督撫覈實，咨部豁免，如有隱匿發覺者，地鄰人等照不應重治罪，承追官照例議處，其應行援免及收贖釋放人犯仍再限一月，將減半銀兩著落本犯或親屬完交，不得概行請豁。

一、斷付死者之財產，遇赦不得免追。

## 犯罪自首

凡犯罪未發而自首者，免其罪，若有贓者，其罪雖免，猶徵正贓。謂如枉法、不枉法贓，徵入官。用強生事、逼取詐欺、科斂、求索之類，及強、竊盜贓，徵給主。其輕罪雖發，因首重罪者，免其重罪。謂如竊盜事發自首，又曾私鑄銅錢，得免鑄錢之罪，止科竊盜罪。若因問被告之事，而別言餘罪者，亦如上科之。止科見問罪名，免其餘罪。謂因犯私鹽事發被問，不加拷訊，又自別言曾竊盜牛、又曾詐欺人財物，止科私鹽之罪，餘罪俱得免之類。〇其犯人雖不自首，遣人代首，若於法得相容隱者之親屬為之首，及彼此詰發互相告言，各聽如罪人身自首法。皆得免罪，其遣人代首者，謂如甲犯罪，遣乙代首，不限親疏，亦同自首免罪。若於法得相容隱者為首，謂同居及大功以上親，若雇工人為家長首及相告言者，皆與罪人自首同得免罪。卑幼告言尊長，尊長依自首律免罪，卑幼依干犯名義律科斷。若自首不實及不盡者，重情首作輕情，多贓首作少贓。以不實不盡之罪罪之；自首贓數不盡者，止計不盡之數科之。至死者，聽減一等。其知人欲告及逃、如逃避山澤之類。叛是叛去本國之類。而自首者，減罪二等坐之。其逃叛者，雖不自首，能還歸本所者，減罪二等。〇其損傷於人因犯殺傷於人而自首者，得免所因之罪，仍從本殺傷法。本過失者，聽從本法。損傷於物不可賠償，謂如棄毀印信、官文書、應禁兵器及禁書之類，私家既不合有，是不可償之物，不准首。若本物見在，首者，聽同首法免罪。事發在逃，已被囚禁，越獄在逃者，雖不得首所犯之罪，但既出首，得減逃走之罪二等，正罪不減。若逃在未經到官之先者，本無加罪，仍得減本罪二等。若姦者，並不在自首之律。〇若強、竊盜，詐欺取人財物，而於事主處首服，及受人枉法、不枉法贓，悔過回付還主者，與經官司自首同，皆得免罪。若知人欲告，而於財主處首還者，亦得減罪二等。其強、竊盜若能捕獲同伴解官者，亦得免罪，又依常人一體給賞。強、竊盜自首免罪後再犯者，不准首。

按：此仍明律，國初及乾隆五年增入小註，現又刪改，大致與唐律相同而稍有增刪。唐律私習天文者亦在不准首之列，現律刪去此句。其末後一段唐律謂之“盜詐取人財物”，另列一門，現律合為一篇。自首者將己身所犯之罪自作詞狀而首告于官，必在事未發覺、人未到官之先，方見悔過，畏法出于本心，故律准免罪，所以重改過也。然情必實、贓必盡、事必不由人告發方得全免，其罪若稍有不實、不盡及知人欲告而首，均不得全免其罪。即全免其罪者，猶必追取其贓以給主、還官。通篇分為四節：首二節言犯罪准自首，所以開人自新之路；三節分別不准首所以絕人倖免之心；末節推廣自首之法，使人知免于罪而獲同伴者，既免本身之罪仍賞獲盜之功，弭盜微權并寓於是。此為律文最長之篇，意思委曲詳盡而文法仍簡老該括，其中一句一字均有精義，讀者宜詳味之。至於現行條例有足補律未備及與律互相發明者。如律云大功以上親首告得免其罪，例又補出小功、緦麻親首告得減本罪三等，無服之親減一等，其謀反、叛逆未行而親屬首告，正犯同自首律免罪，若已行者，正犯不免。又，律云知人欲告而首減罪二等，例又補出聞拏投首之犯於本罪上減一等科斷云云，誠以聞拏投首與知人欲告而首雖均無悔罪之真心，而情節稍有緩急之分，故此准減一等，彼准減二等也。又，律云逃叛而首得減二等，例又有被擄從賊不忘故土乘間來歸免罪之條，蓋以被擄從賊與有心逃叛不同，故全免其罪，不僅如律得從末減也。又如律云越獄在逃者不免本罪僅免逃罪，例又補出越獄半年投首者仍照原擬罪名，如同夥越獄有一人於限內投首供出，同夥於半年內盡行拏獲者，減原罪一等。又，監犯因變逸出投歸者，除反逆外，餘俱減原罪一等，拏獲者不減云云，蓋因變而逸與自行越獄不同，故此得減等而彼仍不免也。又，誘拐之案已被姦污者不准自首，若未被姦污分別到案遠近減一等、減二等擬罪。至於強盜自首，律本從輕，悔過還主者免罪，知人欲告而於財主處首還者減二等，捕獲同伴者又准給賞，現例從嚴，立有專條，除殺人放火、姦人妻女、毆事主折傷以上不准首外，其未傷人並傷輕平復之強盜，以事未發而自首與聞拏投首分別量減。又，夥盜指獲同伴者以五日內外拏獲分別量減，近又續纂夥盜供獲首盜及首盜夥盜供獲夥盜於四箇月內拏獲分別減等之例，皆較律文加嚴，而其中區分亦過於煩瑣，遠不如律文之簡易可行，惟功令所垂，現俱遵照辦理。學者須將律與例異同之處、輕重之別苦心分明，考其沿革之原，察其創制之意，臨事方有把握，不致無所依據，授人指駁之具。再，自首之法，外國亦設此例，日本刑法，凡犯罪除謀、故殺外，於事未發覺以前首官者，減一等；犯財產罪自首而還給贓物、賠償損害者，於自首減等外仍照本刑減二等，其償還不及全數而在半數以上者減一等；又，犯財產罪而向被害人首服者，與首於官同。此與中律大意相同而辦法略異，中律損傷於人者不准首，此則除謀、故殺外均准自首，可見鬬殺、鬬傷、姦罪均准首矣，此較中律界限為寬。而中律事未發覺首者全免其罪，此則僅減一等、二等，又較中律稍嚴。再，中律必給還贓物方准自首免減，若贓未追償即不准首，此則全償贓物者通減三等，還半者減二等，可見未償還而首者仍准減一等矣，此又較中律為寬。總之，刑法者，因時、因地、因人而異，一國有一國之風俗，法制即因此而立，或寬或嚴，其中各有作用，無論殷監於夏，周監於殷，秦、漢、唐、明各有損益，不能強同。即現在本國之例，如蒙古與內地亦有不能盡同者，況乎五洲之大，地隔數萬里，人分數十類，風俗嗜好種種殊異？而醉心歐化者，輒欲吐棄中國一切法律，盡換面目以效他人，不但削足就履，未適於用，即揆諸言稱先職、樂操土風之道，毋乃非仁人君子之用心乎？願我諸學友深表同情、共保國粹，或者障百川而回狂瀾，於世道人心不無小補也夫？

**條例**

一、小功、緦麻親首告，得減罪三等；無服之親減一等；其謀反、叛逆，未行，如親屬首告或捕送到官者，正犯俱同自首律，免罪；若已行者，正犯不免。採生折割之案，亦照此辦理。

一、凡遇強盜係律得容隱之親屬，首告到官，同自首法照例擬斷。其親屬本身被劫因而告訴到官者，依親屬相盜律科罪，不在此例。

一、強盜同居之父兄伯叔與弟，明知為匪，或分受贓物者，許其據實出首，均准免罪，本犯亦得照例減等問擬。

一、被擄從賊，不忘故土，乘間來歸者，俱免其罪。

一、在監斬絞重囚及遣流徒人犯，如有因變逸出、自行投歸者，除謀反、叛逆之犯仍照原擬治罪不准自首外，餘俱照原犯罪名各減一等治罪，若被拏獲者，仍照原犯罪名定擬。

一、一人越獄，半年內自行投首者，仍照原擬罪名完結。如同夥越獄多人，有一人於限內投首供出同夥於半年內盡行拏獲者，將自行投首之犯照原罪減一等發落，儻供出之同夥內尚有一二人未獲者，亦仍照原擬罪名完結，如係有服親屬拏首者，亦照本犯自首之例分別完結。

一、凡強盜，除殺死人命、姦人妻女、燒人房屋，罪犯深重及毆事主至折傷以上，首夥各犯俱不准自首外，其傷人首夥各盜傷輕平復，如事未發而自首及強盜行劫數家止首一家者，均發遣新疆當差，係聞拏投首者，擬絞監候，未傷人之首夥各盜及窩家盜線事未發而自首者，流三千里，聞拏投首者，發煙瘴地方安置，以上各犯，如將所得之贓悉數投報及到官後追賠給主者，方准以自首論，若贓未投報亦未追賠給主，不得以自首論。

一、凡誘拐不知情婦人子女首從各犯，除自為妻妾或典賣與人已被姦污者不准自首外，其甫經誘拐尚未姦污亦未典賣與人即經悔過自首，被誘之人即時給親完聚者，將自首之犯照例減二等發落。若將被誘之人典賣與人現無下落，誘拐之犯自首者，仍各按例擬罪監禁，自投首到官之日起三年限滿，被誘之人仍無下落或限內雖經查獲已被姦污者，即將原擬絞候之犯入於秋審辦理，原擬流罪之犯即行照原罪發落，儻能限內查獲未被姦污給親完聚者，各於原犯罪名上減一等發落。

一、遣流人犯在配、在所或中途脱逃，如有畏罪投回並該犯得相容隱之親屬赴官稟首拏獲，俱准免其逃罪，從前役過月日並得准理，若准免一次之後復敢脱逃，雖自行投首及親屬再為首告，俱不准寬免。

一、不論強、竊盜犯，有捕役帶同投首者，除本犯不准寬減外，仍將捕役嚴行審究，儻有教令及賄求故捏情弊，將捕役照受財故從律治罪。

一、聞拏投首之犯，除律不准首及強盜自首例有正條外，其餘一切罪犯俱於本罪上減一等科斷。

## 二罪俱發以重論

凡二罪以上俱發，以重者論。罪各等者，從一科斷。若一罪先發，已經論決，餘罪後發，其輕若等，勿論；重者，更論之，通計前所論決之罪，以充後發之數。謂如二次犯竊盜，一次先發，計贓一十兩，已工作四月；一次後發，計贓四十兩，該工作十月，合貼工作六月。如有祿人，節次受人枉法贓四十兩，內二十兩先發，已徒一年；二十兩後發，合並取前贓，通計四十兩，更科全罪徒三年。不枉法贓及坐贓，不通計全科。其應贓入官、物賠償、官罷職罪止者，罪雖勿論，或重科，或從一，仍各盡本法。謂一人犯數罪，如枉法、不枉法贓，合入官；毀棄器物，合賠償；職官私罪處十等罰以上，合罷職；無祿人不枉法贓一百二十兩以上，罪止流三千里之類，各盡本法擬斷。

按：此仍明律，國初添入小註，乾隆五年删改，現又改易，蓋擬斷數罪俱發之通例也，與前徒流人又犯罪不同：彼謂一罪已決而日後又犯，此謂平時曾犯數罪，或一時俱發，或先後並發，一曰“又犯”，一曰“俱發”，“犯”字、“發”字用義各別，故彼則重科後犯，此則通計前罪也。蓋罪不再科，既不失於嚴，仍盡本法，又不流於縱，此正用法之權衡。然其中亦有涉於輕縱致滋流弊者，如人命之案，一命與數命同一擬罪，並不加重，豈不啟兇徒多殺之機？是以此外又有殺一家三人加重之律，而例內鬬殺三命均擬加重。又，人命案件律不應抵罪，止流、徒之犯，如至三命以上俱按人數以次遞加，罪至發遣新疆為止，至過失殺數命者，按死者名數各追銀二十兩給各親屬云云。此皆變通律法而補律所未備，須彼此合參方無挂漏之弊。

又按：此律雖本唐律原文，而較唐律為輕。唐律此外尚有“以贓致罪者累科，若罪法不等，以重贓併滿輕贓，各倍論”之語。倍者，謂二尺為一尺，如三處受絹一十八疋，倍為九疋科斷。現律删去此層，是止有從一從重之法，而無累科之法，殊失古意。考之日本現行法所載，一罪先發已經論決，餘罪後發，其輕或相等者不論，其重者更論之，以先發之刑通算後發之刑，但沒收及徵償處分各從本法云云，不但與中律用意相合，而文法亦復相同，當是採用唐、明律意而仍其原文者。但改正刑法草案已變其宗旨，謂從一處斷之規是犯一罪與犯數罪受刑相同，自犯人計之，犯一罪不若犯數罪之利益矣。刑法之目的本為預防犯罪，而此法卻有獎勵犯罪之趨向，是與刑法之本旨相背矣。復採德意志刑法併科主義，除死罪及無期懲役禁錮不科他刑外，餘俱於併合罪中加其刑期之半，蓋其改正之註雖較現中律從嚴，實與唐律用意吻合，且切中近今情弊，附記於此以備參考。即此可見，外國立法不憚再四推勘，精益求精，其所長人者在此，其可取法者亦在此。獨怪新學之家僅於文法名詞之間襲其皮毛，詎非買櫝還珠乎？

**條例**

一、凡人命案件按律不應擬抵罪止徒流人犯，除致死二命照律從一科斷外，如至三命者，於本罪上各加一等，三命以上者，按照致死人數遞加一等，罪止發遣新疆當差，不得加入於死。若致死三命以上例有專條者，仍各照定例辦理。至過失殺人至數命者，按死者名數各追銀二十兩給各親屬收領，毋庸加等治罪。此等案件必須詳細研鞫，若核其案情近於過失而情節較重，或耳目所可及，思慮所可到，並非初無害人之意者，應仍照例分別定擬，不得濫引過失殺律收贖。

## 犯罪共逃

凡犯罪共逃亡，其輕罪囚，能捕獲重罪囚而首告，及輕重罪相等但獲一半以上首告者，皆免其罪。以上指自犯者言，謂同犯罪事發，或各犯罪事發，而共逃者，若流罪囚能捕死罪囚、徒罪囚能捕流罪囚首告；又如五人共犯罪在逃，內一人能捕二人而首告之類，皆得免罪。若損傷人及姦者不免，仍依常法。其因他人犯罪連累致罪，而正犯罪人自死者，連累人聽減本罪二等。以下指因人連累而言，謂因別人犯罪，連累以得罪者，如藏匿引送資給罪人，及保勘供證不實，或失覺察關防、鈐束聽使之類，其罪人非被刑殺而自死者，又聽減罪二等。若罪人自首告得免，及遇赦原免，或蒙特恩減罪、收贖者，連累人亦准罪人原免減等贖罪法。謂因罪人連累以得罪，若罪人在後自首告，或遇恩赦全免，或蒙特恩減一等、二等，或罰贖之類，被累人本罪亦各依法全免、減等、收贖。

按：此仍明律，其小註係乾隆五年修改，與唐律大致相同，蓋即古者以功贖罪之義。前自首律內犯罪在逃者不准首免，此又推廣在逃之囚有捕首逃亡者亦准免罪也。分二節看，上是自犯罪者，下是因人連累致罪者。自犯罪者既能服罪又能除惡，故得全免。因人連累者一則正犯既死則首惡已除，一則首惡既恕則餘可矜憫，故得分別減免、收贖也，但必輕罪捕獲重罪及罪相等者捕獲一半以上方准免罪，若捕獲不及一半及重罪捕獲輕罪，律無明文，應同損傷於人及姦者不免本罪得免在逃之罪，蓋於賞功之中仍防倖免之弊。此與《自首門》內“捕獲同伴解官”相同，而彼兼給賞，此僅免罪者，彼尚未到官，原無在逃之罪；此已被禁，兼有在逃之罪。故彼給賞而此止免罪也。律文細若毫髮，參觀詳繹方知字字均有精義，不但文法奥妙也。

## 同僚犯公罪

凡同僚犯公罪者，謂同僚官吏連署文案，判斷公事差錯，而無私曲者。並以吏典為首。首領官減吏典一等，佐貳官減首領官一等，長官減佐貳官一等。官吏如有缺員，亦依四等遞減科罪。本衙門所設官吏無四等者，止准見設員數遞減。若同僚官一人有私，自依故出入人罪私罪。論，其餘不知情者，止依失出入人罪公罪。論。謂如同僚連署文案官吏五人，若一人有私，自依故出入人罪論，其餘四人雖連署文案，不知有私者，止依失出入人罪論，仍依四等遞減科罪。〇若下司申上司，事有差誤，上司不覺失察准行者，各遞減下司官吏罪二等。謂如縣申州，州申府，府申布政司之類。若上司行下，事有差誤，而所屬依錯施行者，各遞減上司官吏罪三等。謂如布政司行府，府行州，州行縣之類。亦各以吏典為首。首領、佐貳、長官依上減之。

按：此仍明律，其小註係國初修改，與唐律大致相同而稍有删易。唐律亦分四等，各以所由為首，與現律通以吏典為首者不同，蓋言同官犯罪其輕重各有差等也。公罪即下失出入人罪之類，分兩節看。首節言同僚共犯以吏典、首領、佐貳、長官分為四等遞減科罪，官內如有缺員亦依四等遞減，其本衙門所設官吏無四等者，止准見設員數遞減。若同僚四人連署文案，内中一人有私故出入人罪，其餘三人不知有私，則一人以故出入人罪論，餘俱以失出入論，仍依上遞減。如失出應減五等，吏典為首減以五等，以次遞減至長官則應減八等也。後節言下司申上上司不行駁正、上司行下下司失於點檢而俱依錯施行者，各遞減科罪。但上司止減二等而下司得減三等者，蓋上臨下得以專制，故議罪稍重，所以責上司之怠忽；而下奉上難以拒違，故議罪略輕，所以原下司之受制也。“各遞減”云者，所謂官減官而吏減吏，如縣吏為首，州吏減縣吏二等，府吏減州吏二等通減四等，司吏又減府吏二等通減六等之類。官亦類是。遞者，依次挨推，各者，彼此分承。一豎一横用意各殊。故上節止是遞減之法，而下節加一“各”字則大有區别，律法之細如此，讀者不可忽過。

## 公事失錯

凡官吏公事失錯，自覺舉者免罪；其同僚官吏同署文案，法應連坐者，一人自覺舉，餘人皆免罪。謂緣公事致罪而無私曲者，事若未發露，但同僚判署文案官吏一人能檢舉改正者，彼此俱無罪責。〇其斷罪失錯於入已行論決者，仍從失入人罪論。不用此律。謂死罪已決，流徒罪已收所，工作罰金已處罰訖，此等並為已行論決。官司雖自檢舉，皆不免罪，各依失入人罪律減三等，及官吏等級遞減科之，故云不用此律。其失出人罪，雖已決放若未發露，能自檢舉貼斷者，皆得免其失錯之罪。其官文書稽程，官應連坐者，一人自覺舉，餘人亦免罪。承行主典之吏不免，謂文案，小事，五日程；中事，十日程；大事，二十日程；此外不了是名稽程。官人自檢舉者，並得全免。惟當該吏典不免。若主典自舉者，並減二等。謂當該吏典自檢舉者，皆得減罪二等，官全免。

按：此仍明律，其小註係國初修改，現又改易。文義一本唐律而字法稍有改易。蓋承上條而言，同僚犯公罪雖共有處分，而能檢舉即得免罪，即上條自首免罪之意。同僚一人覺舉餘人俱免，亦即上條親屬代首之意。彼以情當相隱，此以義當相糾，故同得免罪也。若失錯論決，則死者不可復生，刑者不可復挽，猶上條損傷於人不可賠償之意，故不准免，仍科以失入之罪。若失於出者，或其人脱逃不能貼斷，仍難免罪；若放決之後檢舉貼斷，則事可挽回。故註云准其免罪，所以補律之未備也。至文書稽程覺舉主典不免罪者，以承行文書是其專責，而稽程之罪亦多由於主典，若概免罪是開怠忽之門矣，故止減二等坐之。而官仍得免，是亦嚴於吏而寬於官之意。

## 共犯罪分首從

凡共犯罪者，以先造意一人為首，依律斷擬。隨從者，減一等。〇若一家人共犯，止坐尊長。如僧道徒弟與師共犯，亦同。若尊長年八十以上及篤疾，歸罪於共犯罪以次尊長。如無以次尊長，方坐卑幼。謂如尊長與卑幼共犯罪，不論造意，獨坐尊長，卑幼無罪，以尊長有專制之義也。如尊長年八十以上及篤疾，於例不坐罪，即以共犯罪次長者當罪。又如婦人尊長與男夫卑幼同犯，雖婦人為首，仍獨坐男夫。侵損於人者，以凡人首從論。造意為首，隨從為從。侵謂竊盜財物，損謂鬭毆殺傷之類。如父子合家同犯，並依凡人首從之法，為其侵損於人是以不獨坐尊長。若共犯罪而首從各別者，各依本罪首從論。仍以一人坐以首罪，餘人坐以從罪。謂如甲引他人共毆親兄，甲依弟毆兄徒二年半，他人依凡人鬭毆論，處二等罰。又如卑幼引他人盜己家財物一十兩，卑幼以私擅用財加二等，處四等罰，外人依凡盜論，工作兩月之類。〇若本條言“皆”者，罪無首從；不言“皆”者，依首從法。〇其同犯擅入紫禁城宮殿等門，若同避役在逃，及同犯姦者，律雖不言“皆”，亦無首從。謂各自身犯，是以亦無首從，皆以正犯科罪。

按：此仍明律，其小註係國初及乾隆五年修改，現又增易，大致與唐律相同而稍有刪節，唐律分作兩條，此合為一。唐律：強盜及略人者亦無首從，若共監臨主守為犯，雖造意仍以監主為首，凡人以常從論。現律刪此數語，未免闕略，蓋此律之意，詳言斷罪首從各有不同也。造意為首，隨從共謀之人為從，此法之常也，然有不可概論者，如一家共犯，雖係卑幼造意，而尊長有專制之責，則不可以常法首從論，應以尊長或以其次尊長為首矣。小註所謂“罪坐男夫”又推廣律文所未盡，蓋婦人雖係尊長而不能在外專制，故獨坐男夫之卑幼者，則不可以尊長為首也。然此止就戶婚田土等事而言，若侵損於人如盜竊、毆傷之類，不論尊卑、長幼，仍以造意為首，隨從者為從，則又不拘一家共犯罪坐尊長之法也。如一家同他人犯罪各有本條應得罪名者，或輕或重，各依本律，往往有首犯之罪反輕於從犯，而從犯反重於首犯者，此又特別之法，非首從之常例所可拘也。至於律言“皆”者，無首從，不言“皆”者，依首從法，本屬律之通例，然亦有律不言“皆”而仍無首從者，如擅入皇城、犯姦等項，此又出乎通例之外，不可以常律論矣。總之，律者有定而無定，無定而有定，詳繹此條，文義往復回環，層層銜接，筆筆轉換，百餘字中具有千變萬化之觀，非特義蘊宏深，即以文章論，亦當與《史》、《漢》並傳，非魏、晉以下所可及矣。當此歐學醉人、國文墮落之會，此等文字實為國粹攸寄，學者作律文讀可也，即作古文讀亦無不可也。

再，律言損傷於人以凡人首從論，例又補出一家共犯姦盜殺傷等案，如子弟起意而父兄同行助勢，仍於為從本罪上加一等，不得引用為從字樣。又，律文造意為首，而同謀共毆殺人之案則以下手傷重者抵命，原謀減一等。此皆補律之未盡，不能以常律拘者。又，例載婦人犯罪罪坐夫男，若夫男不知情及無夫男者，仍坐本婦云云，與此律小註互相發明，但彼曰“夫男”，此曰“男夫”，顛倒之下用意即大不同。男夫，猶言男子也，“夫男”者，二人之稱，“男夫”者，一人之稱，即此一端，可見律文字法之細，而國文之精妙不可及處亦在於是。然自此以後斯道如廣陵散矣。首從之法，外國刑法亦有此説而範圍不同，如日本之法，二人以上共同實行犯罪者皆為正犯，教唆犯罪者亦為正犯，知人犯罪而給與器具或誘導、指示、幫助正犯者為從犯，減正犯刑一等云云。推其治罪之法與中律同，而辦法迥異。中律數人共犯祇以一人為首，除律言“皆”者無首從外，此外從無一案辦數人為首之法；彼以二人以上皆為正犯，則是一案中有無數首犯矣。又，中律教唆者雖與正犯同罪，至死減一等，仍以從論；彼以教唆犯罪者為正犯，與中律至死減等者異矣。至於為從之法，中律凡同行犯罪除造意一人為首外，其餘均為從犯，至於給予器物或誘導、指示之人，若未同行，中律並不以為從論；彼概以此等各項為從，亦較中律為嚴。總之中國刑法斬、絞錯出，罪名雖重而辦法實寬，日本刑法有絞無斬，罪名雖輕而辦法甚嚴。且中律死刑雖多於外國，而外國生刑實重於中國。若概謂中刑重而外刑輕，是猶皮相之見耳，此皆讀律者所當知也，故附及之。

**條例**

一、凡父兄子弟共犯姦盜殺傷等案，如子弟起意、父兄同行助勢，除律應不分首從及其父兄犯該斬絞死罪者仍按其所犯本罪定擬外，餘俱視其本犯科條加一等治罪，概不得引用為從字樣。

## 犯罪事發在逃

凡二人共犯罪，而有一人在逃，現獲者稱逃者為首，更無人證佐，則但據其所稱決其從罪。後獲逃者稱前獲之人為首，鞫問是實，還將前人依首論，通計前決之罪，以充後問之數。○若犯罪事發而在逃者，衆證明白，或係為首，或係為從。即同獄成，將來照提到官，止以原招決之。不須對問。仍加逃罪二等，逃在未經到官之先者，不坐。

按：此仍明律，乾隆五年增添小註，上段原本唐律而略為删減，下“衆證明白即同獄成”一段唐律不載，全係明代所纂。本律之義，蓋承上條而分别在逃與現獲者辦理之法也。上條言共犯罪分首從，此言共犯中有在逃者先定現獲人首從之法。證佐，謂親見、親聞之人及現獲贓物可以為證者。前段言“更無證佐”，後段言“衆證明白”，可見“證佐”二字是兩段關鍵之處。上段言别無證佐，若止據見獲而懸坐為首，恐後日難以復改，故不嫌於少寬；下段言衆證已明，若不同獄成而停囚對待恐日久或多避脱，故又不嫌於果決。總是罪疑惟輕，不准遷延之意。律言先決從罪，後又纂監候待質之法。除強盗人犯不應寬釋，其餘人命等案原擬遣軍流罪已過十年，徒罪已過五年，杖罪已過三年，未定罪名之人已過二年者，分别發配、保釋，雖係變通律意，實為問案者開一方便之門。近已將此例删除矣。再，監候待質而外，又有“咨部展限”一節，更為拖累無窮，監候待質業已擬定罪名年限，滿日尚可出獄，展限之犯未定罪名，證佐一日未到，犯人常此羈禁，勢必瘐斃後已。近來雖有遇赦查辦之法，然例內不載，辦理諸多參差，此亦斷獄中一大弊政，故附記之。○又，律云事發在逃者衆證明白即同獄成，現例又補出未逃辦法死罪人犯必須取有輸服供詞，毋得節引衆證明白即同獄成之律，如有實在狡供不認者，遣流以下果係衆證確鑿即行照例定擬奏請，其尋常咨行事件咨部覆核完結云云。雖係慎重之意，但與律意不符。此律據證定罪，犯在逃者尚可定擬完結，其未逃者即可以此類推，若舍律遵例必取輸服供詞，則是衆證不足為據而酷刑拷掠畏罪誣服之弊從此生矣。考之唐律云：若贓狀露驗，理不可疑，雖不承引，即據狀斷之。《疏議》謂：計贓者，現獲真贓，殺人者，驗得實狀也。此律衆證明白即同獄成之論即本於此。現查東西各國慮囚之法，均係重證而不重供，深得唐、明律意。長安薛氏謂案情以衆證為憑固已十得八九，舍衆證而信犯供，供亦未可盡信，亦是此意。蓋據證定罪之法，古今中外同此機括。而現例“必取輸服供詞”一節，刻下雖尚遵行，日久必在所廢矣。此亦刑典中一大關鍵，附錄於後以備參考。

**條例**

一、凡二人以上共犯罪，現獲者稱逃者為首，除首從罪在遣、流、徒以下仍應照律辦理外，若人命、強竊盗及拒捕等案正犯在逃未獲，為從罪應絞候者，按例定擬入於秋審分别情實緩決辦理，其擬入緩決之犯，遇有恩詔，查辦所避罪名應准減免者，一體減罪省釋。如本罪應得援赦，所避係不准減免者，仍行監禁三年，儻正犯無獲，再行收所工作或取保釋放，其為首罪應斬絞，為從罪止遣、流、徒或罰金之案。現獲者稱逃者為首，如現獲多於逸犯，供證確鑿，以及逸犯雖多而現獲之犯係先後拏獲，或雖同時並獲經隔別研訊實係逃者為首，或事主屍親旁人指證有據者，即依律擬罪，案內牽連無干之人一概省釋，緝獲逸犯不須對問。若案內人數衆多，僅獲一二名，無事主屍親證佐指認者，俱照現供定罪，係強盜案件，仍令待質，三年限滿視正犯有無弋獲再行發配，其餘罪應流徒者分別發配留籍，均收入習藝所，按限工作，限滿發配人犯即交配所地方官管束，不准回籍。本地工作人犯與罪應罰金者，均取具的保釋放，逸犯就獲時無論限內限外，俱提回質訊，如原供屬實，即照例完結，若實係前獲之人為首，還依斬絞罪名問擬。承審官如因定擬在先有意迴護者，以出入人罪論。

一、內外問刑衙門審辦案件，除本犯事發在逃，衆證明白照律即同獄成外，如犯未逃走，鞫獄官詳别訊問係死罪人犯，務得輸服供詞，毋得節引"衆證明白即同獄成"之律遽請定案。若遣、流以下人犯，本犯狡供不認，果係衆證確鑿，復經層遞親提研訊，皆無疑義，即照例定擬，係本應具奏之案，照例奏請，其尋常咨行事件即具衆證情狀咨部覆覈完結，如再行控告，均不准理。

一、內外現任文武職官，除擅離職役查明尚非實在脫逃者仍照本律辦理外，如負罪潛逃，一經拏獲，本犯應死者，依常律，如該徒以上發往新疆効力，贖罪僅處罰金者，仍照律加逃罪二等。

一、旗下未經贖放之家人逃走屬實者，准赴該管衙門投遞逃牌，逃走之人不計次數，俱處十等罰給主領回，年六十歲以上、十五歲以下及自行投回者，俱免罪，如有不服傳喚抗拒避匿致伊主報逃者，照子孫違犯教令律治罪，其逃人帶逃物件載在原遞冊內者，准行提，如原冊未載，雖告不准行，如所載審係虛開，免其行提，逃人仍治逃罪，莊頭拖欠地租偷典地畝並帶家業逃走者，將帶逃家業分為三分，一分給出首之人，二分給主。

## 親屬相為容隱

凡同居，同謂同財共居，親屬不限籍之同異，雖無服者亦是。若大功以上親，謂另居大功以上親屬，係服重。及外祖父母、外孫、妻之父母、女壻、若孫之婦、夫之兄弟，及兄弟妻，係恩重。有罪，彼此得相為容隱；雇工人義重。為家長隱者，皆勿論。家長不得為雇工人隱者，義當治其罪也。○若漏洩其事，及通報消息，致令罪人隱匿逃避者，以其於法得相容隱。亦不坐。謂有得相容隱之親屬犯罪，官司追捕，因而漏洩其事，及暗地通報消息與罪人，使令隱避逃走，故亦不坐。○其小功以下相容隱，及漏洩其事者，減凡人三等；無服之親減一等。謂另居小功以下親屬。○若犯謀叛以上者，不用此律。謂雖有服親屬，犯謀反、謀大逆、謀叛，但容隱不首者，依律科罪，故云不用此律。

按：此仍明律，國初增修小註，現止刪去“奴婢”二字，大致與唐律相同而稍有修改，“妻之父母、女壻”及“無服之親減一等”數語唐律不載，均係明所增添。本律之義，是寓情於法，使恩義不相妨也。凡人知情藏匿罪人及容隱、漏洩、指引、給資致罪人逃避者，減罪人一等治罪。此則親屬容隱皆得免罪，所以重人倫厚風俗也。同居共財之親屬，情之最親者也，大功以上之親屬，服之最重者也，外祖父母等服雖輕而情親者也。至雇工於家長則以恩義聯屬，又不論同居、另居皆可為之容隱，而家長不可為雇工隱者，以義相臨當治其罪，正唐律所謂“部曲奴婢主不為隱，聽為主隱”是也。此皆指事未發覺之先而言，即事發之後官司拘捕而漏洩通報致令逃避者，亦不坐罪。至於小功以下，恩義漸殺，有容隱者雖不全免其罪，然亦得分別減等，此皆權恩義之中而教人以親睦之道。若謀反、謀叛，則大義滅親，理當舉發，又不得拘以此律矣。

以上各節皆言親屬犯罪，官司未經拘執入禁，故設此容隱之法使得以恩掩義。若拘執到官即當以義斷恩，故刑律又有“竊放囚走親屬與常人同科”，及“與囚金刃解脫子孫雇工止減獄卒一等治罪”之條，兩比合參，自知義各有當也。

再者，此律與《干名犯義》、《犯罪留養》各律均係扶植綱紀、敦敘倫常之意，刑法之可弼教化者在此，中律之所以為國粹者亦在此。檢查東西各國刑法均無此條，亦可知其好尚之所在矣。夫證父攘羊羣稱為直，以方城漢水之名區，民望如歲之慈父尚不解此道理，而何論於異俗異教之人乎？現奉明詔遵孔，此即孔教之精粹，而由父子推及親屬更為周密無遺，朱子以為天理人情之至，足見律義、經義，法學、理學，其道一而已矣。此外又有與律互相發明者，如女壻、妻父母得相容隱，若翁壻義絕，如逐壻嫁女、縱女犯姦及以妻為妾、毆妻折傷之類，則亦不得容隱矣。又如親屬行強竊盜，其被盜之親屬得相告發，亦不在容隱之例。又，親屬犯遣流罪而逃回者，惟祖父子孫、夫妻、雇工得相容隱，其餘親屬均不得援引此律容隱。又，此項親屬非但得相容隱也，若代為自首則有免罪之律，到官以後更有不許為證之律，詳見各門，足資參考。

又，此律後又有一例：父為母殺，其子隱忍者，分別擬杖；若母為父殺，其子准其依律容隱云云。又，考之史鑑，東魏時頒《麟趾新制》有“母殺其父，子不得告，告者死”一條，時竇瑗上議，謂如有此事可臨時議罪，無庸豫制斯條云云。二者議論不同，而此例現已刪除，惟其事甚奇，錄之以備參考。又，《唐律疏義》云：有五服內親自相殺者，疏殺親合告，親殺疏不合告；親疏等者，卑幼殺尊長得告，尊長殺卑幼不得告。其應相隱者，疏殺親、義服殺正服、卑幼殺尊長亦得論告，其不告者亦無罪云云。此皆倫常之變，律雖不設專条，然亦事所或有，備錄於後，當亦研究律學者所願聞也。

## 處決叛軍

凡邊境重地城池，若有軍人謀叛，守禦官捕獲到官，顯跡證佐明白，鞫問招承，申報督撫、提鎮審問無冤，隨即依律處治，具由奏聞。如在軍前有謀叛，能臨陣擒殺者，事既顯明，機係呼吸。不在此委審、公審之限。事後亦須奏聞。

按：此仍明律，國（朝）[初] [⑥]及雍正三年修改。原係“鞫問招承，行移都指揮司，委官審問無冤，依律處治，具由申達五軍都督府奏聞。若有布政司、按察司處，公同審問處治”，此改為“申報督撫、提鎮審問無冤，依律處治，具由奏聞”，以本朝權歸督撫統轄文武，武職並無指揮司、都督府等官，而文職布、按二司亦歸督撫節制，官制不同，故辦法稍異。此外又有“吏卒犯死罪”並“殺害軍人”及“在京犯罪軍民”三條：凡各衙門吏典、禁子有犯死罪，從各衙門長官鞫問，不須稟申，依律處決，死後申報上司轉達法部。又，殺死軍人者依律處死，仍將正犯人餘丁抵數充軍。又，在京軍民若犯杖八十以上者，軍發外衛充軍，民發別郡為民云云。本朝軍民無甚分別，犯罪一同問擬，吏典雖有加等治罪之例，而死罪亦不區分，故現律刪去前後三條，止留此處決叛軍一條。其實此條現亦虛設，近來督撫權重，動即就地正法，而依律處治、具由奏聞者蓋寥寥矣。此律之意，蓋言邊城重地，當用軍法以申國法也。邊方軍叛事繫安危，機貴神速，若待請命而後處治，恐有外援內應遲留生變，故即依律處治、具由奏聞，所謂先斬後奏，不必如尋常之命盜重案，必待奏請交議核准然後行刑。然亦須委審、覆審，招承無冤方可處治者，恐其擅殺也。至軍前對敵如有謀叛之人，機係呼吸，更宜迅速擒殺，則不可拘委審、公審之限，然亦必事後奏聞者，防其濫殺也。均係慎重人命之意。東西各國普通刑法而外另有陸海軍刑法，別於普通刑法，亦較普通法稍嚴。中國雖有兵律，而簡略不完，且夾雜於普通律內。現在陸海軍設立專部，訂有新章，可與此律合參。

## 蒙古及入國籍人有犯

凡蒙古人犯罪，照理藩部蒙古例定擬，其餘藩屬並因歸化入籍者，仍依律科斷。

按：此仍明律，國初及雍正三年增修，現又删改。唐律係“化外人相犯”：凡化外人同類自相犯者，依本俗法，異類相犯者，以法律論。此律即本於此。凡入籍之人既來歸降即是王民，若有犯罪，一律科斷，不得另立條科，所以示王者無外之意，而法令須昭均平也。惟隸理藩部者，如內外及青海各蒙古部落，風俗不同、嗜欲不通，若照口內地一律問擬，未免窒礙實多，是以另設蒙古條例以示因地制宜之意。但律衹渾言“照蒙古例辦理”，例則條分縷晰，皆補律所未備，宜併研究。再，“歸化人”所包甚廣，本門止言蒙古一項，此外苗瑶土蠻各種均屬歸化之人，犯罪有照民人一體擬斷者，亦有獨設專條者，散見各門，參差不齊，亦當參合比較，臨事方免歧誤。

**條例**

一、凡內外蒙古死罪案件，不論所引何律，概歸理藩部主稿，咨送大理院覆判，會同具奏，奉旨之後係立決人犯，由理藩部行文該將軍都統處決，係監候人犯，由理藩部大理院分咨法部，秋審時由法部會同理藩部辦理，其遣罪以下人犯應發遣者，由理藩部咨送大理院覆判，應改折者，由原審衙門判結，其在京蒙古案件咨交地方審判廳審理，仍由部派員繙譯。

一、青海蒙古人有犯死罪應正法者，照舊例在西甯監禁，其餘一切應擬絞候之犯，俟部覆後解赴甘肅按察使衙門監禁，於秋審時將該犯情罪入於該省招冊，咨送法部查覈。

一、蒙古與民人交涉之案，凡遇鬭毆拒捕等事，該地方官與旗員會訊明確，如蒙古在內地犯事者，照刑律辦理，如民人在蒙古地方犯事者，即照蒙古例辦理。

一、蒙古地方搶劫案件，如俱係蒙古人，專用蒙古例，如俱係民人，專用刑律，如蒙古與民人夥同搶劫，覈其罪名，蒙古例重於刑律者，蒙古與民人俱照蒙古例問擬，刑律重於蒙古例者，蒙古與民人俱照刑律問擬。

一、凡苗人土蠻僮瑶犯罪，例無專條者，無論罪名輕重，悉照民人一律問擬。

按：此外如回民、旗人犯罪，舊例亦有特別之例，與民人多半不同，以其均非化外之人且現在大半删除，故不錄入此門。統觀以上律例，足徵刑法因人因地而異，風俗不同嗜好各殊，若概治以普通之法，必多扞格不入，非但中國立法如此，即考之泰西各國，如德之刑法，帝京柏林即與各聯邦少異，英之倫敦三島即與印度少異，俄之歐洲地方即與西比利亞少異，美則各省自為一法，不必盡同，惟東瀛三島地勢狹小，現行刑法整齊畫一，然新屬之台灣，其治法亦有與本島不同之處。此可見因利而利，以人治人，修其教不易其俗，齊其政不易其宜，法律所垂悉本經傳遺義，即外國法律日新月異，矜言改良，然亦不外此因地制宜之道，期於變通宜民而已。今之墨守舊法者，無足論矣，而新學變法，則又盡棄所學，依樣葫蘆，不特離經背本，恐反為外國法學家所竊笑矣！總之，形下之器我固不如彼巧，而形上之道彼實不如我精，法律之學固形而上者之道，非形而下者之器也，中律義理精深，文詞簡奧，實足包含萬象，彼法所剌剌不休矜為創獲者，皆我古律所吐棄之、刪除之而不屑載諸簡冊者也，世有知律之士竊願以此說證之。

再者，此律所言“化外之人”係指向化歸附地方已屬於我，故可操縱由己，若列強並峙勢均力敵，彼此人民交涉相犯之案即不可驟以此律相加，然現在各強國逞其勢力，均援此律之意，悉使外國人民受其範圍，其法惟德國最詳，日本倣之，採入改行刑法，名為關國交罪，緣非此則主權不伸，不可列於同等之國，故刑法以此項冠於篇首，良有深意。中國各埠外國領事裁判有權，彼法可加我民，我法不能施於彼族，以致民人受負釀成交涉，論其表面，均藉口中法嚴重不受約束，現擬改輕刑法，拒回各國領事治外法權，未知能否如願以償，拭目俟之。

## 本條別有罪名

凡本條自有罪名，與名例罪不同者，依本條科斷。○若本條雖有罪名，其心有所規避罪重者，又不泥於本條。自從所規避之重罪論。○其本應罪重，而犯時不知者，依凡人論；謂如叔姪別處生長，素不相識，姪打叔傷，官司推問，始知是叔，止依凡人鬬法。又如別處竊盜，偷得大祀神御之物。如此之類，並是犯時不知，止依凡論，同常盜之律。本應輕者，聽從本法。謂如父不識子，毆打之後，方始得知，止依打子之法，不可以凡毆論。

按：此仍明律，其小註順治三年增修，與唐律大意相同，惟字句略有修改，蓋為斷獄者明其引律之法也。《名例》雖為諸律綱領，而文義簡要，不能盡為賅括，亦有自見於各條者，故本條自有罪名即當依本條科斷，不得拘用《名例》。如《名例》逃叛自首者減罪二等，而《軍政門》官軍在逃一百日內能自出官首告者免罪，此本條較《名例》為輕，則當用軍政也。又，《名例》犯罪以造意為首，而《人命門》同謀共毆下手傷重者絞，原謀減一等，此本條與名律首從辨法不同，則當用人命之類是也。如本條雖有罪名，而有規避求脫之情重於本罪，則當從重科斷，又不拘於本律。如越府城者本罪十等罰，但因避竊盜贓重而逃，則當坐竊盜贓重之罪，不得僅論越城之輕罪。又如漏報文卷一宗，本罪二等罰，但因避侵欺庫銀而漏報，則當坐監守自盜之罪，不得僅論漏報輕罪之類是也。此皆權事情之輕重而務得其中。蓋人之情偽百出，故律之權衡亦異，引律者必須知此活動之法而誅心定案，然後姦人乃無所逃於法矣。又，查日本刑法載有刑法上無正條，而於他法律規則有刑名者，各從其法律規則，若於他法律規則別無總則者，從此刑法總則云云，與中律用意相合，可見此係古今中外通行之法，讀者更宜留意。

## 加減罪例

凡稱“加”者，就本罪上加重。謂如人犯處四等罰，加一等，即坐五等罰。或犯處十等罰，加一等，即坐徒一年。或犯徒一年，加一等，即坐徒一年半。或犯徒三年，加一等，即坐流二千里。或犯流二千里，加一等，即坐流二千五百里之類。稱“減”者，就本罪上減輕。謂如人犯處五等罰，減一等，即坐四等罰。或犯徒一年，減一等，即坐十等罰。或犯徒三年，減一等，即坐徒二年半之類。惟二死、三流，各同為一減。二死謂絞、斬，三流謂二千里、二千五百里、三千里，各同為一減，如犯死罪減一等，即坐流三千里；減二等，即坐徒三年。犯流三千里者，減一等，亦坐徒三年。加者，數滿乃坐。謂如贓加至四十兩，縱至三十九兩九錢九分，雖少一分，亦不得科四十兩罪之類。又加罪止於流三千里，不得加至於死。本條加入死者，依本條。加入絞者，不加至斬。

按：此仍明律，其小註國初修改，現又改易，亦即唐律原文，惟删去篇末數語耳，蓋總括各律言加言減之通例也。二死、三流各同一減者，二死不分絞、斬皆減滿流，三流不分遠、近皆減滿徒。若至於徒則依五徒年分逐層遞減，不得同減為罰金，罰金十等遞減亦然。蓋死、流罪重，故可同為一減，徒罰罪輕，必須層累而下，既不失之於刻，亦不失之於縱。至於加罪，由徒至死分作四等，而減罪止作二等者，顯開寬厚之門而隱杜深刻之漸，聖王仁恤之懷畢露於斯。然亦有本條加入死罪者，如《鬬毆門》雇工人毆家長緦麻親至篤疾，妾毆夫及正妻至廢疾者，皆得加入於絞，所謂本條自有罪名者，依本條科之，不得以《名例》為拘。再，律文加罪止於滿流，而例又有由滿流加遣之法。律文二死一同減流，而例又有由立決減為監候，由斬絞監候減遣之法。此皆變通律法，不得以律為拘者也。又，例載發遣新疆罪名，除官犯及例有正條應照例辦理外，其餘三流安置以下人犯不得擅擬發往新疆云云，與律相輔而行。律之不加於死者，係慎重人命之意，並不准擅加發遣，尤見欽恤罹刑之心。近來督撫跋扈，凡条革職官動輒發遣新疆，若不知有此例者，以致良法仁政視同具文，是以上年二月經刑部奏請申明此例，凡官犯軍流應改發新疆效力贖罪者，仍恭候欽定其罪，應革職及杖徒之犯不准以“不足蔽辜”等詞率請從重發遣新疆云云。經此次通行之後，此例或不至虛設矣。

再者，加減罪例，東西各國均有此法，而日本更為詳備。日本之刑分違警罪、輕罪、重罪三等。違警罪拘留、科料之刑止得由十日加至十二日，由二圓加至二圓四十錢，不得加入輕罪。輕罪禁錮之刑止得由五年加至七年，不得加入重罪。無論輕、重罪不得加入死刑。其減法則死刑一減為無期徒流，無期徒流一減為有期徒流，有期徒流一減為重懲役、重禁獄，重懲役、重禁獄一減為輕罪禁錮、罰金之刑，禁錮、罰金之刑得遞減為違警罪拘留、科料之刑。而禁錮、罰金應加應減者，以本條所載刑期、金額四分之一為一等，如應禁錮五年者減一等衹禁錮三年九箇月，應罰金一百圓者減一等衹罰七十五圓之類。現行刑法又改四分之一為二分之一，則更輕簡。總之，減法從略，加法從詳，易於減而難於加，與中律節目雖殊，要皆同此欽恤寬厚之意，現在參習東法，故詳釋此節於後，以備參證。

**條例**

一、發遣新疆罪名，除官犯及例有正條應照例辦理外，其餘三流安置以下人犯悉照本條律例問擬，不得用不足蔽辜無以示懲從重加等及加數等字樣擅擬發往新疆，其案情錯出、律無正條、應折衷至當援引他律他例酌覈或實在案情重大罪浮於法，仍按本律例擬罪，將應行加重發遣緣由均於摺內聲明恭候聖裁，如拒捕脱逃等項載明照本罪加等者，仍各遵照辦理。

## 稱乘輿車駕

凡律中所稱“乘輿”、“車駕”及“御”者，如御物、御膳所、御在所之類，自天子言之，而太皇太后、皇太后、皇后並同。稱“制”者，自聖旨言之，而太皇太后、皇太后懿旨並同。有犯毁失制書，盜及詐為制書，擅入宮殿門之類，皆當一體科罪。

按：此仍明律，順治三年加入小註，雍正三年修改，現又删去“皇太子”一層，上半與唐律同，下半稱“制”一層，唐律太皇太后、皇太后、皇后、皇太子令減一等，此則並同。又，唐律稱“制”有皇后一項，此則稱“乘輿”、“車駕”有皇后，而稱“制”內無之，亦有深意，或者鑒唐時武后、韋后之專政而釀為亂階，故稍抑其權而不使與天子同尊也。天子所臨曰“御”，律稱“御”者，如擅入御膳所、御在所之類；天子所言曰“制”，律稱“制”者，如制書有違之類。蓋臣下事上，尊同則敬同，凡律稱“乘輿”、“服御”之類自天子言之，而太皇太后、皇太后至尊，皇后齊體，一並同論，如擅入御膳所絞監候，車駕行處軍民衝突儀仗者雜犯絞罪，而擅入三后住所及衝突三后儀仗者，亦同上擬絞也。“制書”自天子言之，而太皇太后、皇太后“懿旨”同，如有違制書者十等罰，詐為制書者絞監候，而違犯及詐為兩宮懿旨，亦同上擬罰擬絞也。

## 稱期親祖父母

凡律稱“期親”及稱“祖父母”者，曾、高同。稱“孫”者，曾、元同。嫡孫承祖，與父母同。其嫡母、繼母、慈母、養母，有犯。與親母律同。改嫁義絕，及毆殺子孫，不與親母同。稱“子”者，男女同。

按：此仍明律，其小註係順治三年及乾隆五年增修，現又刪易，大致與唐律相同，惟刪去唐律篇末數語耳。蓋言親屬之情義相等者，有犯皆同科也。一年之喪曰“期”，如伯叔兄弟及在室之姊妹至祖父母，皆服期年。曾祖止服齊衰五月，高祖三月，雖無期年之服，而皆天親倫理之重，有犯依期親及祖父母，與其他五月、三月之服不同。如謀殺祖父母及期親尊長皆斬立決，犯高、曾者亦同。聞期親尊長喪匿不舉哀，處八等罰，高、曾亦同之類是也。祖為嫡孫服期年，衆孫大功，曾孫、元孫緦麻，服雖有降，然既統稱曰“孫”，則曾、高祖有犯曾、元孫者仍依祖孫本法，與其他緦麻服亦不同。如故殺親孫者，徒一年，故殺緦麻姪孫者，絞監候，若高、曾祖故殺曾、元孫則依親孫擬徒，不依緦麻擬絞之類是也。至於長子死而嫡孫承重者，一切干犯祖父母則依與父母律科斷。若妾子謂正妻曰“嫡母”，母死父後娶之妻曰“繼母”，所生母死，父令他妾撫養曰“慈母”，自幼過房與人曰“養母”，四者雖非親母，然禮皆持服，若未改嫁及非毆殺子孫，其餘一切有犯皆與親母同論。如親母改嫁及被出者，其子降服期年，而嫡、繼、慈、養改嫁被出，則無服。親母毆殺子十等罰，而嫡、繼、慈、養殺者加一等，致令絕嗣者絞監候。例又有因姦殺子，分別嫡、繼、生母，治罪之條則較律註更細矣。蓋律文斷罪之例本以服制分別輕重，惟此數項恩義名分至重，不以服制為拘，故設此專條以示變例。惟其間，異中有同，同中又有異，須統小註讀之，不可專執律文也。又，“養母”一項，此律及服圖均註三年之喪，道光四年經大學士、九卿奏明，改為齊衰期服，與律註不同，現已刪除矣。

再者，服制一項歷代相傳，雖少有變易，而大綱嚴正，乃中華國粹所存。西法諸多精細，惟此從略。日本刑法雖有親屬一條，亦與中律諸多不合，如謂高、曾祖父母、外祖父母均稱祖父母，繼父母、嫡母均稱父母，庶子、曾元孫、外孫均稱子孫，異父、異母之兄弟姊妹均稱兄弟姊妹云云。夫高、曾父母均稱祖父母，嫡母、繼母均稱父母，庶子、曾元孫均稱子孫，此尚與中律不差，若外祖父一項，雖較尋常小功服為重，中律有犯比之期親，已覺尊嚴，若統與本宗祖父母並論，未免無外內之分矣。至於異父、異母之兄弟姊妹，中律大有分別。異母之兄弟姊妹固可與同胞兄弟姊妹並論，若異父之兄弟姊妹則係異姓，不同一宗，並無服制。中律雖有犯姦較凡加重之文，然究與同父兄弟姊妹輕重懸絕，彼則相提並論，不但無內外之別，並無同姓、異姓之分矣。再，彼法所稱配偶者之兄弟姊妹之子，是即中國之妻姪也，配偶者之父母之兄弟，是即中國之叔岳也，在中律有親無服，有犯均以凡論，而彼均列親屬之中，亦與中律不合，若以中學論之，殊覺駭人聽聞矣。現在變法諸倣東律，此等恐不易行。因論期親之文而縱言及此，仍未脫平日守舊積習，恐不值新學高明家一噱也。

## 稱與同罪

凡律稱“與同罪”者，謂被累人與正犯同罪，其情輕。止坐其罪。正犯至死者，同罪者減一等，罪止流三千里，不在絞、斬之律。若受財故縱與同罪者，其情重。全科。至死者絞。其故縱謀反、叛逆者，皆依本律。絞。○凡稱“同罪”者，至死減一等；稱“罪同”者，至死不減等。○稱“准枉法論”、“准盜論”之類，事相類，而情輕。但准其罪，亦罪止流三千里。稱“以枉法論”、“以盜論”之類，事相等，而情並重。皆與正犯同絞、斬，皆依本律科斷。然所得同者律耳，若律外引例發遣等項，則又不得而同焉。

按：此仍明律，其小註係順治三年、雍正三年增修，現又刪易。下二節與唐律大致相同。上節稍有變易，唐律稱“與同罪”者止坐其罪，死者止絞而已，今律罪止流三千里。又添“受財故縱”數語，可見惟“受財故縱”一項“與同罪”者始坐以絞，此外“與同罪”者均止于流，並無死罪，較唐界限為寬。首節言稱“同罪”與“罪同”之異，後二節言稱“准”、稱“以”之異。“同罪”者，此之所犯即照彼罪名科之，而犯罪之因則異；“罪同”者，謂推其過惡情與相類，權其輕重實與相等。“同罪”係被相累之人，與正犯有別，故止坐其罪而不盡本法，如正犯係竊盜，“同罪”者止坐竊盜之罪，正犯係斬絞之罪，“同罪”者減一等，止流三千里也。此皆指不受財言之，若正犯之罪應死，受其財而故縱，則又不拘罪止滿流之例，亦與正犯同科死罪，但雖科死罪，仍止於絞，不坐以斬，此“同罪”之中有不同者如此也。其故縱謀反、大逆者又與尋常故縱不同，不問受財與否，則依本律坐以斬、絞。雖故縱而不科“同罪”，此又故縱之中有不同者如此也。至于稱“准”、稱“以”，讀律八字分晰已明，稱“准”即“同罪”之義，稱“以”

即“罪同”之義。蓋律定在前，例增在後，凡引例者不得援《名例律》同論，故註曰“律外引例又不得而同焉”。此等精細文法乃中學擅長之處，亦即國粹所存，讀者宜細玩之。

## 稱監臨主守

凡律稱“監臨”者，內外諸司統攝所屬，有文案相關涉，及別處駐劄衙門帶管兵糧水利之類。雖非所管百姓，但有事在手者，即為監臨。稱“主守”者，內外各衙門該管文案，吏典專主掌其事，及守掌倉庫、獄囚、雜物之類，官吏、庫子、斗級、攢攔、禁子，並為主守。○其職雖非統屬，但臨時差遣管領提調者，亦是監臨主守。

按：此仍明律，其小註順治三年增入，大意本之唐律，而名色字句較為充暢完備。“監臨”專指官言，“主守”兼官役言。庫子掌庫藏，斗級掌倉厫，“攢”謂攢典，“攔”謂巡攔。禁子，守獄囚之人。監臨，謂監察而臨蒞也，以上下統攝言。主守，謂主掌而看守也，以經費責任言。監臨之官分得自專，勢可相制，統攝之權至重。主守之人收掌在己，出入自由，經管之責自重。文案相關涉，謂於所屬下司有申呈劄帖、文書往來之類。律內稱“監臨”者，如監臨官吏盜錢糧，及娶為事人妻女，並中鹽放債，囑託求索借貸財物之類。稱“主守”者，如主守盜倉庫，損壞財物，及不覺失囚，故縱教囚反異之類。以其事權財物在己，故犯罪較凡人為重。至於雖非統攝而既奉差遣，即有管領提調之責，則權勢可行亦是監臨，專掌其事亦是主守，故上節是常時之監臨、主守，下節是暫時之監臨、主守。東律雖無此項名目，而官吏不守法律規則犯罪者亦較凡人加重，即是此意。

## 稱日者以百刻今時憲書每日計九十六刻。

凡律稱“一日”者，以百刻，犯罪違律，計數滿乃坐，仍遵照時憲書每日計九十六刻。計工者，從朝至暮。不以百刻為限。稱“一年”者，以三百六十日。如秋糧違限，雖三百五十九日，亦不得為一年。稱“人年”者，以籍為定。謂稱人年紀，以附籍年甲為准。稱“衆”者，三人以上。稱“謀”者，二人以上。謀狀顯跡明白者，雖一人，同二人之法。

按：此仍明律，亦即唐律原文，順治三年增修小註，現又增添。蓋解律中稱日、稱年、稱人之義，使斷罪不致錯誤也。稱日百刻乃沿律之舊文，明歷十二時，每時八刻，子午二時十刻，合為一日百刻。今時憲書子午亦八刻，每日共九十六刻，與此稍有不同。計日論罪，如人命保辜之類，不滿刻者不得以限滿論。如初一日辰時傷人，保辜二十日者，必至二十一日辰時方為限外，卯時猶為限內也。

至於計工，則夜無役，理止令朝作暮息，不得以刻為論。計年論罪者，如追贓緝盜之類，不滿三百六十日不得以限滿論。小建之日則增算，遇閏之年亦扣算也。計年論罪者，如老幼收贖、存留養親之類，恐其增減捏報，故以附籍入冊之年數為准。衆者，人多之詞，如聚衆打奪鬬毆之類，不及三人不可謂“衆”；謀者，共為之事，如同謀共毆、共謀為盜之類，若止一人不可謂“謀”。惟謀殺律內獨謀諸心，雖一人，亦稱曰“謀”，故註云“同二人之法”。律義如此，惟現在成案辦法亦有不盡遵此者：如計算工料、錢糧者照律扣小建增閏月，若限年承追、承催之案，則今年二月初一日起至明年正月三十日即為一年，限滿不照三百六十日計算。又，丁憂俸銀俱不計閏，而徒犯著役及承審等項仍計閏月，亦不照三百六十日之律也。又，嘉慶十六年上諭：凡以年定罪之案，如謀殺十歲幼孩及姦十二歲以下幼女之類，罪名出入甚鉅，遇有此等祇應覈其現在年歲為定。若照生年月日覈算，恐犯供有心欺飾，反開官吏挪移高下之弊云云，皆足補律未備，當並參之。至於稱年以籍，現在戶籍淆亂無可查究，辦案並不依此，凡關犯人年歲者祇取具親族鄰里甘結，並不關查戶籍，是亦變通辦理之法。若日本刑期計算，凡稱一日者以二十四點鐘計，稱一月者以三十日計，稱年者從歷云云。與中律小有參差，中律無稱月一層。而現定訴訟法第七條，稱時者即時起算，稱日者二十四小鐘，稱月者三十日，稱年者三百六十日。是稱年仍遵用中律，而稱日、稱月則參用東律也。

## 稱道士女冠

凡律稱“道士”、“女冠”者，僧、尼同。如道士、女冠犯姦，加凡人罪二等，僧、尼亦然。若於其受業師，與伯叔父母同。如俗人罵伯叔父母，徒一年，道、冠罵師，罪同。受業師謂於寺觀之內，親承經教合為師主者。其於弟子，與兄弟之子同。如俗人毆殺兄弟之子徒三年，道、冠、僧、尼毆殺弟子，同罪。

按：此仍明律，亦即唐律原文，惟刪去末節數語，國初增修小註。凡出家之人教而兼養，衣鉢相傳，師弟之恩義最重。道士、女冠與僧、尼雖不同，而皆係出家之人，故犯罪同論。如道士、女冠犯姦，加凡人二等，僧、尼亦然。犯受業師者同伯叔父母，如俗人罵伯叔父母，徒一年，道冠僧尼罵師亦然。其於弟子與兄弟之子同，如俗人毆殺胞姪，徒三年，道冠僧尼殺弟子亦然。若同師僧、道，並無尊卑長幼之分，相犯者仍照常人論。此皆指親承經教者而言，如未經受教，止依雇工人或乞養子孫論。又如年未四十違例招徒、或避役、或私自簪薙投拜者，皆係例應還俗之人，有犯均照凡人科斷，不得援此為例。舊例有弟子謀、故、毆殺、毆傷業師者，業儒弟子照期親卑幼論，道冠僧尼及匠人照大功卑幼論。如因弟子違犯教令，以理毆責死者，儒師照期親尊長擬徒，道冠僧尼及匠人照大功尊長擬絞。若因姦、盜別情謀殺弟子，及挾嫌故殺弟子，並持金刃非理毆殺弟子者，均照凡人擬罪云云，見《鬪毆門》，與此律互相發明，足補律所未備，可見我朝尊崇儒術之意，現已刪除，未免尊方外而賤儒師矣，古法益形蕩然矣。外國並無簪薙之事，亦無"道士"、"女冠"名目，故不設專律。

## 斷罪依新頒律

凡律自頒降日為始，若犯在已前者，並依新律擬斷。如事犯在未經定例之先，仍依律及已行之例定擬。其定例內有限以年月者，俱以限定年月為斷。若例應輕者，照新例遵行。

按：此仍明律，乾隆五年添入小註，唐律無此一條，當係明代所纂。蓋律設大法歷代不易，而斟酌損益又必因時制宜，故事犯未經結案者即當依新頒之律科斷，不得仍泥舊文。註云：新律輕者，照新律遵行，可見此言新頒之例較舊例為輕，故當從輕照新例科斷；若新例重者，其犯例前仍當遵照舊例，不得拘泥此條仍以新律處斷，致涉苛刻，此與犯罪未老疾律同一寬恤之意。後例又有恣任喜怒引擬失當，或移情就例刻苛顯著者，依故、失出入人罪論之條，與此律相輔而行，均係恐人擬罪游移不引本律，故律後復設條例以示警誡。又，日本刑法第三條云法律不得及於頒布以前之犯罪，若所犯在頒布以前，未經決判者，比照新舊法從輕處斷云云。與中律用意正相符合而文義亦極簡明，當並參之。

**條例**

一、律例頒布之後，凡問刑衙門敢有恣任喜怒，引擬失當或移情就例，故入人罪，苛刻顯著者，各依故失出入律坐罪。

## 斷罪無正條

凡律令該載不盡事理，若斷罪無正條者，援引他律比附，應加、應減，定擬罪名，申該上司議定奏聞。若輒斷決，致罪有出入，以故失論。

按：此仍明律，雍正三年刪定，易"轉達刑部"四字為"申該上司"，並入"援"字、"他"字，文義較為明顯。唐律亦有此目，而文稍不同。唐律云：諸斷罪無正條，其應出罪者則舉重以明輕，應入罪者舉輕以明重云云。雖未明言比附，而舉此明彼即隱寓比附加減之意。蓋天下之事變無窮，而律例之所載有限，若不比照加減，則高下、出入無所準繩，故承審官臨時裁酌，務祈平允，申該上司議定奏聞，不得以律無正條，輒任一時之臆見逕自決斷，致罪有出入也。

再者，比附之法由來已久。《書》云：上下比罪。《禮》云：比以成之。漢尚書有《決事比》，公府有《辭訟比》。《刑法志》云：比者例也，三千之律不能盡天下之罪，不免上下以求其比。可見事變無窮，法制有限，全在比附酌量以適於中。故律後有《比引律條》一門，而刑部亦稱為"比部"，即此意也。但現在泰西各國刑法，惟俄律尚有比例一法，其餘各國均無此例。日本採用法、德二國刑制，凡法律上無正條者，無論何種所為，不得處罰。現在新定民、刑訴訟法第七十六條採用其意，亦有"律無正條，不論何項行為，不得判為有罪"之語。此法若行，則此律即應議廢，惟中國情（刑）［形］不同，比附一法恐不能驟除，現在外省已有頂駁者，將來能否行之無弊，尚難預決也。

**條例**

一、引用律例，如律內數事共一條，全引恐有不合者，許其止引所犯本罪。若一條止斷一事，不得任意刪減，以致罪有出入。其律例無可引用，援引別條比附者，問刑衙門務宜詳慎斟酌情節，聲明律無正條，今比照某律、某例科斷，或比照某律、某例加一等、減一等科斷。案應具奏者，詳細奏明，恭候諭旨遵行。若律例本有正條，承審官任意刪減以致情罪不符，及故意出入人罪，不行引用正條，比照別條，以致可輕可重者，該上司查出或干部院駁詰，將承審之員指名奏劾，按律治罪。

## 五徒三流二遣地方

凡徒役，各照應徒年限，收入本地習藝所工作，限滿釋放。流犯，照依本省地方，計所犯應流道里定發。該內遣者，發往極邊足四千里及煙瘴省分廣東、廣西、雲南、貴州。安置；該外遣者，發往新疆酌撥種地當差。

按：此條律目係明舊文，雍正三年改定。五刑而外尚有充軍及外遣，名目雖屬閏刑，然五軍係前明創設，原本實邊之意，國朝裁撤軍衛，猶沿用充軍之名。至"發遣"一項，國朝於情罪較重者，始第發尚陽堡、甯古塔、烏喇地方後，又發新疆分別為奴當差，同治以後新疆多事，又改發內地充軍。其制屢經變易，早已名實不符。現在修律，刪除充軍名目，第留極邊煙瘴，改名"安置"，是謂"內遣"；從前發遣新疆各處者，現止留"新疆當差"一項，是謂"外遣"。至遷徙之制，久未實行，現亦一律廢棄。故現在刑制止留五徒三流二遣數項，其從前一切舊例已經刪除殆盡，止錄新例於後以備參考。

**條例**

一、各省民人流寓在京、在外犯該徒、流、安置罪名並免死減等之犯，其有應追銀兩，訊明本犯原籍有產可賠者，移查明確，將該犯解回原籍，追銀完交後，徒犯即收入習藝所按限工作。流、置各犯無庸發配者，亦即收所工作。應行發配者，即由原籍督撫定地，將所完銀兩移交犯事地方，分別給主。如無應追銀兩，或贓項已經追完，及移查原籍並無產業者，徒罪與毋庸發配之流、置人犯均在犯事地方收所習藝，其流、置應行發配之犯即於犯事地方按本犯原籍應配地方起解發配。若計原籍應配地方即係該犯流寓之所，令各該督撫按照所犯流、置道里遠近分別改發，仍迴避原籍相近之地。

一、凡流、置人犯發配，查明道里表內應發省分，預行咨明配所各督撫，毋庸指定府州，各督撫接咨後，除有土司及苗、瑶、黎、僮等雜處地方不得派撥發往外，餘俱視所犯罪名按照各州縣道里遠近、在配人犯多（寬）[寡][⑦]均勻定地，先期飭知首站州縣隨到隨發，不必解赴督撫衙門，其起解省分並於解犯兵牌內塡明解往某省、入境首站州縣、遵照定地轉解配所投收申繳字樣。

一、凡各省應發煙瘴人犯，無論在四千里內外，均編發有煙瘴省分安置。其籍隸煙瘴之雲南、貴州、廣東、廣西四省應發煙瘴人犯，應於隔遠煙瘴省分調發，廣東省與雲南省互調，廣西省與貴州省互調。至不足四千里鄰近煙瘴之湖南、福建、四川三省應發煙瘴人犯，湖南省發往雲南，福建省發往貴州，四川省發往廣東。其餘各省有距煙瘴省分較遠者，如奉天、吉林、黑龍江應發煙瘴人犯編發廣西、貴州二省，甘省之甘州、涼州、西甯、安西、甯夏、肅州等府州及新疆各屬應發煙瘴人犯編發雲南、貴州二省，均預行咨明各該督撫，先期酌量定地，飭知入境首站州縣徑行解往照例辦理。

一、凡流、遣應行發配人犯未起解者，十月至正月終及六月俱停其解發。若已至中途，初冬十月經過州縣照常接遞，至十一月初一日方准截止，俟次年二月轉解。如遇六月照前停留，儻抵配不遠並於未起解之先本犯有情願前進赴配者，取具該犯確供，一體起解，並將不行停解緣由移咨前途接遞，仍報法部。惟雲南省並無盛暑嚴寒，各省應配人犯已入該省邊境者，照常轉解。至流、遣各犯脫逃被獲例應解回原配，雖遇隆冬盛暑不准停止。其民人在外省犯罪應行遞回原籍發配者，若離籍在一千里以外，遇例應停解月分，亦准停解。其起解及接遞州縣如有將應行停解之犯而不停解，及將不應停解之犯擅行停解者，均交吏部照例議處。

一、回民犯罪應發極邊安置者，毋庸編發甘肅等省回民聚集之處。其犯該發遣新疆者，亦不得發往回疆地方。

一、凡犯總徒四年准徒五年者，俱照應徒年限收入本地習藝所，工作限滿釋放。其犯三流及極邊或煙瘴地方安置者，核其所犯罪名，如係常赦所不原，即按道里表定地發配，到配一律收所習藝，流二千里者限工作六年，二千五百里者限工作八年，三千里者限工作十年，極邊及煙瘴地方安置者工作十二年，限滿俱釋放。有不願回本籍者，並准在配所地方入籍為民。如係常赦所得原，無論流、置，俱毋庸發配，即在本籍或犯事地方收所習藝，工作年限照前科算，限滿即行釋放。犯至外遣者，到配工作十二年，限滿仍令種地當差，不准回籍。

一、凡新疆民人犯該外遣者，改發廣東、廣西煙瘴地方，到配收入習藝所工作十二年，限滿由該地方官酌量安插，不准回籍。

一、凡三流、安置、外遣人犯，如犯係強盜搶奪會匪棍徒等項，到配收入習藝所充當折磨苦工，工作年限俱照本例科算，限滿係外遣人犯仍令種地當差，係三流安置人犯，分撥配所各州縣安插，令地方官嚴加管束，不准回籍。

一、凡苗蠻瑶僮及夷倮人等有犯流置等罪，無論常赦是否得原，俱收入本地習藝所，按照例定年限工作，限滿釋放。本罪係外遣者，工作十二年後察看情形，如尚知改悔，從寬開釋，若仍怙惡不悛，再加工作五年，限滿保釋。

一、發遣新疆人犯，到配後該撫即將該犯收入習藝所工作十二年，限滿酌量所屬地方派撥種地，責令當差，並於每年十二月初旬將該處一年內發到遣犯名數同節年問發到配遣犯現存共計若干名，並該處安插遣犯有無脱逃拏獲詳細聲敘，咨報法部照例彙奏。

一、犯罪發往新疆種地人犯，如年老力衰不能耕種納糧者，令該撫酌量該犯年力，應當差使責令承充官給與半分口糧以資養贍，仍令該管官管束。

一、凡文武員弁犯五徒及總徒四年准徒五年者，均發軍臺效力，其年限以應徒之年為斷，限滿即行釋放，毋庸呈繳臺費。如係侵貪之案，仍令完繳臺費，限滿後奏請釋回。其無力完繳者，於應徒年限已滿之後奏明再行留臺，三年限滿即行釋放，分咨法部、陸軍部存查，不必再行奏請。

一、發遣新疆効力廢員，如該省巡撫酌量差使十年期滿，原犯係流、置等罪，加重改發者，該撫即奏請釋回。如原犯已至外遣，由本罪發往者再行留戍五年，限滿仍具奏請旨。

一、各省遣、流人犯定地發配及到配安置，俱聲明何司案呈專咨報部。

**校勘記**

① “誠”語意不通，當作“城”，據《唐律疏議》改。
② “其”當作“具”，據《大清現行刑律》改。
③ “扣”語意不通，當作“擬”，據《大清現行刑律》改。
④ “帶”當作“戴”，據《大清現行刑律》改。
⑤ “償”語意不通，當作“價”，據《大清現行刑律》改。
⑥ “朝”語意不通，當作“初”。
⑦ “寬”語意不通，當作“寡”，據《大清現行刑律》改。

# 大清現行刑律講義卷二

## 職制

《唐律疏議》曰：《職制律》者，起自於晉，名《違制律》，爰至高齊，此名不改。隋改為《職制律》，言職司法制，備在此篇云云。按：唐律凡事涉官員及公務者，均入此門，今則衹有三分之一。唐律目十有二篇最為賅括，明洪武六年謂刑部尚書劉惟謙詳定《大明律》，篇目一準於唐，曰《名例》、曰《衛禁》、曰《職制》、曰《戶婚》、曰《廐庫》、曰《擅興》、曰《賊盜》、曰《鬬訟》、曰《詐偽》、曰《雜犯》、曰《捕亡》、曰《斷獄》，至二十四年，始改為《吏》、《戶》、《禮》、《工》、《兵》、《刑》六門，全非舊律面目矣。國朝因仍不改。《職制》以"官員襲廕"一條移之篇首，又移《公式門》"信牌"一條入於《職制》，又刪去"選用軍職"與"官吏給田"二條，篇中共分十四條，與明律稍有不同。現在吏部既另定有《則例》，與此律亦稍有參差，讀此律者，須與《吏部則例》合參，庶不至顧此而失彼矣。

### 官員襲廕

凡文武官員應合襲廕者，並令嫡長子孫襲廕。如嫡長子孫有故，或有亡歿、疾病、姦盜之類。嫡次子孫襲廕。若無嫡次子孫，方許庶長子孫襲廕。若無庶出子孫，許令弟姪應合承繼者襲廕，若庶出子孫及弟姪不依次序攙越襲廕者，徒一年。仍依次襲廕。〇其子孫應承襲者，本宗及本管衙門保勘明白。移文該部奏請承襲支俸。如所襲子孫年幼，候年一十八歲，方預朝參公役。如委絕嗣無可承襲者，准令本人妻小，依例關請俸給，養贍終身。若將異姓外人乞養為子，瞞昧官府，詐冒承襲者，乞養子流二千里，本家所關俸給，事發截日住罷。他人教令攙越詐冒者，並與犯人同罪。〇若當該官司知其攙越詐冒而聽行，與同罪。不知者，不坐。若受財扶同保勘，以枉法從重論。

按：此仍明律，[順治初年添入小註]，[①]雍正三年修改，（順治初年添入小註），乾隆五年修改，現又改軍為流，改滿徒為一年。蓋言爵祿不可假借，亦即古者世官世祿之遺意也。明律列入《職制門》第四條，國朝冠於篇首，最為得體。唐律謂之“非正嫡詐承襲”，載於《詐偽門》：諸非正嫡不應襲爵而詐承襲者，徒二年，非子孫而詐承襲者，從詐假官法，流二千里，若無官廕詐承他廕而得官者，徒三年云云。本係三層，明律併作二層，襲廕並列，與唐律不同，而罪名亦輕重互異。“襲”謂祖父有功於國，錫以世職，子孫依次承襲；“廕”有二，特恩廕其子孫曰“恩廕”，祖父歿於王事優恤其後曰“難廕”。襲者，承其官也；廕者，承其餘廕也。此與立嫡違法條參看。通篇分三段，首言攙越，次言詐冒，末言官司聽行，蓋總承上二段也。於嫡長子中分長幼，如嫡長子有故，則令嫡長孫襲廕，不及嫡次子也。凡稱“孫”，曾、元同，如嫡長孫有故，乃及嫡次子，如亦有故，則令嫡次孫襲廕，不及庶長子也。無嫡子、嫡孫，然後及庶子，而庶子之中又分長幼，如庶長子有故，則令庶長孫襲廕，不及庶次子；如庶長孫有故，乃及庶次子，如無庶次子孫，許令弟姪應承繼者承襲。如族中無可另繼之人，將世職註銷。總之，立嫡不立庶，立長不立賢，立長孫不立次子，此立子之法，亦即襲廕之法也。但襲廕與立子亦稍有不同者，按：立嫡子違法條，立嗣雖係同宗而尊卑失序者，罪如異姓亂宗，蓋無子者，許令同宗昭穆相當之姪承繼，而弟無繼兄之禮。此律曰“許令弟姪”者，蓋無昭穆相當之姪，即應以親弟承襲，誠以祖父勳爵不當舍親弟而及遠宗之人，弟仍繼父非繼兄也。其相同中仍有不同之處，細參自知其妙。又，《會典》載：子孫應襲，年未及而給俸曰“優給”，絕嗣無襲止遺母妻，若女而給俸者曰“優養”，此更格外報功延賞之意。舊例又有：世職官亡故，戶無承襲，其父母給半俸終身，如無父母，其妻亦給半俸終身，無妻者，查原立職之官有親生母者，亦給半俸，皆足補律所未及。再，律文“有故”二字，註止言亡歿、疾病、姦盜之類，例又補出世職守城失機、臨陣退怯者俱不准襲，有犯不孝致典刑及犯人命強盜實犯死罪及免死安置者，本犯子孫俱不准襲，取祖父次子孫襲職云云。均與律相輔而行，須並參之。

**條例**

一、凡世職犯十惡，關係軍機，或因人命強盜實犯死罪，及免死安置，並枉法贓侵盜錢糧，以財行求等案者，本犯之子孫俱不准襲，應以親兄弟承襲；無親兄弟，以親兄弟之子孫，或親伯叔之子孫承襲。如均無人，按得爵人之譜牒擇宗支相近者承襲。若遇恩詔，所獲罪與應免之條相符，或奉旨宥免復加錄用者，其子孫仍照常開列。

一、凡世職將乞養異姓與抱養族屬疏遠之人詐冒承襲，或用財買囑冒襲，及受財賣與冒襲，已經到官襲過者，將朦混繼立之世職，與以子與世職為嗣之人，並其知情之義子，俱照乞養子冒襲律流二千里，保勘之官罷職，其世職永不得襲。保勘官以首先出與保結者為坐，連名保結者俱依律減等科斷，有贓者並以枉法論。若朦朧保送違礙子孫弟姪者，俱照律發落。

一、應襲之人若父見在，詐稱死亡，冒襲官職者，徒三年。候父故之日，許令以次兒男承襲。如無以次兒男，令次房子孫承襲。

一、各處土官襲替，其通事及諸凡色目人等有撥置土官親族不該承襲之人爭襲劫奪讎殺者，俱發煙瘴地方安置。

一、鑾輿衛校尉缺出，於見役校尉親生兒男弟姪內選擇堪用者替補，如校尉子弟不足，移文民政部將身家殷實民人保送。有朦朧冒替者，以違制論。

## 濫設官吏

凡內外各衙門，有於額定員數外多添設者，當該官吏，指典選者。一人，處十等罰，每三人加一等，罪止徒三年。若受贓，計贓以枉法從重論。〇若吏典、書役人等，額外濫充者，徒二年。容留一人，正官處二等罰，首領及吏遞加一等，每三人各加一等，并罪止十等罰，罪坐所由。〇其罷閒官吏，在外干預官事，結攬寫發文案，把持官府，蠹政害民者，并處八等罰。再於犯人名下追銀二十兩，付告人充賞。有所規避者，從重論。〇若官府稅糧由帖、戶口籍冊，雇募攢寫者，勿論。

按：此仍明律，原律三段"充賞"下尚有"仍於門首書寫過名，三年不犯，官為除去，再犯，加二等，遷徙"云云。順治三年刪去，添入小註，乾隆五年修改，現又改易。蓋禁濫設以絕弊源，嚴侵攬以除民害也。唐律名為"（官有員數）［置官過限］[②]"：諸官有員數，而署置過限及不應置而置，一人杖一百，三人加一等，十人徒二年；後人知而聽者，減前人署置一等；規求者為從坐，被徵須者，勿論；即軍務要速量事權宜者，不用此律云云。明律刪去後數層而添入"吏典、知印人等"一段。且唐律十人徒二年，此罪止徒三年，亦有不同。蓋設官分職，內外皆有定額，額外添設，是為冗員。而吏典承差人等役多則弊生，額外濫充是謂"冗役"。吏輕於官，故濫設官之罪重於濫設吏也。舊律有"專擅選官"之條，惡其竊權行私，故坐重辟。此律多餘添設，乃曾經題請應授之人，特員缺非舊制耳，故罪止城旦。若現在變法增減官制，則又係奉特旨變通之事，不得以此律繩之。考之《箋釋》：凡內外二品以上衙門有知印，在外都、布、按三司有承差、祗候以聽役使，禁子看囚徒，弓兵所以勾追逃逋者也。凡律內稱"各項"、"各色"者，準此。

## 信牌

凡府州縣置立信牌，拘提人犯，催督公事。量地遠近，定立程限，隨事銷繳。違者，指差人違牌限。一日，處一等罰，每一日加一等，罪止四等罰。〇若府州縣官遇有催辦事務，不行依律發遣信牌，輒親下所屬坐守催併者，處十等罰。所屬，指州縣鄉村言。其點視橋梁、圩岸、驛傳、遞鋪，踏勘災傷，檢屍，捕賊，鈔劄之類，不在此限。

按：此仍明律，原在《公事門》，本有小註，順治三年移此，並將小註修改，現又改笞杖為罰金，蓋懲怠玩而杜擾害也。唐律無文。元律：諸管民官以公事攝所部，並用信牌，其差人授衆者，禁之云云。明律即本於此。凡自上行下，以牌為信，故曰“信牌”。今之白牌、紙牌皆是。首節言差役違限銷牌之罪，是謂“玩公”；後節言府州縣官不依律發牌，借公親下所屬之罪，是謂“擾民”。擾民之罪甚於玩公，故罰有輕重之別。違限專指差人，不言官吏者，自有“官文書稽程”本律也。日本訴訟法，差票分為三種：曰傳票，曰提票，曰管押票。傳票用公差遞送，提票、管押票令巡查兵卒辦理。凡差票當載明被告事件，及發票之年、月、日、時，及審判官籤名蓋印云云。較中律更為詳細，亦可互參。

**條例**

一、內外問刑衙門大小案件凡有差票，務須隨時繳銷。如遇封印時而案未完結，將票暫行繳銷，俟開印另行給票。違者，分別議處。

## 貢舉非其人

凡貢舉非其人，及才堪時用，應貢舉而不貢舉者，計其妄舉與不舉人數，一人，處八等罰，每二人加一等，罪止十等罰。所舉之人知情，與同罪；不知者，不坐。〇若主司考試藝業技能，而故不以實者，可取者置之下等，不可取者反置之上等。減二等。〇若貢舉考試。失者各減三等。受贓，俱以枉法從重論。

按：此仍明律，順治三年添入小註。蓋嚴貢舉不當之罰以務得真才也。唐律：諸貢舉非其人及應貢舉而不貢舉者，一人徒一年，三人加一等，罪止徒三年。若考校、課試而不以實及選官乖於舉狀，以故不稱職者，減一等。失者，各減三等。知而聽行，與同罪。註：非其人，謂德行乖僻，不如舉狀者。若考不及第，減二等。率五分得三分及第者，不坐云云。明律悉用唐律之原文，而治罪較輕。首節言貢舉不當之罪；二節言考試不公之罪；三節總承上貢舉考試而原其過誤之罪。貢，即今科貢之類；舉，如舉孝廉方正之類。貢舉為朝廷用人大典，知才不堪用而妄貢舉是謂濫舉，知才堪時用而不貢舉是謂蔽賢，其罪惟均，此皆欺蔽在國家，故法不得不嚴。若考試藝業技能，較貢舉稍輕，故治罪從減。總之，貢舉者，取賢才而貢於朝，乃多士出身登進之階；考試者，考其學而試其才，如今觀風課士之類。權事之輕重以定罪之等差，其寬嚴得中如此。律外原有條例，如鄉會試考官及舉子有交通囑託賄買關節等弊者，斬決。又，應試舉監有懷挾文字、銀兩當場搜出者，枷號一月，滿杖，革職。其越舍換寫文字或臨時換卷並用財雇倩夾帶傳遞者，發近邊充軍。又，考試官毫無情弊，（下）[不][3]第諸生混行攪鬧者，發附近充軍。又，考職貢監生如有包攬代作假冒頂替者，照詐假官律治罪，出結官議處云云。可見科場條例之嚴。現在停止科舉，而此例已經刪除，唯此等情弊究不能絕，有犯仍須查照舊例辦理。此皆考試之人所當知者，故詳錄之。

## 舉用有過官吏

凡官吏曾經斷罪罷職役不敘者，諸衙門不許朦朧保舉。違者，舉官及匿過之人，各處十等罰，舉官仍罷職不敘。受贓，俱以枉法從重論。若將帥異才，不係貪污規避而罷閒者，有司保勘明白，亦得舉用。

按：此仍明律，順治三年添入小註，現改杖為罰。蓋慎保舉以重名器也。唐律載於《詐假官門》內：其於法不應為官，其有罪譴未合仕之類，而詐求得官者，徒二年。若詐增減功過年限而豫選舉，因之得官者，徒一年。流外官，各減一等。求而未得者，又各減二等云云。明律雖本於此，而稍有不同。唐律專指不應為官，詐求得官及詐增減功過年限者而言，故載《詐偽門》內；此則兼言舉官，並添入"書吏"一層，而罪名亦較唐律為輕。所謂"罷職役不敘"者，如文武官犯私罪十等罰以上，未入流品官及典吏犯私罪六等罰以上是也。如果其才可用，亦當視其所犯原案，據實開具明白；若朦朧保舉，不特阿其所好，而隱匿過犯，百弊叢生，故罷職不敘，所以絕其原而清其流也。然此不過徇私交通情面，若受贓，則為賣法矣，故註補出"從重，以枉法論"。律外有條例，均當與律互相參考。

**條例**

一、奉旨不准保陞，及曾經獲咎不准捐復，并奉特旨永不敘用之文武各員，暨舉貢吏員承差人等，曾經考察論劾罷黜，及為事問革例不入選者，儻敢改名弊混，若買求官吏改名弊混，隱匿公私過名，或詐作丁憂起復以圖選用，事發問罪，已除授者，流二千五百里；未除授者，徒三年。如係止圖頂帶榮身，無關銓選，即照違制律治罪，係官革職。其起送官吏，但知情受賄者，流二千里，贓重者，從重論。若原不知情，止是失於覺察者，照常處分發落。

一、被革官吏貢監，有易名復捐貢監職銜者，除將復捐貢監職銜革退勒繳執照外，仍照違制律治罪。伊等犯事到官，一面追照繳銷，一面即行審擬。

一、凡衙役犯侵盜錢糧婪贓等罪，遇赦豁免後，復入原衙門及別衙門應役者，徒三年。該管官知情故縱，及督撫不即糾叅者，俱交該部議處。

## 擅離職役

凡官內外文武。吏典吏。無患病、公差之故擅離職役，處四等罰。各留職役。若避難如避難解之錢糧，難捕之盜賊，有干係者。因而在逃者，處十等罰，罷職役不敘；所避事重者，各從重論。如文官隨軍供給糧餉，避難在逃，以致臨敵缺乏；武官已承調遣，避難在逃，以致失誤軍機。若無所避，而棄印在逃，則止罷職。〇其在官如巡風官吏、火夫之類。應直不直，應宿不宿，各處二等罰。若主守常川有守。倉庫、務場、獄囚、雜物之類，應直不直，應宿不宿，各處四等罰。俱就無失事者言耳。若倉吏不直宿而失火，庫子不直宿而失盜，禁子不直宿而失囚之類，自有本律科罪。

按：此仍明律，順治三年添入小註，現改笞杖為罰金。蓋言職役所關，當懲曠廢而嚴規避也。唐律：諸刺史、縣令、折衝、果毅，私自出界者，杖一百，經宿乃坐。諸在官應直不直，應宿不宿，各笞二十，通晝夜者，笞三十。若點不到者，一點笞十。諸官人無故不上及當番不到，若因暇而違者，一日，笞二十，三日加一等，過杖一百，十日加一等，罪止徒一年半。邊要之官，加一等。諸在官無故亡者，一日，笞五十，三日加一等，過杖一百，五日加一等。邊要之官加一等。至五十六日流三千里云云。明律雖本於唐，似不如唐律詳備，而罪止於杖，亦較唐律為輕。但唐律有官當贖法，明則實徒、實降，其名雖輕，其實則仍無甚軒輊，須善會之。舊例：凡監生在監肄業及各衙門辦事官吏，皆不許倩人代替，違者，杖一百，黜革，代替者，係有職役，一體問革云云。現雖刪除，亦可備參。再，此律擅離職，擬四等罰，係統括文武大小官員而言，而《吏部則例》：凡教職官員擅離職守者，照此律定擬，罰俸九箇月。若州縣等官擅離職守，則從重，降二級調用，以州縣等官責任較重故也。與此不同，當並參之。

## 擅勾屬官

凡上司催會公事，立文案定期限，或遣牌，或差人，行移所屬衙門督併，完報。如有遲錯，依律論其稽遲違錯之罪。若擅勾屬官，拘喚吏典聽事，及差占司獄、各州縣首領官，因而妨廢公務者，上司官吏處四等罰。若屬官承順逢迎，及差撥吏典赴上司聽事者，罪亦如之。其有必合追對刑名，查勘錢糧，監督造作重事，方許勾問，事畢隨即發落。無故稽留三日者，處二等罰，每三日加一等，罪止五等罰。勾問，謂勾問其事情，非勾拘問罪也。若問罪，則《名例》明開，上司不許徑自勾問矣。

按：此仍明律，順治三年添入小註，現改笞為罰。原律“差占”之下有“推官”二字，雍正三年以本朝並無“推官”之名，因而刪去。蓋禁上司之擅擾下屬，並屬官之迎合上司也。唐律無文，當是明代所創始。“催”是催促，“會”是會計。“督併”者，督責而追併也。“遲錯”二字平看，稽遲，依稽程之律；違錯，依失錯之律。自上行下謂之“問”，自下承上謂之“聽”。上司有統下之權，若許其勾喚差占，則下司恐無辦事之日；下司有承上之分，若聽其逢迎撥差，則上司益無忌憚之心，故各坐罪。曰重事方許勾問，斯法不廢，而事功集；曰無故不許稽留，則官不擾，而職業修。律意之周悉如此。

## 交結近侍官員

凡諸衙門官吏，若與內官及近侍人員，互相交結，漏洩機密事情，夤緣作弊，內外交通，洩露事情。而扶同奏啟以圖乘機迎合者，皆絞監候。若止以親故往來，無夤緣等弊者，不用此律。

按：此仍明律，順治三年添入小註，原律“官員”下有小註云：近侍包宰執、六科、尚寶等衙門而言。雍正三年刪去。蓋嚴交結營私之罪以示懲也。內官，指各內監有職者；近侍，包宰執、部、科等衙門。夤緣，謂倚託牽引。因交結而漏洩事情，因作弊而扶同奏啟，罔上行私，亦姦黨之徒也，故重其罪。舊例有“上司屬員不許結親”之條，亦即此意。伏讀乾隆三十九年上諭：大臣官員等不得與太監交談，違者，從重治罪。又，嘉慶六年上諭：凡有奏事之責者，陳奏事件，俱應直達朕前，不許另用副封關會軍機處。各部院亦不得將所奏之事預先告知軍機大臣，致啟通同扶飾之弊。又，道光十九年上諭：鄉會試考官，感其識拔，誼等師生，尚屬禮緣義起。然在官言官，在朝言朝，斷不可以私廢公。至殿試朝考，一經館選，與閱卷官認師生，已屬非是，若京察一等大計卓異者，概與堂官上司認師生，是身荷簡拔之恩，心感保舉之力，受爵公朝，拜恩私室，甚非國家考績求賢之意。至外省風氣，州縣輒與府道認師生，府道輒與督撫認師生，種種夤緣，皆由此起，安望持正秉公，各盡職守？嗣後內外臣工，不准藉師生稱謂，以為攀援上進之階，欽此，云云。近來風氣日壞，反以拜門為得計，一若不知此事為可羞者，故附錄於此，以備參考。是亦砥礪廉隅者所當知也。

**條例**

一、罷閒官吏在京潛住，有擅出入禁門交結者，各門盤詰拏送法司問實，發煙瘴地方安置。

一、各旗王公所屬人員，除服官在京者，如遇年節生辰仍准其向各府往來外，其現居外任，因事來京者，概不許於本管王公處謁見通問，違者，處十等罰。如有夤緣饋送等弊，計贓從其重者論。該管王公容令謁見者，交宗人府照違制律議處。若私通書信有所求索借貸，及先自饋遺希圖厚報者，交宗人府計贓治罪。

## 上言大臣德政

凡諸衙門官吏及士庶人等，若有上言宰執執政大臣美政才德者，非關圖引用，便係報私。務要鞫問窮究所以阿附大臣。來歷明白，犯人連名上言，坐為首者。絞監候。若宰執大臣知情，與同罪，不知者，不坐。大臣知情與同罪，亦依《名例》至死減一等法，流三千里。

按：此仍明律，順治三年添入小註，現改斬為絞。蓋嚴禁阿附大臣以杜朋黨之萌也。宰執大臣，參贊密（勿）[務]，以宣上德意，善則歸君，過則歸己者也。官吏、士庶上書鋪張美政，表揚才德，非逢迎以圖引用，即獻媚以報私恩，既非公心，即是姦邪朋黨，故重禁之。舊律有《姦黨》一門，係不分首從擬罪，此律止坐為首。彼之交結朋黨，惡其同於亂政，此止託諸空言，所以坐罪稍異。然其嚴阿附之門，所以重絕朋黨之禍者，意深遠矣，可以合參。又，《禮制門》：現任官實無政蹟，輒自立碑建祠者，十等罰。若遣人妄稱己善，申請於上者，八等罰。又，《雜犯門》舊例有：降調革黜之員賄囑百姓保留者，將與受官民照枉法治罪，又，乾隆四十九年上諭：章程德政碑萬民衣傘脫靴等事，一概禁飭云云。均係嚴懲阿附結黨之意，雖情節輕重不同，而其為獻媚則同，備錄於此，當與律文一併參究。

**條例**

一、督撫等官或陞任、更調、降謫、丁憂、離任，而地方百姓赴京保留控告者，不准行，將來告之人審實治罪。若下屬交結上官，派斂資斧，驅民獻媚，或本官留戀地方，授之意指，藉公行私，審實從重治罪。其有賄囑百姓保留者，審實將與受官民，俱照枉法贓治罪。至民人附合結黨妄預官府之事者，處十等罰。

# 公式

古律無此名目，凡本門各條均統在《職制門》內，明始分出此篇，稱為《公式》，以其可為共公之體式也。原律本十八條，國朝將“信牌”一條移入《職制門》，又將“洩漏軍情”一條移入《軍政門》，又併“棄毀［制書］[④]印信”二條為一，而刪去“漏用鈔印”一條，共存十四條。此門與《吏部則例》歧出互見，凡止關處分者，載在《則例》，而有關罪名者，彙入此篇，修書之體例如此。而《講義》則不拘此，無論處分、罪名，均為仕官所當考求研究，故有關引用者，一併採入。

## 講讀律令

凡國家律令，頒行天下，永為遵守。百司官吏務要熟讀，講明律意，剖決事務。每遇年終，在內在外，各從上司官考校。若有不能講解，不曉律意者，官，罰俸一月；吏，處四等罰。〇其百工技藝諸色人等，有能熟讀講解，通曉律意者，若犯過失，及因人連累致罪，不問輕重，並免一次。其事干謀反、叛逆，不用此律。〇若官吏人等挾詐欺公，妄生異議，擅為更改，變亂成法即律令。者，絞監候。

按：此仍明律，雍正三年修改，其小註係順治三年添入。現又刪除“參酌事情輕重定立罪名”二句。蓋欲人知法律而永遵守也。唐律：諸稱律、令、式，不便於事者，皆須申尚書省議定奏聞。若不申議，輒奏改行者，徒二年云云。此律末節即本唐律之意而特峻其法，所以嚴紛更亂政之防也。唐書有四，曰律、令、格、式。格者，百官所常行之事；式者，常守之法。明代止有律、有令，而無格、式。國朝律外有例，而令久不設矣。蓋律、令者，乃治獄之規矩準繩也，百官有司講明律意，然後引斷不謬，而刑罰可得其中，故《吏部則例》又載有：各衙門吏典，令該管各官年底考校，有能通曉律例者，於役滿咨部文內聲明，至考職時於卷面印一“通曉律例”字樣，酌量優取，以示鼓勵。如不能講辨，照律笞四十。又，《禮部則例》載：凡直省州縣鄉堡設立講約處，揀選老成者一人，樸實謹守者三四人，每月朔望宣讀《聖諭廣訓》及欽定律條，明白講解，家喻戶曉。州縣教官仍不時巡行宣導。又，乾隆七年上諭：朕思律例有關政治，即以司官而論，若謂各部則例未能盡行通曉則可，若於本部、本司律例，茫然不知辦理，事件徒委書吏之手，有是理乎？又，同治五年上諭：律例有關政治，庶司百職均應加意講求，精思熟習。近來內外臣工於律例慢不經心，以致劣幕姦胥得以把持朦蔽，吏治廢弛，率由於此。著部院堂官於學習人員奏留時，考以本部則例，必條對詳明者，方准奏留。外省試用人員，亦於期滿時考以《大清律例》，其不曉律意者，嚴加甄劾。欽此。綜觀以上各條，而律例之當講求可無贅言矣。現在各學堂功課均設《大清現行刑律》一科，願我同人加意研求，他日為名臣、為良吏，其根基全在於此，非但可以束身寡過已也。

## 制書有違天子之言曰制，書則載其言者，如詔、赦、諭、敕之類。若奏准施行者，不在此內。

凡奉制書有所施行，而故違不行者，處十等罰。失錯旨意者，減三等。○其稽緩制書者，一日，處五等罰，每一日加一等，罪止十等罰。

按：此仍明律，原律上節“杖一百。違皇太子令旨者，同罪”，“同罪”下有“違親王令旨者，杖九十”九字；下節“杖一百”下有“稽緩親王令旨者，各減一等”十一字。原律末句下有小註云：有御寶方是制書，若謄黃翻刻，依官文書論。國朝初年間尚仍其舊，雍正以後刪此數語。現又刪去“皇太子令旨”一層，並改笞杖為罰金。蓋言人臣當遵君命而速奉行者也。唐律：諸稽緩制書者，一日，笞五十，一日加一等，十日徒一年。諸被制書，有所施行而違者，徒二年。失錯者，杖一百。諸受制忘誤及寫制書誤者，事若未失，笞五十，已失，杖七十。轉受者，減一等。諸制書有誤，不即奏聞輒改定者，杖八十。官文書誤，不請官司而改定者，笞四十。知誤，不奏請而行者，亦如之。輒飾文者，各加二等云云。較此律詳備。唐律分作三層，此律有“違制”、有“稽緩”而無“制書有誤”一層，罪名亦較唐律為輕。按：“詐為制書”條：傳寫失錯者，十等罰，此失錯旨意者，減三等，同一失錯而罪名輕重不同者，蓋彼之傳寫失錯是錯寫制書之詞而誤傳之，所誤者衆，故其罪重；此之失錯意旨是錯解制書之意而誤用之，誤止一處，故其罪輕。且錯寫多因率忽疏略，係由於不敬慎；錯解多因識見愚蒙，尚非有意慢忽，情節亦有不同。故彼十等罰，而此得減三等也。律文之細如此。至於令旨，有皇太子而無后宮者，《輯註》有云：母后之旨不傳於外也。《雜犯》又有“違令，五等罰”一項，與此參看。

## 棄毀制書印信

凡故棄毀制書，及各衙門印信者，絞監候。若棄毀官文書者，處十等罰。有所規避者，從重論。事干軍機、錢糧者，亦絞監候。○事干軍機，恐致失誤，故雖無錢糧，亦絞。若侵欺錢糧，棄毀欲圖規避，以致臨敵告乏，故罪亦同科。當該官吏知而不舉，與犯人同罪，至死減一等。不知者，不坐。誤毀者，各減三等。其因水火盜賊毀失，有顯跡者，不坐。○若遺失制書、聖旨、印信者，徒二年半，俱停俸責尋，三十日得見者，免罪。限外不獲，依上科罪。○若主守官物，遺失簿書，以致錢糧數目錯亂者，處八等罰，亦停俸責尋。限內得見者，亦免罪。○其各衙門吏典役滿替代者，明立案驗，將原管文卷交付接管之人。違而不立案交付者，舊吏處八等罰。首領官吏，不候吏典交割，扶同給照起送離役者，罪亦如之。

按：此仍明律，雍正三年刪改，其小註係順治三年添入，現改斬為絞、改杖為罰，蓋重王言而昭信守，謹文案而杜欺弊也。唐律：棄毀制書及官文書者，準盜論，亡失及誤毀者，各減二等；其誤毀失符、移、解牒者，杖六十。諸主守官物而亡失簿書致數有乖錯者，計所錯數，以主守不覺盜論。其主典替代者，文案皆立正案，分付後人，違者，杖一百。諸亡失器物符印之類應坐者，皆聽三十日求訪，不得，然後決罪。若限內能自訪得及他人得者，免其罪，限後得者，追減三等。官文書、制書程限內求訪得者，亦如之。即雖故棄擲，限內訪得，聽減一等。諸棄毀亡失及誤毀官私器物者，各備償。若被強盜者，各不坐、不償。即雖在倉庫，故棄毀者，征償如法，其非可償者，坐而不備云云。明律即本於此，而罪名輕重不同。唐律棄毀制書準盜論，只徒二年，與違制書者罪名相等。明律違制僅擬滿杖，而棄毀即擬斬罪，輕重大相懸絕。再，明律亡失簿書及役滿代替不明立案，科罪俱輕於唐律，而限後得者，並無追減之法，故棄擲者，限內訪得亦無減等之文，則又重於唐律。兩者合參，雖各有深意，似乎唐律較為平允。制書印信出自朝廷，"棄"是棄擲不存，"毀"是毀壞不全，無所忌憚，故擬重辟。然制書必是原頒有御寶者方坐，若謄黃翻刻則止作官文書論也。首節棄與毀皆屬故犯，而誤毀則減三等；次節言遺失之罪，與誤毀相同，俱屬無心之過，故有停俸責尋之法；三節簿書亦官文書也，以其關係錢糧，故比他文書加一等，然必數目錯亂無文案可考者方坐；四節言吏典役滿交代不清，官吏扶同之罪。故律後條例備載州縣府廳離任交代文卷，書吏乘機隱匿添改作弊及遺漏各項罪名。當並參之。

**條例**

一、凡直省州縣，無論正署，俱於離任時，將任內自行審理戶婚、土田、錢債等項一切已結卷宗，及犯證、呈狀、供詞，均於接縫處鈐印，照依年月編號登記，註明經承姓名，造冊交代。並將歷任遞交之案，一併檢齊，加具並無藏匿抽改甘結，交代接任之員，報明上司查核。其未結各案，分別內結、外結及上司批審、鄰省咨查，并自理各項，俱開註事由、月日，造冊交代。接任官限一箇月，按冊查核，如並無隱匿、遺漏，即出具印結，照造款冊，由知府、直隸州知州核明加結。詳齎巡道、臬司存核查催，臬司查明，仍將印結移送藩司，入於交代案內彙詳。知府直隸州交代，亦照此辦理。儻有不肖胥吏，不行查明交代者，處八等罰。其有乘機隱匿、添改作弊等情，各按其所作之弊，悉照本條治罪。受財者以枉法從重論。其州縣官失察，及造冊遲延、遺漏、隱匿並希圖省事，或卷不黏連，或黏連不用印，以致胥吏乘機舞弊者，該管上司查衆，照例分別議處。

一、大小衙門將奉行條例彙齊造冊，於新舊交盤之時，一體交盤。如有遺漏，將吏典照遺失官文書律治罪，該管官交部議處。

一、各省臬司交代，無論正署，離任時將一應卷宗及自理詞訟，毋論已結未結，俱造冊鈐印、封固，一體移交。其接任臬司，將交代清楚情由，自行陳奏。一面具結詳明督撫報部，並將在班書吏加緊防閑，不許籍端出署，如有遲延朦混，即行嚴究。如因離任事故，不及親辦者，責成首領官關防造冊封卷呈辦。其道、府、廳員一切卷宗，各照州縣鈐印造冊交代例，報明上司存案。

## 上書奏事犯諱

凡上書若奏事，誤犯御名及廟諱者，處八等罰。餘文書誤犯者，處四等罰。若為名字觸犯者，誤非一時，且為人喚。處十等罰。其所犯御名及廟諱，聲音相似，字樣各別，及有二字止犯一字者，皆不坐罪。○若上書及奏事錯誤，當言“原免”而言“不免”，相反之甚。當言“千石”而言“十石”相懸之甚。之類，有害於事者，處六等罰。申各部錯誤有害於事者，處四等罰。其餘衙門文書錯誤者，處二等罰。若所申雖有錯誤，而文案可行不害於事者，勿論。

按：此仍明律，原律“六部”下有“都察院等衙門”數字，乾隆五年刪定，其餘小註係順治初年添入，現又改杖為罰。蓋懲不敬而儆錯誤也。唐律：諸正書若奏事，誤犯宗廟諱者，杖八十，口誤及餘文書誤犯者，笞五十。即為名字觸犯者，徒三年。若嫌名及二名偏犯者，不坐。上書若奏事而誤，杖六十，口誤，減二等。上尚書省而誤，笞四十，餘文書誤，笞三十。即誤有害者，各加三等。若誤可行，非上書奏事者，勿論云云。明律即本於此，而刪去“口誤”一層。再，唐上書若奏事而誤，杖八十，誤有害者，加三等，本係兩層，明律併作一層，蓋不論有害、無害，厥罪惟均矣。古人重諱，非但廟諱御名也，即祖父之諱亦然。唐律又有“府號官稱犯祖父名而冒榮居之者，徒一年”之文，較故犯廟諱者加重三等。當時忌諱最嚴，雖嫌名亦為之諱，故韓昌黎作《諱辯》以駁之。後世此風稍減，故為名觸犯，罪止十等罰，並無徒罪，古今風氣不同如此。此外，《戶部則例》載：捐納貢監有名涉謬妄及襲前代聖賢名臣大儒姓名，或與本朝大臣姓名全同者，統飭更改。又，乾隆四十一年例：官員同名，令官小者改。又，康熙三十九年例：文揭內銀數月日俱用大寫。又，《吏部則例》：本內抬頭錯誤者，司官罰俸三箇月，堂官罰俸一箇月。又，本內挖補年月者，罰俸六箇月。以上各項皆居官者所當知也，故附錄之。現在法部又有應避字樣格式，凡犯人死者之名，有徽號、國號、廟號、年號、陵名，一切“天”、“清”、“龍”、“朝”、“隆”、“福”、“元”、“官”等字樣者，均以“他”字代之，是亦司法官吏所當留意者也。

## 事應奏不奏

凡軍務、錢糧、選法、制度、刑名、死罪、災異，及事應奏而不奏者，處八等罰；應申上而不申上者，處四等罰。〇若已奏、已申、不待回報而輒施行者，並同不奏、不申之罪。〇其各衙門合奏公事，須要依律定擬，明白奏聞。若官吏有規避，將所奏內增減緊關情節，朦朧奏准，未行者，以奏事不實論。施行以後，因事發露，雖經年遠，鞫問明白，絞監候。非軍務、錢糧，酌情減等。

按：此仍明律，順治三年添入小註，原律第一節專指軍官，第二節專指文職，雍正三年改為“應議之人及文武職官”，乾隆五年又添“吏不簽名”小註，現又刪改。蓋禁專擅而防欺罔也。唐律：事應奏而不奏、不應奏而奏者，杖八十。應言上而不言上，雖奏上不待報而行，亦同。不應言上而言上及不由所管而越言上、應行下而不行下及不應行下而行下者，各杖六十。又，斷獄應言上而不言上、應待報而不待報輒自斷決者，各減故失三等云云。明律祇“應奏不奏、應申不申”等語與唐律相同。其唐律“不應奏而奏，不應申而申”兩層，明律不載，以此項情節雖涉褻瀆，究係不慎重之過，故不治罪，亦寬待臣工之意也。首節言軍務等事應奏申不奏申之罪；二節言已奏申不待回報輒施行之罪；三節言合奏公事有規避朦朧奏准事後發露之罪；四節言下屬官將不合行事務妄稟混稟以致誤準施行之罪、若未施行則依奏事詐不以實論也。軍務，如調發兵馬之類；錢糧，如出納征收之類；選法，如吏部、陸軍部選官等第也；制度，如制禮作樂之類；刑名，則問擬至死之罪；災異，水旱為災，妖怪為異之類是也。

再，查通政司舊制，雍正三年定議：凡地方公事皆用題本，本身私事皆用奏本，奏本概不用印。此從前題、奏之界限也。以後凡特別重案用奏本，尋常命盜各案用題本，不以事之公、私分題、奏，而以案之大、小分題、奏，近則一概改題為奏，惟每年秋審、朝審尚係照舊用題，此亦刑政中一大關鍵也。故附錄於此，以備考覈。

### 條例

一、大理院遇有京控之案，先由總檢察廳詳核原呈，分別准駁，果係冤抑難伸，情詞真切，或案情較重者，交該院分庭審明咨回本省再審，於一月或兩月，視控案之多寡彙奏一次，各案情節於摺內分晰註明。如距京較近省分，將原告暫行散禁，提取本省全案卷宗細加查核，再行分別酌辦。其關係行政事務，如官吏營私骫法及被枲冤抑之類，仍於都察院呈控。

一、各省具奏案件，除例內載明應奏各案，或事關重大，或駁令覆審，或由死罪減等，例內載明請旨定奪，及聲明援例兩請者，仍專摺具奏外，其餘尋常命盜死罪案件，一律改為彙案具奏，分罪應斬絞立決者為一項，罪應監候者為一項，每摺酌量多寡，至多以八案為率，奏交大理院覆判，仍另錄供招，先行咨院以備詳核奏覆。其由死罪徑行減擬遣流人犯，並正犯病故案內餘犯應擬遣流人犯，以及尋常遣流人犯，與徒罪有關人命等項，均詳敘案情，專案咨交大理院核定，仍按季咨報法部，列入司法彙報。

一、凡審奏命盜等案，如另案內尚有別犯應擬斬絞重罪者，仍照例分案具奏外，如止一犯應擬斬絞，兩案罪名相同，例應從一科斷者，歸於一案內聲敘明晰具奏，其另案即咨部完結，如有餘犯問擬安置流罪者，亦隨咨案辦結。

一、文自知縣以上，武自守備以上，如有自盡之案，該督撫專摺奏聞。

一、凡州縣官將小民疾苦之情不行詳報上司，使民無可控愬者，革職，永不敘用。若已經詳報，而上司不接准奏聞者，革職。

## 出使不復命

凡奉制勅出使，使事已完。不復命，干預他事者，與使事絕無關涉。處十等罰。各衙門出使，使事已完。不復命，干預他事者，所干預係常事，處七等罰，軍情重事，處十等罰。若使事未完越理理不當為犯分，分不得為侵人職掌行事者，處五等罰。〇若回還後，三日不繳納聖旨制勅者，處六等罰，每二日加一等，罪止十等罰。不繳納符驗者，處四等罰。每三日加一等，罪止八等罰。〇若或使事有乖，或聖旨、制勅、符驗有損失之類。有所規避不復命，不繳納者，各從重論。

按：此仍明律，順治三年添入小註，現又刪改，並改笞杖為罰金。蓋言奉使之當慎也。唐律：諸受制出使，不返制令，輒干他事者，徒一年半。以故有廢闕者，徒三年，餘使妄干他事者，杖九十。以故有所廢闕者，徒一年，越司侵職者，杖七十，用符節事訖，應輸納而稽留者，一日笞五十，二日加一等，十日徒一年云云。明律即本於此，而治罪較輕，亦無“以故有廢闕”之文，似不詳備。“制”、“敕”是兩項，大事用制，次用敕，皆聖旨也。各衙門出使，或題准給有劄付，或領精微批者皆是。他事，是與使事絕不相干者，如接受詞訟、審理獄囚之類。後節聖旨即是上之制敕也，符驗所以起船起馬者，凡精微批文、劄付、勘合、火牌均是。律文上曰“干預他事”，下曰“侵人職掌”，均是越理犯分，而罪名輕重不同者，全在使事已完、未完上分別。上項是使事已完，乃干預地方之他事，顯有要求陵犯滋擾之弊，蓋不即復命已自有罪，又干他事，故其法重；下項是使事未完，本有切已應為之事，乃越理犯分侵人職掌，不過出位，非分之所為，故其罪稍輕。律義細微如此，非躁心人得以領會焉耳。

## 官文書稽程

凡官文書稽程者，一日，吏典，處一等罰，三日加一等，罪止四等罰；首領官，各減一等。首領官，吏典之頭目。凡言首領，正官、佐貳不坐。〇若各衙門上司遇有所屬申稟公事，隨即詳議可否，明白定奪批示回報。若當該上司官吏，不與果決，含糊行移，上下互相推調，以致躭誤公事者，上司官吏處八等罰。其所屬下司將可行事件，不行區處，無疑而作疑申稟者，下司官吏罪亦如之。

按：此仍明律，國初刪去末後數語，並添小註，現又改笞杖為罰金，蓋指違限而誤公者言也。唐律：諸官文書稽程，一日，笞十，三日加一等，罪止杖八十。明律上節原本於唐，而添入下節一段罪名，亦較唐律為輕。稽程者，稽遲程限也。程限，如後例小事五日、中事十日、大事二十日是也。含糊行移，是應斷不斷，責在上官；設作疑難申報，是應行不行，責在下屬，總以嚴定限而重公事也。上節止是稽程，尚未躭誤公事，故罪輕；下節躭誤由於推諉，故罪重。律後又有例條，均切實用，備錄之，以便參考。

**條例**

一、內外衙門公事，小事五日程，中事十日程，大事二十日程，並要限內完結。若事干外郡官司，關追會審，或踏勘田土者，不拘常限。

一、各部院衙門一切應行事件，俱於堂官批行後五日內行文。其有訛誤舛錯之處，將承行之員交部議處。如遺漏未行或遲延日久，將管理之員交部分別議處。

一、大理院尋常移咨外省案件，如行查家產、關提人犯，俱以文到之日為始，依限查覆，於覆文內將何日接到該院咨文、有無逾限之處，隨案聲明。儻一時未得清晰，必須輾轉咨查，不能依限查覆者，亦即聲請展限。如逾限不完，又不聲明緣由，仍由該院行催，並知照法部查參，將承辦之州縣及各該上司俱交部議處。

一、凡各省報部難結事件，如通緝已屆四十年者，即行查銷，毋庸列入彙奏。

儻後經緝獲，仍行質明辦理。

一、州縣官承審案件，或正犯、或緊要證佐患病，除輕病旬日即痊者毋庸扣展外，如遇病果沉重，州縣將起病、病痊月日，及醫生醫方先後具文通報。成招時出具甘結附送，令該管府州，於審轉時查察加結轉送。如府州司道審轉之時，或遇犯證患病，亦准報名扣除。但病限毋論司府州縣，止准其扣展一月。若帶病起解，以致中途病斃，照解犯中途患病不行留養例議處。儻係州縣捏報假病藉延，立即揭𠫭。府州扶同加結，院司察出，將府州一併開𠫭。如審轉之府州司道，無故遲延，捏報患病，希圖扣限，及上司徇隱，並交部議處。

一、凡州縣承審命案，詳請檢驗，上司並未批駁者，仍按限審解外，其有屢次駁查後經批准遲延有因之案，該督撫據實聲明報部，准其另行扣限。如有捏飾，照例嚴𠫭。

## 同僚代判署文案

凡應行上下官文書，而同僚官代判判日。署書名畫押。者，處八等罰。若因遺失同僚經手。文案，而代為判署以補卷宗。者，加一等。若於內事情有增減出入，罪重者，從重論。

按：此仍明律，順治三年添入小註，現改杖為罰，蓋嚴詐冒而防姦弊也。唐律：諸公文有本案，事直而代官司署者，杖八十；代判者，徒一年；亡失案而代者，各加一等云云。均指非應判署之人而言，明律改為“同僚”，與唐律義有不同，且唐律代判重於代署，明律判、署並無分別，又添末後“規避從重論”一語。應行官文書者，如咨申照會牒劄之類。“判”謂判日，“署”謂書名，文書須各官親筆判日書名，則一人有私，不得獨行。如有故不與者闕之，則意見不合，衆人自難相強，正以別嫌而防奸也。如同僚代判、代署，雖無奸弊，亦屬詐冒，故擬八等罰。若遺失文案而代為判、署以補卷宗者，既已遺失，又復作偽，故加一等。此皆指無私弊者。苟於事情或有增減罪名、或有出入，是有私弊，自各從所增減出入之罪，從重論。此律不分正官、佐貳，即正官代佐貳判署，亦同此罪。後有條例，足補律所未備，當並參之。

### 條例

一、各部院衙門司員有偷安偏執，故意推諉不行畫押者，該堂官即指名奏𠫭。其實有患病事故告假者，免其議處。若堂官徇情枉法，逼勒畫押，該司員密揭都察院，將該堂官指名奏𠫭，如有挾嫌誣告情弊，將該司員照例治罪。

## 增減官文書

凡增減官文書內情節、字樣者，處六等罰。若有所規避，而增減者。流罪以下，各加規避。本罪二等，罪止流三千里。未施行者，於加罪上各減一等，規避死罪者，依常律。其當該官吏，自有所避之罪，增減原定文案者，罪與規避同。若增減以避遲錯者，處四等罰。〇若行移文書，誤將軍馬、錢糧、刑名重事緊關字樣，譯寫失錯，而洗補更正者，譯寫之人，處三等罰；首領官員失於對同，減一等。若洗改更正，而有干礙調撥軍馬及供給邊方軍需、錢糧數目者，首領官員及譯寫之人，皆處八等罰。若有規避故改補者，以增減官文書論。各加本罪二等。未施行者，各於規避加罪上減一等。若因改補，而官司涉疑，有礙應付，或至調撥軍馬不敷，供給錢糧不足，因而失誤軍機者，無問故、失，並絞監候。罪坐所由，仍分首從。若非軍馬、錢糧、刑名等事文書，而無規避，及常行字樣，偶然誤寫者，皆勿論。

按：此仍明律，順治三年添入小註，現又刪改，蓋嚴文書增減之罪以防私弊也。唐律：諸詐為官文書及增減者，杖一百，准所規避，徒罪以上，各加本罪二等；未施行者，減一等。即（至）[主] ⑤司自有所避，違式造立及增減文案，杖罪以下，杖一百，徒罪以上，各加所避罪一等。若增減以避稽者，杖八十云云。蓋合詐偽、增減同言。明律“詐為官文書”另入《詐偽門》，此律止言增減之罪，而治罪亦較唐為輕，後更添入“失錯、洗補”之罪，亦較唐律詳備。首節以增減言，分三項：一、凡人增減；一、有所規避而增減；一、官吏自有規避而增減。次（即）[節] ⑥以改補言，分五項：一、改補軍馬等項重事之關緊字樣；一、干礙調撥軍馬供給邊方軍需；一、有規避故改補；一、因而失誤軍機；一、無規避誤寫“常行”字樣，蓋“常行”字樣正對上“緊關”二字，偶然誤寫，不問其罪，正於明罰敕法之中而寓以恕求情之意。此律專指失錯而洗補者，如失錯而不改補，則依上奏事犯諱條內申各部失錯律也。

## 漏使印信

凡各衙門行移出外文書，漏使印信者，當該吏典對同首領官并承發，各處六等罰。〇全不用印者，各處八等罰。〇若漏印及全不用印之公文，關係調撥軍馬，供給邊方軍需、錢糧者，各處十等罰。因其漏使不用，所司疑慮不即調撥供給，而失誤軍機者，絞監候。亦以當該吏為首，經管首領官并承發止流三千里。〇若倒用印信者，照漏用律，處六等罰。

按：此仍明律，順治三年添入小註，現改杖為罰，蓋言用印宜加詳慎也。“出外”二字最重，與《詐偽門》“盜用印”及“空紙用印”，並《上書陳言門》“備用印信、封皮”等條互相參看。凡文書內錢糧數（日）［目］⑦與圈塗旁註接縫粘連，俱當用印鈐蓋，漏使及全不用，則無以徵信，必且誤公事而滋奸弊，但漏使究較全不用者為輕，故罪有分別。吏典係用印之人，首領官係對同之人，承發吏係掌管發行之人，故擬罪惟均。《明律備考》有“倒用印信者，照漏用，杖六十”之條。又，《處分則例》：在京各衙門應用堂印事件誤用司印、應用司印誤用堂印，罰俸三月，倒用者同云云。均可與此律合參。明律尚有“漏用鈔印”一條：凡印鈔不行仔細，致有漏印及倒用者，一張，笞一十，每三張加一等，罪止杖一百云云。本朝停用寶鈔，故刪除之。現在官銀行紙幣均用官印，此律即在所應用，故附錄之。

**條例**

一、各部院稿案有將緊要數目字樣添改之處，俱用印鈐蓋，如有疏忽，照例叅處。

一、奏銷冊內錢糧總數遺漏印信，及有洗補添註字樣，造冊之員交部議處，繕冊書吏按律治罪。

## 擅用調兵印信

凡統兵將軍及各處提督、總兵官印信，除調度軍馬，辦集軍務，行移公文用使外，若擅出批帖，假公營私，及為憑照防送物貨圖免稅者，首領官、吏，各處十等罰，罷職役不敘。罪其不能稟阻。正官，奏聞區處。

按：此仍明律，順治三年添入小註。原律係“總兵將軍及各處都指揮使司”，雍正三年改易今名，蓋專為掌兵權而用印營私者言也。假公營私所包甚廣，照送貨物則指一事言耳。統兵大員印信，原用之以調度軍馬、辦集軍務，若以之擅出批帖，則是以調兵之公器為自便之私圖，故均為有罪。而治首領官以十等罰者，以其贊佐無補而不行稟阻也；正官奏聞區處者，以其為應議之人也。然曰“區處”，則罪不罪準上所裁矣。後有條例，可與律文參看。

**條例**

一、凡各省文武大小官員，有以官印用於私書者，照違制律治罪，有所求為，從重論。

# 戶役

漢蕭何承秦六篇，律後加《廄》、《興》、《戶》三篇，為《九章律》。後迄至後周，皆名《戶律》。北齊以婚事附之，名為《婚戶律》。隋以“戶”在“婚”前，改為《戶婚律》，唐因之而以田宅之事附焉。至明始分《戶役》、《田宅》、《婚姻》三篇，國朝因仍不改。初有《隱匿滿洲逃亡家人》一條，其後刪去，另纂《督捕則例》。本門共分十五章，而《人戶以籍為定》及《立嫡子違法》二章尤為切要。現在刪去《丁夫差遣不平》、《隱蔽差役》、《逃避差役》三章，則止存十二章矣。

## 脫漏戶口

凡一家曰戶，全不附籍，若有田應出賦役者，家長，處十等罰；若係無田不應出賦役者，處八等罰。准附籍有賦照賦，無賦照丁。當差。○若將他家人隱蔽在戶不另報立籍，及相冒合戶附籍，他戶，有賦役者，本戶家長亦處十等罰；無賦役者，亦處八等罰。若將內外另居親屬隱蔽在戶不報，及相冒合戶附籍者，各減二等。所隱之人並與同罪，改正立戶，別籍當差。其同宗伯叔弟姪及壻，自來不曾分居者，不在此斷罪改正之限。○其見在官役使辦事者，雖脫戶，然有役在身，有名在官。止依漏口法。○若曾立有戶。隱漏自己成丁十六歲以上。人口不附籍，及增減年狀，妄作老幼廢疾，以免差役者，一口至三口，家長處六等罰，每三口加一等，罪止十等罰。不成丁，三口至五口，處四等罰，每五口加一等，罪止七等罰。所隱人口入籍，成丁者當差。○若隱蔽他人丁口不附籍者，罪亦如之。所隱之人與同罪，發還本戶，附籍當差。○若里長失於取勘，致有脫戶者，一戶至五戶，處五等罰。每五戶加一等，罪止十等罰。漏口者，一口至十口，處三等罰，每十口加一等，罪止五等罰。本縣提調正官、首領官吏失於取勘致有脫戶者，十戶，處四等罰，每十戶加一等，罪止八等罰。漏口者，十口，處二等罰，每三十口加一等，罪止四等罰。知情者，並與犯人同罪。受財者，計贓以枉法從重論。若官吏曾經三次立案取勘，已責里長文狀，叮嚀省諭者，事發，罪坐里長。如里長、官吏，知其脫漏之情，而故縱不問者，則里長、官吏與脫漏戶口之人同罪。若有受財者，並計贓以枉法從重論。

按：此仍明律，順治三年添入小註，現改笞杖為罰金。蓋言戶口為稅糧差徭所自出，必當嚴覈版籍也。唐律：諸脫戶者，家長徒三年，無賦役者，減二等，女戶，又減三等。脫口及增減年狀以免課役者，一口徒一年，二口加一等，罪止徒三年。其增減非免課役及漏無課役口者，四口為一口，罪止徒一年半，即不滿四口，杖六十，部曲、奴婢亦同。里正不覺脫漏增減者，一口笞四十，三口加一等，過杖一百，十口加一等，罪止徒三年。若知情者，各同家長法。諸州縣不覺脫漏增減者，縣內十口笞三十，三十口加一等，過杖一百，五十口加一等，州隨所管縣多少，通計為罪，各罪止徒三年，知情者，各從里正法。諸里正及官司，妄脫漏增減者，以出入課役，一口徒二年，二口加一等，贓重入己者，以枉法論，至死者，加役流，入官者，坐贓論。諸相冒合戶者，徒二年，無賦役者，減二等。註：謂以疏為親及有所規避者，主司知情，與同罪，即於法應別立戶而不聽別、應合戶而不聽合者，主司杖一百。又，《詐偽門》：其匿脫者，徒一年。謂產子不言為“匿”，吏典不附為“脫”云云。明律大致一本於唐，而添“隱蔽不報”一層，治罪止於滿杖，較諸唐律為輕。又無唐律“女戶”一層，《箋釋》云：若隻身及婦人脫戶，有賦無賦，各照本律，如婦人無賦役者，止依漏口法云云。亦即唐律女戶減等之意。蓋脫戶者，一戶之人，全不當差，與脫逃無異，故曰“脫戶”；漏口者，一戶之人，不盡當差，猶物之有缺漏也，故曰“漏口”。《輯註》謂：計家而言曰“戶”，計人而言曰“口”，田地稅糧曰“賦”，人丁差徭曰“役”。有賦役，謂有田產稅糧，而當差役之出於賦者也；無賦役，謂無田產稅糧，止當本身，雜泛差徭役之出於丁者也，故曰“賦役”。此條專以役言，故載於戶役之首，共分六節，首節言脫自己之戶；二節言隱冒他人及親屬之戶；三節言雖脫戶而係在官役使，仍依漏口之法；四節言漏自己丁口；五節言隱蔽他人丁口；六節承上數節，言里長、官吏失勘、知情、受財之罪。蓋脫戶又分二等，有賦役則所避者多，無賦役則所避者少；漏口亦分二等，已成丁者有所規避，未成丁者無所規避，故罪各分輕重。夫親屬於罪犯得相容隱，而戶口非犯罪之比，然仍減他人二等者，蓋隱蔽他人而有姦貪之弊，隱蔽親屬猶出親愛之意也。隱蔽親屬提出“另居”二字，則汎汎同居，不限籍之異同，均不在此限矣。古者有田則有賦，有丁則有役，此定制也。自國朝康熙五十二年定有成例：凡直省編審查出增益人丁，繕冊奏聞，名為“盛世滋生戶口冊”，其徵收銀糧，但據康熙五十年丁冊，定為常額，續生人口，永不加賦。雍正年間復將丁銀攤入地畝，永為定制，自此而後，有田者均代有丁者應役，若有丁而無田，則並無可當之差矣。此賦役中一大關鍵，生斯世者，幾不知有丁徭之苦，蓋數千年未有之盛典也。律文仍前朝之舊，雖與今辦法不同，惟戶口為全國政治根本，近年民政部清查戶口，章程極為詳悉，將來另修民法，此律必資引用，未可廢也。

**條例**

一、直隸各省編審察出增益人丁實數，繕冊奏聞，名為“盛世滋生戶口冊”，其徵收錢糧但據康熙五十年丁冊定為常額，續生人丁永不加賦。如額徵丁糧數內有開除者，即將各該省新增人丁補足額數。至新增人丁儻不據實開報，或有私派錢糧，及造冊之時藉端需索，該督撫嚴查奏叅。

## 人戶以籍為定

凡人戶並以原報冊籍為定。若詐冒脫免，避己重就人輕者，處八等罰。其官司妄准脫免，及變亂版籍者，罪同。

按：此仍明律，順治三年添入小註，現又刪改。蓋言版籍既定，永不得詐冒變亂也。唐律：諸詐除、去、死免官戶奴婢及私相博易者，徒二年。《疏議》曰：官戶、奴婢各有簿帳。除者，謂詐言給賜；去者，謂去其名簿；死者，謂詐言身死；免者，謂如年入六十及廢疾，各得免本色之類；私相博易，謂將私奴婢博易官奴婢也。其脫匿者，徒一年。註：產子不言為“匿”，吏典不附為“脫”。主司不覺脫匿者，依里正不覺脫漏法。又詐自復除，若詐死及詐去工、樂、雜戶名者，徒二年。《疏議》曰：詐自復除，謂詐云落番新還，或詐云放賤之類，以得復除也。明律即本於此，而添入“軍民驛竈醫卜”等項，其治罪亦較唐律為輕。蓋人戶版籍既定，則差役攸分，世不得改易。若詐隱本籍而冒為別籍，脫本籍之名免本等之役，不過避重就輕，故止擬八等罰耳。舊例又有：旗民放出之家奴，只許耕作營生，不許考試出仕。其放出入民籍三代後所生之子孫，准其與平民一律考試、出仕，京官不得至京堂，外官不得至三品。其雖經放出，應以報官存案之日起限。又，實因習教犯案，罪在徒流以上者，其子孫實未入教，即以本犯之子為始，三輩後所生之子孫始准考試報捐，儻有朦混，以違制論。至習教復又從逆各犯子孫，永遠不准考試報捐云云。現雖刪除，實足補律所未及，當並參考。此律僅言內地版圖不准脫亂，現在中外交通，更有國籍一法，詳言外人入中國，及中國人入外籍之法，已經奏准通行，當與此律一併參之。

**條例**

一、凡籍隸順天府、大宛兩縣人員出仕時，取具同鄉官印結者，各宜細心察核，如有混冒出結，除照例議罪外，遇有承追無著之項，即於定例後出結官名下追陪。

一、凡旗人窩竊、窩娼、窩賭及誣告訛詐，行同無賴，不顧行止，並棍徒擾害、教誘宗室為非、造賣賭具、代賊銷贓、行使假銀、捏造假契、描畫錢票，一切誆騙欺詐取財，以竊盜論。准竊盜論及犯誘拐、強姦、親屬相姦者，均銷除本身旗檔。

一、凡旗下從前家奴，不論係賞給、投充及紅契、白契所買，是否數輩出力，概聽贖身放出為民，報明地方官編入民籍，毋庸稽查舊檔及取結咨部核覆。所生子孫，准與平民一體應試出仕，其未經放出及無力贖身者，概以雇工人論。

一、營業不正及身家不清白者，概不准入考捐監，如有變易姓名朦混應試報捐者，除斥革外，照違制律治罪。若將良民誣指，希圖傾陷拖累者，按誣告律治罪。

## 私創庵院及私度僧道

凡寺觀庵院，除現在處所先年額設。外，不許私自創建增置，違者，處十等罰。僧、道、尼僧、女冠還俗。地基材料入官。若僧、道不給度牒，私自簪薙者，處八等罰。若由家長，家長當罪。寺觀住持及受業師私度者，與同罪，并還俗。

按：此仍明律，順治初年添入小註，現改杖為罰，蓋承上條脫漏戶口後亦為人丁而發也。考唐律：諸私入道及度之者，杖一百。已除貫者，徒一年。若犯法合出寺觀，經斷不還俗者，從私度法。監臨官私度人者，一人，杖一百云云。明律即本於此。僧、道在軍、民、匠、竈等籍之外，得免丁差，僧、道多則丁口少，故立法以示禁。前節言私創寺院之罪，後節言私度之罪。此輩不耕、不業，衣食於民，固不可任其創建以耗民財，任其簪薙以虛戶口。而創建之罪尤重於私度者，以耗費之重而引誘之多也。創建者，昔無而今有增置者，於原有之外而增益之，如下院之類。律止泛言僧、道，例又補出“應付”、“火居”之名，註云：有眷屬之僧曰“應付”，無者曰“戒僧”；有眷屬之道士曰“火居”，無曰“全真”，又曰“靈寶”。僧曰“薙”，尼同；道曰“簪”，女冠同。僧曰“度牒”，道曰“部照”，皆禮部頒發，乾隆三十九年停止。今僧道等官由禮部頒給劄付，並無度牒矣。

**條例**

一、民間子弟，戶內不及三丁或在十六以上而出家者，俱照不應重律治罪，並罪坐所由。僧道官及住持，知而不舉者，各罷職，還俗。

一、僧、道招徒，除應付、火居等項，不准濫行收受外，其非應付、火居而為例應招徒之僧、道，亦須年逾四十方准招徒一人。若所招之人無罪犯而病故者，准其另招一人為徒。如有年未四十即行招受及招受不止一人者，照違令律治罪。若招受之人身犯姦盜重罪，伊師亦不准再行續招，其有復行續招者，亦照違令律治罪。僧道官容隱者，罪同。地方官不行查明，交部照例議處，所招生徒俱勒令還俗。

一、僧、道犯罪，該還俗者，查發各原籍安插，若仍於原寺觀庵院或他寺觀庵院潛住者，並照不應重律治罪，照舊還俗。其僧道官及住持知而不舉者，照違令律治罪。

一、僧道如有為匪不法等事，責令僧綱、道紀等司，隨時舉報。儻瞻徇故縱，別經發覺，犯係逆案者，將該管僧綱、道紀，照知情故縱逆犯本律，分別已行、未行定罪。若止失於覺察者，照不應重律治罪。

## 立嫡子違法

凡立嫡子違法者，處八等罰。其嫡妻年五十以上無子者，得立庶長子。不立長子者，罪亦同。俱改正。○若養同宗之人為子，所養父母無子所生父母有子。而捨去者，處十等罰，發付所養父母收管。若所養父母有親生子，及本生父母無子，欲還者，聽。○其乞養異姓義子以亂宗族者，處六等罰。若以子與異姓人為嗣者，罪同。其子歸宗。○其遺棄小兒，年三歲以下，雖異姓，仍聽收養，即從其姓。但不得以無子，遂立為嗣。○若立嗣，雖係同宗，而尊卑失序者，罪亦如之，其子亦歸宗，改立應繼之人。○若庶民之家，存養良家女為奴婢者，處十等罰，即放從良。

按：此仍明律，其小註係順治初年添入，現改杖為罰，蓋明倫序以重宗祧也。唐律：立嫡違法者，徒一年，嫡妻年五十以上無子者，得立庶以長，不立長者亦如之。諸養子所養父母無子而捨去者，徒二年。若自生子及本生無子欲還者，聽之。即養異姓男者，徒一年，與者，笞五十，其遺棄小兒三歲以下，雖異姓，聽收養，即從其姓。祖父母、父母以子孫妄繼人後者，徒二年。《疏議》曰：依令：無嫡子及有罪疾，立嫡孫，無嫡孫，以次立嫡子同母弟，無母弟，立庶子，無庶子，立嫡孫同母弟，無母弟，立庶孫，曾、元以下，准此。又，依《戶令》：無子者，聽養同宗於昭穆相當者，即兩家並皆無子，去住亦任其情，若養處自生子及雖無子不願留養，欲遣還本生者，任其所養父母。又，養異姓男者，徒一年，養女者，不坐。其小兒年三歲以下，如是父母遺失，於後來認識，令還本生失兒之家，量酬乳哺之直云云。明律大致同於唐律，而擬罪較輕，惟“與者，笞五十”一項則較唐律為重。其末節“庶民存養奴婢”則為唐律所無。此律與《官員襲廕》一條互參，但彼條專為有官者言，此通官員、士庶言之，且彼攙越擬徒三年，此違法止八等罰者，彼則已經襲廕，此但言立嗣耳。首節言立嗣之法；二節言無子立嗣之法；三節言不得以異姓為嗣，重在改姓亂宗，若但養為義子，不從姓、不為嗣，所不禁也；四節言不得以收養小兒為嗣；五節言立嗣不得亂昭穆之序；六節言不得養良為賤，若非壓良為賤，不在禁限。律外又補設條例，以濟律所未備，更為曲體人情，仁至義盡，應一併合參。又，《會典》載：旗人無嗣，係包衣姓承繼者，親女給家產三分之一；係疏遠旗人承繼者，親女給家產五分之一；異姓承給者，親女給家產之半。又，《全纂》云：承繼兩房，恩義兼盡，但專為長房無子，次房止有一子者，曲為兩全。俟其子復生子，則以其次者還繼次房，若次房無子，而以長房之子兩承。雖同父周親，兩相情願，然大宗、小宗之別，究應斟酌輕重，於其間不可一例而論，世俗所謂"長房無子，次房不得有子也"。以上各說，亦與律互相發明，當並參考。

**條例**

一、無子者，許令同宗昭穆相當之姪承繼，先儘同父周親，次及大功、小功、緦麻。如俱無，方許擇立遠房及同姓為嗣。若立嗣之後卻生子，其家產與原立子均分。

一、無子立嗣，除依律外，若繼子不得於所後之親，聽其告官別立，其或擇立賢能及所親愛者。若於昭穆倫序不失，不許宗族指以次序告爭，并官司受理。若義男、女壻為所後之親喜悅者，聽其相為依倚，不許繼子并本生父母用計逼逐，仍酌分給財產。若無子之人家貧，聽其賣產自贍。

一、無子立嗣，若應繼之人平日先有嫌隙，則於昭穆相當親族內擇賢擇愛，聽從其便。如族中希圖財產，勒令承繼，或慫恿擇繼，以致涉訟者，地方官立即懲治，仍將所擇賢愛之人斷令立繼。其有子婚而故，婦能孀守，已聘未娶，媳能以女身守志，及已婚而故，婦雖未能孀守，但所故之人業已成立，或子雖未娶，而因出兵陣亡者，俱應為其子立後，若支屬內實無昭穆相當為其子立後之人，而其父又無別子者，應為其父立繼，待生孫以嗣應為立後之子。其尋常夭亡未婚之人，不得概為立後。若獨子夭亡，而族中實無昭穆相當可為其父立繼者，亦准為未婚之子立繼。如可繼之人亦係獨子，而情屬同父周親，兩相情願者，取具闔族甘結，亦准其承繼兩房宗祧。

一、婦人夫亡無子守志者，合承夫分，須憑族長擇昭穆相當之人繼嗣。其改嫁者，夫家財產及原有妝奩，並聽前夫之家為主。

一、凡乞養異姓義子有情願歸宗者，不許將分得財產攜回本宗。其收養三歲以下遺棄之小兒，仍依律即從其姓，但不得以無子遂立為嗣，仍酌分給財產，俱不必勒令歸宗。如有希圖資財冒認歸宗者，照例治罪。

一、因爭繼釀成人命者，凡爭產謀繼及扶同爭繼之房分，均不准其繼嗣，應聽戶族另行公議承立。

## 收留迷失子女

凡收留良人家迷失道路、鄉貫子女，不送官司，而賣為奴婢者，徒三年。為妻妾子孫者，徒二年半。被賣之人不坐，給親完聚。〇若收留在逃子女不送官司。而賣為奴婢者，徒二年半。為妻妾子孫者，徒二年。被賣在逃之人，各減一等。若在逃之罪重者，自從重論。〇其自收留為奴婢妻妾子孫者，罪亦如之。暫時隱藏在家者，不送官司。並處八等罰。〇若買者及牙保知情，減犯人罪一等，追價入官。不知者，俱處八等罰，追價還主。〇若買認良人為奴婢者，徒三年。為妻妾子孫者，徒二年半。

按：此仍明律，順治三年添入小註，現改杖為罰，蓋分別收留子女及隱藏冒認之咎也。唐律無此專條，惟《盜賊門》有：諸略奴婢者，以強盜論；和誘者，以竊盜論。若得逃亡奴婢不送官而賣者，以和誘論，隱藏者，減一等。《疏議》曰：凡捉得逃亡奴婢，依令五日内合送官司，不送而賣，以和誘論。又，《雜律門》：諸錯認良人為奴婢者，徒二年；為部曲者，減一等。錯認部曲為奴者，杖一百。錯認奴婢及財物者，計贓，一疋笞十，五疋加一等，罪止杖一百。未得者，減二等。《疏議》曰：其錯認良人以下為子孫，律既無文，量情依“不應輕”；若錯認他人妻妾及女為己妻妾者，情［理］[⑧]俱重，依“不應重”；若己認得妻妾將去者，多涉姦情，即同姦法。又，《詐偽門》：諸妄認良人為奴婢部曲、妻妾子孫者，以略人論，減一等；妄認部曲，又減一等；妄認奴婢及財物，准盜論，減一等。《疏議》曰：略人為奴婢者，絞，妄認，減一等，流三千里；略人為部曲，流三千里，減一等，徒三年；略人為妻妾子孫，合徒三年，減一等，徒二年半；略部曲為奴，合流三千里，妄認，減一等，徒三年；略部曲為部曲，合徒三年，妄認，減一等，徒二年半云云。明律與唐律參差不同，唐律不言良人子女逃亡，亦無“迷失”之文，蓋統括於《和略律》内矣。明律添此兩層，以示與起意誘拐者不同，亦有因而盜曰攘之意也。惟並未分别和、略及是否年已及歲，一體科斷，求詳而反失之略。唐律分“錯認”、“妄認”為兩門，明律有“冒認”而無“錯認”，亦與唐律不同。共分五節：首節言收留迷失之罪；二節言收留在逃之罪，而迷失、在逃各分“子女”、“奴婢”兩項，賣子女、奴婢又分“賣為奴婢”、“賣為妻妾”兩項；三節言自留及隱藏之罪；四節推及買者牙保之罪，統承首節、二節而言；五節則言冒認之罪，或迷失、或在逃，經人收留，或送官查究，而冒認為己之奴婢，則賤之矣，為己之妻妾子孫，則辱之矣，故亦同賣者之罪。此律與和誘相似而略有不同，此因子女迷失在逃，與憑空誘拐者不同，若因人迷路而誆引相隨，乘人離恐而誘引出外，因而轉賣或收留，即是和誘，不可誤引此律，須細參之。律曰“子女”，實兼婦人而言。此律又當與《婚姻門》“娶逃走婦女”及“知情藏匿罪人”二條參看。婦人背夫逃走而苟合嫁人，娶者可依此律科以“收留在逃，徒二年”之罪。若知所犯罪重而收留之，當依《藏匿罪人》律。其買為妻妾者，當依《娶逃走婦女》律從重科斷。至於收留與隱藏，罪有輕重者，收留則欲圖利，隱藏者，或因父母主人欲處之死，暫時留住，猶有憐念之意，其中正有毫釐千里之差。律文之精細如此，非靜心參考互證，不能得其奧妙。

## 賦役不均賦，取於田產；役，出於人丁。

凡有司科徵稅糧及雜泛差役，各驗籍內戶口田糧，定立上中下等第科差。若放富差貧，挪移等則作弊者，許被害貧民赴控該上司，自下而上陳告。當該官吏各處十等罰。改正。若上司不為受理者，處八等罰。受財者兼官吏，上司言。計贓以枉法從重論。

按：此仍明律，順治初年添入小註，現改杖為罰，蓋言因丁糧而定賦役宜各得其平也。唐律謂之“租庸”，明則謂之“賦役”。唐律：諸差科賦役違法及不均平，杖六十。《疏議》曰：依令：凡差科，先富強，後貧弱，先多丁，後少丁。又，律載：非法而擅賦斂及以法賦斂而擅加益，贓重，入官者，計所擅坐贓論，入私者，以枉法論，至死者，加役流。《疏議》曰：依令：每丁，租二石。調絁、絹二丈，綿三兩，布輸二丈五尺，麻三斤。丁役二十日。每年以法賦斂，依數輸納。若臨時別差科者，自依臨時處分云云。明律改為杖一百，則較唐律為重，而受財科以枉法，亦無“贓重入官坐贓”一層。此律雖賦役並言，而實重在役，故以下均言差徭之事。科徵，謂科派徵收也。稅糧，謂夏稅秋糧也。差役，承“稅糧”、“雜泛”二項：言稅糧差役，乃照稅糧當差者，即前條所謂“有賦役者”也，雜泛差役，乃照丁役當差者，即前條所謂“無賦役者”也。戶口、田糧乃差役所自出，驗戶口役之出於力，驗田糧役之出於賦，然役出於賦者多，故總謂之“賦役”。放富差貧，是將富者之差飛灑於貧者也。挪移，謂以上戶為下戶，以下戶為上戶也。上司不受理，擬八等罰，較之《訴訟門》“告田宅不受理，減二等”之條亦重，當並參考此門。律丁役均係古法，現在丁之無役已有百餘年，此律久為虛設，蓋本朝自康熙五十年後，續生之子永不加賦，雍正六年又將丁銀攤入地畝均徵，丁糧合而為一，即無所謂差徭矣。即有支應兵差科派等事，亦係糧多者受累，丁多者絕不相干。此皆讀律者所當知也。

### 條例

一、凡紳衿之家，與齊民一體編次，聽保甲長稽查，違者照脱戶律治罪，地方官徇情不詳報者，交部照例議處。至充保長、甲長，並輪值、支更、看柵等役、紳矜免派，齊民內老疾、寡婦之家，子孫尚未成丁者，亦俱免役。

一、軍民年七十以上者，許一丁侍養，免其雜派差役。

## 禁革主保里長

凡各處人民，每一百戶內議設里長一名，甲首一十名，輪年應役，催辦錢糧，勾攝公事。若有妄稱主保、小里長、保長、主首主管、甲首。等項名色，生事擾民者，徒二年。〇其合設耆老，須於本鄉年高有德，衆所推服人內選充，不許罷閒吏卒，及有過之人充應。違者，處六等罰，革退。當該官吏，處四等罰。若受財枉法，從重論。

按：此仍明律，順治三年添入小註，雍正三年刪定，現改杖為罰，蓋言應役之人不宜濫設也。唐律無文。主保，主管一保之事者；小里長者，里長之次；保長者，一保之長；主首，又主管甲首者。此等名目，歷代所稱不一，但為官司設立者，止有里長、甲首。若非官司所設，有妄稱主保等名色而生事擾民，方合此律。若但妄稱名色，止問不應重律。六十曰耆，七十曰老，耆者，責在化民善俗，即古鄉“三老”之遺意，必選一鄉之望。若以罷閒吏卒及犯罪之人充選，則民心不服而無以相勸，故充應與濫收者，均分別處罰。

## 點差獄卒

凡各處獄卒，於相應慣熟人內，點差應役，令人代替者，處四等罰。

按：此仍明律，蓋言防範獄囚之役當慎於點差也。獄卒，即今之禁子，係防守囚犯之要差，必須勤慎誠實，熟識獄情之人，方不誤事。如已奉點差而令人代替者，擬四等罰。若有疏脱，自依《不覺失囚》律擬斷。查《名例》：稱“主守”者，庫子、斗級、攢攔、禁子並是。此衹言“點差獄卒”者，以有關刑獄，較別項職守尤重，猶之額設仵作，必考識字通文理之人充當也。近來改良監獄，改禁卒之名為“所丁”，而京都、外省均建模範監獄，則此律尤當留意。

## 私役部民夫匠

凡有司官私役使部民，及監工官私役使夫匠，出百里之外，及久占在家使喚者，有司官使一名，處四等罰，每五名加一等，罪止處八等罰。監工官，照名各加二等，私役罪小，誤工罪大。每名計一日，追給雇工銀一錢二分五釐。若有吉凶及在家借使雜役者，勿論。監工官仍論。其所使人數不得過五十名，每名不得使過三日，違者以私役論。

按：此仍明律，原文係“給雇錢六十文”，國初改為“銀八分五厘五毫”，並添入小註。現又改為“銀一錢二分五釐”，並改杖為罰。蓋言民匠不可以私事役使也。唐律《職制門》：諸監臨之官，役使所監及借奴婢、牛馬之類，各計庸、賃，以受所監臨財物論。即役使非供己者，計庸坐贓論，罪止杖一百。其應供己驅使而收庸直者，罪亦如之。若有吉凶，借使所監臨者，不得過二十人，人不得過五日。其於親屬，雖過限及受饋、乞貸，皆勿論。營公廨借使者，計庸，坐贓論減二等。監臨官之家人，於所部有役使，減官人二等。又，《擅興門》：諸丁夫雜匠在役，而監當官司私使及主司於職掌之所私使兵防者，各計庸，准盜論。即私使防兵出城鎮者，加一等云云。明律載入《戶役門》，科罪亦輕重懸殊，而“吉凶借使”一層，人數、日數亦參差互異，則各有用意也。有司於部民，監工官於夫匠，其勢相臨，易於驅使，故特設此律，既計名以科其罪，復追值以給其人。然曰“百里之外”，則役於近處者無禁矣。曰“久占在家”，則役於暫時者無罪可知矣。此外又有官吏家人役使部民，武官役使軍人，公侯役使官軍，及私役鋪兵，私役民夫抬轎，私役弓兵，豪強役使佃客之罪，均與此律互相發明。而私役弓兵、鋪兵，與此律罪名雖同，而計名加等、追銀不同：彼追價入官，此追給所役之人者，弓兵、鋪兵乃在官常役，設有工食者，部民、夫匠則非在官常役之人，故入官、發給不同，其細密如此。現雖分別刪除，錄之以存古制。

## 別籍異財

凡祖父母、父母在，子孫別立戶籍分異財產者，處十等罰。須祖父母、父母親告乃坐。若居父母喪，而兄弟別立戶籍分異財產者，處八等罰。須期親以上尊長親告乃坐。或奉遺命，不在此律。

按：此仍明律，小註亦係原文，順治初年增添“或奉遺命，不在此律”一句，蓋懲薄俗以敦孝弟也。唐律：諸祖父母、父母在，子孫別籍異財者，徒三年。註云：別籍、異財不相須。又，祖父母、父母令子孫別籍及以子孫妄繼人後者，徒二年，子孫不坐。居父母喪，生子及兄弟別籍異財者，徒一年。《疏議》曰：其服內生子，事若未發，自首亦原云云。明律即本於此，而擬罪較輕，且無“居喪生子”，並“祖父母、父母令子別籍”及“以子孫妄繼與人”三項。此律“別籍”、“異財”原是兩項，有一即坐十等罰，即唐律“別籍、異財不相須”之說也。而曰“親告乃坐”者，恐其原許分析也；又曰“期親以上親告乃坐”者，恐其奉有遺命也。蓋不親告不坐，所以通人情也；告則坐罪，所以教人孝也。祖父母在而別籍異財，惡其有離親之心也；父母亡而兄弟雖許分析，然三年之喪未滿而別籍異財，惡其有忘親之心也。後例有祖父母、父母在，子孫不許分財異居，其父母許令分析者，聽。所以補律所未備，當合參之。《禮部則例》又有“屢世同居，和睦無間者，題請旌表”一節，蓋薄俗治罪而敦睦又得旌表，禮與刑相為表裏，此正國粹所存，外國無此精義。

**條例**

一、祖父母、父母在者，子孫不許分財異居。此謂分財異居，尚未別立戶籍者，有犯亦處十等罰。其父母許令分析者，聽。

## 卑幼私擅用財

凡同居卑幼，不由尊長，私擅用本家財物者，十兩，處二等罰，每十兩加一等，罪止十等罰。若同居尊長，應分財物不均平者，罪亦如之。

按：此仍明律，現改杖為罰，蓋為居家用財者立法，所以教民孝弟慈愛也。唐律：同居卑幼，私擅用財者，十疋笞十，罪止杖一百。即同居應分不均平者，計所侵，坐贓論減三等。《疏議》曰：應分田宅及財物者，兄弟均分。妻家所得之財，不在分限。兄弟亡者，子承父分。違此為不平云云。明律大致同於唐律，惟唐律分不均平統尊卑而言，明律專指尊長，而卑幼侵取者，多轉難科罪。且唐律坐贓論減三等，是罪止徒一年半，明律罪止杖一百，亦各不同。《輯註》：父輩曰“尊”，而祖輩同；子輩曰“卑”，而孫輩亦同。兄輩曰“長”，弟輩曰“幼”。蓋家政統於尊長，而家財則係公物，雖為公共之物，但卑幼得用之，不得自擅也，尊長得掌之，不得自私也。若卑幼不稟命而私用，是謂“專擅”；尊長當分散而不均平，是謂“利己”。故各以兩數科斷，而厥罪惟均。其不及十兩者，免罪。凡用過之財亦免追。此律可與《立嫡子違法律》及《婚姻門》“招壻養老與繼子均分家產例”參看。又，《唐律疏議·問答》云：老疾得免者，各准一子分法。假有一人年八十，有三男、十孫，或一男現在，或三男俱死，惟有十孫，老者若為留分？答曰：男但一人現在，依令作三男分法，添老皆一人，即為四分。若三男死盡，依令諸子均分，老人共十孫為十一分，留一分與老人，是為“各准一子分法”云云。亦可與現例合參，則於分產之法推闡，無遺義矣。

**條例**

一、嫡、庶子男，分析家財、田產不問妻妾所生，止以子數均分。姦生之子，依子量與半分。如別無子，立應繼之人為嗣，與姦生子均分。無應繼之人，方許承繼全分。

一、戶絕財產，果無同宗應繼之人，所有親女承受。無女者，聽地方官詳明上司，酌撥充公。

## 收養孤老

凡鰥寡孤獨及篤廢之人，貧窮無親屬依倚，不能自存，所在官司應收養而不收養，處六等罰。若應給衣糧，而官吏尅減者，以監守自盜論。凡係監守者，不分首從，併贓論。

按：此仍明律，順治初年添入小註，現改杖為罰，蓋即王政“子惠窮困”之意也。“鰥、寡、孤、獨、篤、疾”六項，是應收養之人，而不收養，是失愛民之道；官吏尅減衣糧，是違朝廷恤民之典。故各法以罪。收養之治，舊例：月給米三斗，歲給棉布一疋。而少壯乞丐，嚴飭保甲並丐頭管束，若縱容為匪，即將保甲等治罪。均足補律未備。又，《戶部則例》：“凡直省孝子節婦，有貧苦不能自存者，於公項下，按日酌給口糧、銀兩。又，通都大邑，官設普濟堂，收養老疾之人，所需經費，以官田產、罰贖、社穀充用，其官紳好義捐建者，經費並聽自行經理。又，通都大邑，應建育嬰堂，收養遺棄嬰孩，官雇乳婦乳哺，紳士好義捐建，聽其自行經理。”等條，均係王政要務，有司民之責者，所當實力行之。律外更有條例，足補律所未備，宜併參考。

### 條例

一、直省州、縣所屬養濟院，或應添造，或應修蓋者，令地方官酌量修造，據實估計，報明督撫，在於司庫公用銀內撥給。仍不時查勘，遇有滲漏之處，即行黏補完固。儻有陞遷事故，造入交代冊內，取具印結送部。其正實孤貧，俱令居住院內，每名各給印烙年貌腰牌一面。該州縣按季到院親身驗明腰牌，逐名散給口糧。如至期印官公務無暇，遴委誠實佐貳官代散，加結申報上司，毋許有冒濫扣尅情弊。若州縣官不實力奉行者，該督撫即行查叅，照例議處。

# 田宅

唐律無《田宅》之目，其田宅之事俱統於《戶婚律》中，明始立《田宅》一門，本朝因之。曰“田”，則山園、陂蕩之類在其內；曰“宅”，則碾磨、店肆、車船之類在其內。此門共分十一章，首二章最為切要。《盜賣》、《典買》二章，例文亦詳，均當留心研究。

## 欺隱田糧

凡欺隱田糧，全不報戶入冊。脫漏版籍者，一應錢糧，俱被埋沒，故計所隱之田。一畝至五畝，處四等罰，每五畝加一等，罪止十等罰。其脫漏之田入官，所隱稅糧，依畝數、額數、年數，總約其數徵納。○若將版籍上自己田土移坵方圓成邱。換段，坵中所分區段，挪移起科等則，以高作下，減瞞糧額，及詭寄田糧，詭寄，謂詭寄於役過年分，並應免人戶冊籍。影射脫免自己之差役，并受寄者，罪亦如之。如欺隱田糧之類。其減額詭寄之田改正，坵段收歸本戶，起科當差。○里長知而不舉，與犯人同罪。○其還鄉復業人民，丁力少而舊田多者，聽從儘力耕種，報官入籍，計田納糧當差。若多餘占田而荒蕪者，三畝至十畝，處三等罰，每十畝加一等，罪止八等罰，其田入官。若丁力多而舊田少者，告官，於附近荒田內，驗力撥付耕種。

按：此仍明律，順治三年添入小註，現改笞杖為罰金，蓋為隱田漏籍以致賦役不清者而言也。唐律：諸占田過限者，一畝笞十，十畝加一等，過杖六十，二十畝加一等，罪止徒一年。若於寬閑之處者，不坐。《疏議》云：王者制法，農田百畝，其官人永業準品，及老、小、寡妻受田各有等級，非寬閑之鄉，不得限外更占。又，依令：受田悉足者為寬鄉，不足者為狹鄉云云。蓋唐有限田之令，是以特著此律。明律雖本始於唐，然當時不限民田，故律文止言欺隱田糧之事，專為防弊而設，與唐律用意不同。上段與脫漏戶口相類，末段謂地不可使有餘利，民不可使有遺力也。其多餘占田而荒蕪者，其田入官，與後《荒蕪田地》一條科罪亦有參差。凡田糧之額，載於版籍，必脫漏而後得欺隱，故“欺隱田糧、脫漏版籍”一句是一事。《輯註》謂：[等，謂] ⑨田土肥瘠之差等，則，謂糧額輕重之則例。輕重因於肥瘠，即所謂高下也。“移坵換段”四句，亦是一事，當串講。將自己田糧暗掛於他人名下，曰“詭寄”，惟欲影射始行詭寄。“詭寄田糧、影射差役”二句，亦是一事，當串講。上欺隱者，是全不納糧當差，下減瞞者，猶納糧當差而不及額數也，詭寄者，猶納糧不當差者也，故科罪雖同，而欺隱之田入官，減瞞、詭寄則不入官，俱為改正。前脫漏戶口，兼官吏、里長言，此止言里長而不及官吏者，《輯註》云：若官吏知而不舉，亦應與里長同科。官吏、里長有受財者，亦當以枉法論罪。足補律所未備，律外又有條例，與律相輔而行，當並究之。

### 條例

一、凡宗室置買田產，管莊人恃強不納差糧者，該管官察實，將管莊人等比依功臣欺隱田土律問罪。宗室知而縱容者，交該衙門察議，仍追徵應納差糧。若該管官阿縱不舉者，聽督撫糸奏，交部議處。

一、將自己田地應納錢糧灑派別戶者，按數計贓，准枉法論，田地入官，其灑派錢糧，照年分、畝數追徵還給代納之戶。

一、州縣徵收糧米之時，預將各里、各甲花戶額數的名填定聯三版串，一給納戶執照，一發經承銷冊，一存州、縣查對，按戶徵收，對冊完納，即行截給歸農。其未經截給者，即係欠戶，該印官查摘追徵。若遇有糧無票，有票無糧等情，即係胥吏侵蝕，嚴行治罪。

一、各鄉里書，飛灑詭寄稅糧二百石以上者，問擬流二千五百里。

## 檢踏災傷田糧

凡部內有水旱霜雹及蝗蝻為害，一應災傷應減免之田糧，有司官吏應准告而不即受理申報上司，親行檢踏，及本管上司不與委官覆踏者，各處八等罰。若初覆檢踏，有司承委官吏不行親詣田所，及雖詣田所，不為用心從實檢踏，止憑里長、甲首朦朧供報，中間以熟作荒，以荒作熟，增減分數，通同作弊，瞞官害民者，各處十等罰，罷職不敘。若致枉有所徵免有災傷當免而徵，曰枉徵；無災傷當徵而免，曰枉免。糧數，計贓重者坐贓論。枉有所徵免糧數，自奏准後發覺謂之贓，故罪重於十等罰，並坐贓論。里長、甲首各與同罪，受財官吏、里甲受財檢踏開報不實，以致枉有徵免。者，並計贓以枉法從重論。〇其檢踏官吏及里長、甲首，原來受財，止失於關防，致使荒熟分數有不實者，計不實之田，十畝以下免罪，十畝以上至二十畝，處二等罰，每二十畝加一等，罪止八等罰。官吏係公罪，俱留職役。〇若人戶將成熟田地，移坵換段，冒告災傷者，計所冒之田，一畝至五畝，處四等罰，每五畝加一等，罪止十等罰。其冒免之田合納稅糧，依額數追徵入官。

按：此仍明律，順治三年添入小註，雍正三年修改，現改笞杖為罰金，蓋言有司不恤民之罪也。唐律：諸部內旱澇霜雹蟲蝗為害之處，主司應言而不言及妄言者，杖七十。覆檢不以實者，與同罪。若致枉有所徵免，贓重者，坐贓論。《疏議》曰：主司，謂里正以上。里正須言於縣，縣申州，州申省，多者奏聞云云。明律即本於唐，而文較詳備，又增“朦朧供報，瞞官害民”及“受財枉法”，並“冒告災傷”各項加重治罪之法。蓋災傷，民害之至大者，被災田糧例應減免，部民告於有司官吏，即當一面准受申報，一面親詣檢踏，上司聞報即與委官覆檢，所以急民事也。若有司不准報、檢踏，上司不覆踏，是遲慢之罪；初覆檢踏不實，是欺瞞之罪，故罪分輕重。至枉徵在官，枉免在民，尚未有入已之贓，故止以坐贓論；若受財入己以致枉有徵免，則情節較重，故以枉法贓論。前之枉有所免，其失在官，故不追徵人戶；後之冒告災傷，其失在民，故令追徵入官也。舊例：凡有司遇歲饑，先發倉廪賑貸，然後奏聞請旨寬恤。又，一遇歉收，貧士與貧民一體賑恤。又，蠲免以奉旨之日為始，奉旨以後，部文未到之前，有已輸在官者，准作次年正賦。如官吏朦混隱匿，照侵盜例治罪云云。現雖刪除，均係體恤民隱之仁政，當與現例一併參考。

**條例**

一、凡被災地方，米船過關，果係前往售賣，免其納稅，給予印票，責令到境之日呈送該地方官鈐蓋印信，回空查銷。如有免稅米船偷運別省並未到被災地方先行糶賣者，將寬免之稅加倍追出，仍照違制律治罪。

一、凡沿河沙洲地畝被沖坍塌，即令業戶報官勘明註冊。遇有淤漲，亦即報官查丈，照原報之數撥補。此外多餘漲地，不許霸占。如從前未經報坍，不准撥給。至隔江遠戶，果係報坍有案，即將多餘漲地秉公撥補。若坍戶數多，按照報坍先後，以次照撥。儻補足之外尚有餘地，許召無業窮民認墾，官給印照，仍令各屬按數造報。統俟五年大丈，再行履勘，造冊送部以定陞除。其報坍報漲在兩縣接壤之處者，委員會同兩邑地方官，據實勘驗，秉公撥補。如有私行霸占，將淤洲入官，該戶照盜耕官田律治罪。地方官不查丈明確，以致撥補舛錯，查出照官吏不用心從實檢踏律，分別議處。

一、賑濟被災饑民，以及蠲免錢糧，如有官員侵吞入己，數在一千兩以上者，照侵盜錢糧例，擬絞監候，其數逾巨萬，實在情罪重大者，仍照例擬絞監候。該督撫臨時酌量具奏，請旨定奪。其入己之數，雖未至千兩以上，而巧立名色，任意尅扣及有吏胥串弊紳董分肥情事，即照侵盜錢糧例，加一等治罪。督撫司道府州失於查察者，俱交部議處。

## 功臣田土

凡功臣之家，除朝廷撥賜公田免納糧當差外，但有自置田土，從管莊人盡數報官入籍。照額一體納糧當差。違者計所隱之田，一畝至三畝，處六等罰，每三畝加一等，罪止徒三年；罪坐管莊之人。其田入官，仍計遞年所隱糧稅，依畝數、年數、額數徵納。

若里長及有司官吏阿附踏勘不實，及知而不舉者，與管莊人同罪。不知者，不坐。

按：此仍明律，順治初年添入小註，現改杖為罰，蓋禁功臣隱私產而虧國課也。唐律無文。常人欺隱一畝至五畝，四等罰，罪止十等罰，此獨加重者，恐功臣倚恃勢力廣置田宅，不報官納糧當差，致累小民賠納，故特嚴其法。而罪坐管莊之人不及功臣者，所以優之也。然罪雖不及功臣，而其田仍入於官，即所以罰之也。與宗室田產管莊人恃勢不納差糧，將管莊人治罪之例，同一優待之意。

## 盜賣田宅

凡盜他人田宅賣，將己不堪田宅換易，及冒認他人田宅作自己者，若虛寫價錢實立文契典買，及侵占他人田宅者，田一畝、屋一間以下，處五等罰。每田五畝、屋三間，加一等，罪止徒二年。係官田宅者，各加二等。○若強占官民山場、湖泊、茶園、蘆蕩、及金、銀、銅、錫、鐵冶者，不計畝數。流三千里。○若將互爭不明及他人田產，妄作己業，朦朧投獻官豪勢要之人，與者、受者，各徒三年。○盜賣與投獻等項田產及盜賣過田價，并各項田產中遞年所得花利，各應還官者，還官，應給主者，給主。○若功臣有犯者，照律擬罪，奏請定奪。

按：此仍明律，現改杖為罰。原律末段係“功臣初犯免罪附過，再犯住支給俸一半，三犯全不支給，四犯與庶人同罪”，雍正三年改為“照律論罪，請旨定奪”。其小註則係順治初年添入。蓋禁詐偽、抑豪強，使民各守己業也。唐律：諸妄認公私田，若盜貿賣者，一畝以下笞五十，五畝加一等，過杖一百，十畝加一等，罪止徒二年。在官侵奪私田者，一畝以下杖六十，三畝加一等，過杖一百，五畝加一等，罪止徒二年半。園圃，加一等。又，佔固山野陂湖之利者，杖六十云云。明律雖本於唐，而官私分科，官重於私，與唐律官私同科者有異，且增“虛錢實契典買及侵佔”並“投獻勢要”“功臣有犯”數項。唐律止言“田”，明添入“宅”，且唐律祇言“佔固山野陂湖之利，杖六十”，而明律改為“強佔”，又添“金銀銅鐵錫冶”等項，易“杖六十”為“流三千里”，則較重十數等矣。首節分作五項，而治罪則同：一、盜賣，謂私將他人田宅作為己產，而盜賣與人也；一、盜換易，謂以己之瘠薄朽壞，盜換人之膏腴完好者也，盜賣與換易言欺業主之不知而賣之、易之，皆為盜也；一、冒認，謂妄冒他人之田宅認為己業，欺業主之不在而冒認之也；一、虛錢實契，謂實立典賣文契未交價錢，虛填數目，或出於逼勒、或被其誆騙，非業主之得已也；一、侵佔，謂因彼此田宅相連，而侵越界限，佔為己業也。二節“強佔山場”等項，專取其利而不計畝數，不分官民，概擬滿流，惡其強佔，情重於物也。三節互爭，謂彼此爭奪未定也，“妄作己業”一句，兼承“互爭”與“他人田產”兩項；投獻勢要而不分田產多寡者，藉勢害人，亦情重於物也。投獻而曰“朦朧”，謂不明告其情也。四節統承上三節言，將以上盜賣各項田產價值並遞年所得花利按數照追，係官者還官，係民者給主也。五節功臣有犯，即犯前盜賣五項，及強佔投獻之罪也。功臣在應議之列，故犯者請旨定奪，仍追田產、賣價花利還官給主也。前盜賣諸項，其迹類於竊盜，故計田宅之數論罪，猶竊盜計贓之意。後強佔類於強盜，投獻類於搶奪，故概坐以徒流，而不計其多少，此比例定罪之權衡也。律外又有條例，均應與律一併參究。

**條例**

一、各省丈量田畝及抑勒首報墾田之事，永行停止，違者以違制律論。

一、凡人民告爭墳山，近年者以印契為憑，如係遠年之業，須將山地字號、畝數及庫存鱗冊，并完糧印串逐一丈勘查對，果相符合，即斷令管業。若查勘不符，又無完糧印串，其所執遠年舊契及碑譜等項，均不得執為憑據，即將濫控侵占之人，按例治罪。

一、軍民人等，將爭競不明，並賣過及民間起科，僧道將寺觀各田地，若子孫將公共祖墳山地，朦朧投獻王府及內外官豪勢要之家，私捏文契典賣者，投獻之人，依律問擬。其受投獻家長並管莊人，糸究治罪。直隸各省空閒地土，俱聽民儘力開種，照年限起科，若有占奪投獻者，亦照律治罪。

一、凡子孫盜賣祖遺祀產並義田及歷久宗祠者，俱照盜賣官田宅律定擬，罪止徒三年。知情謀買之人，各與犯人同罪，房產收回給族長收管，賣價入官，不知者，不坐。其祀產義田令勒石報官，或族長自立議單公據，方准按例治罪。如無公私確據，藉端生事者，照誣告律治罪。

一、凡雇工莊頭人等，因伊主外出，私自盜賣所遺田產至五十畝者，流三千里，不及前數者，照盜賣官田律治罪。盜賣房屋，亦照盜賣官宅律科斷。謀買之人與串通說合之中保，均與盜賣之人同罪，房產給還原主，賣價入官，其不知者，不坐。儻不肖之徒藉端訛詐，照誣告律治罪。

一、用強占種屯田五十畝以上不納子粒者，照數追納。完日，照強占官民山場律，流三千里。其屯田人等，將屯田典賣與人，至五十畝以上，典主、買主各不納子粒者，俱照前問擬。若數不滿五十畝，及上納子粒不缺，或因無人承種而侵占者，照侵占官田律治罪。典賣與人者，照盜賣官田律治罪。管屯等官不行用心清查者，糸奏，依違制律治罪。

一、凡租種山地棚民，除同在本山有業之家公同畫押出租者，山主棚民均免治罪外，若有將公共山場一家私召異籍之人搭棚開墾者，照盜賣官田宅律治罪，租價入官，承租之人罪亦如之，為從并減一等。父兄子弟同犯，仍照律罪坐尊長，族長、祠長失於查察，照不應重律科罪。至因召租、承租釀成事端，致有搶奪殺傷者，仍各從其重者論。

## 典買田宅

凡典買田宅，不稅契者，處五等罰，仍追契內田宅價錢一半入官，不過割者，一畝至五畝，處四等罰，每五畝加一等，罪止十等罰。其不過割之田入官。〇若將己典賣與人田宅，朦朧重復典賣者，以所得重典賣之價錢，計贓准竊盜論，追價還後典買之主。田宅從原典買主為業。若重復典買之人及牙保知其重典賣之情者，與犯人同罪，追價入官。不知者，不坐。〇其所典田宅、園林、輾磨等物，年限已滿，業主備價取贖。若典主託故不肯放贖者，處四等罰。限外遞年所得多餘花利，追徵給主。仍聽依原價取贖。其年限雖滿，業主無力取贖者，不拘此律。

按：此仍明律，順治初年添入小註，現又改杖為罰，並刪去刺字，蓋為交易不明而立法也。唐律無文，惟有"賣口分田"一條：諸賣口分田者，一畝笞十，二十畝加一等，罪止杖一百，地還本主，財沒不追。應合賣者，不用此律。《疏議》曰：口分田，謂計田口授之，非永業。合應田，謂永業田。賜田欲賣者，亦不在禁限云云。明時民無口分之田，故此律止言稅契過割之法。必稅契者，所以杜異日假捏之弊也；必過割者，所以清各戶賦役之籍也。且不稅契，則虧損官課，故罪輕罰重；不過割，混淆版籍，故罪（重）［罰］[⑩]俱重。稅契兼田宅言，而過割止言田者，蓋百金之宅，其地或不及一畝，遺糧有限，不致累人，故止科計畝之罪，而宅不入官。至重復典賣，猶盜賣也，而前章盜賣他人田宅，罪止徒二年，此準竊盜，則罪至流滿，法反重者，謂既得其價，復奪其產，設心不善，故法加嚴也。考之史冊，晉自過江，至於梁陳，凡貨賣奴婢、牛馬、田宅，有文券者，率錢一萬輸估四百入官，賣者三百，買者一百；無文券者，隨物所堪，亦百分（分）收四，歷代因之不廢。宋太祖時，始收民印契錢，則專令買者出錢矣。此律稅契之法即本於此。至唐律口分之田，則創始於北魏。《魏志》：司馬朗有復井田之議，謂往者民各有累世之業，難中奪之，今承大亂之後，人民分散，土業無主，皆為公田，宜及此時復之。當世未之行也。及拓跋氏有中原，令絕戶者墟宅桑榆盡為公田，以給授而口分世業之制，自此而起，迄於隋，唐守之，唐律所以有口分之田也。明律，軍籍有之，民籍絕無其事矣。說見《日知祿》，足資參考。律外又有條例，均足補律未備。《輯註》謂：其至當不易，聽訟者一本於此，民間告爭之弊，自可杜絕，故備錄律後，以便採用。但現在印花稅若行，則典當活契不納稅之例，為無用矣。

**條例**

一、告爭家財田產，但係五年之上，並雖未及五年，驗有親族寫立分書，已定出賣文約是實者，斷令照舊管業，不許重分、再贖，告詞立案不行。

一、賣產立有絕賣文契，並未註有“找貼”字樣者，概不准貼贖。如契未載“絕賣”字樣，或註定年限回贖者，並聽回贖。若賣主無力回贖，許憑中公估找貼一次，另立絕賣契紙。若買主不願找貼，聽其別賣，歸還原價。儻已經賣絕，契載確鑿，復行告找、告贖，及執產動歸原先儘親鄰之說，借端措勒，希圖短價，並典限未滿而業主強贖者，俱照不應重律治罪。

一、民間置買產業，如係典契，務於契內註明“回贖”字樣，如係賣契，亦於契內註明“絕賣，永不回贖”字樣，如有混行爭告者，均照不應重律治罪。

一、凡州縣官徵收田房稅契，照徵收錢糧例，別設一櫃，令業戶親自賫契投稅，該州縣即粘司印契尾，給發收執。若業戶混交匪人代投，致被假印誆騙者，照不應重律治罪，責令換契重稅。儻州縣官不黏司印契尾，侵稅入己，照例叅追。該管之道府直隸州知州，分別失察、徇隱，照例議處。

## 盜耕種官民田

凡盜耕種他人田園地土者，不告田主。一畝以下，處三等罰，每五畝加一等，罪止八等罰。荒田減一等。強者，不由田主。各指熟田、荒田言。加一等，係官者，各通盜耕、強耕荒、熟言。又加二等。仍追所得花利，官田歸官、民田給主。

按：此仍明律，順治初年添入小註，現改笞杖為罰金，蓋言田地各有其主，必承佃而後可耕也。唐律：盜耕種公私田者，一畝以下笞三十，五畝加一等。過杖一百，十畝加一等，罪止徒一年半。荒田，減一等。強者，各加一等。苗子歸官、主。《疏議》曰：田地不可移徙，所以不同真盜云云。明律大致相同，而罪止杖八十，較唐律為輕。且唐律不分公私，明律官田加二等，亦有不同。盜種者，欺業主之不知，取其花利也；強種者，恃其勢力，明欺業主而奪其花利也。“盜種”、“強種”二項為綱，其中分民田、官田，而官、民中又分熟田、荒田，皆計畝科罪。此與強佔不同者，佔是據為己有，種則止取花利，故罪較強佔為輕。

## 荒蕪田地

凡里長部內已入籍納糧當差田地，無水旱災傷之故荒蕪，及應課種桑麻之類，而不種者，計荒蕪不種之田地，俱以十分為率，一分，處二等罰，每一分加一等，罪止八等罰。縣官各減里長罪二等，長官為首，一分減盡無科，二分方處一等罰，加至六等罰罪止。佐職為從。又減長官一等。二分者減盡無科，三分者方處一等罰，加至五等罰罪止。人戶亦計荒蕪田地，及不種桑麻之類，就本戶田地以五分為率，一分，處二等罰，每一分加一等，追徵合納稅糧還官。應課種桑、棗、黃麻、苧麻、棉花、藍靛、紅花之類，各隨鄉土所宜種植。

按：此仍明律，現改笞杖為罰金，末節下“課種桑棗”小註係原有之文，餘係順治初年添入。蓋言有司及里長當親課農桑也。唐律：部內田疇荒蕪者，以十分論，一分笞三十，一分加一等，罪止徒一年。戶主犯者，亦計所荒蕪，五分論，一分笞三十，一分加一等。諸里正，依令：授人田，課農桑。若應授而不授，應還而不收，應課而不課，如此事類違法者，失一事，笞四十，三事加一等。縣失十事，笞三十，二十事加一等。州隨所管縣多少，通計為罪。各罪止徒一年，故者各加二等。諸應受除復而不給，不應受而給者，徒二年。其小徭役者，笞五十。《疏議》曰：依令：人居狹鄉，樂遷就寬鄉，去本居千里外復三年，五百里外復二年，三百里外復一年云云。明無授田之罰，故止有荒蕪課種之罰，而無唐律授田收田除復之法，即荒蕪課種，罪止杖八十，亦較唐律為輕。《書》云：“惰農自安，不昏作勞”，即此律“荒蕪”之謂，《周禮》曰：不毛者有里布之罰，司寇有上功糾力之野刑。漢時，力田與孝弟同科，風氣最為近古，今則不獨民人不知有此罪名，即官吏亦不知有此處分矣。孟子論諸侯之寶，土地為先，其慶賀亦視田野之治、土地之闢為準。可見重農課桑，王政所先。現今外洋各國，雖重工商，而亦以農為本。我中國講求新政，改工部為農工商部，廣興樹藝牧畜，似宜先以此律為標準，實力奉行，不得視為具文，庶幾其有瘳乎！按：明註：田之小損為荒，大損為蕪。凡種植桑麻，皆應辦理納官，故曰“課種”。《戶部則例》：有司勸課農桑，著有成績，三年後準予議敘，不實心者，以溺職論。其老農之勤儉者，給予八品頂戴榮身云云。可與此律互參。

## 棄毀器物稼穡等

凡故意棄毀人器物，及毀伐樹木稼穡者，計所棄毀之物，即為贓，准竊盜論，照竊盜定罪。罪止流三千里。官物加准竊盜贓上二等。若遺失及誤毀官物者，各於官物加二等上減三等。凡棄毀、遺失、誤毀，並驗數追償。還官給主。若遺失、誤毀私物者，償而不坐罪。○若毀人墳塋內碑碣、石獸者，處八等罰。毀人神主者，處九等罰。若毀損人房屋牆垣之類者，計合用修造雇工錢，坐贓論。一兩以下，處二等罰，罪止徒三年。各令修立。官屋加二等。誤毀者，但令修立，不坐罪。

按：此仍明律，順治初年添入小註，現改笞杖為罰金，並刪去刺字，蓋言毀失官私器物罪有輕重也。唐律：諸毀棄官私器及毀伐樹木、稼穡者，准盜論。即失亡及誤毀官物者，各減三等。毀人碑碣及石獸者，徒一年。即毀人廟主者，加一等。其有用功修造之物，而故損毀者，計庸，坐贓論。各令修立。誤損毀者，但令修之，不坐云云。明律大致相同，惟唐律官私不分，明律官物加二等，而"毀人碑碣"等項，亦較唐律治罪為輕。"棄"、"毀"是兩項：棄者，棄擲人器物，使不可復得；毀者，毀壞人器物，使不可為用也。"毀"、"伐"亦是兩事，或毀傷、或伐去也。種之曰"稼"，斂之曰"穡"，稼在田，穡在場也。"墳塋"、"碣石"等項，關係人之祖先，而神主尤重，但毀即坐，故不計贓。若房屋牆垣，則工費數重，又與器物不同，故計數坐贓論。三者或計贓准竊盜，或不計贓擬罰，或計數坐贓，各不相同，均有深意。《祭祀門》又有毀大祀邱壇分別故、誤，擬以流、徒之律，與此條互相發明，當合參之。

## 擅食田園瓜果

凡於他人田園，擅食瓜果之類，坐贓論。計所食之物價，一兩以下，處一等罰；二兩，處二等罰；計兩加等，罪止徒一年。棄毀者，罪亦如之。其擅將挾去及食之者係官田園瓜果，若官造酒食者，加二等。照擅食他人罪，加二等。主守之人給與，及知而不舉者，與同罪。若主守私自將去者，並以監守自盜論。至四十兩，問雜犯，准徒五年。

按：此仍明律，順治年添入小註，雍正三年刪改，現改笞為罰，蓋言擅取官私食物罪有輕重也。唐律：諸於官私田園輒食瓜果之類，坐贓論。棄毀者，亦如之，即持去者，准盜論。主司給與者，加一等。強持去者，以盜論。主司即言者，不坐。非應食官酒食而食者，亦准此云云。明律即本於此，而官重於私，加二等治罪，則與唐律不同，且無唐律"強持去者，以盜論"之文。夫物各有主，他人之瓜果，不告於主而食之，於己非分，於人有損，故計所值之價，坐贓論罪。若擅自將去，則較擅食者為重，以其有利己之心，故與擅食官物者，均加二等。若主守之人私自將去，更較凡人擅將去者為重，故以監守盜論罪。蓋擅之為言專也，私之為言竊也。止言主守私取，不言私取他人者，以有《盜田野穀麥》之律也；不言私取在官者，以有常人盜律也。總之，擅食之義與盜不同，盜者，乘人不見而竊取之，擅者，則不掩人知而泰然取之也，時即無人，其心固不畏人之見也。

故盜田園瓜果有殺傷者，以拒捕論；而擅食有殺傷者，止以凡鬬論。一入《賊盜律》，一入《田宅律》，物雖相同，而情各有異也。至猶是坐贓，而小註內“計兩加等，罪止徒一年”，與凡律坐贓論罪之法不同者，以瓜果所值有限，而擅食之過甚小，必不出一兩以外，故改一兩以下“二等罰”為“一等罰”，以從輕；而棄毀、將去，為數或多，故不以十兩加等，而改為“計兩加等”，以從重。然雖計兩加重，而罪止徒一年，不同凡律坐贓至徒三年者，雖重而不涉於苛，註律者固有深意也，其中細若毫髮，須細參之。

## 私借官車船

凡監臨主守將係官車船、店舍、碾磨之類，私自借用，或轉借與人，及借之者，各處五等罰。驗日，追雇賃錢入官。不得過本價。若計雇賃錢重於五等罰者，各坐贓論，加一等。

按：此仍明律，順治初年添入小註，雍正三年刪改，現又改笞為罰，蓋言官物不可私自借用也。監守之人自借官物是供私用也，借與人是市私恩也，故與借之者治罪惟均。《名例》謂“車船碾磨之類，照依犯時雇工賃值計算，賃錢雖多，不得過其本價”，此追雇賃錢之通例也。與《廄牧門》“私借官畜產”、《倉庫門》“私借官物”及《私借錢糧門》“將己物抵換官物”各條互參。

# 婚姻

漢、魏止有《戶律》，後周始以“婚姻”與“戶禁”為篇，隋、唐合一篇，名曰《戶婚律》，詳載婚姻、田土之事。明分為二：《田土》、《婚姻》各為一篇，國朝因之，惟刪去《外番色目》一條，共分十五條。首條統言婚姻；末條乃斷嫁娶違律之通例，為一篇之總束，尤為切要。

## 男女婚姻

凡男女定婚之初，若或有殘、廢或疾、病、老、幼、庶出、過房同宗、乞養異姓者，務要兩家明白通知，各從所願，不願即止，願者同媒妁寫立婚書，依禮聘嫁。若許嫁女已報婚書，及有私約，謂先已知夫身殘疾、老幼、庶養之類。而輒悔者，女家主婚人處五等罰；其女歸本夫。雖無婚書，但曾受聘財者，亦是。〇若再許他人，未成婚者，女家主婚人處七等罰；已成婚者，處八等罰。後定娶者男家知情，主婚人與女家同罪，財禮入官；不知者，不坐，追還財禮。給後定娶之人。女歸前夫。前夫不願者，倍追財禮給還，其女仍從後夫。男家悔而再聘者，罪亦如之，仍令娶前女，後聘聽其別嫁。不追財禮。〇其未成婚男女，有犯姦盜者，男子有犯，聽女別嫁。女子有犯，聽男別娶。如定婚未曾過門，私下姦通男女，各處十等罰，免其離異。不用此律。〇若為婚而女家妄冒者，主婚人處八等罰，謂如女有殘疾，卻令姊妹妄冒相見，後卻以殘疾女成婚之類。追還財禮。男家妄冒者，加一等，謂如與親男定婚，卻與義男成婚。又如男有殘疾，卻令弟兄妄冒相見，後卻以殘疾男成婚之類。不追財禮。未成婚者，仍依原定。所妄冒相見之無疾兄弟、姊妹及親生之子為婚，如妄冒相見男女先已聘許他人，或已經配有室家者，不在仍依原定之限。已成婚者，離異。〇其應為婚者，雖已納聘財，期約未至，而男家強娶，及期約已至，而女家故違期者，男女主婚人，並處五等罰。〇若卑幼或仕宦或買賣在外，其祖父母、父母及伯叔父母、姑、兄姊自卑幼出外之後為定婚，而卑幼不知自娶妻，已成婚者，仍舊為婚。尊長所定之女，聽其別嫁。未成婚者，從尊長所定。自定者，從其別嫁。違者，處八等罰。仍改正。

按：此仍明律，原有小註，順治初年增修，現又增修，並改笞杖為罰金，蓋言婚姻之道宜謹始也。唐律：諸許嫁女，已報婚書及有私約，謂先知夫身老、幼、疾、殘、養、庶之類，而輒悔者，杖六十。註：男家自悔者，不坐。不追聘財。雖無許婚之書，但受聘財，亦是。若更許他人者，杖一百；已成者，徒一年半。後娶者，知情減一等，女追歸前夫，前夫不娶，還聘財，後夫婚如法。諸為婚而女家妄冒者，徒一年；男家妄冒，加一等。未成者，依本約；已成者，離之。諸違律為婚，當條稱“離之”、“正之”者，雖會赦，猶離之、正之，定而未成，亦是，聘財不追。女家妄冒者，追還。諸違律為婚，雖有媒聘，而恐嚇娶者，加本罪一等；強娶者，又加一等；被強者，止依未成法。諸卑幼在外，尊長後為定婚，而卑幼自娶妻，已成者，婚如法，未成者，從尊長，違者，杖一百。即應為婚，雖（以）[已] 納聘，期要未至而強娶，及期要至，而女家故違者，各杖一百云云。明律即本於此，而擬罪均較唐律為輕，其中“男女有犯姦盜”一層，唐律所無，蓋本於元律，而又無唐律“恐嚇強娶”一節，則各有不同也。按：《周禮》以《媒氏》以司婚姻之事，古制，男女定婚後即立婚書，報於所司，其不報者，即私約也，今世不行此法。而律所謂“私約”，解者謂：無媒妁，兩家私下議約也。若男女采蘭贈芍，不得謂之“私約”矣。聘財不拘輕重，但同媒妁納送禮儀者均是。若相見為贄之物，如巾帕之類，不得即為聘財矣。至於成婚離異，亦不可拘。若女子不願改嫁，男子不願別娶，則亦不在離異之限。若未成婚者，仍依原定，亦謂相見之人，男女惟願者也。若妄冒之人，或非本宗男女，其門第不同、貧富各異，有不情願者，亦當聽之，不得據此強斷也。又，妄冒相見，男女先已聘許他人者，不在仍依原定之限。凡斷婚姻離異之案，固須根據法律，亦要參酌情理，若舍情理而拘泥法律，每致釀成意外之變，均須慎之。律外又有條例，均足補律未及，當並參究。

**條例**

一、男女婚姻各有其時，或有指腹、割衫襟為親者，並行禁止。

一、嫁娶皆由祖父母、父母主婚，祖父母、父母俱無者，從餘親主婚。其夫亡攜女適人者，其女從母主婚。若已定婚未及成親，而男、女或有身故者，不追財禮。

一、招壻須憑媒妁，明立婚書，開寫養老或出舍年限。止有一子者，不許出贅。其招壻養老者，仍立同宗應繼者一人承奉祭祀，家產均分。如未立繼身死，從族長依例議立。

一、凡女家悔盟另許，男家不告官司強搶者，照強娶律減二等。其告官斷歸前夫，而女家與後夫奪回者，照搶奪律徒三年。

## 典雇妻女

凡將妻妾受財，立約出典驗日暫雇與人為妻妾者，本夫處八等罰；典雇女者，父處六等罰；婦女不坐。〇若將妻妾妄作姊妹嫁人者，處十等罰；妻妾，處八等罰。知而典娶者，各與同罪，並離異。女給親，妻妾歸宗。財禮入官。不知者，不坐。追還財禮。仍離異。

按：此仍明律，順治三年添入小註，現改杖為罰，蓋重廉恥以正風化也。約期取贖曰“典”，計日受值曰“雇”。首節言典雇妻妾及女之罪；二節言將妻妾作姊妹嫁人及妻妾同情欺誑之罪；三節言典娶者之罪。蓋必立契受財典雇與人為妻妾者方坐。若貧民將妻女典雇與人服役者，不在此限。典雇妻妾，猶明言為妻妾也，妄作姊妹，則又有詐冒之情。典雇與人猶暫也，嫁人則永離矣，故罪分輕重。《據會》云：家貧賣妻，依不應重，婦人仍歸後夫。若非因貧而賣，則依賣休律。若和誘、略誘妻妾賣人，則依略賣律。此則妻妾作姊妹嫁人，情節各有不同，故彼入《犯姦》、《賊盜》兩門，而此入《婚姻門》也。後有條例，足補律所未備，可互參之。

**條例**

一、將妻妾作姊妹，及將親女並姊妹嫁賣與人作妻妾、使女名色，騙財之後，設詞託故，公然領去者，照本律加一等，徒一年。贓罪重者，仍從重論。若瞰起程中途聚衆行兇，邀搶人財者，除實犯死罪外，餘俱流二千五百里。媒人同媒邀搶者，罪同。

## 妻妾失序

凡以妻為妾者，處十等罰；妻在，以妾為妻者，處九等罰，並改正。〇若有妻更娶妻者，亦處九等罰，後娶之妻離異。歸宗。

按：此仍明律，順治三年添入小註，現改杖為罰。原律末句下有“其民年四十以上無子者，方聽娶妾，違者，笞四十，不言‘離異’者，聽為妾也”，乾隆五年刪去。蓋正名分以齊家也。唐律：諸有妻更娶者，徒一年，女家減一等；若欺妄而娶者，徒一年半，女家不坐，各離之。以妻為妾、以婢為妻者，徒二年；以妾及客女為妻、以婢為妾者，徒一年半，各還正之。若婢有子及經放為良者，聽為妾云云。明律雖本於唐，而治罪較輕，亦無唐律“欺妄”及“女家”之罪。再，唐律妻妾而外，又有“客女”與“婢”兩項，明律止言妻妾，而以婢為妾及以客女為妻，並無罪名。蓋妻者，齊也，與夫齊體之人也；妾者，接也，僅得與夫接見而已。貴賤有分，不可紊亂。以妻為妾，則壓貴為賤，以妾為妻，則升賤為貴，皆悖倫蔑禮之事。至於有妻更娶，則並耦匹嫡，亦有乖乎正義，故均擬罰刑，而稍有輕重之分。律言“妻在”者，或妻不在，而以妾為妻，則罪應稍輕矣。若獨子承祧兩房者，止應娶嫡妻一人，不得兩房均為娶妻，蓋禮無二嫡，後娶之妻，應以妾論，惟係希冀生孫延嗣，毋庸照有妻更娶律離異。乾隆十九年、道光二年均有成案，可與此律合參。

## 逐壻嫁女

凡逐已入贅之壻嫁女，或再招壻者，處十等罰，其女不坐。如招贅之女通同父母逐壻改嫁者，亦處十等罰。後婚男家知而娶或後贅者，同罪。未成婚者，各減五等，財禮入官。不知者，亦不坐。其女斷付前夫，出居完聚。

按：此仍明律，順治三年添入小註，乾隆五年移改，現又改杖為罰，蓋專為入贅之壻言也。唐律無文。贅壻雖不合婚娶正禮，然既招壻在家，則夫婦之倫已定。逐壻嫁女，其女不坐者，以事有專制，非女所得主也，其女仍斷歸被逐之壻。使其出外另居，夫婦完聚，蓋翁壻之情已絕，夫婦之恩未離，必另居始得相安也。此條與前“典雇妻妾”及“妻妾失序”二條，雖女壻及妻之父母互相告言，各依常人論，不在得相容隱之限。律曰“嫁女”，曰“再招壻”，若但逐壻而其女未許嫁、再招壻者，當酌量科以不應重罪，未便即擬此律也。

## 居喪嫁娶

凡男女居父母及妻妾居夫喪而身自主婚嫁娶者，處十等罰；若男子居父母喪而娶妾，妻居夫喪，女居父母喪而嫁人為妾者，各減二等；若命婦夫亡，雖服滿再嫁者，罪亦如之，亦如凡婦居喪嫁人者擬斷。追奪勑誥，並離異。知係居喪及命婦而共為婚姻者，主婚人各減五等。財禮入官。不知者，不坐。仍離異，追財禮。若居祖父母、伯叔父母、姑、兄、姊喪，除承重孫外。而嫁娶者，處八等罰，不離異。妾不坐。○若居父母、舅姑及夫喪，而與應嫁娶人主婚者，處八等罰。○其夫喪服滿，妻妾果願守志，而女之祖父母、父母及夫家之祖父母、父母強嫁之者，處八等罰。期親加一等。大功以下又加一等。婦人及娶者，俱不坐。未成婚者，追歸前夫之家，聽從守志，追還財禮。已成婚者，給與完聚，財禮入官。

按：此仍明律，順治三年修改並添入小註，現改杖為罰。明律第三節係“服滿守志，非女之祖父母、父母而強嫁之者，杖八十；期親強嫁者，減二等”，現律改為“而女之祖父母、父母及夫家之祖父母、父母強嫁之者，八等罰；期親加一等，大功又加一等”，又添入“已成婚者，給與完聚，財禮入官”二句，與明律用意不同。明律本之唐律，緣女之祖父母、父母情本至親，強嫁之心欲其有家，故雖強奪其志，而猶曲原其罪，有如《柏舟》之詩所云者，亦人情所有，故恕之也。現律改定之意，以守節女之美德，父母不為勸勉，而反強奪其志，雖父母亦應治以罰罪，而期功更為加等，其獎勵守節之意，較明律用意更為深遠。至末後添入“已成婚者，給與完聚”一層，明律所無，雖與“嫁娶違律，離異、改正”之通例似涉兩歧，不知此律重在守志，若已失節矣，又何必追歸守志乎？故他律違律嫁娶者，均應離異，而此條獨變其法，不可拘也。考之唐律：諸居父母及夫喪而嫁娶，徒三年，妾減三等。各離之。知而共為婚姻者，各減五等，不知者，不坐。若居期喪而嫁娶者，杖一百，卑幼減二等，妾不坐。諸居父母喪與應嫁娶人主婚者，杖一百。諸夫喪服除而欲守志，非女之祖父母、父母而強嫁之者，徒一年，期親減二等，各離之。女追歸前家，娶者不坐云云。以其有關十惡，故從重擬徒。明律均從輕改為杖罪，與唐律不合，其“命婦夫亡再嫁”一層，則亦唐律所無。又，考之漢律：夫喪，既葬始嫁、未葬而嫁，為不道。又，《御覽·董仲舒決獄》曰：甲夫死未葬，法無許嫁，以私為人妻，當棄市。夏姬將適巫臣，故詭求倉老之尸，《左傳補註》曰：不得尸，吾不及矣云云。可見古雖不禁改嫁，然喪中改嫁，則治罪尤嚴。觀於明律，而唐律之擬徒為重，觀於漢律，而唐律之擬徒猶輕也。古今法律之不同如此，則亦何常之有哉！律後又有條例，均當參看。

**條例**

一、孀婦自願守志，其期親以下卑幼謀占資財，貪圖聘禮，用強搶賣尊屬、尊長，已成婚者，均擬絞監候。以本婦服制為斷，非孀婦亦同。如係祖父母、父母，夫之祖父母、父母圖財搶嫁，照強嫁本律加一等定擬。有服尊屬、尊長，照強嫁本律加二等定擬。未成婚者，各減已成婚一等。若中途奪回及娶主自行送回，未被姦污者，均以未成婚論。如並非為圖財圖產起見，但因家貧不能養贍或慮不能終守輒行強嫁者，祖父母、父母，夫之祖父母、父母及親屬人等，仍照強嫁本律治罪。儻婦女不甘失節，因而自盡者，不論已未被污，係圖財案內期親以下卑幼，均仍擬絞監候；係強嫁案內緦麻卑幼，流三千里，小功卑幼，發極邊足四千里安置，大功卑幼，發煙瘴地方安置，期親卑幼，擬絞監候。祖父母、父母，夫之祖父母、父母，照強嫁本律加二等問擬。有服尊屬、尊長，照強嫁本律加三等問擬。娶主知情同搶者，減正犯罪一等，不知者，不坐。若親屬別無主令改嫁之人，而用強求娶、逼受聘財，致令自盡者，流二千五百里，仍追埋葬銀兩。其因強搶而取去財物及殺傷人者，各照本律例從其重者論。

一、孀婦自願改嫁，由夫家祖父母、父母主婚，如夫家無祖父母、父母，但有餘親，即由母家祖父母、父母主婚。如母家亦無祖父母、父母，仍由夫家餘親主婚，儻夫家主婚受財，而母家統衆強奪，及夫家並無例應主婚之人，母家主婚改嫁，而夫家疏遠親屬強奪者，均處八等罰。

## 父母囚禁嫁娶

凡祖父母、父母犯死罪被囚禁，而子孫自嫁娶者，處八等罰；若男娶妾，女嫁人。為妾者，減二等。其奉囚禁祖父母、父母命而嫁女、娶妻者，不坐，亦不得筵宴。違者，依父母囚禁筵宴律，處八等罰。

按：此仍明律，順治三年添入小註，乾隆五年刪改，現又改杖為罰，蓋言忘親之罪以教孝也。唐律：祖父母、父母被囚禁而嫁娶者，死罪，徒一年；軍流罪，減一等；徒罪，杖一百。祖父母、父母命者，勿論云云。明律衹言死罪而無流徒，且擬杖八十，其罪較唐律為輕，而文亦不詳備。末後“亦不得筵宴”一句，載在《棄親之任門》內。此律不言“離異”，則聽其為婚也。父母犯罪囚禁，正人子喪心失志、痛不欲生之時，古者孝女，如緹縈及楊椒山之妻，雖以女流，尚能以身代父與夫之死，此何等節概者！若竟忘其親而任情縱欲，不孝之罪莫大於此，特著為律以罪之。“子孫”兼男、女言，謂女嫁而男娶也，“為妾”亦兼男女言，謂男娶妾而女嫁人為妾也。律文雖曰“犯死罪”，然以唐律證之，則係舉重以賅輕。蓋死罪固當哀，生罪亦當感也。道光六年有成案：夫犯罪監禁，妻因貧擅自改嫁，雖伊姑知情，亦應科以犯姦之罪，可與此律一並參考。

## 尊卑為婚

凡外姻有服或尊屬或卑幼，共為婚姻，及娶同母異父姊妹，若妻前夫之女者，各以親屬相姦論。〇其父母之姑舅兩姨姊妹及姨若堂姨，母之姑、堂姑，己之堂姨及再從姨、己之堂外甥女，若女壻及子孫婦之姊妹，雖無服。並不得為婚姻，違者，男女各處十等罰，並離異。婦女歸宗，財禮入官。

按：此仍明律，順治三年添入小註，乾隆五年刪定。現修新律，將律文“娶姑舅兩姨姊妹”一節刪改，蓋專就外姓姻親而言也。唐律：外姻有服屬而尊卑共為婚姻，及娶同母異父姊妹，若妻前夫之女者，各以姦論。《疏議》曰：其外姻雖有服，非尊卑者為婚，不禁。又，其父母之姑舅、兩姨姊妹及姨、若堂姨，母之姑、堂姑，己之堂姨及再從姨、堂外甥女、女壻、姊妹，並不得為婚姻，違者，各杖一百，並離之云云。明律大致俱同，而增入“子孫婦之姊妹”一層，若己之姑舅兩姨姊妹，唐律無文，以《疏議》“非尊屬者為婚，不禁”二語證之，蓋專指此項言也。蓋外姻同輩男女之服，除姑舅兩姨姊妹外，再無別項。唐律不禁為婚，以其雖有緦麻之服，並無尊卑之分也。明律亦禁為婚，然止擬杖八十，較“娶同母異父之姊妹，擬徒三年”者輕數等矣，緣同母異父姊妹雖無服制，究為倫理所關，外姻姑舅兩姨姊妹雖有緦麻之服，而同輩不分尊卑，律雖有禁，而現例又設有“兩姨姑舅姊妹為婚，聽從民便”之條，則仍與《唐律疏議》之說相合。薛氏謂其“揆乎情法，姑開一面”，亦王道本乎人情，洵為有見之言。又按：外姻有服尊親則為母舅、母姨，有服卑親則為外甥、姨甥，此二項皆小功服，至同母異父姊妹，猶姊妹也，前夫之女，猶女也，此二項雖無服，而情最重，有為婚姻，亂瀆已甚，故以姦論。然雖以姦論，仍依後嫁娶違律本法，其應獨坐主婚與主婚為首者，至死皆減一等，未成者減五等，究與真犯姦者有異也。若父母之姑舅兩姨姊妹，即己之表姑表姨也，己之堂姨與再從姨，即母之堂姊妹、從姊妹也，皆尊於己輩者；父母之姨與堂姨，即己之祖姨也，母之姑與堂姑，即己之外祖姑也，此皆尊於己兩輩者；己之外甥女，若女壻之姊妹及子婦之姊妹，此皆卑於己一輩者；孫婦之姊妹，則卑於己兩輩者。外姻無服，名分猶存，凡姦則失之輕，有服則失之重，故折衷擬十等罰。舊例又有“前夫子女與後夫子女苟合成婚者，以娶同母異父姊妹律論罪”之條，若如前夫子女與後夫子女異父異母者，若從尊長主婚，則於名分不甚有礙，毋概擬離，說見《示掌》，可備參考。

**條例**

一、男女親屬尊卑相犯重情，或干有律應離異之人，俱照親屬已定名分，各從本律科斷，不得妄生異議，致罪有出入。其情犯稍有可疑，揆於法制似為太重，或於名分不甚有礙者，聽各該原問衙門臨時斟酌擬奏。

## 娶親屬妻妾

凡娶同宗無服姑姪姊妹之親，及無服親之妻者，男女各處十等罰。若娶同宗緦麻親之妻及舅甥妻，各徒一年。小功以上之妻，及收父祖妾者，各以姦論。自徒三年至絞。其親之妻曾被出及已改嫁，而娶為妻妾者，無服之親及伯叔母兄弟妻不與。各處八等罰。○妾父祖妾不與。各減妻二等。被出、改嫁者，遞減之。若原係妻而娶為妾，當從妻論；原係妾而娶為妻，仍從妾減科。○若娶同宗緦麻以上姑姪姊妹者，亦各以姦論。○除應死外。並離異。

按：此仍明律，順治三年添入小註，乾隆五年增修，現又刪改，蓋專指同宗之妻妾而言也。唐律：同姓為婚者，各徒二年。緦麻以上，以姦論。諸嘗為袒免親之妻而嫁娶者，各杖一百。緦麻及舅甥妻，徒一年，小功以上，以姦論，妾各減二等，並離之云云。明律罪名不異於唐，惟細繹唐律“嘗為”二字，則被出、改嫁均包在內，明添入“被出、改嫁者，杖八十”，則專指在家者而言，與唐律解釋各有不同。再，唐律：姦父祖妾及伯叔祖母者，絞。姦兄弟妻者，流二千里。明律收父祖妾及伯叔母者，改為各斬；收兄弟妻者，改為各絞，則較唐律為重。明律有以姦論者，有不以姦論者，須與親屬相姦律彼此互參。姦緦麻以上親之妻，應徒三年，此娶者，徒一年。姦律，妾各減一等，娶者減二等，此均不以姦論者也。不以姦論者固輕，即以姦論者，亦有不同。蓋姦者，淫邪不正之稱，婚娶非禮，猶之姦也，其實與姦究有分別，大抵娶者輕於相姦，其中微意，須細參之。舊律同姓且不可為婚，況同宗乎？“無服之親”所包甚廣，凡五服之外，譜系可考、名分猶存者，皆是唐律所謂“袒免親”是也。首句“親”指女言，以下均言其妻與妾。首句是無服之親，末節是有服之親。律文“妾減二等”，舊例又定有“收伯叔兄弟妾者，照姦律減妻一等，滿流”之條，則較律重矣。舊律“收兄弟妻者，絞決”，舊例又有“如係鄉愚不知例禁，向親族告知成婚者，擬絞監候，秋審入實。如由父母主令婚者，仍擬絞候，秋審核其情節定擬”之條，則較律又輕矣。現雖刪改，可備參考。總之，唐律與明律輕重不同，而明律又與現例輕重不同。法律之無定，中華尚且如此，而何況乎外國耶？彼專守一說，而固執不變者，觀此不當憬然哉！

## 娶部民婦女為妻妾

凡府、州、縣親民官，任內娶部民婦女為妻妾者，處八等罰。若監臨內外上司官，娶見問為事人妻妾及女為妻妾者，處十等罰。女家主婚人並同罪。妻妾仍兩離之，女給親。兩離者，不許給與後娶者，亦不給還前夫，令歸宗。其女以父母為親，當歸宗。或已有夫，又以夫為親，當給夫完聚。財禮入官。恃勢強娶者，各加二等。女家不坐，歸還前夫，女給親。不追財禮。若為子孫、弟姪、家人娶者，或和或強。罪亦如之，男女不坐。若娶為事人婦女，而於事有所枉者，仍以枉法從重論。

按：此仍明律，順治三年添入小註，現改杖為罰，蓋言見任職官不得擅娶部民婦女也。唐律：監臨之官娶所監臨女為妾者，杖一百。若為親屬娶者，亦如之。其在官非監臨者，減一等，女家不坐。枉法娶人妻妾及女者，以姦論，加二等。為親屬娶者，亦同行求者，各減二等，各離之。諸和娶人妻及嫁之者，徒二年，妾減二等，各離之云云。明律擬罪較唐律均輕數等，而無唐律“枉法”一層，故註內補出“於事有枉者，以枉法從重論”二語，即唐律之意也。而或追財禮入官，或不追財禮，女家或同罪，或不坐罪，或男女俱不坐罪，則較唐律更詳且備。任內，謂現任時也，兼下監臨官言。府、州、縣職本親民，監臨官權相統攝，其於臨民之統制則一。但部民止係管攝之人，無事相涉，若為事人，則係在官之犯，有事對理，雖均係娶為妻妾，而事同情異，故罪分輕重。若親民官娶為事人妻妾及女者，亦同監臨官十等罰。若監臨官娶部民婦女者，亦同親民官八等罰，律係互文見義，與他律所稱“監臨官有犯者，加別項官二等”之意不同，須善會之。後條又有“豪勢之人，強奪姦占為妻妾者，擬絞”一項，與強娶事同，而罪名輕重懸絕者，此雖言強而猶是娶，與強奪姦占之情不同也，然唐律以姦論，加二等，尚擬滿徒，此加二等，止徒一年半，似涉太輕。

## 娶逃走婦女

凡娶自己犯罪已發在官而逃走在外之婦女為妻妾，知逃走之情者，與同其所犯之本罪。婦人加逃罪二等，其娶者不加罪。至死者，減一等。離異。不知者，不坐。若無夫又會赦免罪者，不離。一有不合仍離。

按：此仍明律，順治三年添入小註，蓋為娶犯罪在逃之婦女而言也。唐律：諸娶逃亡婦女為妻妾，知情者，與同罪，至死者，減一等，離之。即無夫會恩免罪者，不離。《疏議》曰：不知情而娶，依律無罪。若無夫，即聽不離云云。明律一依唐律，不過字句稍異。此條專言娶者之罪，比知情藏匿罪人條較重，並與背夫在逃及收留在逃子女各條，互相參看。收留在逃子女為妻妾，不論逃者罪名輕重，均徒二年，此與所犯同罪，至死減一等，用意各有不同。《輯註》云：此律要看“娶”字，若因其逃走而收留為妻妾，則依收留在逃律；若因其逃走而和誘為妻妾，則依和誘律；若知收留、和誘而娶之，應各照本律，不得混引此條也。後《嫁娶違律門》稱“離異、改正者，雖會赦猶離之”，此條會赦免罪、不離者，彼係嫁娶違律之通例，此則無夫者，原不禁其嫁，罪既赦矣，又何必離，不得以通例為拘，其義甚微，須細辨之。

## 強占良家妻女

凡豪強勢力之人，強奪良家妻女，姦占為妻妾者，絞監候，婦女給親。婦歸夫，女歸親。配與子孫弟姪家人者，罪歸所主。亦如之，所配男女不坐。仍離異給親。

按：此仍明律，順治三年添入小註，蓋重懲勢豪姦占以全善良也。唐律無此條，有犯以強姦論罪。強姦罪止擬徒，此亦可同強姦擬徒。豪勢，謂富強有力者，律意重在強奪，不重豪勢，謂強奪者必是豪勢之人，其實不拘何等人，但是強奪姦占，即依此律。此與強姦雖同一擬罪，而犯事之本意不同，如為姦宿而強奪則依強姦論，若為妻妾而強奪則依此律，故彼入《犯姦律》，而此入《婚姻律》。曰“良家妻女”者，所以別於娼家與賣姦之家耳，非良賤有分別之謂也。娼家、賣姦之家而外，其餘一應婦女皆同。妾猶妻也，婢亦女也，奴之妻亦妻也，犯者一概擬絞，此與《違禁取利門》內“私債准折”及“強奪姦占”之律、《威力制縛門》內“姦占佃戶婦女”之例、《雇工毆家長門》內“占奪雇工妻”之例、《徒流人又犯罪門》內“遣犯之主圖占為奴妻女”之例，均係姦占事，而情形各有不同，當分別參看。捉人勒贖各例，亦與此律息息相通。律外又有搶奪婦女條例，足補律所未備，當一併研究。

### 條例

一、強奪良家妻女姦占，為從之犯，應照為首絞罪減一等，流三千里。如被逼誘隨行，止於幫同扛擡，照未成婚減絞罪五等，徒一年半。其中途奪回及尚未姦污，為從者，審係助勢濟惡，減為首流罪一等，徒三年。如被逼誘隨行，止於幫同扛擡，各照不應重律治罪。

一、強奪良家妻女中途奪回，及尚未姦污者，照已被姦占律減一等定擬。若本婦羞忿自盡，不論已未被污，均擬絞監候。若強奪良家妻女，其夫或父母羞忿自盡者，流三千里，致親屬自盡者，徒三年。

一、強奪良人妻女賣與他人為妻妾，及投獻王府并勳戚勢豪之家者，俱擬絞監候。

一、凡聚衆夥謀搶奪路行婦女，或賣、或自為妻妾、使女及被姦污者，並聚衆夥謀入室搶奪婦女，一經搶獲出門，即屬已成。審實，不分得財與未得財，為首絞立決，為從在場幫搶者，皆絞監候；並未幫搶者，發煙瘴地方安置。知情故買者，減正犯罪一等，不知情者，處八等罰。如圖搶入室，尚未搶獲，首犯發新疆當差，為從流三千里。至因夥衆搶奪婦女拒捕殺人者，無論已成、未成，下手殺人之犯，斬立決，幫毆成傷從犯，不論手足、他物、金刃，均擬絞監候。其並未幫毆首從各犯，仍分別已未搶獲婦女本例問擬。其有並非夥衆，但強賣與人為妻妾者，擬絞監候。如有拒捕殺傷人者，照搶奪殺傷人例辦理。

一、凡聚衆夥謀搶奪興販婦女已成者，為首擬絞監候，為從發煙瘴地方安置。同謀未經同搶之犯，流二千里。如圖搶未成，為首發煙瘴地方安置，為從流三千里。同謀未經同搶之犯，徒三年。其有並非聚衆，但將興販婦女強奪已成者，為首發極邊足四千里安置，為從徒三年。同謀未經同搶之犯，徒二年半。若圖搶未成，為首徒三年，為從徒二年半。同謀未經同搶之犯，徒二年。如拒捕殺傷興販之犯，以凡論。若係本婦之有服親屬，均依罪人拒捕律科斷。

一、凡聚衆夥謀搶奪曾經犯姦婦女已成，無論在途、在室，首犯發遣新疆當差，為從幫搶者，流三千里。同謀未經同搶之犯，徒三年。如圖搶未成，首犯流三千里，為從幫搶者，徒三年。同謀未經同搶之犯，徒二年半，其有並非聚衆，但將犯姦婦女搶奪已成者，為首流三千里，為從徒三年。謀未經同搶之犯，徒二年半，若圖搶未成，為首徒三年，為從徒二年半。同謀未經同搶之犯，徒二年。如婦女犯姦後，已經悔過自新，確有證據者，仍以良人婦女論。

## 娶娼妓為妻

凡文武官并吏娶娼妓為妻者，處六等罰，並離異。歸宗，財禮入官。若官員子孫應襲應者。娶者，罪亦如之，註冊候廕襲之日，照應襲本職上。降一等敘用。

按：此仍明律，原律“罪亦如之”下係“附過，候襲廕之日，降一級，於邊遠敘用。其在洪武元年以前娶者，勿論”。順治初年改為今文，並添入小註。雍正三年、乾隆五年删定。現又删去“妾”字，並改杖為罰。蓋言官吏不可濫娶以自玷也。唐律無文，元律有“諸職官娶娼為妻，笞五十七，解職。離之”云云。明律即本於此，而更添“妾”字及“官員子孫”一層，與官吏宿娼條參看。樂人，乃教坊司妓者，今無教坊，若娶流娼，亦照此例。《明律備考》：樂人知情嫁與者，問不應，笞罪，財禮入官。又，《集解》：民人娶樂人為妻，問不應；為妾，勿論云云。以民人究非官員，故娶為妾者，勿論也。《犯姦門》又有“樂人娶良人子女為妻妾”之條，與此對照，均當互參。

## 僧道娶妻

凡僧道娶妻妾者，處八等罰，還俗。女家主婚人同罪。離異。財禮入官。寺觀住持知情，與同罪，以因人連累，不在還俗之限。不知者，不坐。〇若僧道假託親屬或僮僕為名求娶，而僧道自占者，以姦論。以僧道犯姦加凡人和姦罪二等論，婦女還親，財禮入官。係強者，以強姦論。

按：此仍明律，順治三年添入小註，現改杖為罰，蓋嚴僧道擅娶之罪也。唐律無文。元律：諸僧道悖教娶妻者，杖六十七，離之，僧道還俗為民，聘財沒官云云。明律似本諸此，而更增“女家同罪”及“住持縱容並假託親屬”各項，更為詳備，與《犯姦門》“僧道犯姦”及“僧道挾妓”各條互參。律文以姦論者，實包和姦在內，雖假託，原與女家說明，和同情願，則以和姦論；若女家不知被其誆騙，所娶之女受制順從，或拒絕不從，為其強姦，則以強姦論。故註內強與和並言，與娶親屬條之以姦論者不同，彼蓋專指和姦而言也，須善會之。

## 出妻

凡妻於七出無應出之條及於夫無義絕之狀，而擅出之者，處八等罰。雖犯七出，無子、淫佚、不事舅姑、多言、盜竊、妒忌、惡疾。有三不去，與更三年喪，前貧賤後富貴，有所娶無所歸。而出之者，減二等，追還完聚。〇若犯義絕，應離而不離者，亦處八等罰。若夫妻不相和諧，而兩願離者，不坐。情既已離，難強其合。〇若夫無願離之情。妻輒背夫在逃者，徒二年，聽其離異。其妻因逃而輒自改嫁者，加二等。其因夫棄妻逃亡，三年之內不告官司而逃去者，處八等罰；擅自改嫁者，處十等罰。妾各減二等。有主婚媒人，有財禮，乃坐。無主婚人，不成婚禮者，以和姦、刁姦論。〇若立契議雇之使女背家長在逃者，處八等罰，給還家長，因而嫁人者，處十等罰。追繳未滿工值，免其離異。〇窩主及知情娶者，各與妻妾使女同罪；財禮入官。不知情者，主娶者言。俱不坐。財禮給還。〇若由婦女之期親以上尊長主婚改嫁者，罪坐主婚，妻妾止得在逃之罪。餘親主婚者，餘親，謂期親卑幼，及大功以下尊長、卑幼主婚改嫁者。事由主婚，主婚為首，男女為從；事由男女，男女為首，主婚為從。

按：此仍明律，原有"奴逃者，亦同"小註，順治三年增添餘註，雍正三年刪去原註，乾隆五年改定，現又大加改易，蓋言夫婦以義，而背義之罪各有輕重也。唐律：諸妻無七出及義絕之狀而出之者，徒一年半；雖犯七出，有三不去而去之者，杖一百，追還合。若犯惡疾及姦者，不用此律。諸犯義絕者，離之，違者，徒一年。若夫妻不相安諧而和離者，不坐。即妻妾擅去者，徒二年。因而改嫁者，加二等云云。明律仿照唐律，而出妻止杖八十，較唐律減輕數等。唐律妻擅去改嫁者，加二等，止徒三年，明律妻背夫在逃改嫁者，從重擬絞，又較唐律加重數等。唐律妻妾同罪，明律妾減妻二等，又添"婢逃"一層及後段"窩主"、"娶者"、"主婚"各項人之罪。至於義絕之說，現律無註，考之《唐律疏議》曰：義絕，謂毆妻之祖父母、父母及殺妻外祖父、伯叔父母、兄、弟、姑、姊、妹，若夫妻之祖父母、父母、外祖父母、伯叔、兄、弟、姑、姊、妹自相殺及妻毆詈夫之祖父母、父母，殺傷夫外祖父母、伯叔父母、兄、弟、姑、姊、妹及與夫之緦麻以上親，若妻母姦及欲害夫者，雖會赦皆為義絕，妻雖未入門，亦從此令云云。此解義絕之狀，詳悉無遺。而明律註疏謂：義絕，專指自得罪於夫者言，如毆夫及欲害夫之類，非謂毆姑舅等項也云云。其說雖較唐疏為畧，然唐疏亦有難行之處，須善會之。蓋夫婦為五倫之一，聯之以恩，合之以禮，又必持之以義，三者備而後正始之道無愧焉。"七出、三不去"之說，載於《家禮》：三不去，禮應留之也；七出者，禮應去之也。義絕必離，姑息不可也；恩絕聽離，強合不能也。不應離而離，則悖於禮，應離而不離，則害於義，其違律一也，故治罪則同。若背逃改嫁，則恩、義、禮三者俱絕，無復有人道矣，坐以重典，所以維風化也。《輯註》云：義絕而可離可不離者，如妻毆夫，及夫毆妻至折傷之類；義絕而不許不離者，如縱容、抑勒與人通姦，及典雇與人之類。此可見義絕原無定論，當隨事酌奪。蓋出妻者，但出之使歸耳，非謂從夫嫁賣也。若出之而賣，則又有"賣休"、"買休"之律。七出者，乃禮可以出，非謂必應而出也，與義絕必應離者不同。古人雖有因蒸梨叱狗之故去其妻者，乃君子交絕不出惡聲忠厚之道，未可據為典要而輕去糟糠，致貽儇薄之誚也。律外又有條例，足補律所未備，當一併參之。

**條例**

一、妻犯七出之狀，有三不去之理，不得輒絕。犯姦者，不在此限。

一、期約已至五年，無過不娶，及夫逃亡三年不還者，並聽經官告給執照，別行改嫁，亦不追財禮。

## 嫁娶違律主婚媒人罪

凡嫁娶違律，若由男女之祖父母、父母、伯叔父母、姑、兄、姊及外祖父母主婚者，違律之罪。獨坐主婚。男女不坐。餘親主婚者，餘親，謂期親卑幼，及大功以下尊長、卑幼主婚者。事由主婚，主婚為首，男女為從；得減一等。其以姦論。至死者，除事由男女，自當依律論死，其由主婚人並減一等。主婚人雖係為首，罪不入於死，故並減一等。男女已科從罪，至死亦是滿流，不得於主婚人流罪上再減。〇其男女被主婚人威逼，事不由己，若男年二十歲以下，及在室之女，雖非威逼。亦獨坐主婚，男女俱不坐。不得以首從科之。〇未成婚者，各減已成婚罪五等。如絞罪減五等，徒一年半，餘類推減。〇若媒人知情者，各減男女主婚。犯人罪一等；不知者，不坐。〇其違律為婚各條稱離異、改正者，雖會赦但得免罪。猶離異、改正。離異者，婦女並歸宗。〇財禮，若娶者知情，則不論已、未成婚，俱追入官；不知者，則追還主。

按：此仍明律，原有小註，順治三年增修，現又刪改。蓋言以上婚姻之通例，所以補諸條之未備，而權其輕重之宜也。唐律：諸嫁娶違律，祖父母、父母主婚者，獨坐主婚。若期親尊長主婚者，主婚為首，男女為從。餘親主婚者，事由主婚，主婚為首，男女為從；事由男女，男女為首，主婚為從。其男女被逼，若男年十八以上及在室之女，亦主婚獨坐，未成者，各減已成五等，媒人各減首罪二等。諸違律為婚，當各稱“離之”、“正之”者，雖會赦，猶離之、正之，定而未成，亦是，聘財不追女家，妄冒者，追還云云。明律一本於唐，惟唐律期親尊長主婚者，主婚為首，男女為從，明律又添“外祖父母”一項，且獨坐主婚，男女不坐，則與唐律不同。再，唐律男十八以下，被逼，不坐，明律改為二十歲。唐律媒人減二等，此減一等，亦稍有區別。本門《男女婚姻》以下諸條，凡有嫁娶之罪者，均謂之“嫁娶違律”，引擬諸條，皆當以此條參之，如各律之有《名例》也。事由者，謂其事全由之為主也。凡曲在男，則不追財禮；曲在女，則追財禮；男女俱曲，則入官。律外又有條例，亦為問違律離異者之總則，均當與律合參。

**條例**

一、凡紳衿庶民之家，如將使女年至二十五歲不行婚配者，照不應重律治罪，即令擇配。

一、凡嫁娶違律應行離異者，與其夫及夫之親屬有犯，如係先姦後娶、或私自苟合、或知情買休，雖有媒妁婚書，均依凡人科斷。若止係居喪嫁娶、或有妻更娶、或將妻嫁賣，娶者果不知情，實係明媒正娶者，雖律應離異，有犯仍按服制定擬。

一、八旗內務府三旗人，如將未經挑選之女私行許聘者，將主婚之人照違制律治罪。

---

**校勘記**

① 此處原文抄寫順序混亂，根據文意調整。
② “官有員數”當作“置官過限”，據《唐律疏議》改。
③ “下”語意不通，當作“不”。
④ 原文缺“制書”二字，據《大明律》補。
⑤ “至”語意不通，當作“主”，據《唐律疏議》改。
⑥ 根據上下文意，此處“即”當作“節”。
⑦ “日”語意不通，當作“目”。
⑧ 原文缺“理”字，語意不通，據《唐律疏議》補。
⑨ 原文缺“等，謂”二字，語意不通，據《大清律輯注》補。
⑩ 根據文意，此處“重”當作“罰”。

# 大清現行刑律講義卷三

## 倉庫上收米穀曰倉，收財帛曰庫。

《唐律疏議》：漢制九章創加《廄律》，魏以廄事散入諸篇，晉以牧事合之，名為《廄牧律》，自宋及梁復名《廄律》，後魏改為《牧產律》，後復名《廄牧律》。隋以庫事附之，更名《廄庫律》，唐因之不改。按：廄者，鳩聚也，馬牛之所聚；庫者，舍也，甲兵財帛之所藏，故齊魯謂"庫"為"舍"。明始分《倉庫》、《廄牧》為二門，以《廄牧》隸《兵律》，而《倉庫》附於《戶律》。國朝因仍不改，共分上下二章，上章共九篇，下章共十四篇，蓋司農所掌，糧賦為重，故立法獨為加詳。明律《錢法》之前尚有《鈔法》一章，國朝刪除不用，但現紙幣盛行，將來仍須修復以備引用。

### 錢法

凡錢法，設立寶源、寶泉等局，鼓鑄制錢，內外俱要遵照度支部議定數目，一體通行。其民間金銀、米麥、布帛諸物價錢，並依時值，聽從民便。使用。若阻滯不即行使者，處六等罰。

按：此就明律刪定，順治初年添入小註，現刪後段，止留前一段，蓋專為通行制錢而言也。明律原文係"凡錢法，設立寶泉等局，鼓鑄'洪武通寶'銅錢與'大中通寶'，及歷代銅錢相兼行使，折二當三"等語，蓋私鑄罪名俱在《詐偽》一門，此條僅言禁止阻滯之事，故名曰"錢法"。阻滯錢法，而先言諸物價錢並依時值者，姦人不敢增減錢價，但不依時值，將物價高擡即是減錢之價，將物價低估即是增錢之價，一增一減，錢法即因而阻滯也。舊律原分兩節：上節言制錢頒法俱遵部定價值行使，諸物時值不同，聽從民便，不得高擡其價、低估其值，以致不得其平，阻滯錢法；下節言銅為國寶所蓄，軍民不得私蓄。現在新律將下節"私蓄廢銅"一節刪除，此律未免缺畧不全。"錢法"一項，《戶部則例》俱極詳備，此篇僅載關於罪名數條，其餘詳見《戶部則例》。查舊例：京城銅鋪不得私造五斤以上銅器售賣，官民不得私藏五斤以上銅器，違者笞五十。其官員銅器在三斤以上，民人銅器在一斤以上，查出入官，免治其罪。又，產銅之處聽民採取，稅二分，其所剩八分聽民發賣。有墳墓處不許採取。其產銅鉛之州縣，令地主報明採取。地主無力，聽本州縣報明採取。州縣無匠役，許於別縣雇募。該州縣自行稽查，如有別縣民人夥衆越境採取，聚至三十人者，分別首從，擬以充軍枷杖。不及三十名，為首滿杖枷號，為從滿杖。衙役恣意攪擾致人裹足者，亦枷號充軍。又，道光九年成案：官錢每文重一錢三分，官局鑄錢輕重參差，計贓罪止杖笞，將爐頭滿杖加枷，輕錢賠補改鑄云云，雖删除不用，然良法美意不可不知，故備錄於後，以備稽考。

**條例**

一、各省行用銅圓，如經紀牙行人等於交易時，不照錢面數目字樣任意折減，及與鋪戶人等通同舞弊，減成定價，甚至造言煽誘抗不收使，將為首阻撓者徒二年，隨同附和者徒一年。

## 收糧違限

凡收夏稅，所收小麥。於五月十五日開倉，七月終齊足。秋糧，所收糧米。十月初一日開倉，十二月終齊足。如早收去處，豫先收受者，不拘此律。若夏稅違限至八月終，秋糧違限至次年正月終，不足者，其提調部糧官、吏典，分催里長、欠糧人戶，各以糧稅十分為率，一分不足者，處六等罰，每一分加一等，罪止十等罰。官吏、里長受財而容拖欠者，計所受贓以枉法從重論。分別受贓、違限輕重。若違限一年之上不足者，人戶、里長處十等罰，提調部糧官、吏典照例擬斷。

按：此仍明律，順治三年添入小註，現又改杖為罰，蓋定官民違誤糧限之罪也。原律係“杖一百、遷徙，提調部糧官、吏典處絞”，現律止擬“杖一百”，刪去“遷徙”，而改“處絞”為“照例擬斷”。蓋“照例”云者，照《處分則例》定擬也。唐律：諸部內輸課稅之物違期不充者，以十分論，一分，笞四十，一分加一等。註：州縣皆以長官為首，佐職以下節級連坐。全違期不入者，徒二年。又，戶主不充者，笞四十。《疏議》：百姓當戶，應輸課稅，依期不充，即笞四十，不據分數為坐云云。明律即本於此，而擬罪較重，限期亦較分明。又，唐律以長官為首，明律不分官吏、里長、欠戶，治罪惟均，又添“受財者以枉法從重論”及“違限一年之上不足”一層，則更詳矣。嘗考明律處絞之法，蓋因國初庶務草創，征輸為急，故其法特重，以後承平日久，藏富於民，凡有違限，止照例擬斷，律文久已不用。國朝改絞罪為“照例擬斷”，不以催科而用重典，撫字之意即寓其中，洵仁政也。凡徵收夏稅、秋糧，開倉有日期，齊足有定限，若有違過定限之期不足者，在官吏、里長均有玩弛之咎，在欠糧人戶亦是姦頑之徒，故治罪惟均。惟官吏通計一州縣應納之額，里長合算一里分催之額，人戶則照本戶應納之數，各以十分為率，雖均係罰罪，而計數定罪之法則不同也。律外又有詳例，以所欠分數之多寡而定罪名之輕重，足補律所未備，當合參之。舊例有漕糧掛欠，分別一分、二分、三分、四分、五分，擬以笞、杖、徒、流、軍罪，欠至六分者，絞，六分以上，斬監候。運弁以通幫糧米計算分數，旗丁以一船糧米計算分數，治罪從同云云。亦足補律未備。而漕糧至六分即擬死罪者，以漕糧關係天庾正供，較尋常錢糧為重，此例現雖刪除，亦研究律學者所當知也。

**條例**

一、凡文武鄉紳進士舉人生員貢監及有頂戴人員，應納錢糧以十分為率，如有欠數，各州縣逐戶開出另冊詳報，欠至四分以下者，問革為民，處六等罰；欠至七分以下者，問革為民，處八等罰；欠至十分以下者，問革為民，處十等罰。俱以次年奏銷以前為限，不足分數者照例治罪，仍嚴催未完錢糧。如革後全完者，仍准開復。儻州縣並不另冊詳報，別經發覺，交部議處。

一、凡兵役有應輸之糧抗玩不納者，該州縣即將未完錢糧數目開明，移令所轄衙門著本管官弁照數追完移交州縣，如不實力催追完解，即照州縣催徵錢糧未完分數律議處。其上司書役有抗糧不納者，該州縣一面詳報上司，一面嚴行拘拏革役追比。如上司有阿庇袒護，州縣有瞻徇等弊，均照例議處。

## 多收稅糧斛面

凡各倉主守官役，收受稅糧，聽令納戶親自行槩，平斛交收，作正數即以平收者作正數。支銷，依例准除折耗。若倉官、斗級不令納戶行槩，踢斛淋尖，多收斛面在倉者，處六等罰；若以所多收之附餘糧數，總計贓重於六等罰者，坐贓論，罪止十等罰。此皆就在倉者言，如入已，以監守自盜論。提調官吏知而不舉，與同罪。多糧給主。不知者，不坐。

按：此仍明律，順治三年添入小註，現改杖為罰，蓋申嚴各倉主守不得於正數之外多收稅糧也。唐律《戶婚門》：若非法而擅賦斂，及以法賦斂而擅加益，贓重，入官者計所擅坐贓論，入私者以枉法論，至死者加役流云云。明律較為詳悉。唐律入私以枉法論，現律小註入已以監守盜論，亦有不同。概者，平斛之具，俗所謂“盪”也。收斛令納戶親自行概，則無多受之弊，所以不虧納戶也。若不令納戶行概，或踢斛以使其實，或淋尖而使其滿，雖多收於民猶在於倉，蓋恐其日後折耗有支銷賠累之苦，與侵民利入己者不同，故其罪甚輕。然所積既多，為日既久，自難免於折耗，若不准其開除而又不准多收，則主守即難免賠累，故依例准除，所以不累主守也。既不苦民又不累官，律法之曲盡如此。附餘即羨餘也，係衆納戶斛面所積，多寡雜併，勢不能分算給主，故後有附餘錢糧私下補數之條，當參看之。舊例：各處倉糧每石收耗米三升，查盤之時，每年每石准開耗一升，若三年之外原收耗米減盡，於正糧內遞開一升准（此）[作][①]耗糧，此外若有侵盜，照律治罪云云。律所謂“依例開除”者，即依此例也。凡例均係律後所纂，惟此例係在定律之前，當是前明所纂者。又，舊例：社倉捐穀，聽從民便，不得繩以官法，違者以違制論。又，社倉穀石不過荒歉借領者，每石收息穀一斗，小歉借動者免取其息。又，貢監生員中富生上戶定限五月完半，十月全完，屆期不清，再展二月，以歲底全完為率；中下貧生，定限八月完半，歲底全完，屆期不清，中等以開歲二月，下等以開歲四月為率，如逾限不完，即行詳革，革後全完，仍准開復。又，各倉花戶斥革後復在現充花戶身後影射把持，向關米人勒索者，從重照蠹役詐贓例加重治罪；現充花戶有心容隱、朋比為奸者，均革役，與首犯同罪云云。均足補律未及。按：花戶者，各倉管事之人也，未知起於何時，《讀例存疑》云：當是嘉慶年間所設。近來京倉積弊稍清，不似從前之甚，此例雖涉嚴勵，然治此輩不妨從重。至上社倉及生監納糧限期各條，則恤民愛士之意寓乎其中，洵一代之良法也。

**條例**

一、凡收放糧草去處，如有匪徒借端滋事，盤踞把持，挾詐分肥，打攪倉場者，各於所犯本罪上加一等定擬。各倉管事之人不行稟舉者，照不應為律治罪。

## 隱匿費用稅糧課物

凡運送本戶應納稅糧課物，如蠶絲、銅、鐵之類。及應追入官之物，已給交送運。而隱匿肥己私自費用不納，或詐作水火、盜賊損失，欺罔經收官司者，並計所虧欠物數，准竊盜論。罪止流三千里。其部運官吏知隱匿詐妄之情，與同罪，不知者，不坐。此係公罪，各留職役，若受財故縱，以枉法從重論。小戶附搭侵匿者，仍依此律准竊盜。

按：此仍明律，順治三年添入小註，雍正三年改定，現又刪改。蓋言人戶自納稅物而有欺詐也，唐律：諸應輸課稅及入官之物而迴避詐匿不輸，或巧偽濫惡者，計所闕，准盜竊論，主司知情與同罪，不知情減四等云云。明律一本於唐而文義特為詳明，且改“不知情減四等”為不坐罪，則稍有不同。此以本戶應納尚未送官猶為私物者言之，須重看“本戶應納”四字，若公差人領解侵欺，則是監守盜矣，若他人盜去，則是常人盜矣。凡官錢糧及官物，其守掌之人於倉庫中盜出者，謂之監守自盜；若差委押解錢糧官物之人，於倉庫領出之後而有隱匿等情，謂之侵欺，侵欺者仍以監守自盜論，如後轉解官物條“若有侵欺”是也。此條不科監守盜而准竊盜論者，彼是在官人役領解倉庫中物，此是本戶自行送運應納稅課入官之物，其物但經官檢點監驗，俱給文批，尚未入於倉庫，原是本戶收掌，雖屬官物，尚在私家，與自倉庫中領出者不同。然已報納到官，給文送運，復有隱匿，則與盜無異，而盜自納之物，究與盜他人者有間，故准竊盜論。律文細若毫毛，非潛心體會不能得其真解。再者，錢糧雖不許包攬代納，然亦豈能使戶戶親解？必有大戶領運，所謂“解戶”也，故註有“小戶附搭”之說，《輯註》云：小戶畸零米麥，因便湊數，於大戶附納。而納者隱匿費用，是謂“附搭侵匿”。

## 攬納稅糧

凡攬納他人稅糧者，處六等罰，著落本犯赴倉照所攬數納足，再於犯人名下，照所納數追罰一半入官。○若監臨主守，官役挾勢攬納者，加罪二等。仍追罰一半入官。○其小戶畸殘田零零丁，不足以成一戶。米麥，因便湊數於本里納糧人戶處附納者，勿論。包攬侵費正數及多科費用，以誆騙論。若侵欺，以監守自盜論。包與者，照不應重律治罪。

按：此仍明律，順治三年添入小註，現改杖為罰。蓋言包攬別戶稅糧代納以取利也。唐律無文。包攬代納之人，非為多收取利，即為暫時挪用，甚且有誆騙侵蝕之弊，在民則受其剝削，在官則受其遲欠，故不論包納幾家，亦不分其數多寡，但犯即坐六等罰，而又追罰一半入官。監臨，謂提調部運官吏也，主守，謂官攢斗級人等也，凡人攬納，不過規取盈餘，監臨主守身自攬納，罔下取利，何以禁察他人，故加等治罪。不言納足追罰者，蒙上文也，蓋著落赴倉納足，雖指包攬未納者言，然包攬即納者亦坐罪追罰，雖無誤於官，亦多取於民。小註：包與者，坐不應重罪。蓋指和同包與者言之，若愚民被姦徒誆騙或為豪勢逼勒，因而包與者，難坐以罪，須善會之。

## 虛出通關硃鈔凡錢糧通完，出給印信長單為通關。倉庫截收，則暫給紅批照票為硃鈔。

凡倉庫收受一應係官錢糧等物原數本不足，而監臨主守通同有司提調官吏，虛出通關給發者，計所虛出之數，併贓，不分攤各犯，皆以監守自盜論。○若委官盤點錢糧，數本不足，扶同監臨提調官。申報足備者，罪亦如之。亦計不足數，以監守自盜論，併贓。受財者，計入己贓以枉法從重論。○其監守不收本色，詐言奉文折取財物，虛出硃鈔者，亦以監守自盜論。納戶知情，減二等，原與之贓入官，不知者，不坐，其贓還主。○通上同僚知而不舉者，與犯人同罪；至死減等。不知及不同署文案者，不坐。以失覺察論。

按：此仍明律，順治三年添入小註，蓋言倉庫錢糧宜覈實數也。唐律無文。凡倉庫收受一應錢糧等物，必通完足備，然後出給通關，若收受不足而虛出，必有通同情弊。委官奉委盤點，與監臨相同，若錢糧不收本色，乃向納戶折收財物，瞞官作弊而虛出本色硃鈔者，亦同盜罪。凡錢糧收受足備，出給印單為照，謂之"通關"，即長單也。逐時逐日零星截收，出給印票為照，謂之"硃鈔"，如州縣給與戶串票是也。虛出通關本非實贓，而即以監守盜論者，監守乃專司責守之人，通關乃照驗取信之案，今通關之數足備，而倉庫之數不足，非盜而何？至折取財物，非不足也，而亦謂之虛出者，法當納完本色，今收折色，則本色已無，即虛出也。直謂之"贓"者，原其折收之心，明是漁利之計，以此科罪，即是贓矣。二者同以監守盜論，惟虛出通關者計所出之虛數為贓，折收財物計所收之實物為贓，則虛出硃鈔，其法更重於通關也。舊例有州縣侵欺錢糧，與挪移錢糧該管上司分賠，又有徇隱及失覺之判其分賠也，一年限內全完，及二三限內全完治罪，又各有不同。分晰詳細，立法最為嚴明，但現在已刪除矣。從前侵虧之案辦理認真，因本員伏此法者甚多，即分賠、獨賠之上司，限滿不交即分別擬徒以不少貸。自嘉慶四年改章以後，本員並無真死罪，即分賠、代賠之例亦為虛設，即有奏明按限監追者，而俱係通融辦理，本人非特不在監獄，久之亦並不在本省，法令寬弛，官款悉化烏有，以致官吏肆意侵貪、無所忌憚。然［非］②立法之不善，乃不用法之過也，可勝慨哉！

**條例**

一、州縣交代，如將已徵錢糧侵蝕虧空，捏稱民欠，令後官接受，或倉儲米穀收存不慎，庫儲官物遺失不全，接任官立即揭報該管上司奏条，於前官名下著追。如該管上司護庇離任之員，及該管道府州畏慮分賠，因而抑勒交盤者，許被勒之員直揭部院代為陳奏。其所揭抑勒之司道府州等官，該督撫據實確審定擬，如有干連督撫，將具揭及虧空之員押赴來京奏交大理院確審，將抑勒之督撫一併從重議處。或係誣捏枉揭，照例治罪。儻前官虧空，以及米穀霉變，官物短少，後官容隱不報，出結接受，至本身離任始諉諸前任者，應將欠項及米穀官物照數追賠，仍治以瞻徇接受之罪。其揭報之員准赴部呈請於別省調補，儻調補省分該管上司因前揭報之故多方搜求借端誣陷者，並許該員於都察院呈辯，果係寃抑，將該管上司交部議處，如係該員借名誣辯，從重治罪。

## 附餘錢糧私下補數

凡各衙門及倉庫，但有附餘錢糧，須要盡實報官，明白立案，於正收薄內另作數。支銷。若監臨主守將增出錢糧私下銷補別項事故虧折之數，瞞官作弊者，不分首從，並計贓以監守自盜論。其虧折追賠還官。○若內庫收受金帛，當日交割未完者，不許帶出。許令附薄寄庫。若有餘剩之物，本庫明白立案正收，開申度支部作數。若解戶朦朧將金帛等物出外者，不分多少。絞。雜犯，准徒五年。守門官失於盤獲搜檢者，處十等罰。金帛等物追還官。

按：此仍明律，順治三年添入小註，雍正三年、乾隆五年修改，現又改易。原律斬罪未免過嚴，國朝註作雜犯較為平允。蓋言附餘錢糧亦不當私補虧折也。唐律無文。附餘者，正數之所餘也，虧折者，正數之內所少也。按額收受而秤頭斛面之積有多出之數餘者即是附餘，凡被盜賊、水火損壞遺失之類即是事故虧折，蓋事故虧折雖非侵盜，例應監守之人賠還者，若銷去附餘之款以補虧折之數，即是侵盜附餘矣，故直科以監守自盜。下段交割未完，是原解額內之數也，餘剩之物，是原解額外之數也。未完之物不許將出，必須明白附薄寄庫，來日交收餘剩之物，亦須將數目明白立案，正收入庫。以內庫重地，非尋常倉庫可比，若朦朧將未完及餘剩等物攜帶出外，不分多少，即坐雜斬，所以嚴禁地出入之防也，與"盜內府財物皆斬"之律同一用意。《輯註》云：下段"餘剩"與上段"附餘"似同實異，附餘者，是照額收入倉庫而解支後積出之數，餘剩者，是照額起解到庫而收受時多出之數。剖晰嚴明，即此可見律文之細。

## 私借錢糧

凡監臨主守，將係官錢糧等物乃金帛之類，非下條衣服之屬。私自借用，或轉借與人者，雖有文字，文字兼文約、票批、薄籍。並計所借之贓以監守自盜論。其非監守之人借者，以常人盜倉庫錢糧論。監守坐以自盜，非監守止以常人盜，追出原物還官。○若將自己物件抵換官物者，罪亦如之。自己物件入官。

按：此仍明律，順治三年添入小註，乾隆五年修改，此與上條小註均係"追出原物入官”，乾隆年間始改為“還官”。蓋言在官錢糧不得私自相借用也。唐律《廄庫門》：諸監臨主守，以官物私自貸，若貸人及貸之者，無文記，以盜論，有文記，准盜論，立判案，減二等。又即充公廨，及用公廨物，若出付市易而私用者，各減一等坐之。又，所貸之人不能備償者，徵判署之官。又，《盜賊門》：諸以私財物、奴婢、畜產之類貿易官物者，計其等准盜論，計所利以盜論云云。明律雖本於唐律，而不分別有無文記，概以監守盜論，亦無“立判案減二等”及“出付市易而私用減一等”之文。其將自己物件抵換官物，亦無唐律“計算准盜”、“計利以盜”之分。再，唐律“自貸”、“貸人”及“貸之者”分作三項，此僅言“自貸”、“貸人”，而不言“貸之者”一項，亦較唐律簡略。《輯註》云：借者，分別監守、非監守，罪有不同，而借之者亦在其內矣。又，《箋釋》：此銀錢等物，乃金帛麥米等類，若他器，則為下條“官物”矣。私借用要看“私”字，若公借用則為挪移出納矣。借者雖立有文字，以為償還憑據，然罔上行私，即同盜取，故以借者是否監守、常人而分別科罪。下段以己物換官物，亦分別“監守”、“常人”兩項，各科各罪。此律重在錢糧，緣錢糧固與官物不同，然律文不曰“錢糧”而曰“係官錢糧”，可見倉庫中別項寄存之物則不係官錢糧，自不得用此律矣。律文精密，加一字必有一意也。律外又有條例，均可與律互參。

**條例**

一、府州縣春間借出倉穀，秋收後勒限徵比，務於十月中全完，造具冊收，詳請該管上司加結申報督撫，咨送度支部查核。如有紳衿及牙行蠹役將家人佃戶姓名影射零星領出入己，積至二三十石者，紳衿斥革，牙行蠹役處十等罰，俱照追入倉。其代為造冊之鄉保地方有無受贓分別治罪。該管上司不行揭衆，交部議處。

一、凡遇地方荒歉，借給貧民米石穀麥，或開墾田土借給牛具籽種，以及一切吏役兵丁人等辦公銀兩，原係奏明咨部行令出借，儻遇人亡產絕，確查出結奏請豁免。如有捏飾侵漁，以及未經報明私行借動者，即行奏衆按律治罪。

一、凡支銷錢糧，均有一定款項額數。如有違例開銷，著落擅動濫給之員賠補。儻上司官因為數繁多，一人不能歸結，派令屬員公捐還項，或逼令接任官按股分賠，將抑勒之上司官照例治罪。

一、凡州縣虧空錢糧，如果民欠未完，捏報全完，或私自借給百姓倉糧，其私借錢糧之員，及捏報官員，應照虛出通關硃鈔律，計所虛出之數併贓皆以監守自盜論。其實在民欠民借，仍著落原借欠之人完納，其挪移錢糧有項可抵者，即令接任官催徵補項。若捏報私借挪移之項，該員情願一年內代民全完者，准其復還原職。

一、虧空人員，除查明正犯家產盡數追賠外，如有屬員借支借領，及同官挪借出有印領者，將所有借欠之項責令追還以抵該員虧空，仍分別議處。至平日債負，或幫助親友，及同官私借，雖有文約書（扎）[札]記簿，並無印領，止許自行取討。若混請開抵虧空者，無論遠近年分概不准行，如將無干之人肆行誣賴，將正犯照圖賴誣扳治罪。承追各官徇庇正犯聽從開抵妄拏無辜追比者，照故勘平人律治罪。受賄得贓者，計贓以枉法從重論。其因規避處分指引開欠者，承追官照將親族濫行著落追賠例革職，該管上司官交部分別議處。

## 私借官物

凡監臨主守，將係官什物、衣服、氈褥、器玩之類，私自借用或轉借與人，及借之者，各處五等罰。過十日，各計借物坐贓論，減二等。罪止徒二年，各追所借還官。若有損失者，依毀失官物律，坐罪追賠。有心致損，依棄毀官物計贓准竊盜論加二等，罪止流三千里。誤毀及遺失者，減棄毀之罪三等，徒二年，並追賠。

按：此仍明律，順治三年添入小註，乾隆五年改律末“棄毀”二字為“毀失”，現又改笞為罰，蓋言在官之物不可私相借用也。唐律：監臨主守之官，以官物私自借，若借人及借之者，笞五十，過十日坐贓論減二等。又，諸假請官物，事訖過十日不還者，笞三十，十日加一等，罪止杖一百，私服用者加一等。又，若亡失所假者，自言所司，備償如法；不自言者，以亡失論。《疏議》曰：依《雜律》，亡失官物者，准盜論減三等云云。明律即本於此。然唐律以“監臨主守”及“監臨主守之官”分列兩條，明律以“官錢糧”及“官物”分列兩條，則各有用意也。蓋官物與錢糧不同，錢糧乃封存於倉庫中者，而官物則在官公用者也，借用錢糧，即償還，已非原物，借用官物，猶得以原物還官，故不分監臨與否，一概同論，而擬罪較輕，即損失亦止依毀失律論也，與《廄庫門》“私借官畜產”，及《田宅門》“私借官車船”罪雖同，而辦法不同，當並參之。

# 倉庫下

## 挪移出納

凡各衙門收支錢糧等物，已有文案，以備照勘合。以行移，典守者自合依奉出納。若監臨主守不正收，正支，如不依文案勘合。挪移出納，還充官用者，並計所挪移之贓，准監守自盜論。係公罪。〇若各衙門不給半印勘合，擅出權宜票帖，關支或給勘合，不立文案放支，及倉庫但據權帖不候勘合，或已奉勘合不附薄放支者，罪亦如之。各衙門及典守者，並計支放之贓，准監守自盜論。〇其出征鎮守軍馬經過去處，合付行糧草料，明立文案，即時應付，具數開申合干上司准除，不在擅支之限。違而不即應付者，處六等罰。

按：此仍明律，順治三年添入小註，現又刪改。蓋嚴收支以防詐冒也。文案勘合者，定制提調錢糧衙門，將應收應支各款項數目，明立文案，以為存查照驗。仍將款項數目，塡入勘合，與文案合用一印，將勘合給與監臨主守之人，開註薄籍，按照收支，所謂正收正支也。若監守不依勘合所開，而挪移收放，雖未入已，還充官用，而出納不明，有違定制，即准監守自盜論。權帖，謂權宜給發之票貼而無印信者，不給半印勘合，而擅出票帖，即給勘合，而不明立文案，即行放支，則無以備照，此提調錢糧官吏之罪也。若監守之人不候給發勘合，或已奉勘合，並不附記薄籍即放支，則數目無所稽考，此則監守倉庫官吏之罪也。雖係正支而無挪移之弊，但違定制即無憑信之實，故亦計贓論。如挪移之罪至於或出征或鎮守，二者關係軍機，事屬緊急，雖未奉有勘合，許其明立供給文案即時應付，仍開具數目申報上司，開除不在擅支之限，所謂一時之權宜，非常律所得拘也。三節相承而下，互參合勘，自知因應之宜，《軍政門》行軍征討應合供給，違期不完者十等罰，失誤軍機者絞，與此條治罪不同者，彼是已經奉有批文，此是未經給發勘合也，然因此失誤軍機，亦當照彼律治罪矣。後有條例，均與律相輔而行，可併參究。

**條例**

一、凡地方有軍需公務，督撫不及咨奏者，行令該州縣墊辦，或挪庫項，或墊己資，先行詳明督撫，辦完十日內，即照實價申詳。該督撫照時價核實於文到半月內奏報，度支部亦於文到日半月內核定議覆，行文該布政司不論庫項己資即令給發。儻州縣申報過限，或督撫奏報後期，俱交吏部議處。若該州縣報價不實，及督撫不核實奏報希圖冒銷者，度支部即行奏叅，州縣照侵欺例治罪，督撫司道等官照徇庇例議處。

一、各省倉穀減價平糶，其價值解存司庫，或就近之道府庫，至秋收務依原糶之數領價買補。其買補倉穀時價不敷，於本邑糶賣盈餘銀兩內動支。儻穀價昂貴，不能於次年買補，聲明報部展限。若故意遲延不行買補，以玩視倉儲奏叅，儻遇州縣交代未及秋收買補之期，所存價值無虧，即令新任領買，不得揹勒推諉，違者將該員及該管各官分別議處。

一、凡州縣官交代其存倉米穀，除實應出糶存價未買之銀，照例准其接收外，如前任官私行出糶，及倉糧虧缺折銀交代者，照例奏糸仍留任所，按數買補。并令接任之員查明，出具並無糶多報少、糶少報多，折銀抵交確實印結申報，違者一並奏糸究追。該管上司不能查出，照徇庇例議處。

一、上司逼勒所屬挪移庫銀，本官自行首告者，審實上司照貪官例治罪，下屬免議。逼勒至死者，家屬赴控，上司如不行准理，許赴都察院大理院具告，審實以逼勒至死之上司抵罪，不行准理之上司革職。

一、凡挪移庫銀五千兩以下者，仍照律擬雜犯流總徒四年。其挪移五千兩以上至一萬兩者，擬實犯流三千里。若挪移一萬兩以上至二萬兩者，發極邊足四千里安置。二萬兩以上者，雖屬挪移，亦照侵盜錢糧例擬絞監候。統限一年，果能盡數全完俱免罪，其未至二萬兩者，仍照例准其開復。若不完，再限一年追完，減二等發落。二年限滿不完，再限一年追完，減一等發落。若三年限滿不能全完者，除完過若干之外，照現在未完之數治罪。

一、州縣虧空錢糧倉穀，該督撫立即奏糸。一面於任所嚴追，一面行查原籍，並該員歷過任所有無隱寄，將其家產悉數查封。如任所無完即變價補完，若承追地方官不行查明，致有漏報及徇情隱匿者，均交部議處。遲延至三月以上，照欽部事件遲延例議處。

一、凡各府州縣虧空倉穀，以穀一石照銀五錢定罪。麥豆膏粱青粿等雜糧並同。係侵蝕入己者，照侵欺錢糧例擬斷。係挪移者，照挪移庫銀例擬斷。其倉穀令接任官於秋成穀賤時，申詳督撫藩司酌動何項錢糧，照時價先行買補。該府州縣出具倉收，道府直隸州知州加結報部。於虧空人員及妻子名下勒限一年，將動用銀兩照數追補還項，如逾限不完，亦照勒追庫銀例分別治罪。若有將倉穀侵盜入己，捏稱霉爛虧空者，仍照侵欺錢糧例治罪。

一、凡虧空之案，審出民欠挪墊是實，除將本犯照例議罪外，另限四箇月委員徹底清查，出具並無假捏影射印結。再令接任官出具認徵印結，仍向欠戶催徵，如限滿不完，將接徵官照例糸處。儻本無實欠，接任官通同捏結，察出照捏欠之數與本犯同罪，仍令分賠。

一、凡追賠還官各項銀兩，有較原糸之數浮多者，仍給還本人。

## 庫秤雇役侵欺

凡倉庫務場，局院庫秤、斗級，若雇役之人，受雇之人即是主守，或侵欺，或借貸，或移易，二字即抵換也。係官錢糧，並以監守自盜論。若雇主同情分受贓物者，罪亦如之。其知情不曾分贓，而扶同雇役者，以所盜物捏作見在。申報瞞官，及不首告者，減自盜一等，罪止十等罰。不知者，不坐。

按：此仍明律，順治三年添入小註，現改笞為罰，蓋嚴剔雇役侵盜之弊也。前數條已詳正役之罪，緣倉庫中庫秤、斗級各有經制定額，收放時不敷使用，故有雇役。受雇人既已任事，即與正任無異。收糧曰“倉”，收財曰“庫”，稅物曰“務”，即稅課司等衙門，積物曰“場”，即草場、鹽場之類，“局”如織染等局，“院”如上駟等院，皆係錢糧出入之所。庫秤、斗級，皆係現在主守之役，雇工之人，是受雇錢代役之人，即同主守。此律特論受雇代役之人，恐以其非真正主守之人而縱其侵借移易之罪，故著此專條。後“錢糧互相覺察”條，同為主守，雖不知情亦坐失察之罪，此雇主不知情不坐者，彼是倉庫之人，此既雇人代役，則已不在倉庫，故不科其失察，須分別觀之。

**條例**

一、凡糧重倉多州縣，印官不能兼顧，遴點老成書吏收糧。如有僉派匪人侵蝕漕糧者，書吏照監守自盜律例計贓治罪，侵蝕米石即著該吏名下嚴行追補，州縣官交部議處。

## 冒支官糧

凡管軍官吏，冒支軍糧入己者，計所冒支之贓，准竊盜論。取之於軍，非取之於官也，故止准竊盜論。若軍已逃故，不行扣除而入己者，以常人盜官糧論。若承委放支而冒支者，以監守自盜論。

按：此仍明律，本無小註，順治三年採《瑣言》、《箋釋》之語增入小註。且原律“官吏”之下尚有“總旗小旗”四字，雍正三年刪去。蓋言頂冒現在之名而支領軍糧也。管軍官吏，皆自軍人本管所部者言，若非本管而冒支他軍，或常人頂名冒支者，當以欺詐官財科之。若本軍親屬冒支，則依親屬相詐欺律。若尅減軍糧，則依官物當給人，而有侵欺者，依監守自盜律。蓋不以官糧作罪，而准竊盜者，在彼雖有詐冒之情，在官實為應給之物，終是軍人合得之糧。如本軍現在不與通知，或差遣不在，及有疾病他故不到，而本管官冒名支取，皆是也。

## 錢糧互相覺察

凡倉庫務場、官吏、攢攔、庫子、斗級，皆得互相覺察。若知侵欺、盜用、借貸係官錢糧，已出倉庫，匿而不舉及故縱者，並與犯人同罪。至死減一等。失覺察者，減三等，罪止十等罰。○若官吏虛立文案，挪移出納，及虛出通關，另有本律。其斗級、庫子、攔頭，不知者，不坐。

按：此仍明律，順治三年添入小註，現改杖為罰，蓋總承以上諸條，言監守之責相同，當彼此互相覺察也。此與以上三條，唐律均無明文，此條係本元律。凡侵欺、盜用、借貸，自有本罪，若官吏、攢攔，係有監臨之責者，庫子、斗級，係有主守之責者，彼此責任攸同，皆得互相覺察，則各知顧忌而不敢輕犯，所以杜姦弊者深矣。“不舉”是知而徇隱，“故縱”是見而不問，原係兩層。“覺察”亦是兩義：人有姦弊因而知覺曰“覺”，用心察訪而知之曰“察”，察深覺淺。但不舉故縱，均是私罪，應罷職役；失於覺察，係屬公罪，應留職役。不但罪分輕重，而辦法亦有不同。後有條例，足補律所未及，當併參之。

**條例**

一、凡侵盜錢糧案內隱匿故縱之官吏攢攔庫子斗級，如正犯限內完贓例得減免者，亦各於應得本罪上分別減免。

## 倉庫不覺被盜

凡有人非監守。從倉庫中出，守把之人不搜檢者，處二等罰。因不搜檢，以至盜物出倉庫而不覺者，減盜罪二等。若夜直更之人不覺盜者，減三等。倉庫直宿官攢、斗級、庫子非正直本更。不覺盜者，減五等。並罪止十等罰。故縱者，各與盜同罪。至死減一等。若被強盜者，勿論。互相覺察與此不覺被盜，官吏皆係公罪，仍留職役。隱匿不舉與此故縱皆係私罪，各罷職役。

按：此仍明律，順治三年添入小註，雍正三年改定，現又改笞為罰。蓋言倉庫防範之宜嚴也。唐律：諸有人從庫藏中出，防衛主司應搜檢而不搜檢，笞二十；以故致盜不覺者，減盜者罪二等；若夜持時不覺，盜減三等。《疏議》：“持時”，謂當時（轉）[專][③]持更者。又，主守不覺盜者，五疋笞二十，十疋加一等；過杖一百，二十疋加一等；罪止徒三年。若守掌不如法以故致盜者，各加一等，故縱者各與同罪，即故縱滿五十疋加役流，一百疋絞。若被強盜者，各勿論云云。明律雖本諸唐而有不同，唐律不覺之罪，視盜罪之輕重為準，明律減罪重於唐律而罪止滿杖，並無徒罪，且故縱者罪止滿流，亦無唐律加役流與絞罪，又輕於唐律，且無唐律“守掌不如法致盜”一層，亦未完備。此條乃倉庫被盜，監守人之通例。“值更”與“值宿”不同，如三更被盜，則正值三更之人坐減三等，不概坐也。若值宿，則無值更專責矣。此盜專指常人盜，若監守人盜，自有前互相覺察律也。

## 守支錢糧及擅開官封

凡倉庫官攢、斗級、庫子，役滿得代，不得離去。所收錢糧、官物，并令守候支放盡絕，若無短少，方許官攢各離職役。斗庫還家。其有應合相沿交割之物，聽提調官吏監臨盤點見數，不得指廒、指庫交割，違者，各處十等罰。〇若倉庫所收官物有印封記，其主典不請原封官司閱視而擅開者，處六等罰。其守支盤點及擅開各有侵盜等弊者，俱從重論，追賠入官。

按：此仍明律，順治三年添入小註，律文“各離職役”四字係由雍正三年改定，現又改杖為罰。蓋言錢糧收支交割宜明，而封貯亦宜詳慎也。唐律：諸官物有封印，不請所由官司而主典擅開者，杖六十云云。明律末段即本於此，其餘唐律無文。“官、攢”謂倉官、庫官與攢典也。官應曰“任滿”，攢應曰“役滿”，斗級、庫子則有退役之時，無役滿之限，此官、攢、斗、庫統言役滿者，省文也。官、攢等項均有監守之責，役滿雖得更代，而該年所收錢糧、官物遽難現數交盤，必令守候支放盡絕，若無短少，方許各離職役。若非經收支放錢糧，其應合相沿交代之物，如積儲之米穀、附餘之錢糧，及寄存倉庫入官贓物之類，必須盤點見數明白，交與替代之人，不得僅指某廒、某庫，虛文行移，私相交割，皆係恐有侵欺、盜用、借貸、挪移、抵換之弊也。下段不准擅開亦係防其侵盜抵換，但此指有印記封條者而言，若《郵驛律》“擅動官封”乃指官文書封套而言，各有不同，當分別觀之。

## 出納官物有違

凡倉庫出納官物，當出陳物而出新物，則價有多餘。應受上物而受下物則價有虧欠。之類，及有司以公用和雇、和買，不即給價，若給價有增減不如價值之實者，計通上言。所虧欠當受上物而受下物，及雇買不即給價，即給價減不以實，各有虧欠之利。及多餘當出陳物而出新物，及雇買給價增不以實，各有多餘之利。之價，並計所虧欠、所多餘坐贓論。以錢糧不係入己，雇買非充私用，故罪止徒三年，贓分還官、給主。〇若應給俸祿未及期而豫給者，罪亦如之。〇其監臨官吏統上論知而不舉，與同罪。不知者，不坐。

按：此仍明律，順治三年添入小註，乾隆五年修改，蓋言出納倉庫官物各有額例也。唐律：諸出納官物給受有違者，計所欠剩坐贓論。註：違者，謂重受輕出，及當出陳而出新、應受上物而受下物之類。又，其物未應出給而出給者，罪亦如之。官物充官用，而違者笞四十，其主司知有見剩不言者，坐贓論減二等。

諸放散官物者，坐贓論，物在還官，已散用者勿徵。註：放散官物，謂出用官物有所市作及供祠祀宴會剩多之類。營造剩多，為“物在”，祀畢食訖，為“散用”云云。明律即本於此，而增加“和雇、和買”及“預給俸祿”兩層。唐律主司知而不言減二等，明律監臨知而不舉與同罪，亦有不同。且唐律有“放散官物”一項，明律刪去，亦不完備。凡倉庫出納，自有則例，有司雇用人工、器具、買用一應貨物，當依實價即時給發，若新陳、上下出納違例，雇買價值不給，增減不實，則必有虧欠多餘之弊。如新糧每石一兩，陳糧每石八錢，不出陳而出新，則多餘二錢矣；如上緞每匹五兩，下緞每匹三兩，不受上而受下，則虧欠二兩矣。故計多餘虧欠之數坐贓論罪。至和雇、和買，俱自充官用者言之，若自己買物私用而減人價值，則計餘利為贓，准枉法不枉法論，自有求索借貸之律，不在此列。律外又有條例，足補律文之闕，當併參究。

**條例**

一、各省採買一應倉糧穀石，務令州縣等官平價採買運倉，不許轉發里遞派買。至驛遞所需草豆，令有驛各官平價採買，亦不得派發里遞苦累小民。應需運價，准令開銷，敢有私派勒買，及短給價值強派，強拏民力運送者，坐贓治罪。

## 收支留難

凡收受支給官物，其當該官吏，無故二字看重。留難刁蹬，不即收支者，一日，處五等罰，每三日加一等，罪止徒一年。〇守門人留難者，不放入計日論。罪亦如之。〇若領物、納物之人到有先後，主司不依原到次序收支者，處四等罰。

按：此仍明律，順治三年添入小註，現改笞為罰，蓋懲勒掯延遲以免守候也。唐律：諸有所輸及出給，而受給之官無故留難不受、不給者，一日，笞五十，三日加一等，罪止徒一年。門司留難者亦准此。若請輸後至，主司不依次第，先給先受者，笞四十云云。明律一依唐律，惟字句稍為改易。“官物”兼一切錢糧等物言，曰“無故”，則有故即不得謂之“留難”矣。如物不中度而不收，時期未至而不給，或公務冗併而不暇收給者，俱不在此限。此止言留難刁蹬之罪，若因留難而有需索、受賄情弊，則更當從重論矣。至不依次收給，不過攙越無紀，人情不平，較上刁蹬者稍輕，故得減一等科之。舊例：各倉書役人等，向運官、運丁指稱掣批等項名色勒索者，照蠹役詐贓治罪。若支放米石攙和沙土者，照監守自盜律計贓治罪。有向關米之人勒索者，照指稱掣批名目論罪，因而打死人命者，斬監候。關米之人，米色不堪，不行首告，或私給錢者，與受同科。以上監督失察者，嚴加議處，故縱者，革職治罪，失察之倉場侍郎亦分別議處云云。此條係京倉專例，足補律所未及。現雖刪除，亦當一併參之。

**條例**

一、凡錢糧物料等項解送到部，當該官吏限文到三日內即行查收掣給批迴。如無故不收完給批者，照律計日治罪。至書役人等指稱估驗掣批掛號等項費用名色，借端包攬索詐者，許解官解役即於該部首告，交送地方審判廳照蠹役詐贓例治罪。係官革職問罪，該管官失察者交部議處。

一、各倉書役頭目人等，向關米之人勒索得財者，照蠹役詐贓例治罪。其已經斥革書役，復在現充書役頭目身後影射把持勒索者，亦照此辦理。若甫經影射辦事，尚未得贓者，處十等罰。書役頭目有心容隱朋比為姦者，均革役，與首犯同罪。

## 起解金銀足色

凡收受納官諸色課程，變賣貨物，起解金銀，須要足色。如成色不及分數，提調官吏及估及煎銷人匠，各處四等罰，著落均賠還官。官有侵欺，問監守盜，知情通同，故不收足色，坐贓論。

按：此仍明律，順治三年添入小註，乾隆五年改定，現改笞為罰，蓋杜侵損而禁濫收也。諸色課程，如歲辦商稅、各場課銀之類；變賣貨物，如抄沒入官諸物、照例變價之類。金銀成色，必足十分，不及分數者，不足十分成色之數也。此為起解各項金銀之通例。《戶部則例》：各省解部地丁，將足色紋銀照部頒法碼，每箇按五十兩、十兩彈兌，不許絲毫輕減及另加滴珠，違者議處。又，解司銀兩無論元寶及十兩小錠，均令於錠面鏨鑿年月、州縣、匠名，以憑稽覈。其關稅、鹽課、漕項等款，及一切雜項，可以散銀解交，如銀內攙和鉛沙者，藩司、巡撫分別議處云云。可與此律合參。若民間行使四五成假銀，分別擬徒，見《私鑄銅圓門》內，與此解官不足者大有不同。

## 損壞倉庫財物

凡倉庫及積聚財物，主守之人，安置不如法，晒晾不以時，致有損壞者，計所損壞之物價，坐贓論，罪止徒三年。著落均賠還官。○若卒遇雨水衝激，失火延燒，若倉庫內失火，自依本律，徒二年。盜賊分強、竊。劫奪，事出不測，而有損失者，委官保勘覆實，顯跡明白，免罪不賠。其監臨主守官吏，若將侵欺借貸挪移之數，乘其水火盜賊，虛捏文案，及扣換交單籍冊，申報瞞官希圖倖免本罪。者，並計贓以監守自盜論。同僚知而不舉者，與同罪。不知者，不坐。

按：此仍明律，順治三年添入小註，蓋責重主守之人謹收貯而嚴欺侵也。唐律：諸倉庫及積聚財物，安置不如法，若曝晾不以時，致有損敗者，計所損敗坐贓論。州縣以長官為（守）[首]④，監署等亦准此。又，《雜律》：諸棄毀亡失及誤毀官私器物者，各備償。若被強盜者，各不坐、不償。即雖在倉庫，故棄毀者，征償如法，其非可償者，坐而不備。諸水火有所損敗，故犯者，征償，誤失者，不償云云。明律一本於此，而添末後"虛捏"一段，更為詳悉。此與棄毀官物不同，言主守而不及監臨，以看守之責，非其所親也。後節"知而不舉"，止言同僚不及主守者，以文案乃官吏所掌，非庫斗等所得與也。可與《挪移門》"米穀霉爛"及《失火門》"倉庫失火"彼此合參。損壞乃怠忽之過，非有姦弊，故止坐贓論罪。若乘其水火盜賊，虛捏文案、扣換交單，乃有心作姦，故以監守自盜論罪。本文曰"劫奪"，是專指強盜言，而註添入"竊"字者，強則依此律，竊則自有不覺被盜之律，不可混也。後有條例，可與律文合參。

**條例**

一、凡各府州縣倉廒，儻於滲漏處既不黏補，應蓋造處又不詳請，以致米穀霉變者，革職，動帑買補。勒限一年照數追賠，一年限內全完免罪，開復原官。一年以外賠完，免其治罪，不准開復。二年之內不完，即照律治罪，仍著落家屬賠繳。如遇交代，應將倉廒造入交代冊內，責成接任官切實查驗。如有木植毀爛傾圮滲漏，即行揭報，將原任官交部議處賠修，霉爛米穀勒限賠補。接任官徇情濫受，別經查出，亦交部議處賠修，霉爛米穀並即勒限賠補。限內不完，均照律治罪。

## 轉解官物

凡各處徵收錢帛，買辦軍需，成造軍器等物解部，其起運長押官，及解物人，安置不如法，致有損失者，計所損失之物，坐贓論，著落均賠還官。若船行卒遇風浪，及外人失火延燒，或盜賊劫奪，事出不測而有損失者，申告所在官司，委官保勘覆實，顯跡明白，免罪不賠。若有侵欺者，計贓以監守自盜論。〇若起運官物，不運原本色，而輒齎財貨於所納去處收買納官者，亦計所買餘利為贓，以監守自盜論。

按：此仍明律，順治三年添入小註，現又刪改。蓋言轉運各有專司，禁推諉而謹交納也。原律“布政司勒令解部”句下無“提調正官”四字，雍正三年以勒令各府解部者不便止問首領吏典之罪，因增入“提調正官”四字。唐律：諸監臨主守之官，皆不得於所部僦運租稅課物，違者計所剩坐贓論。其在官非監臨，減一等，主司知情各減一等。註：“僦”者，賃也。又：諸應輸課稅及入官之物，而迴避詐匿不輸，或巧為濫惡者，計所闕，准盜論。主司知情與同罪，不知者減四等。又：應輸課物而輒齎財貨，詣所輸處市糴充者，杖一百。將領主司知與同情，云云。明律即本於此，而文較加詳。此律前段縣解府、府解司、司解部係前明之法，現俱僉定長解矣；中段與上損壞倉庫財物相同；末段唐律止杖一百，現改為計贓以監守自盜論，未免過重，蓋不運本色，係銀兩則圖輕便以省腳價，係別物則圖販賣以盈餘，遽以盜論，則太嚴矣。然必有餘利方坐，或計無餘利止科不應可也。別律正官首領吏典同坐者，皆以吏典為首，遞減科之，此律一概同坐，不用遞減之法，故曰八等罰。律文之細如此，一字不忽畧。律外有例，均足補律未及，當併合參。

**條例**

一、凡運解餉鞘數係一萬兩者，撥防護兵二名，防護役四名。二萬兩以上，酌量加派。儻兵役有於中途私回者，解官即報明該督撫奏彖將該管文武照少撥解役例議處，中途私回之兵役斥革名糧。

一、護解餉鞘，務須申請兵役防護，按站行走。若管解官不申請防護，不經由大路，以致有失者，著落管解官全賠。若管解官已請防護，又係經由大路，而餉鞘被失者，該管地方文員分賠一半，差委不慎之大員分賠三分，解員賠二分。如解員不能賠補，亦著差委之大員賠補。武員照例處分，免其分賠。

一、管押餉鞘失事之兵役，如有知情同盜，仍照常人盜倉庫錢糧例分別首從定擬外，其違例雇替、託故潛回、無故先後散行者，減首犯罪一等。其依法管解偶致疏失，審有確據者，減二等治罪。若係勾通強劫，照盜劫官帑例治罪。

一、州縣起解地丁等項銀兩，管解丁役，潛行小路，沿途不請撥護，即未被失，亦照不應重律治罪。

一、委解銅斤，照解餉之例按運更換，如有遞年長令管解者，將原委之上司交部議處。儻局內書役爐頭人等於收銅之時，任意輕重，照收支留難律治罪。查有勒索情弊，照詐欺取財律計贓准竊盜論。失察之該管官交部嚴加議處。其各省委解顏料等項，亦照此例按批更換。

一、承辦銅斤之廠員運員，不以公事為心，因循怠惰，以致廠銅缺額，運瀘逾限者，均革職，發往新疆效力。數年後廠銅日旺，漸有積餘，瀘店底銅亦日增充裕，遇有天時之不齊，物力之偶絀，間有缺額遲運為數無幾者，度支部再行覈酌情形，請旨辦理。

## 擬斷贓罰不當

凡擬斷贓罰財物，應入官而給主，及應給主而入官者，坐贓論，罪止十等罰。

按：此仍明律，現改杖為罰，蓋言擬斷贓罰貴乎各當也。唐律《廄庫門》：財物應入官私而不入，不應入官私而入者，坐贓論云云。明律改為“入官給主”，且與唐律同科坐贓，而罪止滿杖，亦較唐律為輕。凡贓物應入官、應給主，詳具《名例》“給沒贓物”門內，此言誤將應入官之項給主、應給主之物入官，雖皆非法，然止一時之錯而無入己之私，故坐贓論，而罪止十等罰也。按：追贓各例，有載在《名例》“給沒贓物”門者，亦有載在《倉庫門》“虛出通關硃鈔”、“挪移出納”、“私借錢糧”、“隱瞞入官家產”及本門者，而《賊盜門》“監守自盜”亦有追贓之條，均應一併合參。蓋“監守盜”、“虛出通關”、“挪移出納”、“私借錢糧”四門均指以贓入罪之本犯而言，“擬斷贓罰不當”、“隱瞞入官家產”二門均指承追之員而言，至《名例》“給沒贓物”，則係分別入官給主應征與不應征之通例也。律文各有用意，而例則參差甚多，宜細玩之。

### 條例

一、凡查估追變之員勘報不實，瞻徇延緩以致帑項懸缺者，著令代賠。若查勘本無不實，催追本無徇縱，祇因變抵不敷，以致公帑懸缺，仍在本人名下歸結，不得向查估追變之人勒令代賠，違者以違制論。

一、凡侵盜應追之贓，著落犯人妻及未分家之子名下追賠，如果家產全無不能賠補，在旗參佐領驍騎校、在外地方官取具甘結，申報都統督撫奏明豁免結案。儻結案後，別有田產發覺，盡行入官，承追申報各官革職，所欠贓銀米穀，著落賠補，督催等官照例議處。內外承追督催武職，俱照文職例議處。

## 守掌在官財物

凡官物，當應給付與人，已出倉庫而未給付；若私物，當供官用，已送在官而未入倉庫，均為官物。但有人守掌在官，官司委僉守掌之人。若有侵欺、借貸者，並計入己贓以監守自盜論。若非守掌之人侵欺者，依常人盜倉庫律論。其有未納而侵用者，經催里納保歇，各照隱匿包攬欺官取財科斷，不得概用此律。

按：此仍明律，順治三年添入小註，蓋定暫時守掌之責成也。唐律：諸官物當應入私，已出倉庫而未付給；若私物當供官用，已送在官及應供官人之物；雖不供官用，而守掌在官者，皆為官物之類云云。明律即本於此，而文加詳。此專言官錢糧等物不在倉庫之中，而守掌在官者侵借者之罪，若錢糧在倉庫及承領起運，其監守與押解人侵欺等罪，以上各條已備言矣。官物應給付者，如俸祿、工食、賞銀之類；私物供官用者，如採辦物料、入官贓物之類。已出倉庫者，猶未離乎官，未入倉庫，已報收乎官也。主守者，常川之守掌也，守掌者，暫時之主守，既已承委守掌，即與主守無異。以上各條，凡以監守盜論者，止依本律，不得引例擬遣，蓋例定在後。其他稱“以”者，以其律，不以其例也。

## 隱瞞入官家產

凡抄沒財產，除謀反、謀叛依律酌量抄沒，其餘有犯，律不該載者，財產不在抄沒入官之限。違者，依故入人流罪論。抄沒尚未入官，作未入官，各減一等。○若抄劄入官家產而隱瞞田土者，計田以欺隱田糧論。若隱瞞財物、房屋、孳畜者，坐贓論。各罪止十等罰，所隱財產並入官，罪坐供報之人。○若里長同情隱瞞，及當該官吏知情者，並與同罪，計所隱贓重於十等罰者，坐贓論，全科。○受財者，計贓以枉法各從重論；以枉法之重罪論，分有祿、無祿。失覺舉者，減供報人三等，罪止五等罰。

按：此仍明律，順治三年添入小註，現又刪改，蓋言抄沒不得枉濫而又分別隱瞞之罪也。唐律：諸非應沒官而沒之者，各以流罪故失論。明律以故入流罪論而不以失論，較為嚴重。凡抄沒財產乃懲惡極典，身雖正法，未盡厥辜，故復有緣坐抄沒之法。現在緣坐雖廢，而抄沒之法尚存，但須例內載明應抄沒者方許抄沒，其餘不得擅擬，所以防枉濫也。然例應抄沒而隱瞞不報，分別供報之人及里長、官吏科罪，又以示懲也。二節曰“坐贓論”，三節又云“坐贓論全科”者，對上罪止十等罰而言，猶云全科坐贓之罪應照坐贓律全科，罪止徒三年，不在罪止十等罰之限也。律文精細如此。舊例：凡罪犯入官財產，著落正犯追取，儻正犯將無干之人肆行誣賴者，從重治罪；承審官拖累無干之人者，嚴加議處。又，欠帑人員將地畝入官之後，不准本人及其子孫認買。又，隱匿侵盜案內之家產者，照坐贓律分別定擬，一千兩以上流三千里，罪坐隱瞞之人，保題各官治罪追賠。又，一切承追案件，該督撫一面行查歷過任所有無隱寄，無庸俟本籍無追始行咨查，其任所地方官自文到日，限三箇月據實申詳，如有逾限，照例議處，其欠帑官員離任，託故逗留者，即押令回籍云云。均較律治罪為嚴，現雖刪除，亦可備考。此門例文，康熙、雍正年間纂者居多，乾隆年間次之，嘉慶以後寥寥無幾。蓋庫款倉儲，國用民命攸關，最關緊要，國初力加整頓，後乃一味因循，法令俱成具文，浸至今日，釀成官吏縱弛怠慢之弊，不可收拾。當此之時，亟宜大加懲創，以猛濟寬猶恐難挽積弊，而當事者猶復博寬厚之名，務求減輕刑法，是猶以水濟水，必至潰決而後已。世變至此，可勝慨哉！

**條例**

一、凡一切應追入官財產，如已經豁免後，查出隱匿，除挪移案內隱匿者，仍照隱匿本律治罪外，如侵盜案內隱匿者，不論原案未完之數，計所隱財產價值之多寡，照坐贓律治罪。

一、凡應追官員贓賠各項銀兩，若原籍任所查明財產盡絕，實在無可著追者，任所官出具切實印結，由原籍加結，奏請豁免。旗員由本旗查明具結，咨部辦理。

一、凡欠帑人員，或因獨力難賠，或因產盡無著，遂將分居別業之兄弟親族，並不知情之親友旁人，巧借認幫名目，轉輾株連，勒令賠補者，將承審承追各官均照違制治罪。

一、凡虧空入官房地內，如有墳地，及墳園內房屋看墳人口祭祀田產，俱給還本人，免其入官變價。

## 課程課者，稅物之錢；程者，謂物有貴賤。課有多寡，如地利之有程限也。

課者，稅物之錢；程者，謂物有貴賤，課有多寡，如地利之有程限也。國家歲入之款，糧賦以外，又有課程。蓋山海地澤自然之利本可聽民自取。漢始立榷算之法，征入少府以供私用，歷代律書尚未設立專門。唐律賦稅課雜見於各條，亦無專名，至明始立此篇，國朝因之。貨物之稅曰“課”，額徵之數曰“程”。共八條，而首條《鹽法》又分十一條。新律已將《監臨勢要中鹽》、《阻壞鹽法》、《私礬》、《舶商匿貨》四章刪除，以其與現今情勢不合，無關引用也。

此門所載，《私鹽》最要，《私茶》次之，又繼之以《匿稅》，推之於《舶商》，而總謂之《課程》，取於正賦之外，所以佐國用也。迄後洋稅釐金名目更多，現更籌及車捐、妓捐，又加以印花諸稅，而國用愈形短絀，此其故可知矣。

### 鹽法

凡犯無引私鹽凡有確貨即是，不必贓之多少。者，徒三年。若帶有軍器者，加一等。流二千里。鹽徒誣指平人者，加三等。流三千里。拒捕者，絞監候。鹽貨、車、船、頭匹並入官。道塗引領秤手牙人及窩藏鹽犯寄頓鹽貨者，徒二年半。受雇挑擔馱載者，與例所謂肩挑背負者不同。徒二年。非應捕人告獲者，就將所獲私鹽給付告人充賞。同販中有一人能自首者，免罪，一體給賞。若一人自犯而自首，止免罪不賞，仍追原贓。〇若私鹽事發，止理見獲人鹽。如獲鹽不獲人者，不追；獲人不獲鹽者，不坐。當該官司不許聽其展轉攀指，違者，官吏以故入人罪論。謂如人鹽同獲，止理見發，有確貨無犯人者，其鹽沒官，不須追究。

按：此與以下十條均係明律，原係十二條，雍正三年刪去一條，各條均有修改之處，乾隆五年改定，其小註係順治初年添入，現又改笞杖為罰金，並改斬為絞，蓋禁私鹽以裕國課也。唐律無文，大率依倣元律，查元律：諸犯私鹽者，杖七十，徒二年，財產一半沒官，於沒物內一半付告人充賞；諸犯私鹽被獲拒捕者，流遠，因而傷人者，處死；諸捕獲私鹽止理見發之家，勿聽攀指平民，有確貨無犯人，以確貨解官，無確貨有犯人，勿問云云。明律即本於此，而改徒二年半徒三年，略為加重，更添"帶有軍器"及"誣指"一層，而拒捕不問有傷、無傷，一概擬斬，亦較元律更重。凡官鹽不許與引相離，無引者即私鹽也，但必有確貨方坐滿徒，猶盜賊之憑贓証也。帶有軍器不必用以拒捕，但有即坐加等，所以誅其心也。一經誣指即加三等，不必誣告到官已陷於罪，以其無端妄攀必有讐害之意也，但必須平人方坐，若同販脫逃之人不在此限。但經持械拒捕即坐死罪，不必有所殺傷，以其抗敵兇横愍不畏法，與別項拒捕者不同也。然後例仍分別殺傷科罪，不必一概擬絞。"引領"等四項，雖與共事，終與本犯有間，故減一等。挑擔馱載之人，知情受雇，從惡為姦，然與引領者有間，蓋以力而取傭，非以鹽而規利，故又減一等。"展轉攀指"是指所獲之犯人言，猶前之誣指也，但前之誣指是指平人，此攀指則不論是誣與否，一概不許。在官司則指理獲人鹽，在犯人則不許展轉相攀，蓋販私法嚴罪重，故捕者、問者均須實有証據，人鹽並獲，不得案外株連拖累也。

凡鹽場竈丁人等，除歲辦正額鹽外，夾帶餘鹽出場，及私煎鹽貨賣者，同私鹽法，該管總催知情故縱及通同貨賣者，與犯人同罪。

按：此嚴竈丁夾帶私煎之罪，以靖販私之源也。原律"總催"二字係"百夫長"，雍正三年以國朝鹽場無百夫長，改為總催。凡鹽場有竈戶所以煎鹽辦課者，竈丁則竈戶之人丁也。曰"人等"，則凡在鹽場執事承催者皆是。總催，管令竈丁者也。凡竈戶人等領取工本、辦納鹽課，俱有額數，除正額之外，其餘剩之鹽夾帶出場，及私自煎鹽貨賣，則與鹽法有阻，故嚴其法以治罪。蓋鹽場無夾帶私煎之弊，則興販者自無寅緣之門，所以絕其源也。元律亦有“鹽監官及竈戶私賣鹽者同私鹽法”一條，即此律所本祖。

凡婦人有犯私鹽，若夫在家，或子知情，罪坐夫、男。其雖有夫而遠出，或有子幼弱，罪坐本婦。

凡買食私鹽者，處十等罰；因而貨賣者，徒三年。

按：此二條皆禁民間之私販也。凡婦人犯罪，例坐夫、男，夫、男不知情，則坐本罪，此販私之婦。若其夫在家，則不論知情與否，一概以夫當之，雖不知情，亦坐其夫，罪其治家不嚴也。子則知情坐罪，不知者，不坐，蓋子雖不得專制其母，然知情而不諫阻，猶身自犯之矣。至於私鹽必斷其買然後販私可止，此律所以塞其流也。若本為買食，因而貨賣規利，則猶販私矣，故與犯私同罪。然塞其流而終不可塞者，利之所在，衆必趨之，非法所得阻也，即本於此。

凡管理鹽務，及有巡緝私鹽之責文武各衙門，巡獲私鹽，即發有司歸勘，原獲各衙門不許擅問。若有司官吏通同原獲各衙門脫放者，與犯人同罪。受財者，計贓以枉法從其罪之重論。

凡管理鹽務，及有巡緝私鹽之責文武各衙門，設法差人於該管地面，並附場緊關去處，常川巡禁私鹽。若有透漏者，關津把截官及所委巡鹽人員，初犯，處四等罰；再犯、三犯，遞加一等；公罪。並留職役。若知情故縱，及容令兵役隨同販賣者，與犯人同罪；私罪。受財者，計贓以枉法從重論。〇其巡獲私鹽入己不解官者，徒三年。若裝誣平人者，加三等。流三千里。

按：此二條嚴官司巡緝之責以絕私販也。原律係“守禦官司”及“鹽運司”、“巡檢司”，乾隆五年以國朝並無此官，改為今名。又，原律“留職役”三字係“附過還職”，雍正三年改為“留職役”。查元律：提點官禁治不嚴，初犯笞四十，再犯杖八十，本司官與總管府官一同歸斷，三犯闕奏定罪。又，巡鹽軍官受財脫放鹽徒者，以枉法計贓論罪，奪所佩符及所受命，罷職不敘云云。明律即本於此，而略為變易。首節言管理鹽門各官雖有緝捕之責，而非勘問之人，巡獲私販，即發州縣有司勘問，若有司官脫放，分別是否受財科罪；二節言巡鹽官疏忽，致令透漏過去關津者，雖非縱放，難免失察之罪，故分別擬罰，均准照公罪抵銷。若知情縱令透漏，則加重擬徒三年矣。其巡鹽人將巡獲之鹽隱匿不解送官，照販私擬徒三年。若將所獲之鹽裝點為平人私販，以邀捕獲之功而陷害人者，亦照上誣指加三等。但前誣指是犯人妄攀，此裝誣是把巡做作，其情雖同，其人則異，故一曰“誣指”，一曰“裝誣”，字法各有不同。

凡起運官鹽，每引照額定斤數為一袋，並帶額定耗鹽，經過批驗所，依引目數掣摯秤盤。隨手取袋，摯其輕重。但有夾帶餘鹽者，同私鹽法。〇若客鹽越過批驗所，不經掣摯及引上不使關防者，處九等罰，押回，逐一盤驗。盡盤鹽而驗之，有餘鹽以夾帶論罪。

凡客商販賣有引官鹽，當照引發鹽，不許鹽與引相離，違者，同私鹽法。〇其賣鹽了畢，十日之內不繳退引者，處四等罰。〇若將舊引不繳影射鹽貨者，同私鹽法。

凡起運官鹽，並竈戶運鹽上倉，將帶軍器，及不用官船起運者，同私鹽法。

凡客商將驗過有引官鹽，插和沙土貨賣者，處八等罰。

凡將有引官鹽，不於拘定應該行鹽地面發賣，轉於別境犯界貨賣者，處十等罰。知而買食者，處六等罰，不知者，不坐，其鹽入官。

按：此五條皆指鹽商假公行私諸弊以清鹽政也。首條“每引照額”二句，原律：每引二百斤為一袋，帶耗鹽五斤。雍正三年以現在各省鹽包輕重不同，因改為今文。按：元律：商賈販鹽到處不呈引發賣，及鹽引數外夾帶，鹽引不相隨並同私鹽法，鹽已賣，五日內不赴司縣批納引目，杖六十，徒一年，因而轉用者，同賣私鹽法。又，諸賣鹽局官、煎竈戶、販鹽客旅、行鋪之家，輒插和灰土硝鹻者，笞五十七。又，諸鹽貨犯界者，減私鹽罪一等，轉買私鹽食用者，笞五十七云云。明律即本於此，而文義較詳，罪名亦稍為加重。首節掣摯秤盤者，謂批驗所較定額數之摯，官鹽到所，隨手掣取一二袋，以摯為准而秤盤之，所謂“抽盤”也，若押回盤驗則盡數秤盤矣，掣摯之後，即於引上印給關防，故曰“掣摯關防”也，不經官用關防，有無姦弊無可稽查，故擬罰罪，而仍押回盤驗；二節言官商賣鹽以引為據，若鹽引相離，則公私無辨，雖係官鹽，亦同私鹽論罪，若引內鹽數賣盡，謂之“退引”，例應送官截角彙繳勾銷，蓋給引所以杜詐冒，而繳引又以防影射也，不繳舊引而影射鹽貨，則其鹽明是無引者矣，故仍以私鹽論罪；三節言運鹽禁帶軍器、必用官船，所以使異於私販也，若擅帶軍器，及不用官船起運、另雇私船裝載，則與私販何異？故亦以私鹽論罪，不用官船者徒三年，帶軍器又加一等也；四節言中引所以利國用，販賣所以利民生，若官鹽中插和沙土，則罔利病民，故擬以不應重罪；五節言行鹽地方各有界限，客商賣鹽銷引，止許在分定地面，若不於拘定該管地方發賣，是謂“犯界”，如浙鹽入淮、淮鹽入浙之類，又，客商亦有派定銷引地面，若此商於彼商派定地面貨賣，亦是犯界，犯界止擬十等罰，不同私鹽者，以是有引之鹽，應得發賣，不過犯界貨賣規利耳，知而賣食者，謂別境之人知為犯界之鹽而買食，與前買食私鹽者不同，故彼十等罰，此僅六等罰也。律外又有條例，或較律加重，或照律減輕，或補律所未備，均屬有關引用，當併參究。又，古來鹽鐵並重，自漢以後皆設官經理其事，明律犯徒罪亦有煎鹽炒鐵之令。乃律法有鹽政而無鐵政，鹽設官而鐵則否，故近來講鐵政者遂紛紛而起。現又派度支部尚書為鹽政大臣，統辦各省鹽務。將來鹽政又有新章矣。

**條例**

一、越境如淮鹽越過浙鹽地方之類。興販官司引鹽至三千斤以上者，流二千里。其客商收買餘鹽，買求掣摯至三千斤以上者，亦照前例問發。掣驗官吏受財及經過官司縱放，並地方甲鄰里老知而不舉，各治以罪。掣驗官吏受財，依枉法；經過官司里老地方火甲，依知罪人不捕；鄰佑依違制。巡捕官員乘機興販至三千斤以上，亦照前例問擬。須至三千斤，不及三千斤，在本行鹽地方雖越府省仍依本律。

一、凡聚衆十人以上興販私鹽，帶有軍器殺人者，為首並殺人之犯，擬絞立決，未下手之犯，發極邊足四千里安置。傷人者，為首依律擬絞監候，下手之犯發煙瘴地方安置，未下手之犯流三千里。雖帶軍器不曾拒捕者，為首發極邊足四千里安置，為從流二千里。

一、凡販私鹽徒，如有略置貨物，裝點客商，被官兵格傷後挾制控告者，除聚衆販私殺人罪犯應死無可復加外，餘於巡獲私鹽裝誣平人滿流律上加一等，發極邊足四千里安置。

一、凡收買肩販官鹽，越境貨賣，審明實非私梟者，除無拒捕情形仍照律例問擬外，其拒捕者照罪人拒捕律加罪二等。儻拒捕毆人至折傷以上者，絞監候，殺人者亦絞監候；為從各減一等。下手幫毆之人以為從論。

一、除行鹽地方大夥私販嚴加緝究外，其貧難小民，及婦女孤獨無依者，許於本州縣報明驗實註冊，每日赴場買鹽四十斤挑賣，只許陸路，不許船裝，並越境至別處地方，及一日數次出入。如有違犯，仍分別治罪。

一、巡鹽兵捕自行夾帶私販，及通同他人運販者，照私鹽加一等治罪。

一、拏獲販私鹽犯，務須先將買自何人何地，以及買鹽日月數目究明，提集犯證，並密提竈戶煎鹽火伏簿扇查審確實。如係大夥興販，將本犯並賣鹽及窩頓之人照律治罪。本犯不據實供出，於應得本罪上加一等。如審係誣攀，依律加三等。若向老幼孤獨零星收買，實不能供出姓名者，仍以本罪科斷。承審官曲為開脫，照故出人罪律從重糸處。不能審出誣攀者，交部議處。若審出買自場竈，將該管鹽場大使並沿途失察各官奏糸議處。其得贓包庇之兵役，從重治罪。

一、拏獲私鹽，限四箇月完結。人鹽並獲者，所獲鹽貨車船頭匹等項全行賞給。如獲鹽而不獲人，確查鹽犯實係脫逃者，以一半賞給，一半充公。儻有故縱情事，無論巡役、兵丁，受賄者計贓以枉法從重論，未受賄者處十等罰革退，所獲鹽貨等項一概充公。

一、凡運鹽船戶，偷竊商鹽整包售賣者，分別首從計贓科罪，所賣之贓照追給主，如追不足數，將船變抵。其押運商廝起意通同盜賣者，依雇工人勾引外人同盜家長財物例治罪；如非起意，止通同偷賣分贓者，依雇工人盜家長財物科斷。若商廝稽察不到，被船戶乘機盜賣者，照不應重律治罪。如押運之人，或係該商親族，仍分別有服無服，照親屬相盜律例科斷。

一、埠頭明知船戶不良，朦混攬裝，及任意扣尅水脚，致船戶途間乏用，盜賣商鹽者，照寫船保載等行恃強代攬勒索使用擾害客商例治罪。船戶變賠，不足之贓並令代補。如無前項情弊，止於保雇不實者，照不應重律治罪。

一、凡商雇巡役，仍照例辦理，不得擅帶鎗枝外，其各省派出緝私員弁兵役准其攜帶鎗枝，編列字號。遇有大夥私梟，搶竊賊匪，持械拒捕者，許放鎗抵禦，登時格殺者勿論。若非格殺，或遇零星小販，及離屬大夥而非持械拒捕，或緝私兵役所帶鎗枝並無官編字號，實係抵禦聚衆私梟，輒行放鎗致有殺傷者，各依罪人不拒捕而擅殺傷律分別科斷。至准帶鎗枝之處，一俟梟販稍戢即行停止。儻准帶鎗枝緝私大員，仍以力不能擒藉口，即以故縱私鹽律從重懲究。

一、凡鹽商雇募巡役，由州縣詳明運司，轉報鹽院。有名者，如因緝拏鹽匪，致被殺傷，或殺傷鹽匪者，各照販私拒捕殺傷，並擅殺傷罪人本律例科斷。若僅報州縣有名，並未詳司報院者，仍各以凡鬬殺傷及興販私鹽本律例，從其重者論。

一、鹽商雇募巡役，如遇私梟大販，即飛報營汛協同擒拏。其雇募巡役不許私帶鎗枝，違者照私藏軍器律治罪。失察之地方官交部照例議處。

一、鹽船在大江失風失水者，查明准其裝鹽復運。儻有假捏情弊，以販私律治罪。

一、引鹽淹消具報到官，該地方州縣官即會同營員查勘確實，限一月內通詳鹽道。該道於詳到之日起，限半月內覈轉，以憑飭商補運，限三月內過所運口岸。該鹽政仍將淹消補運鹽斤數目報部，其沿途督撫及該管鹽道知府隨時查察，如有州縣營員扶同商人捏報，及勒索掭擱情弊，即行指名奏叅，商人照例治罪。

## 私茶

凡犯私茶者，同私鹽法論罪。如將已批驗截角退引，入山影射照出支茶者，以私茶論。截角，凡經過官司一處驗過、將引紙截去一角，革重冒之弊也。

按：此仍明律，順治三年添入小註，蓋言榷茶之法也。唐律無文，亦係倣照元律，查元律：諸茶法，客旅納課買茶，隨處納引發賣畢，三日不赴所在官司批納引目者，杖六十。因而轉用改抹字號，或增添夾帶斤重，及引不隨茶者，並同私茶法。但犯私茶杖七十，茶一半沒官，一半付告人充賞。其偽造茶引者，斬，家產付告人充賞云云。明律本此，而文義簡括，其同私鹽論罪，亦較元律為重。茶為民用所不可無，又為番用所不可缺，故於產茶之地設立茶引，所令各商納引中茶，又於川陝等處設茶馬司查驗符牌，以聽各番納馬易茶，是謂官茶。如商人賣茶不報官納引，或將已經驗過截角之退引，入山影射支茶者，均以私茶論，同私鹽法治以徒三年之罪。若帶軍器拒捕，及引領牙人窩藏寄頓各項，均同科罪，茶貨、頭匹亦入官。但所同者律耳，若鹽法，各例則不得同也。按：茶稅始於唐德宗建中元年，納戶部侍郎趙贊議：稅天下茶漆竹木，十取一，以為常平本錢。及出奉天，乃悼悔下詔罷之。至貞元九年復稅茶，從鹽鐵使張滂之請也。茶之定稅自此始，而唐尚無其法，故唐律無文也。

**條例**

一、倣造假茶五百斤以上者，本商并轉賣之人，俱徒三年。若店戶窩頓在一千斤以上，徒二年半。

一、甘肅茶商赴楚買茶，每茶一千斤，准帶附茶一百四十斤，令產茶地方官給發船票，開明該商引目茶數，不得另給印票收茶。其應行盤查之地方官，悉照引目及正附茶斤驗放，不許掯勒留難，如於部引之外有搭行印票，及附茶不依所定斤數，多帶私茶者，即行查拏，照私鹽律治罪。查驗地方官故縱失察者，照失察私鹽例處分。至五司變賣茶斤，如有地僻引多，壅滯不能行銷者，各商具呈該司，詳報甘督，行令往賣司分，照數盤查，聽其發賣辦課。

## 匿稅

凡客商匿稅不納課程者，處五等罰，物貨一半入官。於入官物內，以十分為率，三分付告人充賞；務官、攢攔自獲者，不賞。入門不弔引，同匿稅法。商匠入關門，必先取官置號單，備開貨物，憑其弔引，照貨起稅。〇若買頭匹不稅契者，罪亦如之，仍於買主名下，追徵價錢一半入官。

按：此仍明律，原律“不納”上有“及賣酒醋之家”一句，“物貨”下亦有“酒醋”二字，“同匿稅法”下並有“其造酒醋自用者，不在此限”一句。乾隆五年刪改，現又改笞為罰，蓋嚴稅課隱匿之禁也。唐律：諸置買奴婢牛馬駝騾驢已付價，不立市券，過三日笞三十，賣者減一等。立券之後有舊病者，三日內聽悔，無病欺者，市如法，違者笞四十。即賣賣已訖，而市司不時過券者，一日，笞三十，一日加一等，罪止杖一百云云。明律雖本於唐，然唐時尚無稅契之法，此律"稅契"一層，亦係仿照元制。商稅國課所關，匿稅不報則於國課有虧，故治以罰罪，而以十分之三付告人充賞，其務官自獲者不賞，以其職所當然也。此務官是言落地之稅，然非關稅之比，若關稅，則言"漏"不言"匿"也。古制，貨必有引，引即客商報貨之單，弔者，提取之謂，客貨一到，巡攔人即應弔其貨引報稅。若已入門而不弔引，是縱之匿矣，故同匿稅法。若買頭匹而不稅契，亦同匿稅，但頭匹非貨物可比，故追徵價錢入官，而不追徵貨物也。律外又有奉天專例，可互參之。

**條例**

一、京師及在外稅課司局批驗茶引所，但係納稅去處，皆令客商自納。若權豪無籍之徒，結黨把持，攔截生事，攪擾商稅者，徒罪以上加一等治罪。

一、奉天省軍民人等，潛赴邊外蒙古地方，興販私酒進邊，不及百斤，處九等罰；一百斤以上，處十等罰；二百斤以上，徒一年；每百斤加一等，罪止流三千里。至沿邊三十里以內，貧民肩挑背負進邊售賣，或易錢換物及自用者，不在禁限，每人仍不得過五十斤，如至五十斤以上，照興販例治罪，酒俱變價入官。

一、奉天省各處燒鍋輪流值年，准其協同該地方差役，在邊內盤查興販私酒之人送官究治。失察旗民地方官，照失察私入圍場例議處，興販之犯由何邊門經過、由何邊柵偷越，該邊門章京知而故縱者，與犯同罪；失於覺察者，官減三等，罪止十等罰；軍兵又減一等，罪坐值日者。如該燒鍋人並兵役等受賄故縱，及妄拏借端訛詐，計贓以枉法從重論。

一、奉天省邊內燒鍋，開寫發票賣酒，隨糧價高低定值，不准任意增至倍蓰，違者照違制律治罪。如偷運邊酒影射漁利，照興販私酒例加一等治罪。

一、奉天省沿邊以內店鋪收買零酒，不得過五百斤，儻寄頓至五百斤以上，開給發票出境漁利者，將店鋪照興販私酒按斤治罪。

## 人戶虧兑課程

凡民間週歲額辦茶鹽商稅諸色課程，年終不納齊足者，計不足之數，以十分為率，一分，處四等罰，每一分加一等，罪止八等罰，追課納官。○若鹽運司、鹽場、茶局及稅務、河泊所等官，不行用心催辦課，程。年終比附上年課額虧欠兑缺者，亦以十分論，一分，處五等罰，每一分加一等，罪止十等罰，所虧課程著落追補還官。○若人戶已納，而官吏人役有隱瞞不附薄，因而侵欺借用者，並計贓，以監守自盜論。

按：此仍明律，順治初年添入小註，現改杖為罰，蓋懲納課催課之不力也。《箋釋》："兌"字取上缺之義。《輯註》：（令）[今][⑤]各州縣所徵額外雜稅，亦是課程。首節言人戶應辦各項額徵課程年底交納不足之罪；次節言茶鹽運司等官不用心催辦，年終比附上年課額虧兌著落賠補，而治罪較人戶為重者，以其專司催辦之責也；末節言人戶已納而經管、經收之人隱瞞、侵欺、借用之罪，總承上二節言。舊例：鹽商應完鹽課，不足分作十分，一分至五分，分別枷責，六分以上至十分，分別擬徒。五分以下，扣限一箇月，六分以上，扣限一年，仍分別全完與不完辦理。現雖刪除，亦可與律合參。

**條例**

一、在京在外官員眷口船隻，過關除無貨物照常驗放，胥吏人等毋得任意需索外，如有姦牙地棍假稱京員名帖，或京員子弟執持父兄名帖討關夾帶貨物希圖免稅者，該管關員即行查拏究治。如該管關員不行詳查及明知瞻徇，照例議處。

# 錢債

錢債之事，唐律載在《雜犯律》內，明始分出，另為一門。唐本六條，明併為三條，國朝因之，並無損益。按：舊註："錢"兼貨財而言，貨錢與人曰"債"。錢債之法，外國律極為詳細，今律止三條，未免缺略，而負債不還，不論多少，止六等罰，亦嫌太輕，是以現在修訂新律，刑法而外別立民法、商法、破產各法，將來《錢債》一門定當益臻完備，此律不過略存梗概，然其大旨仍不能出此範圍也。

## 違禁取利

凡私放錢債及典當財物，每月取利並不得過三分，年月雖多，不過一本一利，違者，處四等罰，以餘利計贓，重於四等罰者，罪止十等罰。○若監臨官吏於所部內舉放錢債，典當財物者，不必多取餘利，有犯即處八等罰。違禁取利，以餘利計贓，重於八等罰者，准不枉法論，並追餘利給主。兼庶民、官吏言。其負欠私債，違約不還者，五兩以上，違三月，處一等罰，每月加一等，罪止四等罰；五十兩以上，違三月，處二等罰，每一月加一等，罪止五等罰；百兩以上，違三月，處三等罰，每一月加一等，罪止六等罰，並追本利給主。〇若豪勢之人，於違約負債者，不告官司，以私債強奪去人孳畜產業者，處八等罰。無多取餘利，聽贖不追。若估所奪畜產之價過本利者，計多餘之物罪有重於八等罰者，坐贓論，罪止徒三年。依多餘之數追還。主。〇若準折人妻妾子女者，處十等罰。姦占加一等論。強奪者，加二等。徒一年半。因強奪而姦占婦女者，絞監候。所準折強奪之人口給親，私債免追。

按：此仍明律，順治初年添入小註，二節“不枉法論”下一段雍正三年刪改，乾隆五年又增入，現又刪去，並改笞杖為罰金，蓋言私債不得多取餘利也。唐律：諸負債違契不償，一匹以上，違二十日笞二十，二十日以下，罪止杖六十，三十匹加二等，百匹又加三等，各令備償。諸負債不告官司而強牽財物過本契者，坐贓論。《疏議》曰：若監臨共所部交關，強牽過本契者，計過賸之物，准“於所部強市有賸利”之法，准枉法論。又，以良人為奴婢，用質債者，各減自相賣罪三等，知情而取者，又減一等，仍計庸以當債值。《疏議》曰：若以親戚年幼妄質債者，各依本條減賣罪三等云云。明律雖本於此而各不同。唐律：一匹以上罪止杖六十，而三十匹、百匹則遞加二等、三等；明律不分多少，即百以上，罪止杖六十，則較唐律為輕。而監臨於所部違禁放債，唐律准枉法論，此依不枉法論，亦有不同。又去唐律“以良人質債”之罪，而添入“准折人妻妾”、“強奪人畜產”二項。至於“不過一本一息”之法，則係採用元制也，然指積久本利未還者言之，若年年納利，本錢未還，不得統計已還之利而算“一本一利”，即本《名例》所謂“賃錢雖多，不得過其本價”之意。借償原以通緩急之用，即取利之中，亦有相濟之義，然乘人之急而罔利無度，與遲欠違約負賴不還均有應得之罪，故立此禁限以劑其平。准折者，係兩相合同之事，非由勒逼也，在他物畜產則可，若准折妻女，則離散人骨肉，其豪強之勢已可想見。惟因准折而姦占，究較因強奪而姦占為稍輕，故一則加一等擬徒，一則擬絞也。律外又有條例，均補律所未備，凡斷財產、錢債案件者，均當一併參看。

**條例**

一、監臨官吏於所部內舉放錢債典當財物者，即非禁外多取餘利，亦按其所得月息，照將自己貨物散與部民多取價利計贓准不枉法論，強者准枉法論。不枉法各主者折半科罪律減一等問罪，所得利銀照追入官。至違禁取利，以所得月息全數科算，准不枉法論，強者准枉法論，並將所得利銀追出，餘利給主，其餘入官。

一、佐領驍騎校領催等，有在本佐領或弟兄佐領下指扣兵丁錢糧放印子銀者，照官吏於所部內舉放錢債違禁取利律加一等治罪，夥同放印子銀者以為從論減一等；如非在本佐領下舉放重債勒取兵丁錢糧，及民人違禁向八旗兵丁放轉子印子長短錢、扣取錢糧者，照私放錢債本律加一等治罪，利銀均勒追入官。佐領驍騎校領催等代屬下兵丁指扣錢糧保借者，照不應重律治罪；其指米借債之人，照不應為律科斷；自行首出者免其治罪，所欠債目並免著追。失察之該管文武各官俱交部分別議處。八旗佐領每月仍將有無放債之人出具印結呈報該參領，按季加結呈報都統查覈。

一、聽選官吏人等借債，與債主及保人同赴任所取償，至五十兩以上，借者革職，債主及保人照不應重律治罪，債追入官。

一、放債之徒，用短票扣折違例巧取重利者，嚴拏治罪，其銀照例入官，受害之人許其自首免罪，並免追息。

## 費用受寄財產

凡受寄他人財物、畜產而輒費用者，坐贓論，以坐贓致罪律。減一等。罪止徒二年半。詐言死失者，准竊盜論。減一等。罪止徒三年。並追物還主。其被水火、盜賊、費失，及畜產病死有顯跡者，勿論。若受寄財物而隱匿不認，依誆騙律。如以產業轉寄他人戶下，而為所賣失，自有詭寄盜賣本條。

按：此仍明律，順治初年添入小註，蓋言寄託財產不可私費欺隱也。唐律：諸受寄財物而輒費用者，坐贓論減一等。詐言死失者，以欺詐取財物論減一等。《疏議》曰：受人寄付財物實死失合償以否？監臨受寄詐言死失合得何罪？答曰：下條亡失官私器物各備償，被強盜者不償，即失非強盜仍令償之。以理死者不合備償，非理死者准廄牧令合償減價。若監臨主司受寄詐言死失者，以詐欺取財物減一等科之云云。明律一本於此，而改“詐欺取財”為“竊盜”，其備償之法究不如唐律之詳。凡受人寄託之物而費用，猶有償還之心，非遂乾沒之也，故坐贓論。若詐言死失則欺騙而隱匿之，已有盜之心矣，故准盜論。要之，其物原在己家，與取諸外者不同，故准坐贓、准盜，而均減一等。追物還主，承上兩項。若所寄之物被水火、盜賊及病死有顯跡者，勿論，不坐罪、亦不賠償，以其事出不測，非受寄者之過也。此律應與“隱匿費用稅糧課物”及“詐欺取財”各條參看。律外又有“典商失火被竊、被劫酌賠”之例，《讀例存疑》謂其賠償之法極為平允，所以昭畫一而息爭訟，此例文之最不可少者也，故詳為錄入，以備研究。

**條例**

一、凡典商收當貨物自行失火燒燬者，以值十當五，照原典價值計算，作為準數；鄰火延燒者，酌減十分之二，按月扣除利息照數賠償。其米麥豆石棉花等麤重之物，典當一年為滿者，統以貫三計算，照原典價值給還十分之三；鄰火延燒者，減去原典價值二分，以減剩八分之數給還十分之三，均不扣除利息。至染鋪被焚，即着開單呈報地方官逐一估計，如係自行失火者，飭令照估賠還十分之五，鄰火延燒者飭賠十分之三，均於一月內給主具領。其未被焚燒及搬出各物，仍聽當主染主照號取贖。儻姦商店夥人等於失火時有貪利隱匿乘機盜賣等弊，即照所隱之物按所值銀數計贓准竊盜論，追出原物給主；若祇以自己失火為鄰火延燒，希圖短賠價值者，即計其短賠之值為贓，准竊盜為從論，分別治罪。如典商染鋪及店夥人等圖盜貨物，或先有虧短，因而放火故燒者，即照放火故燒自己房屋盜取財物及兇徒圖財放火故燒人房屋各本律例從重問擬。

一、典鋪被竊，無論衣服、米豆、絲棉、木器、書畫以及金銀、珠玉、銅鐵鉛錫各貨，概照當本銀一兩，再賠一兩；如係被劫，照當本銀一兩再賠五錢；均扣除失事日以前應得利息。如賠還之後起獲原贓，即給與典主領回變賣，不准原主再行取贖。染鋪被竊，照地方官估報贓數，酌賠十分之五；如係被劫，酌賠十分之三，均令於一月內給主收領。如賠贓之後起獲原贓，給與該鋪具領，由地方官出示曉諭，令原主歸還所得賠贓之資，將原物領回，仍查明已染未染分別付給染價。儻姦商店夥人等於失事後有貪利隱匿乘機盜賣等弊，即照所隱之物，按所值銀數計贓准竊盜論；若祇以竊報強，希圖短賠價值者，即計其短賠之值為贓，准竊盜為從論，分別治罪。

## 得遺失物

凡得遺失之物，限五日內送官，官物盡數還官，私物召人識認，於內一半給與得物人充賞，一半給還失物人，如三十日內無人識認者，全給。五日限外不送官者，官物，坐贓論；罪止徒三年，追物還官。私物減坐贓二等，物一半入官，一半給主。若無主全入官。〇若於官私地內掘得埋藏無主之物，並聽收用。若有古器、鐘鼎、符印異常之物，非民間所宜有者。限三十日內送官。違者，處八等罰，其物入官。

按：此仍明律，順治初年添入小註，現改杖為罰，蓋言官私失物不可苟取也。唐律：諸得闌遺物滿五日不送官者，各以亡失罪論，贓重者，坐贓論減三等。若得古器形制異而不送官者，罪亦如之。《疏議》曰：凡人於他人地內得宿藏物者，依令合與地主中分。若隱而不送，計應合還主之分，坐贓論減三等，罪止徒一年半云云。明律即本於此，而添入“充賞”一層。後節唐律不分何物一概擬罪，明律分作兩層，係尋常之物並聽收用，係古制異常之物，不送官者始治以罪，惟不分多少，概杖八十，與唐律坐贓亦有不同。凡遺失之物必有其主，得之必須送官，若匿而不送，雖非竊取，究屬義不當得，故坐贓論，而私物又減二等也。至得埋藏之物，既無主人，若責其送官恐啟冒認妄爭之端，故與上得遺失無主之物並聽收用。若古器異常之物，非民間所得私有，則必令送官，即《周禮》：“凡藏貨賄，告於上司，大者公之，小者庶民私之”之遺意也。

# 市廛

按：舊註：貿易之處曰“市”，市中空地曰“廛”。唐律市廛之事均在《雜犯》中，並無“市廛”名目，明分出各篇，增立此門，皆言牙儈所犯之事，國朝因之不改。此門共分五條，現雖倣照外國另訂商律，不過名目繁多，然其道理仍不外此。

## 私充牙行埠頭

凡城市鄉村諸色牙行，及船之埠頭，並選有抵業人戶充應，官給印信文薄，附寫逐月所至客商船戶籍貫姓名、路引字號、貨物數目，每月赴官查照。其來歷引貨若不由官選，私充者，處六等罰，所得牙錢入官。官牙、埠頭容隱者，處五等罰，各革去。

按：此仍明律，順治初年添入小註，現改笞為罰，蓋擇牙行以安商民也。凡城市貿易去處必有牙行，河沿聚泊去處必有埠頭，此二項皆客商貨物藉以交易往來者也。必選有業人充當，彼重身家，自知顧惜而無非分誆騙之弊，即或有之，亦有產業可以抵還，可無虧折之患。官給印薄，附寫客商貨物姓名，不但有所稽查，且可以防意外非常之變，此立法之意也。《戶部則例》載：牙帖由布政司鈐印頒發，地方官查係殷實良民，本身並非生監，取具鄰佑及同行互保各結，准其充補。儻有頂冒霸開總行，恃強倚勢，巧立集主包頭攬頭等項勾結盤踞者，治罪。又，牙行額內有事故歇業及消乏無力者，官令退帖，另募頂補更換新帖，不得額外增添。其新開集場應設牙行者，確查結報核給地方官，朦混請增及逕行濫給者議處云云。與此律互相發明。又，律外有例，較律更為周密，須合參之。

**條例**

一、凡在京各牙行領帖開張，應按五年清查換帖一次。若有棍徒頂冒朋充，巧立名色，霸開總行，逼勒商人不許別投，拖欠客本久占累商者，流二千里。地方官通同徇縱者，一併糸處。

一、京城一切無帖鋪戶，如有私分地界，不令旁人附近開張，及將地界議價若干，方許承頂；至發賣酒斤等項貨物，車戶設立名牌獨自霸攬，不令他人攬運，違禁把持者，處十等罰。

一、各處關口地方有土棍人等，開立寫船保載等行，合夥朋充，盤踞上下，遇有重載雇覓小船起剝，輒敢恃強代攬勒索使用，以致擾累客商者，該管地方官查拏，照牙行及無藉之徒用強邀截客貨例，處八等罰。

一、各衙門胥役有更名捏姓兼充牙行者，照更名重役例，處十等罰，革退。如有誆騙客貨累商久候，照棍徒頂冒朋充霸開總行例流二千里。若該地方官失於覺察，及有意徇縱，交部分別議處；受財故縱，以枉法從重論。

## 市司評物價

凡諸物牙行人評估物價，或以貴，為賤。或以賤，為貴。令價不平者，計所增減之價，坐贓論。一兩以下處二等罰，罪止徒三年。入己者，准竊盜論。查律坐罪。〇其為以贓入罪之罪人估贓，增減不實，致罪有輕重者，以故出入人罪論。若未決放，減一等。受財受贓犯之財估價輕，受事主之財估價重。者，計贓以枉法從重論。無祿人，查律坐罪。

按：此仍明律，順治初年添入小註，現改杖為罰，蓋言沽值宜公平也。唐律：諸市司評物價不平者，計所貴賤坐贓論；入己者，以盜論。其為罪人評贓不實，致罪有出入者，以出入人罪論云云。明律即本於此。惟上節“以竊盜”改為“准竊盜”，下節“出入人罪”改為“故出入人罪”，且增入“受財以枉法從重”一層，則稍有不同。行人即牙人，諸色貨物之善惡，時價之高低，以行人評估為准，或貴或賤，不平之罪本是虛贓，故坐贓論。至於入己，即是欺詐之贓，故准竊盜論。至為罪人估贓，或多或少，關係生死出入，在犯人必有行賄求減，讐家必有行賄求增之事，故特嚴之，至死不減，與上准竊盜罪止滿流者不同。律外有“平糶米石”之例，為慎重民食起見，誠良法美意也，須與律一併參之。

**條例**

一、京城平糶米石時，如有販賣收買官米十石以下者，照不應重律治罪，米石仍交該廠另行糶賣；至十石以上，各處十等罰。如所得餘利，計贓重於本罪者，計贓治罪。各鋪戶所存米麥雜糧等項，每種不得過一百六十石，逾數囤積居奇者，照違制律治罪。若非囤積居奇，係流通糶賣者，無論米石多寡，俱聽其自便，不在定限一百六十石之例。其收買各倉土米黑豆，不在此例。

## 把持行市

凡買賣諸物，兩不和同，而把持行市，專取其利，及販鬻之徒，通同牙行共為姦計，賣己之物以賤為貴，買人之物以貴為賤者，處八等罰。○若見人有所買賣在旁，混以己物。高下比價，以相惑亂而取利者，雖情非把持，處四等罰。○若已得利，物計贓，重於八等罰、四等罰。者，准竊盜論。贓輕者，仍以本罪科之。

按：此仍明律，順治三年添入小註，現改杖為罰，蓋禁豪強把持以固市利也。唐律：諸買賣不和，而較固取者，及更出開閉共限一價，若參市而規自入者，杖八十。已得贓重者，計其利准盜論。註："較"者，謂專略其利。"固"者，謂障固其市。"共限一價"者，謂賣物以賤為貴、買物以貴為賤。"參市"者，謂人有所買賣，在旁高下其價以相惑亂也。又：諸在市及人衆中故相驚動令擾亂者，杖八十，以故殺傷人者，減故殺傷一等，因失財物者，坐贓論，其誤驚殺傷人者，從過失法云云。明律本於此，而以唐律之註作為正文，較為明顯，惟無唐律"驚動殺傷人"一節，似不完全。此律"兩不和同"謂使買者賣者皆不情願之意，如己買物則把持賣者，如己賣物則把持買者，即俗所謂"強買強賣"而又不許他人買賣也。把持行市是公然恃強以取利，通同為姦則暗地作弊以謀利，情雖不同，而皆擾害市廛，故其罪同。前二節是未得財，末節是已得財，若所得之財輕於前罪者，仍依前罰金也。律外有例，均與律相輔而行，當併參考。

**條例**

一、各處客商輻輳去處，若牙行及無藉之徒用強邀截客貨者，不論有無誆賒貨物，依本律處八等罰；如有誆賒貨物，仍追比完足發落。若勒追年久無從賠還，累死客商者，流二千里。

一、牙行侵欠控追之案，審係設計誆騙侵吞入己者，照誆騙本律計贓治罪，一百二十兩以上問擬滿流，追贓給主。若係分散客店牙行並無中飽者，一千兩以下，照例勒追，一年不完，依負欠私債律治罪；一千兩以上，監禁嚴追，一年不完，於負欠私債律上加三等治罪，所欠之銀仍追給主。承追之員按月冊報該管上司稽查，逾限不給者，該管上司按冊提比，如怠忽從事拖延累商者，該管上司據實揭条，照事件遲延例議處；有意徇縱者，照徇情例降二級調用；如有受財故縱者，計贓從重以枉法論。

一、京城官地井水，不許挑水之人把持多家，任意爭長價值，及作為世業私相售賣。違者許該戶呈首，將把持挑水之人，照把持行市律治罪。

一、凡內府人員家人，及王貝勒貝子公大臣官員家人，領本生理，霸佔要地關津，倚勢欺凌，不令商民貿易者，事發將倚勢欺凌之人擬絞監候。如民人借貸王以下大臣官員銀兩，指名貿易，霸佔要地關津，恃強貽累地方者，亦照此例治罪。又內府人員家人及王以下大臣官員家人，指名倚勢網收市利、挾制有司、干預詞訟、肆行非法，該主遣去者，本犯發煙瘴地方安置；本犯私去者，照光棍例治罪。王貝勒貝子公失察者，俱交與該衙門照例議處，管理家務官革職；大臣官員失察者，亦俱革職。不行察拏之該地方文武官，交該部議處。

一、大小衙門公私所需貨物，務照市價公平交易，不得充用牙行縱役私取，即有差辦，必須秉公提取，毋許藉端需索。如有縱役失察，交部分別議處，其衙役照牙行及無藉之徒用強邀截客貨者，不論有無誆賒貨物例治罪，如贓至三十五兩者，照枉法贓問擬，所得贓私貨物，分別給主入官。

## 私造斛斗秤尺

凡私造斛斗秤尺不平，在市行使，及將官頒斛斗秤尺作弊增減者，處六等罰，工匠同罪。○若官頒不如法者，官吏工匠。處七等罰。提調官失於較勘者，減原置官吏、工匠罪一等，知情，與同罪。○其在市行使斛斗秤尺雖平，而不經官司較勘印烙者，即係私造。處四等罰。○若倉庫官吏，私自增減官頒斛斗秤尺，收支官物而不平納以所增，出以所減。者，處十等罰，以所增減物，計贓，重於十等罰者，坐贓論。因而得所增減之物入己者，以監守自盜論。併贓，不分首從，查律科斷。工匠，處八等罰。監臨官知而不舉者，與犯人同罪；失覺察，減三等，罪止十等罰。

按：此仍明律，順治初年添入小註，現改杖為罰，蓋謂度量權衡之制也。唐律：諸校斛斗秤度不平杖七十，監校者不覺減一等，知情與同罪。《疏議》曰：校斛斗秤度依關市令，每年八月詣太府寺平校，不在京者詣所在州縣官校，並印署，然後聽用。又：諸私作斛斗秤度不平而在市執用者笞五十，因有增減者計所增減准盜論；即用斛斗秤度出入官物，而不平令有增減者坐贓論，入己者以盜論；其在市用斛斗秤度雖平，而不經官司印者笞四十云云。明律一本於唐，而私作與增減均杖六十，且無“准盜”一層，較唐律稍嚴。唐律“官校不平”，明改為“官降不如法”，而罪名則無殊異，且添入“工匠”一項，亦唐律所無也。虞廷之政，以度量衡為先，即武王克商，亦亟亟於謹權量一節，所以同風俗、定民志也。蓋斛斗秤尺乃百物之所受裁以為平者，官降一定之式，民間遵依製造，赴官校勘印烙，而後行之，乃可劃一制度以息爭端。故民間私造與作弊增減均六等罰。若官降不如式，是作法於民而先自弊之，故加一等治罪。若式法雖平而未經官烙印，雖漸開私造之端，究無不平之弊，故減私造罪二等，且不罪工匠者，以所造無不平也。以上三節，雖罪名輕重不同，皆就民間行使而言，若在倉庫之中行使斛斗秤尺，官吏私自增減收支不平，則情節較民間為重，故從重十等罰，而又分別是否入己以坐贓與監守盜論也。原其定法之意，原為整齊劃一以定民志，但現在各省自為風氣，即如京城一處，而錢行有市平、京平、庫平、南平、西平之不同，其升斗秤尺更多岐異，若欲照律盡歸劃一呈驗烙印，誠恐驟令改易，事涉紛更，民情諸多不便，且驗烙官斗輾轉領給，徒啟胥吏需索之端，於實政無所裨益，故此事歷經言官條陳而終未能依律實行者，恐利未興而害先見也。可見雖有良法而不便民情，強為行之，必多滋擾。度量不過制治之一端，猶且不可驟為改革，而大此者更可知矣。

### 器用布絹不如法

凡民間造器用之物，不牢固正實，及絹布之屬，紕薄短狹而賣者，各處五等罰。

按：此仍明律，有“其物入官”一句，乾隆五年以民間市賣，笞以懲之足矣，其物入官滋弊無窮，故將此句刪去，現又改笞為罰，蓋言製造器物當中度也。唐律：諸造器用之物及絹布之屬，有行濫短狹而賣者，各杖六十。註云：不牢謂之“行”，不真謂之“濫”，即造橫刀及箭鏃用柔鐵者亦為濫。《疏議》曰：短狹，謂絹疋不充四十尺，布端不滿五十尺，幅闊不充一尺八寸之屬。其得利重者計利准盜論，販賣者亦如之。市及州縣官司知情，各與同罪，不覺者減二等云云。明律本此，而改杖為笞，無官司罪名，亦無“得利”、“販賣”明文。此為市廛立法，若官物則別有“造作不如法”之條。然皆具文而已，若認真行之，其窒礙較前條更甚矣。

## 祭祀

歷代無此篇名，惟北周始有祀享之律。唐律有《大祀不豫申期》散見於各條之中。明律類為一門，名曰《祭祀》，國朝因之，共分六章，雖不及《禮部則例》詳細，然祭法大要已備於此。

## 祭享

凡天地社稷大祀及廟享，所司禮部太常司將祭，則先致齋；將齋，則先誓戒；將戒，則先告示。不將祭祀日期豫先告示諸衙門知會者，處五等罰。因不告示而失誤行事者，處十等罰。其已承告示而失誤者，罪坐失誤之人。亦處十等罰。○若傳制與百官齋戒。百官已受誓戒，而弔喪、問疾、判署刑殺文書，及豫筵宴者，皆罰俸一月。其所司知百官有緦麻以上喪，遣充執事及令陪祀者，罪同，不知者，不坐；若有喪不自言者，罪亦如之。其已受誓戒人員，散齋於外不宿淨室，致齋於內不宿本司者，並罰俸一月。○若大祀牲牢、玉帛、黍稷之屬不如法者，處五等罰。一事缺少者，處八等罰。一座全缺者，處十等罰。○若奉大祀在滌之犧牲，主司犧牲所官餧養不如法，致有瘦損者，一牲，處四等罰，每一牲加一等，罪止八等罰。因而至死者，加一等。○中祀有犯者，罪同。餘條准此。

按：此仍明律，順治初年添入小註，現改杖為罰。原律首句無“天地社稷”四字，緣明律註：大祀專指天地也。又，原律二節“不宿淨室”下有“半俸錢半月”一句，雍正三年刪去此句，而於律首增入“天地社稷”四字。蓋言祭享大典不可不極其誠敬也。唐律《職制門》：諸大祀不豫申期及不頒所司者杖六十，以故廢事者徒二年。《疏議》曰：依令：大祀，謂天地、宗廟、神州等為大祀，或車駕自行，或三公行事。二十日以前，所司豫申祠部，祠部頒告諸司。又律：牲牢玉帛之屬不如法杖七十，闕數者杖一百，全闕者徒一年。即入散齋不宿正寢者，一宿笞五十。致齋不宿本司，一宿杖九十，一宿各加一等。中小祀遞減二等。《疏議》曰：依令：大祀散齋四日，致齋三日，晝理事如故，夜宿於家正寢。致齋者，兩宿宿本司，一宿宿祀所。中小祀，謂社稷、日月、星辰、岳鎮、海瀆、帝社等為中祀；司中、司命、風師、雨師、諸星、山林、川澤之屬為小祀。凡言祀者，祭享同。依令：在天稱祀，在地為祭，宗廟名享。又律：諸大祀在散齋而弔喪、問疾、判署刑殺及決罰者，笞五十，奏聞者杖六十，致齋者各加一等，中小祀各遞減二等。諸廟享知有緦麻以上喪，遣充執事者笞五十，陪從者笞三十，主司不知勿論。有喪不自言者，罪亦如之。其祭天地社稷則不禁。又，《廄庫門》：諸供大祀犧牲養飼不如法致有損瘦者，一杖六十，一加一等，罪止杖一百，以故致死者加一等云云。明律一本於此，惟罪名較唐律均輕，唐律擬徒者明均減杖，唐律擬杖六十者，明均減為罰俸一月；唐律止有“緦麻服喪不准遣充執事”，明律又添“曾經杖罪”一項，且唐律惟廟享禁其遣充，天地社稷則不禁，明律無論大祀、廟享一概全禁；又，唐律中小祀遞減二等，明律中祀有犯罪同，則各有不同也。前二節言禮義之違怠者，如弔死、問疾、刑殺，則身親兇穢，筵宴則心志散逸，皆非所以通神明也。散齋不宿淨室，致齋不宿本司，均如不敬。四節、五節言品物之損缺者，未宰曰“犧”，已宰曰“牲”，牲牢如天地用犢各一，日月用牛各二，二十八宿、五緯星辰用牛一羊一豕一之類；玉如蒼璧禮天，黃琮禮地之類；帛如正配位用蒼，日用紅，月、星辰、大歲皆用白之類。不如法，謂宰割失序，烹調失節，陳設失序之類。末節“餘條准此”之註，謂別條內有犯大祀之罪者，則中祀罪同，如下條毀大祀邱壇應流，則毀中祀壇場其罪亦同也。現在孔子亦陞為大祀，則大祀不僅天地、社稷、宗廟已也。

**條例**

一、凡郊祀，齋戒前二日，太常寺官宿於本司，次日具本奏聞。致齋三日，次日進銅人，傳制諭文武官齋戒，不飲酒，不食葱韮薤蒜，不問病，不弔喪，不聽樂，不理刑，不與妻妾同處。定齋戒日期，文武百官先沐浴更齋三日惟不誓戒。

一、大祀前三月以犧牲付犧牲所滌治如法，中祀前三十日滌之，小祀前十日滌之。大祀祭天地、太社、太稷也。廟享祭太廟、山陵也。中祀如朝日、夕月、風雲、雷雨、嶽鎮、海瀆及歷代帝王、先師、先農、旗纛等神。小祀謂凡載在祀典諸神。惟帝王陵寢及孔子廟則傳制特遣。

以上二例係前明《會典》，本朝因之，上年修例以其無關罪名均行刪除。然齋戒大事祭典攸關，此等例文實為一朝大法，不可不知，故仍錄之，以備考究。

## 毀大祀邱壇

凡大祀邱壇而毀損者，不論故、誤。流二千里。壝門，減二等。徒二年半。〇若棄毀大祀神御兼太廟之物者，徒三年。雖輕必坐。遺失及誤毀者，各減三等。徒一年半。如價值重者，以棄毀官物科。

按：此仍明律，順治初年添入小註，蓋言致謹祭祀之典於平時也。唐《雜律》：諸棄毀大祀神御之物，若御寶、乘輿、服御物及非服而御者，各以盜論；亡失及誤毀者，准盜論減二等；諸大祀邱壇將行事有守衛而毀者，流二千里，非行事日，徒一年，壝門減二等云云。明律本此，而不分行事與不行事、故毀與誤毀，概擬流罪，較為嚴厲。其毀神御之物，不計贓多少概擬滿徒，與唐律以盜論者不同，其誤毀者減三等，亦與准盜論減二等者不同，並刪去“乘輿、服御物”二句。上節不言誤者，地既尊嚴，雖誤亦坐，即“君父之前不敢言‘誤’”之說；下節不計贓者，禮重神器，非可以“贓”論也。大祀天地有圜邱、方邱，即天壇、地壇也，社稷則同壇、同壝，即《周書》"三壇同壝"之義。壝門者，壇門之垣，有門以通出入者也。大壞曰"毀"，小壞曰"損"。神御之物，如牀几、帳幔、祭器之類。邱壇有門，故分別故毀、誤毀以定罪之輕重，社稷壇與天地壇同，中祀有犯亦同，如日月、星辰、岳鎮、海瀆、山川諸神二十四壇，皆中祀也。律外有例，可與律合參。

條例

一、天地等壇內有縱放牲畜作踐，或放鷹打鎗，成羣飲酒遊戲，及私種耤田外餘地，並奪取耤田禾把者，俱照違制律治罪，畜物入官。

## 致祭祀典神祇

凡各府、州、縣。社稷、山川、風雲雷雨等神，及境內先代聖帝、明王、忠臣、烈士，載在祀典，應合致祭神祇，所在有司，置立牌面，開寫神號、祭祀日期，於潔淨處常川懸掛，依時致祭。至期失誤祭祀者，所司官吏處十等罰。其不當奉祀之神，非祀典所載。而致祭者，處八等罰。

按：此仍明律，順治初年添入小註，現改杖為罰，蓋言在外有司之祭祀宜謹也。唐律無文。《箋釋》云：此在外府、州、縣所祭者，與上所云中祀者不同，載《祀典》是朝廷歲祭有定額者，不當奉祀之神，凡《祀典》所不載者皆是，不必專指淫祠。應食祭者，依時舉祭，所以報功德而勸忠義也。失誤不祭是曰"慢神"，禮所不當祭者而祭是曰"不經"。一懲其慢，一惡其瀆也。又，《會典》載：每歲祭期：社稷用仲春、仲秋上戊日；風雲雷雨、山川城隍之神用春秋仲月上旬吉日；先師孔子用春秋仲月上丁日；旗纛春用驚蟄、秋用霜降；厲祭春用清明、秋用七月十五日、冬用十月初一日；歷代帝王、忠臣烈士春秋各擇日致祭。又：凡省城壇廟丁祭戊祭，督撫主祭，布政司以下陪祀；道員駐劄之府州縣，道台主祭，府州縣等陪祀；武職均陪祀。又，丁祭遇忌辰，改期致祭，社稷等壇如遇忌辰，仍穿禮服作樂，祭畢仍易素服云云。可與此律合參。

## 歷代帝王陵寢

凡歷代帝王陵寢，及先聖、先賢、忠臣、烈士墳墓，所在有司，當加護守。不許於上樵採耕種，及牧放牛羊等畜。違者，處八等罰。

按：此仍明律，順治初年添入小註，現改杖為罰，原律"忠臣、烈士"在"先聖、先賢"之前，雍正三年改易，蓋護守歷代陵墓以昭忠厚也。《戰國策》曰：有敢去柳下季壟五十步而樵採者，死無赦云云。此律即其遺意。山陵寢廟，謂之“陵寢”，帝王葬處也。土高曰“墳”，封植曰“墓”。歷代帝王嘗臨制天下，聖賢忠烈足以師世範俗，其人雖係先代，而陵寢墳墓乃其體魄所藏，若聽令樵採作踐，則失國家尊崇褒表之意，故治以不應重罪，與盜園陵樹木條參看。又，《禮部則例》：凡聖賢祀廟列在祀典者，設立奉祀生，於嫡裔內擇其立品自愛、並無刑喪過犯者，取結咨部給與印照，有事故缺出，將原照繳銷另選云云。均係尊崇先聖先賢之意，亦可與此互參。

## 褻瀆神明

凡私家告天拜斗，焚燒夜香，燃點天燈、告天。七燈，拜斗。褻瀆神明者，處八等罰。婦女有犯，罪坐家長。若僧道修齋設醮，及祈禳火災而拜奏青詞表文者，同罪，還俗。重在拜奏，若止修齋祈禳，而不拜奏青詞表文者，不禁。○若有官及軍民之家，縱令妻女於寺觀神廟燒香者，處四等罰，罪坐夫男。無夫男者，罪坐本婦。其寺觀神廟住持，及守門之人，不為禁止者，與同罪。

按：此仍明律，順治初年添入小註，現改笞杖為罰金。新律將“祈禳火災”四字移於“修齋設醮”之下，蓋禁非禮之祀、非禮之行以端風化也。天燈，是星辰天象之燈，非懸竿所照者。七燈，或謂布列日月五星之象，或謂北斗七星之燈。僧曰修齋，道曰設醮。青詞，用青紙書黃字，表文，用黃紙，皆以達於上帝之神者。蓋告天拜斗，焚香點燈，皆敬禮天神之事，祀典各有其分，私家所得祭者，祖先之外，惟里社五祀，若上及天神，則為僭越褻瀆，故擬罰罪。寺觀神廟乃僧道所居，婦女無故猶當別嫌，不出門外，若縱令入廟燒香，不第褻瀆神明，亦且有傷風化，故亦擬罰。

## 禁止師巫邪術

凡師巫假降邪神，書符呪水，扶鸞禱聖，假託名號，妄設教會，一應左道異端之術，或隱藏圖像，燒香集衆，夜聚曉散，佯修善事，煽惑人民者，絞監候，為從者，各流三千里。○若軍民裝扮神像，鳴鑼擊鼓，迎神賽會者，處十等罰。罪坐為首之人。○里長知而不首者，各處四等罰。其民間春秋義社，以行祈報者。不在此限。

按：此仍明律，順治初年添入小註，雍正五年改原律“左道亂正”為“左道異端”，現律已將“自號端公”至“白雲宗”等數句刪去，而於“隱藏圖像”句上添入“妄託名號”四字，又於“夜聚曉散”句下添入“及念荒誕不經呪語”、“傳徒惑衆”二句，並改笞杖為罰金。蓋言異端之宜禁以正人心也。唐律亦無文。師者，即合行法之人稱法師者；巫者，降神之人。端公太保，男巫之僞號；師婆，女巫之僞號。道本尚右，非正道，曰“左道”。“隱藏”五句，總承上文，蓋必有隱藏、集聚、煽惑等事，方坐絞罪。異端足以惑人，小民易於愚弄，邪術一倡，禍熾天下，古有明鑒，故治罪如此其嚴，所以防微杜漸也。至裝扮神像、迎神賽會，雖亦不正之事，然與上煽惑人民者不同，故止擬罰。若民間所建義社，而鄉人春祈、秋禳應當迎賽者，更與裝扮神像者不同，雖有鑼鼓及集衆，不在禁限，應與後“術士妄言禍福”及《賊盜律》“造妖書妖言”二條互參。律外又有條例，與律互相發明，當併參之。

**條例**

一、京外地方遇有興立邪教哄誘愚民事件，該地方官一有見聞，立赴搜訊，據實詳報。聽該管上司按核情罪輕重分別辦理。儻有諱匿輒自完結，別經發覺，除有化大為小，曲法輕縱別情，嚴叅懲治外，即案無出入，亦照諱竊例交部從重加等議處，該管上司徇庇不行糾叅一併議處。旁人出首者，於各犯名下併追銀二十兩充賞；如係應捕人拏獲者，追銀十兩充賞。

一、凡稱為善友求討布施至十人以上者，或稱燒煉丹藥出入內外官家，或擅入禁城夤緣作弊希求進用者，並軍民人等寺觀住持不問來歷，窩藏接引容留披薙冠簪至十人以上者，俱流二千五百里。若不及十人，容留潛住薦舉引用，及鄰甲知情不舉，並禁城各門守衛官軍不行關防搜拏者，各照違制律治罪。如事關重大臨時酌量辦理。至守業良民諷念佛經，茹素邀福，並無學習邪教捏造經呪、傳徒斂錢惑衆者，不得濫用此例。

一、姦匪之徒將各種避刑邪術私相傳習，為首教授之人，擬絞監候，為從學習之人，流三千里。代人作法架刑者，減本犯罪一等，得贓照枉法從重論。保甲鄰里知而容隱不首者，處四等罰。地方官不行查拏，照例議處。

## 禮制

前代止有“違制”之律而無“禮制”之律，唐律禮制之事散見於各條，未有專目，至明損益唐律始立此篇，國朝因之，而去“私習天文”之禁，並詳定“服舍違式”之例，共分二十章，詳見《禮部則例》，此門所載，皆關係罪名之大者耳。

## 合和御藥

凡合和御藥，誤不依對證本方，及封題錯誤，經手醫人，處十等罰；料理揀擇誤不精者，處六等罰。若造御膳誤犯食禁，廚子，處十等罰；若飲食之物不潔淨者，處八等罰；揀擇誤不精者，處六等罰。御藥、御膳。不品嘗者，處五等罰。監臨提調官，各減醫人、廚子罪二等。○若監臨提調官及廚子人等，誤將雜藥至造御膳處所者，處十等罰。所將雜藥，就令自喫。御膳所廚子人等有犯，監臨提調官知而不奏者，門官及守衛官失於搜檢者，與犯人同罪，并臨時奏聞區處。

按：此仍明律，順治初年添入小註，現又改笞杖為罰金，原律二節"就令自喫"句下無"廚子人等"、"監臨提調官知而不舉"二句，係雍正三年增修，蓋言進御之物不可不詳慎也。唐律：諸合和御藥，誤不如本方及封題誤者，醫絞；料理揀擇不精者，徒一年；未進御者各減一等，監當官司各減醫一等。若造御膳，誤犯食禁者，主食絞；若穢惡之物在食飲中，徒二年；揀擇不精及進御不時減二等；不品嘗者杖一百。諸監當官司及主食之人誤將雜藥至御膳所者，絞。諸外膳犯食禁者，供膳杖七十；若穢惡之物在食飲中及揀擇不淨者，笞五十；誤者各減二等。註：外膳，謂供百官云云。明律雖本於此而罪止滿杖，不但無唐律絞罪，即徒罪亦無，蓋輕減六七等矣。又無唐律"外膳"一節，並刪去"進御不時"一項，而增入"所雜藥就令自喫"及"臨時奏聞區處"數句，不但罪名大相懸殊，而詳略亦有不同也。進御之藥膳，分當慎重。本方，謂合用之方。封題錯誤，謂不明開藥名、品味、分兩，或雖開而有遺，皆是錯誤。料理，謂炮製熬洗也。揀擇，謂選取精美也。食禁，謂《食經》所忌，乾脯不得入黍米，豬鼈肉不得和姜莧之類，又如《本草》物性相反相忌，《周禮》內則所載不食之類。首節言醫人、廚子不詳慎與即令將所帶之藥自喫，所以防隱患也。不但監臨提調、廚子等均應十等罰，即失察之門官守衛均應同罪。以上各項必奏聞區處者，或依本律，或有別議，取自上裁。蓋所關者大，故必格外慎重也。

## 乘輿服御物

凡乘輿服御物，主守之人收藏修整不如法者，處六等罰。進御差失者，進所不當進。處四等罰。其車馬之屬不調習，駕馭之具不堅完者，處八等罰。○若主守之人，將乘輿服御物私自借用，或轉借與人，及借之者，各徒三年；若棄毀者，罪亦如之。平時怠玩不行看守。遺失及誤毀者，各減三等。○若御幸舟船誤不堅固者，工匠，處十等罰；若不整頓修飾，及在船篙棹之屬缺少者，處六等罰，並罪坐所由。經手造作之人，並主守之人。監臨提調官，各減工匠罪二等，並臨時奏聞區處。

按：此仍明律，順治初年添入小註，現改笞杖為罰金，蓋言御用之物不可玩怠也。唐律：諸乘輿服御物持護修整不如法者，杖八十；若進御乖失者，杖一百；其車馬之屬不調習，駕馭之具不完牢，徒二年；未進御，減三等；主司私借乘輿服御物，若借人及借之者，徒三年；非服而御之物，徒一年；在司服用者，各減一等。註云：非服而御，謂帷帳、几杖之屬。又律：御幸舟船，誤不牢固者，工匠，絞；若不整飾及闕少者，徒二年。應供奉之物缺乏者，徒一年；其雜供有缺，笞五十。又：指斥乘輿情理切害者，斬；非切害者，徒二年。註云：言議政事乖失干涉乘輿者，上請。又律：對捍制使而無人臣之禮者，絞；因私事鬬競者，非云云。明律雖本於此，而治罪均輕，惟“自借、借人擬徒三年”一項與唐律無異，並無唐律“指斥乘輿”及“對捍制使擬死”兩項，亦無“非服而御”及“供奉之物”兩層。至“御幸舟船”與上條“和藥不依本方”各項，均關十惡之大，而改絞為杖，與唐律大相懸殊。凡服御近用之物，各有主守之人，此條（為）［惟］⑥私用、借人、棄毀為有心故犯，其餘皆出於無心過誤，故罪止於杖。臣子於君父義當敬謹，不得言誤，至誤則臣之罪也。原其誤而輕其法，則君之仁也。然御藥、車船皆關係聖躬至重，因其誤而徑自輕典，究非臣下所可擅問，故此二條皆云“奏聞區處”，蓋有深意存焉，須善會之。

## 收藏禁書

凡私家收藏圖讖圖象讖緯之書，推治亂。應禁之書，及繪畫歷代帝王圖象、金玉符璽等物不首官者，處十等罰。並於犯人名下追銀一十兩，給付告人充賞。圖讖等項，並追入官。

按：此仍明律，順治初年添入小註，原律有“私習天文”一層，雍正三年刪去，現又刪改，蓋防惑世誣民之漸也。現修之律以學堂設有天文專科，其天象器物藉以研究學問，在所不禁。又將“天象器物”並小註均刪去，並改杖為罰。唐律：諸元象器物、天文圖書、讖書、兵書、七曜歷、太乙、雷公式，私家不得有，違者徒三年；私習天文者亦同。其緯、候及論語讖，不在禁限云云。明律雖本於此而罪名較輕，款目亦有不同，亦無“緯、候及論語讖，不在禁限”之語。圖讖之書如《推背圖》、《透天經》之類，所以推測治亂者，最易惑衆。“符”、“璽”是二項：符如虎符、麟符之類，以金、銀、銅、竹為之，中分其半，以給掌管兵權之人，有所調撥，使者執其半合之以為信也；璽則天子之寶，或金或玉為之，歷代所遺，非玩好之比，故私藏均有罪名。又，乾隆年間舊例：書坊刊刻刪節經書，版片概令銷燬，若隱匿不交及續刻者以違制論云云。與律互相發明。此律與《賊盜律》“市賣淫詞小說”及“私刻訟師秘本”各條均係應禁之書，須合參之。

## 御賜衣物

凡御賜百官衣物，使臣不行親送，轉付他人給與者，處十等罰，罷職不敘。

按：此仍明律，現改杖為罰，蓋言君賜宜慎重也。《輯註》：衣物，如衣服金幣之類。君上獎善褒功，賜以衣服，乃優待臣下之典，使臣奉命不行親自齎送，是謂惰棄違慢君命，故罷其職以警之。

## 失誤朝賀

凡朝賀及迎接詔書，所司不豫先告示者，處四等罰。其已承告示而失誤者，罪亦如之。

按：此仍明律，現改笞為罰，蓋言朝廷之禮宜致謹也。唐律：諸祭祀及有事於園陵，若朝會侍衛應集，而主司不告及告而不至者，各笞五十云云。明律本此，而改笞五十為笞四十。此條與下條“失禮”，唐律本係一事，明分為二條，朝會慶賀、迎詔，皆禮之大者，所司在京則禮部，在外則布政司、府、州、縣，若不豫先告示，及已示而失誤，或到遲不及行禮，或疏忽不及報名，厥罪惟均。詳見《吏部則例》。

## 失禮

凡陪助祭祀，及謁拜園陵，若朝會，行禮差錯及失禮者，罰俸一月。其糾禮官應糾舉而不糾者，罪同。

按：此仍明律，順治初年添入小註，原律係“罰俸錢半月”，雍正三年改為“罰俸一月”，蓋言大禮而儆不敬也。唐律：諸祭祀及有事於園陵，若朝會，侍衛行事失錯及違失儀式者，笞四十。註：謂言詞喧囂、坐立怠慢乖衆者，乃坐云云。明律本此，而改笞四十為罰俸半月，又添“糾禮官不糾”一層。考之《周禮·朝士》，有“禁慢朝錯立族談者”之法，此即其遺意。陪祭、謁陵、朝會三事，行禮各有細節，詳載《會典》，朝臣所當習練，若不諳規式而行禮錯差及失度，是謂不敬。行禮錯差，如拜伏、登降之類；失度，如落冠、開帶、跌仆、亂班、唾咦、偶語之類；糾禮官指監察御史、禮部司官，應糾不糾，是縱私也，故均罰俸以儆之。律外有例，較律更為周到，當併參之。

**條例**

一、凡壇廟祭祀及聖駕出入並陞殿之日，派委司官及步軍校嚴加巡察，有廝役肆行喊叫，將聚集官員衝突擁擠者，處十等罰，其主處五等罰。尋常朝會日，犯者處六等罰，其主處三等罰。係官俱交該部議處。若在內執事人並大臣侍衛跟役犯者，交與該管大臣衙門治罪。

## 奏對失序

凡在朝侍從官員，特承顧問，官高者先行回奏，卑者以次進對。若先後失序者，各罰俸一月。

按：此仍明律，雍正三年改罰俸“半月”為“一月”，蓋明對揚之體以肅朝禮也。專言在朝侍從之官承問回奏之例，與上書陳言不同。侍從官員如軍機大臣、翰館諫垣之類。特承顧問，是當時所問者官多，故奏對以高卑為先後，若專問一人，雖最卑者，亦當進對，不在失禮之限。

## 上書陳言

凡國家政令得失，軍民利病，一切興利除害之事，並從各部院官奏聞區處，及給事中、各道、督撫各陳所見，直言無隱。○若內外大小官員，但有本衙門不便事件，許令明白條陳，合奏事之。本管官實封進呈，取自上裁。若知而不言，苟延歲月者，在內從給事中、各道，在外從督撫糾察。犯者，以事應奏不奏論。○其陳言事理，並要直言簡易，每事各開前件，不許虛飾繁文。○若縱横之徒，假以上書巧言令色，希求進用者，處十等罰。

按：此仍明律，順治初年添入小註，原律首節“科道督撫”係“監察御史、提刑按察司”，二節“條陳”下無“合題奏之本管官”一句，第三節有“百工技藝之人應有可言之事，亦許直至御前奏聞，其言可用，即付所司施行，各衙門但有阻當，鞫問明白，斬監候”數語。雍正三年以按察無陳言直糾之責，其應糾責者不獨御史，因改為“科道督撫”。又以內外官員職應上陳者方許上陳，並無大小官員俱許其上陳之例，至百工技藝分屬微賤，更不得直至御前，因逐節删改。現又删改，又去末後一節。蓋係開言路以通民隱，並嚴欺罔以杜倖進也。唐律：諸稱律令式不便於事者，皆須申尚書省議定奏聞。若不申議輒奏改行者，徒二年，即詣闕上表者，不坐云云。蓋祇言不申議而輒奏改行之罪徒二年。明律添“阻當者斬”，與上條“不即引見者”同一過甚之令，國朝刪去斬罪，並改“借用印信，斬罪”為“雜犯，徒五年”，較為平恕。前二節欲人進言，即古者“闢四門”、“防壅蔽”之意；後三節戒人妄言，即古者“遠佞人”、“禁詐冒”之意。律外有例，與律可以合參。

**條例**

一、內外大小衙門官員但有不公不法等事，在內從臺省，在外從督撫糾舉。須要明著年月，指陳實跡，明白具奏。若係機密重事，實封御前開拆，並不許虛文泛言。若挾私搜求細事，及糾言不實者，抵罪。

## 見任官輒自立碑

凡見任官實無政蹟，於所部內，輒自立碑建祠，并他人迎合，故為建立者，均處十等罰。若遣人妄稱己善，申請於上而為之立碑建祠。者，處八等罰。受遣之人，各減一等。碑祠拆毀。

按：此仍明律，順治初年添入小註，現又添入“他人迎合求為建立”一層，並改杖為罰，蓋禁虛名以勵實政也。唐律：諸在官長吏實無政蹟，輒立碑者，徒一年；若遣人妄稱己善，申請於上者，杖一百；有贓重者，坐贓論；受遣者，各減一等。註云：雖有政蹟而自遣者，亦同云云。明律同於唐律，惟罪名較輕。立碑以紀功，建祠以報德，皆在任時實有善政，去任後民不能忘，思慕愛戴之所為，非見任官可以粉飾而冒為之者也。即實有善政，分所當然，亦不得自行建祠立碑。律文曰“實無”、曰“妄稱”，則皆假捏之虛事，曰“輒自”、曰“遣人”，則非百姓之本懷。但自建立者全無顧忌，而遣人申請建立者尚不敢公然為之，故罪稍輕。若受遣而申請，不過阿順扶同而已，故更減一等。應與《職制》“上言大臣德政”門“百姓保留”及《雜犯》“囑託公事”門“賄囑百姓保留”各條參看。又，乾隆年間舊例：凡萬民繖、脫靴、德政碑一概飭禁，年終彙奏，均是禁革諂諛之意。

## 禁止迎送

凡上司官及奉朝命使客經過，而所在各衙門官吏出郭迎送者，處九等罰。其容令迎送不舉問者，罪亦如之。

按：此仍明律，順治初年添入小註，原律“經過”下有“監察御史、按察司官出巡按治”數句，雍正三年删去，現又改杖為罰，蓋正官方而禁趨奉也。凡本管統攝者，皆為上司，雖奉使命，止是經過，故曰“使客”。迎送之禮，原不可廢，若至出境，則失之諂，容令不舉，則失之驕，故均治以罪。律外有例，均與律互相發明，有切宦場實用，故全錄之，以備研究。

**條例**

一、上司入城，凡文武屬員止許出城三里迎送；如不入城，在境内經過處所迎送。儻迎送必至交界，或因事營求，或乘便賄賂，將屬員革職拏問。如止出界迎送，無營求賄賂等情，照擅離職役律議處。若上司有必欲迎送，致屬員畏其威勢至交界迎送者，儻有勒索情弊，將上司革職提問。如止令迎送，無勒索情弊，照例議處，地方官俱免議。

一、凡提鎮赴任，所屬將弁於是日迎接，除跟役外，其司事兵丁不得過十名，出城不得過五里。其副參遊擊等官赴任，本標員弁於是日迎接，除跟役外，司事兵丁不得過五名，出城不得過三里。從境内經過者，止許在本營汛地經過處所迎送。如屬員多帶兵丁越境遠迎，及上司容令遠迎并不行揭報者，俱交部照律議處。

一、凡新官到任，舊任官於書役内酌撥數人在交界處所等候，呈送須知冊籍，其餘書役概令隨印交代。併將頭接、二接、三接陋習嚴行禁止。如有約結多人執批遠迎者，照律治罪。

一、屬員與上司親戚子姪有乘便夤緣因事賄囑者，按律分别革職治罪。上司之子姪親戚有官職者，經過屬員境内拜候往來，屬員供應餽送，均照不應重律降三級調用，無官職者照不應重律處八等罰。該上司自行查出糸處者免議；漫無覺察者，照約束不嚴例降一級調用；知而不舉，照徇庇例降三級調用；如有夤緣賄囑等事通同徇縱者，一併分别革職治罪。

## 公差人員欺陵長官

凡公差人員在外不循禮法，言語傲慢。欺陵地方文武各官者，處六等罰。

按：此仍明律，順治初年添入小註，雍正三年删改，現又删去“校尉官有犯”以下數句，而改“守禦官、知府、知州、知縣”等項統曰“地方官”，並改杖為罰，蓋别貴賤而重名分也。唐律無文。公差人員統指京師差出者言，故曰“在外”。欺陵者，謂其倚恃差使之勢，言語不遜，禮貌不恭，傲慢無狀，非謂犯法也。若至毆打有司，自有公使毆打之條。本文不曰“官員”而曰“人員”，如歷事、監生、辦事官、吏典、承差等皆是。與《鬬毆律》“奉差員役逼索印官致死”、《郵驛律》“官員縱役毆罵驛官”等條合參。律外有例，亦可與律互相參考。

**條例**

一、公堂乃民人瞻仰之所，如家丁皂隸人等入正門，馳當道，坐公座者，徒一年半，吏員承差人等加一等。若各部都察院在京各衙門人役接奉批差，敢有似前越禮犯分者，許所在官長奏條照例治罪。

## 服舍違式

凡官民房舍、車服、器物之類，各有等第。若違式僭用，有官者，處十等罰，罷職不敘；無官者，處五等罰，罪坐家長。工匠并處五等罰。違式之（屋）［物］[⑦]，責令改正，工匠自首免罪，不給賞。○若僭用違禁龍鳳紋者，官民各徒三年。未用者，處三等罰。工匠，處十等罰。違禁之物并入官。○首告者，官給賞五十兩。○若工匠能自首者，免罪，一體給賞。

按：此仍明律，順治初年添入小註，原律“工匠杖一百”下有“連當房家小起發赴京籍充局匠”十三字，雍正三年刪去。蓋辯等威而禁僭越也。現律刪去“徒三年”下“官罷職”小註，而添入“未用者處三等罰”一語，並改杖為罰金。唐律：諸營造舍宅、車服、器物及墳營、石獸之［屬，於］[⑧]令有違者，杖一百。雖會赦皆令改去之，墳則不改，其物可賣者聽賣。若經赦後百日不改去及不賣者，論如律云云。明律本此，而無“墳營石獸”一項，見於條例。其二節“僭用違禁龍鳳紋”及“首告給賞”並“自首免罪”各節，則為唐律所無。唐律有“可賣則賣，赦後不改不賣論如律”之語，明律亦無此法。此律官科罪重而民輕，與別律不同者，有官者應知禮法，故違式之罪倍重於無官，且法行必自貴始也。首節言違式，次節言違禁，三、四節止承違禁而言。“式”謂制度，違式如庶民僭品官，卑官僭尊官之類。違式雖為僭用，猶是官民應用之物，不過尊卑貴賤不合，故其罪輕，但令改正，物不入官。違禁之物，則非官民所應用，違禁擅用，則僭擬天子，故其罪重，物並入官也。式有等第，故違式之罪官民異科；禁無分別，故違禁之罪官民同論。原有條例，頗為詳細，先言帽頂、束帶、補服，次及房舍、衣服、帳幔、傘蓋、鞍轡、器皿、墳營、石獸，軍民僧道服飾、器用，平時之煖帽、涼帽、雨帽、雨衣，以及婦人首飾，均有一定顏色、尺寸、大小、分兩，無不纖細畢具。此次修律，以服舍之制已散見《會典》、《禮部則例》等書，本律既撮舉大綱，已資賅備，將舊例十四條一併刪除。

## 僧道拜父母

凡僧、尼、道士、女冠，并令拜父母，祭祀祖先。本宗親屬在內。喪服等第，謂斬衰、期、功、緦麻之類。皆與常人同。違者，處十等罰，還俗。○若僧道衣服，止許用紬絹、布疋，不得用紵絲、綾羅。違者，處五等罰，還俗，衣服入官。其袈裟、道服不在禁限。

按：此仍明律，順治初年添入小註，現改杖為罰，蓋言僧道不得滅倫理、尚華侈也。僧道雖已出家，仍當歸拜父母，崇拜父母，歸祀祖先，而喪服亦當與常人無異，不得以異教廢禮。若違此三者，則是崇尚虛無幻渺而棄親滅倫，則人道廢矣，故設此禁以罪之。至衣服不得崇尚華美，亦以其賤流而禁之，然究較棄親為輕，故照上減五等科之。韓子《原道》云：棄爾君臣，去爾父子，以求清淨寂滅。可見此輩逍遙方外，自外名教，大為人心風俗害。此律之設，正與昌黎闢佛之意千古同揆。

## 失占天象

凡天文、如日月、五緯、二十八宿之屬。垂象，如日重輪，及日月珥蝕，景星彗孛之類。欽天監官失於占候奏聞者，處六等罰。

按：此仍明律，順治初年添入小註，現改杖為罰，蓋重天象而儆曠職也。此專為欽天監而設，與“詐為瑞應”條參看。律外舊有條例：凡占候天象，欽天監觀星台令天文生分班晝夜觀望，或有變異，開具揭帖呈堂，當奏聞者，隨即具奏云云。與律相輔而行。天文如五緯、二十八宿之屬，垂象如日重輪、雲五色及旄頭彗孛、日月珥蝕之類。天文垂象以示祥異，遇異奏聞以知恐懼修省，遇祥奏聞則知益勉修德，關於朝廷者匪淺。然現在半成具文，奏者少而不奏者多，奏變異者少而奏祥瑞者多矣。伏讀嘉慶四年上諭：人君侈語嘉祥，易起滿盈之漸，不諱災害，始知修省之方。古稱麟鳳來游，或出於附會，未可盡信，而上蒼垂戒，象緯昭然，實為天下感應之機。去年衆星交流如織，正當修德以弭災眚，而欽天監於此等星異並未奏聞，豈非棄厥司乎？嗣後占星觀象，應當據實直陳云云。大哉王言！足垂範百世矣。

## 術士妄言禍福

凡陰陽術士，不許於大小文武官員之家妄言國家禍福。違者，處十等罰。其依經推算星命，卜課，不在禁限。

按：此仍明律，順治初年添入小註，現改杖為罰，蓋杜術士妄言之漸也。陰陽術數之士，其言禍福休咎之理多涉妄誕，聞者即起趨避之念。古來朝臣為術士所累害者多矣，以昭明之孝、武帝之慈，一染嫌疑，身以憂死，禍及後嗣，不可辨白。故著此律以禁絕之，亦防微杜漸之意也。若星命卜課，雖亦豫言休咎，惟無關乎國家，故不在禁限。與“造妖書妖言”條參看。

## 匿父母夫喪

凡聞父母若嫡孫承重，與父母同。及夫之喪，匿不舉哀者，徒一年。若喪制未終，釋服從吉，忘哀作樂，及參預筵宴者，處八等罰。若聞期親尊長喪，匿不舉哀者，亦處八等罰。若喪制未終，釋服從吉者，處六等罰。〇若官吏父母死，應丁憂，詐稱祖父母、伯叔、姑、兄姊之喪，不丁憂者，處十等罰，罷職役不敘。若父母見在。無喪詐稱有喪，或父母已殞，舊喪詐稱新喪者，與不丁憂罪同。有規避者，從其重者論。〇若喪制未終，冒哀從仕者，處八等罰。亦罷職。〇其當該官司知而聽行，各與同罪。不知者，不坐。〇其仕宦遠方丁憂者，以聞喪月日為始。奪情起復者，不拘此律。

按：此仍明律，順治初年添入小註，現改杖為罰，蓋嚴喪禮以篤天倫也。唐律：諸聞父母，若夫之喪匿不舉哀者，流三千里；喪制未終釋服從吉，若忘哀作樂，徒三年；雜戲徒一年；即遇樂而聽及參預吉慶者，各杖一百。聞期親尊長喪，匿不舉哀者，徒一年，喪制未終釋服從吉，杖一百。大功以下尊長各遞減二等，卑幼各減一等。《疏議》曰：嫡孫承祖，與父母同。其父卒母嫁及為祖後者，祖在為祖，若出妻之子，並居心喪之內，未合從吉。出降者，姑姊妹本服期，出嫁九月，若於九月內釋服從吉者，罪同期親尊長科之，其服數止准大功之月。餘親出降，准此。若有殤，降為七月之類，亦准所降之月為服數之限，罪依本服科之。其妻又非尊長，又非卑幼，在《禮》及《詩》比為兄弟，即是妻同於幼。又，《詐偽門》：父母死應解官，詐言餘喪不解者，徒二年半。若詐稱祖父母、父母及夫死以求假及有所避者，徒三年，伯叔父母、姑、兄姊，徒一年，餘親減一等。若先死詐稱始死及患者，各減三等云云。明律雖本於此，而首節“匿不舉哀”刪去“大功以下尊長及卑幼”一層，又無“雜戲”及“遇樂而聽”二語。次節“詐稱已死避罪”刪去“伯叔父母姑兄姊”及餘“親數”項，亦無“及患”一層。再，匿父母喪均係十惡不孝，唐律定為徒流，明均改輕數等，罪止徒一年，殊失古意。其三節、四節、五節唐律所無，則係明所增入也。夫父母與夫喪，聞之哀痛呼搶，固天性之不容已者，若隱匿不舉哀，則忍心害理，滅絕天性矣，即喪制未終而釋服徒吉，亦為越禮滅情。此節道指官用言之，若次節之詐稱終喪而不丁憂去位及捏喪去位，非但不孝於親，亦並不克於君，則專指官吏言，而民人可不論矣。至釋服從吉，與後冒哀從仕罷職，雖未至十等罰，然係行止有虧，當罷其職役。此節匿喪短喪，無論罪名輕重，均在遇赦不免之列。《輯註》：律言“子於父母”，則婦於舅姑亦在其內；律稱“祖者，高、曾同”，如匿高曾之喪應與期親尊長同論。又，別律外祖父母與期尊同論，此匿喪釋服則不與焉。律外有例，均當律例合參。又按：唐律期服之喪，均須奔赴守制，歷宋至於明初，並無改革。至洪武三十六年，吏部上言，以期年奔喪守制，或一人遭數喪，或道路數千里，則更易煩數，曠官廢事，於是始除期服守制之例，即本生父母降為期服，而亦免其丁憂，自願回籍治喪者聽之，並非令其回籍也。雖公事為重，然本生之親究與旁期大有區別，概不奔喪守制未免失當。國朝定為守制一年，雖較父母稍降，究較旁期為重，揆之天理人情，誠為允當。《讀例存疑》謂此例遠勝於前，洵定論也。

**條例**

一、官吏丁憂，除公罪不問外，其犯贓罪及係官錢糧，依例勾問。

一、凡官員出繼為人後者，於起文赴部選補之時，即將本生三代姓氏存歿一併開列，選補之後即行知照該省。如有出仕之後始行出繼歸宗者，即著該員取具本旗原籍印結詳報咨部，改正三代。儻有臨時先謀出繼歸宗，預為匿喪戀職地步者，一經發覺，將本官照匿喪例革職，不准原赦。扶同出結之旗籍各官，俱交該部照例議處。其扶同具結之鄰族，照不應重律治罪。

一、凡內外大小官員，遇父之生母病故，父已先故，又無父之同母伯叔及父同母伯父之子，准其回籍治喪。其本身出繼為人後者，遇本生父母之喪，令其回籍守制，除路程外，俱定限一年，限滿咨部赴補。其匿喪不報，及無喪詐稱有喪、舊喪詐稱新喪規避者，革職。若舉貢生員，遇生祖母並本生父母之喪，例應治喪及守制者，期年內俱不許應試。有隱匿不報，朦混干進者，事發照匿喪例治罪。

## 棄親之任

凡祖父母、父母，年八十以上，及篤疾，別無以次侍丁，而棄親之任，及妄稱祖父母、父母老疾，求歸入侍者，並處八等罰。若祖父母、父母及夫犯死罪，見被囚禁，而筵宴作樂者，罪亦如之。筵宴不必本家，併他家在內。

按：此仍明律，順治初年添入小註，現又刪易，蓋全孝作忠之意也。唐律：諸府號、官稱犯祖父名，而冒榮居之；祖父母、父母老疾無侍，委親之官；即妄增年狀，以求入侍及冒哀求仕者：徒一年。註云：謂父母喪，禫制未除及在心喪內者。又律：若祖父母、父母及夫犯死罪被囚禁而作樂者，徒一年半云云。明律刪去“官府犯名冒榮居之”一層，又移“哀求仕”一項入於上條，而罪亦較唐律為輕。總之，明律於侵貪等事較唐律為重，而此等不孝之事則較唐律為輕，此亦可觀世變矣。親老疾而棄親之任，是謂棄親不仁；詐稱老疾而求歸，是謂後君不義。不仁者，以親為路人，而有違親之惡；不義者，以親為詐本，而背致身之理。至於親在囹圄，而無怨痛之念，忍於好筵張席以為樂，是不憂其親之憂，而視親如路人矣。三者治罪惟均，律以八十以上為斷。舊例有官員父母七十以上家無次丁，或有兄弟而篤疾不能侍養，及母老雖有兄弟而同父異母，其父母八十以上，雖家有次丁，或出仕後兄弟忽遭事故無人侍奉，或繼父母已故，其本生父母老病願情終養者，俱准回籍終養云云。更為曲體人情。此例雖刪，亦當並參之。又，部議：凡兄弟同時出仕，父母現在兄弟任所者，及父雖年老而現在服官者，不准勒令終養，有願終養者，仍聽其便。承重嫡長孫如無應侍之叔，一體終養。又例：應終養之員並未迎養在署者，勒令終養，即迎養在署者，亦停其陞用，或止准保陞近省。旗人不准終養，其親老情願回京者，奏明酌用京職。又：教職各官毋庸飭令終養，其願終養者，聽云云。雖非定例，亦可取以參考。

## 喪葬職官庶民，三月而葬。

凡有尊卑喪之家，必須依禮定限安葬。若惑於風水，及託故停柩在家，經年暴露不葬者，處八等罰。若棄毀死屍，又有本律。其從尊長遺言，將屍燒化，及棄置水中者，處十等罰；從卑幼，並減二等。若亡歿遠方，尊長卑幼不能歸葬而燒化者，聽從其便。○其居喪之家，修齋設醮，若男女混雜，所重在此。飲酒食肉者，家長處八等罰。僧道同罪，還俗。

按：此仍明律，順治初年添入小註，現又刪改，蓋定喪葬之禮以正風俗也。人死以葬為安，故謂之“藏”，不藏者為暴露。惑於風水，託故不葬，將尊長已朽之骨博兒孫未來之福，是信禍福而棄親也。從尊長遺言而燒化，是遵亂命也；從卑幼遺言而燒化，是聽其非理之言不由正理也。沒遠方而化屍攜骨，此事出從權，可以聽從其便也。至於有喪而男女混雜、飲酒食肉，在家長則縱容違禮，在僧禮則不守戒律，不但非居喪之禮，且啟淫亂之端，故均治以罪，而燒化者較為加重耳。律外有例，均與律文相輔而行，可以合參。

**條例**

一、旗民喪葬不許火化，除遠鄉貧人不能扶柩歸里，不得已攜骨歸葬者，姑聽不禁外，其餘有犯，照違制律治罪。佐領及族長隱匿不報，照不應輕律科斷。

一、民間喪葬之事，凡有聚集演戲，及扮演雜劇等類，或用絲竹管絃演唱佛戲者，該地方官嚴行禁止，違者照違制律治罪。

## 鄉飲酒禮

凡鄉黨叙齒，及鄉飲酒禮，已有定式。違者，處五等罰。鄉黨叙齒，自平時行坐而言。鄉飲酒禮，自會飲禮節而言。

按：此仍明律，順治三年添入小註，現改笞為罰，蓋重敬老之典以教讓也。唐律無文。鄉飲酒禮，有司與學官率士大夫之老者，行之學校，載在職掌，已有定式。《集註》云：直省府州縣每歲正月十五、十月初一日，於儒學行鄉飲酒禮，訪紳士中年高德劭者一人為大賓，士人中舉一人為介賓，耆庶中舉數人為衆賓，不得其人，甯缺毋濫，所以尊高年、表德行，為一邑之矜式。舉行之先，由學移縣，由縣詳府，轉請咨部，誠鉅典也。今則久不行矣。律外有例，均係以禮化民之意，今已視為具文，地方官惟知以法令從事矣。

**條例**

一、鄉黨叙齒，士農工商人等平居相見。及歲時宴會揖拜之禮，幼者先施坐次之列，長者居上。如佃戶見田主，不論齒叙並行以少事長之禮。若親屬不拘主佃，止行親屬禮。

一、鄉飲坐叙，高年有德者居於上，高年純篤者並之，以次序齒而列。其有曾違條犯法之人列於外坐，不許紊越正席，違者照違制論。主席者若不分別，致使良莠溷淆，或察知，或坐中人發覺，依律科罪。

---

**校勘記**

① 根據文意，此處“此”當作“作”。

② 原文缺“非”字，語意不通，據上下文意補。

③ “轉”當作“専”，據《唐律疏議》改。

④ “守”當作“首”，據《唐律疏議》改。
⑤ “令”當作“今”，據《大清律輯注》改。
⑥ 根據文意，此處“為”當作“惟”。
⑦ “屋”當作“物”，據《大清現行刑律》改。
⑧ 原文缺“屬，於”二字，語意不通，據《唐律疏議》補。

# 大清現行刑律講義卷四

## 宮衛

自漢及魏，未有“宮衛”之名，晉賈充等酌漢魏之律，隨事增損，創制此篇，名為《宮衛律》。宋及北周相延不改者，各以“關禁”附之，名為《禁衛律》。衛者，言警衛之法，禁者，以關禁為名。至明分列《宮衛》、《關禁》二門。宮衛者，設兵守衛宮禁也，統凡十七章，國朝刪去《懸帶關防牌面》一章，共分十六章，現修新律，又刪《內府工作人匠暫役》一章，止存十五章爾。

### 太廟門擅入

凡無故擅入太廟門及山陵兆域門者，處十等罰。太社門，處九等罰。但至門未過門限者，各減一等。守衛官故縱者，各與犯人同罪。失覺察者，減三等。

按：此仍明律，順治初年添入小註，現改杖為罰，蓋言天子尊祖敬神之地不可褻慢也。唐律：諸闌太廟門及山陵兆域門者，徒二年。註云：“闌”謂不應入而入者。《疏議》曰：入太廟室即條無罪名，依廟減宮一等之例減御在所一等，流三千里。又律：越垣者，徒三年，太社各減一等，守衛不覺減二等，主帥又減一等，故縱者各與同罪。本條無犯廟社及禁苑罪名者，廟減宮一等，社減廟一等，禁苑與社同云云。明律本此，而擬罪均較唐律減輕二等，亦無唐律“越垣”及“入太廟室”二項，總註：太廟門指欞星門，兆域門指外垣門也。《名例》：擅入皇城宮殿門，罪無首從，故此律及下條俱不言首從也。宗廟之制，左昭右穆，太祖居中，故曰“太廟”。山陵者，天子之墓，謂其高大如山如陵也。兆即山陵之地，周圍於兆曰“塋”。域者，塋之界也。太社，天子之社也，在太廟右，即社稷壇。天子為百神之主，故左宗廟而右社廟。太廟、山陵皆尊嚴禁地，太社次（子）[之] ①，設有守衛，無故不得入內，若擅入者，分別越過門限及未越門限治罪，而守衛之人亦分別故縱與失覺治罪也。

## 宮殿門擅入

凡擅入紫禁城午門、東華、西華、神武門，及禁苑者，各處十等罰。擅入宮殿門，徒一年。擅入御膳所及御在所者，絞監候。未過門限者，各減一等。稱御者，太皇太后、皇太后、皇后並同。〇若無門籍，冒他人名籍而入者，兼已入未過。罪亦如之。〇其應入宮殿宿直之人，未著門籍而入，或當下直而輒入，及宿次未到雖應入，班次未到，越次而輒宿者，各處四等罰。〇若不係宿衛應直合帶兵仗之人，但持寸刃入宮殿門內者，絞監候。不言未入門限者，以須入門內乃坐。入紫禁城門內者，流三千里。〇門官及宿衛官軍故縱者，各與犯人同罪。至死減一等。失覺察者，官減三等，罪止十等罰；軍又減一等。並罪坐直日者。通指官與軍言，餘條准此。

按：此仍明律，順治初年添入小註，原係“皇城”，雍正三年改為“紫禁城”，現又刪改，蓋言至尊臨御之所，地以漸而加嚴也。唐律：闌入宮門徒二年。註云：宮城門亦同。又律：殿門，徒二年半，持仗者各加二等，入上閤內者，絞，若持仗及至御在所者，斬。註云：入上閤內，若有杖衞，同闌入殿門法。其宮內諸門，不立籍禁而得通內者，亦准此。若至御在所，係迷誤者，上請。又律：即應入上閤內，但仗不入而持寸刃入者，以闌入論，仗雖入，不應帶橫刀而帶入者，減二等。即闌入御膳所者，流三千里，入禁苑者，徒一年。諸闌入者，以踰閾為限，至閾未踰者，宮門杖八十，殿門以內遞加一等。諸於宮殿門無籍及冒承人名而入者，以闌入論，守衛不知冒名情，宮門杖八十，殿門以內遞加一等。因事得入宮殿而輒宿及容止者，各減闌入二等。應入宮殿未著門籍而入，雖有長籍但當下直而輒入者，各減闌入五等。即宿次未到而輒宿，及籍在東門而（而）從西門入者，又減二等。諸犯闌入宮殿，非御在所者，各減一等，無宮人處又減一等。註云：入上閤內，有宮人者，不減。又律：即雖非闌入，輒私共宮人言語，若親為通傳書信及衣物者，絞云云。明律本此，而擬罪較唐律均輕，惟“御膳所”一項，唐律擬流而明律改絞，則較唐律為重。至“御在所”一項，唐律擬斬而明律亦止於絞，仍較唐律為輕，且無唐律“上閤內”一層，又無唐律末後二節“分別有無宮人”及“與宮人言語”各罪，似不詳備。紫禁城宸居之地，理應尊嚴，“禁苑”或謂禁中之苑囿，或謂苑囿之有禁制者，御膳所造供玉食之所，御在所天子所駐之處，門苑猶遠，宮殿則嚴，若御膳、御在之所，則更嚴重，故擅入，有擬罰、擬徒、擬絞之別。首節泛指不應入之人而擅入，其中有故入者，亦有無知誤入者；次節言冒名而入，則皆故入矣，而論罪無過誤之分者，蓋禁近之地，雖誤亦不得原也；三節均係應入之人，不過所入有不合之處，故罪甚輕；四節言持刃入者，分別宮殿門與紫禁城門，以為擬絞、擬流之判，但言“寸刃”者，舉輕以賅重也；末節總承上四節而言守衛官軍之罪，分別失察與故縱異科，而軍又輕於官，不直日者亦不坐罪也。

## 宿衛守衛人私自代替

凡宮禁宿衛及紫禁城、皇城門守衛人，應直不直者，處四等罰。以應宿衛、守衛人下直之人。私自代替，及替之人，各處六等罰。以不係宿衛、守衛人冒名私自代替，及替之人，各處十等罰。官員各加一等。○若在直而逃者，罪亦如之。應直不直之罪，官員加等。○京城門減一等。各處城門又減一等。親管頭目知而故縱者，各與犯人同罪。失覺察者，減三等。有故而赴所管告知者，不坐。

按：此仍明律，順治初年添入小註，原律“官員”二字係“百戶以上”，雍正三年改為“官員”，並添“紫禁城”三字，現又改杖為罰，蓋言應直之人曠職代替之罪也。唐律：諸宿衛者，以非應宿衛人冒名自代及代之者，入宮內，流三千里，殿內，絞。若以應宿衛人已下直者自代及代之者，各以闌入論。主司不覺，減二等；知而聽行，與同罪。諸宿衛應上番不到，及因假而違者，一日，笞四十，三日加一等，過杖一百，五日加一等，罪止徒二年。諸於宮城門外，若皇城，守衛以非應守衛人冒名自代及代之者，各徒一年，以應守衛人代者，各杖一百。京城門各減一等，其在諸處守當者各又減二等，餘犯應坐者，各減宿衛罪三等。註云：諸處，謂非皇城、京城等門。又，《捕亡門》：諸宿衛人在直而亡者，一日，杖一百，二日加一等，即從駕行而亡者加一等云云。明律雖本於此，而皇城與宮禁無別，大不如唐律詳備，而罪名亦較唐律大相懸絕，則各有不同也。凡宮禁城門，守衛人輪班上直，各有定期，應直不直，雖有曠職之愆，止是偷安之過，故止於四等罰。若私自代替，則相隱為姦，其情較重，如係非應守衛之人相代，則姦人可以妄冒託迹，其情尤重，故罪有等差。官員犯者較守衛人加一等，以其有統率之責也。二節在直在逃，乃暫逃回家，非逃遁而去也，若有人代替，則不必言逃矣，故亦如不直之輕罪。三節親管頭目統承以上各項，而分別故縱、失察科罪也。

## 從駕稽違

凡巡幸應扈從車駕之人，違原定之期不到，及從而先回還者，一日，處四等罰，每三日加一等，罪止十等罰。職官有犯，各加一等。罪止徒一年。○若從車駕行而逃者，流三千里，職官，絞監候。○親管頭目故縱不到、先回、在逃。者，各與犯人同罪。至死減一等。失覺察者，減三等，罪止十等罰。

按：此仍明律，雍正、乾隆年間修改，其小註係順治初年添入，現又改笞杖為罰金，蓋言扈駕隨行者不可稽遲違誤也。唐律：諸官人從駕稽違及從而先還者，笞四十，三日加一等，過杖百，十日加一等，罪止徒二年，侍臣加一等。諸宿衛在直而亡者，一日，杖一百，二日加一等，即從駕行而亡者加一等。《疏議》曰：計一十七日流三千里，從駕行者，十五日流三千里云云。明律本此，而首節稽違罪止徒一年，較唐律罪止徒二年者為輕；次節從駕而逃擬流，職官擬絞，又較唐律計日罪止流三千里者為重。又添末後“親管親頭”一節。《示掌》云：此律以平時巡幸言，與從征不同。預期先還與違期不到，止是失誤日期，故按日論罪，逃則背而去之，故治罪加嚴也。

## 直行御道

凡午門外御道至御橋，除侍衛官軍導從車駕出入，許於東西兩旁行走外，其餘文武百官軍民人等，非侍衛導從。無故於上直行，及輒度御橋者，處八等罰。若於宮殿中直行御道者，處十等罰。守衛官縱者，各與犯人同罪。失覺察者，減三等。若於御道上橫過，係一時經行者，不在禁限。在外衙門龍亭仗衛已設而直行者，亦准此律科斷。

按：此仍明律，順治初年添入小註，乾隆五年又添末段小註，現復改杖為罰，蓋言聖駕出入之處，不得妄行也。唐律：諸登高臨宮中者，徒一年，殿中加二等，若於宮殿中行御道者，徒一年。註云：有橫道及門仗外越過者，非。又律：宮門外者，笞五十，誤者各減二等云云。明律無“登高臨宮”及“誤行”二層，而添入“御橋”，於宮中行御道者較唐律為輕，而宮門外行者又較唐律為重，則各有取意也。午門外之中道曰“御道”，天安門外正中之橋曰“御橋”，皆至尊出入之地，至宮殿中御道，更為宸極尊嚴之地，臣民無故直行，故有犯分別治罪。若一時橫過經行，則不在禁限。律曰“無故”，則有故當別論矣。律外有例，與律可以合參。

**條例**

一、凡遇祭祀日期，隨聖駕前引後護之大臣及侍衛，並有執事官員拜唐阿等，於午門外騎馬前去時，一品大臣令跟役三人，二品大臣令跟役二人，三品以下侍衛官員及拜唐阿等，俱令跟役一人騎馬行走。其無執事人等，俱不許騎馬。如有多帶跟役前行，無執事官員人等妄亂行走者，除即行趕逐外，仍將多帶跟役行走並不應行走官員指名条奏，照違制律治罪。

一、凡至下馬牌，不下而竟過者，處五等罰，看守人役失於防範者，處四等罰。

一、車馬過陵者，及守陵官民入陵者，百步外下馬，違者以大不敬論，處十等罰。

## 宮殿造作罷不出

凡宮殿内造作，所管官司具工匠姓名，報所入之處門官及守衛官，就於所入門首，逐一點姓名視形貌，放入工作。至申時分，仍須相視形貌，照數點出。其不出者，絞監候。監工及提調内監、門官、守衛官軍點視，如原入名數短少，就便搜捉，隨即奏聞。知而不舉者，與犯人同罪。至死減一等。失覺察者，減三等，罪止十等罰。

按：此仍明律，順治三年添入小註，乾隆五年修改，現改杖為罰，蓋言宮禁邃密之地，工司宜嚴稽查也。唐律：諸因事得入宮殿而輒宿及容止者，各減闌入二等。即將領人入宮殿内，有所迎輸，造作門司未受文牒而聽入，及人數有剩者，各以闌入論，至死者，加役流。若將領主司知者，各減闌入罪一等，不知者，不坐，諸在宮殿内作罷而不出者，宮内徒一年，殿内徒二年，御在所者絞，不覺及迷誤者上請。將領主司知者與同罪，不知者，各減一等。若於闌仗内誤遺兵仗者，杖一百。明律本此，其搜查之法雖較唐律為詳，而分別罪名究不如唐律平允。唐律罷而不出分別宮内、殿内、御在所，以為擬徒、擬絞之判，明律無分宮殿，但不出者一概擬絞，且無“誤遺兵仗”及“不覺迷誤”各項，則各有不同也。宮殿造作之事，不得不用工匠，而邃密之地，最易藏奸，點檢出入稽查必宜謹慎，所以防非常也。點則知其名數，視則識其面目，停留不出者，即無他故，亦坐絞罪。若守衛官軍點出之時，明知人數短少而不即搜捉奏聞，是稍縱之，即長奸也，安得不重懲之哉？

## 輒出入宮殿門

凡應出宮殿，如差遣、給假等項。而門籍已除，輒留不出，及應入直之人被告劾，已有公文禁止，籍雖未除，輒入宮殿者，各處十等罰。晝禁。〇若宿衛人已被奏劾者，本管官司先收其兵仗，違者，罪亦如之。〇若於宮殿門雖有籍，應直，至夜皆不得出入。若入者，處十等罰；出者，處八等罰。無籍夜入者，加二等。若夜持仗入殿門者，絞監候。入宮門亦坐。此夜禁，比晝加謹。

按：此仍明律，順治初年添入小註，乾隆五年修改，現又改杖為罰，此嚴宿衛人之出入也。唐律：諸應出宮殿而門籍已除，輒留不出，及被告劾，已有公文禁止，籍雖未除，不得輒入宮殿，犯者各以闌入論。諸宿衛人被奏劾者，本司先收其仗，違者，徒一年。若於宮殿中雖有籍，皆不得夜出入，若夜入者，以闌入論，無籍入者加二等。即持仗入殿門者，絞。夜出者，杖八十。若得出入者剩將人出入，各以其罪罪之，被將者，知情各減一等，不知情不坐。諸宮内外行夜，若有犯法行夜，主司不覺，減守衛者罪二等云云。明律本此，唐律以闌入論罪，均應分別擬徒，明律止杖一百，則較唐律為輕，亦無唐律“剩將人出入”及“行夜”兩層。《示掌》：此專言門籍已除之宿衛人並晝禁、夜禁之例也，非此，自依上擅入科之，仍當與上擅入條參看。此條不言門官故縱、失察者，有犯自依擅入條科罪。首二節均指晝禁言之，末節指夜間之禁，比晝禁尤當加謹也。

## 關防内使出入

凡内監並奉御内使，但遇出外，各守門官須要收留本人在身關防牌面，於門簿上印記姓名及牌面。字號，明白附寫前去某處，幹辦是何事務。其門官與守衛官軍，搜檢沿身，別無夾帶官私器物。方許放出。回還一體搜檢，給牌入内，以憑逐月稽考出外次數。但有搜出應干雜藥，就令帶藥之人自喫。若有出入不服搜檢者，流二千里。若非奉旨，私將兵器帶進入紫禁城門内者，流三千里。入宮殿門内者，絞監候。其直日守門官及守衛官失於搜檢者，與犯人同罪。至死減一等。

按：此仍明律，原律係“皇城”，雍正三年改為“紫禁城”，並將首句删改，其小註係順治初年添入，現又删改，蓋嚴内監之出入，所以肅宮禁而嚴夾帶也。内侍、内監均係近君之人，出入關防嚴密如此，恐有恃寵驕縱之弊，故嚴其法也。“應干”二字，猶云“一應若干”也。合和御藥門内，誤將雜藥至御膳處者，處十等罰，此在門内搜出，與至御膳所者不同，故但令其自喫而不治罪。上節擅入條持寸刃者與此私將兵器入宮同係絞罪，但彼條門官失察罪止十等罰，此失於搜檢即與同罪滿流者，蓋於内使之搜查當嚴，兵器之將入至重，不容有失，失即同故縱也。律文之細如此，然以此立法，後世猶有劉謹、魏忠賢之驕横者，徒法可自行乎哉？

## 向宮殿射箭

凡向太廟及宮殿射箭、放彈、投磚石者，絞監候。向太社，流三千里。須箭石可及乃坐之。若遠不能及者，勿論。但傷人者，絞監候。則殺人者可知。若箭、石不及致傷外人者，不用此律。

按：此仍明律，順治初年採《箋釋》語添入小註，現又刪去杖罪，改斬為絞，蓋言尊親之地不可輕犯也。唐律：諸向宮殿內射，宮垣徒二年，殿垣加一等，箭入者各加一等。即箭入上閣內者，絞，御在所者，斬。《疏議》曰：若箭力應及宮殿而射不到者，從"不應為重"，不應及者，不坐。又律：放彈及投瓦石者，各減一等，殺傷人者，以故殺傷論。即向廟社、禁苑射及放彈、投瓦石，殺傷人者，各以鬬殺傷論，至死者加役流。即箭至隊仗，若闌仗內者，絞。即宿衛人於御在所誤拔刀子者，絞，左右並立人不即執捉者，流三千里云云。明律雖本於唐，而較唐律簡畧，不分宮殿、太廟，亦不分射箭、放彈、投石，一概擬絞，更較唐律為嚴。唐律殺人以故殺論，傷人以故傷論，明律但傷人者即斬，亦較唐律為重，且無唐律"箭入上閣"及"御在所"並"隊仗"、"闌仗"暨"御在所誤拔刀子"各罪，未免缺而不備。太廟、宮殿皆尊嚴禁地，太社次之，向此射箭、放彈是無忌憚而大不敬，故分別輕重擬以絞流，但傷在太廟、宮殿、太社以內之守衛人者，不論在宮殿、太社，一概擬斬，不言殺人者，亦罪止於斬而已。若箭石不及，致傷外人，註云"不用此律"，自當用弓箭傷人律也。

## 宿衛人兵仗

凡宿衛人，兵仗不離身，違者，處四等罰。輒暫離應直職掌處所，處五等罰。別處宿，經宿之離。處六等罰。官員各加一等。親管頭目知而不舉者，與犯人同罪。失覺察者，減三等。

按：此仍明律，"官員"二字原律係"百戶以上"，雍正三年修改，其小註係順治初年增入，現又改笞杖為罰金，蓋懲在直之人不盡職守也。唐律：諸宿衛者，兵仗不得遠身，違者，杖六十，若輒離職掌，加一等，別處宿者又加一等，主帥以上各加二等云云。明律本此，而擬罪均較唐律減輕二等，唐律主帥以上各加二等，明止加一等，則更輕矣。宮殿設宿衛以備非常，上直之人，兵仗不許離身，所以防不測也，職掌處所謂宿衛之人，各分有定所也，兵仗離身，猶在直也，若擅離職掌，則不直矣，然猶是暫離於晝，猶知返也，若於別處過宿，斯不返矣，則不止暫離而已，故分別輕重治罪。按：前守衛私自代替條內，應直不直與在直而逃者，四等罰，此在直之人暫離別宿，其事輕於不值與逃，而罪反加重者，彼之不值與逃，皆係有故，罪在不告知所管耳，此曰"輒離"，則非有故矣，彼原其有故而罪其不告，故輕之，此責其無故而輒離別宿，故重之，一輕一重之間，各有深意存焉。是非互參細勘，安知律義之精微哉！

## 禁經斷人充宿衛

凡在京城犯罪被極刑之家，其本犯親屬人等，並一應有犯輕罪，曾經同決斷之人，並不得入充近侍及宮禁宿衛，守把紫禁城皇城京城門禁。若隱匿前項情由。朦朧充當者，絞監候。其當該官司不為用心詳審，或聽人囑託，及受財容令充當者，罪同。絞監候。並究囑託人。〇若極刑親屬及經斷人。奉有特旨選充，曾經具由覆奏，明立文案者，所選之人及官司。不在此限。

按：此仍明律，順治初年添入小註，現又刪改，蓋言刑人不得使近君側也。唐律無文，《曲禮》曰："刑人不在君側。"穀梁子曰："禮，君不使無恥，不近刑人，不狎敵，不邇怨。"斯律即是此意。極刑，謂斬、絞也，經斷之人，不分罪名輕重。古者刑人不在君側，所以遠嫌也，近侍即親隨左右者，宿衛守把則帶兵仗而出入者，而宮禁城門則又為至嚴密之地，以刑人而充任使，不惟有褻尊嚴，亦恐潛生奸宄，於禮當禁，於法當嚴，故不妨盡法以處之。至當該官司不為用心詳細審，不過失察之咎，而即與受財容令同處死罪者，蓋有不得充選之令，即當仰體禮法之嚴，故與別項失察不同，重其罪正以責其慎也。至於曾經覆奏者，謂特旨充選之人，所司須將極刑親屬及曾經決斷情由奏明，恐其不知係刑人親屬及決斷之人也。

## 衝突仗衛凡車駕行幸之處，其前列者為仗衛，仗衛之內即為禁地。

凡車駕行處，除近侍及宿衛護駕官軍外，其餘軍民並須迴避。衝入儀仗內者，絞。係雜犯，准徒五年。若在郊野之外，一時不能迴避者，聽俯伏道旁以待駕過。其隨行文武百官，非奉宣喚，無故輒入仗衛內者，處十等罰。典仗護衛官軍故縱者，與犯人同罪。不覺者，減三等。〇若有申訴冤抑者，止許於仗外俯伏以聽。若衝入儀仗內，而所訴事不實者，絞。係雜犯，准徒五年。得實者，免罪。〇軍民之家縱放牲畜，若守衛不備，因而衝突仗衛者，守衛人，處八等罰。衝入紫禁城門內者，守衛人，處十等罰。其縱畜之家，並以不應重律論罪。

按：此仍明律，順治初年添入小註，原律本係三條，雍正三年修併為一，並改"皇城"為"紫禁城"，現又修改，蓋言警蹕之宜嚴也。唐律：諸車駕行衝隊者，徒一年，衝三衛仗者，徒二年，誤者，各減二等。若畜產唐突，守衛不備，入宮門者，杖一百，衝仗衛者，杖八十。又，《鬬訟門》：邀車駕及撾登聞鼓以身事自理訴而不實，杖八十，邀車駕訴而入部伍內，杖八十云云。明律本此，而衝入輿仗及邀車駕所訴不實即擬絞罪，則較唐律重至數等，且無"誤入減等"一層，而添入"百官衝入"一層，亦有不同。絞罪本朝雖改為"雜犯，徒五年"，仍較唐律為重，行在必設儀仗，所以嚴禁衛也。衝入者，突然趨進，絕無忌憚也，關係至尊，故嚴其法坐絞，以其究係無知愚人，故矜其死而改為徒。百官雖係扈從之人，然亦須奉傳喚方始得入，曰"輒入"者，是偶然誤入，與上衝入者不同，故治罪從輕。至衝入所訴不實，律應加等反坐，此止言衝突之事，業已罪至於死，故不必論及反（作）[坐] ②矣。得實免罪者，憫其冤抑之情，故原其衝突之罪。律外有例，較律從嚴，可併參之。

**條例**

一、聖駕出郊，衝突仗衛，妄行奏訴者，及聖駕臨幸地方，雖未陳設鹵簿，妄行呈訴者，追究主使教唆、捏寫本狀之人，俱問罪，各流二千五百里，所奏情詞，立案不行。

一、叩閽案件，除所控之案尚未訊結者，仍發回原省審訊外，其餘戶婚、田土、錢債等項細故，牽涉人命、情節支離，顯係捏砌聳聽者，照例立案不行，仍治以衝突仗衛之罪。如係親身齎呈，嚴究有無教唆之人，照例問擬。如係代人抱告，卑幼罪坐尊長，婦女罪坐夫男，雇工罪坐家長，抱告之卑幼、婦女、雇工從寬免議。至不相干之人，扛幫受雇，應嚴究有無包攬教唆情弊，與主使之人一體治罪。

## 行宮營門

凡行宮外營門、次營門，與紫禁城門同，若有擅入者，處十等罰。內營牙帳門，與宮殿門同，擅入者，徒一年。

按：此仍明律，原律係"皇城"，雍正三年改為"紫禁城"，現又改杖為罰，蓋專指至尊臨幸之地而言也。唐律：諸行宮外營門、次營門與宮門同，內營門、牙帳門與殿門同，御幕與上閣同，至御在所者，依上條云云。明律本此，而添入"紫禁門"一層，且將宮與殿合為一項，亦無"御幕門"一層，其罪名亦較唐律為輕。蓋乘輿行幸駐蹕之行宮，其制度雖與紫禁城宮殿不同，而至尊所在即為禁地，故擅入者亦如擅入紫禁城與宮殿門之罪。律止言牙帳門，而門之內尚有聖躬所止宿處，若入而至於此，即宜用擅入御在所擬絞之律，至入而未過門限，門官故縱、失察之罪，此條雖未言及，當一依上條宮殿門擅入條擬斷也。

## 越城

凡越紫禁城者，絞監候。皇城、京城者，各遞減一等。越各府、州、縣、鎮城者，處十等罰。官府公廨牆垣者，處八等罰。越而未過者，各減一等。若有所規避者，各從其重者論。

按：此仍明律，順治初年添入小註，現又删改，蓋言禁城之關防宜密也。唐律：越殿垣者絞，宮垣流三千里，皇城減宮垣一等，京城又減一等，越州鎮戍城及武庫垣徒一年，縣城杖九十，越官府廨垣及坊市垣籬杖七十，侵壞者亦如之。註云：從溝瀆内出入者，與越罪同，越而未過減一等云云。明律本此，而無“越［殿］③垣、宮垣”及“武庫垣”並“坊市垣籬”各項，其擬罪則京城、皇城、官府、公廨，較唐律為重，而州鎮城又較唐律為輕也。凡越城者兼出入言，凡不由門者皆謂之越，内而皇城、京城，外而府、州、縣、鎮城，皆為禁城。若關防不密，奸從生矣，故踰越者分別治以絞流罰刑。至官府宮廨，雖非禁城，亦係屏衛，越者亦有罪名，不過較為輕減耳。若於事有規避，則從重論。上曰“各減一等”，輕其所不得不輕，下曰“各從重論”，重其所不得不重，法立而不滯，法之至善者也。

**條例**

一、京城該班兵丁，如取用什物，不由馬道行走，乘便由城上縋取者，照違制律治罪，該管員弁疏於覺察，交部議處。

## 門禁鎖鑰

凡各處城門應閉而誤不下鎖者，處八等罰。非時擅開閉者，處十等罰。京城門，各加一等。其有公務急速非時開閉者，不在此限。○若紫禁城門應閉而誤不下鎖者，流三千里。非時開閉者，絞監候。其有旨開閉者，勿論。

按：此仍明律，順治初年添入小註，現又删改，蓋嚴門禁以杜姦弊也。唐律：諸奉敕以合符夜開宮殿門，符雖合，不勘而開者，徒三年。若勘符不合而開者，流三千里，其不承敕而擅開閉者，絞。若錯符、錯下鍵及不由鑰而開者，杖一百。即應閉，忘誤不下鍵，應開，毀管鑰而開者，徒一年。其皇城門減宮門一等，京城門又減一等。即宮殿門閉訖，而進鑰違遲者，殿門杖一百，經宿加一等，每經一宿又加一等，宮門以外，遞減一等，其開門出鑰遲，又各遞減進鑰一等。又律：州鎮關戍城及武庫等門，應閉忘誤不下鍵，若應開，毀管鍵而開者，各杖八十，錯下鍵及不由鑰而開者，杖六十，餘門各減二等。若擅開閉者，各加越罪二等。即城主無故開閉者，與越罪同。未得開閉者，各減已開閉一等云云。明律本此，而不如唐律分別詳細，其皇城門誤不下鎖，即擬充軍，亦較唐律為重。現在改“皇城”為“紫禁城”，而充軍亦改擬滿流，似覺較明律平允。各處城門即上條之各府、州、縣、鎮城也。誤不下鎖是亦關矣，但未下鎖耳。非時開閉不但謂晝夜，凡應開而閉，應閉而開，俱謂之非時也。鎖鑰不嚴，奸無以杜，開閉不時，民不知守，皆當治罪，特稍分輕重耳。若有公務急速，則不拘此限，又所以通變也。京城門較各處加嚴，紫禁城門又非京城門可比，故其禁為又嚴。律內兩言誤者，原其無心也，若有心不下鎖，又當從重論矣。

# 軍政

粤自蕭何創為《興律》，魏以擅事附之，名為《擅興律》，晉復去“擅”為《興》，高齊改為《興擅律》，後周合於繕事，又曰《興繕》，隋、唐復改為《擅興律》。《唐律疏議》云：雖題目增損隨時沿革，原其旨趣，意義不殊。大事在於軍戎，設法須為重防，此是律之意也。明始改為《軍政》，而興造諸事另列一篇。國朝因之，而移《公式門》“漏洩軍情大事”一條入於此篇，共二十一章，《現行律》刪去《公（候）[侯] 私役官軍》及《邊境申索軍需》、《夜禁》三門，止餘十八章。外國陸海軍另有專律，不與刑律相合，現在陸軍部取法外國，亦另纂新章，與此律多有不同之處。讀此律者，須與章程合參，方知中外異制之處，而中法之不如外國，與外國法之不宜於中國，不難胸有定見矣。

## 擅調官軍

凡將帥部領軍馬守禦城池及屯駐邊鎮，若所管地方遇有報到草賊生發，即時差人體探緩急聲息，果實須先申報本管上司，轉達朝廷奏聞，給降聖旨，調遣官軍征討。若無警急，不先申上司，雖已申上司不待回報，輒於所屬擅調軍馬及所屬發與者，將領屬各流三千里。〇其暴兵卒至，欲來攻襲，及城鎮屯聚軍馬之處，或有內賊作反作叛，或賊有內應，事有警急及路程遙遠難候申文待報。者，並聽從便，火速調撥所屬軍馬，乘機勦捕。若賊寇滋蔓，應合會兵勦捕者，鄰近官軍雖非所屬，亦得行文調撥策應，其將領官並策應官並即申報本管上司，轉達朝廷。若不即調遣會合，或不即申報上司，及鄰近官軍已奉調遣不即發兵策應者，將領與鄰近官並與擅調發罪同。其上司及典兵大臣，將文書調遣將士，提撥軍馬者，文書內非奉聖旨，不得擅離信地。若守禦屯駐軍官，有奉文改除別職，或犯罪奉文取發，如文內無奏奉聖旨，亦不許擅動，違者，兼上數事。罪亦如之。

按：此仍明律，順治初年添入小註，原律末段有“親王所封地面有警，調兵已有定制”二（雍正三年刪去並刪聖旨上御寶二）句，[雍正三年刪去，並刪聖旨上“御寶”二][④]字，現又改易，蓋分軍情緩急以嚴調遣也。唐律：諸擅發兵十人以上，徒一年，百人徒一年半，百人加一等，千人，絞。註云：謂無警急又不先言上而輒發兵者，雖即言上而不待報猶為擅，文書施行，即坐。又律：給與者，隨所舉人數減擅發一等，註云：亦謂不先言上、不待報者，告令發遣即坐。又律：其寇賊卒來，欲有攻襲，即城屯反叛，若賊有內應，急須兵者，得便調發雖非所屬，比部官司亦得調發給與，並即言上，若不即調發給與者，准所須人數並與擅發罪同，其不即上言者，亦准所發人數減罪一等。若有逃亡盜賊，權差人夫足以追捕者，不用此律。諸應給發兵符而不給，應下發兵符而不下，若下符違式及不以符合從事，或符不合不速以聞，各徒二年，其違限不即還符者，徒一年，餘符各減二等云云。明律本此，雖不分所調人數多少，概擬軍罪，似不如唐律之詳，而罪止於軍，並無絞罪，且無唐律“逃亡盜賊權差人夫追捕”及末後一段，其文義字法亦有不同之處。前半篇自其聲息之緩者言之，當守定制而不得輕援，後半篇自其聲息之急者言之，當行權變而不得遲誤。前止是常法，後曰“暴兵卒至”，曰“內有犯叛”，曰“賊有內應”，皆軍機之至急者，事在呼吸，間不容髮。至上司路遠，至先申而待回報，然後調遣，其誤不小。四者有一，並聽從便調撥，非必備其四者而後可調撥也。末後“上司大臣將文書調撥”一段，言賊勢未至延蔓，仍當一依常法，典兵大臣及非所屬必待聖旨方許發應，否則均不得擅調動也。“改除取發”一段，因事必奉旨而連類及之，總是重軍事之意。上曰“擅離”者，言軍馬之重也，下曰“擅動”者，言職守之重也，前後文義相承，蟬聯而下，細玩自知其妙。

## 申報軍務

凡將領參隨統兵官征進，如統兵官分調攻取城寨，克平之後，將領隨將捷音差人飛報知會本管統兵官轉行陸軍部。統兵官又須將克捷事情。另具章奏，實封御前。無少停留。〇若賊人數多，出沒不常，如所領軍人不敷，須要速申統兵官添撥軍馬，設策勦捕。不速飛申者，聽從統兵官量事輕重治罪。至失誤軍機，自依常律。〇若有賊黨來降之人，將領官即便送赴統兵官，轉達朝廷區處。其貪取來降人財物，因而殺傷其人，及中途逼勒逃竄者，絞監候。若無殺傷逼勒，止依嚇騙律科。

按：此仍明律，雍正三年修改，其小註係順治初年所添，現又改斬為絞，蓋言軍情一切事務宜申報也。唐律：諸主將以下，臨陣先退，若寇賊對陣，捨仗投軍及棄賊來降而輒殺者，斬。即違犯軍令，軍還以後，在律有條者，（宜）［依］⑤律斷，無條者，勿論云云。明律後節“殺降”一項即本於此，《箋釋》云：參隨，謂參贊軍務、隨從征進也，征討之法，有進無退，故曰“征進”。凡捷音必飛報者，恐別有調遣也，又必具奏者，恐功有冒隱也。次節不速飛申，止是遲慢之咎，未至失誤也，故聽統兵官治罪，若失誤軍機，自有本律。以上俱論申報之事。若服而不柔，何以示懷？將帥貪婪逼勒，阻其歸誠向化之心，其罪大矣。況因貪而殺傷，因逼而逃竄，其情更重，故處極刑。如止貪取而無殺傷、逃竄，則量輕重科之，不得遽擬死罪。至首節報捷停留，末節納降不即送統兵官，律文未著罪名，亦當臨事酌量定擬。

## 飛報軍情

凡飛報軍情，府廳州縣及巡司，即差人申督撫、布政司、按察司、提法司同。本道，仍報將軍、提鎮。其守禦官差人，各申督撫，仍報本管將軍、提鎮。督撫、將軍、提鎮得報，一行移陸軍部，一具實封直奏御前。若互相知會隱匿，不速奏聞者，處十等罰，罷職不敘。因而失誤軍機者，絞監候。

按：此仍明律，順治初年、雍正三年以本朝官制與前明不同，遞次修改，並添小註，現又改易，蓋言地方軍情必須速報也。第一層言在外文官申報本管上司，第二層言在外武官申報本管上司。蓋軍情必速達，以聽調遣，故定立申行轉奏之法。失誤者，損兵陷城之謂，若無損陷，不得謂之失機。夫必行移陸軍部，則體統不紊，又必實封奏聞，則壅蔽不生，此相維相制之道也。若互相知會明白，而上下相與扶同隱匿，不速奏聞，不惟欺君，亦且長寇，故無失誤者罷職，而有失誤者處死。軍情至重，其處置得宜如此。

## 漏洩軍情大事

凡聞知朝廷及統兵將軍調兵討襲外番，及收捕反逆賊徒機密大事，而輒漏洩於敵人者，絞監候。〇若邊將報到軍情重事報於朝廷，而漏洩以致傳聞敵人。者，徒三年。二項犯人若有心洩於敵人，作姦細論。仍以先傳說者為首，傳至者為從，減一等。〇若私開官司文書印封看視者，處六等罰。事干軍情重事者，以漏洩論。為首徒三年。從減等。〇若近侍官員漏洩機密重事不專指軍情，凡國家之機密重要皆是。於人者，絞監候。常事，處十等罰，罷職不敘。

按：此仍明律，雍正三年修改，其小註係順治初年添入，現又改杖為罰，改斬為絞，蓋言軍機不可輕洩也。唐律《擅興門》：諸密有征討而告賊消息者，斬，妻子流二千里，其非征討而作間諜，或傳書信與化外人，並受及知情容止者，絞。又，《職制門》：諸漏洩大事應密者，絞。註云：大事，謂潛謀討襲及收捕謀叛之類。又，非大事應密者，徒一年半，漏洩於番國使者，加一等，仍以初傳者為首，至者為從，即轉傳大事者，杖八十，非大事者，勿論。又，《雜律》：私發官文書印封視書者，杖六十，制書杖八十，若密事，各依漏洩坐，減二等。即誤發視者，各減二等，不視者不坐云云。明律本此，止以“機密大事”與“軍情重事”分別擬斬、擬徒，而無“非大事應密”一項，後段私發文書印封，無“制書”及“誤發不視”之罪，而添“近侍官員漏洩”之罪，詳略各有不同。首節是討襲收捕時朝廷及將軍所定之謀略，故曰“機密大事”，次節是邊將申報敵人之警急，故曰“軍情重事”。漏洩機密於敵，則敵有設備，我之軍機必有失誤之虞，所係至重，故坐死罪。若漏洩軍情於敵，敵雖知備，究不知我如何調度，故止坐徒。兩項漏洩雖有輕重，皆是無心之過，故註云：有心漏洩作姦細論罪也。《示掌》云：中間傳說之人，不論多少，概作不應重。又，開視而不知是軍情者，止問開視之罪，足補律所未備，亦即唐律轉傳之意。律外又有條例，與律相輔而行，當併參之。

**條例**

一、內外衙門辦理緊要事件，俱密封投遞，本官親拆收儲，不得令吏胥經手。儻有密封章奏，未經上達，已先傳播，及緝拏之犯聞風遠颺等事，查究根由，分別議處。如將應密之事並不密封，及收受承辦衙門不行謹慎以致漏洩者，將封發收受承辦官查叅，交部分別議處。如封儲之處及投遞之前，提塘及衙役人等，將密封事件私開窺視以致漏洩者，處六等罰，事重者為首徒三年，為從減一等治罪。

## 失誤軍事

凡臨軍征討，有司應合供給軍器、行糧、草料，若有徵解。違期不完者，當該官吏，各處十等罰，罪坐所由。或上司移文稽遲，或下司徵解不完，各坐所由。○若臨敵有司違期不至而缺乏，及領兵官已承上司調遣，而逗遛觀望。不依期進兵策應，若軍中承差告報會軍日期而違限，因而失誤軍機者，並絞監候。

按：此仍明律，順治初年添入小註，現改斬為絞，改杖為罰，蓋言軍事重大，不可違誤也。《示掌》云：此專指有司違誤軍事及領兵官逗遛觀望之罪。前節臨軍征討，是臨出征之時，次節臨敵，是軍到敵境之時，前是臨軍失誤供給，後是臨敵失誤軍機。而臨敵失誤軍機，所因又分三項，一是有司違期缺乏，一是領兵官觀望不進，一是承差告報違限，雖所因不同，而其失誤則一，故並處死。若未至失誤軍機，則有司違期缺乏者，仍依上違期不完擬罰，領兵官觀望不進者，自有從征違期本律，承差報告違期者，自有郵馹公事稽程軍事加三等之律，不得遽擬死罪。又查《中樞政考》載：戰陣之際，憑金鼓以為進止，若官兵聞聲不進，聞聲不止者，俱斬。如有回顧畏縮、交頭接耳私語者，俱斬。專司掌號之人，聞令應掌號不掌號、應停止不停止，綑責三十棍，滿蒙兵鞭四十。如遇打仗之時違令者，俱斬云云。此亦失誤軍事之一端，可與律文互相參考。

## 從征違期

凡官軍已承調遣。臨當征討，行師已有起程日期，而稽留不進者，一日，處七等罰，每三日加一等。若故自傷殘，及詐為疾患之類以避征役者，各加一等，計日坐之。並罪止十等罰，仍發出征。若傷殘至不堪出征，驗實開役，不在仍發出征之限。○若軍臨敵境，託故違期，一日不至者，處十等罰，不必失誤軍機。三日不至者，絞監候。統兵官竟行軍法。若能立功贖罪者，從統兵官區處。

按：此仍明律，順治初年添入小註，雍正三年修改，現又改易，蓋言軍期不可遲違也。唐律：諸大集校閱而違期不到者，杖一百，三日加一等，主帥犯者加二等，即差發從行而違期者，各減一等。《疏議》曰：車駕親行是名大集校閱。又律：諸征人稽留者，一日，杖一百，二日加一等，二十日絞，即臨軍征討而稽留者，流三千里，三日斬，若用捨從權，不拘此律。諸臨軍征討而巧詐以避征役，若有校試，以能為不能，以致有所稽乏者，以乏軍興論，未廢事者減一等。主司不加窮覈而承詐者，減罪二等，知情與同罪，至死加役流。諸鎮戍有犯本條，無罪名者，各減征人二等。諸被差充丁夫雜匠而稽留不赴者，一日，笞三十，三日加一等，罪止杖一百，將領主司加一等，防人稽留者各加三等，即由將領者，將領獨坐云云。“大集校閱”一層，“征人”一層，“臨軍征討”一層，“鎮戍”一層，“丁夫雜匠”一層。明律雖本於唐而止分“征討”與“臨敵”兩層，不如唐律詳備。既無首節“大集校閱”一項，又無末後“被差丁夫雜匠”一項。而首節罪止於杖，亦較唐律為輕，其曰“立功贖罪”，即唐律“用捨從權”之說，不過字法變易耳。前節稽留不進，是玩令也，託故巧避，是畏難也，然皆自出征之時言之，故罪雖分輕重，而皆止於十等罰。若軍臨敵境，正將士効死之日，而推託違期，則關係重大，故嚴其法，至三日即處死刑。夫違限一也，必事之緩急以輕重其罪，其紀律之嚴如此。然而聽立功贖罪者，用法之嚴，仍有法外之仁，是亦鼓舞激勸之一機也。

## 軍人替役

凡軍人已遣不親出征，雇倩人冒名代替者，替身處八等罰，正身處十等罰，依舊著伍。仍發出征。若守禦城池軍人，雇人冒名代替者，各減二等。其出征守禦軍人。子孫弟姪及同居少壯親屬非由雇倩。自願代替者，聽。若果有老弱殘疾，不堪征守者。赴本管官司陳告，驗實，與免軍身。○若醫工承差關領官藥，隨軍征進，轉雇庸醫冒名代替者，本身及替身。各處八等罰，庸醫所得雇工錢入官。

按：此仍明律，雍正三年修改，其小註係順治初年添入，現改杖為罰，蓋言正軍、軍醫雇人代替之罪也。唐律：諸征人冒名相代者，徒二年，同居親屬代者，減二等。若部內有冒名相代者，里正笞五十，一人加一等，縣內一人，典笞三十，二人加一等，州隨所管縣多少，通計為罪，各罪止徒二年。其在軍冒名者，隊正同里正，旅帥、校尉減隊正一等，果毅、折衝隨所管校尉多少，通計為罪。諸鎮戍有犯本條，無罪名者，各減征人二等云云。明律本此，而罪名較唐律為輕，替身、正身，唐律不分輕重，明律替身減正身二等。其親屬願替者，聽其代替，亦與唐律不同。唐律部內代替，里正、州縣均分別擬罪，現在兵歸營伍，與州縣無相干涉，故不著里正、州縣之罪。而後添“醫工轉雇冒名代替”一項，則亦唐律所無也。此專言出征守禦軍人之罪，與工匠替役及守宿私替者不同，前言出征代替，後言守禦代替，而守禦之責視出征稍輕，故代替之罪亦減。其軍人子弟親屬等情願代替者，聽其代替，蓋至親與同（體）[休]戚，代替非曰勉強，必無妨誤，非雇倩他人可比，故不治罪也。至本身老弱有疾，驗實仍許免其軍身，可謂體恤之至矣。

## 主將不固守

凡守邊將帥，被賊攻圍城寨，不行固守而輒棄去，及平時守備不設，為賊所掩襲，因此棄守無備而失陷城寨者，絞監候。若官兵與賊臨境，其望高巡哨之人失於飛報，以致陷城損軍者，亦絞監候。若主將懈於守備，及哨望失於飛報，不曾陷城失軍，止被賊侵入境內，擄掠人民者，流三千里。○其官軍臨陣先退，及圍困敵城而逃者，絞監候。

按：此仍明律，順治初年添入小註，現改軍為流，改斬為絞，蓋嚴怠玩以專責成，誅退怯以肅軍令也。唐律：諸主將守城，為賊所攻，不固守而棄去，及守備不設，為賊所掩覆者，斬。若連接寇賊，被遣斥候，不覺賊來者，徒三年，以故致有覆敗者，亦斬。諸主將以下臨陣先退，若寇賊對陣捨仗投軍，及棄賊來降而輒殺者，斬。又，《衛禁門》：諸烽候不警，令賊寇犯邊，及應舉烽燧而不舉，應放多烽而放少烽者，各徒三年，若放烽已訖而前烽不舉，不即往告者，罪亦如之。以故陷敗戶口、軍人、城戍者，絞，即不應舉烽燧而舉，若應放少烽而放多烽，及繞烽二里內輒放煙火者，各徒一年云云。明律大略同於唐律，而無“放烽”各項者，緣古來緣邊置烽，連於京城，烽燧相應，以備非常。自明以來，已無此法，故律不設此罪也。按：《會典》：總鎮一方曰“鎮守”，獨守一路曰“分守”，獨守一城一堡曰“守備”，有與主將同守一城者曰“協守”。此律所云守邊將帥即指此等也。蓋守邊將帥受疆埸之寄，必竭守禦之方，義當效死，然必守禦從嚴哨望之時，而後可保無虞，故不固守而棄去，與守備不設為賊所襲，及望哨失於飛報以致陷城，所事雖不同，而其失機則一，故同處死。若止被賊入境擄掠，雖不能禦侮保民，尚未至陷城損威，故得減等治罪。若官軍與賊交鋒而先自退縮，或我軍圍困敵城，已將取勝，而官軍輒自逃遁，情雖不同，惟先退則令敵乘勝而取我，先遁則衆或觀望而解體，皆不忠之甚，故亦處死。律後更有詳例，或較律加重，或按律減輕，或補律所未備，均有切於引用，故錄於右，以備參究。

**條例**

一、失誤軍機，除律有正條者擬議監候、奏請外，若情輕律重，有礙發落者，備由奏請處置。其有被賊入境，將偵探軍役及飛報聲息等項公差官軍人等，一時殺傷捉去，事出不測者，俱問不應重罪留任。或境外被賊殺擄偵探軍役，非智力所能防範者，免其問罪。

一、凡沿邊沿海及腹裏州縣與武職同城，若遇邊警及盜賊生發攻圍，不行固守而輒棄去，及守備不設，被賊攻陷城池，劫殺焚燒者，除專城武職照本律擬絞監候外，其守土州縣，亦照守邊將帥失陷城寨律擬絞監候，其同城之知府及捕盜官，比照守邊將帥被賊侵入境內擄掠人民律，流三千里，統轄、兼轄各官交部分別議處。如係兵餉充足，不行固守，一聞賊警，棄城先逃者，專城武職及守土州縣均擬絞監候，請旨即行正法，同城知府亦從重擬絞監候，捕盜官及統轄、兼轄各官仍分別議處。若有兩縣同住一城，專管官分有守城汛地，各以賊所進入地方坐罪。若無城池，與雖有城池，被賊潛隱設計，越入劫盜，隨即逃散，不係失陷者，止以失盜論，俱不得引用此例。

一、凡統兵將帥玩視軍務，苟圖安逸，故意遷延，不將實在情形具奏，貽誤國事者，又凡將帥因私忿媢嫉，推諉牽制，以致糜餉老師，貽誤軍機者，又凡身為主帥，不能克敵，轉布流言，搖惑衆心，借以傾陷他人，致誤軍機者，均屬有心貽誤，應擬絞立決。

一、防守要隘文武員弁，若帶兵無多，倉促遇賊，寡不敵衆，因而失守要隘者，照同城捕盜官失守城池擬流例，從重發往新疆效力贖罪。儻統帶重兵，畏葸巧避，失守要隘者，照守邊將帥失陷城寨律擬絞監候。

一、失守城池，該督撫立即叅奏，將守土州縣及專城武職均革職治罪，不得以功過相抵免議。如有可原情節，或甫經到任，不及設防，或被圍日久，糧盡援絕，或失守後一月內督率鄉團，隨同官兵，將城池克復者，於絞監候罪上量減一等治罪。若甫經到任，及被圍日久，於失守後一月內隨同克復，或非甫經到任及被圍日久，但於失守時身受重傷，或一月內自行收復城池者，於絞監候罪上減二等治罪。其實因兵單力竭，身受重傷，而又能督率兵勇，於一月內自行收復，及隨同克復者，革職，免其治罪。若克復城池在一月以外，及克復並非本處城池，概不准隨案聲請減免。其減等議罪及免罪各員弁，如果素得民心，循聲卓著，及克敵陷陣，屢著戰功，仍准酌量奏請留營効力，再得勞績，方准免罪。均由法部專案知照吏部、陸軍部存記，若失守而未經叅辦，或議罪而並未奏留員弁，仍不准臚列後來勞績，率行奏請免罪開復。至失守之同城知府及捕盜官，如身受重傷，或一月內隨同克復城池，亦准敘明可原情節，應擬絞監候者，量予減等，應擬流者，革職免罪。其並未隨同克復城池，亦未身受重傷，但係甫經到任，及被圍日久，祇准於本律流罪上量減一等，不得概請免罪。如係平日官聲素好，及戰功卓著之員，亦准奏請留營効力，再得勞績，方准免罪。

## 縱軍擄掠

凡守邊將領，私自使令軍人，於未附外境擄掠人口財物者，將領流二千里。所部聽使武官及管隊，遞減一等，並罪坐所由。使令之人。軍人不坐。○若軍人不曾經由本管頭目使令，私出外境擄掠者，為首處十等罰，為從處九等罰。因而傷外境人，為首者，絞監候，為從，并不傷人，首從俱流三千里。若本營頭目鈐束不嚴，處六等罰，留任。○其邊境城邑有賊出沒，乘機領兵攻取者，不在此限。○若於已附地面擄掠者，不分首從，皆絞監候。本管頭目鈐束不嚴，處八等罰，留任。○其將領知軍人私出外境，及已附地面擄掠之情故縱者，各與犯人同罪。至死減一等。

按：此仍明律，雍正三年修改，其小註係順治初年添入，現又改軍為流，改杖為罰，改斬為絞，蓋言邊防管將不可妄生邊釁也。《示掌》云：此專指守邊將領之罪，若因擄掠而引惹邊釁，自依激變良民律論斬。蓋禦虜之道，來則拒之，去則勿追，邊境無事之時，將帥惟當謹哨探而設守備，不得生事啟釁。若將帥縱令擄掠，或軍人私出擄掠，分別輕重治罪，以為將士貪殘私出者警。其或邊境有賊出沒窺伺，將帥乘機攻取，則屬機不可失，職分當然，陣前俘獲，此應敵之權，非私出擄掠之比，故曰“不在此限”。一節、二節均言未附地面，第四節專言已附地面，則境內。境外猶為敵國，不禁擄掠恐其搆怨，已附即為吾民之擾，如何招來，雖同一擄掠，而治罪究有輕重之分。首節所部聽使武官減等坐罪，而軍人不坐者，武官當守職諫阻，不可依阿聽從，若軍人則不能責其諫阻者也。此中俱有精義，不可忽過，律外有例，當與律文合參。

**條例**

一、凡出征官員兵丁，除有不遵紀律，欺壓良民，肆行擄掠子女者，仍按律治罪外，其於凱撤回營之日，沿途遇有良民子女，並非逃失，該官兵等強行攜帶者，即照於已附地面擄掠人口律治罪。若攜帶逃失良民子女，照收留迷失子女律治罪。其攜帶人口有親屬者，追出給還完聚；無親屬者，交地方官妥為撫恤。如有攜帶逆犯家屬，例應治罪者，除該家屬仍照例治罪外，該官兵等訊明知係逆犯家屬，即照知情藏匿罪人律治罪，若訊不知情，及攜帶不應治罪之逆犯家屬，均仍以攜帶逃失子女論，跟役等有犯，照兵丁一律辦理。領兵之該管官、跟役之家長知情故縱者，與同罪，失察者，交部分別議處，能自查出究辦者，免議。若出征官兵於經過地方私自典買人口，均照不應重律，係兵處八等罰，係官交部議處，失察各官照例減等議處，典買人口由官安插。

## 不操練軍士

凡各處邊方腹裏守禦官，不守紀律，不操練軍士，及城池不完，衣甲器杖不整者，初犯，處八等罰，再犯，處十等罰。○若守禦官隄備不嚴，撫馭無方，致有所部軍人反叛者，該管官，各追奪，誥敕，流三千里。若因軍人反叛棄城而逃者，絞監候。

按：此仍明律，原律“杖一百”之下有“指揮使降充同知，同知降充僉事，僉事降充千戶，千戶降充百戶，百戶降充旗總，旗總降充小旗，小旗降充軍役，並發邊遠守禦”等語。雍正三年以現今無此官名，全行刪去。其小註係順治初年添入，現又改斬為絞，改軍為流，改杖為罰，蓋言不操練撫馭之罪，以重守禦也。

唐律無文。《示掌》云：此以平時無事言，紀律者，兵家之綱紀法律也，紀律必謹守，始有節制控馭之權，軍士必操練，使知坐作進退之節，城池必完固，方可以守，衣甲器仗必整齊堅利，方可以戰，此四者，守禦官之職分也，失此四者，是謂溺職，故分別初犯、再犯治罪。若守禦官隄防禦備之不嚴，撫綏駕馭之無方，以致軍人或乘其無備，或憤其苛刻，大而反逆，次而背叛，除反叛之人依謀反、謀叛律治罪外，即將該管官追奪擬流。若因反叛不能安撫剿捕，背棄城守而逃，則不能貸其死罪。蓋情以漸而重，法以漸而嚴，其所以責成守禦者至矣。

## 激變良民

凡有司牧民之官，平日失於撫字，又非法行事，使之不堪。激變良民，因而聚衆反叛，失陷城池者，絞監候。止反叛而城池未陷者，依守禦官撫綏無方，致軍人反叛，按流三千里律奏請。

按：此仍明律，順治初年採《箋釋》語添入小註，現改斬為絞，蓋言有司虐民，以致激變之罪也。牧者守養之義，牧民之官，平日不能撫綏以守之，字育以養之，而又非法行事，以暴虐之，使無罪良民不堪其命，激成變亂，已屬有罪，臨時又不能收復平定，至於失陷城池，其罪更大。《輯註》云：古來橫徵暴斂、貪酷之吏，使民側目重足、朝夕不保，有一二發憤者起，奮臂一呼，莫不響應，揭竿弄兵，豈良民之好亂哉？律設激變之條，所望於循良者，意深遠矣。然必係無罪民，方合此律，若不逞之徒乘機作亂，則不得曰“激變”也，故後例又補出“刁民聚衆抗官”之條，以警刁風，與律文互相為用。律意嚴於責官，例意則嚴於懲民，須合參之，方知立法之無弊矣。律外有例，較律詳細，罪名亦嚴，當併參之。

**條例**

一、凡刁惡之徒聚衆抗官，地方文武員弁即帶領兵壯迅往撲捉，如稍有遲延者，即照定例嚴議。其撲捉之時，該犯即俯首伏罪，不敢抗拒，應分別末減，如該犯等持仗抗拒，許文武官帶同兵壯持械擒拏，若聚衆之犯並未執有器械，文武官縱令兵壯殺傷者，嚴加議處。

一、直省刁民，假地方公事，強行出頭，逼勒平民，約會抗糧，聚衆至四五十人以上，或借事罷市，尚無鬨堂塞署，並未毆官者，照光棍例，為首擬絞立決，為從擬絞監候。如鬨堂塞署、逞兇毆官，為首擬斬立決，其同謀聚衆、轉相糾約、下手毆官者，擬絞立決，其餘從犯俱擬絞監候，被脅同行者，各處十等罰。至因事歛錢搆訟，或果有冤抑，不於上司控告，擅自聚衆至四五十人，尚無前項情事者，減一等定擬。若遇前項案件，該督撫先將實在情形奏聞，嚴飭所屬立拏正犯，速訊明確，分別究擬，如實係首惡，通案渠魁，例應斬決者，該督撫一面具奏，一面將首犯於該地方即行正法，將犯事緣由及正法人犯姓名刻示，遍貼城鄉曉諭。若承審官不將實在為首之人究出擬罪，混行指人為首，因而坐罪，并差役誣拏平人、株連無干、濫行問擬者，嚴叅治罪，該督撫一併交部嚴加議處。至刁民滋事，其同城武職不行擒拏，及該地方文職不能彈壓撫恤者，俱革職，該管之上司文武官狥庇不即申報，該督撫、提鎮不行奏叅，俱交部議處。

## 私賣戰馬

凡軍人出征，獲到敵人馬匹，須要盡數報官，若私下貨賣與常人者，處十等罰。軍官私賣者，罪同，罷職。買者，處四等罰，馬匹價錢並入官。若出征軍官、軍人買者，勿論。賣者，追價入官，仍科罪。

按：此仍明律，原律“罷職”下有“充軍”二字，雍正三年刪改，其小註係順治初年添入，現又改杖為罰，蓋言軍人獲馬當報官也。唐律無文。軍人出征所獲敵人馬匹，當據實報官，蓋馬匹為軍需之重者，與其他擄獲者不同，故私賣有罪。然曰“私下貨賣”，則報官後貨賣者不禁也。常人買者有罪，而軍官、軍人買者勿論，以其還充官用耳。若賣馬之人，則不問賣與外與賣與軍人，其情一也，故註曰“追價入官，仍科罪”也。

## 私賣軍器

凡軍人將自己關給衣甲、刀鎗、旗幟、一應軍器，私下貨賣與常人者，流三千里。軍官私賣者，流二千里。買者，處四等罰。其間有應禁軍器，民間不宜私有而買者，以私有論。一件，處八等罰，每一件加一等，罪止流三千里。所買軍器，不論應禁與否，及所得價錢並入官。官軍買者，勿論。賣者，仍坐罪，追價入官。

按：此仍明律，順治初年添入小註，現又改軍為流，改杖為罰，蓋言軍器用以禦敵，不容私相賣買也。此止論官給之軍器不容私賣，賣者無復戰守之心，故治以罪。若自置而貨賣者，買賣之人不在此限，與上私賣戰馬大致相同。惟軍器關給於官，與戰馬獲自敵人者不同，故治罪有輕重之分。應禁軍器者，如人馬甲、傍牌、火筒、火礮、旗纛、號帶之類。民間許有平常軍器，不得私有應禁軍器，賣者不分應禁與否，而買者則分別買應禁之軍器有罪，非應禁者則無罪也，與盜賣軍器條互參。律外有例，可與律一併參之。

### 條例

一、軍人、軍官私當關給衣甲、旗幟、應禁軍器，照私賣律減一等，徒三年。收當之人，照私有軍器律減一等，處七等罰，每一件加一等，罪止徒三年。如有結夥盤踞，加倍重利收當軍器者，發極邊足四千里安置，軍器當本照例入官。其非應禁者，不在此限。失察之地方將領各官，交部議處。

## 毀棄軍器

凡將領關撥一應軍器，出征守禦事訖，停留不收回納還官者，以事訖之日為始。十日，處六等罰，每十日加一等，罪止十等罰。〇若將領征守事訖，將軍器輒棄毀者，一件，處八等罰，每一件加一等，二十件以上，絞監候。遺失及誤毀者，各減三等，軍人棄毀遺誤。各又減一等，並驗毀失之數追賠。還官。其曾經戰陣而有損失者，不坐不賠。

按：此仍明律，順治初年添入小註，乾隆五年修改，現又改斬為絞，改杖為罰，蓋言軍器還官違限之罪也。唐律：諸戎仗非公文出給而輒出給者，主司徒二年，雖有符牒合給，未判而出給者，杖一百，儀仗各減三等。又，《雜律》：諸請受軍器事訖，停留不輸者，十日杖六十，十日加一等，百日徒一年，過百日不送者減私有罪二等，其毀棄者准盜論。若亡失及誤毀傷者，以十分論，亡失一分、毀傷二分，杖六十，亡失二分、毀傷四分，杖八十，亡失三分、毀傷六分，杖一百，即不滿十分者，一當一分論。其經戰陣而有損失者，不坐。儀仗各減二等云云。明律本此，而無首節“出給戎仗”之文，且止言軍器而無“儀仗”一項，其停留罪止滿杖，較唐律為輕，唐律毀棄以盜論，明律分別件數，至二十件擬死，亦有不同。至遺失誤毀，亦不如唐律分別詳細也。軍器本（無）[為] ⑥征守，而關撥事既訖矣，停留何為？立法原有深意。前條私賣軍器，是關給備摻者，但行查點，不合納還，自無事時言之；此言有事征守，則另有關撥合用之器，故事訖責令納還。彼曰“關給”，此曰“關撥”，字法不同，故用意各別。停留毀棄皆重在將領，故按日、按件科罪，俱不及軍人。若遺失誤毀，則兼軍人言之，不過軍人稍輕耳。後有專例，可並參之。

### 條例

一、凡看守城池、倉庫、街道等處兵丁，遺失本身器械者，處七等罰。

## 私藏應禁軍器

凡民間私有人馬甲、傍牌、火筒、火礮、旗纛、號帶之類應禁軍器者，一件，處八等罰，每一件加一等。私造者，加私有罪一等。各罪止流三千里。非全成不堪用者，並勿論，許令納官。其弓箭、鎗、刀、弩及魚叉、禾叉，不在禁限。

按：此仍明律，順治初年添入小註，現改杖為罰，蓋言應禁軍器非民間所得私藏也。唐律：諸私有禁兵器者，徒一年半。註云：謂非弓、箭、刀、楯、短矛者。長者為戈，短者為矛。《疏議》曰：禁兵器，謂甲、弩、矛、楯、具裝等。具裝今名掩心。依令，弓箭五事，私家聽有，其旌旗幡幟及儀仗，並私家不得輒有。又律：弩一張加二等，甲一領及弩三張，流二千里；甲三領及弩五張，絞。私造者各加一等，造未成者減二等。即私有甲、弩，非全成者，杖一百，餘非全成者，勿論。註云：即得闌遺，過三十日不送官者，同私有法云云。明律本此，而軍器名色各有不同，且罪止滿流，亦無唐律絞罪。一件杖八十，亦較唐律徒一年半者輕至數等矣。私有，自其舊有者言，或先世所遺，或他處拾得皆是；私造，自其新造者言，本無其器而由己造出也。非全成者，或私有而形體不全，或私造而工制未就，如有旗無竿之類是也。私有不送，止有藏匿之情，私造必有僭用之意，故罪分輕重。律外又有詳例，均可與律互參。

**條例**

一、各省居民應需鳥鎗、洋鎗守禦者，務報明地方官確查實在。必需，准其報官製造鳥鎗、購買洋鎗，上刻姓名、編號立冊，按季查點。有私造、私買者，處十等罰，私藏者，處九等罰，仍各照律每一件加一等，罪止流三千里。該管地保失察私造者，處八等罰，革役，如係知情故縱，處十等罰，該管官不行查出，交部議處。如兵丁有借查鳥鎗、洋鎗名色擾民者，該管官一併議罪。至私造、私藏竹銃及失察故縱之地保，俱照鳥鎗例治罪。地方官失於覺察，亦照鳥鎗例議處。

一、內地姦民私販外洋礮位者，發煙瘴地方安置，販賣洋鎗，處十等罰，每一件加一等，罪止流三千里。販賣洋藥、洋砂、銅帽，照興販硫磺例治罪。儻有濟匪情事，均以通賊論。

一、內地姦民煎乞、窩囤、興販硫磺十斤以下，處十等罰，十斤以上，徒一年，每十斤加一等，六十斤以上流二千里，八十斤以上流二千五百里，一百斤流三千里，百斤以上發極邊足四千里安置。若甫經窩囤尚未興販，減興販罪一等。焰硝每二斤作硫磺一斤科斷，硝磺入官。鄰保知情不首，處十等罰，挑夫、船戶知情不首，減本犯罪二等。知情分贓，與犯同罪，贓重以枉法從重論。首報人免罪，仍照硝磺入官價值，向本犯另追給賞。如合成火藥，賣與匪徒，不問斤數多寡，發極邊足四千里安置。其本省銀匠、藥鋪、染坊需用硝磺，每次不許過十斤，令其呈明地方官批限，賣完繳銷，違者以私囤論。

一、凡製造花爆之家，於地方保甲門牌內註明“業花爆”字樣，止准售賣花爆，不准售賣火藥。如違例售賣火藥，數不足十斤者，處五等罰，十斤處六等罰，每十斤加一等，至五十斤以上者，徒三年。其應需硝磺，如不由官行、官店承買者，照私囤例治罪。

一、苗倮、蠻戶俱不許帶刀出入及私藏違禁等物，違者照民間私有應禁軍器律治罪。該管頭目人等知而不報者，處十等罰，地方文武官弁失察，照例議處。

## 縱放軍人歇役

凡管軍千總、把總及管隊軍吏，縱放軍人出百里之外買賣，或私種田土，或隱占在己使喚，空歇軍役不行操備者，計所縱放，及隱占之軍數。一名，處八等罰，每三名加一等，罪止十等罰，罷職。若受財賣放者，以枉法從重論。所隱縱放、隱占、賣放各項。軍人，並處八等罰。若私使出境，因而致死，或被賊拘執者，流三千里，至三名者，絞監候。本營專管官吏，知情容隱不行舉問，及虛作逃亡，扶同報官者，與犯人同罪。罪止流三千里。若管隊、把總、千總，縱放軍人，其本營專管官吏知情故縱或容隱不行舉問，及本營專管官故縱軍人，其千總、把總、管隊知而不首告者，罪亦如之。私使出境而不首告者，同罪。〇若鈐束不嚴原無縱放私使之情。致有違犯，或出百里，或出外境，私自歇役。及原無知情容隱，止失覺舉者，管隊名下一名，把總名下五名，千總名下十名，本營專管官名下五十名，各處四等罰；管隊名下二名，把總名下十名，千總名下二十名，本營專管官名下一百名，各處五等罰，並留任。不及數者，不坐。〇若武職官私家役使軍人，不曾隱占歇役妨廢操備者，一名，處四等罰，每五名加一等，罪止八等罰。並每名計一日，追雇工銀一錢二分五釐。入官。

按：此仍明律，雍正三年以官制名色與前明不同，畧為修改，其小註係順治初年添入，乾隆五年增改，現又改易，並刪去末句，蓋嚴放縱歇役之罪，以實行伍也。唐律：諸在軍所及在鎮戍私放征防人還者，各以征鎮人逃亡罪論，即私放輒離軍鎮者，各減二等；若放人多者，一人准一日，放日多者，一日准一人。註云：放三人各五日，放五人各三日，累成十五日之類，并經宿乃坐。又律：臨軍征討而放者，斬，被放者各減一等。諸鎮戍應遣番代而違限不遣者，一日，杖一百，三日加一等，罪止徒二年，即代到而不放者，減一等。若鎮戍官司役使防人不以理，致令逃走者，一人杖六十，五人加一等，罪止徒一年半。諸丁夫雜匠在役，而監當官司私使，及主司於職掌之所私使兵防者，計庸准盜論，即私使兵防出城鎮者，加一等。諸揀點衛士，取舍不平者，一人杖七十，三人加一等，罪止徒三年。註云：不平，謂舍富取貧，舍強取弱，舍丁多而取丁少之類。《疏議》曰：揀點之法，財均者取強，力均者取富，財力又均，先取丁多。又律：若軍名先定而差遣不平，減二等，即應差主帥而差衛士者，加一等，其有欠剩者，各加一等云云。明律雖本於此，而細節不同，罪名亦較唐律為輕，其私使出境，因而致死或被賊拘執，擬軍擬絞之罪，則為唐律所無，又無唐律揀點之法，官名亦各有不同也。此條之罪有五：一曰縱放，一曰隱占，一曰賣放，一曰私使，一曰私役。夫軍以守衛，五者有一，則軍空虛，惟情節輕重不同，故治罪各有分別。律文曰"百里以外空歇軍役"，可見於近便處買賣，不誤修備，未曾歇役者，自（無）[勿]論也。私使出境，必致死、被執，方坐流絞，若無致死、被執，止當照"故縱百里之外"擬罰也。通篇共分五節，而首節更分作四段，"縱放"、"隱占"、"賣放"三事作為一段，下"私使出境"作為一段，"本管官吏容隱"作一段，止承"私使出境"而言，"管隊、把總、千總"以下作一段，言上下不舉首之罪；次節言鈐束不嚴，失於覺察而非放縱私使之罪；三節言私役而不隱占者；四節、五節統承三節言，頭緒雖繁而線索極清，當細玩之。

**條例**

一、凡軍士下班之日，其本管官員擅撥與人做工等項役使，照私役軍人本律發落。

## 從征守禦官軍逃

凡官軍已承調遣。從軍征討，私逃還家，及逃往他所者，初犯，處十等罰，仍發出征，再犯者，絞監候。知在逃之情窩藏者，不問初犯、再犯。流二千里。原籍及他所之里長知而不首者，處十等罰。若征討事畢。軍還官軍不同振旅。而先歸者，減在逃五等，因而在逃者，處八等罰。若在京軍人逃者，初犯，處九等罰；各處守禦城池軍人逃者，初犯，處八等罰，俱發充伍，再犯，不問京、外。俱流三千里，三犯者，絞監候。知在逃之情窩藏者，與犯人同罪，罪止流二千里。不在滿流處絞之限。里長知而不首者，各處八等罰。其從征軍與守禦軍。本管頭目知情故縱者，各隨所犯次數。與同罪，罪止流二千里。其征守在逃官軍，自逃日為始。一百日内能自出官首告者，不問初犯、再犯。免罪，若在限外自首者，減罪二等。但於隨處官司首告者，皆得准理。准免罪及減罪二等。○

若各營軍人不著本伍。轉投別營當軍者，同逃軍論。或初犯、再犯，皆依上文律科斷。

按：此仍明律，雍正三年刪改，乾隆五年改定，其小註係順治初年添入，現又改易，蓋嚴征守軍士私逃之禁也。唐律：諸鎮戍有犯本條無罪名者，各減征人二等。又，《捕亡門》：諸征名已定及從軍征討而亡者，一日，徒一年，一日加一等，十五日絞，臨對寇賊而亡者，斬。主司故縱，與同罪。軍還而先歸者，各減五等，其逃亡者，同在家逃亡法。若有軍名而亡者，加丁夫雜匠一等。諸防人向防及在防未滿而亡者，一日，杖八十，三日加一等。《疏議》曰：若有軍名而亡，謂衛士、掌閑、駕士、幕士之類，名屬軍府者，總是有軍名。丁夫在役逃罪，一日，笞三十，十日加一等，罪止徒三年云云。明律軍逃不計日數，（與）[以]⑦初犯、再犯科，與唐律以日計算之法不同，而罪名亦較為輕減。唐律分“從征”、“對寇”、“鎮戍”、“在防”各項，明律止分“從征”與“守禦”，而“守禦”又分“在京”與“各處”守禦，末後又添“自首”一層，則均有不同也。從征官軍所係重於守禦，而京衛軍人所係重於外衛。從征正為國報效之時，而私逃還家則有避難之性，初犯止罰（乃）[仍]⑧令出征者，寬之以望其奮也，再犯則絞者，嚴之以警其餘也。從征私逃兼武官軍人言，在京各處止言軍人，不言武官者，蓋武官自有擅離職役本律也。

### 優恤軍屬

凡陣亡病故官軍回鄉家屬，應給行糧脚力，經過有司不即應付者，以家屬到日為始。遲一日，處二等罰，三日加一等，罪止五等罰。

按：此仍明律，順治初年添入小註，現改笞為罰，蓋言亡故官軍家眷宜加矜恤也。唐律《雜律》：諸從征及從行公使，於所在身死，依令應送還本鄉，違而不送者，杖一百，若傷病而衣食有闕者，杖六十，因而致死者，徒一年云云。明律本此，而計日治罪較唐律為輕，亦無“衣食有闕”一層。陣亡，謂戰陣受傷而亡者；病故，謂從征在營因病而故者。皆係歿於王事，故當優恤其家屬。《郵驛門》有“病故官家屬還鄉，違而不送，處六等罰”，與此不同者，彼自原住官司言之，此自經過有司言之，須互相參考，自知各有用意也。

## 關津

《關津》之律，意主稽查。隋、唐統於《宮禁律》內，名曰《衛禁》，至明始分為二，曰《宮衛》，曰《關津》，以其有內外輕重之別也。原共七條，現修新律，刪去五條，止餘《關津留難》及《盤詰姦細》二條矣。

## 關津留難

凡關津往來船隻，守把之人不即盤詰驗文引放行，無故阻當者，一日，處二等罰，每一日加一等，罪止五等罰。坐直日。若取財者，照在官人役取受有事人財例，以枉法計贓科罪。○若官豪勢要之人，乘船經過關津，不服盤驗者，處十等罰。○若撑駕渡船梢水，如遇風浪險惡，不許擺渡，違者處四等罰。若不顧風浪，故行開船，到中流停船，勒要船錢者，處八等罰。因而殺傷人者，以故殺死、傷未死論。或不曾勒要船錢，止是不顧風浪，因而沉溺殺傷人者，以過失科斷。

按：此仍明律，順治三年添入小註，現改笞杖為罰金，蓋懲關津阻抑及渡船勒索之罪也。唐律：諸關津度人，無故留難者，一日，主司笞四十，一日加一等，罪止杖一百。《疏議》曰："關"謂判過所之處，"津"直渡人，不判過所者，依令各依先後而渡。主司，謂關津之司，此謂非公使之人，若軍務急速而留難不渡，致稽廢者，自從所稽廢重論。又，《雜律》：諸船人行船，茹船、瀉漏、安標宿止不如法，若船栰應迴避而不迴避者，笞五十；以故損失官私財物者，坐贓論減五等；殺傷人者，減鬬殺傷三等。其於湍磧尤難之處，致有損壞者，又減二等。監當官司各減一等。猝遇風浪者，勿論云云。明律本此，而治罪較輕於唐律，亦無唐律後段"茹船、安標不如法"之罪，其"官豪不服盤驗"及"梢水勒錢致殺傷人"二節則為唐律所無也。凡關市津渡之處，往來船隻皆應盤詰其來歷、辨驗其文引，所以稽查奸宄也。不即盤驗，留難，必致羈滯行旅，如官豪不服盤驗，更為抗違法令，故一止五等罰，一止十等罰也。若行船水手不顧風浪渡人，即渡至中流，勒索錢文者，分別輕重擬以罰金，若因而殺傷人，則更當加重，以故殺傷人科罪矣。但故殺律擬絞候，而故傷律無治罪明文，仍當以鬬傷論之，不可拘泥也。

## 盤詰姦細

凡緣邊關塞及腹裏地面，但有境內姦細走透消息於外人，及境外姦細入境內探聽事情者，盤獲到官，須要鞫問接引入內、起謀出外之人，得實，不分首從。皆絞監候。經過去處，守把之人知而故縱，及隱匿不首者，並與犯人同罪。至死減等。失於盤詰者，官，處十等罰，軍兵，處九等罰。罪坐值日者。

按：此仍明律，順治初年添入小註，現改斬為絞，改杖為罰，蓋嚴姦細出入之禁也。唐律：諸緣邊城戍，有外姦入內、內姦外出而候望者不覺，徒一年半，主司徒一年。其有姦人出入，力所不敵者，傳告比近城戍，若不速告，及告而稽留、不即共捕，致失姦寇者，罪亦如之。又，《擅興門》：諸密有征討而告賊消息者，斬，妻子流二千里。其非征討而作間諜，若化外人來為間諜，或傳書信與化內人，並受及知情容止者，並絞云云。明律合兩章為一條，無論走透消息及探聽事情，一概擬斬，而無緣坐妻子之法。其失於盤詰，止擬滿杖，則較唐律稍輕，而文義亦不如唐律詳備。《周禮・士師》“八成”內有“邦汋”、“邦諜”，此律即其罪也。與漏洩軍情大事條參看，彼律指聞之而漏洩言，故有先傳、傳至之分，此律則專指姦細言，故接引、起謀俱不寬貸。故縱與隱匿罪同而情異，故縱是聽姦細之去而不問，隱匿之聽姦細之來而不舉，故止科同罪，而至死得減一等。若有受財情事，則是接引之人當擬絞矣。律後又有條例，均足補律未備，當併參之。

**條例**

一、凡州縣城鄉，十戶立一牌頭，十牌立一甲頭，十甲立一保長。戶給印牌一張，書寫姓名丁數，出則註明所往，入則稽其所來。其客店亦令各立一薄，每夜宿客姓名幾人，行李牲口幾何，作何生理，往來何處，逐一登記明白。至於寺觀，亦非給印牌，上寫僧道口數姓名，稽查出入。如有虛文應事，徒委捕官吏胥需索擾害者，該上司查条治罪。

一、內地人民誆騙苗、蠻、瑶、伶、黎、僮人等財物，引惹邊釁，或潛住苗蠻等寨，教誘為亂、如行劫民財，以強盜分別貽患地方者，除實犯死罪外，俱流三千里。

一、姦商販賣軍器與土司番蠻者，擬流三千里，該管官知情故縱者，罪同；不知情者，道、府、州、縣官及武職專管、專轄官，並該督撫、提鎮，俱交部照例分別議處。

一、姦徒將米、穀、豆、麥、雜糧偷運外洋，希圖漁利者，米過一百石，流二千五百里；一百石一下，徒三年；不及十石者，處十等罰。為從及知情不首之船戶，各減一等。穀及豆、麥、雜糧，每二石作米一石科斷，如係由此口運至彼口，有護照可憑者，不在此例。

一、凡內地沿海盤獲形跡可疑之船，貨物人數不符稅單牌票者，限即日查明，果係商船，即速放行，如係賊船，交與地方官審鞫有無行劫，按律例分別治罪。如巡緝官兵以賊船作為商船釋放者，照諱盜例治罪；以商船作為賊船擾害者，照誣良為盜例治罪；索取財物者，拏問。該管上司失察，照例議處。

一、船隻出洋，十船編為一甲，取具連環保結，一船為非，餘船知而不首者，並坐，能首捕到官者免。初出口時，必於汛口掛號，將船照呈送地方官、或營官驗明，填註日月，蓋印放行，入口亦如之。經過省分，一省必掛一號，回籍時仍於本籍印官處送照查驗，違者俱各處十等罰。失察及知情之該管各官，交部議處。

一、沿海地方商漁船隻，分別書刻字樣，其營船刊刻某營第幾號哨船，舵工水手人等俱各給與腰牌，刊明姓名、年貌、籍貫。如船無字號，人有可疑，即嚴加究治，若貨物與照內不（敷）[符] ⑨，仍按貨物不符單票例辦理。至漁船出洋，不許多載米酒，進口不許裝載貨物，違者嚴加治罪。守口文武各官不行盤查，照例議處。

一、沿海一應採捕及內河通海之各色小船，地方官取具澳甲鄰佑甘結，一體印烙編號，給票查驗。如有為匪行劫等項，照例治罪，甲鄰知而不首，一體治罪。儻船隻有被賊押坐出洋者，立即報官，將船號姓名移知營汛稽究，容隱不首，照違制律治罪。其呈報遭風船隻，必查訊實據，方准銷號，捏報者即行究治。

一、海關各口，如遇往洋船隻，倒換照票，務須查驗人數，登填薄籍，鈐蓋印戳，始准放行。進口時責成該委員吏役稽查，其有人照不服、船貨互異，即送地方官審究。如失於查察，致匪船濫出濫入，審明係何處口岸，有委員者，將該委員照例議處，無委員者，將該吏役處十等罰，革役，并將失察之該管官交部議處。儻關口員役藉端需索，照例分別条處治罪。

一、沿邊關塞及腹裏地面盤詰姦細處所，有歸復鄉土人口被獲到官，查審明白，即行起送歸籍。有妄作姦細，希圖冒功者，以故入人罪論。若實係姦細，能首降者，亦一體給賞安插。

一、出洋華商人等，回籍以後，地方胥吏遇事刁難，里族莠民藉端苛索勒詐者，按律嚴懲。

## 廄牧

漢制《九章》有《廄律》，晉以牧事合之，曰《廄牧》，自宋及梁，復名《廄律》，隋以庫事合曰《廄（律）[庫]》，唐仍其舊，明以廄、庫二事不倫，分庫事屬《戶律》，曰《倉庫》，此仍曰《廄牧》。廄者，鳩聚也，馬、牛之所聚，其中“牧養”、“孳生”等法，實明之弊政，國朝雖仍存其制，而悉除其害。共十一條，現修新律，已將《公使索借官匠》一條刪去，止餘十條。

## 牧養畜產不如法

凡牧養官馬、牛、駝、贏、驢、羊，並以一百頭為率，若死者、損者、失者，各從實開報。死者，即時將皮張、鬃尾入官，牛觔、角、皮張亦入官。其管牧牧長、牧副，每馬、牛、駝一頭，各處三等罰，每三頭加一等，過十等罰，每十頭加一等，罪止徒三年。羊減馬三等，四頭，處一等罰，每三頭加一等，過十等罰，每十頭加一等，罪止徒一年半。驢、贏減馬、牛二等。一頭，處一等罰，每三頭加一等，過十等罰，每十頭加一等，罪止徒二年。若胎生不及時日而死者，灰醃；並年老而自死者，看視明白，不坐。若失去賠償，損傷不堪用，減死者一等坐罪。其死損數目，並不准除。

按：此仍明律，順治初年添入小註，原律無“年老自死”一句，係雍正三年增添，現改笞杖為罰金，蓋嚴牧養之失職也。唐律：諸牧畜產，準所除外，死、失及課不充者一，牧長及牧子笞三十，三加一等，過杖一百，十加一等，罪止徒三年，羊減三等。《疏議》曰：廄牧令：諸牧雜畜，死耗者每年率以百頭論，駝除七頭，騾除六頭，馬、牛、驢、羖羊除十，白羊除十五。從外番新來者，馬、牛、驢、羖羊皆聽除二十。又律：新任不滿一年而有死失者，總計一年之內月別應除多少，準折為罪。若課不充，遊牝之時當其檢校者，準數為罪，不當者不坐。繫飼死者，各加一等，失者又加二等。牧尉及監，各隨所管牧多少，通計為罪，仍以長官為首，佐職為從云云。明律罪名均同於唐律，惟止言死、損而無唐律“課不充”一層；唐律後段有“新任不滿一年”及“繫飼死者加等”數語，明律無之；且唐律有“準所除外”一語，明亦無此句，則是一百頭內但死失一頭即笞三十，未免過重。故本朝添入“年老自死者不坐”一句，則較平允矣。此律專言牧長之罪，以一百頭為率，是準此以科罪，並非一牧長額管一百頭也。首言死者之罪，以三等罰起，至徒三年止；後言失與損之罪，則減一等，自二等罰起，至徒二年半止。失去已賠償，仍照數論罪，死與損既論罪，仍照數賠償，故篇末曰“並不準除”，非謂失去者賠償而死與損者不賠償也，須善會之。後有“解送軍營馬匹倒斃”之例，可與律文合參。

### 條例

一、解送軍營馬匹倒斃，其分起解送之文武各員，照軍營賠補馬匹之數。每百匹准其倒斃三匹，如倒斃三匹以上至二十匹者，交部照例分別議處；三十匹以上者，徒一年；三十五匹以上者，徒一年半；四十匹以上者，徒二年；四十五匹以上者，徒二年半；五十匹以上者，徒三年。如有盜賣別情，計贓以監守自盜論。至總理督解之員，合其督解總數，按其倒斃多寡，亦即照此分別議處治罪。若知盜賣之情而故縱者，罪同。

## 孳生馬匹

凡牧長管領騍馬，一百匹為一羣，每年三羣，孳生駒一百匹。若一年之內，止有駒八十匹者，處五等罰；七十匹者，處六等罰。典牧官不為用心提調者，至孳生不及數。各減三等。該管衙門官又減典牧官罪二等。

按：此仍明律，雍正三年修改，其小註係順治初年添入，現改笞杖為罰金，蓋重馬政之考成，而期於蕃息也。《唐律疏議》曰：廐牧令：牝馬一百匹，牝牛、驢各一百頭，每年課駒、犢各六十，騾駒減半；馬從外番新來者，課駒四十，第二年五十，第三年同舊；牝駝一百頭，三年內課駒七十；白羊一百口，每年課羔七十口；羖羊一百口，每年課羔八十口，准此，欠數者為課不完。明律本此，但止言馬匹而無駝騾等項，且每年三百匹孳生一百匹，是三匹內孳生一匹，與唐律每年百匹內孳生六十匹者課額亦少而寬。又，查《明史・職官志》：凡軍民孳牧，視其丁產，授之種馬，牡十之二，牝十之八，為一羣，歲徵其駒，曰“備用”，齊其力以給將士云云。當時馬戶賠累甚苦，國朝弊政已除，此律已為虛設，留此以存舊制。律外有例，係本朝馬政之制，當並參之。

**條例**

一、凡上駟院陸軍部所管遊牧馬羣，每三年整頓一次，不論騍馬、兒馬、馬駒，每三匹內，合算當孳生馬一匹。除合算正額外，多孳生一百六十匹以上者為頭等，八十匹以上者為二等，一匹以上者為三等，牧長、牧副分別給賞。若合算正額內，少孳生五十匹以下者，牧長罰馬五匹，牧副各處四等罰；一百匹以下者，牧長罰馬七匹，牧副各處五等罰；一百匹以上者，牧長罰馬九匹，牧副各處六等罰。騸馬羣，倒斃少者，賞；多者，罰；相半者免議。賞罰之數，視騍馬羣第三等例，其各馬羣賞罰相半者，總管官免議，賞多者按羣給賞，罰多者按羣受罰。

## 驗畜產不以實

凡官司相驗分揀相驗其美惡，而分別揀選，以定高下。官馬、牛、駝、羸、驢，不以美惡之實者，一頭，處四等罰，每三頭加一等，罪止十等罰；驗羊不以實，減三等。若因驗畜不實而價有增減者，計所增、虧官減損民價，坐贓論；入己者，以監守自盜論，各從重科斷。不實罪重，從不實坐贓；自盜罪重，從自盜坐贓。

按：此仍明律，順治初年添入小註，乾隆五年增修，現改笞杖為罰金，此概言官司驗檢畜產不實之罪也。唐律：諸驗畜產不以實者，一笞四十，三加一等，罪止杖一百。若以故價有增減，贓重者計所增減，坐贓論，入己者以盜論云云。明律本此，《箋釋》云：官用牛馬等畜，不足則收買，有餘則變價，皆須官吏獸醫人等相驗美惡，分揀高下，以為價之低昂。又，《示掌》云：此州縣起解備用馬匹例也，若民間估價不平，自有市司評物價之律。凡價之高下，須從驗揀之人估定，所增所減，皆其主之，猶監守也，有所增減則虧官損民，故坐贓論罪，然尚無入己之實贓，止是不實之虛數也，若因而入己，則作弊營私，其情更重，故以監守盜論。蓋“不實”、“坐贓”、“監守盜”，原係三項，各從其重者論之。

## 養療瘦病畜產不如法

凡養療瘦病官馬、牛、駝、贏、驢不如法，無論頭數。處三等罰；因而致死者，一頭，處四等罰，每三頭加一等，罪止十等罰。羊減三等。

按：此仍明律，順治初年添入小註，現改笞杖為罰金，蓋言養療畜產宜加謹也。唐律：諸受官羸病畜產，養療不如法，笞三十，以故致死者，笞四十，三加一等，罪止杖一百。《疏議》曰：依廄牧令，官畜在道，有羸病不堪前進者，留付隨近州縣養飼療救，粟草及藥官給，而所在官司受之，須養療依法云云。明律胥本於此，而將馬、牛與羊分別輕重，且祇言養療而未指明何人，故《箋釋》云：此專為馬夫、獸醫言，非關牧養之人也。考諸《周禮》，有“巫馬”之官，掌養疾馬而乘治之，相醫而藥攻馬疾，此律即其遺制，惟不設專官久矣。不如法者，謂水草不以時，方藥不合病也，《中樞政考》載：直省驛馬多寡不等，直隸、河南、山東、湖北、雲南、四川，驛馬十分之內倒斃不得過三分；山西、陝西、甘肅、浙江，不得過二分；江蘇、安徽、江西、湖南，不得過四分；貴州不得過七分。如有缺少，或倒斃雖在數內而隱匿遲報，不將截曠草料扣除，及任意稽延，不即買補者，上司查叅等因。可與此律一併參考。

## 乘官畜脊破領穿

凡官馬、牛、駝、贏、驢，乘駕不如法，而致脊破領穿，瘡圍繞三寸者，處二等罰，五寸以上，處五等罰。並坐乘駕之人。若牧養瘦者，計百頭為率，十頭瘦者，牧養人及牧長、牧副，各處二等罰，每十頭加一等，罪止十等罰。羊減三等。典牧官各隨所管牧長多少，通計科罪。亦以十分為率。該管衙門官各減典牧官罪三等。

按：此仍明律，雍正三年修改，其小註係順治初年添入，乾隆五年增修，現改笞杖為罰金，蓋言應乘官畜之人不加愛護，而並治牧養不謹之罪也。唐律：諸乘駕官畜產而脊破領穿，瘡三寸，笞二十，五寸以上，笞三十。若放飼瘦者，計十分為坐，一分笞二十，一分加一等。即不滿十者，一笞三十，一加一等。各罪止杖一百云云。明律一本於唐，末節稍為變易，瘡曰“圍繞三寸”，則不三寸者勿論，曰“五寸以上”，則大於五寸者亦止五等罰而已。前牧養不如法條，有失去、損傷罪牧長、牧副之罪，此條言牧養瘦病者，牧養人及牧長、牧副、典牧官之罪，彼此不齊，蓋互相備也。後有條例，可與律合參。

**條例**

一、車駕行幸，所需馬匹車輛及校尉等所乘馬匹，俱令該管職事人員親身關領、嚴行約束。若校尉、當差人役、趕車步軍將馬匹不按時飲水喂草，私自濫行馳驟，或在沿途，或致處所倒斃、失走者，各處十等罰，蹿病損傷者，減二等。

## 官馬不調習

凡牧馬之官，聽乘官馬而不調習者，一匹，處二等罰，每五匹加一等，罪止八等罰。

按：此仍明律，現改笞杖為罰金，蓋欲馬性之調良以適駕馭也。唐律：諸官馬乘用不調習者，一匹，笞二十，五匹加一等，罪止杖一百云云。明律本此，而罪止杖八十，較輕二等，專為牧馬官應乘官馬者，責其調習以利用。《中樞政考》有：營兵並無要事，私行跑馬，旗兵鞭五十，綠營兵責四十棍，仍將馬撤回，令其步行云云。可與此律互參。

## 宰殺馬牛

凡私宰自己馬、牛者，處十等罰，駝、贏、驢，處八等罰，觔、角、皮張入官。誤殺及病死者，不坐。〇若故殺他人馬、牛者，徒一年；駝、贏、驢，處十等罰。官畜産同。若計贓重於本罪者，准盜論。追價給主。係官者，准常人盜官物斷罪。若傷而不死，不堪乘用，及殺豬、羊等畜者，計殺傷所減之價，亦准盜論，各追賠所減價錢；還官、給主。價不減者，處三等罰。為從者，各減一等。官物不分首從。其誤殺傷者，不坐罪，但追賠減價。〇若故殺緦麻以上親馬、牛、駝、贏、驢者，與本主私宰罪同。追價賠主。殺豬、羊等畜者，計減價坐贓論，罪止八等罰。其誤殺及故傷者，俱不坐，但各追賠減價。〇若官私畜産毀食官、私之物，因而殺傷者，各減故殺傷三等，追賠所減價。還畜主。畜主賠償所毀食之物。還官、主。〇若故放官、私畜產，損食官、私物者，處三等罰。計所食之贓重於本罪者，坐贓論。罪止徒三年。失防者，減一等。各賠所損物。還官、主。〇若官畜產失防毀食官物者，止坐其罪，不在賠償之限。〇若畜產欲觸觝踢咬人，登時殺傷者，不坐罪，亦不賠償。兼官、私。

按：此仍明律，順治初年刪定、添入小註，現又改笞杖為罰金。原律係“病死而不申官開剝者，笞四十”，本朝改為“病死者不坐”，刪去“申官”一層，較不煩擾。此律蓋分別人、己之畜產，以定殺傷之罪也。唐律：諸故殺傷官私馬、牛者，徒一年半，贓重及殺餘畜產，若傷者，計減價准盜論，各償所減價值，不減者，笞三十。其誤殺傷者，不坐，但償其減價。主自殺馬、牛者，徒一年。殺緦麻以上親馬、牛者，與主自殺同。殺餘畜者，坐贓論，罪止杖一百，各償其減價。官私畜產毀食官私之物，登時殺傷者，各減故殺傷三等，償所減價，畜主備所毀。其畜產欲觝、齧人而殺傷者，不坐，不賠。諸放官私畜產損食官私物者，笞三十，贓重者，坐贓論，失者減二等，各償所損。若官畜損食官物者，坐而不償云云。漢律亦有殺傷人畜產之條，又，《日知錄》載唐時赦文，十惡五逆、火光行刼、持刃殺人、屠牛鑄錢不在原赦之限，可見屠牛之罪，古法最嚴。明律一本唐律，而輕重詳略稍有不同。唐律牛馬而外統云餘畜，明於餘畜中又分別駝、騾、驢三項，雖較馬、牛稍輕，究較豬、羊為重。夫馬以代步，牛以代耕，駝、騾、驢負重致遠，皆效用於人者，既盡其力，又殺其身，非仁也。故分別自己、他人、親屬、官私，以定罪之輕重，皆係故殺而言，若誤殺出於無心，病死非關人事，自不在坐罪之列。此與刑律盜殺不同，盜殺是利其所有，先盜而後殺，此故殺是與畜主有隙，而故加殺傷，非有利而為之，亦非因盜而殺之也。共分八節：首節言私宰自己畜產之罪，律云“私宰”，若因老病不堪用，告給判狀，官許宰殺，自可不論其罪矣；二節言故、誤殺傷他人畜產；三節言故殺傷為從之罪，專承二節言；四節言故、誤殺傷親屬畜產；五節言因畜產毀食，因而殺傷；六節言放、失畜產損食人物，損食是一事，謂因食而致損，與上毀食不同，故一曰賠償所損食之物，毀與食兼言，一曰賠所損物，以損賅食也；七節言官畜產毀食官物，兼乘五、六兩節；八節言畜產傷人而殺傷，重看“登時”二字，其勢急迫，情非得已，殺傷所以禦害耳，若已經避過而追恨殺傷，則是故殺傷矣。律外有例，均足補律未及，當合參之。

**條例**

一、凡屠戶將別項堪用牲畜買去宰殺者，雖經上稅，仍照故殺他人駝贏律科罪。若將竊盜所偷馬、牛及別項堪用牲畜不上稅買去宰殺者，與竊盜一體治罪。

如竊盜罪名輕於宰殺者，仍從重依宰殺本罪問擬，不得以盜殺論。

一、凡宰殺耕牛，私開圈店，及開設湯鍋，宰殺堪用馬匹，俱計減價，贓重於宰殺本罪者，准竊盜論，罪止流三千里。將耕牛販賣與宰殺之人及牙行，或賣馬人知情而賣者，俱減一等，其殘老病死者，勿論。失察之地方官，照例分別議處。

## 畜產咬踢人

凡疏縱馬、牛及犬，因而殺傷人者，以過失論。各准鬬毆殺傷，收贖，給主。若故放令殺傷人者，減鬬毆殺傷一等。親屬有犯者，依尊卑相毆殺傷律。其受雇醫療畜產，無制控之術。及無故人自觸之，而被殺傷者，不坐罪。○若故放犬，令殺傷他人畜產者，處四等罰，追賠所減價錢。給主。

按：此仍明律，順治初年添入小註，現改笞為罰，並刪“拴緊不如法”數語，蓋專責畜產之主宜加控制，以防傷人也。唐律：諸畜產及噬犬有觝、蹹、齧人而標幟、羈絆不如法，若狂犬不殺者，笞四十，以故殺傷人者，以過失論。若故放令殺傷人者，減鬬殺傷一等。諸犬自殺傷他人畜產者，犬主償其減價，餘畜自相殺傷者，償減價之半。即故放令殺傷他人畜產者，各以故殺傷論。即被雇療畜產及無故觸之而被殺傷者，畜主不坐云云。明律大畧相同，凡畜養馬、牛與犬，有性不馴良，必須防制，有風狂之犬，更宜殺除，以免殺傷他人，違者，雖未殺傷人，亦應照違警律科罪，若有殺傷，分別擬以過失、鬬殺減等之罪。不言駝、騾、驢者，以馬、牛統之，有犯同牛馬論。《輯註》云：若傷者，仍作他物保辜。首段專言畜產殺傷人之罪，末段則言畜產殺傷他人畜產，故罪止於罰。惟止言犬而不及牛馬，以犬善於噬人，且係故放也。若非故放而犬自殺傷他人畜產，則當依唐律，止償其減價而已。

## 隱匿孳生官畜產

凡牧養係官馬、贏、驢等畜，所得孳生，限十日內報官。若限外隱匿不報，計所隱匿之價為贓，准竊盜論。止流三千里。因而盜賣，或將不堪孳生抵換者，並以監守自盜論罪。不分首從，併贓至四十兩，雜犯絞。其典牧官及该管衙门官，知情不舉，與犯人同罪。不知者，俱不坐。買主知情，以故買盜贓科，匿賣抵換之物還官。

按：此仍明律，順治初年添入小註，雍正三年修改，蓋言官畜不得私匿也。唐律無文，此係明代馬政中事。前孳生馬匹條以孳生不及數言，此條以孳生而隱匿者言。今民間不養馬，律已設而不用，留此以存古制。凡牧養官畜，則孳生之駒皆為官物，十日限外不報官，雖非真盜，卻為隱匿，故准竊盜論罪。若盜賣、抵換，則真盜矣，故以監守自盜科罪。

**條例**

一、口外羣內經管馬匹之人盜賣、抵換，照監守自盜律科罪。若明知故買印烙有字官馬者，與犯人同罪。

## 私借官畜產

凡監臨官吏、主守之人，將係官馬、牛、駝、贏、驢私自借用，或轉借與人，及借之者，不論久近多寡。各處五等罰，驗計借過日期追雇賃錢入官。若計雇賃錢重於處五等罰者，各坐贓論，加一等。雇錢不得過其本價。官畜死，依毀棄官物。在場牽去，依常人盜。

按：此仍明律，順治初年添入小註，現改笞杖為罰，蓋言官畜不得私借也。唐律：諸監臨、主守以官奴婢及畜產私自借，若借人及借之者，笞五十，計庸重者，以受所監臨財物論。驛驢加一等。即借驛馬，及借之者，杖一百，五日徒一年，計庸重者，從上法。即驛長私借人馬驢者，各減一等，罪止杖一百云云。明律本此，而無“奴婢”一層，馬與驢亦無分輕重，其罪止於笞，亦較唐律為輕。此律與《倉庫門》“私借官物”罪同，而較《郵驛門》“私借驛馬”罪輕者，此係官馬，究與驛馬不同，故彼處八等罰，此止五等罰耳。

# 郵驛

秦有廐置、乘傳、副車、食廚，漢初承秦不改，《漢書·田橫傳》“乘傳詣雒陽，有尸鄉廐置”是也。後漢但設騎置而除《廐律》，故唐律俱稱“驛馬”，皆散見於各條。至明類而為一，名曰《郵驛》，國朝因之。步遞曰“郵”，馬遞曰“驛”，兼有車船及廪給。其初極為整肅，其後驛丞各缺，裁去者十居八九，已與從前情事不合。近年以來，輪船、鐵路、電線、電話到處遍設，數千里外頃刻消息靈通，創千古未有之奇。將來驛站、驛馬即在所廢，此律亦告朔餼羊之留貽耳。本門共十六條，現刪去《占宿驛舍上房》一條，止餘十五條。

## 遞送公文

凡鋪兵遞送公文，晝夜須行三百里。稽留三刻，處二等罰，每三刻加一等，罪止五等罰。其公文到鋪，不問角數多少，鋪司須要隨即附籍遣兵遞送，不許等待後來文書，違者，鋪司處二等罰。〇其鋪兵遞送公文，若磨擦及破壞封皮，不動原封者，一角，處二等罰，每三角加一等，罪止六等罰。若損壞公文，不動原封者。一角，處四等罰，每二角加一等，罪止八等罰。若沉匿公文，及拆動原封者，一角，處六等罰，每一角加一等，罪止十等罰。若事干軍情機密文書，與漏洩不同。不拘角數，即處十等罰。有所規避而沉拆者，各從重論。規避罪重從規避，沉拆罪重問沉拆。其鋪司不告舉者，與犯人同罪，若已告舉，而所在官司不即受理施行者，各減犯人罪二等。〇其各縣鋪長，專一於概管鋪分往來巡視，提調官吏，每月一次親臨各鋪刷勘。若有姦弊失於檢舉者，通計公文稽留，及磨擦破壞封皮，不動原封，十件以上，鋪長處四等罰，提調吏典處三等罰，官處二等罰；若損壞及沉匿公文，若拆動原封者，鋪長與鋪兵同罪，提調吏典減一等，官又減一等；府、州提調官吏失於檢舉者，各遞減一等。

按：此仍明律，原係三條，順治初年併為一條，並添小註，現改笞杖為罰金，蓋嚴察公文稽留、損破，以分別官吏之罪也。唐律無文。按：《會典》載：尋常公事晝夜限行三百里，軍機要件限行六百里，馬上飛遞。又，《箋釋》云：各府屬州縣，每十里設置稽遞鋪一所，專一遞送公文，設鋪兵以走遞，設鋪司以總管。每州縣於兵房司吏內選一名，往來巡視境內諸鋪，謂之“鋪長”。蓋設立鋪遞，所以速達公務。首節言稽留等待之罪，凡遞送速遲，責在鋪兵，故稽留之罪止坐鋪兵，然使鋪司不即附籍遣發，則與鋪兵無干，是稽留之罪，鋪司亦有之也；驗發公文責在鋪司，故等待之罪止坐鋪司，然使鋪兵等待，不即遞送，則與鋪司無干，是等待之罪，鋪兵亦有之也。二節言磨擦、損破、沉匿、拆動之罪，鋪兵專主遞送，故磨擦、破損皆鋪兵之罪，而不連及鋪司；如鋪司則以驗發文書、督察鋪兵為事，使不告舉，則磨擦、破損、沉匿、拆動等事不知由於何鋪兵矣，故與犯人同罪。蓋磨擦、破壞、損壞三項皆指封皮言，而原封俱未動也，雖輕重不同，要皆疏忽之咎；若沉匿不送，必致失誤，拆動原封、私自看視，必致漏洩，故治罪加重。在尋常公事，則分別角數之多少，以定罪之輕重；若干係軍機，則不拘多少，概擬十等罰；而有規避者，又不問尋常與軍機，均從重論。三節則言鋪長與提調官吏失於檢舉之罪，而提調又分縣與州府兩項。直隸州於府輕於州縣，州縣輕於吏，吏又輕於鋪長，其中頭緒雖極紛繁，而文義仍一絲不亂。又，《公式門》：私開官司文書印封看視，事干軍情重者，以漏洩論，徒三年。此拆動軍機文書，僅十等罰，輕重不同者，彼自常人先知有機密文書因而私開看視者言之，此自鋪兵先因拆動封皮而後見是軍機重事者言之，其情不同，故罪分輕重，當細辨之。律外又有詳例，均足補律未及，當並參之。

**條例**

一、無印信文字，不許入遞，違者照不應為律治罪。

一、各省驛站遞送公文，令管站官各立印信號簿，上站號簿用下站官印，於每月底彼此移明查考，儻有沉匿稽延等情，即行詳報，該管上司據實奏叅，不得故為容隱。其沉匿平常公文，馬夫照鋪兵律治罪，提調官吏依律遞減。若事干軍情機密文書而沉匿者，不計角數，馬夫徒一年，提調吏典處十等罰，革役，司驛官革職。如有所規避者，從重論。

一、凡遞送一應公文，如有遺失，除將夫役照例治罪外，該地方官一面詳報該管上司，一面逕報原發衙門，查核補給。

一、法部咨行各省立決人犯公文，俱釘封嚴固，封面註明件數，並由“馬上飛遞”字樣，派錄事一員送交陸軍部加封，發驛馳遞。

一、偽造郵票及信片已成者，計贓准竊盜論，罪止流三千里。其僅止洗用舊票，減一等，為從及知情行使者，又各減一等。若郵差將郵寄公私文報、信件沉匿及拆動原封者，依鋪兵沉拆公文律治罪。

一、匪徒竊毀電報桿綫，不論官電、商電，是竊是毀，不計贓數，但經折斷，均比依馬夫沉匿軍情機密公文律，徒一年，誤毀者，處八等罰。竊毀桿綫均照估追賠。儻有地方姦民，造言聚衆，拔毀桿綫至數十里外，逞兇拒捕，致傷官兵，情節重大者，察酌情形，分別首從，比照土匪滋事，從嚴懲辦。失察竊毀之地保，照不應重律處罰，革役；誤毀者免議。

一、凡故毀及竊毀安設鐵軌枕木、道釘，並一切重要機件，致行車出險，因而傷斃人命者，無論官路、商路，均擬絞監候，秋審時酌核情節，分別辦理。出險尚未傷斃人命者，係故毀，流三千里，因竊而毀，徒三年；未出險者，係故毀，徒二年半，因竊而毀，徒一年，計贓重者，從重論，為從各減一等，誤毀者，處八等罰。所毀物件均計估追賠。儻有造言聚衆，拆毀鐵路、橋樑、車站、路局，焚燒材料，逞兇拒捕，情節重大者，察酌情形，分別首從，照土匪滋事，從嚴懲辦。其竊毀路旁材料，無關行車要件者，仍照盜官物本律治罪。

## 邀取實封公文

凡在外大小各衙門官，但有入遞進呈實封公文至御前，下司被上司非理陵虐，亦許據實封奏。而上司官令人於中途急遞鋪邀截取回者，不拘遠近，從本鋪鋪司、鋪兵，赴所在官司告舉，隨即申呈上司，轉達該部奏聞，追究邀截之情。得實，絞監候。邀截進表文比此。其鋪司、鋪兵容隱不告舉者，各處十等罰。若已告舉，而所在官司不即受理施行者，罪亦如之。〇若邀取實封至各部院公文者，各減二等。下司畏上司劾奏而邀取者，比此。

按：此仍明律，雍正三年增定，其小註係順治初年添入，現改斬為絞，改杖為罰，蓋達下情而防壅蔽也。唐律無文。查《禮制門》“上書陳言”條：內外大小官員，但有本衙門不便事件，許令明白條陳，合題奏之，本管官實封進呈。蓋外官皆得奏事也。若於中途截取，但究明得實，不問公文之是非，即坐死刑，所以防壅蔽也。如係自己進本，途中取回者，止問不應。說見《示掌》。薛氏云：一經邀取，即擬斬罪，未免太嚴。可見此律與“攔阻奏事”並“朝見留難”各項同擬斬罪，均係前明嚴法，近已虛設不用矣。

## 鋪舍損壞

凡急遞鋪舍損壞，不為修理，什物不完，鋪兵數少，不為補置，及令老弱之人當役者，鋪長處五等罰，有司提調官吏各處四等罰。

按：此仍明律，現改笞為罰。唐律無文。蓋言鋪遞不宜廢弛也。鋪舍、什物、鋪兵均為急遞公文而設，或風雨不時、什物不備、數少不補、老弱充當，俱恐有誤公務，故必先事豫籌，若有犯者，分別懲責。近來均成具文，此所以寇盜充斥，行旅咸有戒心也。

## 私役鋪兵

凡各衙門一應公差人員，於經過所在。不許差使鋪兵挑送官物及私己行李，違者，處四等罰。每名計一日，追雇工銀一錢二分五釐入官。

按：此仍明律，順治初年修改並添小註，現又改易，蓋禁私役誤公之罪也。鋪兵乃遞送公文之役，非供公差役使之人，故不許其私役。此與私役部民夫匠軍人弓兵各條同罪，亦可與公侯私役官軍條參看。原數係“八分五釐五毫”，現律改作“一錢五分五釐”也。

## 驛使稽程

凡出使馳驛違限，常事，一日，處二等罰，每三日加一等，罪止六等罰，軍情重事，加三等。因而失誤軍機者，絞監候。若各驛官故將好馬藏匿，及推故不即應付，以致違限者，對問明白，即以前應得各罪坐驛官。其遇水漲，路道阻礙經行者，不坐。〇若驛使承受官司文書，誤不依原行題寫所在公幹。去處，錯去他所而違限者，減二等。四日，處一等罰，每三日加一等，罪止四等罰。事干軍務者，不減。若由原行公文題寫錯者，罪坐題寫之人，驛使不坐。

按：此仍明律，順治初年添入小註，現改斬為絞，改杖為罰，蓋言公事程限不得稽緩也。唐律《職制門》：驛使稽程者，一日，杖八十，二日加一等，罪止徒二年。如軍務要速，加三等，有所廢闕者，違一日加役流，以故陷敗戶口、軍人、城戍者，絞。諸驛使受書，不依題署，誤詣他所者，隨所稽留，以行書稽程論，減二等。若由題署者誤，坐其題署者。諸驛使無故以書寄人，行之及受寄者，徒一年。若致稽程，以行者為首，驛使為從。即為軍事警急而稽留者，以驛使為首，行者為從，有所廢闕者，從前條。其非專使之書而便寄託者，勿論云云。明律本此，而無末節一段，又添“驛官匿馬”、“遇水”數語，擬罪亦較唐律輕至數等。唐律由杖罪遞至絞罪，層次詳明，明律軍情重事雖加等，不過笞杖，而失誤軍機即擬斬罪，中間輕重相去懸絕，殊不平允。此律雖專指出使馳驛而言，亦可與“公事應行稽程”條並“沉匿公文”條彼此互參。凡奉差出使，必按馳驛路程定其往來期限，如在路遲延，致違定限，則驛使怠緩之咎也，故按日數及有無失誤分別定罪。“軍情重事”四字是一項事，緣軍情中亦有常事，必重事乃加等也，須細玩之。

## 多乘驛馬

凡出使人員，應乘驛船、驛馬數外，多乘一船一馬者，處八等罰，每一船一馬，加一等。若應乘驢而乘馬，及應乘中等、下等馬而勒要上等馬者，處七等罰。因而毆傷驛官者，各加一等。至折齒以上，依鬬毆論。若驛官容情應付者，各減犯人罪一等。其應乘上等馬，而驛官卻與中等、下等馬者，罪坐驛官。本驛如無上等馬者，勿論。〇若出使人員枉道馳驛，及經驛不換船馬者，處六等罰。因而走死驛馬者，加一等。追償馬匹還官。〇其事非警急，不曾枉道，而走死驛馬者，償而不坐。〇若軍情警急，及前驛無船馬倒換者，不坐、不償。亦究不倒換緣由。

按：此仍明律，順治初年添入小註，現改杖為罰，蓋禁驛遞之騷擾也。唐律：諸增乘驛馬者，一匹徒一年，一匹加一等。應乘驛驢而乘驛馬者，減一等。主司知情，與同罪，不知情者，勿論。諸乘驛馬輒枉道者，一里杖一百，五里加一等，罪止徒二年，越至他所者，各加一等。經驛不換馬者，杖八十，無馬者，不坐。又，《詐偽門》：諸詐乘驛馬，加役流。驛關等知情，與同罪，不知情，減二等。有符券者，不坐。其未應乘驛馬而輒乘者，徒一年云云。明律雖本於唐律，而詳略不同，擬罪亦較輕數等，且添入“驛船”一層。其“毆傷驛官”及“走死驛馬”各句，亦為唐律所無。蓋應乘馬船勘合內俱有定數等次，在使人不得倚勢多乘勒要，在驛官亦不得容情，濫行應付，違者均有應得之罪。惟容情多付，究由畏勢，比之倚勢勒要者稍輕，故得各減一等。曰“毆傷”，則毆而無傷者止坐本罪，不加等矣。曰“毆傷驛官”，則毆傷馬夫者只科多乘勒要之罪，必至折傷以上，始依凡鬭論矣。律外又有例，均足補律未備，當合參之。

**條例**

一、勘合之外，如敢多給一夫一馬，許前途州縣據實揭報都察院糾条，儻容情不揭，別經揭報，一併治罪。其差使至境，硬派民間牲口者，照違例妄索民夫例，該管官揭報督撫奏条，審明後分別議處治罪。

一、水驛一應差船，如有派撥埠頭，扣尅官價入己者，計贓照侵盜錢糧例問擬。各衙門鄉親來往並書吏人等，濫捉民船，輒用旗、槍、(鐙)[燈]籠，假借本管官官銜者，照無官而詐稱有官律，徒三年。

## 多支廩給

凡出使人員，多支領廩給者，計贓以不枉法論。分有祿、無祿。當該官吏與者，減一等。強取者，以枉法論，官吏不坐。多支口糧，比此。

按：此仍明律，順治初年添入小註，蓋禁出使人員之需索也。唐律《雜律》：諸應給傳送而限外剩取者，笞四十，計庸重者，坐贓論，罪止徒二年。《疏議》曰：應給傳送者，依令一品給馬八匹，郡王及二品以上六匹，三品以下各有等差。又律：諸不應入驛而入驛者，笞四十，輒受供給者，杖一百，計贓重者，准盜論。雖應入驛，不合受供給而受者，罪亦如之云云。明律止言驛馬而無唐律傳送馬匹之制，此律所稱“廩給”，即唐律所謂“供給”也，惟罪名輕重與文義詳略則各有不同耳。廩給者，驛遞額設供廩錢糧以及差使者，出使人員額外多支，是亦贓也，惟情節有和取、強取之分，故論罪有枉法、不枉法之別。如隨從之人所支者，曰“口糧”，亦即廩給也，故註曰“多支比此”。

## 文書應給驛而不給

凡朝廷調遣軍馬及報警急軍務至邊將，若邊將及各衙門飛報軍情，詣朝廷實封文書，故不遣使給驛而入遞者，處十等罰。因而失誤軍機者，絞監候。○若進賀表牋，及賑救饑荒，申報災異，取索軍需之類重事，故不遣使給驛者，處八等罰。失誤軍機，仍從重論。若常事，不應給驛而故給驛者，處四等罰。

按：此仍明律，順治初年添入小註，現改斬為絞，改笞杖為罰金，蓋言驛遞之設以備緩急，故分別應給、濫給之罪也。唐律《職制門》：諸文書應遣驛而不遣驛，及不應遣驛而遣驛者，杖一百。若依式應須遣使詣闕而不遣者，罪亦如之。《疏議》曰：依公式令：在京諸司有事須乘驛，及諸州有急速大事，皆合遣驛。又令：皇帝踐阼及加元服，皇太后加號，皇后、皇太子立及赦元日，刺史如京官五品以上在外者，並奉表疏賀，州遣使，餘附表，此即應遣使詣闕者云云。明律本此，而文義較詳，又添“失誤軍機”一層。《示掌》云：大事遣使給驛，小事交鋪入遞。蓋事有緩急，緩其所當急，故有失誤之咎，而急其所當緩，亦有濫用之愆，故分別治罪。調遣軍馬及報警急軍務至邊將，是自上而下行者，邊將及各衙門飛報軍情詣朝廷，是自下而上達者，皆係關係緊急重大之事。如次節“進表”、“救災”等項，雖亦係重事，究較前項稍輕，故擬罪減輕二等，與上驛遞違限、失誤軍機雖均擬絞罪，而情各不同，須分別觀之。

## 公事應行稽程

凡公事有應起解官物、囚徒、畜產，差人管送而輒稽留，及一切公事有期限而違者，一日，處二等罰，每三日加一等，罪止五等罰。若起解軍需、隨征供給，而管送兼稽留違限者，各加二等，罪止十等罰。以致臨敵缺乏，失誤軍機者，絞監候。若承差人誤不依題寫去處，錯去他所，以致違限者，減本罪二等，事干軍務者，不減。或罰，或絞，照前科罪。若由公文題寫錯而違限者，罪坐題寫之人，承差人不坐。

按：此仍明律，順治初年添入小註，現改斬為絞，改杖為罰，蓋言公事各有定限，不可稽遲也。唐律《職制門》：諸公事應行而稽留，及事有期會而違者，一日，笞三十，三日加一等，過杖一百，十日加一等，罪止徒一年半。及公事有限，主司符下乖期者，罪亦如之。若誤不依題署及題署誤，以致稽程者，各減二等云云。明律本此，而增入“供給軍需”一層，罪亦較唐律為輕。曰“官物”，則各項錢糧一應辦供本色之類者皆是；曰“囚徒”，則輕重罪犯皆是；曰“畜產”，則馬、牛、騾、驢、豬、羊等畜皆是，均為尋常官物。若軍需糧餉，則關係較重，故違限罪亦加等。此條雖與驛使稽程條相似，但彼言出使之人，此言承差管解之人，官差輕於朝使，故罪止加等而已。又，《捕亡門》亦有稽留囚徒之條，與此不同者，彼言問官稽留之罪，此言管解人稽留之罪，亦當分別觀之。

條例

一、夫役工匠人等，遇有緊要差使，傳集公所立待應用。如不遵官長約束，為匪不法、逞刁挾制，因而率衆颺散，以致誤差，審明為首者，流三千里，為從均處十等罰。儻係偶爾違禁，干犯賭博鬪毆等事，並未挾制官長、颺散誤差者，仍按本律治罪。

## 乘驛馬齎私物

凡出使人員應乘驛馬，除隨身衣服器仗外，齎帶私物者，十斤，處六等罰，每十斤加一等，罪止十等罰。驛驢減一等。所帶私物入官。致死驛馬者，依本律。

按：此仍明律，順治初年添入小註，現改杖為罰，蓋禁賫帶私物以惜馬力也。唐律《職制門》：諸乘驛馬齎私物，一斤杖六十，十斤加一等，罪止徒一年。騾、驢減（一）［二］[⑩]等云云。明律本此，惟改“一斤”為“十斤”，“減二等”為“減一等”，且罪止杖一百，較唐律亦輕。蓋驛中馬驢，止供騎坐之用，不任負重之役，故帶私物者，分別輕重治罪。即有所齎官物，例撥車輛、人夫，而不許馬馱，況私物乎？此條較後條乘官畜產附私物律擬罪較重者，此係驛馬，與官馬不同，驛馬較官馬更重，須分別觀之。律外有例，亦可並參。

條例

一、奉差員役至頭站時，該驛員即將應背之包稱准斤數，開明印單，遞送前途。其每夜住宿之站，該驛員詳加查估，如果照例裝載，即於印單填寫“某站驗明，並無重包”字樣。日間所過驛站，驗單應付，如前站徇隱重包，經後站察出詳報，該差員役照律治罪，徇隱驛員一併議處。

一、積慣漁利姦商，寄託年班進京回子及喇嘛、土司夾帶私貨者，除數在五百斤以內，仍照律分別定擬外，如數至六百斤，徒一年，每百斤加一等，罪止流三千里，貨物照律入官。

## 私役民夫擡轎

凡各衙門官吏，及出使人員，役使人民擡轎者，處六等罰。有司應付者，減一等。若豪富庶民之家，不給雇錢，以勢役使佃客擡轎者，罪亦如之。每名計一日，追給雇工銀一錢二分五釐。○其民間出錢雇工者，不在此限。

按：此仍明律，順治初年修改並添入小註，乾隆五年改定，現又改杖為罰，雇工銀數增多，蓋言民夫不可私役也。衙門有應合供應之夫，百姓非可以私役之人，役使人民則越分勞民。至於佃客，不過耕種田地，非雇工人可比，豪家非分役人，故亦有罪。律內私役之罪甚多，此較私役部民、夫匠、軍人、弓兵、鋪兵各條治罪更重。後有條例，足補律所未備，可以互參。

**條例**

一、凡陸軍部勘合欽差大臣及督撫入境，知府下縣盤查，及他縣奉督撫差委盤查者，准其動用民夫，其餘概不准用。儻有違例妄索者，著該管官即行揭報督撫奏參，若該管官違例濫應，發覺之日，照例治罪。

## 病故官家屬還鄉

凡官員在任以理病故，家屬無力不能還鄉者，所在官司，差人管領應付車船夫馬脚力，隨程驗所有家口，官給行糧，遞送還鄉。違而不送者，處六等罰。

按：此仍明律，順治初年添入小註，現改杖為罰，蓋言優恤故官之家屬也。唐律《雜律》：諸從征及從行公使於所在身死，依令應送還本鄉，違而不送者，杖一百。若傷病而醫食有闕者，杖六十。因而致死者，徒一年。即卒官，家無手力，不能勝致者，仰部送還鄉，違而不送者，亦杖一百。《疏議》曰：從征，謂從軍征討；從行，謂從車駕行，並公事充使。又，官人在任，以理身死，家道既貧，先無手力，不能自相運致以還故鄉者，卒官之所，部送還鄉。依令，去官家口累弱，尚得送還，况乃身死云云。明律雖本於唐，但唐律指本身而言，明律重在家屬；唐律從征而外兼從行公使，均指歿於王事者，明律專言官員病故，而陣亡病故家屬另見於《軍政門》內，各有不同，罪名亦較唐律為輕。以理病故，謂非因犯罪，即《名例》“以理去官”之義，在任以理病故，是猶歿於王事者也，家屬無力還鄉，死者之旅櫬可傷，生者之流離可憫，故定此律，以示厚待臣下之意。此外又有職官病故，俱給勘合，分別文武品級大小，陸路給與夫馬，水路給與船隻，其詳見於《中樞政考》，茲不細列。

**條例**

一、縣丞以下等官、糸革離任或告病身故，實係窮苦不能回籍者，該督撫於存公項內酌給還鄉路費，每年造冊報銷。

## 承差轉雇寄人

凡承差起解官物、囚徒、畜產，不親管送，而雇人、寄人代領送者，處六等罰。因而損失官物、畜產及失囚者，依本律，各從重論。損失重問損失，輕則仍科雇寄。

受雇、受寄人，各減承差人一等。〇其同差人自相替者、放者，各處四等罰。取財者，承替取放者，貼解之物，計贓以不枉法論。若事有損失者，亦依損失官物及失囚律追斷，不在減等之限。若侵欺故縱，各依本律。替者有犯，管送人不知者，不坐。

按：此仍明律，順治初年添入小註，現改杖為罰，蓋禁承差代替之弊也。唐律《職制門》：諸驛使無故以書寄人，行之及受寄者，徒一年。諸奉使有所部送而雇人、寄人者，杖一百，闕事者，徒一年，受寄雇者減一等。《疏議》曰：奉使有所部送，謂"差"為"綱"、"典"，部送官物及囚徒、畜產之屬。"（缺）[闕]事"，謂於前有廢闕也。即綱、典自相放代者，笞五十，取財者，坐贓論，闕事者，依寄雇闕事法，仍以綱為首，典為從云云。唐律分作三層："驛使以書寄人"一層，"奉使部送雇人"一層，"綱、典自相放代"一層。明律止有下二層，而無"驛使"一層，其擬罪亦較唐律稍輕。至取財者，唐律坐贓，明改為"不枉法"，又較唐律為重矣。此專言解送官物、囚徒、畜產之例，其所謂"依律"者，如損失官物，則依"轉解官物"之條，如失囚，則依"徒流人逃"及"主守不覺失囚"之條，畜產雖無正律，當與官物同論。故《輯註》云：本律止言解送之事，若有侵盜、借貸、抵換、虛（換）[捏]⑪損失及受財故縱等事，則各有本律也。後有條例，足補律所未備，所當互參。

**條例**

一、起解人犯，每名選差的役二名，管押兵丁二名護送。若兵役派不足數，及雇人代解，許兵役互相稟報，本管官知會原派衙門查究補派。若兵役知而不舉，將兵役及承派之書吏、弓兵俱處十等罰，革役。其經由前途文武各官，按批查點，有缺少及代解等弊，即詳報督撫，將原派官弁糸處。其缺少頂替之兵役，照承差起解囚徒雇人代送律，處六等罰，革役。如前途各官隱匿不報，別經發覺，奏糸議處。

## 乘官畜產車船附私物

凡因公差，應乘官馬、牛、駝、驘、驢者，各衙門自撥官馬，不得馳驛而行者。除隨身衣仗外，私駝物不得過十斤，違者，五斤，處一等罰，每十斤加一等，罪止六等罰。不在乘驛馬之條。〇其乘船、車者，私載物不得過三十斤，違者，十斤，處一等罰，每二十斤加一等，罪止七等罰。家人隨從者，不坐。若受寄私載他人物者，寄物之人同罪，其物並入官。當該官司知而容縱者，與同罪，不知者，不坐。若應合遞運家小如陣亡、病故官軍，及官員在任以理病故。者，雖有私帶物件。不在此限。

按：此仍明律，順治初年增修、添入小註，現改杖為罰，蓋言官畜、車船不當附以私物也。唐律《雜律》：諸應乘官船者，聽載衣糧二百斤，違限私載，若受寄及寄之者，五十斤及一人，各笞五十，一百斤及二人，各杖一百，每一百斤及二人各加一等，罪止徒二年。從軍征討者，各加二等。監當主司知而聽之，與同罪。空船者，不用此律。又，《廄庫門》：諸應乘官馬、牛、駝、騾、驢，私馱物不得過十斤，違者一斤笞一十，十斤加一等，罪止杖八十。其乘車者不得過三十斤，違者五斤笞十，二十斤加一等，罪止徒一年。即從軍征討者，各加二等。若數人共馱載者，各從其限為坐。監當主司知而聽者，併計所知，同私馱載云云。“官船”一層，“官馬牛”等一層，“官車”一層，凡分三層。明律併為一條，官馬牛不得過十斤，車船均不得過三十斤，官馬等罪止杖六十，車船罪止杖七十，均不如唐律平允，亦無唐律“從軍征討”一層。此與驛馬不同，驛馬差多而勞，官畜車船止備公務差遣，間一用之，故論輕重、計斤多少，與乘驛馬齎私物條各異。

## 私借驛馬

凡驛官將驛馬私自借用，或轉借與人，及借之者，各處八等罰，驛驢減一等，驗計日追雇賃錢入官。若計雇賃錢重於私借之罪者，各坐贓論，加二等。

按：此仍明律，順治初年添入小註，現改杖為罰，蓋言驛馬私借之罪，以防誤公也。唐律《廄庫門》：諸監臨主守以官畜產私自借，若借人及借之者，笞五十，計庸重者，以受所監臨財物論，驛驢加一等。即借驛馬及借之者，杖一百，五日徒一年，計庸重者，從上法。驛長私借人馬驢者，各減一等，罪止杖一百云云。明律私借官畜產與唐律同，而私借驛馬衹杖八十，亦無“五日擬徒”之文，則較唐律為輕。且唐律驛驢加一等，明律驛驢反減一等，亦不畫一。此與私借官畜產科法相同而論罪加重者，以驛馬究較官馬為重也。

校勘記

① “子”語意不通，當作“之”。
② “作”語意不通，當作“坐”。
③ 原文缺“殿”字，語意不通，據上下文意補。
④ 此處原文抄寫順序混亂，根據文意調整。
⑤ “宜”當作“依”，據《唐律疏議》改。
⑥ “無”語意不通，當作“為”。
⑦ “與”語意不通，當作“以”。

⑧ 根據文意，此處“乃”當作“仍”。
⑨ “敷”當作“符”，據《大清現行刑律》改。
⑩ “一”當作“二”，據《唐律疏議》改。
⑪“換”當作“捏”，據《大清律輯注》改。

# 大清現行刑律講義卷五

## 賊盗上

《箋釋》：賊者，害也。又，《輯註》：殺人曰賊，竊物曰盗。蓋害及生民，流毒天下，故曰賊，盗則止於一身一家而已。李悝《法經》六篇，一《盗法》，一《賊法》。漢、魏改為《賊律》、《盗律》，後周易作《賊叛律》、《劫盗律》。賊、盗本分兩門，隋合為一，名曰《賊盗律》，唐、宋以來至今不改。此篇惟首三門《謀反》、《謀叛》、《造妖書妖言》係賊，其餘皆盗也。

### 謀反大逆

凡謀反，不利於國，謂謀危社稷。及大逆，不利於君，謂謀毁宗廟、山陵及宮闕。但共謀者，不分首從，已、未行，皆斬。知情故縱、隱藏者，絞。有能捕獲正犯者，量功授職，仍將犯人財產給半充賞；餘者，或入官，或仍給家屬，隨案辦理。知而首告，官為捕獲者，止給財產。雖無故縱，但不首者，流三千里。未行，而親屬告捕到官，正犯同自首免。已行，不免。非親屬首捕，雖未行，仍依律坐。

按：此仍明律，其小註係順治三年增修，雍正六年删定，現又删改。唐律正犯罪止於斬，緣坐之父子，年十六以上皆絞，十五以下及母女、妻妾、祖孫、兄弟、姊妹皆沒官，男夫年八十及篤疾、婦人年六十及廢疾者並免，伯叔父、兄弟之子皆流三千里。明律祖父、子孫、兄弟及伯叔父、兄弟之子皆擬決斬，過於嚴厲。嘉慶、道光年間累次修改從輕，凡反逆案內，其子孫實不知情者，無論已、未成丁，均交內務府閹割，發往新疆給官兵為奴，十歲以下牢固監禁，俟十一歲再行閹割。其餘律應緣坐男犯，並非逆犯子孫，年十六以上者，發往新疆為奴，十五以下俟成丁時再行發遣，緣坐婦女發各省駐防給官兵為奴云云。已較明律從寬。現律一概除去，不但較明律為輕，即較唐律亦為寬恕。蓋反逆之法漢代最嚴，唐律稍寬，明律復嚴於唐，我朝律文雖沿於明，而條例改從寬典，深仁厚澤已足超越漢唐。據現在律論之，除正犯處斬外，餘均免其緣坐，雖深合文王治岐，罪人不孥，帝德好生，罰弗及嗣之道，但以後世而遽欲追蹤三代、媲美唐虞，徒博寬大，恐啟匪黨覬覦之心。又按：反逆之罪，東西各國均從重典，法國謂之妨害國家安寧之罪，德國謂之大逆謀殺之罪，俄國謂之謀危皇族、謀危社稷之罪，日本謂為關皇室、關內亂之罪，雖處絞、處斬各有不同，皆不得貸其一死。此可見天經地義，中外所同。政體雖有專制、立憲、共和之殊，而干犯至尊，即民主之國亦當立置重典，至於淩遲、緣坐之法，各國均無，一旦剗而除之，宜其為外國稱頌也。此為六律中最重之罪，故列於刑律之首。律文設此嚴法，使人望而知畏，應可遏惡於初萌，悔悟於未發，亦火烈民畏之意，未可與他律斤斤比較。《周禮》云：新國用輕典，亂國用重典。《書》云：刑罰世輕世重。《傳》曰：寬以濟猛，猛以濟寬。蓋刑罰之輕重各因其時，若一味從寬，則水懦民玩，反貽姑息養奸之禍，此又減輕刑法者不可不知也。

## 謀叛

凡謀叛，謂謀背本國，潛從他國。但共謀者，不分首從，皆絞。知情故縱、隱藏者，絞監候。入於秋審情實。有能告捕者，將犯人財產給半充賞。餘者或入官，或仍給家屬，隨案辦理。知已行而不首者，流三千里。若謀而未行者，為首，絞監候。入於秋審情實。為從者，不分多少，皆流三千里。知未行而不首者，徒三年。未行則事尚隱秘，故不言故縱隱藏。〇若逃避山澤，不服追喚者，或避差，或犯罪，負固不服，非暫逃比。以謀叛未行論。依前分首、從。其拒敵官兵者，以謀叛已行論。依前不分首從律。以上二條，未行時，事屬隱秘，須審實乃坐。

按：此仍明律，其小註係順治三年修改，現又刪改，正犯應斬決者改為絞決，應絞決者改為絞候。查唐律此項緣坐之法，僅及父母妻子，若率衆不及百人，止坐妻子，雖父母亦不緣坐，即緣坐，罪止於流。明律添入“妾、女、祖、孫、兄、弟”六項，且改流罪為奴，較唐律已涉嚴厲。但現在緣坐概予刪除，不但與舊律迥然不同，亦較唐律為輕矣。此律分兩層，前一層言謀叛之罪，後一層言逃叛之罪，而謀叛、逃叛之中又分已行、未行，蓋罪莫重於反逆，而謀叛次之，故罪亦差異。日本刑法謂之外患罪，凡交結外國以抗本國者，處死刑，即此謀叛之意。此律以後，尚有結交、結拜條例數則，雖非謀叛，實與謀叛相類，故附於謀叛罪后。刻下會匪蠭起，此例較律尤有裨於實用，故錄於後，當細參之。

### 條例

一、凡異姓人但有歃血訂盟、焚表結拜弟兄者，照謀叛未行律，為首者擬絞監候，為從減一等。若聚衆至二十人以上，為首者擬絞監候，入於秋審情實，為從者發煙瘴地方安置。其雖無歃血、盟誓、焚表情事，若年少居首，並非依齒序列，即屬匪黨渠魁，聚衆至四十人以上者，首犯改擬絞監候，入於秋審情實，為從發煙瘴地方安置。未及四十人者，為首擬絞監候，為從流三千里。其有抗官拒捕、持械格鬬等情，無論人數多寡，各按本罪分別首從，應絞候者加擬立決，應遣流以下者照罪人拒捕各律例分別治罪。如為從各犯內審明，實係良民被脅，勉從結拜，並無抗官拒捕等事者，應於為從各本罪上再減一等。僅止畏累出錢，未經隨同結拜者，照違制律治罪。其聞拏投首，及事未發而自首者，各照律例，分別減免，儻減免之後復犯結拜，不許再首，均於應擬本罪上酌予加等，應絞候者改擬絞決，應發煙瘴安置者發新疆當差，應滿流者改為極邊足四千里安置，應滿徒以下亦各遞加一等治罪。其自首免罪各犯，由縣造具姓名住址清冊，責成保甲、族長嚴行稽查約束，仍將保人姓名登記冊內，如有再犯，即將知而不首之保甲、族長處十等罰。

一、各省拏獲會匪，如訊係為首開堂放飄者，及領受飄布、展轉糾夥、散放多人，或在會中充當元帥、軍師、坐堂、陪堂、刑堂、禮堂名目，與入會之後雖未放飄展轉糾人，而有夥同搶劫情事，及勾通教匪、煽惑擾害者，一經審實，即開錄詳細供招稟請，覆訊就地正法，仍隨案具奏。此外如有雖經入會，並非頭目，情罪稍輕之犯，酌定年限監禁，俟限滿後察看是否安靜守法，能否改過自新，分別辦理。其無知鄉民被誘、被脅，誤受匪徒飄布，希冀保全身家，並非甘心從逆之人，如能悔罪自首、呈繳飄布者，一概從寬，免其究治。其有向充會匪，自行投首，密告匪首姓名，因而拏獲，亦一律免罪。若投首後又能作綫引拏首要各犯到案究辦，除免罪之外，仍由該地方官酌量給賞。地方文武員弁能拏獲著名首要，審實懲辦，隨案奏請優獎。如妄拏無辜，擾累閭閻，以及縱匪貽害，亦即嚴行糸處。

一、凡不逞之徒歃血訂盟、轉相結連，土豪、市棍、衙役、兵丁彼倡此應、為害良民，據鄰佑鄉保首告，地方官如不准理，又不緝拏，惟圖掩飾，或至釀起為盜、抄掠橫行，將地方文武各官革職，從重治罪。其平日失察，首告之後，不自隱諱，即能擒獲之地方官，免其議處。至鄉保鄰佑知情不行首告者，亦從重治罪。如旁人確知首告者，該地方官酌量給賞，儻借端妄告者，仍照誣告律治罪。

一、叛逆案內，被脅入夥，並無隨同焚汎戕官、抗拒官兵情事者，各於斬絞罪上減一等，發煙瘴地方安置。其聞拏悔罪、自行投首者，再減一等，徒三年。

## 造妖書妖言

凡造妖書、妖言及傳用惑衆者，皆絞監候。被惑人不坐。不及衆者，流三千里，合依量情分坐。若他人造傳私有妖書，隱藏不送官者，徒三年。

按：此仍明律，其小註係順治三年修改，現又刪改，仍照唐律擬絞。唐律有"言理無害"一項，謂妖書妖言雖説變異，無損於時，若豫言水旱之類，造與傳用，祇杖一百，私有者，杖六十。舊律刪去此層，添入"讖緯"二字，讖者，符驗也，緯者，組織也，謂組織休咎之事，以為將來之符驗。又，讖，符也，緯，橫也，以符讖之說橫亂正道也，如赤伏符卯金刀之類，或妄談已往怪誕之事，或妄載未來興廢之徵，或假託鬼神作為妖妄不經之論，關係國家禍福、世道盛衰，意在煽惑人心、圖謀不軌，故立此重法，附於反叛之後，載于《盜賊》之門。與"禁止師巫邪術"條內"左道異端煽惑人民"一項似同而實異：彼假託神道，意在誆騙愚民之財，此則姦宄不逞，意在禍亂國家，其用意不同，故擬罪有輕重之分。又，《收藏禁書門》載，私藏天象器物圖讖應禁之書者十等罰，與此隱藏妖書徒三年之律，情事似同而擬罪各異者，雖均係應禁之書，彼是前代流傳，原有此書，此則奸人造作，假託以惑衆，其實究有不同，故編載異門。現因讖緯不常見，已將此二字節刪，有犯則照妖書妖言辦理。此中界限甚微，須細參之。《輯註》："惑衆"二字，統承上造與傳用而言，造原有惑衆之心，傳衆則有惑衆之事。造者或自傳用，而傳用者不必自造，細玩"及"字，其意自見，若將"惑衆"二字專承傳用，則失律義矣。日本現行法不設此條，改正刑法：軍人為利敵計造言飛語者，處死刑。德國刑法：以大逆之目的公然張貼陳列及其他隱畫公布為挑發者，處十年以下懲役。又，俄律，編造揭貼書畫，傳播煽惑人民作亂者，罰作八年以上苦工云云。其情節與此律相似，而擬罪不同，德俄均不以死，日本與中國均處死刑，此可見歐亞風俗不同，故刑法各自相合。律後尚有條例數則，輔律而行，詳錄於左，以備參考。

**條例**

一、凡狂妄之徒，因事造言，捏成歌曲，沿街唱和，及以鄙俚褻嫚之詞刊刻傳播者，內外各地方官即時察拏，審非妖言惑衆者，坐以不應重罪。

一、凡坊肆市賣一應淫褻書畫，地方有司一體嚴禁，板書器物盡行搜毁，有造作、刻印、描畫者，係官革職，軍民徒三年，市賣者處十等罰，買看者處八等罰。該管官不行查出，交部議處，仍不准借端出首訛詐。

## 盜大祀神物

凡盜大祀天曰神地曰祇御用祭器、帷帳等物，及盜饗薦、玉帛、牲牢、饌具之屬者，皆絞。不分首從、監守、常人。謂在殿內，及已至祭所而盜者。其祭器品物未進神御，及營造未成，若已奉祭訖之物，及其餘官物，雖大祀所用，非應薦之物。皆徒三年。若計贓重於本罪徒三年。者，各加盜罪一等。謂監守、常人盜者，各加監守、常人盜罪一等，至雜犯絞不加。

按：此仍明律，其小註係順治三年增修，現又改易。唐律亦有此項，而罪止流二千五百里，若盜玉帛牲牢，止徒二年，較此律輕數等矣。此律之意，蓋在重祀典而嚴不敬，故載在十惡之內。天地、宗廟、社稷皆為大祀，餘則中祀、小祀也。郊社禘嘗，典禮森嚴，故御物不容褻視。祭器帳帷幔等物係神祇所用者，玉帛牲牢饌具係饗薦於神祇者，盜之則為大不敬，然亦有二等，若祭器等物已在殿內，玉帛饌具已在祭所，盜之則褻慢已極，故擬以絞；若以上等物未進神御，及其餘官物如釜甑之屬，雖大祀所用，而不係臨時饗薦者，究與盜於祭所有間，故罪止滿徒。贓重於本罪加一等者，如計贓輕微，不論多少，均擬滿徒，若計贓重者，如監守盜尋常官物十七兩，應徒三年，今盜大祀神物值十七兩，亦擬滿徒，則與尋常監守盜無異，故加一等，流二千里；如常人盜官物四十五兩，流二千里，今盜大祀神物值四十五兩，亦流二千里，則與尋常常人盜無異，故加一等，流二千五百里。但加不至死者，《名例》通義。註云：至雜犯絞不加。可見此項盜罪雖計贓滿貫，止可加至徒五年，不得加入實絞也。去年奉有明詔，孔子升入大祀以後，如盜孔廟祭器等物，應依此律辦理。此項罪名日本刑法所無，歐西各國崇尚宗教，凡盜及教堂者，治罪加嚴。德律，盜禮拜堂內器具及供禮拜神祇之建造物者，處懲役。俄律，盜教堂神物及供奉之燈燭、杯盞、經卷，罰作苦工云云。雖名色各有不同，而其尊敬神道則一也。擬罪均不至死，與中國唐律相合，較之現律則輕矣。又，嘉慶年間有竊竊關帝神像內所藏銀什及像前供器者，比照大祀神物減斬候，秋審入於情實成案，可見此律專指大祀，其中祀、小祀俱不得援引也。

## 盜制書

凡盜制書者，若非御寶原書，止抄行者，以官文書論。皆絞。不分首從。〇盜各衙門官文書者，皆處十等罰。若有所規避者，或侵欺錢糧，或受財買求之類。從重論。事干係軍機之錢糧者，皆絞監候。不分首從。

按：此仍明律，原文“制書”下有“起馬御寶聖旨起船符驗”數字，雍正三年刪定，現又改易。其小註係順治三年添入，較唐律治罪為嚴。唐律盜制書者僅徒二年，重害文書較官文書加一等，擬徒一年，而又有“盜紙券”及“應除文案”二項，現律刪去，下二項、上二項分別以絞決、絞候，而又不分首從，則較唐律重六七等矣。此律之意，重在制書，而因及官文書也。制書，凡用御寶者皆是，官文書係公事行移。制書所以詔令天下，關係至重，故盜者不分首從皆擬絞決；官文書不過尋常申上行下之事，故罪止滿罰。若於事有所規避，各從其重者論之，盜罪重以盜科之，規避罪重以規避科之。軍機如飛報軍情之類，錢糧如申索軍需之類，原是兩項，小註添一“之”字者，謂此錢糧必關係軍機者方是，若尋常錢糧徵收支解之類，不得援引此律，亦非謂止軍機錢糧一項，而無止干軍機一項，若關係軍機，雖無錢糧，亦擬絞罪。此中分明甚微，細玩自知。此外有棄毀制書者絞，棄毀官文書者處十等罰，誤毀減三等，遺失制書印信者徒二年半，見《公式門》。又，詐為制書及增減者皆絞，傳寫失誤者處十等罰，見《詐偽門》。但彼絞罪俱係監候，此則立決，情節不同，故治罪稍異，須合參之。日本刑法有偽造詔書、毀弃詔書處無期徒刑，偽造、毀弃官文書處輕懲役二條，而無盜制書及官文書之罪，豈以律無正條不治其罪乎？抑該國並無此項罪犯乎？是當質諸深通東律之人，而不敢妄為臆斷也。

## 盜印信

凡盜各衙門印信者，不分首從，皆絞監候。又偽造印信時憲書條例云：欽給關防，與印信同。盜關防印記者，皆處十等罰。

按：此仍明律，[順治三年添入小註][①]，原文“印信”下有“夜巡銅牌”四字，雍正三年刪定，（順治三年添入小註）乾隆五年修改，現又改易。唐律：盜御寶者絞，盜官文書印者徒二年，餘印杖一百。《疏議》：印者，信也，即今“印信”之謂。現律無“盜御寶”一層，而盜印信者皆絞，亦較唐律加重六七等矣。印信謂一品至九品文武衙門方印，所以傳信於四方，頒自朝廷，關係機密重要。欽給關防係欽差所掌，如督撫、兵備、屯田、水利等官所掌關防均為欽給，故盜者與印信同科。若下項“關防印記”或為私刻，或係雜職衙門戳記關防，與欽差所掌者不同，故止擬罰。本律專言盜去，與盜用者不同，盜用印信，載於《詐偽門》“詐為制書”律內，而治罪有畧有分別，蓋盜用則印用於空紙而印猶存，盜則並印信而竊取之，情節大有不同，故治罪分別輕重。此外偽造各衙門印信者斬監候；偽造印信及欽給關防，事關軍機、冒支錢糧、假冒官職者，絞立決；止圖誆騙財物，為數多者，絞監候，銀不及十兩者，流三千里，亦見《詐偽門》。又，棄毀印信者，絞監候，遺失印信者，徒二年半，擅用調兵印信者，十等罰，文書陋使印信者，六等罰，全不用印者，八等罰，因而失誤軍機者，絞監候，均見《公式門》，須與此律互相比較，方見律文准情定罪，因罪用刑，輕重權衡，不爽錙銖。又，日本刑法，偽造御璽、國璽，處無期徒刑，盜用者減一等，偽造官印及使用偽印者，處重懲役，偽造私印使用者，處重禁錮，俱較中律為輕，而無盜印信一項，似屬缺點。

## 盜內府財物

凡盜內府財物者，皆絞。雜犯。但盜即坐，不論多寡，不分首從。若財物未進庫，止依盜官物論。內府字要詳。

按：此仍明律，其小註係順治三年修改，雍正三年改定，現又改斬為絞。唐律：盜御寶者絞，乘輿、服御物，流二千五百里，其擬供服御及供而廢闋，若食將御者，徒二年，擬供食御及非服而御者，徒一年半，較現律治罪從輕。而服御、食御分作三層，界限亦較明顯。明律刪去“盜御寶”一層，而統言內府財物，不分服食、器具，擬罪維均，似涉缺略，且初擬絞罪，固失之重，而註作“雜犯”，又涉於輕，是以國朝補設條例，以補律所未備，現俱照例辦理，此律亦為虛設矣。天子之庫曰“內府”，財物如金銀器物及九庫二十四監局錢糧、光祿寺品物之類，以事關皇城禁地，故治罪從嚴，初擬絞監候，改為雜犯，但有死罪之名，而無死罪之實，以其罪難免，而情有可矜，故准徒五年以貸之，雖貸其死，而不易其名，所以示戒也。外國宮禁不似中國森嚴，有犯應與凡盜同論，故不另立專條。此項律簡例詳、律輕例重，審理此等案犯，必須詳參條例，兼查成案，未可據律為斷。附錄條例於左，以備研究。

**條例**

一、凡偷竊大內及禁苑乘輿服物者，照律不分首從，擬絞立決。偷竊各省行宮乘輿服物者，為首擬絞監候，為從發煙瘴地方安置。其偷竊行宮內該班官員人等財物，仍照偷竊衙署例問擬，若遇翠華臨幸之時有偷竊行宮物件者，仍依偷竊大內服物例治罪。

一、凡盜內府財物，係御寶、乘輿、服御物者，絞立決。其餘銀兩錢帛等物，分別監守、常人，照盜倉庫錢糧各本例定擬。

一、行竊紫禁城內該班官員人等財物，不計贓數、人數，照偷竊衙署例上加一等治罪，贓重者，從重論。

又，《刑案匯覽》載：例內“乘輿服物”四字，凡大內御用物件及存貯供器等物皆是。嘉慶四年有行竊清漪園簾布鈎繩等物一案，道光三年有行竊熱河避暑山莊備賞物件一案，均依例擬斬立決，奉旨改為斬監候，秋審入於情實。嘉慶六年有偷竊養心殿天溝內拆卸舊錫片一案，比照竊大內服物斬例減一等擬流三千里。以上三案雖均係盜之禁地，而簾布鈎繩並備賞物件究較內庫服物稍輕，舊錫片又較簾鈎賞物為輕，故非別依例量減，聊舉一隅，可見辦案引例之法必須詳細查覈，不可稍涉含混。

## 盜城門鑰

凡盜京城門鑰，皆不分首從。流三千里。雜犯。遺失者，徒二年半。盜府、廳、州、縣、鎮城關門鑰，皆徒三年。盜倉庫門內外各衙門，等鑰，皆工作十箇月。盜紫禁城城門鑰，律無文，當以盜內府財物論。盜監獄門鑰，比照倉庫。

按：此仍明律，順治三年添入小註，現又改易。雍正三年以監獄關係甚重，而律文及註未言，因於小註添入“比照倉庫”一層。唐律有“盜宮殿門符”一項，門符與門鑰並舉，而鑰究輕於符。盜宮殿門符流二千里，皇城、京城門符徒三年，門鑰減三等，盜州鎮及倉廚、廄庫、關門等鑰杖一百，縣戍等門鑰杖六十。此律止言門鑰而無門符，且止言京城門鑰，註雖補出紫禁城門鑰，而無宮殿門鑰。唐律京城、皇城並舉，治罪從同，此律紫禁城比照內府，較京城加重。唐律州、鎮倉庫從同，縣輕於州，此律州、縣、鎮從同，而倉庫輕於州縣，且唐律有戍無府，此有府無戍，而擬罪亦較唐律加重三等，其中參差互異之處，良由時代變易，制度不同，故罪名不能強合。觀於律法一端，而世道之升降、民俗之盛衰，從可見矣。夫門禁所以防姦，而門必設鎖，鎖必有鑰，以謹啟閉而戒不虞。門鑰非財物之比，盜者必有竊啟為姦之意。京城關係重大，府、州、縣、鎮次之，然其中均有獄囚、庫藏，亦所當嚴。至於倉庫以儲官物，監獄以禁囚犯，均非尋常門鑰可比，故以所關之大小定罪之輕重。律止言“盜去”，尚未及用也，若用以為姦，或竊取財物，或縱放罪囚，或暗通姦細，自當以所犯之罪從重定擬，不得僅依此律矣。此外如各處城門誤不下鎖者處八等罰，非時擅開閉者處十等罰，京城門加一等，紫禁城門誤不下鎖者流三千里，非時擅開閉者絞監候，見《宮衛門》。又，遺失京城門鎖鑰，比遺失印信，徒二年半，皆與此律互相發明，宜合參之。中國盜律甚細，條例固涉紛繁，然此律以下各門，外國均無專條，亦未免缺畧不備矣。

## 盜軍器

凡盜人關領在家軍器者如衣甲、鎗刀、弓箭之類。計贓以凡盜論。若盜民間應禁軍器者，如人馬甲、傍牌、火筒、火礮、旗纛、號帶之類。與事主已得私有之罪同。若行軍之所，及宿衛軍人相盜，入己者，准凡盜論。若不入己還充官用者，各減二等。

按：此仍明律，順治三年添入小註，雍正三年修改。唐律：盜禁兵器者徒二年，甲弩流二千里，若盜罪輕，同私有法。盜餘兵器及旌旗旛幟者，杖九十，若盜守衛宮殿兵器者，各加一等，即在軍及宿衛相盜，還充官用者，各減二等云云。軍器分作四項："禁兵器"一層，"甲弩"一層，"餘兵器"一層，"守衛宮殿兵器"一層。盜守衛兵器重於餘兵器，而盜應禁兵器更重於守衛兵器，盜甲弩者尤重於禁兵器。此律止分二項，其治罪較唐律稍輕，而計贓、計件更為詳細。蓋鎗刀弓箭，所以習武防身，用備非常，不在禁限，若人馬甲、傍牌、火筒、火礮、旗纛之類，乃戰陣所用，私家有之，即不軌之具也，故為應禁軍器。凡有弓箭鎗刀，必軍人關領在家，方為軍器，若民間自有之弓箭刀鎗，自是民間私物，不得謂之軍器。註中添出"關領在家"數字，最為明顯。凡盜此者，計贓以凡盜論，計其軍器所值之價以為贓數，如一兩工作二月，以次遞加，至一百二十兩以上，絞監候。若盜應禁軍器，則不計贓科罪，而以件數為斷。查《軍政門》：私藏應禁軍器，一件，處九等罰，每一件加一等，罪止流三千里。民間私有，依此科罪，而盜者罪同，不過改罰金為工作耳。至於軍人俱係應用軍器之人，既與常人不同，而行軍之地，宿衛之時，軍器原不收藏，又與常時有異，如彼此相盜，其法不妨稍寬，仍分別入己、官用，以為輕重，不入己者固得減等，即入己者亦准凡盜論，罪止滿流，與上以凡盜論，贓至逾貫即擬死罪者不同，須細觀之。此外如私藏、私造軍器及私鑄礮位、抬鎗，又，將領棄毀軍器，遺失、誤毀、私賣軍器，私當軍器，收當軍器各條，俱見《軍政門》，與此互相發明，須合參之。外國凡關軍器之案，亦不少貸，日本刑法，未受官命制造鎗礮、火藥，處重禁錮二年以下、加罰金，其由外輸入者亦同；私販者處重禁錮一年以下，私有者罰金百圓以下云云。治罪較中國為輕，且亦有私造、私販、私有之罪，而無盜罪，似亦不如中律完密。

## 盜園陵樹木

凡盜園陵內樹木者，皆不分首從。徒三年。若盜他人墳塋內樹木者，首工作六箇月。從，減一等。若計入己贓重於滿徒工作本罪者，各加盜罪一等。各加監守、常人竊盜罪一等。若未馱載，仍以毀論。

按：此仍明律，順治三年添入小註，雍正三年修改，現又改易。唐律：盜園陵內草木者徒二年半，盜他人塋內樹木者杖一百，贓重者以凡盜論加一等。此律盜陵樹者徒三年，較唐律重一等，而盜他人塋樹者工作六箇月，又較唐律輕二等矣，且易“草木”為“樹木”，其中亦有關係。《三秦記》云：帝王之陵有園，故曰“園陵”。園陵本屬重禁之地，而樹木尤為護蔭之物，陵樹較諸官物為重，塋樹亦較別物為重，故盜凡物者皆計贓論罪，此則不論多少，但盜即坐，係陵樹即徒三年，係他人墳樹即工作六箇月，贓重者各加凡盜一等。仍分別“監守盜”、“常人盜”、“竊盜”三項，各按各贓加等治罪。如尋常監守盜，計贓二十兩，流二千里，若盜陵樹值二十兩，則加一等，流二千五百里；尋常常人盜官物，計贓四十五兩，流二千里，若盜陵樹值四十五兩，加一等，流二千五百里；尋常竊盜，計贓一百兩，流二千里，若盜他人墳樹值一百兩，加一等，流二千五百里。如計贓在工作六月以上者，即分別監守、常人、竊盜，各加一等。此條律文雖較唐律少有參差，而渾括簡當，自足包掃一切。但現在條例紛繁，如律止渾言“園陵”，例於陵內分出“紅樁”、“白樁”、“青樁”三層；律止渾言“盜砍樹木”，例又補出“開山取土、取石、燒窰”及“在陵寢打牲畜、乞人葠”數項。至於“盜砍他人墳樹”一項，例亦較律加詳而治罪從嚴，且律止言“他人盜砍”，例又補出“子孫盜賣”一層，皆為律所未及，判案者不可不知。

**條例**

一、凡在紅樁以內盜砍樹株、取土取石、開窰燒造、放火燒山者，為首擬絞監候，為從流二千五百里。若紅樁以外、官山界限以內，除採樵枝葉，並民間修理房塋、取土刨坑不及丈餘，取用山上浮石長不及丈，及砍取自種私樹者一概不禁外，其有盜砍官樹、開山取石、掘地成濠、開窰燒造、放火燒山者，在紅樁以外、白樁以內，流二千五百里；在白樁以外、青樁以內，徒三年；在青樁以外、官山以內，徒二年半。為從各減一等。計贓重於徒罪者，各加一等。官山界址在二十里外，即以二十里為限，若在二十里內，即以官山所止之處為限。弁兵受賄故縱，與囚同罪，贓重者計贓以枉法從重論。其止疏於防範者，兵丁處十等罰，官弁交部議處。

一、私入紅樁火道以內偷打牲畜，為首發極邊足四千里安置。其因起意在內偷牲，遺失火種，以致延燒草木者，發煙瘴地方安置。為從各徒三年。如延燒殿宇牆垣，為首擬絞監候，為從流三千里。

一、凡在紅樁、白樁以內偷乞人參至五十兩以上，為首擬絞監候，不及五十兩者，流三千里，為從各減一等。在白椿以外、青椿以內偷乞者，仍照盜園陵樹木本律治罪。弁兵受賄故縱，與本犯同科；贓重者，計贓以枉法從重論。其止疏於防範者，兵丁處十等罰，官弁交部議處。

一、凡子孫將祖父墳塋前列成行樹木及墳旁散樹高大株顆私自砍賣者，一株至十株處十等罰；十一株至二十株徒三年，計贓重者，准竊盜加一等，從其重者論；二十一株以上者，流三千里。如平日並無不肖行為，實係迫於貧難，別有正大需用，於墳塋並無妨礙，人所共知者，不用此例。或係墳旁散樹，並非高大樹顆，均照不應重科罪。看墳人等及雇工盜賣者，罪同。若雇工、看墳人等盜賣墳塋之房屋、碑石、磚瓦、木植者，計贓准竊盜罪，加一等。

一、凡盜砍他人墳樹，初犯工作六箇月，再犯遞加一等，如計贓重於本罪及犯案至三次者，悉計贓准竊盜罪，加一等定擬。盜賣他人塋前房屋、碑石、磚瓦、木植者，罪同。

此外，如於歷代帝王陵寢樵採、牧放畜牲者，處八等罰。又，於天、地壇內縱放畜牲者，處十等罰，見《毀大祀郊壇》及《歷代帝王陵寢》二門。又，毀伐人樹木者，計贓准竊盜論，官物加二等，誤毀官物者減三等。毀人墳塋內碑碣者，處八等罰。又，子孫盜賣祀產至五十畝者，流三千里，不及前數及盜賣義田者，一畝，七等罰，每五畝加一等。盜賣歷久宗祠，一間，七等罰，每三間加一等，罪止徒三年，知情謀買之人與犯人同罪。盜砍近邊應禁樹木，發煙瘴安置，見《棄毀稼穡》及《盜買田宅》等門。盜取墳塚器物甎石者，計贓准竊盜論，見《發塚門》，與此律例互相發明，宜並參之。外國刑法均無此項名目，想其陵寢之地不似中國尊嚴也，俟考。

## 監守自盜倉庫錢糧

凡監臨主守，自盜倉庫、錢糧等物，不分首從，併贓論罪。併贓，謂如十人節次共盜官銀四十兩，雖各分四兩入己，通算作一處，其十人各得四十兩罪，皆絞；若十人共盜五兩，皆工作十箇月之類。三犯者，絞，問實犯。

一兩以下，工作六箇月；

一兩之上至二兩五錢，工作八箇月；

五兩，工作十箇月；

七兩五錢，徒一年；

一十兩，徒一年半；

一十二兩五錢，徒二年；

一十五兩，徒二年半；

一十七兩五錢，徒三年；

二十兩，流二千里；

二十五兩，流二千五百里；

三十兩，流三千里；雜犯，三流，總徒四年。

四十兩，絞。雜犯，徒五年。

按：此仍明律，順治三年修改，雍正三年增定，現又改易。唐律：監臨主守自盜及盜所監臨財物者，加凡盜二等，三十疋絞。唐以絹之尺疋計贓，凡盜一尺，杖六十，監守加二等，杖八十，一疋加一等。自宋改“疋”為“貫”，明因之。國朝以銀為主，現俱改“貫”為“兩”矣。再，唐律凡盜五十疋，加役流，並不擬絞，監守盜三十疋即絞，嚴於官而寬於民。舊律，凡盜一百二十兩以上，問擬實絞，過五百兩者，秋審即予勾決，而監守盜四十兩，祇擬雜犯絞罪，則又嚴於民而寬於官矣。例雖有“一千兩以上問擬實絞”之條，而限內完贓仍得減二等，即三限不完，亦止永遠監禁，並不實予勾決，名嚴而實仍寬。刑罰世輕世重，古今不同如是。蓋監臨有統攝案驗之權，主守有管領典守之責，一切倉庫錢糧及在官等物，皆在掌握之中，若有意為盜，多寡惟其所取，故曰“自盜”。凡盜有得財、不得財之分，若監守之人盜監守之物，自無不得之理，故常人盜、竊盜皆有不得財之罪，此則不言，非從略也。此必當下現任監守之責，若已經交卸，或已革職役，或此處庫斗而盜別庫，即同庫之庫斗而盜非所管之物，或新役庫斗尚未接收，與庫上宿人為盜，此等俱無監守之權，俱以常人盜論，不得援引此律。此律四十兩擬以實絞，本與唐律相合，改為雜犯，雖係寬恤之意，其實反多窒礙：四十兩擬徒五年，若盜四百兩、四千兩，亦止於徒，則是平常竊盜，逾貫者即實犯死罪，而監守盜逾百、逾千僅止於徒，是豈情法之平？是以雍正、乾隆年間復定有條例，以補律文之窮。現在贓少者依律，贓多者依例，律例相輔而行，故附錄例文於後，務當一併研究。

**條例**

一、監守盜倉庫錢糧，除審非入己者，各照挪移本條律例定擬外，其入己數在一百兩以下至四十兩者，仍照本律問擬准徒五年；其自一百兩以上至三百三十兩，流二千里；至六百六十兩，流二千五百里；至一千兩，流三千里；一千兩以上者擬絞監候。勒限一年追完，如限內全完，死罪減二等發落，流徒以下免罪。

若不完，再限一年勒追，全完者死罪及流徒以下各減一等發落，如不完，流徒以下即行發配，死罪人犯監禁，均再限一年，著落犯人妻及未分家之子名下追賠。三年限外不完，死罪人犯永遠監禁，全完者奏明請旨，均照二年全完減罪一等之例辦理。至本犯身死，實無家産可以完交者，照例取結豁免，其完贓減免之犯，如再犯贓，俱在本罪上加一等治罪。

此例以外，又有挪移錢糧、私借錢糧及監守虛出通關、監守詐取財物各條。如監守將官錢糧私自借用，或轉借與人，及將己物抵換官物者，計贓以監守自盜論。又，監守挪移出納還充官用者，計贓准監守自盜論。五千兩以下依律准徒四年，五千兩以上分别擬流，二萬兩以上擬絞監候，一年限内全完免罪，不完二年追完者減二等，三年追完者減一等，三年未完，照未完之數治罪。又，主典擅開官封者六等罰。又，監守收受錢糧不足而虛出通關，及不收本色，折收財物虛鈔者，以監守自盜論，見《倉庫門》。又，監守詐取所監守之物者，以監守自盜論，見《賊盜下》。以上各條均與此律互相發明，宜並參之。日本刑法，官吏竊取自所監守之金穀物件者，處輕懲役，官吏徵收租税各項，於正數外多徵者，處重禁錮、附加罰金。所犯與中律情節相同，而擬（眾擬）[罪]②似不如中律計贓之詳細也。

## 常人盜倉庫錢糧

凡常人不係監守外皆是。盜倉庫自倉庫盜出者坐。錢糧等物，發覺而不得財，工作兩箇月；從，減一等。但得財者，不分首從，併贓論罪。併贓同前。

一兩以下，工作四箇月；

一兩以上至五兩，工作六箇月；

一十兩，工作八箇月；

一十五兩，工作十箇月；

二十兩，徒一年；

二十五兩，徒一年半；

三十兩，徒二年；

三十五兩，徒二年半；

四十兩，徒三年；

四十五兩，流二千里；

五十兩，流二千五百里；

五十五兩，流三千里；雜犯，三流，總徒四年。

八十兩，絞。雜犯，徒五年。其監守值宿之人以不察覺科罪。

按：此仍明律，其小註係順治三年增刪，雍正三年改定，現又改易。唐律無此名目，已包括於監守自盜律內，與監守自盜擬罪從同。明分為二，另立此門。常人者，別於監守而言，凡無監守之責，無論軍民、官役皆是。蓋雖係錢糧官物，必從倉庫中盜出，方坐此罪，若從他處，不知為官物而盜者，自依竊盜法。即非官物而從倉庫內盜出，仍以盜官物論。此律嚴於竊盜而輕於監守，竊盜自工作兩箇月起，以十兩為一等，監守自盜自工作六箇月起，以二兩五錢為一等，此盜自工作四箇月起，以五兩為一等。蓋監守、常人二項，科罪雖嚴於竊盜，然竊盜滿數是真絞，監守、常人滿數是雜犯，推立法之本意，不欲以盜官物而即殺之也。但擬罪涉於寬縱，辦理諸多窒礙，是以另設條例，以濟律文之窮。現在此等案犯，少則依律，多則依例辦理，故附錄條例於右，當並參之。

條例

一、凡竊匪之徒穿穴壁封，竊盜庫儲銀錢、倉儲漕糧，除未得財及得財數在五十五兩以下，仍依本律定擬外，其數至一百兩以上者，擬絞監候；一百兩以下至九十兩，發極邊足四千里安置；九十兩以下至八十兩，流三千里；八十兩以下至七十兩，流二千五百里；七十兩以下至五十五兩以上，流二千里，為從各減一等。至竊盜餉鞘銀兩，即照竊盜倉庫錢糧，分別已、未得財，各按首從，一律科罪。

## 強盜

凡強盜已行而不得財者，皆流三千里。但得事主財者，不分首從，皆絞。雖不分贓，亦坐。其造意不行，又不分贓者，流三千里。夥盜不行又不分贓者，工作十箇月。○若以藥迷人圖財者，罪同。但得財，皆絞。○若竊盜臨時有拒捕及殺傷人者，皆絞監候。得財不得財，皆絞，須看“臨時”二字。因盜而姦者，罪亦如之。不論成姦與否，不分首從。共盜之人不曾助力，不知拒捕殺傷人及姦情者，審確。止依竊盜論。分首從、得財不得財。○其竊盜事主知覺，棄財逃走，事主追逐，因而拒捕者，自依罪人拒捕律科罪。於竊盜不得財本罪上加二等，毆人至折傷以上，絞，殺人者，亦絞。為從，各減一等。○凡強盜自首不實、不盡，只宜以《名例》自首律內至死減等科之，不可以不應從重科斷。竊盜傷人自首者，但免其盜罪，仍依鬬毆傷人律論。

按：此係明律，其小註係順治三年添入，雍正三年修改，乾隆五年復添“不行”、“不分贓”兩項，現又刪改從輕。唐律：強盜不得財徒二年，一尺徒三年，二疋加一等，十疋及傷人者絞，殺人者斬；其持杖者，雖不得財，流三千里，五疋絞，傷人者斬。又，元《刑法志》：強盜持仗傷人，雖不得財皆死，不傷人不得財徒二年半，但得財徒三年，至二十貫，首犯死，餘人徒三年。又，《宋刑統》：強盜一貫徒二年半，十貫及傷人者絞，因盜姦人及用藥酒迷人，從強盜法，死者加一等云云。皆以贓數之多寡及有無持械並傷人、殺人分別徒、流、絞、斬。明改從嚴，不分贓數多少、有無持械，殺傷概擬斬決，情重者又加梟示，雖因世道風俗日趨險詐，盜情百出不窮，不得不設重法以示懲警，然立法如此嚴厲，而盜風仍未少戢，且法愈重而犯愈多，可見彌盜之方，在教養不在文法也。外國強盜均無死罪，俄律，凡強劫住宅村落者，罰作十年以上苦工，如在街衢大道或鄉村支路及江湖河海者，減一等；又，強劫不在住宅及窮鄉僻壤者，又減一等，如強劫時傷殘人或（歐）［毆］折者，加一等。又，德律，凡強盜者處懲役，如強盜傷害人或致死者，處無期懲役。又，法國律，凡以暴行犯盜罪者，處有期徒刑，若致被害者受有斫傷，處無期徒刑。又，英律，強取財物五磅以上，處五年至十四年徒刑，或二年囚獄加苦役隘牢，如持兇器或糾衆者，處五年至終身徒刑，或處囚獄加笞刑。又，美律，凡向郵吏行強盜者，處五年至十年囚獄加苦役，傷人及持兇器者，終身囚獄加苦役。又，日本刑法惟強盜殺人處死，強盜傷人及強姦婦女處無期徒刑，若無以上重情，雖結夥持械、用藥迷人，俱分別處以懲役云云。互相比較，彼法輕而盜風日減，我法重而盜案日增。以外國比中國，更可見嚴刑重法僅治盜之標，非彌盜之本也。現在新例已將強盜罪名略為輕減，蓋統古今中外刑法源流而合參之，並非曲為寬恕也。此律之意，首言強盜之罪而因及類於強者，有差等也，所謂強者，須先定有強謀，執有器械，帶有火光，公然攻打門牆者皆是，《據會》云：強盜與搶奪相似，人少而無兇器，或途中，或鬧市，見人財而搶奪者，搶奪也，人多，有兇器，不分人家、道路，奪人財物，或見人財物在前，先打倒而後刦財者，強盜也。若先搶奪後打，或慮事露搶回而打，仍是搶奪而非強盜。又有先行竊盜潛入人家，然後明火執杖，此暗進明出，乃臨時行強，仍應以強盜論。又，《輯註》：臨時行強與臨時拒捕，總分在得財先後，如將事主捆縛打傷之後，攫贓而去，或一人架住事主而羣盜入室搜贓，皆為臨時行強，若贓先入手，事主驚覺追逐，因而格鬬，即臨時拒捕也，此中分別微細，最宜詳慎。凡不拘何物，在事主家者皆謂之“財”，一入盜手即謂之“贓”，刦取而去謂之“得財”，各分入己謂之“分贓”，強盜之贓雖未分，而事主之財則已失，故但論財之得與不得，不論贓之分與不分。凡上盜之人，雖不分贓亦坐絞罪，與他律各計入己之贓以定罪者大不同也。共分四節，而第一節、第三節又各分二項。第一節以得財、不得財分輕重，不得財雖與事主無損，而其強已行，故不分首從滿流，但得財則不計財之多少，不論夥盜之分贓不分贓，皆坐絞決，蓋強盜之罪本以強論，不以贓論也；第二節言迷人圖財之罪，以藥迷人，使人不能動覺，與強盜無異，故得財同絞，不得財同流也；第三節言竊盜似強之罪，竊盜尚知畏人，若臨時事主知覺，不走而拒及逞兇殺傷人者，其人雖竊，其事則強，故不問得財不得財皆坐絞候，須知臨時拒捕即不殺傷人亦絞，觀"及"字可見。姦不論妻妾、僱工，因竊盜而強姦，亦如拒捕擬絞，若強盜行姦，則照例斬決矣，共盜之人或在外未入，或得財先出，不知拒捕姦事者，止依竊盜論；第四節言追逐拒捕之罪，棄財逃走，追而逐之，不得不拒，故與臨時拒捕不同，蓋臨時拒捕是格鬬以圖財，追逐拒捕乃棄財而求脫，其情異，故其罪異。拒捕本竊盜之事，以其迹同強，故不入《竊盜門》而載於此律也。律意如此解釋，但現在辦法惟"得財不分首從皆絞"一項係用律文，其餘另設條例，較律詳細。現俱係依例辦理，律文多為虛設。茲將例文附錄於右，並附列表，以備參考。

**條例**

一、凡拏獲盜犯到案，即行嚴訊，如有供出行劫別案，訊明次數、贓物，取具確供，其在本省他邑者，即行通詳該督撫，無論他邑有無拏獲盜犯，總於贓物查起，事主認領之後，提解來省，併案審擬具奏，將該犯即行正法。若係供出鄰省之案，其夥盜已獲者，應令該督撫關查明確首從，絕無疑義者，詳悉聲明，奏請即行正法。如鄰省夥犯未獲，現獲之犯或任意抵賴，係彼案盜首而供為同夥將來後獲之犯，或本係盜首，因同夥已經正法，轉推已決者為首犯，不無避重就輕之弊，應令各督撫詳加研鞫，務得實情。其無前項情弊者，不必虛擬罪名，另案具奏，即於本案聲明，奏請正法。儻行查被盜之州縣，有指已正法之盜作為首盜，或盜數未足作為夥盜，希圖銷案，及州縣彼此行查盜犯口供，不即詳細訊明關覆，以致案件不能完結者，該督撫查明奏參，交部分別議處。

一、凡強盜重案，交與印官審鞫，不許捕官私行審訊，番捕等役私拷取供。違者，捕官參處，番役等工作十箇月，革役。如得財及誣陷無辜者，從重科罪。其承問官於初審之時，即先驗有無傷痕，若果無傷，必於招內開明"並無私拷傷痕"字樣。若疏忽不開，扶同隱諱及縱容捕官私審者，即將印官奏參交部議處。

一、凡強盜初到案時，審明夥盜贓數及起有贓物，經事主確認，即按律定罪。其夥盜數目，以初獲強盜所供為確，初招既定，不許續報。如係竊賊，審明行竊次數，並事主初供，但搜有正贓，即分別定擬。若原贓花費，照例追變賠償。如事主冒開贓物，處八等罰。其盜賊供出賣贓之處，如有伊親黨並胥捕人等藉端嚇詐者，計贓加竊盜一等治罪。

一、凡盜犯到案審實，先將各犯家產封記，候奏結之日變賠，如該犯父兄伯叔知情分贓並另有窩家者，審明治罪，亦著落伊等名下追賠，儻案內各盜有並無家產及外來之人，無從封記開報者，將案內盜犯及窩家有家產者，除應賠本身贓物外，或有餘剩，概行變價代賠，其有將無干親族及並未分贓之親屬株連賠累，該督撫查叅議處。

一、各省拏獲盜犯，供出他省曾犯行劫者，不論罪輕、罪重，研訊明確，毋庸解往質審，其鄰省地方官自行盤獲別省盜犯，及協同失事地方差役緝捕拏獲者，均令在拏獲地方嚴行監禁，詳訊供詞備移，被盜省分查明案情，贓證確實，即由拏獲省分定擬，奏請正法，仍知照本省，將拏獲正法緣由在失事地方張掛告示，明白曉諭。如果贓迹未明，或失事地方有夥盜待質，必須移解者，拏獲省分遴派文武官各一員，帶領解役兵丁，親身管押解送，仍預先知會前途經由地方，一體遴派員弁，挑撥兵役接遞管解，遇夜寄監收禁，其道遠州縣不及收監者，即令該地方官預期選撥幹役前赴住宿處所，傳齊地保，知會營汛，隨同押解官弁鎖錮防範，儻不小心管解，致犯脫逃，即將各役嚴審有無賄縱情弊，照例從重治罪，官員交部嚴加議處。

一、凡強竊盜等事，地保及營汛兵丁一有見聞，立即分報各衙門文武員弁，協力追拏。如地保、汛兵通同隱匿不報，及地保已報文職而汛兵不報武弁，或汛兵已報武弁而地保不報文職者，均處十等罰，若首報遲延，處八等罰。

一、捕役並防守磩卡或緝盜汛兵及營兵為盜，均照律擬絞立決。如捕役、兵丁起意，為首斬立決，為從仍擬絞決，失察之該管官交部議處。該管官逼勒改供，或揑稱革役，該上司不能查出，一併交部議處。如捕役兵丁分贓通賊，及與巨盜交結往來，奉差承緝，走漏消息者，不分曾否得財，均照本犯一體治罪，知情故縱，照窩主知情存留例分別治罪，若不知情，止係查緝不力，照不應重律科斷。至書差人等臨時得贓賣放，亦照本犯一體治罪。

一、事主呈報盜案失單，須逐細開明，如贓物繁多，一時失記，准於五日內續報，該地方官將原報、續報緣由於招內聲明。至獲盜起贓，必須差委捕員眼同起認，如捕役私起贓物，或借名尋贓逐店搜察，或囑賊誣攀指稱收頓，或將賊犯己物作贓，或買物栽贓，或混認瞞贓等弊事發，除捕役照律例從重問擬外，其承問官不嚴禁詳審，該督撫不嚴飭奏參者，一併交部議處。

一、事主報盜，止許到官聽審一次，認贓一次，所認贓物即給主回家，不許往返拖累，違者，將承審官嚴加議處。

一、事主呈報盜情，不許虛誣捏飾，儻有並無被劫而謊稱被劫，及以竊為強、以姦為盜者，俱處十等罰。以人命鬬毆等事報盜者，其本身無罪，亦處十等罰。若本有應得之罪，重者照本罪從重問擬，本罪輕者加一等治罪。若姦棍豪紳憑空捏報盜劫，藉以陷害平人、詐印捕官役者，照誣告人死罪未決律流三千里，加徒役三年，甲長鄰右扶同者，各照事主減一等治罪。

一、地方文武官員因畏疏防、承緝處分，恐嚇事主、抑勒諱盜或改強為竊者，均照諱盜例革職，承行書辦處十等罰，若抑勒苦累事主致死或刑傷至篤廢者，除革職外，照故勘平人律治罪，該管司、道、府、廳、州不行查報，督撫不行查參者，俱交部照例議處。

一、凡問刑衙門鞫審強盜，必須贓證明確者，照例即決，如贓跡未明，招攀續緝，涉於疑似者，不妨再審，或有續獲強盜，無自認口供，贓跡未明，夥盜已決無證者，俱引監候處決。

一、強盜殺人、放火燒人房屋、姦污人妻女、打劫牢獄倉庫凡官錢糧皆是。及干係城池、爬越入城亦是。衙門，並積至百人以上，不分曾否得財，俱擬斬立決。凡六項有一於此，即引此例，隨犯摘引所犯之事。

一、凡響馬強盜執有弓矢軍器，白日邀劫道路，贓證明白者，俱不分人數多寡、曾否傷人，擬斬立決，其江洋行劫大盜俱照此例立斬。

一、強劫及竊盜臨時行強之案，但有一人執持鳥鎗、洋鎗在場者，不論曾否傷人，不分首從，均斬立決。若竊賊施放鳥鎗、洋鎗拒捕，一經成傷，無論護贓、護夥圖脫及臨時、事後，所傷是否事主，為首并幫同放鎗之犯皆擬絞監候，秋審時首犯入於情實，幫同放鎗者入於緩決，殺人者俱擬斬立決。尋常行竊，但係執持鳥鎗、洋鎗之犯，雖未拒捕，均發極邊足四千里安置。

一、強盜殺人案件，正兇及幫同下手之犯，遵照定例，擬以斬立決，其僅止在場目擊者如已劫得贓物，仍照得財律不分首從問擬絞決，未得財者，目擊殺人之犯，俱擬絞監候，秋審入於緩決。

一、尋常盜劫之案，除起意為首與拒捕各犯有犯殺傷，及未經傷人之夥盜如曾轉糾黨羽入室過船搜贓，或行劫已至二次，並執持火器金刃在外把風，情形兇暴者，一經得財，仍照各本律例定擬外，其止聽囑在外瞭望接遞財物，並未入室過船搜贓，亦無執持火器金刃情兇勢惡者，均係舊例情有可原之犯，應一併免死，減等發遣新疆當差，若被脅同行，尚非甘心為盜，係在外者，仍照前擬遣，儻經入室過船，訊未隨同搜劫，均於強盜本罪上量減為絞監候。

一、強盜引綫，除盜首先已立意欲劫某家，僅止聽從引路者，仍照例以從盜論罪外，如首盜並無立意欲劫之家，其事主姓名、行劫道路悉由引綫指出，又經分得贓物者，雖未同行，即與盜首一體擬罪，不得以情有可原聲請。

一、凡強盜傷人未得財，首犯絞監候，為從發新疆當差，如未得財，又未傷人，首犯發新疆當差，從犯流三千里。

一、凡用藥迷人，已經得財之案，將起意為首，及下手用藥迷人並迷竊為從已至二次，及首先傳授藥方之犯，均照強盜律擬絞立決，其餘為從者發新疆當差。其有人已被迷，經他人救醒，雖未得財，將造意為首并首先傳授藥方轉傳貽害及下手用藥迷人之犯均擬絞監候，入於秋審情實。若甫經學習，雖已合藥，即行敗露，或被迷之人當時知覺，未經受累者，均發新疆當差。儻到配之後，故智復萌，將藥方傳授與人及復行迷竊者，請旨即行正法。其案內隨行為從之犯，仍各減一等定擬。

一、用藥及一切邪術迷拐幼小子女，如人藥並獲，即比照用藥迷人已經得財例，將起意為首及下手用藥迷人並迷拐為從已至二次及首先傳授藥方之犯均照強盜律擬絞立決，其餘為從均發新疆當差。其或藥已丢棄，無從起獲，必須供證確鑿，實係迷拐有據，方照此例辦理，若藥未起獲，又無確鑿證據，仍照尋常誘拐例，分別知情、不知情科斷。

一、竊盜臨時盜所拒捕，護贓、護夥者皆是。及雖未得財而未離盜所，逞兇拒捕，或雖離盜所而臨時護贓格鬬已離盜所，護夥者，不在此例。殺人者，不論所殺係事主、鄰佑，將為首者擬絞立決，為從幫毆如刃傷及他物手足至折傷以上者，俱擬絞監候，傷非金刃又非折傷者，發煙瘴地方安置，拒捕未經幫毆成傷者，發極邊足四千里安置。其傷人未死，專指事主言，如非事主，依罪人拒捕條科斷。如刃傷及折傷以上者，首犯擬絞監候，為從流三千里。若傷非金刃，傷輕平復，首犯流三千里，為從徒三年，其拒捕未經成傷，及被事主事後搜捕，起意拒捕者，仍依罪人拒捕本律，分別殺傷科斷。

一、竊盜棄財逃走與未經得財逃走，被事主追逐拒捕，或夥賊攜贓先遁，後逃之賊被追拒捕，及已經逃走，因見夥犯被獲，幫護拒捕因而殺人者，不論事主、鄰佑，首犯俱擬絞監候，為從幫毆，如刃傷及手足他物至折傷以上者，亦俱擬絞監候。傷非金刃又非折傷，及未經幫毆成傷者，流三千里。其傷人未死，專指事主言，如非事主，依罪人拒捕條科斷。如刃傷及折傷以上者，首犯擬絞監候，從犯減等擬流。若傷非金刃，傷輕平復，並拒捕未經成傷者，及事後追捕有拒捕殺傷者，仍各依罪人拒捕本律科斷。如逃走並未棄財，仍以臨時護贓格鬬論。

一、竊盜拒捕，刃傷事主，罪應擬絞之犯，如聞拏畏懼，將原贓送還事主，確有證據者，准其照聞拏投首例量減擬流，若祇係一面之詞，別無證據，仍依例擬絞監候，秋審時入於緩決。

一、因竊盜而強姦人婦女，凡已成者，擬絞立決，同謀未經同姦及姦而未成者，皆絞監候，共盜之人不知姦情者，審確止依竊盜論。

一、恭遇御駕駐蹕圓明園、頤和園及巡幸之處，若有匪徒偷竊附近倉厫官廨，拒傷官弁兵丁者，如相距宮牆在三里以內，係刃傷，為首者擬絞監候，入於秋審情實，幫毆者俱擬絞監候，未幫毆者發極邊足四千里安置。傷非金刃，傷輕平復，為首者發煙瘴地方安置。未傷人，為首者發極邊足四千里安置，為從者各流三千里。若拒捕殺死官弁兵丁者，首犯絞立決，為從幫毆者擬絞監候，未幫毆者發煙瘴地方安置。如值御駕不駐蹕之日，仍照本例行。其在紫禁城內行竊，該班官員人等財物有拒捕殺傷人者，亦照此辦理。

一、強逼為盜，臨時逃避行劫，後分與贓物以塞其口，與知強盜後而分所盜之贓，數在一百兩以下者，俱照共謀為盜臨時畏懼不行事後分贓例，減一等徒二年半。如所分贓至一百兩以上，按准竊盜為從律遞加一等定擬，罪止流三千里。

一、凡情有可原之夥盜內，如果年止十五歲以下，審明實係被人誘脅，隨行上盜者，無論分贓與不分贓，俱問擬滿流，不准收贖。

一、強盜首夥各犯，於事未發覺及五日以內，果能悔罪捕獲他盜及同伴解官投首者，係傷人盜犯，於遣罪上減一等擬徒三年，未傷人盜犯照律免罪，若在五日以外或聞拏將他盜及同伴捕獲解官投首者，係傷人盜犯，於死罪上減一等流三千里，未傷人盜犯徒三年。

一、夥盜被獲供出首盜逃所，於四箇月限內拏獲，係舊例法無可貸之犯，減為絞監候，入於秋審緩決，係舊例情有可原之犯，減為流三千里。其夥盜能將全案首夥供出，於限內盡行指獲，係法無可貸者，減為流三千里，情有可原者，減為徒三年。如供獲夥盜在一半以上並首盜，能將全案夥犯供出，於限內指獲，均減為絞監候，秋審核其情節，分別實緩。若夥盜供獲夥盜不及一半，及首盜供獲夥盜雖在一半以上，並拏獲已逾四箇月限外者，俱照律定擬，不准輕減。以上各犯，均須到案後當堂供出，按名指獲，方准以供獲論，如私向捕役告知指拏到官，不得以供獲論。

一、凡投首之賊，借追贓名色，將平人捏稱同夥，或挾讐攀害，或索詐財物，不分首從、得財與未得財，皆絞立決。

一、拏獲盜犯之眼綫，曾犯盜案，悔罪將同伴指獲，致被供出，無論首夥，如在五日外、一月以內，照強盜免死例發新疆當差，若在五日以內，減為流三千里，儻原夥較多，能獲三名以上者，准其再減一等。

一、洋盜案內被脅在船，為匪服役，如搖櫓寫帳等項，均以服役論。或事後被誘上船，並未隨行上盜者，自行投首，照律免罪。如被拏獲，均徒三年，年未及歲，仍照律收贖。如已經在盜所，自行逃回，欲行投首，尚未到官即被拏獲，仍同自首免罪。若已經到家，並不到官呈首，旋被拏獲，不得同自首論。

一、強盜同居父兄伯叔知情而又分贓者，減本犯罪一等，雖經得財而實係不知情者，減二等。

一、強盜行劫，鄰佑知而不協拏者，處八等罰。如鄰佑或常人或事主家人，拏獲強盜一名者，官給賞銀二十兩，多者照數給賞。受傷者，分別輕重，由地方官於閒雜款項內酌量給賞。如營汛防守官兵捕賊受傷或被傷身亡者，俱照綠營陣傷陣亡例分別賞恤。

以上各例而外，又有“情罪兇暴，比照強盜問擬者”數項。如糾夥騎馬持械並聚至十人以上，倚強肆掠搶奪者；搶奪糾夥三人，持械威嚇傷人者；大江洋海，官弁兵丁遇船遭風，尚未覆溺，不救反搶取財物者；糾衆發塚起棺，索財取贖者；發塚後將屍骨拋棄，並將控告人殺害者；捉人勒贖，糾夥三人以上，入室擄捉者；糾衆圖財放火故燒房屋者；謀殺人因而得財者。皆散見各門，比照強盜，不分首從，治罪應與強盜律合參。

## 中外強盜比較表

| | 強盜 | 強盜殺人 | 強盜傷人 | 強盜持械 |
|---|---|---|---|---|
| 日本 | 輕懲役 | 絞 | 無期徒刑 | 重懲役 |
| 英吉利 | 五磅以上處五年至十四年徒刑或二年囚獄或苦役隘牢 | | | 處五年至終身徒刑或處囚獄加笞刑 |
| 美利堅 | 五年至十年囚獄加苦役 | | 終身囚獄加苦役 | 終身囚獄加苦役 |
| 德意志 | 懲役 | 無期懲役 | 無期懲役 | |
| 法蘭西 | 有期徒刑 | 無期徒刑 | 無期徒刑 | |
| 俄羅斯 | 十年以上十二年以下苦工 | | 由十年以上苦工上加一等 | |

## 古今強盜比較表

| | 強盜殺人 | 強盜傷人 | 強盜得財 | 強盜贓多 | 強盜未得財 |
|---|---|---|---|---|---|
| 唐 | 斬 | 不持杖傷人者絞，持杖傷人者斬 | 一尺徒三年，二疋加一等 | 不持杖十疋絞，持杖五疋絞 | 不持杖徒二年，持杖流三千里 |
| 宋 | | 絞 | 一貫徒二年 | 一十貫絞 | |
| 元 | | 死 | 徒三年 | 不持械者四十貫首死從徒，持械者二十貫首死從流 | 持械不傷人徒二年半，不持械又不傷人徒一年半 |
| 明 | 斬梟 | 斬決 | | | 滿流 |
| 大清 | 斬梟，現改斬決 | 斬決，現改絞決 | 斬決，現改絞決 | | 未傷人律滿流例發遣新疆，傷人者斬監候，現改絞監候 |

強盜舊例斬梟現改斬決各項：

一、強盜殺人者

一、放火燒人房屋者

一、姦人妻女者

一、關係城池衙門者

一、打劫牢獄倉庫者

一、積至百人以上者

一、兵役強盜為首者

一、強劫執持鳥鎗洋鎗者

一、響馬強盜持有軍器者

一、江洋大盜行劫者

一、御駕駐蹕竊匪拒殺官兵者

斬決現改絞決各項：

一、強盜得財者

一、強盜引綫分贓者

一、御駕駐蹕竊匪於宮牆一里以內拒捕殺死官兵者

一、竊盜強姦婦女已成者

一、竊盜臨時盜所拒捕殺人者

一、用藥迷人迷拐為首下手用藥並迷竊二次及首先傳授藥方並甫經學習擬遣到配故智復萌者

一、強盜窩主造意不行分贓及共謀行而不分贓者

一、窩綫同行上盜得財者

一、投首之賊誣扳平人者

一、捕役為盜及分贓通賊致令脫逃者

一、強盜得財殺人在場目擊未下手者

斬候現改絞候各項：

一、強盜傷人未得財為首者

一、強盜未得財目擊殺人者

一、強盜傷人傷輕平復聞拏投首者

一、夥盜供獲首盜係法無可貸及夥盜供獲夥盜一半以上並首盜供獲全案夥盜者

一、竊盜臨時盜所拒捕刃傷及折傷以上為首者

一、竊盜棄財逃走拒捕殺人為首者

一、用藥迷人經人救醒未得財為首并首先傳授藥方轉傳貽害及及下手用藥者

一、強盜贓迹未明無自認口供夥盜已決無證者

絞決現改絞候一項：

一、御駕駐蹕竊匪拒殺官兵為從幫毆刃傷及折傷者

絞候各項：

一、御駕駐蹕竊匪拒傷官兵幫毆刃傷並殺死官兵為從幫毆者

一、竊盜強姦婦女未成者

一、竊盜拒捕殺人為從幫毆刃傷及折傷者，竊盜棄財逃走拒捕刃傷折傷者

一、竊盜拒捕刃傷絞犯投首別無證據者

遣罪各項：

一、強盜案內情有可原者

一、強盜傷人未得財為從者

一、強盜未得財未傷人為首者

一、強盜傷人事未發自首及行劫數家止首一家者

一、用藥迷人得財並迷拐為從者

一、用藥迷人案內甫經學習敗露者

一、御駕駐蹕偷竊傷官案內為從及傷非金刃折傷為首並殺人案內未經幫毆者

一、接買盜贓至三次以上者

一、強盜窩主造意不行又不分贓及存留強盜三人以上者

一、強盜窩綫未上盜得財探聽消息者

一、拏獲盜犯眼綫五日以外將同伴指獲者

舊例充軍現改流罪各項：

一、強盜未傷人及盜綫聞拏投首者

一、強盜燒人空房自首贓重者

一、竊盜臨時殺人案內幫毆非折傷刃傷及未成傷者

一、竊盜棄財拒捕殺人案內傷非金刃折傷者

流罪各項：

一、夥盜供獲首盜情有可原者

一、造意不行又不分贓者

一、未得財未傷人為從者

一、捏報盜案陷害平人訛詐者

一、強盜同居父兄伯叔知情分贓如強盜罪應擬斬者

一、十五歲以下被人誘脅上盜者

一、強盜未傷人及盜綫事未發自首者

一、竊盜棄財拒捕殺人案內未經幫毆成傷及刃傷人案內為從者

一、竊盜拒捕刃傷絞犯聞拏投首者

一、御駕駐蹕三里以內偷竊刃傷弁兵未傷人為從者

一、強盜傷人五日外捕獲他盜及聞拏投首者

一、拏獲盜犯眼綫五日內將同伴指獲者

一、夥盜供獲全案首夥各盜係舊例法無可貸者

一、知情存留強盜一二人者

一、盜後分贓至一百二十兩以上者

一、竊盜臨時盜所刃傷人案內為從并傷非金刃傷輕平復為首者

一、竊盜棄財逃走拒捕殺人案內為從傷非金刃傷輕平復並未經幫毆成傷者

一、接買盜贓二次者

徒罪各項：

一、官吏諱盜抑勒苦累事主致死及刑傷至篤疾者

一、強盜案內知而不首及強盜後分贓數在百兩以下者

一、強盜同居父兄伯叔知情分贓情輕及不知情分贓者

一、洋盜案內被脅為匪服役後被拏獲者

一、竊盜臨時拒捕傷非金刃折傷及未成傷為從者

一、強盜傷人拏捕他盜自首及未傷人五日外捕獲他盜投首者

一、強盜患病及別故不行事後不分贓者

一、強盜案內知情寄贓及代為銷贓並接買盜贓一次者

一、拏獲強盜眼綫五日內指獲同伴三名者

一、夥盜供獲全案首夥各盜係舊例情有可原者

一、強盜畏懼不行事後分贓者

一、強盜五日內捕獲他盜送官者

舊例杖罪現改工作及罰金各項：

一、捕役查緝強盜不力者

一、謊稱被竊及以竊為強以姦為盜妄報者

一、以人命鬭毆報盜者

一、官員書吏抑勒諱盜及改強為竊者

一、番役私拷取供及捕官私審者

一、事主冒開贓物者

一、強盜鄰佑不協拏者

一、強盜畏懼不行事後不分贓者

一、強盜窩主不行又不分贓及不知盜情暫時停歇者

# 賊盜中

## 劫囚

凡劫囚者，皆不分首從。絞監候。但劫即坐，不須得囚。若私竊放囚人逃走者，與囚同罪，至死者，減一等。雖有服親屬，與常人同。竊而未得囚者，減囚二等，因而傷人者，絞監候，殺人者，亦絞監候。雖殺傷被竊之囚，亦坐。前罪不問得囚與未得囚。為從，各減一等。承竊囚與竊而未得二項。若官司差人追徵錢糧、勾攝公事，及捕獲罪人，聚衆中途打奪者，首。流三千里，因而傷差人者，絞監候。殺人及聚至十人，九人而下，止依前聚衆科斷。為首及下手致命者，俱絞監候。為從，各減一等。其率領家人、隨從打奪者，止坐尊長，若家人亦曾傷人者，仍以凡人首從論。家長坐絞，為從坐流，不言殺人者，舉輕以該重也。〇其不於中途而在家打奪者，若打奪之人原非所勾捕之人，依威力於私家拷打律，主使人毆者，依主使律。若原係所勾捕之人，自行毆打，在有罪者，依罪人拒捕律，無罪者，依拒毆追攝人律。

按：此仍明律，原有小註，順治三年增修，[現又刪改]③，較唐律為重。唐律：諸劫囚者流三千里，傷人及劫死囚者絞，殺人者皆斬。（現又刪改）若竊囚而亡，與囚同罪，竊而未得，減二等，以故殺傷人者，從劫囚法云云。此劫囚者，不問是否死囚，但劫皆絞，雖不傷人亦絞，治罪較為加重。其“竊囚”一項與唐律尚無軒輊，後又添出“中途打奪”及“率領家人打奪”二項，亦較為完密。蓋言強劫囚獄及竊放打奪之罪，共分八項，“劫囚”一層，“竊囚”一層，“竊而未得”一層，“因竊囚殺傷人”一層，“聚衆打奪”一層，“因打奪傷人”一層，“殺人”及“聚至十人”一層，“率領家人打奪”一層。劫者，強取之謂，劫囚如強盜之行劫，竊囚如竊盜之偷取也。已招服罪而鎖扭拘禁者謂之“獄囚”，已審供取詞，未招服罪而散行拘禁者謂之“罪囚”，犯罪事發已拘在官，尚未審錄者謂之“罪人”。強劫重在劫，故不論得囚、不得囚，竊放重在失囚，故罪有得囚、不得囚之分，若因竊而殺傷人，則有似乎劫矣，故亦不分得囚、不得囚，惟究與真劫者不同，故上有“皆”字，則不分首從，下無“皆”字，為從得減一等也，律文之細如此。此律較唐律從嚴，現例又較律為嚴，律文劫囚皆絞監候，不言殺人、傷人，亦止於絞，例則分別殺傷，又分別殺傷是官弁、是役卒，層層加重矣。如例載：凡劫囚殺官者，為首及為從殺官者依謀反律斬決，下手幫毆有傷者亦斬立決，若拒傷官弁及殺死役卒者，為首並預謀助毆夥犯俱擬斬決，止傷役卒者，為首及幫毆有傷之犯俱絞立決，雖同助勢，未傷人者絞候，秋審情實，若未傷人，為首絞決，為從絞候，秋審情實云云。因絞而改斬，因盜而加立決，與反逆同論，深惡之也。又，律文聚衆中途打奪殺人者絞候，下手者亦絞候，餘止於流，例則從嚴，改為立決矣。如例載：官司捕獲罪人，聚衆中途打奪，毆死差役者，為首絞立決，為從下手致命傷重者絞候，秋審入實云云。其殺差較律加重，餘均照律辦理。又，尊長、家長率領卑幼、雇工人等打奪殺人者，除尊長擬絞監候外，其卑幼等無論傷之輕重，律止均照為從擬以滿流，例又補出“殺三命加重”一條，較律從嚴。例又於“中途打奪”外補出“在家打奪”一條，又於“聚衆中途打奪”外補出“人不及衆打奪”一條，不但較律治罪從重，而分別過於詳密，未免失之瑣屑矣。此與“罪囚反獄”及“故縱罪囚”治罪不同者，彼係獄囚自內反獄，此係外人從外打獄劫囚；彼係看守之人縱令囚逃，此係旁人私竊放囚，情節不同，故各入各門也。又，日本刑法，劫奪囚徒，以暴行脅迫助囚逃走者，處重禁錮五年以下、附加罰金，若囚係處重罪者，處輕懲役，欲使囚徒逃走，給與器具或指示方法者，處重禁錮三年以下，亦加罰金，致囚逃走者，加一等云云。較中律輕至數等，且因囚之罪重而劫囚者罪亦加重，亦與唐律劫死囚者由流加絞之意相符，彼此合參，各有所長，是在人善為採擇焉耳。

**條例**

一、糾衆行劫在獄罪囚，如有持械拒殺官弁者，將為首及為從殺官並下手幫毆有傷之犯，均比照謀反大逆律擬斬立決，隨同餘犯俱擬絞立決；若拒傷官弁及殺死役卒者，為首並預謀助毆之夥犯，俱擬斬立決；其止傷役卒者，將為首及幫毆有傷之夥犯俱擬絞立決，隨同助勢雖未傷人，亦擬絞監候，秋審時入於情實；若並未傷人，將起意劫獄之首犯擬絞立決，為從者俱擬絞監候，秋審時入於情實。

一、官司差人捕獲罪人，有聚衆中途打奪，毆差致死，為首者不論曾否下手，擬絞立決，為從下手致命傷重致死者，擬絞監候，入於秋審情實，餘仍依律定擬。

一、凡官司勾攝罪人，已在該犯家拏獲，如有為首糾謀，聚至三人以上，持械打奪，毆差致死者，即照中途奪犯例治罪。若並未糾約聚衆，實係一時爭鬬拒毆，致有殺傷，仍照各本律定擬。其非本案罪犯，及非所勾捕之人，毋論在途在家，俱以凡鬬論。差人藉端滋擾，照例從重治罪，地方官交部議處。

一、官司差人捕獲罪人，有僅止一二人中途打奪者，照聚衆打奪本律，分別殺傷治罪，未傷人者減一等。

一、官司差人捕獲罪人，如有尊長率領卑幼及家長率領雇工毆差奪犯，並殺死差役，案內隨從之卑幼、雇工曾經殺傷人者，照律依為從擬流三千里，在場助勢並未傷人者，徒三年。若殺死差役三命以上，案內為從下手致死之卑幼、雇工，俱擬絞監候，幫毆傷輕者，流三千里，在場助勢並未傷人者，徒三年。

## 白晝搶奪人少而無凶器，搶奪也，人多而有凶器，強劫也。

凡白晝搶奪人財物者，不計贓。徒三年。計贓併贓論。重者，加竊盜罪二等。傷人者，首。絞監候。為從，各減為首。一等。〇若因失火，及行船遭風著淺，而乘時搶奪人財物，及拆毀船隻者，罪亦如之。亦如搶奪科罪。〇其本與人鬭毆，或勾捕罪人，因而竊取財物者，計贓准竊盜論。因而奪去者，加二等，罪止流三千里。若竊奪有殺傷者，各從故、鬭論。其人不敢與爭而殺之曰故，與爭而殺之曰鬭。

按：此仍明律，順治三年添入小註，現又删改。唐律無《搶奪》一門，已包於強盜之內，如所云：本以他故毆擊人，因而奪其財物者，計贓以強盜論，至死者加役流云云。此即搶奪之本祖。明始專立《搶奪》一門，罪名介在強、竊之間。蓋白晝搶奪與邀劫道路行迹相似，而其實究有不同。註云：人多有兇器為強劫，人多無兇器為搶奪。又，出其不意攫而有之曰“搶”，用力而得之曰“奪”。此數語辨別搶奪、強劫，最為明晰，但舊例條列紛繁，與律文諸多參差，而辦法亦不遵守律註，明明應以強盜論者，而概照搶奪科斷，律文已為虛設。現惟三人以下徒手搶奪者方照律辦理，數過三人或二人持有器械，例俱加重問擬，且律渾言“傷人者絞監候”，而未及殺人一項，例則殺人問立決，而傷人則分別刃傷、折傷及傷非金刃、傷輕平復數層，不得照律一概擬死，不但較律從輕，而擬罪亦最平允，足補律所未備。此門舊例紛繁，其中有計贓定罪者，有分殺傷定罪者，有分別省分定罪者，有分別人數定罪者，有分別器械定罪者，有分別次數、犯數定罪者，而省分有奉天、四川、湖北、河南、安徽、江蘇之徐、淮、海，山東之兗、沂、曹之別，人數有二人、三人、五人、九人、十人、四五十人、百人之別，器械有鳥鎗、洋鎗、金刃、他物、木棍、軍器、刀械之別，次數有一二次、三次、五次、八次以上之別。又，同一搶奪，所因不同，則罪名亦異，有因失火、因行船遭風覆水、因鬭毆、因勾捕、因爭地、因讐忿、因地方歉收之別。又，所搶之物有錢財、貨物、糧食、洋藥、婦女、田禾、竊贓、盜贓之分。犯搶之人有苗人、回民、糧船水手、差役、官弁、兵丁、沙民、饑民、採捕船戶、白撞手、紅鬍子之分。行搶之地有市場、在途、在野、大江、洋海、湖港、無人空室之分。現在删繁就簡，僅存十有餘條，問官檢查較前稍為便當。查外國並無搶奪名目，日本刑法止分竊盜、強盜兩項，不言搶奪，有犯即按照強盜加減問擬，最得唐律之意。蓋搶奪即係強盜，《孟子》所謂“禦人於國門之外”，《康誥》所謂“殺越人於貨”者，本是一類，自明律分為兩項，殊與古法不合。長安薛氏常有改歸畫一之議，有志未逮，今奉明詔修訂新律，此項已釐訂從簡，有切於實用，附錄於後，以備參觀。

**條例**

一、凡問白晝搶奪，要先明事犯根由，然後揆情剖決，在白晝為搶奪，在夜間為竊盜，在途截搶者雖昏夜仍問搶奪，止去“白晝”二字。若搶奪不得財，及所奪之物即還事主，俱問不應。如強割田禾，依搶奪科之。探知竊盜人財而於中途搶去，准竊盜論；係強盜贓，止問不應；若見分而奪，問盜後分贓。其親屬無搶奪之文，比依恐嚇科斷。

一、凡白晝搶奪人財物，贓至一百二十兩以上者，擬絞監候。

一、凡白晝搶奪，三犯者，擬絞監候，入於秋審情實。其因搶奪問擬徒流以上罪名，復犯搶奪者，仍照徒流人又犯罪定擬。若初犯搶奪，五次以上發煙瘴地方安置，八次以上發新疆當差。至搶竊同時并發之案，仍各從其重者論。

一、搶奪之案，如結夥騎馬持械並聚至十人以上，倚強肆掠、兇暴衆著者，無論白晝、昏夜及在途在野、江河湖港，均照強盜律，不分首從擬絞立決，被脅同行者發煙瘴地方安置。聚衆不及十人而數在三人以上，但經持械毆傷事主者，不論傷之輕重，為首及在場幫毆有傷之犯亦照強盜律擬絞立決，其餘從犯均發煙瘴地方安置。結夥三人以上，持械未傷事主，及雖未持械而結夥已至十人以上者，首犯均發煙瘴地方安置，從犯流三千里。結夥不及十人，俱係徒手搶奪者，首犯流三千里，從犯徒三年。數在三人以下，而又未經持械，仍照搶奪各本律例定擬。

一、結夥十人，並三人以上搶奪案內，執持鳥鎗、洋鎗之人，係首犯，不論曾否傷人，擬斬立決，係從犯，傷人者亦擬斬立決，未經傷人者，係結夥十人案內之犯，仍照向例辦理，不及十人，數在三人以上案內之犯，及尋常搶奪僅止一二人，但係執持鳥鎗、洋鎗之犯，雖未拒捕，俱發極邊足四千里安置。

一、凡結夥不及三人白晝搶奪殺人者，擬絞立決，為從幫毆，如刃傷及手足他物至折傷以上者，擬絞監候，傷非金刃又非折傷者，發煙瘴地方安置，未經幫毆成傷者，發極邊足四千里安置，其傷人未死，如刃傷及折傷以上者，首犯擬絞監候，為從流三千里，傷非金刃、傷輕平復之首犯發煙瘴地方安置，拒捕未經成傷之首犯流二千五百里，為從各徒三年。

一、搶竊拒傷事主，傷輕平復之案，如兩人同場拒傷一人，一係他物，一係金刃，無論先後下手，以金刃傷者為首；如金刃傷輕，他物傷重而未致折傷者，仍以金刃傷者為首；如一係刃傷，一係他物折傷，刃傷重以刃傷為首，折傷重以折傷為首，刃傷與折傷俱重，無可區別者，以先下手者為首；若俱係金刃或俱係他物，以致命重傷為首；如俱係致命重傷或俱係他物折傷，亦以先下手者為首；若兩人共拒一人，係各自拒傷並不同塲者，即各科各罪，各以為首論。

一、大江洋海出哨兵丁，乘危撈搶之案，所搶財物照追給主，如不足數，將首犯家産變賠，無主贓物入官。其在船將弁如同謀搶奪，雖兵丁為首，該弁亦照為首例治罪，不同謀而分贓者，以為從論。若實係不能約束，並未同謀分贓，照鈐束不嚴例議處。以上弁兵，除應斬決者不准自首外。其應絞候者，若事未發覺而自首，徒三年，遣流以下，概准寬免。如係聞拏投首，應絞候者，流三千里，遣流以下，減二等，仍追贓給主。如有誤坐同船，並未分贓之人，能據實首報，除免罪外，仍酌量給賞。上司失於覺察，或通同庇匿，及地方州縣據難民呈報，不即查明轉詳，反行抑諱，及道府不行察報，督撫、提鎮不行查叅者，均照例議處。如營汎弁兵能竭力救護失風人船，不私取絲毫貨物者，該管官據實申報督撫、提鎮，按次記功，照例議敘。因救援致傷被溺者，詳報督撫，查明優恤。

一、凡大江洋海出哨官弁兵丁，如遇商船遭風，尚未覆溺，及著淺不致覆溺，不為救護，反搶取財物，拆毀船隻者，照江洋大盜例，不分首從斬決。如遭風覆溺，人尚未死，不速救援，止顧撈搶財物，以致商民淹斃者，為首絞立決，為從絞監候。如見船覆溺，搶取貨物傷人，未致斃命，如刃傷及折傷以上者，絞監候；傷非金刃，傷輕平復者，發煙瘴地方安置。未傷人者，為首照搶奪律加一等流二千里，為從徒三年，贓逾貫者，絞監候。如有兇惡之徒，明知事犯重罪，在外洋無人處所，故將商人全殺滅口，圖絶告發者，但係同謀，均斬決。如見船覆溺，並未搶取貨物，但阻撓不救，以至商民淹斃者，為首絞監候，為從照知人謀害不即救護律治罪，官弁奏叅革職，兵丁革除名糧，折罰。如淹死人命在先，弁兵見有漂失無主船貨，撈搶入己者，照得遺失官物，坐贓論罪。

一、凡邊海居民以及採捕各船戶，如有乘危搶奪，但經得財並未傷人者，均照搶奪本律加一等流二千里，為從各徒三年。若搶取貨物，拆毀船隻，致商民淹斃，或傷人未致斃命者，俱照前例分別治罪。有能救援商船，不取財物者，該管督撫亦酌量給賞。

一、直省不法之徒，如乘地方歉收，夥衆搶奪、擾害善良、挾制官長，或因賑貸稍遲，搶奪村市、喧鬧公堂，及懷挾私憤，糾衆罷市、辱官者，俱照光棍例治罪。若該地方官營私怠玩，激成事端，及弁兵不實力緝拏，一併嚴叅議處。

一、饑民爬搶，除糾夥執持軍器刀械，威嚇按捺事主，搜劫多贓者，仍照強盜本律科斷外，如有聚衆十人以上至數十人，執持木棍等項爬搶糧食，並無攫取別贓者，為首擬絞監候，為從發極邊足四千里安置。如十人以下持械爬搶者，為首亦照前安置，為從減一等。其徒手並未持械者，仍照搶奪本律科斷。

## 竊盜

凡竊盜，已行而不得財，工作一箇月；但得財，不論分贓不分贓。以一主為重，併贓論罪，為從者，各指上得財不得財言。減一等。以一主為重，謂如盜得二家財物，從一家贓多者科罪。併贓論，謂如十人共盜得一家財物，計贓四十兩，雖各分得四兩，通算作一處，其十人各得四十兩之罪，造意者為首，該工作十箇月，餘人為從，各減一等，止工作八箇月之類。餘條准此。掏摸者，罪同。

一兩以下工作兩箇月；

一兩以上至一十兩工作四箇月；

二十兩工作六箇月；

三十兩工作八箇月；

四十兩工作十箇月；

五十兩徒一年；

六十兩徒一年半；

七十兩徒二年；

八十兩徒二年半；

九十兩徒三年；

一百兩流二千里；

一百一十兩流二千五百里；

一百二十兩流三千里；

二百兩發極邊足四千里安置；

三百兩發煙瘴地方安置；

四百兩發新疆當差；

五百兩以上絞監候。〇三犯流者，絞監候。

按：此仍明律，原係以"貫"為計，國朝改"貫"為"兩"。明律一百二十貫罪止流三千里，順治四年改"一百二十兩流罪"為"絞監候"，康熙年間改為"一百二十兩以上絞監候"，現改"五百兩"，"擬絞"又改為"三犯流者絞監候"一語，從此為竊盜始罕有死罪矣。唐律：竊盜一尺杖六十，一疋加一等，一疋、一尺杖七十，以次遞加至滿贓，五疋，不更論尺，即徒一年，五疋加一等，至四十疋流二千里，五十疋加役流。以唐之一尺合銀一兩計算，則笞杖之罪與今律輕重相同，而徒流則較今為輕矣。再，唐律計贓有累而倍論之法，如盜數家之物，累作一處，倍論者，謂倍二尺為一尺，若有贓多，累倍不加重者，止從一重為斷，與今律以一主為重、併贓論罪之法不同。宋改“疋”為“貫”，竊盜一貫杖六十，二貫加一等，十貫徒一年。元律：十貫以下杖六十，二十貫加一等，至一百貫徒一年，每一百貫加一等，罪止徒三年，較今律為更輕矣。總之，唐以前不可考，自唐至明，竊盜均無死罪。漢人有言：皋陶不為盜制死刑。又，漢高祖約法三章，殺人者死，傷人及盜抵罪。可見自漢以來，竊盜亦不擬死。現在外國刑法無論竊盜、強盜均不處死，日本刑法惟強盜殺人者始處死，竊盜無論有何重情，罪至重禁錮而止，與中國古律尚屬符合。本朝順治初年，以大亂初平，人心未靖，不得不設重法以遏絕亂萌，凡竊盜一百二十兩即擬以絞，此竊盜處死之始。嗣後又益以三犯擬絞之法，重財物而輕人命，已非古法，後又迭次加嚴，條例日益繁多，律文三犯而外，更有再犯加枷之例，計贓而外，又有計次數、計人數之例，次分八次、六次、四次、三次、一二次，人分三人以上、十人以上，而三人、十人又有持械、不持械之別，且同一持械，鳥鎗與兇器、刀械不同，兇器、刀械又與繩鞭、小刀、棍棒不同，行竊之人如係店家、船戶、腳夫、車夫、回民、捕役、兵丁、地保等項則加重，如係親屬及旗人犯竊則從輕，行竊之地如係衙署、外國使館、公館、圍場則加重，如係田野則從輕，所竊之物如係倉庫餉鞘、官物、蒙古畜牲、礦產、人參、珠子、墳樹等項則加重，如係田野麥穀、菜果等項則從輕，其尤紛亂者：直隸一例，山東、安徽一例，湖廣、福建、廣東、雲南共一例，四川、陝甘又一例，又於杖罪以上、軍流以下添出“枷號”一項，又以枷號不足以示懲，添出“鎖繫鐵杆石墩”一項。例愈多愈雜，刑愈加愈重。定例之意，原在求其詳備，反致失於煩瑣，加重之初，原為嚴懲匪徒，反致易長盜風。現在大半删除，改歸輕簡矣。蓋弭盜之法，不在法網之嚴密，孔子曰：“苟子之不欲，雖賞之不竊。”自古迄今，治盜之法多矣，未聞畏法而人不敢為盜者。法不足以勝姦，漢之武帝、明之太祖，其明驗與。老子云：“民不畏死，奈何以死懼之？”《孔叢子》述孔子之言曰：“民之所以生者，衣食也，上不教民，民匱其生，饑寒切於身而不為非者，鮮矣，古之於盜，惡之而不殺也。”觀此二說，可得弭盜之道焉。為今之計，詳採東西各國之法，廣興工藝、農桑、森林、牧畜各實業，使民衣食有資，然後遍設警察以稽查其出入，使之無所潛藏窩頓，庶幾盜少息焉。而其要，尤在能得良吏，苟無良吏，則以上二者皆具文也。至於例文各條，不過治標之法，現又改從輕典，茲錄於律後，以備引用。

**條例**

一、京城內外巡警廳巡警，大宛兩縣及五營內務府捕役並步軍統領衙門番役，拏獲竊賊者，俱限即日稟報本管官。如晚間拏獲，限次早稟報該管官，訊明被竊情由，將事主年貌姓名住址及所失贓物詳記檔案，即令事主回家，不必一同解送。如贓物現獲，即出示令事主認領。儻不法捕役及巡捕人等違限不行呈報，任意勒索事主，許事主赴都察院呈告，將捕役人等照恐嚇取財例治罪，其該管官有失於覺察及任意縱容者，交部分別議處。

一、直省州縣拏獲竊盜，到案取具確供，計贓在五十兩以上者，即同捕官帶同捕役搜驗，原贓給主收領。如贓在四十兩以下，捕官帶同捕役前往搜驗。如州縣捕官聽捕役私自搜贓，以致中飽者，除捕役與盜竊同科外，將該州縣捕官照失察捕役為盜例議處。

一、各省營鎮責成將備，督率兵弁，偵緝賊匪，其緝獲之賊送縣審究。如賊犯到縣狡供翻異，許會同原獲營員質審。如係良民被誣，並無賊證，兵丁營員照例分別議處治罪。若地方官果能將捕役豢縱之處審查究擬，免其失察處分，仍將獲賊之弁兵，計贓案多寡，分別獎勵。

一、拏獲竊盜，承審官即行嚴訊。除贓至五百兩及三犯流罪，律應擬絞者，俱即歸犯事地方完結外，若審出多案係積匪猾賊，計贓罪應擬遣者，其供出鄰省、鄰邑之案，承審官即行備文，專差關查。若贓證俱屬相符，毫無疑義，即令拏獲，地方迅速辦結，毋庸將人犯再行關解別境。儻或贓供不符，首從各別，必應質訊，或鄰境拏獲人衆，勢須移少就多者，承審官即將必應質審移解緣由詳明，各該上司僉差妥役將犯移解鄰邑，從重歸結。如有借端推諉及刪減案情，希圖就事完結者，即將原審官分別糸處。

一、凡捕役、兵丁、地保等項在官人役，有稽查緝捕之責者，除為匪及窩匪本罪應擬斬、絞、外遣，各照本律、本例定擬外，如自行犯竊，罪應流徒工作者，無論首從，各加本罪二等。若勾通、豢養竊賊，坐地分贓，或受賄包庇窩家者，不計贓數，亦不論人數多少，俱實發煙瘴地方安置。地方官弁如能究出豢養包庇等情，認真辦理者，交部從優議敘，至別項在官人役，尚無緝捕稽查之責者，如串通窩頓竊匪，貽害地方，亦各於應得本罪上加一等治罪。

一、匪徒明知竊情，並不幫同鳴官，反表裏為姦，逼令事主出錢贖贓，俾賊匪獲利，以致肆無忌憚，深為民害者，照竊盜為從律，減本犯一等治罪。

一、竊盜夥衆持械，贓至滿貫，罪無可加，或犯該流遣者，均仍照律例辦理外，其有糾夥十人以上，但有一人執持器械者，不計贓數、次數，為首發煙瘴地方安置，為從徒三年。若糾夥十人以上，並未持械，及糾夥三人以上，但有一人持械者，不計贓數、次數，為首徒三年，為從徒二年半。如行竊未得財，為首徒一年，為從工作十箇月。

一、賊匪偷竊衙署服物，除計贓一百兩以上，仍依律例定擬外，其餘不論初犯、再犯及贓數多寡，俱流二千里。若已行而未得財者，徒一年，仍分別首從問擬。

一、行在拏獲竊盜，罪應分別工作十箇月以下者，均再加工作一箇月，徒罪再加工作兩箇月，流罪以上再加工作四箇月。

一、竊盜再犯，計贓罪應工作兩箇月者，再加工作二十日，應工作四箇月者，再加工作二十五日，應工作六箇月者，再加工作三十日，應工作八箇月者，再加工作三十五日，應工作十箇月者，再加工作四十日。罪應徒流者，五徒俱加工作兩箇月，三流俱加工作四箇月。凡竊盜初犯治罪，釋放後俱交保管束，儻不加禁約，致復行為竊，俱按賊人所犯，罪應工作者，將原保處四等罰，徒罪以上者，原保處十等罰，知情故縱者，比照窩主不行又不分贓為從論科罪，受財者以枉法從重論。

一、竊盜三犯，應按其第三犯竊贓多寡計算，毋得將從前初犯、再犯業已治罪之贓通算，以致罪有重科。

一、凡竊盜三犯，除罪均應流者仍照律擬絞外，如原犯係徒流以上罪名，俱照徒流人又犯罪例定擬。如原犯係工作罪名，仍計贓科罪，應工作者，於本罪上加二等定擬，應徒流者加監禁半年，應安置者加監禁一年，罪犯應死者，依本律、本例定擬。

一、竊盜行竊五次以下，同時並發者，仍依律計贓，以一主為重，分別首從定擬；至六次以上同時並發者，即屬積匪猾賊，無論獨竊、夥竊，均併計各次贓數，折半科罪。如內有一主之贓重於併贓折半及再犯、三犯本罪重者，仍各從重論。

一、凡竊盜同居父兄伯叔知情而又分贓者，照本犯之罪減二等。雖經得財而實係不知情者，減三等。

一、竊盜逃走，事主倉皇追捕，失足身死，及失財窘迫，因而自盡者，除拒捕傷人及贓銀數多，并積匪三犯等項，罪在滿徒以上，仍照律例從重治罪外，如贓少罪輕者，俱徒三年。

一、竊盜、搶奪、掏摸等犯事犯到官，應將從前犯案次數併計科罪。若遇恩赦，其從前所犯原案在流以上者，罪雖不免，仍得免併計一次，如在徒以下者，咸予赦除，免其併計，有犯均以初犯論。如得免併計之後，再行犯竊，復遇恩赦，後犯案到官，審係再犯、三犯，俱照初次恩詔後所犯次數併計，照律科罪，若遇清理庶獄恩旨，仍行併計，按照從前次數定擬。

## 盜馬牛畜產

凡盜民間馬、牛、驢、騾、豬、羊、雞、犬、鵞、鴨者，並計所值之贓，以竊盜論。若盜官畜產者，以常人盜官物論。○若盜馬、牛兼官私言。而殺者，不計贓，即徒三年；驢、騾徒一年半。若計贓並從已殺計贓。重於徒三年、徒一年半。本罪者，各加盜竊盜、常人盜。罪一等。

按：此仍明律，順治三年採《箋釋》語添入小註，現又刪去杖罪。唐律：盜官私馬、牛而殺者，徒二年半，贓重者加凡盜一等，若盜殺犛牛，不用耕駕者，以凡盜論。蓋以牛馬軍國所用，與餘畜不同，若盜而殺，故擬罪較重。現律於馬、牛外又添出“驢”、“騾”、“雞”、“犬”等項，與唐律之義不同，唐律係盜而兼殺，不分官私，現律官私分科，又分出“盜而未殺”一層，盜則分別官私，若盜而兼殺，則官私同罪，無所區分，較唐律似為詳備。此外又有非盜而殺之罪，見《廄牧門》“宰殺馬牛”律，宰殺又分私宰自己馬牛與故殺他人馬牛及親屬馬牛，罪止徒一年半，較此盜殺為輕。盜殺止言牛馬四項，不言豬羊各項，可見豬羊各項均係應殺之物也。律文盜牛、盜馬俱係計贓定罪，舊例則牛以隻數論，馬以匹數論；律文盜殺罪止滿徒，舊例則從重擬軍；律盜官馬者亦係照常人盜計贓，舊例則二匹以下照律計贓，三匹以上加重擬流，十匹以上擬絞，均較律加嚴；且律渾言“官馬”，例於官馬中又分“御用郭什哈馬”、“多羅馬”、“駑馬”及“太僕寺官馬”、“察哈爾牧廠並蒙古馬匹”，又於牛馬外添出“盜駝”一項，更添“盜蒙古牲畜”各條，現雖刪繁就簡，而蒙古四項牲畜專條仍存，蓋蒙古以牲畜為業，盜者較盜官馬雖輕，究較盜平民之牲為重，故例設專條也。日本刑法雖無盜牛馬明文，而竊盜罪內於牧場竊取獸類一條，亦即中律盜官畜之意，但彼法處重禁錮二月以上、二年以下，較凡盜處重禁錮四年以下者稍輕，中律則較凡盜為重。又，俄律偷竊馬匹者發西伯利亞安插，或交教養局習藝一二年，蓋俄國北地為產馬之地，故亦立有專條。他國不見。即此可見刑律各因其俗各有取意，不能強同，亦不必強效也。此項律輕例重，現俱照例辦理，故坿錄條例於後。

**條例**

一、凡盜御用郭什哈馬者，首犯擬絞監候，從犯擬發極邊足四千里安置。不論已宰、未宰，均照此例辦理。盜多羅馬者流三千里，盜駑馬者流二千五百里，為從各徒三年，牧馬官兵盜賣者罪同。

一、行圍巡幸地方，如有偷竊扈從官員、兵役人等馬匹者，不分蒙古、民人，五匹以上擬絞監候；三匹至四匹者，發煙瘴地方安置；一二匹者，發極邊足四千里安置。為從及知情故買者，減本犯一等治罪。

一、凡盜牛者，計贓各於竊盜本罪上加一等定擬；至死者，仍依常律。盜殺者，流二千里。其窩家知情分贓者，與盜同罪；知情不分贓者，工作十箇月。

一、民人、蒙古番子偷竊四項牲畜，以蒙古内地界址為斷。如在内地犯竊，即照刑律計贓，分別首從辦理。若民人及打牲索倫、呼倫貝爾旗分另戶，在蒙古地方并青海、鄂爾多斯、阿拉善毗連之番地，以及青海等處蒙古番子互相偷竊者，俱照蒙古例分別定擬。

一、偷竊蒙古牛馬駝羊四項牲畜，每羊四隻，作牛、馬、駝一隻計算。如數至三十匹以上者，不分首從，擬絞監候，秋審時將首犯擬入情實，從犯俱擬緩決，秋審減等時發遣煙瘴地方。其為從未經同行，僅於竊後分贓者，流二千里。二十匹以上者，首犯擬絞監候，秋審擬入緩決，減等時發遣煙瘴地方，為從同竊分贓者，發遣煙瘴地方，其雖曾共謀，未經同行，僅於竊後分贓者，徒三年。十匹以上者，首犯發遣煙瘴地方，為從同竊分贓者，發湖廣、福建等省，其雖曾共謀，未經同行，僅於竊後分贓者，徒二年半。六匹至九匹者，首犯發湖廣、福建、江西、浙江、江南，為從同竊分贓者，發河南、山東，其雖曾共謀，未經同行，僅於竊後分贓者，工作十箇月。三匹至五匹者，首犯發河南、山東，為從同竊分贓者，工作十箇月，其雖曾共謀，未經同行，僅於竊後分贓者，工作八箇月。一二匹者，首犯工作十箇月，為從同竊分贓者，工作八箇月，其雖曾共謀，未經同行，僅於竊後分贓者，工作六箇月。竊羊不及四隻者，首犯工作八箇月，為從同竊分贓者，工作六箇月，其雖曾共謀，未經同行，僅於竊後分贓者，工作四箇月。以上應行發遣及發往湖廣各省人犯，俱交驛地充當苦差。其蒙古地方強劫什物案内，搶有四項牲畜，在十匹以上者，分別首從，照《蒙古則例》治罪。

一、駐劄外邊官兵及跟役等，有偷盜蒙古馬匹者，審實即在本處正法。其蒙古偷盜官兵馬匹，或官兵等自相偷盜馬匹，仍照舊例行。

一、蒙古偷竊牲畜之案，如一年内行竊二三次以上，同時並發者，仍照刑律，以一主為重，從一科斷，毋庸合計擬罪。

一、民人在蒙古地方行竊民人牲畜之案，仍照盜馬牛畜產本律、本例辦理，不得照蒙古例科斷。

## 盜田野穀麥

凡盜田野穀麥、菜果及無人看守器物謂原不設守，及不待守之物。者，並計贓准竊盜論。○若山野柴草、木石之類，他人已用工力砍伐積聚，而擅取者，罪亦如之。如柴草、木石雖離本處，未馱載間，依不得財，工作一箇月。合上條有拒捕，依罪人拒捕。

按：此仍明律，順治三年及雍正三年增入小註。唐律無此名目，而有“山野之物已加工力砍伐積聚而輒取者，以盜論”一條，與此律後一情罪相同。此律當著眼“田野”、“山野”等字，若穀麥等物收取到家及有人看守，即不得引此，或原有人看守而偶然無人，亦不得謂之無人看守。蓋物雖在外，原各有主，乘人不見而盜之，其情與盜相似，故准竊盜論，惟究係在外之物，與盜之家中者有間，故得罪止滿流也。律文“器物”二字，所包甚廣，舊例則提出“礦砂”、“人葠”及“圍場野雞、鹿隻、柴草”等項，又於“人葠”以外補出“偷乞黃芪”、“偷砍果松”、“私藏珠子”、“私帶米石、貂皮”等罪。（例）［律］④本計贓定罪，例則偷人葠者以兩數計，復以人數計；礦砂分別金銀銅錫，折銀定罪。又以聚至三十人者，不論贓數，從重擬軍。盜圍場菜蔬者，復以初犯、再犯、三犯定罪。而木植以斤數為計，畜牲以隻數為計，果松以根數為計。頭緒紛繁，辦理諸多參差，現在大半刪除，止餘常用者數條。查日本刑法，於田野竊取穀類菜果，山林竊取竹木鑛物，川澤池沼竊取人所畜養產物，均處重禁錮一年以下、一月以上，較踰越門戶牆壁行竊處五年以下禁錮者減輕數等。法國律亦有盜田野已刈之穀草，及沼內所養之魚者，處以十五日至二年禁錮刑。其情事皆與此律相似，而擬罪輕重不同，則各因其俗也。備錄於右，以備參考。

### 條例

一、民間農田，如有於己業地內費用工力挑築池塘瀦蓄之水，無論業主已未車戽入田，而他人擅自竊放以灌己田者，不問黑夜白日，按其所灌田禾畝數，照侵占他人田一畝以下處五等罰、每五畝加一等，罪止徒二年。有拒捕者，依律以罪人拒捕科斷。如有被應捕之人殺傷者，各依擅殺傷罪人問擬。若於公共江河川澤溝瀆築成渠堰，及於公共地內挑築池塘占為己業者，俱不得濫引此例。如有殺傷，仍各分別謀故鬬毆定擬。

一、凡私掘金銀銅錫水銀等礦砂，俱計贓準竊盜論。若在山洞捉獲，持仗拒捕殺傷人者，依罪人拒捕科斷，為從並減一等。不曾拒捕，若聚至三十人以上者，為首徒三年，不及三十名者減一等，為從各準竊盜罪發落。非山洞捉獲，止是私家收藏、道路背負者，惟據見獲論罪，不許巡捕人員逼令展轉攀指，違者參究治罪。

一、刨參官商私刻小票，影射私參，照私販人參例分別治罪。

一、凡偷刨人參，如有身充財主雇人刨採，人數未及四十名，或已至四十名，而參數未至五十兩者，俱發煙瘴地方安置。若人至四十名，而得參又至五十兩，為首之財主及率領之頭目，并容留之窩家，俱擬絞監候；為從發煙瘴地方安置。所獲牲畜等物，給付拏獲之人充賞，參入官。其未得參者，各減一等。如並無財主。實係一時烏合，或隻身潛往得參者，俱按其得參數目，一兩以下徒一年，一兩以上徒一年半，一十兩徒二年，一十五兩徒二年半，二十兩徒三年，二十兩以上至三十兩流二千里，每十兩遞加一等，罪止流三千里。為從及未得蓡者各減一等。代為運送米石者，工作十箇月，私販照私刨人犯減一等治罪。其潛匿禁山，刨蓡被獲擬徒人犯，限滿釋回，復行逃往禁山刨蓡者，不分已得未得，俱流三千里。

按：以上各例，一係盜礦，一係盜蓡，均屬專條，至農田蓄水，分別己業與公共，為問擬鬬殺、拒殺之根由，此外又有“曠野白日盜田園麥穀”等項擅殺擬徒、擬絞之例，載在《夜無故入人家門》內，當與此例一並參之。

# 賊盜下

## 親屬相盜

凡各居本宗、外姻。親屬相盜兼後尊長、卑幼二款。財物者，期親減凡人五等，大功減四等，小功減三等，緦麻減二等，無服之親減一等。若盜有首從而服屬不同，各依本服降減科斷，為從各又減一等。若行強盜者，尊長犯卑幼，亦依強盜已行而得財、不得財，各依上減罪；卑幼犯尊長，以凡人論。不在減等之限。若有殺傷者，總承上竊、強二項。各以殺傷尊長卑幼本律，從其重者論。〇若同居卑幼，將引若將引各居親屬同盜，其人亦依本服降減，又減為從一等科之，如卑幼自盜，止依擅用，不必加。他人盜己家財物者，卑幼依私擅用財物論，加二等，罪止工作十箇月；他人兼首從言。減凡盜罪一等。若有殺傷者，自依殺傷尊長卑幼本律科罪，他人縱不知情，亦依強盜得財、不得財。論。若他人殺傷人者，卑幼縱不知情，亦依殺傷尊長卑幼本律，仍以私擅用加罪，及殺傷罪權之。從其重者論。〇其同居雇工人盜家長財物，及自相盜者，首。減凡盜罪一等。為從，又減一等。被盜之家親屬告發，並論如律，不在名例得相容隱之例。

按：此仍明律，順治三年添入小註，雍正三年刪改，現又改易。唐律分作二門，一係盜緦麻小功財物，一係卑幼將人盜己家財物，明律合為一門，又添“雇工盜家長及自相盜”一項。唐律止言竊盜而未及強盜，若行強者，照通律加二等，此則卑幼強盜尊長以凡盜論，尊長強盜卑幼以次遞減，似較唐律為嚴。而唐律減罪止分三等：期親減三等，大功二等，小功、緦麻同減一等，現律緦麻、小功分作二等，又添“無服之親”一層，共減五等，且唐律親屬止言本宗，外姻不在其內，現律小註係兼本宗、外姻在內，則又較唐律為寬，惟是外姻無服之親名色甚繁，引擬每致失當，故現例載明以律圖為斷，其律圖不載者，不得濫引減等。律文共分六層：“各居親屬相盜”一層，“親屬行強盜”一層，“因盜殺傷”一層，“同居卑幼引他人同盜”一層，“親屬他人殺傷”一層，“同居雇工盜家長”及“自相盜”一層。此律止言親屬強竊盜而未及搶奪，故搶奪例內有“親屬無搶奪，比依恐嚇科斷”之語也；律止同居卑幼引他人竊盜而未言強盜，故例補出“同居卑幼引他人強劫己家者，依凡人論”一條；律止雇工竊盜家長，例又補出“雇工強劫家長及勾引外人同劫，其有殺傷家長者，依律從重論”一條；且律文雇工竊盜家長得減一等，例則不減，仍照竊盜律治罪，若係起意勾引外人同盜者，又計贓遞加一等云云。大抵律輕例重。以上皆律例歧異之處，所當一併合參者。日本刑法，祖父母、父母、夫妻、子孫或同居之兄弟姊妹互相竊財者，不在以竊盜論之限，又改正刑法：凡直系血族及同居親族犯竊取財物者，免除其刑，若係其他親屬，須待告訴而後論罪云云。雖不如中律以服制之遠近為減罪之層次較為詳細平允，然其敦睦親厚、教人恤族之心則一也。至於親屬因盜殺傷，律外又有條例，分晰甚明，足補律所未備，備錄於右，以備研究。

**條例**

一、凡親屬相盜，除本宗五服以外，俱照無服之親定擬外，其外姻尊長親屬相盜，惟律圖內載明者，方准照律減等，此外不得濫引。

一、同居卑幼，將引他人強劫己家財物，依各居親屬行強盜。卑幼犯尊長，以凡人論。

一、凡雇工人偷盜家長財物者，照竊盜律計贓治罪。若起意勾引外人同盜家長財物者，將起意之雇工人計贓遞加竊盜一等治罪，至五百兩以上者，擬絞監候。

被勾引之外人，仍照竊盜律分別定擬。

一、凡雇工人強劫家長財物，及勾引外人同劫家長財物者，悉照凡人強盜律定擬。其有殺傷家長者，仍依律從重論。

一、親屬相盜殺傷之案，除行強竊盜者，各以殺傷尊長卑幼本律與盜罪相較從重論外，其因搶奪財物殺傷尊長卑幼，及因強竊盜並搶奪殺傷並無尊卑名分之人，如兄弟妻及無名分雇工人之類。或被無尊卑名分之人殺傷者，亦各依服制殺傷及同姓親屬相毆、相盜，並凡鬬殺傷各本律從重定擬，均不得照凡盜殺傷科斷。

## 恐嚇取財

凡恐嚇取人財者，計贓准竊盜論，加一等，以一主為重併贓，分首從。其未得財者，亦准竊盜不得財罪上加等。若期親以下自相恐嚇者，卑幼犯尊長，以凡人論；計贓准竊盜，加一等。尊長犯卑幼，亦依親屬相盜律，遞減科罪。期親亦減凡人恐嚇五等，須於竊盜加一等上減之。

按：此仍明律，順治三年添入小註。唐律謂之“恐喝取財”，諸恐喝取人財者，註云：口恐喝亦是。准竊盜論加一等，雖不足畏忌，財主懼而自與，亦同。展轉傳言而受財者，皆坐為從。若為人所侵損，恐喝以求備償，事有因緣之類者，非。緦麻以上自相恐喝者，犯尊長，以凡盜論，犯卑幼，各依本法。又，《問答》：監臨恐喝所部取財，准枉法，若知有罪不虛，恐喝取財者，合從真枉法斷云云。其擬罪與現律相同，而分晰較為詳細。至監臨恐喝，律雖無文，而條例補出，亦與唐律情罪符合，此等匪徒，內蓄穿窬之心，外託公強之勢，惡其情逾竊盜，故准竊盜論而加一等，原其實非真盜，故稱准而無死罪也，輕重之間，皆有至理。日本刑法，凡恐喝騙取財物及證書類者，處重禁錮二月以上、四年以下，與竊盜擬罪從同，此外又加罰金四圓至四十圓，又較竊盜為重，蓋即中律准竊盜論加一等之意，不過罪名不同耳。其名不曰“恐嚇”而曰“恐喝”，尚沿唐律舊文，蓋日本維新以前，刑法遵用唐律，現雖改用歐律，而名詞仍多未變，此即可見。恐嚇以外，又有捉人勒贖、刁徒釀命、棍徒擾害及光棍各例，以其情近恐嚇取財，故附此門，至舊例各省專條，如廣東之打單嚇詐，苗人之伏草捉人及擅入苗境藉差欺凌，江蘇、山東、河南、陝西、安徽之帶刀挾詐逞兇，黔省之帽頂大五小五，盛京之橫河攔綆詐索，江西之拜會搶劫，山東、安徽之結捻結幅、強當訛索，安徽之水煙箱主及旗民之指稱隱匿逃人詐財各項，現俱一概刪除，惟太監出外索詐並棍徒各項尚存，並將《鬬毆門》“太監滋事”一併移入，以其有切實用也，須合參之。

**條例**

一、監臨恐嚇所部取財，准枉法論。若知人犯罪而恐嚇取財者，以枉法論。

一、凡惡棍設法索詐官民，或張貼揭帖，或控告各衙門，或勒寫借約嚇詐取財，或因鬭毆糾衆頸繫謊言欠債，逼寫文券，或因詐財不遂，竟行毆斃，此等情罪重大，實在光棍事發者，不分曾否得財，為首者，絞立決；為從者，俱絞監候。如非實在光棍，不得濫行援引其例載比照光棍條款，仍照例斟酌定擬。

一、凡兇惡棍徒屢次生事行兇，無故擾害良人，人所共知，確有實據者，發極邊足四千里安置。如係一時一事，及雖屢次而係借端訛索者，量減一等擬徒。其並無兇惡實跡，偶然挾詐，贓數無多者，仍照所犯之罪，各依本律、本例定擬，不得濫引此例。

一、凡刁徒無端肇釁，平空訛詐，欺壓鄉愚，致被詐之人因而自盡者，擬絞監候，秋審時入於緩決，拷打致死者，亦擬絞監候，秋審時入於情實。為從各減一等。若刁徒嚇詐逼命之案，如訊明死者實係姦盜等項，及一切作姦犯科，有干例議之人，致被藉端訛詐，雖非兇犯干己事情，究屬事出有因，為首之犯應於絞罪上量減一等，流三千里，為從者徒三年。若兇犯所藉之事，在死者本無罪可科，或雖曾實有過犯，而兇犯另捏別項虛情誣詐者，均屬無端肇釁，仍照例分別首從問擬絞候、滿流，不得率予量減。

一、凡在逃太監在外滋事，除犯謀、故、鬬殺等案，仍照本律例分別定擬外，但有執持金刃傷人，確有實據者，發煙瘴地方安置，遇赦不赦。儻逃出後另犯詐索有司得贓重情，俱照光棍例治罪。

一、捉人勒贖已成，為首發煙瘴地方安置，為從發極邊足四千里安置。如任意凌虐，或雖未凌虐，致令情急自盡者，首犯擬絞監候，幫同凌虐及雖無凌虐而助勢逼勒之犯，俱發煙瘴地方安置。若被捉數在三人以上及擄捉已至三次，同時並發，或被捉係十五歲以下幼孩，不論首從，均擬絞監候。如將被捉之人謀故拒毆身死，不論人數、次數，是否幼孩，首犯加擬立決，從犯照謀殺加功及搶奪殺人為從幫毆成傷各本律例問擬。若勒贖得贓，數在一百二十兩以上，首犯照搶奪贓一百二十兩以上例擬絞監候，從犯仍發極邊足四千里安置。其因細故逞忿，關禁數日後服禮放回者，為首徒三年，為從減一等。

一、捉人勒贖之案，如有結夥三人以上，持械入室，倚強擄捉已成，形同強盜者，即照強盜得財不分首從律擬絞立決；其有執持鳥鎗、洋鎗者，擬斬立決；若有拒捕殺傷事主，亦照強盜殺傷人之例科斷。至在途擄捉，如被捉數在三人以上，或所捉係十五歲以下幼童，或擄捉已至三次以上，同時並發，或勒贖得贓，數在一百二十兩以上，此四項中兼有兩項者，擬絞監候，入於秋審情實，若無前項重情，仍照各舊例辦理。

一、各省匪徒虜人勒贖之案，如有將婦女捉回關禁勒贖者，即以搶奪婦女及擄捉勒贖各本例相比，從其重者論。

一、各省開採煤窯、煤窿及各項礦產，該管地方官設立印簿給發窯窿各戶，令將傭工人等姓名、籍貫、來去緣由，十日一報該地方官考查。如該窯窿各戶不將各項工人開報，照脫漏戶口律治罪。若各項工人有犯竊犯賭，或聚衆逞兇，致成人命，該窯窿各戶知情不行報究，發覺之日，除本犯按律治罪外，該窯窿各戶照總甲容留棍徒例處八等罰。如窯窿各戶、附近奸民及經管夫頭人等有設計誆誘窮民作工，不容脫身，未致斃命者，照兇惡棍徒例定擬。如將工作之人不加體恤，任意淩虐，以致斃命者，即照威力制縛因而致死律擬絞監候。若無前項情事，但將工作患病之人忍心擡棄，及病故不即報官者，照夫匠在工役之所有病官司不給醫藥救療，及地界內有死人不申報官司輒移他處律，分別治罪。其有平空強捉客民，關禁入內，即照捉人勒贖例，分別首從科斷。若窯窿各戶知情縱容者，照知情藏匿罪人律治罪。該管地方官失察前項情弊，及致斃人命、私埋匿報等案，分別加等議處；受財故縱者，按枉法贓及故出人罪各律嚴条治罪；得受規禮者，計贓科斷；失察病故之人私埋匿報者，照例議處。

## 詐欺官私取財

凡用計詐偽欺瞞官私，以取財物者，並計詐欺之贓，准竊盜論。若期親以下不論尊卑長幼，同居、各居。自相欺詐者，亦依親屬相盜律，遞減科罪。○若監臨主守，詐欺同監守之人。取所監守之物者，係官物。以監守自盜論，未得者，減二等。○若冒認及誆賺、局騙、拐帶人財物者，亦計贓准竊盜論。係屬親，亦論服遞減。

按：此仍明律，順治三年添入小註。唐律：詐欺官私以取財物者，准盜論。註云：詐欺百端皆是。若監主詐取者，自從盜法，未得者減二等，知情而取者坐贓論，知而買者減一等，藏者減二等。此律刪去末後數語，而添入“冒認誆賺”一節。蓋詐欺與恐嚇不同，恐嚇者，其人怵於恐嚇之勢，無奈而與之，詐欺者，設計以罔人之不知，而其人自與之。恐嚇近乎強盜，故加一等，詐欺近乎竊盜，故准竊盜不加。詐欺分別官、私，詐欺官者，如領官銀辦公，用計詐為費用虛數瞞官而取之之類，詐欺私者，如見人有財，用計詐為營謀事情，以瞞人而取之之類。至物非己有而妄冒他人之名認為己有曰“冒認”，誆者，哄也、慌也，賺者，賣也，設為謊言而賣其人以取人之財曰“誆賺”，局者，博以行棋之具，猶圈套也，騙者，乘也，躍上馬曰“騙”，裝成圈套使人入其中而不得出，因得其財而乘之曰“局騙”，因事遇便而攜取人財物曰“拐帶”，皆詐欺取財之類。日本刑法，凡恐嚇取財物者為詐欺取財，又，乘幼者之知識淺薄，或人之精神錯亂，使之授與財物，或販賣物件交換之時變其物質或偽為分兩交付人者，或冒認他人之產販賣交換或作為抵當典物，或自己之產已作為抵當典物而欺隱賣與他者，或重為抵當典物者，均以詐欺取財論，處重禁錮二月以上、四年以下云云。與中律之局騙、誆賺名異而實相同，而“恐嚇”統於“詐欺”，不分兩項，亦與唐律相近。律文渾言“詐欺”，例則指出“指稱買官買缺”、“衙門打點”及“賭賽市價漲落”並“錢鋪關閉”各項，皆詐欺中之尤著者，均有關於引用，故節錄之。

**條例**

一、凡指稱買官買缺或稱規避處分，誆騙聽選並應議官吏財物，如誆騙已成，財已入手，無論贓數多寡，不分首從發煙瘴地方安置。其央浼營幹，致被誆騙者，流三千里。若誆騙未成，議有定數，財未接受者，應於安置罪上減一等徒三年，被騙者處十等罰，但經口許，並未議有定數，亦處十等罰，被騙者處八等罰，若甫被誆騙即行首送者，誆騙之人照恐嚇未得財律准竊盜論加一等治罪，被騙者免議。

一、凡指稱內外大小官員名頭，並各衙門打點使用名色，誆騙財物，計贓，犯該徒罪以上者，俱不分首從，於本罪上加一等定擬。如親屬指官誆騙，止依期親以下詐欺律，不可引例。

一、姦民賣空買空、設局誘人賭賽市價長落，其賣空者照用計詐欺局騙人財物律，計贓准竊盜論，罪止流三千里，買空之犯照為從律減一等。

一、商民開設公司錢鋪等項，無論新開、舊設，均令五家聯名互保，報官存案。私自開設者，以違制論。如有侵蝕倒閉商民各款，立即拘拏監禁，分別查封寓所資財及原籍家產，勒令家屬限兩箇月將侵蝕各款完竣。其起意倒閉之犯工作十箇月，若逾限不完，無論財主、管事人及鋪夥，侵蝕賠折計數在一百二十兩以下者，照誆騙財物律，計贓准竊盜論，一百二十兩以上至五百兩，流三千里，五百兩以上至一千兩，發極邊足四千里安置，一千兩以上發煙瘴地方安置，一萬兩以上發新疆當差，均勒限一年追賠，限內全完釋放，不完遞限兩年追賠，全完亦准釋放，若不完，均暫行監禁。所欠銀錢勒令互保均勻，給限代發，免其治罪，仍咨行本犯原籍，於家屬名下追償。如互保不願代發，或限滿代發未完，照准竊盜為從律減一等，徒三年，至互保代還銀錢，如本犯於監禁后給還，仍准即行釋放，其不能給還者，各照原擬罪名發配。若五家同時倒閉，一併拘拏勒追，照前治罪，未還銀兩，仍於各犯家屬名下嚴追給領。如錢鋪關閉，有包攬票存錢文折扣開發者，亦照誆騙財物律治罪，其有藉名取錢，踹毀門窗、搶取什物者，依搶奪例辦理。地方官遇有侵蝕倒閉之案，不行嚴拏，致令遠颺，嚴參議處。

一、京城街市未掛錢幌，假稱金店、參店，藉名煙鋪、布鋪，換銀出票，並無聯名保結，一經關閉，應勒限開發票存完竣，以後不准私自出票。如違，照私自開設例懲辦。若不依限開發完竣，照侵蝕倒閉例科斷。

一、京城錢鋪，以五百一十一家作為定額，不准再增，如有私自開設，照違制律治罪。

## 略人略賣人

凡設方略而誘取良人，為奴婢，及略賣良人與人為奴婢者，皆不分首從，未賣流三千里；為妻妾、子孫者，造意。徒三年。因誘賣不從。而殺傷被略之人者，俱絞監候。為從各減一等。被略之人不坐，給親完聚。〇若假以乞養過房為名，買良家子女轉賣者，罪亦如之。不得引例。若買來長成而賣者，難同此律。〇若和同相誘，取在己。及兩相情願賣良人為奴婢者，徒三年；為妻妾、子孫者，徒二年半。被誘之人，減一等。仍改正給親。未賣者，各減已賣一等。十歲以（上）［下］[⑤]，雖和亦同略誘法。被誘略者不坐。〇若略賣子孫為奴婢者，處八等罰；弟、妹，及姪、姪孫、外孫，若己之妾、子孫之婦者，徒二年；略賣子孫之妾，減二等，同堂弟妹、堂姪，及姪孫者，徒二年半。和賣者，減略賣一等。未賣者，又減已賣一等。被賣卑幼雖和同，以聽從家長。不坐，給親完聚。〇其和、略賣妻為婢及賣大功以下尊、卑親為奴婢者，各從凡人和略法。〇若受寄所賣人口之窩主，及買者知情，並與犯人同罪，至死減一等。牙保各減犯人一等，並追價入官。不知者，俱處八等罰，追價還主。

按：此仍明律，順治三年添入小註，現又刪改。唐律分作四門："略人略賣人"為一條，"略和誘奴婢"為一條，"略賣期親卑幼"為一條，"知略和誘、和同相賣"為一條，現律並作一門而分為六節。唐律擬罪多輕於明律，惟此項唐律反較明律為重，唐律：略賣人為奴婢者絞，為部曲者流三千里，為妻妾子孫者徒三年，因而殺傷人同強盜法；若和同相賣為奴婢者，皆流二千里；略奴婢者以強盜論，和誘者以竊盜論，罪止流三千里；略賣期親以下卑幼為奴婢，並同鬬毆殺法，和賣者減一等；賣餘親者從凡人和略法；諸知略和誘而買之者，減賣者一等，知祖父母、父母賣子孫及子孫之妾若己妾而買者，各加賣者罪一等云云。惟“略賣為妻妾子孫滿徒”一項與現律相同，餘俱從重，而辦法亦有不同。至因略誘而殺傷人及略奴婢，均以強盜論，似乎過重，但唐律強盜不似現律之嚴，雖同強盜而其中仍有區別，非盡擬以死罪也。律文“方略”之“略”與“略賣”之“略”不同，方略，計謀也，又，《字書》：不以道取曰“略”，如“劫略”、“擄略”，則兼有威劫之意。誘取與略賣，俱蒙上設方略言，謂設為方法謀略而將良人誘取為己之奴婢及略賣為人之奴婢也。取於家曰“誘”，賣於人曰“略”。此等陰行詭計，欺罔無知，散離其骨肉，殘辱其身體，其情至重，其法應嚴。律雖罪止于流，非有殺傷，不擬以死，現例已改從嚴，不分誘拐、已賣、未賣，但係和同相誘，均擬遣罪，若被誘之人不知情，即擬絞候，較律似為直截簡當，而罪名亦與唐律相合。蓋略誘子女為奴婢，古律被係死罪，見顧氏《日知錄》，非自唐律始也。現俱依例辦理，律文久成虛設，惟因略和誘而殺傷人，例無明文，有犯仍須用律。再，律止言親屬略和誘賣，例又於略和誘中指出有姦情者從重定擬；律止言賣期親卑幼及大功以下尊長，例又補出“賣期親尊長”一項，皆與律互相發明。至“興販婦女”及“賣受寄子女”並“雇工略賣家長親屬”，“姦民誘騙愚民賣給洋人”等項，皆足補律未備，此門必須律例合參，故附錄條例於後，以備研究。日本刑法，略取未滿十二歲幼者，或誘拐或交付他人，處重禁錮一年以上、五年以下，附加罰金四十圓以上、百圓以下，略取十二歲以上至未滿二十歲幼者減一等，其誘拐者又減一等，知略取誘拐之幼者而作為家屬、僕婢，但略取誘拐之幼者從禮式成婚姻之時，無告訴之效，又，略取誘拐未滿二十歲之幼者交付外國人者，處輕懲役云云。詳繹此法，止言二十歲以下幼者，可見誘拐二十歲以上之長者即不論罪矣，而略取誘拐後以禮成婚者即不得告訴，此亦中國難行之事，勉強行之，傷風敗化，必致釀成殺傷劫奪之禍。

**條例**

一、興販婦人、子女轉賣與他人為奴婢者，流三千里，若轉賣與他人為妻妾、子孫，徒三年，為從各減一等。地方官匿不申報，別經發覺，交部議處。

一、凡誘拐婦人子女，或典賣，或為妻妾、子孫者，不分已賣、未賣，但誘取者，被誘之人若不知情，為首擬絞監候，為從流三千里，被誘之人不坐，如拐後被逼成姦，亦不坐。其和誘知情之人，為首發極邊足四千里安置，為從及被誘之人俱減等滿徒；若雖知拐帶情由，並無和同誘拐、分受贓物，暫容留數日者，照不應重律治罪；有服親屬犯者，分別有無姦情，照例科斷。

一、內地姦民及洋行通事、買辦設計誘騙愚民出洋承工，其受雇之人並非情甘出口，因被拐賣、威逼致父子兄弟離散者，不論所拐係男、婦、子女，已賣、未賣，曾否上船出洋及有無倚藉洋人情事，但係誘拐已成，為首絞立決，為從絞監候，入於秋審情實。地方官獲犯審實，一面按約照會領事官，將被拐之人立即釋放送回，一面錄供解審具奏，仍逐案備招咨院。其華民情甘出口承工，係照條約章程辦理者，不在此限。

一、凡將受寄他人十歲以下子女賣為奴婢者，發極邊足四千里安置，賣為子孫者，徒三年，為從各減一等。若將受寄他人十一歲以上子女和同賣為奴婢、子孫者，分別首從，各遞減一等，子女不知情者，仍照誘拐本例問擬，被賣之人俱不坐，給親屬領回，知情故買者，減本犯罪一等，不知者，處八等罰。

一、和誘略賣期親卑幼，依律分別擬徒外，若略賣期親尊長，照卑幼強搶期親尊屬嫁賣例，擬絞監候，和者減一等，流三千里，如因和誘而姦，仍依律各絞立決。

一、誘拐內外大功以下、緦麻以上親及親之妻，審無姦情者，係尊長犯卑幼，仍依本律分別和略，擬以徒流，係卑幼犯尊長，悉照凡人誘拐例分別知情不知情治罪。若因姦而拐及因拐而和姦，各按姦拐本罪相比從重論。至誘拐期親以下、緦麻以上親之妾，毋論曾否通姦，概依凡人誘拐例定擬，惟姦父祖妾者，仍依律絞決，誘拐者以凡論。

一、雇工略賣家長之妻女及子者，照卑幼強搶期親尊屬嫁賣例，擬絞監候，其因略賣而又犯殺傷姦淫等罪，仍各照本律分別從重科罪，至略賣家長之期功以下親屬，仍照例擬絞，和者發煙瘴地方安置。

一、凡因貧而賣子女者，處七等罰，買者處八等罰，身價入官，人口交親屬領回。

## 發塚

凡發塚掘他人墳塚見棺槨者，流三千里。已開棺槨見屍者，絞監候。發而未至棺槨者，徒三年。招魂而葬亦是。為從，減一等。若年遠塚先穿陷及未殯埋，而盜屍柩屍在柩未殯，或在殯未埋。者，徒二年半。開棺槨見屍者，亦絞。雜犯。其盜取器物、甎石者，計贓准凡盜論。○若卑幼發五服以內。尊長墳塚者，同凡人論。開棺槨見屍者，絞監候。若棄屍賣墳地者，罪亦如之。買地人、牙保知情者，各處八等罰，追價入官，地歸同宗親屬。不知者，不坐。若尊長發五服以內。卑幼墳塚，開棺槨見屍者，緦麻，徒三年，小功以上，各遞減一等。祖父母、父母。發子孫墳塚，開棺槨見屍者，處八等罰。其有故而依禮遷葬者，卑幼尊長。俱不坐。〇若殘毀他人死屍，及棄屍水中者，各流三千里。謂死屍在家或在野未殯葬，將屍焚燒殘毀之類。若已殯葬者，自依發塚開棺槨見屍律，從重論。若毀棄緦麻以上尊長未葬死屍者，絞監候。棄他人及尊長。而不失其屍及毀而但髡髮，若傷者，各減一等。凡人減流一等，卑幼減絞一等。〇毀棄緦麻以上卑幼，死屍。各依凡人毀棄，依服制。遞減一等。毀棄子孫死屍者，處八等罰。其子孫毀棄祖父母、父母及雇工人毀棄家長死屍者，不論殘失與否。絞監候。律不載妻妾毀棄夫屍，有犯依緦麻以上尊長律奏請。如子孫毀棄祖宗神主，亦依此律治罪。〇若穿地得無主死屍，不即掩埋者，處八等罰。若於他人墳墓為薰狐狸因而燒棺槨者，徒二年，燒屍者，徒三年，若緦麻以上尊長，各遞加一等。燒棺槨者，各加為徒二年半，燒屍者遞加為流二千里，不可依服屬各遞加，致反重於祖父母、父母也。卑幼各因其服。依凡人遞減一等。若子孫於祖父母、父母及雇工人於家長墳墓薰狐狸者，處十等罰，燒棺槨者，徒三年，燒屍者，絞監候。〇平治他人墳墓為田園者，雖未見棺槨。處十等罰。仍令改正。於有主墳地內盜葬者，處八等罰，勒限移葬。若將尊長墳塚平治作地得財，賣人止問誆騙人財，不可作棄屍賣墳地斷，計贓輕者，仍處十等罰，買主知情，則坐不應重律，追價入官，不知情，追價還主。〇若地界內有死人，里長、地鄰不申報官司檢驗，而輒移他處及埋藏者，處八等罰；以致失屍者，首處十等罰；殘毀及棄屍水中者，首徒一年；殘棄之人仍坐流罪。棄而不失，及髡髮若傷者，各減一等。若鄰里自行殘毀，仍坐流罪。因而盜取衣服者，計贓准竊盜論。

按：此仍明律，原有小註，順治三年增修，雍正三年改定，現又添改，較諸唐律似為詳備，而擬罪亦不大差。唐律：諸發塚者加役流，已開棺槨者絞，發而未徹者徒三年，其塚先穿及未殯而盜屍柩者徒二年半，盜衣服者減一等，器物甎版者以凡盜論。又，《疏議·問答》云：尊長發卑幼之墳，不可重於毆罪，若發尊長之塚，止同凡人法云云。可見唐律不言尊長卑幼互相發塚之罪，已包括於《問答》之中，卑幼發尊長止同凡人，罪止於絞，現律卑幼發尊長塚見屍者絞，雖較唐律不差，而尊長發卑幼之塚，究與唐律擬罪不同。其唐律止言發塚，現律添出毀棄死屍及燒棺、燒屍、移屍不報並平治墳墓等罪。共分七節：首節言凡人發塚之罪，二節言親屬發塚之罪，三、四節言毀棄他人及親屬死屍之罪，五、六、七節因發塚毀棄之事而附及之。凡人發塚之罪重於毀棄，親屬毀棄之罪重於發塚。考之葬法，高者曰墳，封者曰塚，平者曰墓，開動曰發，穿地曰掘，在床曰屍，在棺曰柩。又，《輯註》："見棺"、"見屍"二"見"字，音胡甸切，顯也，露也，作“視”解者，謬。律文字法各有精意。要之，此律已較唐律為繁，而現行條例更加細碎，於律文開棺見屍內又分出“鋸縫鑿孔尚未顯露屍身”一項，雖較“開棺見屍者”稍輕，究較“僅見棺者”為重，且律罪止絞候，例則改為立決，雇工犯主人、子孫犯父母者，較律亦為加重數倍。近又增出許多名色，如指稱旱魃、刨墳毀屍，爭墳阻葬、開棺易罐，暗埋他骨、豫立封堆、偽說蔭基，貪人吉壤、盜發遠年墳塚埋葬，並發掘歷代帝王先賢、前代分藩郡王、親王、本朝貝勒、貝子、公等項，陵墓名愈出愈奇，罪愈加愈重，意在嚴懲匪徒，反致失其平允，何者？凡發塚之犯與竊盜皆意在得財，唐律竊贓計數雖多，並無死罪，而一經發塚見屍，即應擬絞，惡其因圖財而禍及死屍，故不計得贓多少也。《輯註》云：在野之墳，雖發掘而不得同於強盜已死之人，雖殘毀棄而不得同於謀殺。可見發塚禍及死屍，與殺人害及生命者有間。蓋《禮》云：葬者，藏也，欲人之不得見也。《唐律疏議》引《禮》以釋律文，直與鬭毆殺人同科，雖則稍嚴，亦尚得中，至現定之例，首犯立決，從亦監候，不但較鬭毆殺為重，即較之謀故殺人，亦為嚴厲，似未平允。日本刑法，發掘墳墓見棺槨死屍者，處重禁錮二月以上、二年以下，加罰金三十圓以下，因而毀棄死屍者，加一等，若毀棄應葬死屍者，減一等。即俄律，發塚剝屍者，亦止罰作十二年以下苦工。彼此互相比較，亦可見死屍輕於生命，而例內發塚見屍之擬斬立決，未免過於重矣，但現在俱係照例辦理，則例文似較律有裨實用，故備錄於後，以備參考。

**條例**

一、發掘常人墳塚開棺見屍，為首者擬絞立決，為從無論次數，俱擬絞監候。其發塚見棺，鋸縫鑿孔，抽取衣飾，尚未顯露屍身，為首者擬絞監候，入於秋審情實，為從俱擬絞監候。

一、發掘常人墳塚，除開棺見屍、情罪較重，首從各犯不分已、未得財，仍照本例定擬外，其鋸縫鑿孔，尚未得財者，首犯發煙瘴地方安置，為從者流三千里。

一、盜未殯、未埋屍柩，及發年久穿陷之塚，除未開棺槨者，仍照本律定擬外，如開棺見屍，為首一次者，流三千里；二次者，發煙瘴地方安置；三次者，絞監候。為從一次者，仍照雜犯流罪總徒四年；二次者，流三千里；三次者，發煙瘴地方安置；三次以上者，絞監候。

一、盜未殯未埋屍柩，鋸縫鑿孔，為首一二次者，徒三年；三次者，照雜犯流罪總徒四年；四次、五次者，流三千里；六次及六次以上者，發煙瘴地方安置。為從一二次者，徒二年半；三次者，徒三年；四次、五次者，總徒四年；六次、七次者，流三千里；八次及八次以上者，發煙瘴地方安置。

一、凡盜未殯未埋屍柩，開棺見屍及鋸縫鑿孔偷竊之案，但經得財，俱覈計所得之贓，照竊盜贓科斷。如計贓輕於本罪者，仍依本例定擬，若計贓重於本罪者，即從重治罪。

一、發掘墳塚並盜未殯未埋屍柩，無論已開棺、未開棺及鋸縫鑿孔等項，人犯各按其所犯本條之罪，分別首從，併計科斷。如一人疊竊，有首有從，則視其為首次數與為從次數、罪名相比，從其重者論。若為首各次併計罪輕，准其將為首次數歸入為從次數内，併計科罪，不得以為從次數作為為首次數併計，亦不得以盜未殯未埋屍柩及鋸縫鑿孔之案，歸入發塚見棺及開棺見屍案内，併計次數治罪。

一、凡子孫發掘祖父母、父母墳塚，均不分首從，已行未見棺槨者，皆絞監候，入於秋審情實，見棺槨者，皆絞立決，開棺見屍並毀棄屍骸者，皆斬立決。如有尊長卑幼或外人為首為從，分別服制、凡人，各以首從論。

一、子孫盜祖父母、父母未殯、未埋屍柩，不分首從，開棺見屍者，皆絞立決。如未開棺槨，事屬已行，確有顯迹者，皆絞監候。如有尊長卑幼或外人為首為從，分別服制、凡人，各以首從論。

一、有服卑幼發掘尊長墳塚，未見棺槨者，為首期親卑幼發極邊足四千里安置，功緦卑幼流三千里；為從期親卑幼流三千里，功緦卑幼流二千五百里。見棺槨者，為首期親卑幼發煙瘴地方安置，功緦卑幼發極邊足四千里安置；為從期親卑幼發極邊足四千里安置，功緦卑幼流三千里。如有尊長或外人為首為從，分別服制、凡人，各以首從論。開棺見屍並鋸縫鑿孔首從之卑幼，無論期親、功緦，均照常人一例問擬。

一、有服卑幼盜尊長未殯、未埋屍柩，未開棺槨者，為首期親卑幼發極邊足四千里安置，功緦卑幼流三千里；為從期親卑幼流三千里，功緦卑幼流二千五百里。開棺見屍者，為首期親卑幼發煙瘴地方安置，功緦卑幼發極邊足四千里安置；為從期親卑幼發極邊足四千里安置，功緦卑幼流三千里。如犯至三次者，為首，無論期功緦麻卑幼，擬絞監候，為從，各按本罪加一等，三次以上者，無論期功緦麻卑幼，不分首從，均擬絞監候。如有尊長或外人為首為從，分別服制、凡人，各以首從論。

一、有服尊長盜卑幼未殯、未埋屍柩，開棺見屍者，緦麻尊長為首，依發卑幼墳塚開棺見屍徒三年律，減一等，未開棺槨者，再減一等。如係小功以上尊長為首，各依律以次遞減，為從之尊長，亦各按服制，減為首之罪一等。如有卑幼或外人為首、為從，分別服制、凡人各以首從論。

一、凡發掘貝勒、貝子、公、夫人等墳塚，開棺槨見屍者，為首斬立決；為從皆絞監候，入於秋審情實。見棺者，為首絞監候，入於秋審情實；為從皆絞監候。未至棺者，為首絞監候；為從流三千里。如有發掘歷代帝王陵寢，及《會典》內有從祀名位之先賢名臣，並前代分藩親王，或遞相承襲分藩親王墳墓者，俱照此例治罪。若發掘前代分封郡王及追封藩王墳墓者，除犯至死罪，仍照發掘常人墳塚例定擬外，餘各於發掘常人墳塚本罪上加一等治罪。以上所掘金銀交與該督撫，飭令地方官修葺墳塚，其玉帶珠寶等物仍置塚內。

一、雇工人盜家長未殯、未埋屍柩，未開棺槨，事屬已行，確有顯迹者，照發塚已行未見棺例，為首絞監候，為從流二千五百里。開棺見屍者，照發塚見棺槨例，為首絞監候，入於秋審情實，為從絞監候。其毀棄、撇撒死屍者，仍照舊例不分首從，皆絞立決。

一、凡雇工人發掘家長墳塚，已行未見棺者，為首絞監候，為從流二千五百里。見棺槨者，為首絞監候，入於秋審情實。開棺槨見屍者，為首斬立決，為從各絞監候。毀棄、撇撒死屍者，不分首從，皆斬立決。如有家長尊卑親屬或外人為首為從，分別服制、凡人，各以首從論。

一、受雇看守墳墓，並無主僕名分之人，如有發塚及盜未殯、未埋屍柩，並鋸縫鑿孔與未開棺槨者，或自行盜發，或聽從外人盜發，除死罪無可復加外，犯該安置、流、徒等罪，悉照凡人首從各本律例上加一等問擬。

一、凡毆故殺人案內兇犯起意殘毀死屍，及棄屍水中，其聽從擡棄之人，無論在場有無傷人，俱照棄屍為從律，徒三年；係餘人起意，仍照棄屍為首律，流三千里。若埋屍滅迹，因而遺失者，其聽從擡埋之人，無論在場有無傷人，各按餘人本罪加一等，徒一年；係餘人起意，再加一等，徒一年半。傷罪重者，仍從重論，不失屍者，各減一等。若受雇擡埋，並不知情者，仍照地界內有死人不報官司而輒移藏律，處八等罰。至竊劫之犯，如有在湖河舟次格鬬致斃，屍墮水中漂流不獲，及山谷險隘猝然遇暴，屍沉澗溪，本無毀棄之情，仍依格殺本律科斷，毋庸牽引棄屍之律。若係在家黌夜格捕致死姦盜之犯，或在曠野道途格殺拒捕盜賊，罪本不應擬抵，將屍毀棄掩埋、移投坑井者，照地界內有死人不報官司私自掩埋律，處八等罰；因而遺失者，照地界內有死人，輒移他處以致失屍律，處十等罰。

一、夫毀棄妻屍者，比依尊長毀棄期親卑幼死屍律，於凡人滿流罪上遞減四等，徒一年半。不失屍及毀而但髡髮若傷者，再減一等，徒一年。

一、平治他人墳墓為田園，未見棺槨，止一塚者，仍照律處十等罰，如平治多塚，每三塚加一等，罪止徒三年。卑幼於尊長有犯，緦麻功服各加凡人一等，期親又加一等。若子孫平治祖墳，並雇工平治家長墳一塚者，徒三年，每一塚加一等，仍照加不至死之例，加至煙瘴地方安置為止。其因平治而盜賣墳地，得財者，均按律計贓，准竊盜論，加一等，贓輕者，各加平治罪一等。知情謀買者，悉與犯人同罪，不知者，不坐。如因平治而強占或盜賣計畝數多，及因平治而見棺見屍並棄毀屍骸者，仍照各本例，從其重者論。其子孫因貧賣地，留墳祭掃，並未平治，又非盜賣者，不在此例。

一、凡盜葬之人，除侵犯他人墳塚，發掘開棺見屍者，仍各按照本律治罪外，如因盜葬後被地主發掘棄毀，無論所葬係尊長及卑幼屍柩，俱照強占官民山場律，流三千里。如於有主墳地及切近墳旁盜葬，尚無侵犯，致被地主發掘等情者，照強占山場滿流律量減一等，徒三年。若止於田園山場內盜葬者，照強占山場滿流律量減二等，徒二年半。仍勒限一箇月押令犯屬遷移，逾限不遷，即將犯屬暫行收禁，候遷移日釋放。其唆令盜葬之地師、訟師，與本犯一體治罪。

一、貪人吉壤，將遠年之墳盜發者，子孫告發，審有確據，將盜發之人以開棺見屍律，擬絞監候。如非其子孫，又非實有確據之前人古塚，但因有土墩，見人埋葬，輒稱伊遠祖墳墓，勾引匪類，夥告夥證，陷害無辜，審明，將為首者流三千里，為從減一等，擬徒三年。若實係本人遠祖之墳，被人發掘盜葬，因將所盜葬之棺發掘拋棄者，照祖父母、父母被殺，子孫不告官司而擅殺行兇人律治罪。若盜葬者並無發掘等情，止在切近墳旁盜葬，而本家輒行發掘者，應照地界內有死人不報官司，而輒移他處律科斷。如有毀棄屍骸，照地界內有死人而移屍毀棄律科斷。若非係墳地，止在田地場園內盜葬，而地主發掘開棺見屍，仍照律擬絞。其不開棺見屍者，各照本律減一等治罪。如兩造本係親屬，其所侵損之墳塚、棺槨、屍骸與本身皆有服制者，各照律內服制科斷。

一、民人除無故乞焚已葬屍棺者，仍照例治罪外，其因爭墳阻葬、開棺易罐、埋藏占葬者，亦照開棺見屍、殘毀死屍各本律治罪。若以他骨暗埋，豫立封堆，偽說蔭基，審係恃強占葬者，照強占官民山場律治罪；審係私自偷埋者，照於有主墳地內偷葬律治罪。其侵犯他人墳塚者，照發掘他人墳塚律治罪。如果審係地師教誘，將教誘之地師，均照詐教誘人犯法律分別治罪。若地方官隱諱寬縱，不實力查究，照例糸處。

## 夜無故入人家

凡夜無故入人家內者，處八等罰。主家登時殺死者，勿論。其已就拘執而擅殺傷者，減鬬殺傷罪二等，至死者，徒三年。

按：此仍明律，與唐律大同小異。唐律：夜無故入人家者笞四十。此處八等罰。唐律：若知非侵犯而殺傷者，減鬬殺傷二等。此則刪去此層。唐律：已就拘執而殺傷，各以鬬殺傷論，至死者加役流。此則添一“擅”字，減鬬殺傷律二等，至死擬以滿徒，較唐律減輕二等。此律之意，蓋防姦盜而並戒擅殺也，重在“無故”、“登時”四字。無故入人家內，其意不測，少緩之，禍及己，故殺死勿論。至於已被拘執，自當送官，而擅行殺傷，故減鬬殺傷罪二等，至死亦止滿徒，欲防姦盜之釁，故寬擅殺之罪。此與《罪人拒捕門》已就拘執而殺以鬬殺論，擬罪有絞、徒之分者，彼之罪人已屬在官人犯，脫逃拘執，其事已定，如有殺傷，必是捕人陵虐所致，故不減等；此則雖就拘執，尚在本家，主家疑慮徬徨，莫測其故，因有殺傷，其情可原，故寬其殺傷之罪，准減二等，情有各別，故罪不一律。考之古書，此律由來已久，《周禮·朝士職》曰：盜賊軍鄉邑及家人，殺之無罪。註：軍言攻也，攻一家一人與一鄉一邑，同殺之皆無罪。鄭康成曰：即今律無故入人家，及上舟車牽引人欲為匪者，殺之無罪是也云云。可見漢時已有此律。唐律加入“夜”字，分別登時、拘執，雖失古義，而其聽民殺賊則同。明律諸重於唐律，惟此項由加役流改為滿徒，深得古人之意。夫人至不能保守身家，又不能忍受窮餓，小而鼠竊狗偷，大則明火執仗，此國家之亂，民所當鋤治者也。此律聽民自殺，雖擅殺，律止於徒，良有深意。蓋良民上所深愛，今以竊盜之故而不得安居，忿激一時，邂逅致死，罪至滿徒而害已深，原不忍遷徙良民之身家以償盜賊之命也，若以良民之命而償盜賊，不更失情法之平哉！現行條例於律文黑夜而外增出白日偷竊，又於律文入人家而外增出市野偷竊，律既分別登時、拘執，例又分別登時、事後、倒地拘獲，若係事後及倒地拘獲，毆死從重擬流，與舊例擬絞大有不同。錢氏維城有言：盜賊固命，良民亦命也，與其惜竊盜已死之命，何如惜良民未死之命？彼惡其擅殺者，蓋不過不告官司耳，豈知告官司而僕僕訟庭，吏役需索，所失有過於賊者，即使無之，而廢農荒業，民且不堪，又況事起倥偬，計不旋踵乎？或者謂事起黑夜，易起詐偽，不知案疑則治案，不宜移律以就疑，果使情涉游移，即當窮究根源，分別謀、故、鬬毆，又不得僅以罪人不拒捕顢頇了事也。或又謂盜固無論，竊賊不至死而輕殺之，彼特逼於貧耳，夫不能使民各安其生，不得已而為盜賊，此固在上者之責，不特竊賊可憫，盜亦可憫，而不可以此責之於民，且牧民者既已不能使民無盜賊矣，又以盜賊之故而殺民，是益之咎也。夫姦所獲姦殺之，有無論者矣，姦亦不至於死也，律有不得捕姦之人，無不得捕盜之人，捕賊固重於捕姦矣，《孟子》論“井田”曰：守望相助，古人懼事主之力不足治賊，而責之於鄰里，若併事主而禁之，毋乃長賊盜之勢而奪民財乎？云云。此段議論甚得律意，而長安薛氏《讀例存疑》亦有“竊賊為閭閻之害，既與事主以捕賊之權，即不應以事主抵賊犯之命”之語，所見大畧相同。日本刑法，凡晝間無故入人住宅，因防止而殺傷者，宥恕其罪，又防止對財產放火並盜犯及防止夜間無故入人住宅，不得已而殺傷者，不論其罪云云。不但較現例為輕，即較唐明諸律亦輕，深得漢律、《周禮》遺意，可併參考。

**條例**

一、凡事主雇工亦是。及鄰佑人等因賊犯黑夜偷竊或白日入人家內院內偷竊財物，並市野偷竊器物及田園穀麥、蔬果、柴草、木石等類，登時追捕毆打至死者，不問是否已離盜所、捕者人數多寡、賊犯已未得財，并器物等有無看守，俱徒二年半。若賊犯已被毆跌倒地及已就拘獲，輒復疊毆致斃，或事後毆打至死者，均照擅殺罪人擬絞律上減一等，流三千里。如賊犯持仗拒捕，被捕者登時格殺，仍依律勿論。凡刀械石塊皆是持仗，事在頃刻、勢出倉猝謂之登時，抵格而殺謂之格殺。

## 盜賊窩主

凡強盜窩主造意，身雖不同行，但分贓者，絞。若行，則不問分贓不分贓，只依行而得財者，不分首從，皆絞。若不知盜情，止是暫時停歇者，止問不應。若不同行，又不分贓者，流三千里。共謀其窩主不曾造謀，但與賊人共知謀情。者，行而不分贓，及分贓而不行，皆絞。若不行又不分贓者，工作十箇月。〇竊盜窩主造意，身雖不行，但分贓者，為首論。若不行又不分贓者，為從論。減一等。以臨時主意上盜者為首。其窩主若不造意，而但為從者，行而不分贓，及分贓而不行，減造意一等。仍為從論。若不行又不分贓，工作一箇月。〇若本不同謀，偶然相遇共為強、竊盜，其強盜固不分首從，若竊盜則以臨時主意上盜者為首，餘為從論。〇其知人略賣和誘人及強、竊盜後而分所賣所盜。贓者，計所分贓，准竊盜為從論。〇若知強、竊盜贓而故買者，計所買物，坐贓論。知而寄藏者，減故買一等，各罪止工作十箇月。其不知情誤買及受寄者，俱不坐。

按：此係明律。順治三年添入小註，惟三節“若本不同謀”數語係唐律原文，餘均明所纂定，現又改易。唐律止有容止盜賊之律而無窩主律，其容止盜者，里正笞五十，三人加一等，罪止徒三年，強盜加一等。明立此賊盜窩主之律，擬罪過於嚴厲，恐人附會濫殺，故復設後條問刑之例，以明用律之法，與別項律外之例不同，故讀此律者須與此例合參，方無流弊。細玩例文，“必須”、“方許”、“但當”、“毋得”八字，何等慎重，即此可見古人用律詳審之意。《輯註》：窩主與窩藏不同，律與例不同，今人以容留即為窩家者，非是。又，《箋釋》云：窩主者，兇謀自伊始也，窩藏不過為窩頓贓物之主家耳，情有不同，故罪分輕重。又，《讀律佩觿》云：窩主者，主其謀以為上盜之地也，窩家不過利其財為盜之主家耳，兇念不自伊始云云。其分別窩主、窩藏，甚為明晰。蓋律之本意，原是重窩主之罪，以靖盜源，“造意共謀”是此律之綱領，“行不行”、“分贓不分贓”是此律之條目，與強盜律相似而各有不同。強盜律以行劫為重，既不同行，難以盜論，故無分贓不行之文；窩主身雖不行，亦得坐地分贓，故有分贓而不行之律。蓋強盜重在上盜，故不行者並無死罪，此律雖重分贓，故不行而分贓者亦同擬死也。至於盜後分贓及買贓、藏贓各項，律文係不分強、竊，一概問擬，現例分別竊贓、強贓，定有專條，不但強盜贓重於竊贓，即竊贓亦較律從重，律文已為虛設矣。日本刑法，知為強竊盜贓物而收受或寄藏、故買及為牙保者，處重禁錮一月以上、三年以下，附加罰金三圓以上、三十圓以下，又付監視二年以下，亦係不分強、竊，擬罪惟均，尚與律文用意相同，不過罪名輕重有異耳。至於盜賊窩主，日本刑法亦無此名，惟俄律有窩藏偷竊減二等及知情容止賊匪發西伯利亞安插之罪，亦與中律相近。但此項罪名現俱舍律用例，故附錄於後，以備參考。

**條例**

一、推鞫窩主、窩藏分贓人犯，必須審有造意共謀實情，方許以窩主律論。若止是勾引容留往來住宿，並無造意共謀情狀者，但當以窩藏例論，毋得附會文致，概坐窩主之罪。

一、編排保甲、保正、甲長、牌頭，須選勤慎練達之人點充。如豪橫之徒，藉名武斷，該管官嚴查究革，從重治罪。果實力查訪盜賊，據實舉報，照捕役獲盜過半以上例，按名給賞。儻知有為盜、窩盜之人瞻徇隱匿者，照不應重律治罪。如係竊盜，分別賊情輕重懲警。若牌頭於保正、甲長處舉報，而不行轉報者，甲長照牌頭減一等，保正減二等發落，牌頭免坐。其一切戶婚、田土不得問及保甲，惟人命重情取問地鄰保甲。賭博為盜賊淵藪，仍令同盜賊一併查舉。再，地方有堡子村莊，聚族滿百人以上，保甲不能編查，選族中有品望者，立為族正，若有匪類，令其舉報，儻徇情容隱，照保甲一體治罪。

一、強盜窩主造意不行又不分贓，發新疆當差，若非造意，又不同行分贓，但知情窩藏一人流二千五百里，窩藏二人流三千里，窩藏三人以上發極邊足四千里安置，五人以上發煙瘴地方安置。

一、凡窩綫同行上盜得財者，仍照強盜律定擬，如不上盜又未分贓，但為賊探聽事主消息通綫引路，照強盜窩主造意不行又不分贓，發新疆當差。

一、強盜巨窩，本處鄰佑地保有知情容留者，流二千五百里，若非知情容留，止係失於稽查，各照不應重律擬罪。其鄰佑地保及兵役平民能偵知強盜巨窩行蹤，赴地方官密稟，該地方官即行嚴拏，不許指出首人姓名，俟拏獲盜賊審實，將首人給賞。如盜賊將首人攀害，立案不行，首獲之賊，係首犯，賞銀五十兩，係夥犯，賞銀二十五兩，首獲多者，按名賞給，在充公銀兩內動支，有挾嫌誣首情弊，仍照誣告例治罪。

一、窩藏積匪之家，果有造意及同行、分贓、代賣，發煙瘴地方安置。其窩藏竊盜，未經造意，又不同行，但經分得些微財物或止代為賣贓者，均減本犯一等治罪。

一、各直省不法姦徒，窩藏匪類，捉人關禁勒贖，坐地分贓者，但經造意，雖未同行，及雖未造意，但經事前同謀者，均照捉人首犯一例治罪，若先未造意同謀，僅止事後窩留、關禁、勒贖，各於首犯本罪上減一等。

一、強、竊盜窩家之同居父兄伯叔自首者，照例免罪，本犯照強盜父兄自首例，分別發落，至父兄人等知情而又分贓，各照強、竊盜為從例，減一等治罪。

一、牌頭所管內有為盜之人，雖不知情而失察，照不應為律治罪。甲長、保正遞減一等科斷。

一、凡強盜窩主之鄰佑知而不首者，處十等罰。

一、洋盜並強盜案內知情接買盜贓之犯，不論贓數多寡，一次徒三年，二次流二千五百里，三次以上發煙瘴地方安置。其知而寄藏及代為銷贓者，一次徒二年，二次徒二年半，三次以上徒三年。

一、知竊盜贓而接買、受寄，若銀物，坐贓至滿數者，俱不分初犯、再犯，徒一年。若三犯以上，不分贓數多寡，俱流二千五百里。接買盜贓，至八十兩為滿數，受寄盜贓，至一百兩為滿數。

**共謀為盜**此條專為共謀而臨時不行者言。

凡共謀為強盜，數內一人。臨時不行，而行者欲為竊盜，此共謀而不行者曾分贓，但係造意者，即為竊盜首，果係餘人，並為竊盜從。若不分贓，但係造意者，即為竊盜從，果係餘人，並工作一箇月，必查以臨時主意上盜者，為竊盜首。〇其共謀為竊盜，數內一人。臨時不行，而行者為強盜，其不行之人，係造意者曾分贓，知情不知情，並為竊盜首，係造意者但不分贓，及係餘人而曾分贓，俱為竊盜從。以臨時主意及共為強盜者，不分首從論。

按：此仍明律，順治三年添入小註，唐律謂之“共謀強盜不行”，明改為“共謀為盜”，律文、罪名全同唐律，惟字句稍有增改，其兩節末後“以臨時主意”句唐律所無，係明所增。此律是專論共謀不行之人，但有謀竊行強、謀強行竊之法。至共謀為強臨時不行，而行者仍為強，共謀為竊，而行者仍為竊。若係強盜，則當依後例分別辦理，係竊盜則當視情之輕重、贓之多少，分別酌定，即與此律情節不符。《輯註》引公羊子曰：“君子之惡惡也，疾始；其善善也，樂終。”故謀強行竊者，不行之人從重。雖不分贓之餘人，猶工作一箇月，所以謹其始也。謀竊行強，不行之人從輕，不分贓之餘人即不著其罪，所以與其終也。惟不行分贓之人，無論謀強行竊、謀竊行強，但係造意者，均以為竊盜首，係共謀者，均為竊盜從。蓋謀強而分竊贓者，心雖可誅，而事究堪原；謀竊而分強贓者，事雖可惡，而心實無他，其情一，故其罪同也。此中律之最精細處，外國均無此法，現例又有“共謀強盜臨時不行，而行仍為強盜”一項，足補律所未備，故并錄之。

**條例**

一、共謀為強盜夥犯，臨時畏懼不行，而行者仍為強盜，其不行之犯，但事後分贓者，徒三年，贓重者，仍從重論，不分贓者，工作十箇月。如因患病及別故不行，事後分贓者，流三千里，不分贓者，徒三年。

## 公取竊取皆為盜

凡盜，公取、竊取皆為盜。公取，謂行盜之人公然而取其財，如強盜、搶奪。竊取，謂潛行隱面，私竊取其財，如竊盜、掏摸。皆名為盜。器物錢帛以下兼官私言。之類，須移徙已離盜所；方謂之盜。珠玉寶貨之類，據入手隱藏，縱在盜所未將行，亦是；為盜。其木石重器，非人力所勝，雖移本處，未馱載間，猶未成盜；不得以盜論。馬、牛、駝、贏之類，須出闌圈，鷹犬之類，須專制在己，乃成為盜。若盜馬一匹，別有馬隨，不合併計為罪。若盜其母而子隨者，皆併計為罪。〇此條乃以上盜賊諸條之通例。未成盜而有顯迹證見者，依已行而未得財科斷。已成盜者，依律以得財科斷。

按：此仍明律，原有小註，順治三年增修。唐律僅止“公取竊取皆為盜”一語，以下數行係採取唐律小註、《疏議》而纂輯成律。本朝順治三年又增入末後一段。此乃盜賊之通例，故列於諸盜之後，總束各門，以為問盜之法。首句總言為盜之等類，以下各項乃分論已成盜、未成盜之法則也。必須公取、竊取方謂之盜，若他律所稱“擅取”、“擅用”、“擅食”、“擅將取”之類，皆不在公取、竊取之例，即不加以“盜賊”之名。蓋盜以贓為憑，若未成盜則無贓可據，故必須有顯跡證見，方擬為不得財之罪。至律註“盜馬一匹，別馬隨之，不併論；而盜其母，子隨之，故併論罪”者，蓋盜此馬而別馬隨之，乃偶然之事，非有意盜之，若盜母，子隨，乃必然之理，即屬有意盜之，故有併論、不併論之分。此說亦係《唐律疏議》所載，明律採取入註，至今因之。即此一端，可見古律精微細密，非躁心人所能定，亦非躁心人所能讀矣。自“謀反”至此，共二十七項，合為《盜賊》一門，蓋人之恒情，財與命相連，故《賊盜》之後，即以《人命》繼焉。

---

**校勘記**

① 此處原文抄寫順序混亂，根據文意調整。
② “眾擬”語意不通，當作“罪”。
③ 此處原文抄寫順序混亂，根據文意調整。
④ 根據上下文意，此處“例”當作“律”。
⑤ “上”當作“下”，據《大清現行刑律》改。

# 大清現行刑律講義卷六

## 人命

按：唐律無人命之目，蓋殺人曰賊，凡各項殺人已包括於《賊盜》、《鬬訟》二律之內，相沿至明，始將各項殺人彙為一門，名曰《人命》，大概以“謀殺”、“故殺”、“鬬毆殺”、“戲殺”、“誤殺”、“過失殺”統之，《輯註》所謂“六殺”是也。至“威逼致死”，雖不在殺人之列，究有關於人命，故亦附於此門之內。共二十條。

### 謀殺人

凡謀或謀諸心、或謀諸人。殺人，造意者，絞監候；從而加功者，亦絞監候；不加功者，流三千里。殺訖乃坐。若未曾殺訖而邂逅身死，止依同謀共毆人科斷。○若傷而不死，造意者，絞監候；從而加功者，流三千里；不加功者，徒三年。○若謀而已行未曾傷人者，造意為首者。徒三年；為從者，各處十等罰。但同謀者皆坐。○其造意者，通承已殺、已傷、已行三項。身雖不行，仍為首論，從者不行，減行者一等。○若因而得財者，同強盜不分首從論，皆絞。行而不分贓，及不行又不分贓，皆仍依［謀］①殺論。

按：此仍明律，順治三年添入小註，現又刪易罪名，與唐律不差而文較詳晰。唐律：諸謀殺人者，徒三年；已傷者，絞；已殺者，斬；從而加功者，絞；不加功者，流三千里；造意者，雖不行，仍為首，即從者不行，減行者一等。現律分作五節：第一節言已殺之罪；第二節言已傷之罪，而已殺、已傷中，又分“造意”、“加功”、“不加功”三項；三節言未傷人則無加功、不加功可辨，故但曰“為從”而已；四節言造意者則不分親行與否，無論已殺、已傷、已行，仍為首論；五節言因而得財，則有行而不分贓及不行又不分贓之別。總之，律貴誅心，故殺人以謀為重，殺而用謀，情最深毒，故為人命諸條之首。謀殺與故殺均為有意殺人，而情有不同者，故殺起意於臨殺之時，謀殺則造意於未殺之先，故故殺、鬬殺則止一人擬抵，惟謀殺則造意、加功均為死罪，容有殺一人而數人均為實抵者，蓋造意雖止一人，而加功非止一人也。謀殺之事不一，或以金刃，或以毒藥，或驅赴水火，或陷害刑戮，或伺於隱處即時打死，凡處心積慮、設計定謀、立意殺人而造出殺人方法者均是。造意，蓋造意為謀之主，註曰：獨謀諸心，則無同謀之人可憑，必實有讐恨情由、具有造謀顯跡，或追出兇器與傷痕相符，或所用毒藥造賣有據，方可論謀功者殺人之事也。加者，用力之謂也，故下手殺人、傷人方謂加功，若在場盼望、恐嚇、逼迫、擁衛之人，皆不得謂之加功，若謀用毒藥殺人而為之和合者，方為加功，蓋謀殺律重法嚴，恐人悞引致殺多人，故例有“毋得據一言為造謀、指助勢為加功”之語也。至於殺訖乃坐者，慎重之意，恐人誤謂但謀即坐，故特著此語，若未曾殺訖，自有下節傷而未死之法。註云：邂逅身死，止依同謀毆人，“邂逅”之字，書訓為“適然相值”，夫適然相值以致其死，是因他故，非由謀殺矣。所謂“殺訖”者，已死之謂，並非必係登時殺死乃坐謀殺，假如謀以刀殺受傷未深，脫逃數日而死，或謀推墮山岸，越日始死，仍須問以謀殺，細玩下文，傷而未死尚坐謀罪，況受傷已死，反不問謀罪乎？律文精深細微，一字不可忽過。後節因而得財者，同強盜論，細味“因而”字義，是謀殺本非為財，既殺之後乃取其財，若本為謀財而殺人，自依強盜本律，不得謂之因而得財也，但此律同強盜，不分首從皆絞，未免過嚴，故後例另有圖財害命專條，此律近已不用矣。謀殺之罪，外國亦嚴，除俄國謀殺處以十五年以上之苦工，和蘭、意大利處以終身禁錮外，其餘德、法、英、美均處死刑。日本刑法，凡豫謀殺人者，處死刑；施用毒藥殺人者，以謀殺論，亦處死刑，惟故意殺人者，處無期徒刑；若支解、折割、慘刻故殺人者，亦處死刑；出於殺人之意而詐稱、誘導陷人危害致死，以故殺論；其豫謀者，以謀殺論，亦處死刑云云。亦係律貴誅心，同一有意殺人而臨時起意與平時蓄謀，即有生死之分，中律則謀、故不分，同一擬絞，特故殺則止一人擬抵，不同謀殺一命數抵之為嚴重耳。律意如是，此外又有條例，足資互証，當合參之。

**條例**

一、凡勘問謀殺人犯，果有詭計陰謀，方以造意論，下手助毆，方以加功論，謀而已行，人贓見獲，方與強盜同論，毋得據一言為造謀，指助勢為加功，坐虛贓為得財，一概擬死，致傷多命。亦不得以被逼勉從及尚未成傷，將加功之犯率行量減。

一、凡謀財害命照例擬絞立決外，其有因他事殺人，後偶見財物因而取去者，必審其行兇挾何讎隙，有何證據，果係初無圖財之心，殺人後見有隨身衣物銀錢，乘便取去者，將所得之財倍追給主，仍各依本律科斷。若殺人後掠取家財並知有藏蓄而取去者，審得實情仍同強盜論罪。

一、凡謀殺人已行，其人知覺奔逃或失跌或墮水等項，雖未受傷，因謀殺奔脫死於他所者，造意者，流三千里，為從處十等罰；若其人迫於兇悍，當時失跌身死，原謀擬絞監候，為從者，流三千里。

一、凡圖財害命得財而殺死人命者，首犯與從而加功者俱擬絞立決，不加功者擬絞監候，不行而分贓者實發煙瘴地方安置，未得財殺人首犯與從而加功者俱擬絞監候，不加功者流三千里，傷人未死而已得財首犯與從而加功者俱擬絞監候，不加功者流三千里，不行而分贓者徒三年，未得財傷人為首者擬絞監候，從而加功者流三千里，不加功者徒三年。

一、凡謀殺幼孩之案，如年在十一歲以上者，仍照（例）[律][②]辦理外，如有將十歲以下幼孩逞忿謀殺者，首犯擬絞立決，從而加功之犯擬絞監候，入於秋審情實，其從而不加功者仍照本律流三千里。

## 謀殺制使及本管長官

凡奉制命出使，而所在官吏謀殺，及部民謀殺本屬知府、知州、知縣，軍士謀殺本管官，若吏卒謀殺本部五品以上長官，已行未傷者，首。流二千里；已傷者，首。絞監候；入於秋審情實。流、絞俱不言皆，則為從各減等。官吏謀殺照常監候，下絞同。已殺者，皆絞。其從而不加功與不行者，及謀殺六品以下長官，並府、州縣佐貳、首領官，其非本屬、本管、本部者，各依凡人謀殺論。

按：此仍明律，順治三年、康熙九年添入小註，雍正三年、乾隆五年修改，現又改易，罪名同於唐律而名目稍異。唐律：諸謀殺制使，若本屬府主、刺史、縣令及吏卒謀殺本部五品以上官長者，流二千里；已傷者，絞；已殺者，皆斬；工樂及公廨戶奴婢與吏卒同。此律添入“軍士”一層，其餘名異而實則同。此律之意，重謀殺官長以懲不義也。奉使之官，不論品級大小者，所以尊朝廷、重制命也。部民言“本屬”者，謂屬其統治也；軍士言“本管”者，謂受其管轄也；府、州縣正印官，本營將弁，雖品級崇卑不同，而父母之義、統屬之分則一。吏卒兼軍民言“本部”者，謂在其部下，雖有管屬而非本管、本屬之比，則當有崇卑之別，必五品以上方同論也。謀殺本有造意、加功之分，此則不分首從，一概擬立決者，以下謀上，至於殺訖，則近乎亂矣，故特嚴其法，所以重不義也。但罪止絞，不與期親以上同處斬決，可見此止統屬之義，究不得比於天屬之重也。官吏，註以“監候”者，出使之人，終與本屬、本管、本部者有間。當與《鬭毆》律內毆制使、本管官各條參看，彼毆六品以下長官與佐貳官、首領官，又流外官及軍民吏卒毆非本管三品以上、五品以上、九品以上，皆與凡人不同，此謀殺制使四項外，餘俱不言有犯統依凡論，蓋毆則加重者，名分所在，究與平人不同，謀殺同凡者，罪至於絞，已為極刑，畢竟與本屬、本管、本部有間，其輕重異共之間，俱有精義存焉。外國名分不甚尊嚴，故不著此律。惟俄律謀殺長官與謀殺祖父母、父母同，然罪止無限苦工。日本刑法僅有妨害官吏職務因而毆傷官吏者，照毆打創傷本條加一等之文，然必因抗拒公務命令因而毆傷方擬加等，若挾私毆傷官吏仍無加重之條，且止言毆傷加等而不言殺死，可見有犯謀、故諸殺亦同凡論也，蓋外國尊重人格，君民猶講平權，何論官長？中國最嚴名分，犯上即屬不義，罪在十惡不赦，宗旨不同，故立法各異。然以中國而用外律，尊卑不分、上下無等，適長草野桀驁陵嚚之風，未有不至於亂者。風俗性格不同，非用名分以壓制之，不能使之慴服也。

## 謀殺祖父母父母

凡謀殺祖父母、父母及期親尊長、外祖父母、夫、夫之祖父母、父母，已行不問已傷、未傷。者，預謀之子係不分首從。皆絞；已殺者，皆斬。其為從，有服屬不同，自依總麻以上律論。有凡人，自依凡論。凡謀殺服屬，皆倣此。謀殺緦麻以上尊長，已行者，首。流二千里；為從，徒三年。已傷者，首。絞監候；入於秋審情；為從，加功、不加功，並同凡論。已殺者，皆絞。不問首從。〇其尊長謀殺本宗及外姻。卑幼，已行者，各依故殺罪減二等；已傷者，減一等；已殺者，依故殺法。依故殺法者，謂各依鬭毆條內尊長故殺卑幼律問罪。為從者，各依服屬科斷。〇若雇工人謀殺家長及家長之期親、外祖父母、父母，若緦麻以上親者，兼尊卑言，統主人服屬尊卑之親。罪與子孫同。謂與子孫謀殺祖父母、父母，及期親尊長、外祖父母、緦麻以上尊長同。

按：此仍明律，“依故殺法”句原有小註，餘註係順治三年添入，雍正三年、乾隆五年增修，現又改易。此合唐律“謀殺期親尊長”及“部曲奴婢殺主”二條併為一條。唐律不言祖父母、父母，舉輕以該重也。末節唐律有部曲而無雇工，此有雇工而無部曲，唐律止言主之期親、外祖父母，此更添“家長緦麻以上親”一項。總之此律之意，蓋以極刑重誅逆倫者也。首節定人倫大逆之罪，此古今希有之事，而律則不容不設。言祖父母，則高、曾同也；二節定尊長謀殺卑幼之罪；三節定雇工殺主及家主親屬之罪，雇工人雖不同於服屬，而名分之重亦與子孫不異。此律止言謀殺，若故殺、毆殺則另見於《鬬毆門》內，與此不同。如毆殺尊長，則期服、大功、小功同擬絞決；若謀殺、故殺，則期親與功服即有斬、絞之分。又如毆殺功服、緦麻尊長，則有絞決、絞候之分，謀殺則功、緦一概絞決矣。其中離合同異，各有精意，互參比較，自知其妙，此正中律之精粹處。若外國則無此謹嚴矣。查俄律，謀殺父母者，罰作無限苦工，遇赦不赦；德律，故殺人者，處五年以上之懲役，而故殺尊親，僅處十年以下之懲役；法律，謀殺父母及其他尊親並殺子者，均與謀殺凡人皆處死刑，惟因弒親受死刑者，單衣跣足，首蒙黑絹，帶赴刑場以示特異而已；日本刑法，子孫謀殺、故殺祖父母、父母者，處死刑，毆打致死亦處死刑，傷者，加凡人二等，至廢疾者，處有期徒刑，篤疾者，處無期徒刑，雖較歐法輕重分明，然其期功、緦麻五服之輕重等差，比之中律，則遠不逮矣。律外又有條例，足補律之未備，亦宜參究。

**條例**

一、尊長謀殺卑幼，除為首之尊長仍依故殺法分別已行、已傷、已殺定擬外，其為從加功之尊長各按服制亦分別已行、已傷、已殺三項各依為首之罪減一等，若同行不加功及同謀不同行又各減一等，為從係凡人，仍照凡人謀殺為從科斷。

一、凡尊長與人通姦，因媳礙眼，抑令同陷邪淫不從，商謀致死滅口者，俱照平人謀殺律擬罪，至因姦將子女致死滅口者，無論是否起意，如係親母擬絞監候，不論現在有無子嗣，秋審緩決一次後收入本地習藝所罰令工作十五年，限滿釋放，若係嫡母、繼母、嗣母亦擬絞監候，查明其夫只此一子致令絕嗣者，俱入於秋審情實，未致絕嗣者，入於緩決一次後，收入本地習藝所，罰令工作二十年，限滿釋放。至姑因姦將媳致死滅口者，不論親姑、嫡姑、繼姑、嗣姑，俱擬絞監候，秋審緩決一次後，收入本地習藝所罰令工作二十年，限滿釋放，姦夫仍照造意加功本律治罪。

一、凡夫謀殺妻之案，係本夫起意者，仍照律辦理外，如係他人起意，本夫僅止聽從加功者，於絞罪上減一等，流三千里。

一、凡姑謀殺子婦之案，除伊媳實犯毆詈等罪仍照本律定擬外，如僅止出言頂撞，輒蓄意謀殺，情節兇殘顯著者，定案後收入本地習藝所，罰令工作十年，限滿釋放。

## 殺死姦夫

凡妻妾與人姦通，而本夫於姦所親獲姦夫、姦婦，登時殺死者，勿論。若止殺死姦夫者，姦婦依和姦律斷罪。或調戲未成姦，或雖成姦已就拘執，或非姦所捕獲，皆不得拘此律。〇其妻妾因姦同謀殺死親夫者，斬；姦夫絞監候。若姦夫自殺其夫者，姦婦雖不知情，亦絞監候。

按：此仍明律，原文係“從夫嫁賣”，順治三年改為“入官為奴”，乾隆五年復改為“當官價賣”，並添“身價入官”一句，其小註係順治三年添入。唐律不載此門，惟謀殺期親尊長律註有“犯姦而姦夫殺其夫，所姦妻妾雖不知情與同罪”一語，即律末“姦婦不知情擬絞”之說，此律即本是意。至於其餘罪名，皆散見各門，如登時殺死姦夫，已有夜無故入人家殺死勿論之律；妻妾因姦殺夫，已有妻妾謀、故殺夫本律；姦夫殺死本夫，已有謀殺人本律。是以不另設專門，非遺之也。明始立此一門，專言殺姦之罪，雖非古律之意，惟後世淫風流行，人命案件因姦者十居其五，是以定此專門，原為維持風化而設。首節言姦所獲姦者，獲姦必在姦所，而殺死又必在登時，方得勿論，稍有不合，即當別論；後節言因姦殺夫者，專指殺死而言，如已行、已傷及傷而不死，妻妾仍依謀殺夫律，姦夫依凡人，分別首從科斷。至於姦夫不與姦婦同謀而自殺其夫，殺人之罪雖坐姦夫，而起禍之原實由姦婦，故亦坐絞。若本夫有縱容、抑勒情節，則不在此例矣。律文本自簡括，後來條例繁多，如律止言姦所登時殺姦，例則補出姦所而非登時及逐至門外殺之，並既非姦所、又非登時殺姦之條；律止言本夫殺姦，例則補出親屬殺姦及為親屬糾往捉姦，並五服以內捉姦殺死之罪；律止言殺死姦夫，例則補出止殺姦婦、未殺姦夫之罪；律止言妻妾同謀殺死本夫，例則補出姦夫起意謀殺本夫，並殺死本夫後將姦婦拐走，或將其子女拐逃加重之罪；律止言妻妾與人通姦，例則補出未婚妻及童養妻與人通姦，本夫殺姦之罪；律止言和姦被殺，例則補出殺死強姦及圖姦未成罪人之罪；律止言男子殺姦，例則補出婦女拒姦殺人之罪；律止言殺死妻妾、姦夫，例則補出男子雞姦拒殺之罪；且律言姦婦不知情擬絞，例則補出姦夫不知情，又於姦婦不知情中分出當時喊救與事後首告減流之罪；律止言凡人殺姦，例又補出服制殺姦或尊長犯姦卑幼殺之應聲請，或卑幼犯姦尊長殺之應減等，或子殺母姦，或妾因姦殺死正妻。各條統計，已有三十六條，愈增愈多，愈多愈雜，意在求其詳備，反致彼此抵牾，薛氏《讀例存疑》一書，詳加斥駁，現雖多半刪除，但參究者不可不知。外國姦罪從畧，除強姦及姦幼女外，其和姦者，惟有夫之婦治罪，若無夫和姦，均無治罪明文，即和姦有夫之婦，惟本夫有告訴之權，若本夫縱容，亦無告訴之效，至於因姦相殺，並無專條，大約仍照謀、故、鬬殺本律問擬。日本刑法，本夫於姦所殺傷姦夫、姦婦者，宥恕其罪；又因犯姦淫致人死傷者，照毆打創傷本條從重處斷；因強姦致死者，處無期徒刑。又，法國律，本夫於家捉得本婦、姦夫而殺之者，其罪為可宥恕，此外並無他人捉姦、殺姦之例。以現時中律較之，雖涉缺畧輕縱，以唐律論之，尚得古書簡賅渾括之旨也。

**條例**

一、本夫於姦所登時殺死姦夫者，照律勿論。其有姦夫已離姦所，本夫登時逐至門外殺之者，處八等罰，若於姦所獲姦，非登時而殺，依夜無故入人家已就拘執而擅殺擬徒律，減一等，徒二年半，如捉姦已離姦所，非登時殺死不拒捕姦夫者，照擅殺情輕例流三千里，如姦夫拒捕者，依罪人拒捕科斷，若捕獲姦夫或因他故致斃者，仍以謀故論。

一、非姦所獲姦將伊妻逼供而殺，審無姦情確據者，依毆妻至死論，如本夫姦所獲姦確有實據，除登時將姦婦殺死依律勿論外，其非登時而殺姦婦者，處十等罰，姦夫到官供認不諱，不論登時、非登時，俱流三千里，其非姦所獲姦或聞姦數日將姦婦殺死，姦夫到官供認不諱確有實據者，本夫照夜無故入人家已就拘執而擅殺律減一等，徒二年半，姦夫徒三年。

一、本夫捉姦殺死犯姦有服卑幼之案，除犯姦卑幼罪犯應死或卑幼犯姦罪不應死而殺，係姦所登時者均予勿論外，如卑幼犯姦罪不至死，本夫於姦所獲姦非登時而殺者，於常人徒罪上減二等，如捉姦已離姦所非登時而殺者，於常人流罪上減二等，若按其毆殺卑幼本罪，止應擬流者，應再減一等，其本夫、本婦之有服親屬捉姦殺死犯姦卑幼之案，如非登時而殺，無論謀、故，各按服制於毆殺卑幼本律上減二等，如殺係登時，按其毆殺本罪，在滿徒以上者，即於捉姦殺死凡人徒罪上減一等，如毆殺本罪亦止滿徒，應遞減二等定擬。

一、凡母犯姦淫，其子實係激於義忿，非姦所登時將姦夫殺死，父母因姦情敗露忿愧自盡者，流三千里，不得概蓋照子孫謀故殺人致父母自盡例定擬。

一、凡本夫、本婦之伯叔兄弟，及有服親屬，皆許捉姦，如有登時殺死姦夫者，依夜無故入人家已就拘執而擅殺律，減一等，徒二年半，傷者，勿論，非登時而殺，依擅殺情輕改流例，流三千里，若捕獲姦夫或因他故致斃者，仍以謀故論，如犯姦有據，姦夫逞兇拒捕者，依罪人拒捕科斷，其本夫、本婦之祖父母、父母捉姦殺死姦夫者，亦照此律問擬。

一、凡非應許捉姦之人有殺傷者，各依謀故鬬殺傷論，如為本夫、本婦及有服親屬糾往捉姦殺死姦夫，暨圖姦、強姦未成罪人者，無論是否登時，俱照擅殺情輕改流例流三千里，若止毆傷者，非折傷勿論，折傷以上，於鬬傷本罪上減一等定擬。

一、本夫、本婦之有服親屬捉姦，殺死姦婦者，無論登時與否，姦夫均止科姦罪，其止殺姦夫者，姦婦亦止科姦罪。

一、本夫及親屬捉姦誤殺旁人之案，均照誤殺本律例定擬，姦夫止科姦罪。

一、婦女被人調戲，其本夫及有服親屬擅殺調戲罪人者，如本婦畏累自盡，將擅殺之犯徒三年。其婦女與人通姦，本夫及有服親屬擅殺姦夫罪應擬流者，如姦婦自盡，亦將擅殺之犯徒三年。

一、凡本夫及有服親屬殺姦之案，如姦所獲姦，忿激即時毆斃者，以登時論，若非姦所而捕毆致斃，及雖在姦所而非即時毆斃，或捆毆致斃者，俱以非登時論。

一、凡姦夫起意殺死親夫之案，除姦婦分別有無知情同謀按照律例辦理外，姦夫俱擬絞立決，本夫縱姦者，不用此例。其為從之犯或亦係姦夫或係平人，悉照凡人謀殺為從本律定擬。

一、姦夫起意商同姦婦謀殺本夫，復殺死姦婦期親以上尊長者，姦婦仍照律斬決外，姦夫亦擬斬立決，如姦夫商同姦婦並糾其子謀殺本夫，陷人母子均罹斬決者，姦夫不論是否起意均擬斬立決。

一、凡因姦同謀殺死親夫，除本夫不知姦情，及雖知姦情而迫於姦夫之強悍不能報復，並非有心縱容者，姦婦仍照律斬決外，若本夫縱容、抑勒妻妾與人通姦，審有確據，人所共知者，或姦婦起意謀殺，姦夫知情同謀，或姦夫起意，姦婦知情同謀，［姦婦］③皆擬絞立決，傷而未死，姦婦擬絞監候，姦夫仍照凡人謀殺律，分別造意加功與不加功定擬，若姦夫自殺其夫，姦婦果不知情，仍依縱容、抑勒本條科斷，其縱姦之本夫因別情將姦夫、姦婦一齊殺死，雖於姦所登時，仍依故殺論，若本夫抑勒賣姦，故殺妻者，以凡論，其尋常知情縱容，非本夫起意賣姦，後因索詐不遂，殺死姦婦者，仍依毆妻至死律擬絞監候。

一、凡姦夫自殺其夫，姦婦雖不知情，而當時喊救與事後即行首告，將姦夫指拏到官，尚有不忍致死其夫之心者，仍照本律定擬，切實聲明，大理院覆判時，聲敘量減一等，擬流三千里，於摺內雙請，候旨定奪。

一、凡聘定未婚之妻與人通姦，本夫聞知往捉，將姦夫殺死，審明姦情屬實，除已離姦所、非登時殺死不拒捕姦夫者仍照例擬流外，其登時殺死及登時逐至門外殺之者，俱照夜無故入人家已就拘執而擅殺擬徒罪減一等，徒二年半，其雖在姦所捉獲，非登時而殺者，徒三年。如姦夫逞兇拒捕，為本夫格殺，照罪人拒捕格殺律勿論。至姦夫脱逃，僅殺犯姦聘定妻之案，應照本夫獲姦殺死姦婦各例，加一等科罪，姦夫照殺死姦婦本例減一等定擬。

一、與人聘定未婚之妻通姦殺死本夫者，照凡人謀殺本律分別造意加功定擬，其聘定妻因姦殺死本夫，無論起意、同謀，均於妻妾因姦同謀殺死親夫斬決律上量減為絞立決，若姦夫自殺其夫，聘定妻果不知情，即於姦婦不知情絞候律上減為流三千里，儻實有不忍致死其夫之心，事由姦婦破案者，再於流罪上減為徒三年。

一、凡童養未婚妻因姦謀殺本夫，應悉照謀殺親夫各本律例定擬，其本夫及夫之祖父母、父母並有服親屬捉姦殺死姦夫、姦婦者，均照已婚妻例問擬。

一、姦婦自殺其夫、姦夫果不知情，止科姦罪。

一、凡姦夫並無謀殺本夫之心，其因本夫捉姦，姦夫情急拒捕，姦婦已經逃避，或本夫追逐姦夫已離姦所，拒捕殺死本夫，姦婦並未在場，及雖在場而當時喊救與事後即行首告，並因別事起釁與姦無涉者，姦婦仍止科姦罪外，其姦夫臨時拒捕，姦婦在場並不喊阻救護而事後又不首告者，應照姦夫自殺其夫姦婦雖不知情律擬絞監候。

一、婦女拒姦殺人之案，審有確據，登時殺死者，無論所殺係強姦、調姦罪人均予勿論，非登時者，所殺係調姦罪人，徒三年，係強姦罪人，再減一等。其先經和姦，本婦悔過拒絕，確有證據，後被逼姦將姦夫殺死者，徒三年，均照律收贖，如因別故拒絕致斃者，仍各依謀故鬬毆等本律定擬。

一、母犯姦拒絕姦夫復登門尋釁，其子一時義忿拒毆致斃者，徒三年，如係謀故殺，流三千里。

## 謀殺故夫父母

凡改嫁妻妾謀殺故夫之祖父母、父母者，並與謀殺見奉舅姑罪同。若妻妾被出，不用此律。若舅姑謀殺已故子孫改嫁妻妾，依故殺律，已行減二等，已傷減一等。

按：此仍明律，舊律有“奴婢謀殺舊家長以凡人論”，小註云：自己奴婢轉賣與人，以凡論，餘條准此云云。其餘註係順治三年添入，乾隆五年增定，現已刪去末後“奴婢謀殺”一段，止留前段數語。唐律云：妻妾謀殺故夫之祖父母、父母者，流二千里；已傷者，絞；已殺者，皆斬。《疏議》云：故夫，謂夫亡改嫁者，妻妾若被出及和離，即同凡人，不入故夫之限云云。此律即本於此。註云：被出不用此律，亦係採取《唐律疏議》，惟唐律罪止於斬，舊律同見奉舅姑，則已殺者罪干寸磔，現改斬決，則與唐律無異矣。蓋妻妾夫亡改嫁，與被出不同，被出恩義已絕，改嫁則義原未絕，名分猶存，故謀殺故夫祖父母、父母者，同見奉舅姑，已行、已殺皆斬，但必係犯祖父母、父母方可如此從嚴，如犯別親，當用《輯註》之說，概同凡論矣。若祖父母、父母謀殺改嫁子孫之婦，註云：依故殺律，但言已行、已傷，不言殺者，若已殺訖，則依《鬬毆門》內故殺子孫之婦，毆殺者，徒三年，故殺者，流二千里，妾各減二等也。彼此參看，其義自明。此律外國均無，日本刑法不見舅姑名稱，即所謂配偶者之父母也，有犯見奉者，既無加重明文，則改嫁同凡自不待言，至“奴婢”一項，外國現講尊重人格，釋放奴隸，二十世紀以前尚有苛待奴婢舊例，現已一律刪除，誠文明之現象。中國從前多有家奴，近則奴已希少，惟婢尚未能去。上年江督周馥奏請禁買奴婢，現已刪除奴婢各例，從此止有雇工而無奴婢，亦尊重人格之一說也。

## 殺一家三人

凡殺謂謀殺、故殺、放火、行盜而殺。一家謂同居之本宗五服至親皆是，或不同居，凡屬期親亦是。非實犯死罪三人，及支解活人者，但一人，即坐，雖有罪亦坐，不必非死罪三人也。為首之人斬，為從加功者，絞。不加功者，依謀殺人律減等。○若將一家三人先後殺死，則通論。若本謀殺一人，而行者殺三人，不行之人，造意者絞，非造意者，以從者不行減行者一等論，仍以臨時主意殺三人者為首。

按：此仍明律，順治三年添入小註，乾隆十六年改定，大致本於唐律，明律改斬為凌遲，唐律止於緣坐，明又添入“斷產”，唐律有“皆”字，明去“皆”字，添入“為從加功”，分別首從，唐律小註：謂同籍及期親為一家，奴婢、部曲非，明改奴婢亦准一家，而易“期親”為“五服至親”，與唐律解釋不同，蓋唐律以奴婢作財物，故奴婢不在家人之列，若奴婢殺別人奴婢三人或支解別人奴婢，則仍依律處斬，現修新律又改照唐律刪去“奴婢”矣。支解人者，《唐律疏議》云：或殺時即支解，或支解而後殺，皆同支解，若殺訖絕時後更支解者非，或故焚燒而殺，或殺時即焚燒者，文雖不載，罪與支解義同云云，亦與今例辦法不同，今例殺人後欲求避罪，割碎死屍者，原無支解之心，仍以毆、故殺論，若本欲支解，行兇時勢力不遂，乃先殺訖，隨又支解，仍以支解論，唐律論事，今例誅心，則各有用意也。若焚燒而殺，今律不載，《輯註》云：謀殺有極兇惡之事，有將人破腹開膛，活抽出腸者，有捉縛於樹，用火燒殺者，此皆酷於支解而應同支解之罪云云。亦即本之唐律也。又，《唐律疏議》云：殺人之法，事有多端，但據前人身死，不論所殺之狀，但殺一家非死罪良口三人，即為不道，今律註：謂謀殺、故殺、放火、行盜而殺方是，可見鬬殺不在其內，此亦與唐律解釋不同，皆當詳細參究者也。律意專指謀、故而殺，謂其處心積慮，定計畫策，必欲殺害其人，至於殺及一家三人，則殺人之心、殺人之事兇惡已極，故列於十惡“不義”，立此重典以處之，若一時爭鬬，本無殺人之心，因而殺死一家三人，則當別論，故總註云：此指殺人之最慘毒者言也，如聚衆同謀共毆致死一家三命，若照同謀共毆律，止以下手者絞抵，失於太輕，若照殺一家三人律，為從多人皆坐立決，又失於太重，應將率先聚衆之人坐以絞決，為從下手傷重至死皆坐絞候云云。後復纂為條例，可見此律專言謀故殺人，而鬬殺不得並論，雖沿用唐律之文，而用意則較寬也。律止言一家三人，極為簡該，舊例添出殺一家二命及三命非一家，並一家二命內一故一鬬，暨誤殺、鬬殺一家二命、三命，又分別尊長殺卑幼一家二命、三命及殺同主雇工三命各項，以致錯雜歧出，大失本律之意，現已一概刪除，頗為簡括，合參前後條例，自知例求詳而反漏，不如律以簡而渾含也。殺一家三人，外國刑法不載，有犯自依數罪俱發及合併治罪二條之法辦理，至支解人者，日本刑法亦處死刑，與謀殺同科，緣無可再加也。

**條例**

一、凡謀故殺及放火行盜殺一家三命以上兇犯，審明後依律定罪，一面奏聞，一面恭請王命，先行正法，其殺三命而非一家者，擬絞立決。

一、為祖父母、父母報讎殺死一家三命以上之案，無論臨時逞兇與殺非同時，除將致斃伊祖父母、父母正兇一命不計外，如被殺人數已至三人，仍應照律治罪。

一、凡謀、故殺人而誤殺旁人三命除非一家者，仍從一科斷，照故殺本律擬絞監候，秋審入於情實，從而加功者發新疆當差外，如係一家三命擬以絞立決，其為從加功之犯擬絞監候，若首犯並未在場，係為從下手傷重致死，如誤殺三命而非一家者，擬絞監候，秋審入於情實，一家三命擬絞立決，造意之犯仍按致死人數，照原謀擬流律以次遞加一等問擬，儻因謀故鬬毆而誤殺其人祖父母、父母、兄弟、妻女、子孫一命及三命以上者，均依各本律、本例科罪。

一、聚衆共毆，原無必殺之心，而毆死一家三命，及三命以上者，將率先聚衆之人，不問共毆與否，擬絞立決，為從下手傷重致死者，擬絞監候，其共毆致死三命而非一家者，將下手傷重之犯擬抵，率先聚衆之人，照原謀本律遞加一等治罪，若鬬殺之案毆死一家三命及三命以上者，亦擬絞立決，如三命而非一家者，擬絞監候，入於秋審情實。

一、本宗及外姻尊長殺緦麻小功大功卑幼一家非死罪三人者，俱絞立決，殺期服卑幼一家三人者，絞監候，入於秋審情實，若三人內有功服緦麻卑幼者，仍從殺死功服緦麻卑幼三人絞決，至殺死一家三命分均卑幼內有一人按服制律應同凡論者，斬立決。如謀占財產、圖襲官職，殺期服卑幼一家三人者，絞立决；殺大功、小功、緦麻卑幼一家三人者，斬立決。

一、凡謀故鬬毆殺人罪止絞監候之犯，若於殺人後挾忿逞兇，將屍頭四肢全行割落，及剖腹取臟擲棄者，俱各照本律例擬罪，請旨即行正法。

一、支解人如毆殺、故殺人後，欲求避罪，割碎死屍棄置埋沒，原無支解之心，各以毆故殺論；若本欲支解其人，行兇時勢力不遂，乃先殺訖，隨又支解，惡狀昭著者，以支解論，俱奏請定奪。

## 採生折割人

凡採生折割人者，兼已殺及已傷言。首，斬。採生折割人是一事，謂取生人耳目臟腑之類，而折割其肢體也。此與支解事同，但支解者止欲殺其人而已，此則殺人而為妖術以惑人，故又特重之。為從加功者，絞。不加功者，依謀殺人律減等。若已行而未曾傷人者，首，亦絞。為從加功者，流三千里。不加功者亦減一等。里長知而不舉者，處十等罰。不知者，不坐。告獲者，官給賞銀二十兩。

按：此仍明律，順治三年添入小註，康熙年間修改，現又改易，唐律無此名目，惟元刑法有“採生人支解以祭鬼者，凌遲處死，仍沒其家產，其同居家口雖不知情，並徒遠方”等語，當是此律所創始，明代因之，著為定律。此與上條支解不同者，彼因讐恨，止殺其人而已，此則並非因讐起衅，特以此行其妖術也。折割之種類不一，《輯註》云：或取人耳目，或斷人手足，用木刻、泥塑為人形，將各件安上，乃行邪法，使之工作；又有採取生人年月生辰，將人迷在山林取其生氣、攝其魂魄，為鬼役使；更有剜人臟腑及孕婦胞胎、室女元紅，以供邪術之用。《據會》云：取孕腹胎、室女紅珠亦是採生人，又，《讀律佩觿》云：將活人致死，取其官竅以行妖術，或使邪法採取生時年月，迷人深山殺死，割取形骸，剜其五臟，生氣為鬼役使，今兩廣、豫、閩等處所市鬼葛即是，又一術也，又或誘拐幼童，炙其官骸，配藥以神醫治各竅之妙，又一術也。又或藥迷孕婦以取其胎，為一切資生藥，又一術也，又或用人以祭邪神，又一術也，統觀各說，總是殺人以行妖術，故治罪較謀殺支解人更嚴，即傷而未死，亦處斬決，已行未傷，亦處絞決，為從分別擬絞、擬流，立法若是之嚴者，深惡妖術流毒地方、遺禍後世，非但如殺人之害止及一身一家而已。外國刑法不設此專條，豈真絕無其事哉？蓋以謀殺已擬死罪，無可復加，故凡一切殺人之罪皆可統於謀殺律內。日本刑法，凡支解、折割及其他慘刻殺人者，處死刑，即此意也。

## 造畜蠱毒殺人

凡置造藏畜蠱毒堪以殺人，及教令人造畜者，並坐絞。不必用以殺人。〇若里長知而不舉者，處十等罰。不知者，不坐。告獲者，官給賞銀二十兩。〇若造魘魅符書咒詛，欲以殺人者，凡人、子孫、雇工人、尊長、卑幼。各以謀殺已行未傷。論，因而致死者，各依本謀殺法。欲止令人疾苦無殺人之心。者，減謀殺已行未傷。二等。其子孫於祖父母、父母，不言妻妾於夫之祖父母、父母，舉子孫以見義。雇工人於家長者，各不減。仍以謀殺已行，論絞。〇若用毒藥殺人者，絞監候。或藥而不死，依謀殺已傷律。買而未用者，徒三年。知情賣藥者，與犯人同罪。至死減等。不知者，不坐。

按：此仍明律，順治三年添入小註，現又刪“緣坐”一段，並去“奴婢”字樣，此條大致本之唐律，而罪名略為變易。唐律“造畜蠱毒”、“以毒藥藥人”及“憎惡造魘魅”本係三條，明律併為一門，刪去“於祖父母、父母及主直求愛媚而厭咒者流二千里，若涉乘輿者斬”數語，仍分作三段，而每段中又各分數層。首段蠱毒中，有造者，有畜者，有教令者，有毒同居人者；次段魘魅符書咒詛中，有欲以殺人者，有因而致死者，有欲令人疾苦者；三段毒藥中，有殺人者，有買而未用者，有知情賣藥者。各自條分縷晰，一絲不亂。蠱毒之解不一，《唐律疏議》：蠱有多種，罕能悉究，事關左道，不可備知，或集合諸蟲置於一器之內，久而相食，諸蟲皆盡，若蛇在即為蛇蠱之類，又，《輯註》云：考之記載，蠱毒之類甚多，有蛇蠱、鵝蠱、小兒蠱、金蠶蠱等名，以蠱毒人，刻期必死，有期在數年後者，惟金蠶蠱最毒，中之必死，閩、粵、川、黔多有之。魘魅之說，《唐律疏議》云：魘事多方，罕能詳悉，或圖畫形像，或刻作人身，刺心、釘眼、繫手、縛足，如此魘勝，事非一緒。魅者，或假托鬼神，或妄行左道之類。書符咒詛者，謂使用邪法書符書篆，或埋帖以召鬼祟，或燒化以託妖邪，並將所欲殺之人生年月日書寫咒詛之類。毒藥，《唐律疏議》謂以鴆毒、冶葛、烏頭、附子之類，律註：謂砒霜、銀黝等項，總皆堪以戕生殺人者。現在服鴉片煙致死者，十居八九，並不用砒霜信石矣。總之，蠱毒是堪以殺人之物，但造、但畜即坐死罪，並無首從可分，故止言“堪以殺人”，不言“用以殺人”，雖造畜而未用亦擬絞也。魘魅符書咒詛，若本意欲以殺人，則依謀殺法，如本意欲令人疾苦，原無殺人之心，故有減科之法，而惟子孫於父母、雇工於家長不減，雖止欲令疾苦，亦依謀殺已行論也。至於毒藥，乃現成殺人之物，非如蠱毒之待於置造，而攻治瘡疾有時需用，又非如蠱之專以殺人不得藏畜者也，故必用以殺訖方依謀殺論，與蠱毒但造、但畜即坐者不同。律文一字一句皆有精義，熟讀深思，自知其妙。外國不設此律者，想亦該括於謀殺律內也。日本刑法，施用毒藥殺人者，以謀殺論處死；俄律亦有毒藥殺人同謀殺之條。均係此意。現例又添“製造嗎啡針”一條，足補律所未及。

**條例**

一、諸色鋪戶人等貨賣砒霜信石等類及其餘一切勘以殺人藥品，審係知情故賣者，仍照律與犯同罪外，若不究明來歷，但貪利混賣致成人命者，雖不知情，亦將貨賣之人處八等罰。

一、凡以毒藥毒鼠毒獸誤斃人命之案，如置藥餌之處人所罕到，或置放餵食牲畜處所，不期殺人，實係耳目思慮所不及者，依過失殺人律收贖。若在人常經過處所置放，因而殺人者，照無故向有人居止宅舍放彈射箭律減一等徒三年，仍追給埋葬銀一十兩。

一、凡製造施打嗎啡針之犯，不論殺人與否，應依造畜蠱毒律絞罪上減為煙瘴地方安置，其販賣嗎啡之鋪戶，如查係未領海關專單者，照知情賣藥律與犯人同罪，仍將鋪戶查封，房屋入官。

**鬬毆及故殺人**獨毆曰毆，有從為同謀共毆；臨時有意欲殺，非人所知曰故。共毆者惟不及知，仍衹為同謀共毆。此故殺所以與毆同條，而與謀有分。

凡鬬毆殺人者，不問手足、他物、金刃，並絞監候。〇故殺者，亦絞監候。〇若同謀共毆人，因而致死者，以致命傷為重，下手致命傷重。者，絞監候。原謀者，不問共毆與否，流三千里。餘人不曾下手致命，又非原謀。各處十等罰。各兼人數多寡，及傷之輕重言。

按：此仍明律，律目、律文、小註均係順治三年添入，現又改斬為絞，改杖為罰，與唐律罪名稍差而辦法大異。唐律：諸鬬毆殺人者，絞，以刃及故殺者，斬，雖因鬬而用兵刃殺者，與故殺同，人以兵刃逼己，因用兵刃拒而傷殺者，依鬬法，雖因鬬但絕時而殺傷，從故殺傷法云云。可見鬬與故之分在於用刃不用刃，又在於當時與絕時。鬬而用刃，即有害心，惟人以刃來逼己，用刃拒殺，方為鬬殺，如因鬬用刃殺人，即為故殺，又鬬毆之際，當時用他物殺人者，謂之鬬殺，若絕時而殺，如忿競之後，各已分散，聲不相接，去而又來殺人者，雖鬬亦為故殺，此鬬與故之界限也。明律改為不論金刃、他物，均為鬬殺，又去“絕時殺傷”一節，而以有意欲殺為故，故註云：臨時有意欲殺，非人所知，《輯註》謂此十字乃故殺之鐵板註腳，一字不可移、一字不可少。若先前有意，不在臨時，則是獨謀於心矣，若欲殺之意有人得知，則是共謀於人矣。臨時，謂鬪毆、共毆之時也，故殺之心必起於毆時，故殺之事即在於毆內，此故殺所以列於鬪毆、共毆兩項之中，而不與謀殺同條也。此解故殺雖極詳悉，但唐律以刃殺為故，是以顯然有憑之具為准也，明律以有意欲殺為故，是以犯人之供詞為准也，設供稱無心致死，即金刃十餘傷，倒地後恣意迭砍，亦謂之鬪，恐奸人狡供者多倖免，而愚民吐實者反抱屈矣！以古例今，似不如唐律之平允，故薛氏《讀例存疑》云：自不問手足、他物、金刃並絞之律行，而故殺中十去其二三矣。自臨時有意欲殺，非人所知之律註行，而故殺中又十去其二三矣。從前應以故殺論者，今俱不為實抵，殺人不死，未免過寬，而近日沈少司寇又著有《故殺解釋》一篇，詳言現在辦理故殺之案未能允當，援古証今，更為法學圭臬。至同謀共毆之案，正犯擬絞，原謀滿流，餘人滿徒，唐律最為分明，此律上二項俱同唐律，而於餘人復改滿徒，為十等罰，未免輕縱，故現例又有“刃傷擬徒”、“兇器擬遣”二條，所以輔律之不及也。謀毆與謀殺雖同有謀情，而用意迥不相同，故罪名亦因之各異，謀殺者，其心本殺人之心，其事亦殺人之事，至於殺訖，原在謀者意中，故造意之罪重於加功；同謀共毆，其心本非殺人之心，其事亦非殺人之事，因而致死，殊出謀者意外，故下手之罪重於原謀。故謀殺曰“造意”，此曰“原謀”，謀殺曰“加功”，此曰“餘人”，字法不同，各有命意。原謀減一等，與唐律同，餘人十等罰，則較唐律為輕。唐律毆殺者，絞，餘人則減二等，徒三年也。外國刑法最重謀殺，除俄國外，英、美、法、德、日本，謀殺皆處死刑，其故殺、鬪殺二項處死者甚少，德國故殺處十年以下懲役，法國故殺處無期徒刑，日本亦處無期徒刑，和蘭謀殺、故殺均處終身禁錮，惟英國凡以忿激橫暴不法致人死者，雖非預謀，而其心極惡，亦以謀殺論，其故殺亦擬死罪，與各國宗旨不同，而與中國謀故不分之意殊屬吻合。至於鬪殺，德國處三年以上之懲役或禁錮，法國處有期徒刑，英國處五年至終身之徒刑，或二年之囚獄加苦役，或科罰金，美國處三年以下之囚獄加苦役，並科一千圓以下罰金，日本謂之毆打創傷，處重懲役，俄國處八月以上、二年以下之監禁，和蘭處三年以下之禁錮。東西各國均無死罪，中國鬪殺雖名為絞罪，其實秋審多半緩決，入實者不過十之一二而已。此條罪名犯者最多，為刑律中一大問題，是以詳採各國刑法，以備參考，而例文亦極詳悉，足補律所未備，須與律文互相研究，臨事方無錯誤。《輯註》有云：殺人之案，全要推究事前有無預謀，臨時有無殺意，所謀本欲何如，致命出於誰手。此四語可謂審理謀、故、鬪殺、同謀共鬪各案切要之語，宜詳味之。

**條例**

一、凡同謀共毆人致死，如被糾之人毆死其所欲謀毆之祖父母、父母、伯叔父母、妻、兄弟、子孫、在室女，除下手致死之犯各按本律例擬抵外，其起意糾毆之犯，不問共毆與否，仍照原謀律流三千里。如毆死非其所欲謀毆之人，亦非其所欲毆之祖父母、父母、伯叔父母、妻、兄弟、子孫、在室女，將起意糾毆之犯，不問共毆與否，照原謀律減一等，徒三年。

一、凡同謀共毆案內下手應擬絞抵人犯，果於未經到官之前，遇有原謀及餘人內毆有致死重傷，或所毆傷痕與正兇不甚懸絕，實因本案畏罪自盡，及到官以後、未結之前監斃在獄，與解審中途及取保病故者，准其抵命，將下手應絞之人減等擬流。若係配發事結之後身故，及事前在家病亡，或因他故自盡，與本案全無干涉者，不得濫引此例，仍將下手之人擬抵。其致斃三命而非一家及四命以上者，原謀照律按致死人數以次加等問擬，下手致死之犯均各照例擬抵，如原謀在監在途病故，及畏罪自盡者，下手之犯仍各照例擬抵，不准減等，威力主使制縛之案，均照此例辦理，其餘謀故殺人、火器殺人，並有關尊長、尊屬者，悉照本律、本例擬抵，不得率請減等。

一、凡同謀共毆人，除下手致命傷重者依律處絞外，其共毆之人審係執持兇器、火器及金刃傷人者，各照兇器、火器、金刃傷人本律、本例定擬。

一、凡同謀共毆人傷皆致命，如當時身死，則以後下手重者當其重罪，若當時未死而過後身死者，審究明何傷致死，以傷重者坐罪。若原謀共毆亦有致命重傷，以原謀為首，如致命傷輕，則以毆有致命重傷之人擬抵，原謀仍照律擬流。至亂毆不知先後輕重者，有原謀則坐原謀為首，無原謀則坐初鬬者為首。

一、凡審理命案，一人獨毆人致死，無論致命、不致命，皆擬抵償；若兩人共毆人致死，則以頂心、顖門、太陽穴、耳竅、咽喉、胸膛、兩乳、心坎、肚腹、臍肚、兩脇、腎囊、腦後、耳根、脊背、脊膂、兩後脇、腰眼并頂心之偏左偏右、額顱、額角為致命處論抵。若致命處傷輕不致於死，實因不致命處傷重而死者，仍以原毆不致命重傷之人擬抵。

一、凡兩家互毆致斃人命，除尊卑服制及死者多寡不同，或故殺、鬬殺情罪不等，仍照本律定擬外，其兩家各斃一命，果各係兇手本宗有服親屬，將應擬抵人犯均免死減等，擬流三千里。其案內原謀及火器、兇器傷人者，各於本罪上減一等，如有服親屬內有一不同居共財者，各於犯人名下追銀二十兩給付死者之家。若兩家兇手與死者均係同居親屬，毋庸追銀。

一、兩家互毆之案，無論兩造死者人數多寡，其律應擬抵之正兇，當時被死者無服親屬毆死，將毆死兇手之人流三千里。如被死者有服親屬毆死，再減一等，徒三年。如非兩家互毆，仍照祖父母、父母被殺還殺行兇人本律定擬。

一、十歲以下幼孩，因救護父母，被兇犯立時斃命者，照謀殺十歲以下幼孩例，擬絞立決。

一、糾衆互毆之案，如審係預先斂費約期械鬬讐殺，糾衆至二十人以上，致斃彼造四命以上者，主謀糾鬬之首犯擬絞監候，入於秋審情實，十命以上擬絞立決，二十命以上擬斬立決，如所糾人數雖多，致斃彼造一命者，首犯發極邊足四千里安置，二命者發煙瘴地方安置，三命者發遣新疆當差，若致斃彼造一家三命，主謀糾鬬之首犯例應問擬斬決者，從其重者論，其隨從下手傷重致死者，均各依本律例擬抵，若執持火器、兇器傷人，並其餘金刃他物手足傷人，及未傷人者，各照本律例分別治罪。儻糾往之人，但被彼造致斃者，無論死者人數多寡，及彼造有無原謀，將此造起意糾往之人流三千里，至彼造倉猝邀人抵禦，及尋常共毆謀毆，雖人數衆多，並非械鬬者，仍照共毆本例科罪，地方官不將主謀首犯審出究辦，及有心迴護，將械鬬之案分案辦理，該督撫嚴叅，照官司出入人罪例議處治罪。

一、械鬬案內，如有將宗祠田穀賄買頂兇，搆釁械鬬者，於審明後，除主謀買兇之犯嚴究定擬外，查明該族祠產，酌留祀田數十畝以資祭費，其餘田畝及所存銀錢按族支分散。若族長、鄉約不能指出斂財買兇之人者，族長照共毆原謀例，擬流三千里，按致死人數，每一人加一等，罪止發遣新疆當差；鄉約於徒一年上，每一人加一等，罪止徒三年。

一、凡鬬毆之案，除追毆致被追之人失跌身死，並先毆傷人致被追之人回撲失跌身死，及互拉致跌，已有爭鬬情形，或理曲肇釁者，均仍照律擬絞外，如毆傷人後跑走，被毆之人追趕，自行失跌身死，及彼此揪扭，於鬆放之後復向撲毆，因兇犯閃避，失跌身死，或雖未毆傷人，因被揪扭掙脫，致令跌斃，或被揪、被推，並未還手，死由自行栽跌，或痰壅致斃，並因恐其栽跌向拉致令碰磕，及被拉同跌落水、落崖幸而得生者，均於鬬殺絞候律上減一等，流三千里。若僅止口角詈罵，並無揪扭推拉各情，因向人趕毆，及被死者撲毆閃避，致令自行失跌身死者，均照不應重律定擬。

一、因爭鬬，擅將鳥鎗、竹銃、洋鎗、洋礮，及一應火器施放殺人者，以故殺論，傷人者，發極邊足四千里安置。

## 屏去人服食

凡以他物一應能傷人之物。置人耳鼻及孔竅中，若故屏去人服用飲食之物而傷人者，不問傷之輕重。處八等罰。如寒月脫去人衣服，飢渴之人絕其飲食，登高、乘馬私去梯、轡之類。致成殘廢疾者，徒三年。令至篤疾者，流三千里。將犯人財產一半，給付篤疾之人養贍。至死者，絞監候。〇若故用蛇蝎毒蟲咬傷人者，以鬭毆傷論。驗傷之輕重定罪，至篤疾亦給財產。因而致死者，亦絞監候。

按：此仍明律，“八等罰”下係原有小註，餘註係順治三年添入，現又改易。“故用蛇蝎毒蟲咬人”原文訛為“蠱”字，現照明律及國初律本改正，緣毒蟲能咬傷人，毒蠱不能咬傷人也。其罪名與唐律不差，而文義稍異。唐律無“故用蛇蝎”一段，而《鬭訟門》，《疏議》有“以蛇蜂蝎螫人同他物毆人法”之文，其“屏去服食”之下，又有：恐迫人使畏懼死傷者，各隨其狀，以故鬭戲殺傷論云云。現律刪去此數語，而增入“故用蛇蝎毒蟲咬傷人”一節，蓋指傷人之事類於鬭毆及故殺者也。上段屏去服食，雖有傷人之意，原無殺人之心，故以鬭毆之法科之，至死者絞；下段故用蛇蝎等項傷照鬭毆死依故殺者，蓋毒物足以殺人，與僅止傷人之物不同，若故用之心已不善，是以至死以故殺論，但不曾致死，則無故傷加重之法，故仍以鬭毆論也。畜產咬傷人律，故放狂犬、馬、牛令殺傷人者，減鬭殺傷一等，與此不同者，馬、牛、狂犬究與毒物之可以殺人者不同，故彼減而此不減也。考之外國，德國律，陰以毒物及有害衛生之物食之者，處十年以下懲役，致死者，處十年以上懲役或無期懲役；俄律，凡暗用毒物損人康健者，罰作四年以上苦工；法國律，凡用毒物害人性命者，無論效驗遲速，皆處死刑；日本刑法，施用毒物殺人者，以謀殺論處死。其用意各有不同。法與日本均以謀殺論，則較中律為嚴；德俄以故殺論，尚與中律符合。但德、俄故殺無死罪，而中律謀、故同一處絞，則名同而實仍不同也。

## 戲殺誤殺過失殺傷人

凡因戲以堪殺人之事為戲，如比較拳棒之類。而殺人者，徒三年，傷者，各於本罪上減二等，因鬭毆而誤殺旁人者，以鬭殺論。死者，絞候。其謀殺、故殺人，而誤殺旁人者，以故殺論。不言傷，仍以鬭毆論。〇若知津河水深泥淖而詐稱平淺，及橋梁渡船朽漏，不堪渡人，而詐稱牢固，誑令人過渡，以致陷溺死傷者，較戲殺為重。各減鬭殺傷罪一等。〇若過失殺傷人者，較戲殺愈輕。准鬭殺傷罪，減二等，依律收贖，給付其被殺傷之家。過失，謂耳目所不及，思慮所不到。如彈射禽獸，因事投擲磚瓦，不期而殺人者；或因升高險足有蹉跌，累及同伴；或駕船使風，乘馬驚走，馳車下坡勢不能止；或共舉重物，力不能制，損及同舉物者。凡初無害人之意而偶致殺傷人者，皆准鬬殺傷人罪，減二等，依律收贖，給付被殺、被傷之家，以為營葬及醫藥之資。

按：此仍明律，末段過失殺小註係原本所有，其餘則順治三年添入，現又添改，此項罪名，舊律較唐律為重，唐律：諸鬬毆而誤殺傷旁人者，以鬬毆殺傷論，至死者，減一等，若以故僵仆而致死傷者，以戲殺傷論，即誤殺傷助己者，各減二等，諸戲殺傷人者，減鬬殺傷二等，謂以力共戲至死，和同者，雖和以刃，若乘高履危，入水中以故相殺傷者，惟減一等，其不和同及於期親尊長、外祖父母、夫之祖父母，雖和，並不得為戲，各從鬬殺傷法，諸過失殺傷人者，各依其狀，以贖論云云。可見誤殺、戲殺二項，唐律雖各自分別擬以流徒，要皆均無死罪，明改為絞，與鬬一體科斷，究非古法。已倣照唐律改從寬典，戲殺逕改為滿徒，誤殺非其人之親屬及擅殺情輕之案均改滿流，已漸復唐律舊法矣。再，唐律止有鬬毆誤殺旁人，而無謀、故、誤殺之文，以謀、故自各有本律也，明律添入“謀殺、故殺而誤殺仍以故殺論”一語，已與唐律不合。舊例又添出因戲誤殺仍以鬬殺論，及因謀故鬬毆誤殺其人祖父母、父母、妻女、子孫，均依謀故鬬殺本律，並因謀殺、誤殺旁人造意者以故殺論，下手傷重擬流各條，不惟例與律不合，即例與例亦相參差，殊與古法背戾。薛氏《讀例存疑》駁之甚詳，現均改正。再，律止言過失殺人，例又增“瘋病殺人”一項，則是“六殺”而外，更多一殺，合之“擅殺”，已有八殺，此皆與唐律不相符處，然亦因瘋病殺人之案日多，不得不著為例耳。至於戲殺與過失殺，均係並無殺人之心，而擬罪不同者，戲殺，昔人謂之兩和相害，言知其足以相害，而兩人情願和同以為之，故註曰：以堪殺人之事為戲，如比較拳棒之類。若本非堪以殺傷人之事為戲，而陷人不測，即不得比於戲殺之法。《輯註》：近有兩人食杏，一人戲以杏核擲之，一人躲避，閃跌撞頭於石，因而致死，此正過失殺人，讞者以戲殺擬之，誤矣！蓋兩人原無相害之心，而杏核之擲，非堪以殺人之事也，若誤殺之案，因鬬與故而誤，與因謀而誤，罪名不同而情節亦異，因毆與故而誤者，大半係勸解觀看之人，因謀而誤者，或在昏夜，或因錯認，或下毒於飲食而誤進者均是，本條止言凡人誤殺，若因凡人而誤及親屬因親屬而誤，及凡人並因親屬而誤，及親屬當按親屬各律權衡酌量。《據會》云：謀殺卑幼誤及尊長者，依謀殺尊長，謀殺尊長誤及卑幼者，亦依尊長論，按：謀殺卑幼而誤殺尊長，應以故殺尊長論，若謀殺尊長而誤殺卑幼，應以故殺卑幼與謀殺尊長已行未傷，從其重者論之云云。可為定擬服制誤殺之法。過失殺傷者，非但無殺傷人之心，亦並非殺傷人之事，其情本可原宥，故不與戲誤同科，但所殺之人究屬無辜，亦未便概予寬免，故止准其罪而照律收贖，然亦惟凡人可用此法，若卑幼於尊長、子孫於父母，各有本律，不在收贖之限。又，《輯註》云：若一人過失殺二人，收贖均給二家，如二人過失殺一人，二人俱令收贖，將一人贖銀入官，此皆過失殺傷中常有之事，可并參之。外國統謂過誤之罪，而各有不同。查法國律，凡疏虞懈怠及不守規則之事致誤殺他人，處三月至二年禁錮加罰金，傷人者處六月至二年禁錮加罰金；德律，過誤殺人者，處三年以下之禁錮，傷人者處二年以下禁錮，或六百馬克以下罰金；俄律，凡決無害人之意，因疏忽致斃人命者，禁監兩月以上、四月以下，又，明知行為易出危險而不制止，雖非有意害人，但邂逅致死者，罰作八年以上、十二年以下苦工，又，謀殺人而誤殺旁人，依謀殺本人問擬；日本刑法，謀殺、故殺而誤殺他人者，仍以謀殺、故殺論，因毆打而誤傷他人，仍科毆打創傷本律，疏虞懈怠，因過失致人死者，處二十元以上、二百元以下罰金，傷至殘廢篤疾者，處十元上、百元下罰金，傷至疾病休業者，處五十元以上罰金云云。與中律互相異同，大概死罪較中律雖少，而過失殺罰金較中律收贖為多，且有“誤殺傷”及“過失殺傷”名目，而均無“戲殺”之名，惟俄律“行為易出危險，雖無意害人而邂逅致死”一項，與中律戲殺情形符合而擬罪仍有不同，錄之以備參考。此門條例亦甚詳悉，備錄於後，可與律文互相研究。

**條例**

一、凡因戲而誤殺傷旁人者，以戲殺傷論。

一、凡因鬬毆而誤殺旁人者，流三千里，若誤殺其人之祖父母、父母、伯叔父母、妻、兄弟、子孫、在室女者，仍依律以鬬殺論，傷者，均各於鬬傷本罪上減一等。

一、謀殺人而誤殺旁人之案，如係造意之犯下手致死者，照故殺律擬絞監候，為從加功者，流三千里，餘人處十等罰。如下手之犯傷重致死者，照加功律擬絞監候，造意之犯照原謀律擬流三千里。其有另挾他嫌，乘機殺害，並非失誤者，審實將下手之犯照謀殺人本律擬絞監候，造意之犯照謀殺人未傷律擬徒。

一、凡因毆子而誤傷旁人致死者，依毆殺子本律上加二等，徒一年半；因謀殺子而誤殺旁人者，依故殺子本律上加二等，徒二年；其因毆子及謀殺子而誤殺有服卑幼者，各照毆故殺子本律加一等；若誤殺有服尊長，仍依毆故殺尊長及誤殺尊長各本律、本例問擬。

一、凡捕役拏賊格鬬而誤殺無干之人者，仍照過失殺人律定擬。

一、子孫因瘋毆殺祖父母、父母之案，審明平日孝順，實係瘋發無知，即比照誤殺祖父母、父母之例，仍照本律定擬，將可原情節，於摺內聲敘請旨，改為絞立決；儻係裝捏瘋迷，即將本犯照例擬罪，恭請王命即行正法，並將扶同捏飾之鄰佑人等，及未能審出實情之地方官，分別治罪議處。

一、因瘋致斃期功尊長、尊屬一命，或致斃尊長、尊屬，復另斃律不應抵有服卑幼一命，或於致斃尊長、尊屬之外復另斃平人一命，俱仍按致死期功尊長、尊屬本律問擬，法司將可原情節聲明，減為擬絞監候，於摺內雙請，候旨定奪。若致斃期功尊長、尊屬二命，或致斃尊長、尊屬一命，復另斃律應絞抵有服卑幼二命，或於致斃尊長、尊屬之外復另斃平人二命，俱按律擬絞立決，不准援例雙請。

一、凡婦人毆傷本夫致死，罪干絞決之案，審係瘋發無知，或係誤傷及情有可憫者，該督撫按律例定擬，於案內將並非有心干犯各情節分晰敘明，大理院覆判時，減為擬絞監候，於摺内雙請，候旨定奪。

一、因瘋致斃平人非一家三命以上者，擬絞監候，秋審酌入緩決；其殺死一家三命以上者，擬絞監候，秋審入於情實；儻審係裝瘋捏飾，仍按謀、故、鬭殺一家三命［及］④三命而非一家各本律、本例問擬。

一、瘋病殺人，如係始終瘋迷永遠鎖錮之犯，親老丁單，例應留養承祀者，驗明病果痊愈，鎖錮已逾十年，即可隨案聲請；若係到案供吐明晰，例應擬抵緩決人犯，遇有親老丁單，或父母已故，家無次丁，病雖痊愈，必俟五年後方准查辦，該地方官取具印甘各結，詳請奏明核釋。儻釋放後復行滋事，將取結之地方官並鄰族人等分別議處懲治，本犯仍永遠監禁，不准再予釋放。

一、瘋病殺人之案，總以究明有無捏飾為主，如診驗該犯始終瘋迷、語無倫次者，即行永遠鎖錮，若因一時陡患瘋病以致殺人，旋經痊愈或二三年偶有病愈，及到案時驗係瘋迷，迨覆審時供吐明晰者，該州縣官審明，即訊取屍親鄰佑人等切實甘結，加結轉詳，依鬬殺律擬絞監候，入於秋審緩決。至所殺係有服卑幼，罪不至死者，應俟監禁五年後察看，瘋病不復舉發，即行收所習藝。儻不痊愈，仍行鎖錮。若鎖禁不嚴以致擾累獄囚者，將管獄官、有獄官嚴加条處，獄卒照例治罪。如有假瘋捏報，除兇犯即行按律治罪外，將知情捏報之地方鄰佑親屬人等，照隱匿罪人知情者減罪人一等律問擬，其有因瘋傷人者，仍照本律、本例科斷。

一、瘋病殺人問擬死罪免勾永遠監禁之犯，病愈後遇有恩旨，例得查辦釋放者，除所殺係平人，仍照舊辦理外，若卑幼致死尊長及妻致死夫，關係服制者，仍永遠監禁，不准釋放。

按：瘋病殺人，唐律無文，明律亦不載，有犯即照人命擬抵，無他說也。惟元志有“諸病風狂毆人致死免罪，徵燒埋銀”一節。康熙年間始著瘋病殺人之例，照過失殺人收贖。乾隆年間改為照鬬殺擬絞，秋審入緩。道光年間定為非一家一命者，仍擬絞入緩，其非一家三命及一家二命均入情實。現又改從輕恕，一家三命以上始入情實。考之史冊，後漢陳忠奏狂易殺人得減重論，范氏極駁其謬，師古註曰：狂易者，病狂而改易本性也，即今瘋病之說。又，河內民張太有狂病，病發殺母、弟，應梟首，遇赦謂不當除之，梟首如故。唐律不著其法。外國刑法，惟俄律有瘋病字樣，其餘不載。日本刑法有因失知覺精神、不辨是非而犯罪者不論其罪之條，與中律瘋病相似，然不論其罪，未免太寬，即此一項，非但古今中外不同，即本朝前後百餘年間而亦屢為變易，如此可見刑法原無一定，所當因時變通，以適於宜，而不可執泥古訓，為膠柱鼓瑟之見，益可信矣。

## 夫毆死有罪妻妾

凡妻妾因毆罵夫之祖父母、父母，而夫不告官。擅殺死者，處十等罰。祖父母、父母親告乃坐。〇若夫毆罵妻妾因而自盡身死者，勿論。若祖父母、父母已亡，或妻有他罪不至死，而夫擅殺，流三千里。

按：此仍明律，順治三年添入小註，雍正三年、乾隆五年修改，唐律無此罪名，當係明所增設，蓋妻妾毆罵夫之祖父母、父母者應擬絞罪，是已犯有應死之罪，其夫不告官而擅殺之，為父母而殺妻妾，父母重而妻妾輕，故止擬以十等罰。但毆不必傷，罵無憑據，狼戾之夫惡其妻妾，往往因別故毆殺而借毆罵以圖抵飾，為父母者溺愛其子，從而附和，代為揑飾，其事恒有，故註云：必親告乃坐，可見殺妻到案以後，該父母始供有毆罵情事者，若無傷痕證佐，即不得概行引用此律矣。即案情果確取有屍親人等供詞，祇須於秋審時酌量矜原，其定案之初，未便據該犯父母事後一言即為曲原，蓋因不孝其親而擅殺妻妾固有可宥之情，若非親告在前而事後供稱，恐開狡避之漸，小註數字所以補律之未備也。若夫毆罵妻妾因而自盡即予勿論者，家庭閨闥之內，男女口角爭毆，亦屬情所常有，未至折傷，皆得弗論，自欲輕生，何罪之有？若毆至折傷以上，在妻應減二等，在妾應減四等，因而自盡，仍依本律科斷，故條例另設專條，則凡毆傷妻妾致令自盡之案，傷輕者依律勿論，傷重者依例科斷，律與例固相輔而行者也。外國無此法律，夫妻平權，有犯應同凡論耳。

**條例**

一、毆殺詈罵及頂撞翁姑不孝有據之妻者，徒三年，故殺者，流三千里。如未取有屍翁姑及屍親人等供詞，或毆傷後牽詈翁姑及非因詈罵頂撞翁姑起釁者，仍按律擬絞監候。至毆殺妻之案，如妻犯姦並未縱容，及毆夫成傷者，流三千里；若縱容妻犯姦並毆夫未經成傷，或案係謀、故，仍依律擬絞監候。

一、妻妾無罪，與夫口角以致自盡，無傷痕或被毆傷輕自盡者，俱照律勿論；若毆至折傷以上，雖有自盡實跡，仍依夫毆妻妾致折傷本律科斷。

## 殺子孫圖賴人

凡祖父母、父母故殺子孫，圖賴人者，徒一年半。〇若子孫將已死祖父母、父母，雇工人將家長身屍未葬圖賴人者，徒三年；將期親尊長，徒二年；將大功、小功、緦麻，各遞減一等。〇若尊長將已死卑幼及他人身屍圖賴人者，處八等罰。以上俱指未告官言。〇其告官者，隨所告輕重，並以誣告平人律反坐論罪。〇若因圖賴而詐取財物者，計贓准竊盜論。搶去財物者，准白晝搶奪論，各從重科斷。圖賴罪重，依圖賴論；詐取搶奪罪重，依詐取搶奪論。

按：此仍明律，順治三年添入小註，現又刪改。唐律不載此項，惟元《刑法志》有“故殺無罪子孫以誣賴讎人者，以故殺常人論”之條，明用其意，增立此門，然擬罪較輕數等，以故殺子孫僅止徒一年，此因圖賴而故殺，故止加本律一等。定律之意，蓋分別指屍誣人之罪，以為不孝、不慈者警也。與人無干而圖謀賴人，私下詐騙者謂之圖賴。首節言祖父母故殺子孫圖賴；二節、三節皆言以已死之屍圖賴；四節總承前三節言誣告到官；五節亦總承前三節言因圖賴而詐搶財物之罪。曰“身屍”，則未殮者也，子孫藉屍圖賴人者，其死雖非子孫之過，但忘哀妄逞，藉為詐騙之端，致有暴露之慘，故擬滿徒，其親誼漸疏，即罪得遞減，若尊長將卑幼身屍圖賴，均八等罰。統言尊長者，不分期功、緦麻，即父母亦在其內，即夫以妻屍圖賴亦同論可知矣。以上俱指私自圖賴未曾告官者也，若已告官，或誣以威逼，或誣以殺死，則當隨所告之輕重，依誣告律反坐，不復仍拘此律。如因圖賴而詐財，其人畏而自與，故准竊盜論；因圖賴而搶去，不由人與，故准搶奪論。從重論者，謂將圖賴、誣告、詐取、搶奪四者合而相比，從其重者論罪也。律止言圖賴他人，例更補出親屬互相圖賴之罪；律止言故殺子孫圖賴，例更補出故殺妾及弟姪與姪孫、子孫之婦圖賴之罪；且律止言將父母屍身圖賴，例更補出將父母身屍裝點傷痕圖賴之罪。皆與律文互相發明，當並參之。外國不載此條者，故殺子孫已同凡論，處以重刑，即有圖賴，亦在輕罪不議之列，未便再為加重。若藉屍圖賴，則亦無之，想少此等惡風耳。

**條例**

一、有服親屬互相以屍圖賴者，仍依律分別已、未告官，各照圖賴、誣告、搶竊本罪，從重科斷。

一、將祖父母、父母屍身裝點傷痕圖賴他人，無論金刃、手足、他物，成傷者，俱擬絞立決。

一、故殺妾及姪、姪孫與子孫之婦圖賴人者，無論圖賴係凡人及尊卑親屬，各照本律加一等治罪。

一、妻將夫屍圖賴人，比依卑幼將期親尊長圖賴人律；若夫將妻屍圖賴人者，依不應重律。其告官司詐財搶奪者，依本律科斷。

一、無賴之徒遇有自盡之案，冒認屍親，混行吵鬧毆打，或將棺材攔阻打壞，擡去屍首，勒掯行詐者，照棍徒例減一等治罪；若係屍親藉命打搶及勒索私和者，照搶奪私和各本律例治罪，仍追搶毀物件給還原主，勒索財物入官，該管地方兵役知而不拏者，各照不應重律治罪。

## 弓箭傷人

凡無故向城市及有人居止宅舍，放彈射箭，投擲磚石者，雖不傷人。處四等罰。傷人者，減凡鬬傷一等。雖至篤疾，不在斷付家產之限。因而致死者，流三千里。若所傷係親屬，依《名例》律，本應重罪，而犯時不知者，依凡人論；本應輕者，聽從本法。仍追給埋葬銀一十兩。

按：此仍明律，原律首句係“凡故向城市”，順治三年改為“無故”，並添入小註。其律末“追給埋銀”一語，係乾隆五年增添，現又改易。唐律：諸向城及官私宅，若道徑射者，杖六十；放彈及投瓦石者，笞四十；因而殺傷人者，各減鬬殺傷一等；若故令入城及宅中殺傷人者，各以鬬殺傷論；至死者，加役流。元志有諸颺磚石剝鄰之案，誤傷人致死者，杖八十七，徵燒埋銀云云。明本其意，設立此條罪名，與唐律不甚懸殊，而“追埋”一節，則係採取元法。蓋城市為人煙聚集之所，宅舍則人住居之處，如有殺傷，故照鬬毆殺傷減等。若非城市及無人之處，脫有意外，偶遭殺傷，《輯註》謂當以過失殺傷論，而現例則云：深山曠野誤殺人，減擬滿徒云云。皆補律所未備，當合參之。

**條例**

一、凡民人於深山曠野捕獵，施放鎗箭、竹統，打射禽獸，誤傷人者，減湯火傷人律二等；因而致死者，比照捕戶於深山曠野安置窩弓不立望竿，因而傷人致死律，徒三年；若向城市及有人居止宅舍施放鎗箭、竹銃，打射禽獸，誤傷人者，減湯火傷人律一等；因而致死者，流三千里。各追埋葬銀一十兩給與死者之家。

## 車馬殺傷人

凡無故於街市鎮店馳驟車馬，因而傷人者，減凡鬬傷一等；致死者，流三千里。若無故於鄉村無人曠野地內馳驟，因而傷人不致死者不論。致死者，處十等罰。以上所犯。並追埋葬銀一十兩。〇若因公務急速而馳驟殺傷人者，以過失論。依律收贖，給付其家。

按：此仍明律，順治三年添入小註，現又改易。唐律：諸於城內街巷及人衆中無故走車馬者，笞五十；殺人者，減鬬殺傷一等；若有公私要速而走者，不坐；以故殺傷人者，以過失論；其因驚駭不可禁止而殺傷人者，減過失二等。元志：昏夜馳馬誤觸人死，杖七十七；諸驅車走馬致傷人命，亦杖七十七，均徵燒埋銀；昏夜行車不知有人在地，誤致轢死者，笞三十七，徵燒埋銀之半給苦主云云。明兼採其法，設立此條，而擬罪稍異，共分作三項："街市鎮店馳驟"一層，"鄉村曠野馳驟"一層，"因公務急速馳驟"又一層。下節"因公馳驟"，正與"無故"反對也。《輯註》謂：重在"無故"二字，若循序緩行，而馬驚馳驟，騎御之人不得自主，則非"無故"之比矣。觀過失律註，有乘馬驚走、馳車下坡勢不能止之言，正可與此參論。同一車馬殺人，而彼照過失收贖，此則科以滿流，情節各有不同也。此與上放彈射同一誤傷人，彼有罪而此不論者，蓋放射在於隔別人不及防，馳驟人所共見，可以趨避，至於致死，則人命為重，故同一擬流。然皆指在城市而言，若在曠野，則仍有分別：彼擬滿徒，此擬十等罰，仍各追埋銀給主。律義細微如此，不可不察。外國不載此罪。日本刑法違警罪內，有解放牛馬及疏於牛馬之牽繫，及並牽車馬妨害行人，其罪止於科料，而不言致死如何擬罪者，統在宥恕及過失殺傷二節之內也。

## 庸醫殺傷人

凡庸醫為人用藥、鍼刺，誤不如本方，因而致死者，責令別醫辨驗藥餌穴道，如無故害之情者，以過失殺人論，依律收贖，給付其家。不許行醫。〇若故違本方，乃以詐心療人疾病，而增輕作重乘危以取財物者，計贓准竊盜論。因而致死，及因事私有所謀害。故用反症之藥殺人者，絞監候。

按：此仍明律，順治三年添入小註，現改斬為絞。唐律：諸醫違方詐療病而取財者，以盜論；又，醫為人合藥及題疏鍼刺誤不如本方，殺人者，徒二年半；

其故不如本方，殺傷人者，以故殺論；雖不傷人，杖六十；即賣藥不如本方，殺傷人者，亦如之。又，元《刑法志》：諸庸醫以鍼藥殺人者，杖一百七，徵燒埋銀中統鈔二十錠。明兼採其意，設立此條，仍分別誤與故二項。首節言庸醫之誤，雖致殺人，而其心可原，故但照過失殺人收贖，不許行醫；次節言詐療而故違本方，初無必殺之意，已施可殺之術，其心堪誅，故取財以盜論，致死即以謀、故論。蓋詐療取財之事不一，《輯註》謂：如本一藥可愈，而故違本方，使之難愈，則病久而用藥必多，又或病本輕而反重之，使其苦而後醫，則功大而報禮必重。凡一切圖人之財、不顧傷人之命，皆詐療之情事也，因事故用者，或與病人有讎，或受他人買囑，故用反藥害人，雖非毒藥之比，然既與病反，則與毒藥無異，若真係毒藥，則又在《蠱毒門》內矣，故《瑣言》云：故違本方，藥人致死皆是謀殺，不必毒藥殺人乃坐也。下節“故”字正與上節“誤”字反對，“詐”字正與上節“庸”字反對，惟庸故致誤用，惟詐故能故違，律文字法精細如此。外國雖無此名目，而日本刑法，凡私營醫業誤治致人死傷者，照過失殺傷本條從重處斷，又，醫師藥商以藥物及其他方法墮胎者，處重禁錮一月以上，致死婦女者，處重禁錮一年以上云云。與此律情事相同，不過罪名輕重有異耳。此外又有邪術醫人之例，較因事故用雖輕，而較庸醫誤用為重。當並參之。

**條例**

一、凡左道異端，及一切人等作為法術，如圓光、畫符等類。醫人致死者，照鬭殺律擬絞監候；未致死者，流三千里；為從，各減一等。

## 窩弓殺傷人

凡打捕戶，於深山曠野猛獸往來去處，穿作阬穽及安置窩弓，不立望竿及抹眉小索者，雖未傷人，處四等罰；以致傷人者，減鬭毆傷二等；因而致死者，徒三年，追埋葬銀一十兩。若非深山曠野致殺傷人者，從弓箭殺傷論。

按：此仍明律，順治三年添入小註，雍正三年增修，現又改易。唐律：諸施機槍作坑穽者，杖一百，以故殺傷人者，減鬭毆殺傷一等，若有標幟者，又減一等；其深山迥澤及有猛獸犯暴之處而施作者，聽，仍立標幟，不立者，笞四十，以故殺傷人者，減殺傷罪三等云云。此律即本其意，惟將“標幟”易作“望竿”、“抹眉小索”等名，罪名亦大致不差，彼減三等，此減二等，畧為加重。其“追埋”一層，仍係採用元法，緣追埋起於元代，唐律初無此法也。打捕者，獵戶之名，獵之取猛獸，有阬穽、窩弓二法：阬穽者，穿地為穴，上置浮草，待其過而陷入，以掩取之；窩弓者，箭敷毒藥，以機張弓，待其觸而箭發以射取之。二者當防其傷人，故必於近阬穽、窩弓之處設立望竿小索，使行走之人望而知避也。望之可見，故曰"望竿"；横設小索，高興眉齊，故曰"抹眉小索"。本以捕獸，原無害人之意，然不立竿索，為術甚疏，實有可以殺傷人之理，非思慮之所不及，故止減鬬殺傷二等，而不以過失收贖。即不傷人，亦四等罰，以其但圖捕獸之利，而不計傷人之害也。統觀以上四項，唐律重而元法輕者，唐律但治其罪而不追埋，故不嫌於稍重；元既追取埋銀，故罪名（輕）［較］⑤唐律從輕。明律既採用元人追埋之法，而罪名仍不減輕，猶照唐律科斷，此明律所以涉於嚴厲也。我朝沿用明律，已較唐律為重，後又迭次增設條例，較明律更為嚴苛，是以外人羣相譏誚，不受約束，伸其治外之法以侵我主權。現在修訂新律，不得不從輕減者，亦迫於時勢所當然，而非故為寬縱也。

## 威逼人致死

凡因事戶婚、田土、錢債之類。威逼人致自盡死者，審犯人必有可畏之威。處十等罰。若官吏公使人等，非因公務而威逼平民致死者，罪同，以上二項。並追埋葬銀一十兩。給付死者之家。〇若卑幼因事逼迫期親尊長致死者，絞監候。大功以下，遞減一等。〇若因行姦為盜而威逼人致死者，絞監候。〇姦不論已成與未成，盜不論得財與不得財。

按：此仍明律，順治三年添入小註，原律第二段"因事逼迫"四字本係"威逼"，乾隆二十七年以"卑幼威逼期親尊長"，"威逼"二字立言不順，因改為"以事逼迫"，以卑幼原無威之可言也。按：現止改杖為罰、改斬為絞。唐律有恐迫人使畏懼致死者，各隨其狀，以故、鬬、戲殺傷論，而無威逼致死之法。明始設立此律，不過罪止滿杖，除姦、盜及有關服制外，以用強毆打致成篤疾，及死係一家二三命以上，亦祇充軍而止，非親行殺人之事，不科死罪，後來條律日煩，死罪日益增多，如刁徒假差蠹役，及和姦、調姦、強姦、輪姦等類致令自盡，並其親屬自盡，擬死罪者不一而足，均與律意不符。律文"因事威逼"四字不可輕看，威逼之事千態萬狀，必其人之威勢果可以畏而被其逼迫者果有不堪忍受、無可奈何之情，因而自盡，方合此律，蓋愚夫、愚婦每因小事以致輕生，非必果由威逼也，司刑者多因其法稍輕，容易加入，而不知非律意也。故《輯註》云：行威逼之人，必因此事而發，受威逼之人，必因此事而死，若先受威逼，後為別事自盡者，非也。律止言卑幼逼迫尊長而不言尊長威逼卑幼之事者，蓋尊長之於卑幼，名分相臨，無威之可畏，事宜忍受，無逼之可言，故不著其法，設有犯者，在期親可弗論，大功以下分別科以不應可也。再，律止言逼迫期親尊長，而不言子孫威逼祖父母、父母，妻妾威逼夫及夫之祖父母、父母者，非故遺之也，誠以父為子綱，夫為妻綱，凡皆統於所尊，無所用其威逼，謂此是必無之事耳。然事變日紛，情偽叵測，故條例補出其法，此律雖非古法，然意類尚自簡括易行，自條例日增日煩，遂不免諸多岐異，統計現例有十九條，而事涉姦情者居多，如調姦婦女致令自盡，除將婦女請旌外，調姦之人擬以絞罪，未免過重，前人議之詳矣。袁氏《律例條辨》云：調姦不從婦女羞忿自盡者，擬絞，此舊律所無，而新例所未協也，夫調之說不一，或微詞、或目挑、或謔語、或騰穢褻之口、或加牽曳之狀，其自盡者亦不一，或怒、或慚、或淫邪、或本不欲生而藉此鳴貞、或別有他故而飾詞誣陷，若概定以絞，則調之罪反重於強也，強不成，止於杖流，調不成，至於抵死，彼毒淫者又何所擇輕重而不強乎？律旌節婦不旌烈婦，所以重民命也，調姦自盡較殉夫之烈婦猶有遜焉，而既予之旌，又抵其死，不教天下女子以輕生乎？薛氏《讀例存疑》云：和姦，唐律應擬徒罪，而因姦釀命並無加重明文，今律和姦較唐律為輕，而致姦婦自盡又較唐律為重，姦婦因姦情敗露自盡，係屬孽由自作，於人無尤，乃科姦夫以徒罪，似嫌未協，至調戲致婦女自盡擬以絞罪，法已從嚴論者，當以為過，又添入“親屬自盡”一層，更不可為訓矣。此等案件，秋審若入情實，是較之親手殺人之案辦理轉嚴，不特刑章日煩，亦與律意不符。近日沈少司寇著有威逼致死律書後一則，謂茅檐婦女強暴猝膺受辱無顏捐軀明志，則脅迫之罪自無可寬，若祇手足勾挑、語言調戲，少年佻達，尚無脅迫情形，既非羞辱之難堪，本無死法，乃變生意外，遂罪坐所由，法重情輕，未為允協。更有村野愚民戲謔，一入婦女之耳，遽爾輕生，此不獨無脅迫之狀，並無猥褻之意，以此抵死，烏得為平？立一重法而無數重法相因而至，古人之法豈若是乎？綜觀以上各論，可見《威逼》一門，舊例多有可議，在纂定之初，本係勸懲之意，然行之一時則可警強暴，著為常經則反多流弊，現已大加刪改，較前輕簡多矣。又，以此律參之外國，其用意更有相反者。英法凡自殺者為重罪，按諸希臘律應斷手，蓋謂凡人受命自天，非由天命不得私自殘害，故犯自殺者常坐兩重罪，一於宗教則背上帝好生之德，一於國法則違君上愛民之意，故犯自殺者應罰去身後所遺之財產，及分內應得之光榮，以彰其罪，將其財產沒官，不得用禮式安葬。又，俄法凡無瘋痰疾而自盡者，所有授其子女、生徒、僕役及關於財產之遺囑俱不准行，如係基督教民，不准用教禮安葬，若臨大節不回殺身成仁，及婦女拒姦自盡保全名節者，免罪。蓋西人以生命為重，自殺懸為厲禁，英、俄皆明載律內，雖以忠臣烈婦，俄法亦僅免罪而已，至自殺而科迫脅者以罪，不獨英、俄均無此文，即德、法刑法亦皆不著。日本刑法雖與英、俄宗旨不合，但有教唆自殺之罪而無威逼致死之條，尚與唐律用意相符。總而論之，西人自殺為重罪之說，原為情理所未安，蓋人非困苦難堪，何肯自戕其生？今不矜之哀之，而反加以罪，仁人之心必不出此，而又奪其財產、光榮而屏斥之，此更不合於天理者也，使死者而有知也，在黃泉能勿飲恨？使死者而無知也，即重罪烏足為懲？彼殺人有罪之犯未論決，而自殺即無餘罪可科，自殺之人本係無罪，若科以重罪，反較殺人者責備為刻，是豈情理所有也哉？西法之不宜行於中國，此其一端。然現在條例以自盡之人而與之抵命，不但外國詫為異事，即中國唐律亦無是法。現例親屬自盡雖減為流，而本婦自盡仍擬絞罪，正所謂革除重法當從其漸也。茲將現行例文詳錄於後，以備參考。

**條例**

一、凡因姦威逼人致死人犯，務要審有挾制窘辱情狀，其死者無論本婦、本夫、父母、親屬，姦夫亦以威逼擬絞；若和姦縱容，而本婦、本夫愧迫自盡，或妻妾自逼死其夫，或父母夫自逼死其妻女，或姦婦以別事致死其夫，與姦夫無干者，毋得概坐因姦威逼之條。

一、因姦威逼人致死一家三命者，擬絞立決。

一、凡因事威逼人致死非一家三命以上者，流二千五百里；若一家三命以上，流三千里。仍依律各追給埋葬銀兩。

一、凡軍民人等因事逼迫本管官致死，為首者，比依逼迫期親尊長致死律絞監候，為從者，流三千里。

一、凡奉差員役執持勘合火牌，照數支取，而該地方官不能措辦因而自盡者，勿論；若奉差員役額外需索，逼死印官者，為首照軍民人等因事逼迫本管官致死擬絞例減一等，流三千里，為從徒三年，若有受賄實跡，仍依枉法從重論。

一、凡因事用強，毆打威逼人致死，果有致命重傷及成殘廢者，雖有自盡實跡，依律追給埋葬銀兩，流二千里，致篤疾者，照本律加一等，發極邊足四千里安置，其致命而非重傷，及重傷而非致命者，追給埋葬銀兩，徒三年，如非致命又非重傷者，徒一年，若逼迫尊長致令自盡之案，除期親卑幼刃傷尊長、尊屬，及折肢，若瞎其一目，並功服以下卑幼毆傷尊長、尊屬至篤疾者，仍依律擬絞外，若毆有致命重傷致成殘廢者，緦麻卑幼照凡人加二等、流三千里，小功卑幼發極邊足四千里安置，大功卑幼發煙瘴地方安置，其未成殘廢，及致命而非重傷，或重傷而非致命者，期服卑幼仍照逼迫本律絞監候，大功發極邊足四千里安置，小功流三千里，緦麻流二千五百里，如非致命又非重傷，期親卑幼仍照逼迫本律絞監候，功服以下卑幼亦各照逼迫尊長、尊屬致死本律治罪。尊長犯卑幼，各按服制照例科其傷罪。

一、凡子孫不孝，致祖父母、父母自盡之案，如審有觸忤干犯情節，以致忿激窘迫自盡者，擬絞立決；其本無觸忤情節，但其行為違犯教令，以致抱忿輕生自盡者，擬絞監候；妻妾於夫之祖父母、父母有犯，罪同；若妻妾悍潑逼迫其夫致死者，擬絞監候，入於秋審情實，如釁起口角，事涉微細，並無逼迫情狀，實由其夫輕生自盡者，應於絞監候上減一等，流三千里。

一、婦女與人通姦，本夫與父母，及夫之祖父母、父母，並未縱容，一經見聞，羞忿自盡者，姦婦擬絞監候，姦夫徒三年；若縱容通姦，後因姦情敗露，愧迫自盡者，姦婦、姦夫均止科姦罪；雖知姦情而迫於姦夫之強悍，並非有心縱容者，仍照並未縱容例科斷。

一、婦人令媳賣姦，或抑媳同陷邪淫不從，折磨毆逼致媳情急自盡者，擬流三千里，不准收贖；如姦淫之徒聽從姦婦圖姦其媳致釀命案者，擬絞監候。

一、婦人因姦有孕，畏人知覺，與姦夫商謀用藥打胎，以致墮胎身死者，姦夫比照以毒藥殺人知情賣藥者至死減一等律，流三千里；若有服制名分，本罪重於流者，仍照本律從重科斷；如姦婦自倩他人買藥，姦夫果不知情，止科姦罪。

一、姦夫、姦婦商謀同死，若已將姦婦致死，姦夫並無自戕傷痕同死確據者，審明或係謀故，或係鬬殺，核其實在情節，仍各按本律擬絞，不得因有同死之供稍為寬貸；若姦夫與姦婦因姦情敗露商謀同死，姦婦當被姦夫下手致斃，姦夫業經自戕，因人救阻醫治傷痊，實有確據者，將姦夫照雇人傷殘因而致死減鬬殺罪一等律，流三千里；若非姦夫下手者，仍止科姦罪。其或姦夫死而姦婦經救得生，亦照此辦理，如另有拐逃及別項情節，臨時酌量從重定擬。

一、凡和姦之案，無論親屬、凡人，姦婦因姦情敗露羞愧自盡者，姦夫均於姦罪上加一等治罪，其本犯應死者仍按律定擬。

一、強姦內外緦麻以上親，及緦麻以上親之妻，若妻前夫之女、同母異父姊妹未成，或但經調戲本婦羞忿自盡者，擬絞監候；如強姦已成，本婦羞忿自盡者，擬絞立決；若致其夫與父母親屬自盡，仍按姦罪與服制相比，從其重者論。

一、強姦已成將本婦殺死者，斬立決，強姦未成，將本婦立時殺死者，擬絞立決，將本婦毆傷，越數日後因本傷身死者，照因姦威逼致死律，擬絞監候，若強姦人妻女，其夫與父母親屬聞聲赴救，姦夫逞兇拒捕，立時殺死者，俱擬絞立決，若毆傷越數日後因本傷身死者，亦照因姦威逼致死律擬絞監候，至因強姦以致本婦羞忿自盡者，不論已成、未成，俱擬絞監候，其但經調戲本婦羞忿自盡者，亦擬絞監候。若致其失與父母自盡，均酌減一等，流三千里，親屬再減一等，徒三年。

一、強姦犯姦婦女已成，將本婦立時殺死者，擬絞立決，致本婦羞愧自盡者，發煙瘴地方安置，如強姦犯姦婦女未成，將本婦立時殺死者，擬絞監候，秋審入於情實，致本婦羞愧自盡者，流三千里，若婦女犯姦後已經悔過自新，確有證據者，仍以良人婦女論。

一、凡婦女因人褻語戲謔羞忿自盡之案，如並無圖姦之心，又無手足勾引挾制窘辱情狀，不過出語褻狎，及並無他故，僅以戲言覿面相狎者，均照但經調戲本婦羞忿自盡絞例減一等，流三千里，其因他事與婦女口角，彼此罵詈，婦女一聞穢語，氣忿輕生，或並未與婦女覿面，止與其夫及親屬互相戲謔，婦女聽聞穢語，氣忿自盡者，應再減一等，徒三年。

一、凡調姦未成，業經和息，如有因人恥笑，其夫與父母親屬及本婦復追悔抱忿致死者，將調姦之犯流三千里。

一、因事與婦人口角穢語村辱，致本婦氣忿輕生，又致其夫痛妻自盡者，流三千里。

一、賊犯除有心放火圖竊財物，延燒事主斃命者，仍照例依強盜分別問擬絞決、斬決外，如因遺落火煤，或撥門不開，燃燒門閂板壁，或用火煤照亮竊取財物，致火起延燒，不期燒斃事主，或死至三命而非一家者，俱照因盜威逼人致死律，擬絞監候；若燒斃一家三命者，擬絞立決，三命以上，擬斬立決。

## 尊長為人殺私和

凡祖父母、父母，及夫若家長為人所殺，而子孫、妻妾、雇工人私和者，徒三年。期親尊長被殺，而卑幼私和者，徒二年。大功以下，各遞減一等。其卑幼被殺，而尊長私和者，各依服制。減卑幼一等。若妻妾、子孫，及子孫之婦、雇工人被殺，而祖父母、父母、夫、家長私和者，處八等罰。受財者，計贓准竊盜論，從重科斷。私和，就各該抵命者言，贓追入官。〇常人為他人。私和者，處六等罰。受財，准枉法論。

按：此仍明律，減卑幼一等句原無“卑幼”二字，係順治三年所添，並添入小註，雍正四年修改，現又改杖為罰。唐律：祖父母、父母及夫為人所殺，私和者，流二千里，期親徒二年半，大功以下遞減一等，受財重者，各准盜論，雖不私和，知殺期親以上親，經三十日不告者，各減二等。律文本無奴婢私和家長之文，惟《疏議・問答》曰，奴婢、部曲身繫於主，主被人殺，侵害極深，其有受財私和、知殺不告，全科，雖無節制，亦須比附論刑，豈為在律無條，遂使獨為僥倖？然奴婢、部曲，法為主隱，其有私和不告得罪，並同子孫云云。明律採取其說，與子孫、妻妾組織為一，又刪去末後“三十日不告”一層，而增添“卑幼被殺，尊長私和”，及“常人私和”數語，其罪名亦較唐律各加重一等。再，《唐律疏議》載有五服內親自相殺者，疏殺親，合告；親殺疏，不合告；親疏等者，卑幼殺尊長得告，尊長殺卑幼不得告；其應相隱者，疏殺親，義服殺正服，卑幼殺尊長，亦得論告，其不告者，亦無罪云云。現律雖不載此，而議論精微，可資引證。《禮》云：父之讐，不與共戴天，兄弟之讐，不反兵。至於為人所殺，其讐至重，若私和不告，則逆理忘讐，不孝、不義甚矣！故著此律，所以使人雪其讐而申孝思也。此律以倫之親疏為讐之輕重，以讐之輕重定罪之大小，不甚拘於尊卑老幼之分，故尊長私和比卑幼止減一等，與他律之論名分者不同，各有精義，未可一概論也。律文統言為人所殺，則謀、故、毆諸殺應該抵命者皆是，若戲、誤、威逼、過失殺者，律既不應抵命，即未便拘引此律，然子孫等忘讐私和，則亦不能無罪，當酌量科之可也。外國不著此律，固因宗旨不同，亦以人命等案，親屬雖不告發，向有檢事官代為公訴，故私和之事並不多見。至於受財私和，律准竊盜論罪，現例從重以枉法贓論罪，而子孫等項受賄私和，又加重滿流，又添以財行求及過錢人之罪，較律嚴而且密，現已刪除不用矣。

## 同行知有謀害

凡知同伴人欲行謀害他人，不即阻當救護，及被害之後，不首告者，處十等罰。

按：此仍明律，現改杖為罰，蓋懲人見害不救之罪以教義也。同伴指偶然同行之人，所包甚廣，如在路同行、作客同寓、貿易同業之類；謀害不止謀財害命，或有怨恨、或因姦情、或殺人而奪其官憑文引之類。凡人若知同伴內有此情事，未行之先能阻當，則其謀中止；方行之時能救護，則其害可免；既行之後能首告，則其冤得白。若不阻、不護、不告，皆為見害不救，故罪坐滿罰，所以惡其縱容養惡也。然亦有懼發其隱情而不敢阻，見其兇惡而不敢救，畏其牽連拖累而不敢告者，又當原情酌斷，未可概論。外國人命重案，有檢事代為公訴，而又優待證人，不加需索，故（正）［證］人皆樂為證而案易結；中律雖有此不首告之罪，然旁人一為首告，質證則受累貽害無窮，故良法亦為虚設。伏讀乾隆六十年上諭：謀命重案，兇犯往往飾詞狡展，得有從旁質證，使無抵賴，豈不易於完結？地方官於鄰佑首告時，量加獎賞，自必聞風踴躍。乃不肖官員，不但不加獎賞，轉任胥吏勒索拖累耽延，無怪其畏懼不敢首告。即此可見吏治廢馳之一端，各督撫應一體留心查察，俾善良不致苦累，方為妥善，欽此。大哉言乎，真乃洞見積弊矣！方今採用西法，問案重證而不重供，則此論尤為救時良藥矣。

## 鬬毆上

考古律，秦、漢至晉，止有"擊訊"之律，而無"鬬毆"之名，後魏太和年始分《擊訊律》改為《鬬律》，此"鬬"之名所自始。至北齊，以訟事附之，名為《鬬訟律》，後周改為《鬬競律》，隋開皇仍復齊律"鬬訟"之名，至唐不改。明始分作《鬬毆》、《訴訟》（一）［兩］[⑥]門，國朝因之。《鬬毆》分上下二卷，共二十二章，現去《良賤相毆》一條，止餘二十一章。其《鬬毆》、《保辜》二章又諸律之通例也。人命起於鬬毆，故《人命》之後即以《鬬毆》繼焉。

**鬬毆**相爭為鬬，相打為毆。

凡鬬毆與人相爭。以手足毆人不成傷者，處二等罰。但毆即坐。成傷，及以他物毆人不成傷者，處三等罰。他物毆人。成傷者，處四等罰。所毆之皮膚。青赤而腫者為傷。非手足者，其餘所執皆為他物，即持兵不用刃，持其柄背以毆人。亦是。他物。拔髮方寸以上，處五等罰。若毆人血從耳目中出，及内損其臟腑而吐血者，處八等罰。若止皮破、血流及鼻孔出血者，仍以成傷論。以穢物污人頭面者，情固有重於傷，所以罪亦如之。〇折人一齒，及手足一指，眇人一目，尚能小視，猶未至瞎。抉毀人耳鼻，若破傷人骨，及用湯火、銅鐵汁傷人者，處十等罰。以穢物灌入人口鼻内者，罪亦如之。折二齒二指以上，及盡髡去髮者，徒一年。髡髮不盡，仍堪為髻者，止依拔髮方寸以上論。〇折人肋，眇人兩目，墮人胎，及刃傷人者，徒二年。墮胎者，謂辜内子死，及胎九十日之外成形者，即坐。若子死辜外，及墮胎九十日之内者，仍從本毆傷法論，不坐墮胎之罪。〇折跌人肢手足。體腰項。及瞎人一目者，皆成廢疾。徒三年。〇瞎人兩目，折人兩肢，損人二事以上，二事，如瞎一目（及）［又］[⑦]折一肢之類。又如同時並毆，一人先瞎其一目，則依廢疾擬徒，一人後瞎其一目，則依篤疾擬流，損人二事亦倣此。及因舊患令至篤疾，若斷人舌，令人全不能說話。及毀敗人陰陽，以至不能生育。並流三千里。〇同謀共毆傷人者，各以下手傷重者為重罪，原謀或不曾下手，或雖毆而傷輕。減傷重者。一等。凡鬬毆不下手傷人者勿論，惟毆殺人以不勸阻為罪。若同謀毆人至死，雖不下手，及同行知謀，不行救阻者，各依本律並處十等罰。如共毆人傷皆致命，以最後下手重者，當其重罪。如亂毆不知先後輕重者，或二人共打一人，其傷同處，或二人同時各瞎人一目，並須以原謀為首，餘人為從。若無原謀，以先鬬人為首。〇若因鬬互相毆傷者，各驗其傷之輕重定罪，後下手、理直者，減本罪二等，至死，及毆兄姊伯叔依本律定擬，雖後下手、理直者，不減。〇如甲乙互相鬬毆，甲被瞎一目，乙被折一齒，則甲傷為重，當坐乙以徒三年。乙被傷輕，當處甲以十等罰。若甲係後下手而又理直，則於十等罰上減二等，處八等罰。乙後下手、理直，則於徒三年上減二等，徒二年。若毆人至死，自當抵命。

按：此仍明律，原有小註，順治三年增改，現又添改，並除去舊例“笃疾斷產”一層，原註“兵不用刃”句下係“持其柄以毆人”，乾隆五年添入“背”字，明律總註：如同時一人先毆瞎一目，則依廢疾擬徒，一人後毆又瞎其一目，則依篤疾律擬流，若人本瞎一目，止有一目能見，如被毆瞎，亦當依篤疾科斷。律註未載，現已添入，俾資引用，然與唐律不合。《唐律疏議・問答》云：人目先盲，重毆瞳壞，口或先啞，更斷其舌者，止得守文還科斷舌、瞎目之罪，與此律因舊患令至篤疾者，義各有別也。唐律分作六章，一、鬬毆手足他物傷，二、鬬毆折齒毀耳鼻，三、兵刃砍射人，四、毆人折跌肢體瞎目，五、同謀不同謀毆傷人，六、兩相毆傷論如律。明律合為一篇，罪名大同小異，折傷以上悉同，折傷以下稍輕，且唐律無“穢物污人”名目，明律添出“污人頭面”、“灌入口鼻”兩項，而刪去“兵刃斫射人，不著，杖一百”一節，蓋鬬毆以傷為憑，斫射不著，並未成傷，故不治其罪。然唐律稱“兵刃”，謂弓箭、刀稍、矛穳之屬，此等皆非民間常用之物，持此斫射，其情可惡，故雖不著，亦擬滿杖。現例補出“執持兇器未傷人者，亦處十等罰”，即此意也。《輯註》：鬬者，口語爭訟，彼此扭結，未至捶擊也，毆則以手足相打矣。此篇專論傷之輕重以定罪，若因毆致死，則為鬬殺，載於《人命門》內，與此篇須互相參看。篇中共七節，首節言手足、他物毆人成傷、不成傷之罪，次節、三節言折傷輕重之罪，四節言傷至廢疾，五節言傷至篤疾，六節、七節則鬬毆各項之通例也。鬬毆殺人，無手足、他物、金刃之別，若止傷人，則不能無辨者，殺同一死，傷有輕重也。然鬬殺雖不論金刃、手足、他物，同一擬絞，而秋審難緩仍有分別。他物，如甎石、槌棒之類，《(第)[箋]釋》：以靴踢人，止是足毆，若靴尖堅硬，即作他物論矣。眇者，謂虧損其明猶能見物。折者，折斷其骨。跌者，差失關節而不聯屬如常也。破人骨，破者，破而未折也，下折肋則骨斷矣。抉毀耳鼻者，謂將人耳鼻破裂之也，若用刀割破則非抉毀，應照刀傷論矣。內損吐血，謂血出自內也，鼻血雖不謂之內損，若毆人痢血，亦同內損吐血之法。髡者，鬄髮也，謂盡拔其髮如髡也。因所患令至篤疾者，如舊患瞎一目，今又瞎其一目，舊患折一肢，今又折其一肢，所毆雖止一肢、一目，而其人已成篤疾，則當治以毆至篤疾之流罪矣。毀敗陰陽，如古者宮刑，割勢、幽閉，至於不能生育，此皆終身無用，故亦照篤疾者治罪。以上分係節目梳櫛字義，由罰刑以至徒流，俱極詳備，洵為訊問鬬毆者之準則也。外國均有此律，不但治罪不同，而名稱亦異。德國謂之傷害身體之刑，法國謂之創傷毆擊之刑，俄國謂之傷殘疾苦之刑，日本謂之毆打創傷罪。其法：打傷人死者，處重懲役；瞽兩目、聾兩耳或折兩肢，及斷舌、毀敗陰陽，致喪失知覺精神成篤疾者，處輕懲役；瞽一目、聾一耳，及其他殘敗身體成廢疾者，處重禁錮二年以上；若打傷人致罹二十日以上疾病，或致不能營職業者，處重禁錮一年以上；其疾病休業之時未至二十日者，處重禁錮一年以下；雖不至疾病休業，但身體已成創傷者，處重禁錮一月以下；謀打傷人者，各照前項加一等，二人以上共打傷人者，從現下手者成傷之輕重各科其罪，若共毆而不知成傷之輕重，照重傷之刑減一等，但教唆者不得減等云云。與中律罪名不同而辦法亦異，各有取義、各有所長，未可偏廢。執中律而薄外律者，因不通達時務，若醉心外律而概謂中律不適於用者，則更在不達不通之下矣。後有條例，可與律互相參考。

條例

一、兇徒因事忿爭，執持腰刀鐵槍弓弩箭，並銅鐵簡、劍、鞭、鉞斧、扒頭、流星、骨朵、麥穗、撲槍、長槍、札槍、欽刀槍等項兇器，及庫刀、梭標、騙雞尾、黃鱔尾、鯽魚背、海蚌、樸刀、順刀，並凡非民間常用之刀，但傷人及誤傷旁人者，俱流二千五百里。如係民間常用之鐮刀、菜刀、小刀、柴斧等器，不在此限。若聚衆執持兇器傷人，及圍繞房屋搶檢家財，棄毀器物，姦淫婦女，除實犯死罪外，徒罪以上不分首從，流三千里。雖執持兇器而未傷人，及執兇器自傷者，均處十等罰。

一、奪獲兇器傷人之犯，照執持兇器傷人流罪上量減一等，徒三年。

一、各省械鬬及共毆之案，如有自稱槍手受雇主在場幫毆者，雖未傷人，流三千里。其有殺傷人者，仍（案）[按] 各本律例從其重者論。若並未受雇幫毆，但學習槍手已成，確有證據者，徒三年。

**保辜限期**保，養也；辜，罪也。保辜，謂毆傷人未至死，當官立限以保之。保人之傷，正所以保己之罪也。

凡保辜者，先驗傷之重輕，或手足，或他物，或金刃，各明白立限。責令犯人保辜醫治。辜限內皆須因原毆之傷死者，以鬭毆殺人論。絞。〇其在辜限外，及雖在辜限內，原毆之傷已平復，官司文案明白，被毆之人別因他故死者，謂別因他病而死者。各從本毆傷法。不在抵命之列。若折傷以上，辜內醫治平復者，各減二等。墮胎子死者不減，下手理直，減毆傷二等。如辜限內平復，又得減二等，此所謂犯罪得累減也。辜內雖平復，而成殘廢篤疾，及辜限滿日不平復而死者，各依律全科。全科所毆傷殘廢篤疾之罪，雖死亦同傷論。〇手足及以他物毆傷人者，其傷輕。限二十日。平復。〇以刃及湯火傷人者，限三十日。〇折跌肢體，及破骨、墮胎，並刃傷筋斷者，無論手足、他物，皆限五十日。

按：此仍明律，原有小註，順治三年修改，現又刪改，並添"筋斷"一層，原律"各減二等"之下有"墮胎子死腹中者不減"一句，彼時刪去，現仍添入，與唐律辦法相同而文義加詳，限期亦稍有異。唐律：手足傷限十日，他物傷二十日，刃及湯火三十日，折跌肢體及破骨五十日，毆、傷不相須。此統手足、他物，均限二十日，而無"毆、傷不相須"一語，所謂"毆、傷不相須"者，謂毆及傷各保辜十日也，傷人皆須因毆，亦有因僵仆或恐迫而傷者，此則不因毆而有傷者，故律云：毆、傷不相須也。明律既無"僵仆恐迫致死"之文，故亦無"毆傷不相須"之法。凡毆人重傷，或可醫治平復，或即因傷而死，或成殘廢篤疾，當下俱難預定。官司驗明受傷之處，將被傷時刻明立文案，勒限責令下手人犯延醫調治，所謂"保辜"也。律文分五層看：一、限內因傷而死。一、限內限外傷已平復，別因他故而死。一、限內醫治平復。一、限內雖平復，已成殘廢篤疾。一、限外不平復。惟限內因本傷死者抵命，惟限內平復、折傷以上不成殘廢篤疾者減等，其餘皆照本毆傷坐罪也。前律言"廢疾、篤疾"，此更添出"殘疾"，殘疾者，不全之謂，如手折一指，尚能持物，但虧損不完，與廢疾之一手全折，不能持物，已成無用者較輕耳。保辜墮胎者，母子兼保，限內母死則論抵償，限內子死則坐墮胎之罪，若限內母平、限外子死則并不科墮胎之罪。此律專言鬭殺之罪，若過失殺及謀故、拒殺、火器殺人俱不准保辜，有關服制之鬭殺，除緦麻尊長外，亦不准保辜。律例雖無明文，均有成案可據。此律原係慎重人命之意，外國均無此律。以鬭殺罪不至死，故無須細為分別也。律文止言正限，例又補出餘限；律止言因傷、因病身死，例又補出因瘋身死之條，皆與律互相發明，當並參之。

**條例**

一、凡京城內外及各省州縣，遇有鬭毆傷重不能動履之人，或具控到官，或經拏獲，及巡役地保人等指報，該管官即行帶領刑仵親往驗看，訊取確供，定限保辜，撥醫調治，不准扛擡赴驗。如有違例擡驗者，將違例擡驗之親屬與不行阻止之地保，各照違令律治罪。因擡驗而致傷生者，各照不應重律治罪。儻内外該管衙門遇有傷重不能動履之人，仍令扛擡聽候驗看者，各該上司察實指条，交部議處。

一、鬬毆傷人辜限内不平復，延至限外，若手足、他物、金刃及湯火傷限外十日之内，折跌肢體及破骨墮胎筋斷限外二十日之内，果因本傷身死，情正事實者，擬流三千里。

一、凡鬬毆之案，如原毆並非致命之處，又非極重之傷，越五日因風身死者，將毆打之人免其抵償，流三千里；若死在五日以内，仍依本律擬絞監候。如當致命之處而傷輕，或傷重而非致命之處，因風身死者，必死在十日以外，方准聲請改流；其致命傷重，及雖非致命，傷至骨損、骨斷，即因風身死在十日以外，仍依律擬以絞抵。若已逾破骨傷保辜五十日正限，尚在餘限二十日之内，及手足、他物、金刃、湯火傷正限外、餘限内，因風身死者，俱徒三年。至餘限外因風身死者，止科傷罪。

謹按：保辜限期，關係生死出入，而月建時刻，又為定限，最要關鍵。《名例》稱：日以九十六刻為斷，如過辜限一刻，即為限外。《輯註》載：馬宗元少時，其父毆人，被繫守辜，傷者已死，將按法抵命。宗元推其所毆之時，在限外四刻，因訴於官，得原父死。此可見時刻關人性命。有裁判之責者，於此更當細心，審訊明立文案，勿因一時疏忽，枉坐人死，其積德良非淺矣。又，成案：凡毆人内潰内損吐血，及踢傷腎子損破，並毒藥灌入人耳潰爛，俱照破骨傷保辜。又，毆人傷輕，因睡熱炕中，受火毒殞命，及用鍼扎傷後因洗腿以致傷口浸淫殞命，均比照因風身死量減。又，鐵錐、鐵鑽有刃，應照刃傷保辜，若雖持金鐵等器，未曾用刃，俱照他物傷保辜。又，毆折齒牙，不照破骨保辜。以上等項，皆足補律例所未備，附錄於此，以備參考。

## 宫内忿爭

凡於宫内忿爭者，處五等罰。忿爭之聲徹於御在所，及相毆者，處十等罰。折傷以上，加凡鬬傷二等。若於臨朝之殿内，又遞加一等。遞加者，如於殿内忿爭者，加一等，處六等罰。其聲徹於御在之所，及殿内相毆者，加一等，徒一年。至於折傷以上，加宫内折傷之罪一等，又加凡鬬傷罪二等，共加三等。雖至篤疾，並罪止流三千里。至死者，依常律斷。被毆之人，雖至殘廢篤疾，仍處十等罰，折半收贖。

按：此仍明律，順治三年添入小註，現又刪改。“宫内”上原有“燕幸之”

三字，雍正三年刪去。大致本之唐律，惟唐律尚有“以刃相向者，徒二年”一語，此不載入，而擬罪亦較輕一等。唐律：聲徹御所及相毆者，徒一年。此僅十等罰也。凡至尊所御以燕幸者曰宮，所御以臨朝者曰殿，宮殿森嚴之地，正臣下致敬之所，忽敢逞忿相爭，則情乖恭肅，故分別擬以罰刑。此律重在不敬，故忿爭不問曲直，相毆不問傷否，並處罰刑，以其毫無忌憚也。《輯註》：午門以內與宮內、行宮有犯，亦同此科。外國宮禁不似中國森嚴，故無加重治罪之條。律止渾言“爭毆”，例則分別金刃、他物、手足；律止言“傷人”，例則添入殺人與自傷；律止言“宮殿”，例則分別紫禁城內外及行營帳房內外；律止言“臣民”，例則添入太監、跟役、工匠。皆補律所未備，而擬罪亦較律為嚴，須合相參考，然後引斷，方無歧誤。

**條例**

一、行營地方管轄聲音帳房以內，謀故殺人及鬬毆金刃殺人者，擬絞立決；謀殺人傷而不死，及鬬毆手足他物殺人者，擬絞監候，入於秋審情實；金刃傷人者，發極邊足四千里安置；金刃自傷，及手足他物傷人者，各於本律上加三等。若在管轄聲音帳房以外，卡門以內，謀故殺人及鬬毆金刃殺人者，亦擬絞立決；謀殺人傷而不死及鬬毆手足他物殺人者，擬絞監候；金刃傷人者，流三千里；金刃自傷及手足他物傷人者，亦各於本律上加三等。其在卡門以外，謀故鬬毆殺傷人及自傷者，均照常律辦理。

一、常人在各處當差，及各官跟役並內務府各項人役、苑戶、欽工、匠役等，在紫禁城內暨圓明園大宮門、大東、大西、大北等門，及西廠等處地方，並頤和園南宮門、東宮門、西宮門、北宮門及各處內圍墻以內，謀故殺人及鬬毆金刃殺人者，擬絞立決，謀殺人傷而不死及鬬毆手足他物殺人者，擬絞監候，入於秋審情實，金刃傷人者，發極邊足四千里安置，金刃自傷，及手足他物傷人者，各於本律上加三等。若在紫禁城午門以外、大清門以內，暨圓明園、頤和園宮門以外，鹿角木以內，謀故殺人及鬬毆金刃殺人者，擬絞立決，謀殺人傷而不死，及鬬毆手足他物殺人者，擬絞監候，金刃傷人者，流三千里，金刃自傷及手足他物傷人者，亦各於本律上加三等。其東安、西安、地安等門以內，及圓明園、頤和園鹿角木並各內圍墻以外，謀故鬬毆殺傷人及自傷者，均照常律辦理，不得濫引此例。

一、凡太監在紫禁城內持金刃自傷者，絞立決；在紫禁城外、皇城內持金刃自傷者，絞監候。

謹按：本朝家法鑒於前明，嚴懲宦豎，故處治太監之法如此其重，一經金刃自傷即擬繯首，與“太監逃出索詐照光棍治罪”之例同一用意，此二例俱係康熙年間定例，以後漸從寬弛。咸豐三年纂例：“在逃太監滋事，除犯謀故、鬭殺等案仍照本律例問擬外，但有執持金刃傷人者，發黑龍江給官兵為奴，遇赦不赦”一條，前後合參，自傷即問死罪，而傷人僅擬發遣，雖因在外、在內之不同，而輕重究相懸殊，且同一在逃，但經索詐即問死罪，而滋事懲凶反擬發遣，一嚴一寬之間，此可以觀世變矣。《兵律》又有“太監進殿當差，遺金刃之物，未經帶出者治罪”之條，應與此律參看。

## 宗室覺羅以上親被毆

凡宗室覺羅而毆之者，雖無傷徒一年，傷者，徒二年，折傷以上，本罪有重於徒二年。者，加凡鬭二等。止徒三年。緦麻以上，兼毆傷言。各遞加一等。止流三千里。不得加入於死。篤疾者，絞監候。死者，亦絞監候。

按：此仍明律，現又刪改，原律目係“皇家袒免以上親被毆”，律文首句亦曰“皇家袒免親”，順治三年添入小註，律目下註曰“袒免，係五服外無服之親，凡係天潢皆是”，乾隆三十九年刪去律目小註，改為“宗室覺羅”。唐律目亦係“皇家袒免以上親”，與此擬罪輕重相同，惟“篤疾者，絞”一句，係明增入，唐律原文所無也。宗室本繫黃帶，覺羅本繫紅帶，雖有親疏遠近之分，而皆裔出天潢，列在八議，所當格外致敬。凡軍民毆官長者，尚應加重，況以齊民而敢犯皇親，詎可稍從寬貸乎？故但毆即坐城旦，傷者加重，所以明上下之分，以見賤不可以凌貴，卑不可以犯尊也。日本刑法謂之對皇室罪，凡對皇族加危害者，處死刑，將加者，無期徒刑，對皇族有不敬之所為者，處重禁錮二月以上、四年以下，加罰金十元以上、百元以下云云。雖未明言毆傷，然既曰“不敬之為”，則鬭傷即在其內矣，且所謂“加危害者”，即中律謀殺、故殺之罪，所謂“將加者”，即中律謀殺未傷之罪，名異而實則同，不過罪稍輕減耳。中律止言毆死，不言謀殺、故殺者，《輯註》謂：故殺罪止於斬，則謀殺亦不能加重。此係尊重貴胄之義，必宗室等腰繫本身帶子，不自菲薄，然後凡人有犯，方照律辦理。若宗室等不安本分，自輕召侮，即未便繩以此律，故後例又有“照尋常鬭毆一體定擬”之條，須並參之。

**條例**

一、凡宗室覺羅在家安分，或有不法之徒借端尋釁者，仍照律治罪外，若甘自菲薄，在街市與人爭毆，如宗室覺羅罪止折罰錢糧，其相毆者亦係現食錢糧之人，一體折罰定擬，毋庸加等，若無錢糧可罰，即照凡鬭辦理。至宗室覺羅擅入茶坊酒肆滋事召侮，先行動手毆人者，不論曾否腰繫黃、紅帶子，其相毆之人即照尋常鬬毆科斷，其宗室覺羅應得罪名，大理院、京師高等審判廳分別按例定擬，犯該徒罪以上者，照例鎖禁拘禁，犯該罰金者，應否折罰錢糧之處，交宗人府酌量犯案情節辦理。

謹按：此例可補律所未備，定律之意，本係尊崇宗室以抑平人，例意則反警戒宗室以寬平人，彼此相濟，以補其偏，立法方無流弊。然以此相懲，而近來宗室訛詐尋衅之案猶層見迭出，定法顧可不慎哉！此例［可］⑧與（可）《應議者犯罪》一門參看。考此二例，一係乾隆四十二年所定，一係四十三年所定，即此可見聖人大我無私之意。讀前太監之例，知聖朝不庇寺宦，讀此例，則更不袒護親近，而近日明詔累敕，化滿漢之畛域，一視同仁，此我朝立法所以駕軼前代也。可惜臣下奉行不力，視為具文，以致釀成今日之弊，而夢夢者不探其本，反歸咎於法之不善，日事更變，豈不謬哉！讀此例與《八議門》內雍正六年一詔，真所謂大哉王言！度量如天之無不覆也，雖周書、漢詔亦不過如是寬大耳，何勝景仰！

## 毆制使及本管長官

凡朝臣奉制命出使，而所在官吏毆之，及部民毆本屬知府、知州、知縣，軍士毆本管官，若吏卒毆本部五品以上長官，徒三年。傷者，流二千里。折傷者，絞監候。不言篤疾者，亦止於絞。若吏卒毆六品以下長官，各兼毆與傷，及折傷而言。減五品以上罪三等。軍民吏卒毆佐貳官、首領官，又各遞減一等。佐貳官減長官一等，首領減佐貳一等，如軍民吏卒減三等各罪輕於凡鬬，及與凡鬬相等，皆謂之。減罪輕者，加凡鬬兼毆與傷及折傷。一等；篤疾者，絞監候；死者，不問制使、長官、佐貳、首領，並絞監候。若流外雜職官，及軍民吏卒，毆非本管三品以上官者，徒二年。傷者，徒三年。折傷者，流二千里。毆傷非本管五品以上官者，減三品以上罪二等。若減罪輕於凡鬬傷。及毆傷九品以上至六品官者，各加凡鬬傷二等。不言折傷、篤疾、至死者，皆以凡鬬論。〇其公使人，在外毆打所在有司官者，罪亦如之。亦照毆非本管官之品級科罪。從被毆所屬上司拘問。如統屬州縣官毆知府，固依毆長官本條，減吏卒二等。若上司官小，則依下條上司官與統屬官相毆科之。首領毆衙門長官，固依毆長官本條減吏卒二等。若毆本衙門佐貳官，兩人品級與下條九品以上官同，則依下條科之。若品級不與下條同，則止依凡鬬。如佐貳首領自相毆，亦同凡鬬論罪。

按：此仍明律，現又改易，原本係“軍士毆本管指揮千戶百戶”，雍正三年改為“本管官”，其小註係順治三年添入，雍正三年刪改。唐律原分二章，一係“毆制使府主縣令”，一係“流外官毆議貴”。明合為一篇，罪名雖不大差，而名號各不相同。上段唐律止“制使”及“府主縣令”並“本部五品以上”三項，此添“軍士毆本管官”，則四項矣，唐律有佐職而無首領官，其毆六品以下長官並毆佐職者減罪，與此相同，死者亦斬，惟無“篤疾者，絞”之文；下段唐律止言流外官，此又添“軍民吏卒”，唐律係毆議貴官，此改為“非本管三品以上官”，而罪名輕重悉同唐律。其篇末“公使毆打有司”一節則唐律所無。唐律又有“詈者，各減毆罪三等”一語，明律刪去，而移於《詈罵門》內。此律雖以名分之尊卑定罪名之輕重，而名分尤以本管、本屬、本部為重，如係本屬、本管，雖武職之千總、把總，文職之七品縣令，但毆擬滿徒，折傷即絞，較非本管之三品以上官亦重。如非本管，雖一品大員亦不能與縣令等論，毆至折傷以下，加重若篤疾、至死，亦與凡人同論也。制使奉王命而來，不論職之崇卑，但須官吏有犯，方擬此重罪，若軍民，則何知王命之尊？犯者難同此論。部民於本屬府、州、縣，軍士於本管武職，均有管轄之責，亦不論職之崇卑，但亦須本屬之軍與民有犯，方可重科。若吏卒則有不同，或民人撥充於營衛，或鄰境來役於有司，則即非本屬、本管之比。如係本屬、本管之人充為吏卒，即應與軍民同論，若係鄰境之民而來此境為吏、為卒，則當別論，蓋吏卒以職事統攝，故曰“本部”。吏卒之犯長官，必長官五品以上，始與本屬、本管官同論，若雖係本部長官，而係六品以下，則當減等擬罪，與上官吏之犯制使，及軍民之犯本屬、本管，不論官之大小者異矣。制使及本管、本屬，並本部五品以上長官，此四項但毆至折傷即絞，若係本屬、本管之佐貳、首領官，並本部之六品以下官，必至篤疾方擬以絞，折傷止加凡鬬一等，若毆至死，則不問制使、本屬、本管、本部、五品、六品及佐貳、首領，均擬絞候，並無輕重之分者，死罪已為極刑，未便再為加重也。若非本管官，則無統攝之權，但以品級之高下為差，折傷以下較凡人分別加等，若至篤疾即同凡論擬流，不似上之擬絞者，總以其非所統屬，未便加嚴，愈見上四項之名分懔然不可輕犯矣。通篇中分二大段，前段分六等，後段分三等。前段內制使、本屬府州縣、本管武職、本部五品以上長官，此四項共為一等，本部六品以下長官為一等，本屬府州縣、本管營衛、本部五品以上長官三項之各佐貳為一等，各首領為一等，本部六品以下長官之佐貳為一等，首領為一等，凡六等也。後段內三品以上為一等，五品以上為一等，九品以上為一等，凡三等。其公使毆在外官司亦照非本管官分三等。此為律中極細密之篇，一字一句皆有精義，而小註亦最明顯，讀者須詳繹之，與《人命門》“謀殺制使”一條參看，彼專言謀殺已行、已傷、已殺之罪，此分言毆傷、未傷、毆死之罪，後例數條，更補二律之所未及，當併參之。

**條例**

一、凡軍民人等，毆死在京見任官員，照毆死本管官律擬絞監候；若謀死者，擬絞立決。

一、部民軍士吏卒犯罪在官，如有不服拘拏，不遵審斷，或懷挾私讐，及假地方公事挺身鬧堂、逞兇殺害本官者，無論本官品級及有無謀故，已殺者，不分首從，皆絞立決；已傷者，為首照光棍例絞決，為從下手者絞候；其聚衆四五十人者，仍照刁徒聚衆毆官例分別治罪。其於非本屬、本管、本部各官有犯，或該管官任意淩虐，及不守官箴自取侮辱者，俱依凡人定擬。

一、凡兵丁謀故毆殺本管官之案，若兵丁係犯罪之人，而本管官亦同犯罪者，將該兵丁照凡人謀故鬭殺各本律治罪，如本管官將兵丁殺死，亦依凡人論。

## 佐職統屬毆長官

凡本衙門首領官，及所統屬官，毆傷長官者，各減吏卒毆傷長官二等。不言折傷者，若折傷不至篤疾，止以傷論。佐貳官毆長官者，不言傷者，即傷而不至篤疾，止以毆論。又各減首領官之罪二等。若減二等之罪，有輕於凡鬭，或與凡鬭相等，而減罪輕者，加凡鬭一等。謂其有統屬相臨之義。篤疾者，絞監候。死者，亦絞監候。

按：此仍明律，順治三年添入小註，現改死者斬為絞，則篤疾與死不分輕重，殊欠均平。律目與唐律相同，惟唐律統言“佐職”，已包“佐貳”、“首領”兩項在內，明律分而為二，佐貳降長官一等，又尊於首領一等，則首領降於長官二等矣。且唐律止言“死者，斬”，其“篤疾者，絞”一語，則亦明所添入。蓋首領、統屬官與長官雖有統屬之分，然均比肩事主者也，與吏卒究有不同，佐貳與長官雖有正、佐之分，然亦同寅共事者也，與下屬究有不同，長官即正印官，原分二等，有五品以上之長官，有六品以下之長官，毆者罪不相同，故律曰“各減二等”。五品以上，如知府，則經歷照磨為首領官，州縣為統屬官，同知、通判為佐貳官也；六品以下，如知縣，則典史為首領，縣丞即佐貳官也。律止言首領、統屬及佐貳毆長官，而不言長官毆首領、屬官及佐貳之法，首領、屬官職雖相臨，而為王朝之臣，佐貳官分雖相制，而實有兄弟之義，或有毆者，豈能不論，況傷之輕重不一乎？《輯註》謂：律雖不設其法，蓋在臨事而定，若佐貳、首領、屬官相毆，律所不及，皆當以凡論矣。外國亦無此法，惟俄律“凡屬員毆長官，但一舉手，或一舉物，即坐，酌核情節，發遣邊地，或交教養局習藝一年以上、二年半以下”之文，則不及中律之詳細多矣。再，律文上首領、統屬曰“毆傷”，下佐貳止言“毆”

而無"傷"，註：謂折傷不至篤疾，止以傷論，即傷不篤疾，止以毆論，若如是解，則傷與折傷無分，毆亦與折傷無異，未免輕重無別。檢查外註，有曰：律稱"各減吏卒毆傷長官二等"，則上條吏卒毆傷長官之文即是此條科法，上條原分"毆"與"傷"與"折傷"為三項，則此各減者亦當分"毆"與"傷"與"折傷"三項減科云云。此解釋"各"字別有見地，雖與正註不同，而理較圓足，附錄於此，以備參考，未可以外註棄之。

## 上司官與統屬官相毆

凡監臨上司之佐貳、首領官，與所統屬之下司官品級高者，及與部民有高官而相毆者，並同凡鬬論。一以監臨之重，一以品級之崇，則不得以下司部民拘之。若非相統屬官品級同，自相毆者，亦同凡鬬論。

按：此仍明律，順治三年添入小註。唐律：諸監臨官司於所統屬官及所部之人有高官而毆之，及官品同自相毆者，並同凡鬬法云云。蓋言監臨官司毆所屬佐官以下，及毆所管部屬中有高官之人。此言監臨上司之佐貳、首領官毆所統屬之下司官品高者，及毆部民之官高者，總因權位相等而衡其平也。蓋佐貳、首領與長官不同，下司官高又與衆屬不同，故相毆以凡論。部民官高不限何職，但品級高於本屬之官者，相毆亦以凡論。監臨雖有統屬之分，本屬雖有父母之義，而下司、部民品級之尊，畧足以相敵也。若既（然）[非][9]統屬而又（本）[品][10]級相同，則更當同凡論矣。所謂"品級同"者，正非一品與一品、九品與九品之謂也，《唐律疏議》：官品同，謂六品以下、九品以上，或五品以上非議貴者，議貴謂之三品以上、一品以下，並為"官品同"也。《輯註》：上司佐貳與下司官高者，如參議僉事之於知府；上司首領與下司官高者，如經歷之於知州。本朝外官雖無僉事、參議之職，如各府之同知、通判與所屬知州、知縣，亦即上司之佐貳官與下司之官高者也。此律止言上司之佐貳、首領官毆下司之高官，而無上司長官毆屬官之法，以唐律衡之，似當同凡鬬論。查《中樞政考》載：該管官毆屬官者，降三級調用。亦足補律之所未備，可資引證，故附錄之。此律以下十數章，詳言名分之尊卑、服制之親疏，以下犯上者加重，以上陵下者減輕，其中細若毫髮，嚴於斧鉞，聖賢教孝、教弟、教慈、教義，一切友恭、敦睦、柔順之道，悉蘊其中，明刑即以弼教，國粹全在於此。外國稱平權，除毆父母畧為加嚴外，其餘親屬、官長有犯，概同凡論，故法律不設專條，較中律似為簡易，然以施之中國，其害有不可勝言者。

## 九品以上官毆長官

凡流內九品以上官，毆非本管三品以上官者，不問長官、佐貳。徒一年。但毆即坐，雖成傷至內損吐血亦同。折傷以上，及毆傷非本管五品以上，若五品以上，毆傷非本管三品以上官者，各加凡鬬傷二等。不得加至於死，蓋官品相懸，則其罪重。名位相次，則其罪輕，所以辨貴賤也。

按：此仍明律，順治三年添入小註，與唐律文義罪名一一符合，惟將唐律“議貴者”三字改為“非本管三品以上官”，并將“傷重”二字改為“折傷以上”，其餘均係唐律原文。此言雖非統攝亦不得陵上也。蓋官非本管，本無統屬之分，但品級尊卑不能無辨，其流外官毆非本管流內官，已見前條，此專言流內官毆非本管官之罪，除九品以上毆三品以上，品級懸殊，但毆即坐徒一年，餘則概照凡鬬加二等，加罪不入於死，雖篤疾亦止滿流，不言至死者，自依鬬毆本法也。九品以上毆三品以上，言毆而不言傷，則傷統於毆中矣，毆五品以上，及五品以上毆三品以上，言毆傷而不言折傷，則折傷統於傷中矣，俱不言篤疾至死者，本法已重，無可復加，品級非所論矣。此律止言品級尊卑，不分正官、佐貳，以其非本管也。須合以上三律參考互證，方知律義之精嚴細微，而文法亦古奧不可及矣。

## 拒毆追攝人

凡官司差人下所屬。追徵錢糧，勾攝公事，而納戶及應辦公事人。抗拒不服，及毆所差人者，處八等罰。若傷重至內損吐血以上，及所毆差人，或係職官，或係親屬尊長。本犯毆罪重於凡人鬬毆者，各於本犯應得重罪上，仍加二等，罪止流三千里。至篤疾者，絞監候。死者，亦絞監候。此為納戶及應辦公事之人，本非有罪，而持強違命者而言。若稅糧違限，公事違錯，則係有罪之人，自有罪人拒捕條。

按：此仍明律，順治三年採《瑣言》、《箋釋》之說添入小註，現改斬為絞，則篤疾與死無分別矣。唐律謂之“拒毆州縣使”：諸拒州縣以上使者，杖六十，毆者，加二等，傷重者，加鬬傷一等，即被禁掌，而拒捍及毆者，各加一等。註：謂有所徵攝，權時拒捍不從者。明改“徵攝”為“追徵錢糧，勾攝公事”，又改“抗拒不服與毆者，均杖八十”，並刪去“被禁掌，而拒捍及毆”一層，增入“本犯罪重加二等，篤疾者絞，死者斬”數語，與唐律互有異同矣。蓋言抗拒毆差之罪，以為恃強頑梗者警也。抗者，抗差而不隨其出官，拒者，拒差而不容其到家，抗拒毆差，一事而分兩項，有抗拒而不毆差者，有因抗拒而毆差者，即抗拒即坐前罪，毆差亦同，成傷並不加等，必傷至內損吐血應八等罰以上，始加等矣。此與“罪人拒捕”一項相似而實不同，彼是有罪之人，此是無罪之人，彼曰“拒捕”，此曰“拒毆追攝”，名義不同，故罪分輕重，蓋錢糧應完、公事應辦、官司本應差人追攝，若於不當追攝之時而追攝者，則拒毆自當別論，不得拘此律矣。拒捕律分首從，此律未言首從，《箋釋》云：如糾人共毆，應以倡首之人問擬絞罪，共毆之人如下手傷重、首先而毆，照為從滿流，其餘共毆者，悉照餘人科罪云云。蓋與威力主使同一分別首從之法，而與同謀共毆之分首從者不同，各有用意，當分別觀之。再，此律如此其嚴，必係本案應追應攝之人，若非本案勾捕之人，而拒毆則當以凡論，見《劫囚門》律註，亦當與此條合參。日本刑法，官吏以其職務執行法律規則，以暴行協迫抗拒官吏者，處重禁錮四月以上、四年以下，因而毆傷者，加毆打創傷本條一等。又，俄律，凡抗拒官府者，酌核情節懲治，凡兵刑錢穀等項，官長奉行，如有挺身作梗、持械行強者，或罰作苦工四年以上、六年以下，或發西伯利亞安插，或交教養局習藝三年以上、三年半以下云云。皆與此律所犯略同而罪名輕重有別，則各因其習慣之法，不能強同耳。

## 毆受業師

凡毆受業師者，加凡人二等；死者，絞。凡者，非徒指儒言，百工技藝亦在內。儒師終身如一。其餘學未成，或易別業，則不坐，如學業已成，罪亦與儒同科。

按：此仍明律，順治三年添入小註，現改斬為絞，原律小註內有“道士女冠僧尼於其受業師，與伯叔父母同，有犯不用此律”數語，雍正三年以現行例僧尼謀殺受業師已經改照謀殺大功尊長律擬斬立決，纂為定例，因將此註刪去。唐律此項未設專條，而附於“毆妻前夫子”律文之後：凡毆傷現受業師者，加凡人二等，死者，各斬。註云：謂服膺儒業，而非私學者。《疏議》引《禮經》云：“教學之道，嚴師為難，師嚴道尊，方知敬學。”如有親承儒教，服膺函丈，而毆師者，加凡人二等，死者，斬。註所謂“儒業而非私學者”，儒業，謂經業；非私學者，謂國子州縣等學；私學者，即《禮》云：“家有塾”、“術有序”之類。如有相犯，並同凡人云云。與現律文雖相同而解釋有異。唐律所謂“師”者，專指儒業，即儒業而係私學亦不得同受業之師。明律所謂“受業師”者，統指百工技藝師在內也。至於僧、尼、道士之師弟相犯，別見於《名例》“稱道士女冠”門內，與此所稱受業之師情義更重，可以合參。蓋儒者傳經受業，其義為重，故註曰：終身如一。若百工技藝，雖與儒者有別，然至習業已成，守其業以終身贍家，則亦有再三之義，其誼同也。《輯註》云：士人習業，終身受其教益，後之致君顯親，未始非基於此，古人所以有心喪三年之義，其服雖不列於圖内，其義與君親並重。國朝崇儒術而黜釋老，故定犯照期親科斷，誠足為萬世之法，而現在删除，則是僧道有師生而業儒無師生矣。查古書載，晉時有欲制師服齊衰三月者，摯虞駮之曰：仲尼至師，止弔服加麻，心喪三年。淺教之師，暫學之徒，不可皆為之服。或有廢興，悔吝生焉，宜無服如舊。從之。此亦輕師之說，與現定之例有同揆焉，且律例止言師弟相毆、相殺，而未言犯姦、犯盜科罪之法，唐律道士、女冠、師弟犯姦、盜者，同凡人，《疏議》：弟子盜師物及師盜弟子物，亦同凡盜，其同財弟子私取用者，依同居卑幼私用財論。《輯註》：師弟相為竊盜，當照期親服制例遞減科斷，義絕者，同凡論。二說論師弟相盜亦不相同，均可以備參考。至於犯姦，則師弟之義已絕，例雖無文，成案均同凡論，與唐律並無二致也。

**條例**

一、凡受業師毆弟子者，減凡人二等，至死不減。若因姦盜別情，或挾嫌逞兇謀故殺弟子者，無論已傷、未傷，悉同凡論。

## 威力制縛人

凡兩相爭論事理，其曲直聽經官陳告。裁決。若豪強之人，以威力挾制綑縛人，及於私家拷打監禁者，不問有傷、無傷。並處八等罰；傷重至内損吐血以上，各驗其傷。加凡鬭傷二等；因而致死者，絞監候。若以威力主使他人毆打而致死傷者，並以主使之人為首，下手之人為從論，減主使一等。

按：此仍明律，順治三年添入小註，現改杖為罰金。唐律：諸以威力制縛人者，各以鬭毆論，因而毆傷者，各加鬭傷二等，即威力使人毆擊而致死傷者，雖不下手，猶以威力為重罪，下手者減一等云云。止言毆傷加二等，未言致死之罪，蓋唐律金刃傷人致死則為故殺，若威力制縛人致死，大抵用他物者居多，故仍照鬭殺擬絞，若用刃傷人致死，則照故殺擬斬矣。明律金刃殺人亦問鬭殺，此威力制縛主使所以亦問絞候也。唐律毆傷始加二等，此則但毆，不問有傷、無傷，即處八等罰，則較唐律為嚴。此律之意，重在懲豪強及主使毆人之罪也。蓋國家設官，所以執法治民，凡民有爭，當聽官司裁決，若持威勢，力量足以制人，不告官司，或綑縛、或私打、或私禁，三者有一於此，即坐罰刑，傷重者，加二等，罪止滿流，致死仍止問絞候者，雖以威力逞兇，原無殺人之心耳。此皆指親自下手者，若以威力主使他人毆打，或死、或傷，仍以主使之人為首，坐其重罪，聽從下手之人，止問為從。蓋威力主使與同謀共毆大不相同，豪強之人，威足攝人，力足陵人，為所使者，實有不敢不從之勢，雖行毆人之事，原無毆人之心，若同謀共毆，其下手之人原有毆人之心，故彼以下手者抵命，此以主使者抵命，而下手者得減等擬流，情節不同，故首從罪名各別，故彼曰“同謀”，此曰“主使”，其文義自異也。若威力制縛、拷打、監禁致人自盡死者，則又有威逼致死人事條，不得以此律論矣。外國雖無此罪名，而日本刑法有脅迫之罪，凡以殺脅迫人，或以毆打創傷及其他暴行脅迫人者，處重禁錮、加罰金，亦即此律之意，不過名稱擬罪稍異耳。外有條例，附錄備參。

**條例**

一、凡主使兩人毆一人、數人毆一人，致死者，以下手傷重之人為從，其餘皆為餘人；若其人自盡，則不可以致死之罪加之，止照所傷擬罪。如有致死重傷及成殘廢篤疾者，依因事用強毆打例發極邊足四千里安置；下手傷重者減一等，徒三年。

一、凡地方鄉紳私置板棍擅責佃戶者，照違制律議處，衿監革去衣頂，處八等罰。如將佃戶婦女強行姦占為婢妾者，絞監候；如無姦情，照署賣良人為妻妾律，徒三年，婦女給親完聚。該地方官不預行嚴禁，及被害之人告理，而不即為查究者，照徇庇例議處。至姦頑佃戶拖欠租課，欺慢田主者，處八等罰，所欠之租，照數追給田主。

# 鬪毆下

## 雇工人毆家長

凡雇工人毆家長，及家長之尊卑期親，若外祖父母者，即無傷，亦徒三年；傷者，不問重輕。流三千里；折傷者，絞監候；死者，亦絞。毆家長絞決，毆家長期親，若外祖父母，絞監候。故殺者，斬；過失殺傷者，各減本殺傷罪二等。毆家長之緦麻親，兼內外尊卑，但毆即坐，雖傷亦處八等罰，小功，處九等罰，大功，處十等罰；傷重至內損吐血以上，緦麻、小功，加凡人罪一等，大功，加二等。罪止流三千里。死者，各絞監候。〇若家長及家長之期親，若外祖父母，毆雇工人，不分有罪、無罪。非折傷，勿論；至折傷以上，減凡人折傷罪三等；因而致死者，徒三年；故殺者，絞監候；過失殺者，勿論。〇若家長之緦麻、小功親，毆雇工人非折傷，勿論；至折傷以上，至篤疾者。

各減凡人罪一等，大功減二等；至死及故殺者，不問緦麻、小功、大功。並絞監候；過失殺者，各勿論。雇倩傭工之人，有主僕之分，故以家長之服屬親疏論，若他人雇工，當以凡論。

按：此仍明律，順治三年添入小註，乾隆四十二年增修。唐律分作三門，一為"主殺有罪奴婢"，一為"毆部曲死決罰"，一為"部曲、奴婢過失殺主"。明律合為一篇，刪去"部曲"，添入"雇工"，而文義較詳，且唐律止言奴婢過失殺主，而不言奴婢毆傷家主及毆殺家主者，蓋唐律罪止於斬，凡毆傷家主之期親者尚擬皆斬，其毆傷與毆殺家主亦不能有加於斬，故律文不言，以其舉輕賅重，不待言也。明律斬罪以上，更有梟示、凌遲，故毆家長斬，殺者凌遲處死，毆與殺始有區別。現在刪去奴婢，止留雇工，而罪名亦止於斬，與舊律大有不同，總皆正主僕之名分以定罪也。通篇共分三節，首節言雇工人毆家長及家长有服親屬之罪，二節言家長及期親、外祖父母毆雇工人折傷至死之罪，末節言家長之緦功親毆傷雇工之罪。至末句"過失殺傷者，勿論"各字，則又統承上二節言之也。雇工敢毆家長，悖逆之甚，故但毆即擬滿徒，折傷即絞，所以重名分也。若家長及期親毆雇工，毆非折傷，不論，至於折傷，較凡人減罪三等，毆死止擬以徒，故殺始擬絞罪。若家長之緦麻、小功、大功親，雖較家長為輕，仍較凡人為重，以其究有主僕之分也。此節律文言過失殺傷，或不言過失殺傷，或毆殺與故殺分別輕重，或不分輕重，或家長與期親分別輕重，或不分輕重，其中參差離合，皆有精義，非躁心所能領取，讀者一句一字不可滑過，且須細參其異同分合之故，方知古人心思之密，非後人所及。律外又有條例，與律互相發明，宜並研究。

**條例**

一、從前契買奴婢，如有干犯家長，及被家長殺傷，不論紅契、白契，俱照雇工人本律治罪。其一切車夫廚役水火夫轎夫打雜受雇服役人等，平日起居不敢與共，飲食不敢與同，并不敢爾我相稱，素有主僕名分者，仍依雇工人論。若農民佃戶雇倩耕作之人，并店鋪小郎之類，平日共坐共食，彼此平等相稱，素無主僕名分者，各依凡人科斷。至未經贖放之家人，不遵約束，傲慢頑梗，酗酒生事者，仍流三千里。

一、從前奴婢業經贖身放出，而家長毆之至死者，係放出之人，徒三年，係贖身之人，流二千里，故殺者，俱絞監候。放出之人干犯家長，依雇工人本律治罪，贖身者減一等。其家長之期以下親，毆贖身放出之人，及家長毆贖身放出人之子女者，各以凡論。毆族中無服親屬之雇工，亦照凡人科斷。

一、家長之妾毆故殺雇工之案，除係生有子女者，即照家長之期親毆故殺雇工本律分別定擬外，其未生子女之妾，毆死隸身服役之使女者，流三千里，故殺者，擬絞監候。若並非隸身服役之人，俱以凡論。

一、雇工人等干犯舊家長之案，如係因求索不遂，辭出後復藉端訛詐，或挾家長攆逐之嫌，尋釁報復，並一切理曲肇釁在辭工以前者，均即照雇工人干犯家長各本律例分別定擬。其辭出之後，別因他故起釁者，仍以凡人論。

## 妻妾毆夫

凡妻毆夫者，但毆即坐。處十等罰，夫願離者，聽。須夫自告乃坐。至折傷以上，各驗其傷之輕重。加凡鬬傷三等；至篤疾者，絞；候，入於秋審情實。死者，絞。故殺者，斬。兼魘魅蠱毒在內。〇若妾毆夫及正妻者，又各加妻毆夫罪一等。加者，加入於死。但絞不斬，於家長則監候，入於秋審情實，於正妻仍照常監候。若篤疾者、死者、故殺者，仍與妻毆夫罪同。〇其夫毆妻，非折傷勿論，至折傷以上，減凡人二等。須妻自告乃坐。先行審問夫婦，如願離異者，斷罪離異；不願離異者，驗所傷應坐之罪收贖。仍聽完聚。至死者，絞監候。故殺亦絞。毆傷妾至折傷以上，減毆傷妻二等。至死者，徒三年。妻毆傷妾，與夫毆妻罪同。亦須妾告乃坐。過失殺者，各勿論。蓋謂其一則分尊可原，一則情親當矜也。須得過失實情，不實仍各坐本律。〇夫過失殺其妻妾，及正妻過失殺其妾者，各勿論。若妻妾過失殺其夫，妾過失殺其妻，當比用毆期親尊長律。過失殺句，不可通承上二條言。〇若毆妻之父母者，但毆即坐。徒一年；折傷以上，各加凡鬬傷罪二等；至篤疾者，絞監候；死者，亦絞監候。故殺者，並絞。

按：此仍明律，雍正五年改定，原有小註，雍正三年、乾隆五年增修，現又改易。原律“毆妻父母止杖一百，折傷以上止加凡鬬一等”，現律毆者改為徒一年，折傷以上改為加二等，此項較明律為重，餘則從同。唐律分作兩條，明合為一。唐律：妻毆夫者，徒一年，較現律加一等。若毆傷重者，加凡鬬傷三等，則與現律同。唐律：妾及媵犯者，各加一等，加者，加入於死，過失殺傷者，各減二等，若妾犯妻者，與夫同，媵犯妻者，減妾一等，妾犯媵者，加凡人一等，殺者，各斬云云，亦與現律相同，惟現律止言妾而無媵之名色耳。又，唐律：毆傷妻者，減凡人二等，死者，以凡人論，毆妾，折傷以上，減妻二等，若妻毆殺傷妾，與夫毆殺傷妻同，過失殺者，各勿論云云，則與現律稍異。現律毆妻非折傷，勿論，則較唐律不論傷之輕重均減二等者輕矣，且唐律毆妻死者，以凡論，則故殺即應擬斬，現律故殺亦絞，亦較唐律為輕。再，唐律妻妾過失殺夫，均減二等，擬徒三年，律無明文，舊註：比照父母擬絞。現註改為“比用毆期親尊長律”，則當問擬流罪，與唐律未符合矣。蓋夫殺傷妻，則較唐律為輕，而妻妾殺夫，又較唐律為重，雖係尊崇夫綱之義，其中原有深心，但較之唐律，似乎矯枉過正。現在外國均講夫妻平權，其相犯者各以凡論，固失抑陰扶陽之義，施之中國，固多流弊，但既稱“敵體”，亦不宜大相懸絕，如《現行律例》，妻犯夫者，重則同於父母，輕則亦如期親尊長，而夫犯妻者，僅如期服卑幼，其毆殺、故殺妻者，名雖擬絞，實抵者十無一二，未免視妻命太賤，而視夫綱過尊矣，平心而論，唐律尚為折中。此律係正夫婦之倫，蓋妻以夫為天，妻而毆夫是自絕於天矣，治罪而外，於法即當離異，然離者法，不離者情，既緣情以立法，不容執法以違情，故離否聽夫自便，不必繩以定法也。但妻毆夫，則曰“夫願離者，聽”，而夫毆妻，不曰“妻願離者，聽”，而曰“先行審問夫婦，願離者，斷罪離異，不願離者，收贖完聚”，蓋夫為妻綱，妻當從夫，妻毆夫，離合聽夫可也，夫毆妻至折傷，夫雖犯於義絕，而妻無自絕於夫之理，故必審問夫婦，俱願乃聽離異，如夫願而妻不願、妻願而夫不願，皆不許離，此正中律乾健坤順之精理，若以外國法律繩之，鮮不以為迂矣。通篇分四節，首節言妻毆夫，二節言妾毆夫及正妻，三節言夫毆妻妾及妻毆妾，四節言毆妻之父母，與《人命門》“夫毆死有罪妻妾”一條參看。夫妻妾相毆，皆註“自告乃坐”者，蓋夫與妻妾同處閨房，情可掩法，恩可掩義，被毆者或念平日恩愛，情願忍受而不告官，亦當聽之，非他人所得參也，故其他親屬相毆皆不言“自告乃坐”，而惟此條加以小註，其義自見。至於夫妻有“願離”、“不願離”之文，而妾無之者，緣妾本微賤，與夫妻敵體不同，妻非犯“七出”之條不得擅離，妾則不然，愛則留之，惡則遣之，無關輕重，不得同妻論也。

## 同姓親屬相毆

凡同姓親屬相毆，雖五服已盡，而尊卑名分猶存者，尊長，犯卑幼，減凡鬬一等；卑幼，犯尊長，加一等；不加至死。至死者，無論尊卑長幼。並以凡人論。鬬殺、故殺，皆絞監候。

按：此仍明律，順治三年添入小註，現改斬為絞，唐律無此罪名。此因宗族誼重，不得同於凡人也。按禮，在五世緦麻絕服之外者，皆袒免。宗支雖疏遠，五服雖已盡，而一本之親，不可泯沒。其世系可考，尊卑名分猶存，終與凡人不同，故立尊卑相毆加等、減等之法，所以教人敦族誼也。至死，則罪已重，仍同凡論。再者，無服之親竊盜、詐欺、相為容隱、犯罪首告等項，本律俱有減等之法，不分尊卑，惟相毆與恐嚇、強盜則分尊卑，皆所以教人厚也。又，《輯註》云：姑之夫，舅之妻，分尊而無服。律不著毆姑夫、舅妻之文，或謂止毆則問不應，內損以上，比照此條服盡之尊屬而加一等，亦情法之平也云云，足補律所未及，當並參之。

## 毆大功以下尊長

凡卑幼毆本宗及外姻緦麻兄姊，但毆即坐。處十等罰；小功兄姊，徒一年；大功兄姊，徒一年半；尊屬，又各加一等。折傷以上，各遞加凡鬭傷一等。罪止流三千里。篤疾者，不問大功以下尊屬，並絞。死者，亦絞。毆死本宗大功、小功兄姊及尊屬則決；毆本宗大功、小功兄姊及尊屬至篤疾則監候，入於秋審情實；毆本宗緦麻尊長、外姻功緦尊屬至篤疾及死者，俱照常監候。不言故殺者，亦止於絞也。若本宗及外姻尊長毆卑幼，非折傷勿論。至折傷以上，緦麻卑幼，減凡人一等；小功卑幼，減二等；大功卑幼，減三等。至死者，絞監候。不言故殺者，亦止於絞也。其毆殺同堂大功弟妹、小功堂姪，及緦麻姪孫者，流三千里。不言篤疾，至死者，罪止此。故殺者，絞監候。不言過失殺者，蓋各准本條減二等論贖。兄弟之妻，及卑幼之婦，在毆夫親屬律。伯叔母及姪與姪孫，在毆期親律。

按：此仍明律，順治三年添入小註，雍正三年刪改，現又改易。唐律目係“毆緦麻兄姊”，明改今名，其罪名與唐律一一相合。惟唐律“毆從父兄姊，准凡鬬，應流三千里者，絞”，按：“從父兄姊”專指大功而言，必毆大功兄姊至篤疾，方絞，小功、緦麻不在其中，此變其文，易為“至篤疾者，絞”，則統小功、緦麻在內。凡毆小功、緦麻尊長至篤應滿流者，均擬絞罪，不但大功為然，則較唐律為稍嚴也。再，唐律“毆從父弟妹及從父兄弟之子孫者，流三千里”，此改為“大功堂弟、小功堂姪、緦麻姪孫”，人仍原舊，惟名稱較清晰易辨耳。此律蓋分別大功以下親屬而定毆者之罪也。凡本宗同高祖之兄姊、同曾祖之出嫁姊及外姻姑舅兩姨之兄姊，皆服緦麻，同曾祖之兄姊、同祖之出嫁姊，皆服小功，同祖之兄姊、同父之出嫁姊，皆服大功，此皆與己為同輩者，故曰“尊長”。若與祖同輩，或與父母同輩，則為“尊屬”，如曾祖之胞兄弟姊妹，祖之同祖兄弟姊妹，父之同曾祖兄弟姊妹，皆緦麻尊屬也；祖之胞兄弟姊妹，父之同祖兄弟姊妹，母之胞兄弟姊妹，皆小功尊屬也；己之出嫁胞姑，大功尊屬也。犯尊屬者，較尊長各加一等。以上皆言毆及毆傷之罪，若至折傷以上，各遞加凡人折傷罪一等。“各”者，分別之謂，“遞”者，挨次之謂。“各”字有兩義，一言兄姊與尊屬，一言折傷以上各罪也；“遞”字亦有兩義，一言緦麻、小功、大功層累而加，一言兄姊與尊屬比類而加也。如折一齒、一指，凡人應十等罰，緦麻兄姊加一等，徒一年，小功加二等，徒一年半，大功加三等，徒二年，尊屬又加兄姊一等，緦麻尊屬比凡人加二等，與小功兄姊同，小功尊屬比凡人加三等，與大功兄姊同，至大功尊屬則比凡人加四等矣，故曰“遞加”也。加至滿流而止，不入於死。若至篤疾，則不問大功、小功、緦麻及尊長、尊屬，均擬以絞，死者，亦均絞，不過本宗小功、大功則立決，餘俱監候，稍有區別耳。至於尊長毆傷卑幼，亦分緦麻、小功、大功三等遞減，但尊長、尊屬減罪從同，與上分別各遞減者異矣。毆大功以下卑幼至死者，絞，惟大功之同堂弟妹、小功內之堂姪、緦麻內之堂姪孫，此三項服雖無異，而分最親，毆傷至篤雖與諸卑幼同科，至死則不抵命，擬以滿流，惟故殺方坐絞罪。此律分別微細，須先查本宗外姻各服圖，辦明服制乃可按服定罪。又有雖係功緦之服而另有本律，如外祖父母服雖小功，而入於期親之內，與胞伯叔並論，則又不拘此服制也。蓋毆律最細，多有服輕而罪反重者，須合各條參酌看之。此門條例甚多，亦須與律並參，方無遺漏。

**條例**

一、凡致死本宗期功尊長，罪干立決之案，若係情輕，如卑幼因捉姦拒姦，或因尊長強姦圖姦而殺；又如卑幼實係被毆情急，無處躲避，徒手抵格，適傷致斃；或與他人鬬毆誤傷致死之類。該督撫按律例定擬，於案內將死者淫惡蔑倫、罪犯應死、並徒手抵格，及誤傷致死、並非有心干犯各情節，分敘明晰，大理院核覆時，亦照本條擬罪，聲明應否改為斬、絞監候，於摺內雙請，候旨定奪。其毆死本宗緦麻及外姻小功、緦麻尊長者，照律擬絞監候，毋庸援例雙請。

一、卑幼毆傷緦麻尊長、尊屬，餘限內果因本傷身死，仍擬死罪奏請定奪，如蒙寬減，減為極邊足四千里安置，若在餘限外身死，按其所毆傷罪在徒流以下者，於絞罪上減一等，流三千里，其原毆傷重至篤疾者，擬絞監候，毆傷功服尊長、尊屬，正餘限內身死者，照舊辦理。其在餘限外身死之案，如毆大功、小功尊長、尊屬至篤疾者，仍依傷罪本律問擬絞候。訊非有心干犯，或係誤傷及情有可憫者，統歸服制冊內分別聲敘。若係折傷並手足他物毆傷，本罪止應徒流者，各按傷罪科斷。

一、凡卑幼圖姦親屬起釁，故殺有服尊長之案，按其服屬，罪應絞決、斬決無可復加者，於援引服制本律之上，俱聲敘“卑幼因姦故殺尊長”字樣。其有圖姦親屬，故殺本宗及外姻有服尊長，按律罪止絞候者，均擬絞立決。

一、凡聽從尊長主使，毆本宗小功、大功兄姊及尊屬至死者，除主使之尊長仍各按服制以為首科斷外，下手之犯，訊係迫於尊長威嚇，勉從下手，邂逅至死者，照威力主使律，為從減等擬流。若尊長僅令毆打，而輒行疊毆多傷至死者，下手之犯，擬絞監候。其聽從毆死緦麻尊長、尊屬之案，依律減等擬流。

一、致斃平人一命，復致斃期功尊長、尊屬之案，除另斃之命律不應抵，或例得隨案減等，及例內指明被殺之尊屬、尊長罪犯應死，淫惡蔑倫，並救親情切，聽從尊長主使毆斃，仍按服制擬罪，准將可原情節聲明雙請外，其餘另犯謀故鬬殺，復致斃期功尊屬、尊長，雖係誤殺情輕，亦不准援例雙請。

一、期功以下尊長謀故殺卑幼之案，如係因爭奪財產，圖襲官職，挾嫌慘斃，及圖姦等項者，不論年歲，俱照凡人謀故殺問擬。其無前項重情，仍各依服制科斷。

一、功服以下尊長，如係聽從外人圖財，謀殺十歲以下卑幼，下手加功，即按平人謀殺加功律問擬絞候入實；如係期親尊長，圖財聽從外人謀殺十歲以下卑幼，亦照此問擬絞候。惟服制較近，應俟秋審時斟酌辦理，其不加功者，無論期、功，俱流三千里。

一、凡有服親屬同謀共毆致死之案，除下手傷重之犯，及期服卑幼律應不分首從者，仍各依本律問擬外，其原謀如係緦麻尊長，減凡人一等，期功尊長，各以次遞減，若係緦麻卑幼，加凡人一等，大功小功卑幼，各以次遞加。

一、凡於親母之父母有犯，仍照本律定擬外，其於母出為在堂繼母之父母、庶子嫡母在為嫡母之父母、庶子為在堂繼母之父母、謂始生所遇嫡母之黨，不及則服最後者之黨。庶子不為父後者為己母之父母、為人後者為所後母之父母等五項，有犯即照卑幼犯本宗小功尊屬律，毆殺、謀、故殺，均擬絞立決。謀殺已行、已傷及鬬毆傷，亦各照本宗服制本律分別定擬。至親母、繼母等各項甥舅等，有犯俱照外姻尊卑長幼本律治罪，其餘均以凡論。如尊長於非所出之外孫及甥等，故加凌虐，或至於死，承審官權其曲直，按情治罪，不必以服制為限。

## 毆期親尊長

凡弟妹毆同胞兄姊者，徒二年半；傷者，徒三年；折傷者，流三千里，刃傷不論重輕。及折肢，若瞎其一目者，絞監候。入於秋審情實。以上各依首從法。死者，不分首從。皆絞。若姪毆伯叔父母、姑，是期親尊屬。及外孫毆外祖父母，服雖小功，其恩義與期親並重。各加毆兄姊罪一等。加者，不至於絞，如刃傷、折肢、瞎目者，亦絞監候入實。至死者，亦皆絞決。其過失殺傷者，各減本殺傷兄姊及伯叔父母、姑、外祖父母罪二等。不在收贖之限。故殺者，皆不分首從。斬。若卑幼與外人謀故殺親屬者，外人造意、下手，從而加功、不加功，各依凡人本律科罪，不在皆絞、皆斬之限。其期親兄姊毆殺弟妹，及伯叔、姑毆殺姪並姪孫，若外祖父母毆殺外孫者，徒三年；故殺者，流二千里。篤疾至折傷以下，俱勿論。過失殺者，各勿論。

按：此仍明律，“皆斬”句下原有小註，順治三年添修，從前小註“姊妹出嫁，兄弟雖為人後，降服，其罪亦同”，後於乾隆二十四年刪去，另纂條例：凡為人後者，於本生親屬有犯，俱照所後服制定擬。則凡兄弟出繼，姊妹出嫁，服即降等，有犯即不得以期親擬罪矣。此項罪名與唐律輕重符合。又，唐律原有“詈者，杖一百”一句，此律刪去，移入《詈罵門》內，其餘均係唐律原文。律文之意，係分別期親尊卑，以定毆罪之輕重也。弟於胞兄及未出嫁之姊，姪於伯叔父母及未嫁之姑，此正期服也。若外孫於外祖父母及姪孫於胞伯叔祖，則服止小功，然外祖父母為母之所自出，即己之所自出，服輕而義至重，姪孫則兄弟之孫，分尊而情亦親，故均與期服同論，但此外祖父母專指親生母之父母耳，若嫡、繼、慈、養母之父母，皆不得同，故前例有五項外祖父母有犯均以小功尊屬定擬之條。又，《輯註》云：若外祖母被出及改嫁，亦同論。蓋雖被出、改嫁，而我母所自出之恩，不可以泯。故仍得以外祖父母律論也。《禮經•服問》云：母出則為繼母之黨服，母死則為其母之黨服，則不為繼母之黨服。鄭註：雖外親亦無二統。《喪禮•或問》：出妻之子為外祖父母無服，何也？從服也。母出則無所從矣，轉而服繼母之黨矣。《箋釋》云：外孫於祖父母服五月，然為母之所出，故與伯叔父母同論，所謂舍服而從義也。又《唐律疏議》“十惡”門，問曰：外祖父母據禮有等數不同，具為分析。答曰：外祖父母，但生母身，有服、無服，並是外祖父母，若不生母身，有服同外祖父母，無服同凡人云云。參考各說，《禮經》之繼母對出母而言，母出而後有繼母，故不為出母之黨服，而為繼母之黨服，若母死而父再娶繼母，將以親母之父母為外祖父母乎？抑以繼母之父母為外祖父母也？如既服親母之黨，又服繼母之黨，則重服矣。又，庶子既為嫡母之黨服，己母之黨亦應為服，為人後者，所後母之父母及本母之父母，一體持服，均非古禮。蓋母黨禮應有服，而並服古所未有，古者為母黨並無兩服，故鄭氏云：雖外親亦無二統也。但古禮難行於今，非特此項為然，有可引經以斷獄者，亦有不可盡拘經義者，姑記此以備參考可耳，若必一一據禮為斷，則鑿矣。再，外祖父母一項，外國亦重，日本刑法與祖父母、父母同論，較中律以叔伯父母論更從尊嚴，然畢竟係屬異姓，與本宗祖父母有別，此中律之所以剖析精微也。

**條例**

一、期親卑幼毆傷伯叔等尊屬，審係父母被伯叔父母、姑、外祖父母毆打，情切救護者，照本律流二千里罪上減一等，徒三年。

一、期親弟妹毆死兄姊之案，如死者淫惡蔑倫，復毆詈父母，經父母喝令毆斃者，定案時仍照律擬罪，大理院核擬時，隨本改擬流三千里，請旨定奪。其案內情節未符者，仍照毆死尊長情輕之例照律擬罪，於摺內雙請，不得濫引此例。

一、期親卑幼，聽從尊長主使共毆以次尊長、尊屬致死之案，訊係迫於尊長威嚇，勉從下手，邂逅致死者，仍照本律問擬絞決，大理院核擬時，將應行減擬罪名於摺内雙請，候旨定奪，不得將下手傷輕之犯止科傷罪。如尊長僅令毆打，輒行疊毆多傷至死者，即照本律問擬，不准聲請。

一、毆傷期親尊長、尊屬，及外祖父母，正餘限內身死者，照舊辦理；其在餘限外身死者，如係金刃致傷，並以手足、他物毆至折肢、瞎目者，仍按傷罪本律問擬絞候。訊非有心干犯，或係誤傷及情有可憫者，統歸服制冊內分別聲敘，其刃傷並折肢、瞎目、傷而未死之案，亦同。若係折傷並手足、他物毆傷，仍各按傷罪科斷。

一、卑幼如因事爭鬬，有心施放洋鎗、烏鎗、竹統，及一切火器致傷期親尊長、尊屬，及外祖父母者，照刃傷律擬絞監候，入於秋審情實。若非有心干犯，或係誤傷及情有可憫者，擬絞監候。

一、期親以下有服尊長，殺死有罪卑幼之案，如卑幼罪犯應死，為首之尊長俱照擅殺應死罪人律治罪，聽從下手之犯，無論尊長、凡人各減一等；其罪不至死之卑幼，果係積慣匪徒，怙惡不悛，人所共知，確有證據，尊長因玷辱祖宗起見，忿激致斃，無論謀、故，為首之尊長悉按服制於毆殺卑幼本律上減一等，聽從下手之犯，無論尊長、凡人，各依餘人律治罪；若卑幼並無為匪確證，尊長假託公忿，報復私讎，或一時一事，尚非怙惡不悛，情節慘忍致死，並本犯有至親服屬並未起意致死，被疏遠親屬起意致死者，如有祖父母、父母者，期親以下親屬以疏遠論，雖無祖父母、父母，尚有期親服屬者，功緦以下以疏遠論，餘仿此。均照謀故毆殺卑幼各本律定擬，不得濫引此例。

一、凡僧尼干犯在家祖父母、父母，及殺傷本宗外姻有服尊長卑幼，各按服制定擬。若本宗外姻尊長卑幼殺傷出家之親屬，亦各依服制科斷。道士、女冠、喇嘛有犯，一例辦理。

## 毆祖父母父母

凡子孫毆祖父母、父母，及妻妾毆夫之祖父母、父母者，皆絞。殺者，皆斬。其為從有服屬不同者，自依各條服制科斷。過失殺者，流三千里；傷者，徒三年。俱不准收贖。〇其子孫違犯教令，而祖父母、父母不依法決罰而横加毆打。非理毆殺者，處十等罰；故殺者，無違犯教令之罪為故殺。徒一年。嫡、繼、慈、養母殺者，終與親母有間，毆殺、故殺。

各加一等；致令絕嗣者，毆殺、故殺。絞監候。若祖父母、父母、嫡、繼、慈、養母。非理毆子孫之婦，此“婦”字，乞養者同。及乞養異姓子孫，折傷以下，（無）[勿] 論。致令廢疾者，處八等罰；篤疾者，加一等；子孫之婦及乞養子孫。並令歸宗，子孫之婦篤疾者。追還初歸嫁粧；乞養子孫，篤疾者。撥付合得所分財產養贍；至死者，各徒三年；故殺者，流二千里。其非理毆子孫之妾，各減毆婦罪二等。不在歸宗、追給嫁粧之限。〇其子孫毆罵祖父母、父母及妻妾毆罵夫之祖父母、父母，而祖父母、父母，夫之祖父母、父母，因其有罪毆殺之，若違犯教令，而依法決罰，邂逅致死，及過失殺者，各勿論。

按：此仍明律，順治三年添入小註，大意本之唐律，而文義較詳，罪名亦有參差。唐律罪止於斬，明律添入“殺者，凌遲處死”一句；唐律子孫毆祖父母、父母從重，子孫之婦有犯，較子孫遞減，此則一體從同；唐律止言“殺子孫之婦”，明又添“乞養子孫”；唐律毆殺子孫者，徒一年，刃殺者，徒二年，故殺者，各加一等，明律非理毆殺子孫者，滿杖，故殺，徒一年，較唐律為輕；再，唐律嫡、繼、慈、養母殺子孫，加一等，罪止於徒，明律致令絕嗣者，即擬絞候，又較唐律為重；又，唐律毆子孫之婦廢疾者，杖一百，篤疾者，加一等，明律廢疾杖八十，篤疾杖九十，則又較唐律為輕矣；再，唐律止言罪名，明更添“追還嫁粧”、“給財養贍”各項，較唐律更詳備矣。現在均改從輕，罪止（子）[於] ⑪斬，雖較明律為輕，而與唐律大致相同。此律蓋首重悖逆之誅，而因懲不慈之罪也。子孫惡逆，至於毆祖父母、父母，妻妾惡逆，至於毆夫之祖父母、父母，皆人倫大變，情同梟獍，故不分首從，不論有傷、無傷，一并處死，即過失殺者，亦擬滿流，不言誤殺者，以恩義至重，名分至嚴，雖誤亦照律定擬，所謂臣子於君父不得稱誤也。現例雖定有誤殺、誤傷專條，然不過稍從末減，仍不得貸其一死，誠以倫紀所關，不容曲為寬縱，匪但此也。凡稱“祖”者，高、曾同；稱“孫”者，曾、元同；稱“子”者，男、女同。雖子孫出繼、女已出嫁，服雖從降，而犯本生祖父母、父母者，仍以此律科斷。嫡、繼、慈、養母，與親母同論，即親母為父所出，或父死改嫁，其義雖絕於父，而所出之恩，子不得而絕之，有犯，仍同母論。若嫡、繼母被出、改嫁，則義絕於父，即無復母道矣。慈、養母被出、改嫁，雖不得於親母同，究較嫡、繼母有撫育之恩。律無正文，當臨時酌請。蓋嫡、繼母之重者，以其為父妻也，儻殺父，則義絕於父，不為父也妻，則不為子也母，子即同於凡人，若嫡、繼母殺父而還殺之，難同殺母之律，當臨事權之。若係親母，則仍以殺母論。蓋子犯母者，嫡、繼、慈、養母與親母同，而母殺子者，嫡、繼、慈、養母究與親母有間，律文毆故殺者，加親母一等，致絕嗣者擬絞，例又分別詳細，更添“因姦殺子”一層，雖親母亦擬絞罪，則更較律詳且重矣。此外，乞養子孫，以恩合者也；子孫之婦，以義合者也，皆屬異姓之人，與子孫天性之親不同。若毆至殘廢、篤疾，則恩絕義絕，不得同子孫弗論。惟究為倫紀所關，故止擬八等、九等罰耳。子孫雖有親生、乞養之分，而其婦則一，註曰：乞養之婦同，可見婦是外娶之人，雖乞養，亦同子孫之婦論也。如子孫之妾，卑而且賤，不但毆則減等，而亦不在歸宗之限。以上毆故殺子孫、或乞養子孫、或子孫之婦及妾，皆指並無違犯教令而非理殺之者，若因違犯而依法決罰，邂逅致死者，均不論罪，可知“非理”二字尤為後二節緊要關鍵，當細玩之。外國此項罪名與中國大異：法國律，凡殺父母與殺子並殺其他之尊屬，一律處死，不分輕重，惟殺父母者，行刑時頭上加以黑絹為罩，以示暗無天日之意；德律，凡殺尊親，處以十年以上懲役，較殺凡人僅加數年；俄律，凡謀殺父母與伯叔及子孫，一體擬罪，罰作無限苦工；日本刑法，凡毆傷父母者，加凡人二等，至死者，處死，不言殺子孫之罪，大約皆以凡人論。統而論之，凡殺父母，有與凡人無異者，有較凡人稍重者；而殺子孫，有與父母從同者，有與凡人從同者；其餘期功緦麻，不分尊卑，均與凡同。此等刑法，統親疏遠近，長幼上下並無輕重等差，施之中國，殊駭聽聞，醉心歐化者，輒豔稱外國法律，若如此節，吾不知其可也。此門例文甚多，足補律所未備，應與律文合參，而中法之精粹，名教之大防，胥在於此，閱者甚勿弁髦視之。

**條例**

一、子孫誤傷祖父母、父母致死，律應斬決者，仍照本律定擬，將可否改為絞決之處於摺內雙請，候旨定奪；其誤傷祖父母、父母，律應絞決者，量減為絞監候，無庸援例聲請。至誤殺、誤傷夫之祖父母、父母，亦照此例辦理。

一、子婦拒姦之案，審明實係猝遭強暴，情急勢危，倉猝捍拒，或伊翁到官供認不諱，或親串鄰佑指出素日淫惡實跡，或同室之人確有見聞證據，毫無疑義者，如毆傷伊翁，仍依毆夫之父母本律定擬，大理院核覆時將應否免罪之處，恭候欽定；如毆斃伊翁亦依毆夫之父母本律定擬，大理院核覆時將可否改為絞監候之處，奏請定奪。儻係有心干犯，事後裝點捏飾，並無確切證據，或設計誘陷伊翁，因而殺傷，及事後毆斃，並非倉猝捍拒致死者，仍照本律定擬，不得濫引此例。

一、繼母告子不孝，及伯叔父母、兄、姊、伯叔祖、同堂伯叔父母、兄、姊奏告弟姪人等打罵者，俱行拘四鄰親族人等，審勘是實，依律問斷。若有誣枉，即與辦理。果有顯迹傷痕，輸情服罪者，不必行勘。

一、凡嫡母毆故殺庶生之子，繼母毆故殺前妻之子，審係平日撫如己出，而其子不孝，經官訊驗有據，即照父母毆故殺子孫律，分別擬徒，不必援照嫡繼母加親母一等之律。如伊子本無違犯教令，而嫡母、繼母非理毆殺、故殺者，除其夫現有子嗣，仍照律加等定擬外，若現在並無子嗣，俱照律擬絞監候，秋審入於緩決，聽伊夫另行婚娶。至嫡母、繼母為己子圖占財產官職，故殺庶生及前妻之子者，俱擬絞監候，秋審入於情實；應入緩決者，收所工作十五年；應入情實者，蒙恩免勾一次後，收所工作二十年，均於滿日釋放。

一、凡本宗為人後者之子孫，於本生親屬孝服，衹論所後宗支親屬服制，如於本生親屬有犯，俱照所後服制定擬，其異姓義子與伊所生子孫，為本生父母親屬孝服，亦俱不准降等，各項有犯，仍照本宗服制科斷。

一、為人後，及女之出嫁者，如於本生祖父母、父母有犯，仍照毆祖父母、父母律定罪。其伯叔兄姊以下，均依律服圖降一等科罪。尊長殺傷卑幼，同。

謹按：《示掌》云：本宗為人後者之子孫，例照所後服制定擬，查所後之親疏不一，並有擇立遠房及同姓為嗣之例，其本身為人後者，於本生祖父母、父母有犯，仍照祖父母、父母本律定擬，不准減等，其伯叔、兄、姊以下，俱降一等科罪，但其子孫照律以所後服制定擬。設所後與本宗無服，則為人後者之子孫於本生之祖父母及伯叔父母，一旦因其父祖嗣出，竟同服盡親屬，儻有干犯，碍難定擬，似應即照為人後依圖降等之例，亦照本宗服圖遞降一等云云。薛氏《讀（律）［例］存疑》稱此一段論議辨晰最精，茲綠於此，以備叅考。

再者，斷罪以服制為凖，此項為人後者之子孫，於本生祖父母、父母等項應持何服，前人已有言，徐氏乾學曰：為人後者之子，於父之本生者父母當持何服，古禮既不言及，後代喪禮諸書亦無之，當何所適從？將依本宗概降一等之例耶？則諸書但言為後者降一等，初不言為後者之子亦降一等，固不得而擅定耶？將依父所後之倫序而遞降一等耶？則昔之為祖父母者，今為從祖父母矣，從祖父母本小功，今降一等，則緦麻，以期服而降緦麻，雖人情之所不愜，猶有服制可言也。儻父所後者為疏屬，則竟無服矣，以祖孫之至戚，而等之於路人，無乃非人情乎哉？然則宜何服？據賀循、崔凱諸說，則為後者宜降一等，而為後者之子，不得隨父而降一等；據劉智、王彪之之說，則為後之子，不論父所後之疏親，而概降一等。夫禮宜從重，古今同情，王彪之大功之意，固可為後世之凖也，葢父於本生父母服期，子從父而降大功，情之至、義之盡也，不然，天下豈有祖父母之喪而竟降為緦麻、且降為無服者哉？愚故折衷諸說，以與知禮者質焉云云。按：《示掌》所辨，即本於此，雖與現例不甚相合，然推情度理，精確不易。蓋禮論服制，持服貴得其中，而例定罪名，立法在防其私，各有取意，未可強同。理學與法學有可以通融之處，亦有不相符合之處，古人謂“律設大法，禮順人情”，即此理也。故詳錄理學論服制之說於法律之後，以備參考。亦可見《大清律例》一書，幾經先賢大儒刪定考核而成，一字一句皆有精義，不可移易，非淺學一知半解所可以窺測矣。

一、凡義子過房在十五歲以下，恩養年久，或十六歲以上，曾分有財產，配有室家，若於義父母，及義父之祖父母、父母，有犯毆罵、侵盜、恐嚇、詐欺、誣告等情，即同子孫取問如律。若義父母及義父之祖父母、父母毆、故殺傷義子者，並以毆故殺傷乞養異姓子孫論。若過房雖在十五以下，恩養未久，或在十六以上，不曾分有財產、配有室家，有違犯及殺傷者，並以雇工人論。義子之婦，亦依前擬歲數照本例科斷。〇其義子後因本宗絕嗣，有故歸宗，而義父母與義父之祖父母、父母無義絕之狀，原分家產、原配妻室，不曾拘留，遇有違犯，仍以雇工人論；若犯義絕，及奪其財產、妻室，並同凡人論。義絕，如毆義子至篤疾，當令歸宗，及有故歸宗，而奪其財產、妻室，亦義絕也。〇義父之期親尊長，并外祖父母，如義子違犯及殺傷義子者，不論過房年歲，並以雇工人論。義絕者，以凡論。其餘親屬不分義絕與否，並同凡人論。

按：“義子”即律內“乞養子”也，律圖祇有養母之名而無養父，故例有“義子”、“義父母”名目，自是又在三父、八母之外者。此例係前明所纂，為乞養異姓之通例。凡斷乞養子孫者，須先看此例。義子干犯義父母，與親子同者，恩養重也；義父母殺傷義子，則與親子異者，別於親生也。義子多係異姓，律有亂宗之咎，本不應以父子稱，又何有於“伯叔父母”及“兄弟姊妹”等項名目，惟自幼蒙其恩養，分產授室，儼同父子。禮順人情，故謂之“義父”、“義子”，名為父子，實則主僕。東漢時董卓與呂布認為義子，《五代史》有《義兒傳》，此義父、義子之見於史鑑者。刑律所稱，即本於此，詳見《讀例存疑》。

## 妻妾與夫親屬相毆

凡妻妾毆夫之期親以下，緦麻以上本宗外姻尊長，與夫毆同罪；或毆、或傷、或折傷，各以夫之服制科斷。其有與夫同絞罪者，仍依《名例》至死減一等，流三千里。至死者，各絞監候。緦麻親兼妾毆妻之父母在內。此不言故殺者，其罪亦止於絞也。不言毆夫之同姓無服親屬者，以凡人論。〇若妻毆傷卑屬，與夫毆同；各以夫毆服制科斷。至死者，絞監候。此夫之緦麻、小功、大功卑屬也。雖夫之堂姪、姪孫及小功姪孫亦是。若毆殺夫之兄弟子，流三千里；不得同夫擬徒。故殺者，絞監候。不得同夫擬流。妾犯者，各從凡鬭法。不言夫之自期以下弟妹者，毆夫之弟妹，但減凡一等，則此當以凡論。〇若期親以下，緦麻以上。尊長，毆傷卑幼之婦，減凡人一等；妾，又減一等；至死者不拘妻妾。絞監候。故殺亦絞。〇若弟妹毆兄之妻，加毆凡人一等。其不言妻毆夫兄之妻者，與夫毆同。〇若兄姊毆弟之妻，及妻毆夫之弟妹及夫弟之妻，各減凡人一等；若毆妾者，各又減毆妻一等。不言妻毆夫兄之妾者，亦與夫毆同。不言弟妹毆兄之妾，及毆大功以下兄弟妻妾者，皆以凡論。〇其毆姊妹之夫，妻之兄弟，及妻毆夫之姊妹夫者，有親無服，皆為同輩。以凡鬭論。若妾犯者，各加夫毆妻毆一等。加不至於絞。〇若妾毆夫之妾子，減凡人二等；以其近子也。毆妻之子，以凡人論。所以別妻之子於妾子也。若妻之子毆傷父妾，加凡人一等。所以尊父也。妾子毆傷父妾，又加二等。為其近於母也。共加凡人三等，不加至於絞。至死者，各依凡人論。此通承本節弟妹毆兄之妻以下而言也。死者，絞；故殺，亦絞。

按：此仍明律，順治三年添入小註，現改斬為絞。唐律原分兩門，一係“毆詈夫期親尊長”，一係“毆夫兄妻弟妹”，明併為一。唐律毆夫期親以下，緦麻以上尊長，妻減夫犯一等，妾犯不減，此律不分妻妾，均與夫同；唐律毆兄之妻及毆夫之弟妹，各加凡人一等，此毆夫之弟妹則減凡人一等，與唐律用意不同，且唐律只言“毆兄妻”及“夫之弟妹”兩項，此又添出“兄姊毆弟之妻”及“夫弟之妻”並“毆姊妹之夫、妻之兄弟及妻毆夫之姊妹夫”數項，則較唐律更詳備矣。蓋總言妻妾與夫之親屬相毆之罪也，其中有與夫同者，有與夫異者，有妻妾同論者，有妻妾分言者。妻妾毆夫期親以下尊長，雖與夫同，而夫毆期親尊長折肢應絞者，妻妾則減等擬流，至死止坐絞候，故殺亦絞，不與夫故殺期親尊長同坐斬決，是名同而實不同，則較夫為輕矣。《(集)[輯]註》所謂毆傷得與夫同者，以倫序之相等也，至死及故殺猶與夫異者，以恩義之有間也。若毆夫之卑屬，雖亦與夫同罪，但夫毆殺大功堂弟、小功堂姪、姪孫及緦姪孫，並故殺胞姪，均不抵命，妻則並擬絞罪，則較夫從重矣。觀於卑屬之所以重，則知尊長之所以輕矣。蓋罪名緣服制而定，妻為夫族之服，除舅姑外，伯叔而下，俱降於夫。此毆尊長、卑幼有與夫同者，從夫服之重而重之也；有與夫不同者，從己服之輕而輕之也。首一節妻妾並論，而妾不加等者，以夫之本罪已重，不便再加也。其下數節妾毆必重於妻，毆妾必輕於妻，以其賤也，而至死則人命為重，無不論抵，雖夫之伯叔毆死姪妾，亦與毆死姪妻同擬絞抵，不得從輕。《輯註》云：兄姊曰“長”，弟妹曰“幼”，即表兄弟、姊妹亦是。若兄之妻，不在“長”之内；弟之妻，不在“幼”之内。兄姊、弟妹是期親，長、幼毆罪輕重懸殊。若兄弟之妻，彼此之服俱降為小功，惟妻毆夫兄姊，與夫同論，其餘相毆，非惟不得與夫同，並不得與小功長幼同。惟由其夫推之，則長幼之義，亦不可泯，故四、五、六節各項相犯，幼犯長，加凡一等，長犯幼，減凡一等，而至死均同凡論，並不細論服制以定罪之輕重也。再，四、五節所言兄姊、弟妹，均係同胞期親，故與其妻相毆及毆妾者，有加減之法，若大功以下兄弟妻妾相毆，均以凡論。《輯註》云：凡妻妾與夫親屬相毆，律所不載，概同凡論。即此意也。至於父妾之有子，稱為庶母，應持服期服，毆傷者，舊例有加重之條，現亦去矣。夫妾未生有子女，故曰“父妾”，毆傷者，亦照凡人加等，不與凡人同論，所以尊父也。凡妾毆子者，妾之子與妻之子不同，而子毆父妾者，妻之子與妾之子亦不同，所以明嫡庶之分也。不言妾與嫡子、庶子之妻妾相毆者，按：子之妻妾，與父妾皆無服，彼此相犯，應同凡論，不得概與夫同也。此律分別精細，字法亦極謹嚴，或曰“卑屬”，或曰“卑幼”，或止曰“毆”，或曰“毆傷”，皆有意義，須當細玩。外國夫妻尚且平權，遑論夫之親屬，凡有相犯，大概皆以凡論。現例於父妾外補出“毆庶祖母”一項，皆與律相輔而行，當并參之。

**條例**

一、嫡孫、衆孫，毆傷祖妾者，無論是否生有子女，均照妻妾之子毆傷父妾律，分別加等科斷，其祖妾毆傷嫡孫、衆孫者亦同，至死者，各依凡人論。

按：《爾雅》：父之妾為庶母。可見不必有子始成庶母。唐《開元禮》：庶母，父妾之有子。從此庶母與父妾始有分別。律圖八母，庶母居一，嫡子、衆子為庶母齊衰杖期。推原律意，蓋謂所生之子女既與伊為兄弟姊妹，則兄弟姊妹之母豈得不以母視耶？惟既以母稱，持服期年，而故殺父妾，與故殺期親伯叔者大有輕重之分，似覺參差。

## 毆妻前夫之子

凡毆妻前夫之子者，謂先曾同居，今不同居者，其毆傷、折傷。減凡人一等；同居者，又減一等；至死者，絞監候。〇若毆繼父者，亦謂先曾同居，今不同居者。徒一年；折傷以上，加凡鬭傷一等；同居者，又加一等。至篤疾，罪止流三千里，不加於死。至死者，絞監候。〇其故殺及自來不曾同居者，不問父毆子，子毆父。各以凡人論。

按：此仍明律，其“先曾同居今不同居”數語，係原有小註，餘係順治三年增修，大致同於唐律。彼傷重者，加凡鬭二等，此止加一等，總係分別繼父之恩義，以定毆罪也。隨母改嫁之子，謂母之後夫為繼父，夫以異姓之人而謂之父、謂之子，以有相依為生之恩義也，故同居為重，先同居而後不同居者次之，若自來不同居，則凡人耳。按：三父八母圖，一曰“同居繼父”，兩無大功親者期服，兩有大功親者齊衰三月；一曰“不同居繼父”，先曾同居今不同居者，齊衰三月，自來不同居者無服；一曰“從繼母嫁”，謂父死繼母再嫁，而子從去者，齊衰杖期。此繼父服制之差等也。若彼此相犯，止以同居、不同居及先同居而後不同居分別罪之輕重，並不問兩有大功親與兩無大功親也。至於從繼母嫁而服獨重者，母非所生，從之而嫁，則其幼孤無依可知，而繼父撫育之恩義更為重矣，然彼此相犯，亦止以同居、不同居為斷，不在親母與繼母也。蓋制服與定罪各有取義，故不能盡同。此律專指對於繼父而言，若與繼父之父母、祖父母、期親尊長，雖皆無服，若同居者，亦難概以凡論。當臨時酌之。又，若前夫之子妻妾有犯繼父，仍當與前夫子同論，或照唐律減一等，蓋係同居，亦不得以凡相論。此皆律外之意，律雖未言，可以律義推之。

## 妻妾毆故夫父母

凡妻妾夫亡改嫁，毆故夫之祖父母、父母者，並與毆舅姑罪同。其舊舅姑毆已故子孫改嫁妻妾者，亦與毆子孫婦同。妻妾被出，不用此律，義已絕也。

按：此仍明律，順治三年添入小註，末後有“奴婢謀殺舊家長”一段，現已刪除，治罪與唐律大不相同。唐律：妻妾毆故夫之祖父母、父母，減毆舅姑二等，折傷加役流，死者斬，過失殺者依凡論；其舊舅姑毆子孫舊妻妾，折傷以上減凡人三等，死者絞，過失殺者勿論云云。擬罪與功緦尊長不甚懸殊，較之此律輕數等矣。至已故子孫之改嫁妻妾，與被出者不同，婦人不能終守其志，而夫之義未絕，夫義未絕，則故夫之父母猶其舅姑也。蓋夫亡，雖改嫁，而其義猶存，被出者，雖不改嫁，而義已絕，各有不同，故擬罪攸殊。《輯註》云：妻妾改嫁而不與其義絕者，由妻妾自絕，非其夫絕之也。如婦、姑俱改嫁，則義皆絕於夫家，不得謂之舅姑矣。若守志之婦，與被出、改嫁之姑相犯，如係親姑，與犯夫之期親尊屬同；若夫之嫡、繼、慈、養母被出、改嫁，則同凡人。又，改嫁妻妾與故夫之期親以下尊長相犯，亦同凡論。此中分別細微，《輯註》議論亦極精粹，故備錄之。若外國法律，則無此說矣！

## 父祖被毆

凡祖父母、父母為人所毆，子孫即時少遲即以鬭毆論。救護而還毆，行兇之人。非折傷，勿論；至折傷以上，減凡鬭三等；雖篤疾，亦得減流三千里，為徒二年。至死者，依常律。○若祖父母、父母為人所殺，而子孫不告官。擅殺行兇人者，處六等罰；其即時殺死者，勿論。少遲即以擅殺論。○若與祖父母、父母同謀共毆人，自依凡人首從法。又，祖父母、父母被有服親屬毆打，止宜救解，不得還毆，若有還毆者，仍依服制科罪。○父祖外，其餘親屬人等，被人毆，而擅殺行兇人，審無別項情故，依罪人本犯應死而擅殺律治罪。

按：此仍明律，順治三年添入小註，前一段與唐律相同，不過字句少有改易，後一段唐律無明文，當係明所添纂。前段言父祖被毆，子孫救護還毆之罪，分別傷之輕重，勿論或減等；後段言父祖被殺，子孫復讐擅殺之罪，分別時之久暫，勿論、處罰。蓋子孫見親被毆，非還毆則不得救，故毆人所以救親，非逞兇肆惡之比。重在"即時救護"四字，見其情勢急迫，不得已而出此，故罪得減免。若毆之至死，則人命不可無抵，自依常律分別鬭、故擬絞，律內雖無從輕之文，後例仍有減流之條，所以補律未備也。至於祖、父被殺，禮必復讐，故私和者有罪，然法當行之於上，不可操之自下，故擅殺亦有罪，兩罪相衡，私和重至滿徒，而擅殺止六等罰，殺在即時，並免其罪，皆扶植人倫、經維世道之精意也。律止言祖父母、父母，可見此外不得同矣。且止言子孫，可見別親亦不得同矣。日本刑法雖無此項，惟因身體受暴行，立時殺傷暴行人者，宥恕其罪，又或防衛身體生命，不得已而殺傷暴行人者，不論其罪云云，雖未明言救親，而救親實包括於內，亦即此律之意。律文而外，又有條例數項，與律互相發明，備錄於後，以備參考。

條例

一、人命案內，如有祖父母、父母被人毆打，實係事在危急，其子孫救護情切，因而毆死人者，於摺內聲明分別減等，援例兩請，候旨定奪。其或祖父母、父母與人口角，主令子孫將人毆打致死，或祖父母、父母先與人尋釁，其子孫踵至助勢共毆，及理曲肇釁，累祖父母、父母被毆，已復逞兇致斃人命，俱仍照各本律科斷，不得援危急救護之例概擬減等。若妻救夫毆斃人命，亦照此例分別問擬。

一、救親毆斃人命之案，除聽從祖父母、父母主令將人毆死，或祖父母、父母先與人尋釁助勢共毆，及理曲肇釁累祖父母、父母被毆，已復逞兇致斃人命者，雖死係犯親卑幼，父母業經受傷，應仍將兇犯各照本律定擬，不准聲請減等外，若無前項情節，確因救親起釁，如死者係犯親本宗外姻有服卑幼，先將尊長毆傷，其子孫目擊祖父母、父母受傷，情急救護，將其致斃，不論是否實係事在危急，及有無互毆情形，定案時仍照本律定擬，照例兩請，候旨定奪。其並非犯親卑幼，及父母並未受傷之案，應仍分別是否事在危急，照例定擬。如案係謀故殺，及火器殺人，並死係兇犯本宗期功尊長，雖釁起救親，均仍各照本律問擬，不得援例聲請。

一、祖父母、父母，被本宗緦麻尊長，及外姻小功緦麻尊長毆打，實係事在危急，卑幼情切救護，因而毆死尊長者，於摺内聲明，減為發極邊足四千里安置，照例兩請，候旨定奪。若並非事在危急，仍照律擬罪，秋審時核其情節，分別矜緩辦理。至救親毆死有服卑幼之案，不論是否事在危急、是否互鬬，俱減為流三千里。如毆殺卑幼罪不應抵者，各於毆殺卑幼本律上減一等。

一、祖父母、父母為人所殺，兇犯當時脫逃，未經到官，後被死者子孫撞遇殺死者，照擅殺應死罪人律治罪；其兇犯雖經到官擬抵，或於遇赦減等後私自脫逃，致被死者子孫擅殺者，流三千里。若本犯擬抵，後援例減等，遇赦釋回者，國法已伸，不當為讎，如有子孫仍敢復讎殺害者，仍照謀故殺本律定擬，入於緩決，收所工作十五年。至釋回之犯，復向死者子孫尋釁爭鬧，或用言譏誚，有心欺凌，確有實據者，即屬怙惡不悛，死者子孫忿激難堪，因而起意復讎致斃，仍於謀故鬬殺本律上減一等，擬以流三千里。其因他故起釁起意復讎毆斃者，亦照上減一等。

按：復讐之說，見於諸經，而唐律無文。康熙年間纂定此例，嘉慶、咸豐年間迭次修改，此為律例中一大問題，茲將前人論說附錄於後，以備參考，亦可知定例之深心，幾經斟酌，而此例之度理準情，引經據典，真乃一王之典，非淺學者可妄議矣。唐韓昌黎云：唐律不言復讐，非闕文也，蓋以為不許復讐，則傷孝子之心而乖先王之訓，許復讐，則人將倚法專殺，無以禁止其端。又，後漢張敏云：《春秋》之義，子不報讐，非子也，而法令不為之減者，以相殺之路不可開也，故令記議者得減，妄殺者有差，使執憲之吏幻設巧詐，非所以導“在醜不爭”之義。又，《晉書·刑法志》：賊鬬殺人，以劾而亡，許依古義，聽子弟得追殺之，會（設）［赦］⑫及過誤相殺，不得報讐，所以止殺害也。考之《周禮·朝士》：報讐，讐書於士，殺之無罪。註：報讐，讐謂同國不相避者，已告於士而書之，非擅殺人者可比，故殺之亦無罪也。又，《地官》：掌司萬民之難，而諧和之。凡過而殺人者，以民成之。鄭註：成之，謂和之也。凡和難，父之讐，避諸海外，兄弟之讐，避諸千里之外云云。蓋《地官》所言諧和者，係指殺人不應抵命者，若《朝士》所云，則殺人應抵者也。唐律於應抵者，尚不著其法，則不應抵者，自應仍照常律矣。然唐律雖不著報讐之法，而有“殺人應死，會赦免者，移鄉千里外”之文，正恐其讐殺相尋也。明律特立“即時殺死，勿論”等語，不言復讐，而復讐亦在其內。自康熙年間定有此例，而報讐之意始著。惟於唐律“移鄉”一層並未議及，似乎尚屬缺點。

《後漢書》：緱氏女玉為父復讐，殺夫氏之黨。吏執玉以告外黃令梁配，配欲論殺玉，時申屠蟠年十五，為諸生進諫曰：玉之節義，足以感無恥之徒，激忍辱之子，不遭明時，尚當旌表廬墓，況在清聽，可不加哀矜？配善其言，乃為讞得減死論。

後唐明宗時，滄州民高宏超，其父暉為鄉人王感所殺，宏超挾刃殺感，攜其首自陳，大理寺以故殺論，刑部員外郎李殷夢復曰：伏以挾刃殺人，按律處死，投獄自首，降罪垂文。高宏超既遂報讐，固不逃法，戴天罔愧，視死如歸。歷代以來，事多貸命。長慶二年，有康買得父憲，為力人張莅乘醉拉憲，氣息將絕，買得年十四，以木鍤擊莅致死，赦旨：康買得尚在童年，能知子道，雖殺人當死，而為父可哀。若從抵命之科，恐失度情之義。宜減一等。方今明時，有此孝子，高宏超若歸極法，實慮未契鴻慈。奉赦：可減死一等。

又，唐元和六年，富平人梁悅手殺父讐，自投縣請罪，韓愈以為宜具其事申尚書省集議奏聞，奉敕：自殺人固有彝典，以其申冤請罪，自詣公門，發於天性，本無求生，甯失不經，特宜減死。

又，唐初有郜人徐元慶，因報父讐而殺縣尉，陳子昂議：元慶應伏辜而旌其閭墓。後柳宗元極論其非。

又，《齊東野語》載：王宣子母塚為盜所發，時宣子為吏部郎，其弟公袞居鄉，物色得賊，遂聞於官，具服其罪，止從徒斷，黥隸他州。公袞不勝悲憤，因手斷賊手，自歸有司。宣子以狀白堂，納官以贖弟罪。時給事楊椿舍人張孝祥書議狀曰：復讐，義也。夫讐可復，則天下之人將交讐而不止，於是聖人為法以制之。當誅也，吾為爾誅之，當刑也，吾為爾刑之，以爾之讐麗吾之法。於是為人子而讐於父母者，不敢復，而惟法之聽，可也，法（刑）［行］則無讐之意在焉故也。今夫公袞之母既葬，而暴其骨，是僇尸也，父母之讐，孰大於是？公袞得賊而殺之，義也，而莫之敢也，以為有法焉。律曰：發塚開棺者，絞。二子之母遺骸散逸故藏之外，則賊之死無疑矣，賊誠死，則二子之讐亦報，此公袞所以不敢殺之於其獲，而必歸之吏也。獄成而吏出之，使揚揚出於閭巷與齊民等。夫父母之讐，不共戴天者也，二子之始不敢殺也，不敢以私義故亂法。今獄已成矣，法不當死，二子殺之，罪也，法當死，而吏廢法，則地下之辱沉痛鬱結，終莫之申，為人子者，尚安得自比於人也。宣子有官守，則公袞之殺是賊，協於義而宜者也。

公衮殺掘塚法應死之人為無罪，官贖納弟之請當不許，故縱失囚，有司之罰宜如律。詔從其議。

惠學士《禮說》，《大戴禮》曰：父母之讐，不與同生；兄弟之讐，不與聚國；朋友之讐，不與聚鄉；族人之讐，不與聚鄰。《曲禮》云：父之讐，弗與共戴天；兄弟之讐，不反兵；交游之讐，不同國。諸儒異說，莫能相一，學者惑焉。愚謂不與同生者，孝子之心；勿令相讐者，國家之法。如其法，則孝子之心傷，如其心，則國家之法壞。欲兩全則兩窮，於是使不共戴天之讐，避諸海外，亦不害國家之法，亦不傷孝子之心，此調人之所以為調也。若夫殺人者死，傷人者刑，乃秋官之所弊而誅，非調人之所和而釋。漢律懷刺刃者必誅，以其雖未殺傷人，而有殺傷人之心也。調人所謂過而殺傷者，吉人良士，本無傷殺人之心，時有過誤，不幸陷罹者耳。調人，本教民之官，故以其民共聽而成之。

薛氏《讀（律）[例] 存疑》曰：父之讐，弗共戴天云云。此為人子、為人弟者言之也，謂非此不能為子、不能為弟矣。其子、弟應否論罪，經不言也，亦謂義當如此，非謂法亦當如此也。《周禮》兼言用法，是以《朝士》有"書於版，殺之無罪"之文。《調人》有"殺人而義，勿令讐，讐之則死"，及"避諸海外"之文。

歷觀以上諸說，可知律例之文，胥本聖經賢傳，幾經名儒參酌，乃著為法。淺學一知半解，遽行妄談古制、輕言改作，其亦太不自量矣。噫！長安不作，歸安漸老，世有知律者，吾將執鞭從之。

---

**校勘記**

① 原文缺"謀"，語意不通，據《大清現行刑律》補。
② "例"當作"律"，據《大清現行刑律》改。
③ 原文缺"姦婦"二字，易生歧義，據《大清現行刑律》補。
④ 原文缺"及"，語意不順，據《大清現行刑律》補。
⑤ 根據文意，此處"輕"當作"較"。
⑥ 根據文意，此處"一"當作"兩"。
⑦ "及"當作"又"，據《大清現行刑律》改。
⑧ 此處原文抄寫順序混亂，根據文意調整。
⑨ 根據上下文意，此處"然"當作"非"。
⑩ "本"語意不通，當作"品"。
⑪ "子"語意不通，當作"於"。
⑫ "設"語意不通，當作"赦"，據《晉書•刑法志》改。

# 大清現行刑律講義卷七

## 罵詈

### 罵人

凡罵人者，處一等罰。互相罵者，各處一等罰。

### 罵制使及本管長官

凡奉制命出使，而官吏罵之者，及部民罵本屬知府、知州、知縣，軍士罵本管官，若吏卒罵本部五品以上長官，處十等罰。若吏卒罵六品以下長官，各指六品至雜職，各於處十等罰上。減三等。軍民吏卒罵本屬、本管、本部之佐貳官、首領官，又各遞減一等。並親聞乃坐。

### 佐職統屬罵長官

凡首領官及統屬官，罵五品以上長官，處八等罰。若罵六品以下長官，減三等。處五等罰。佐貳官罵長官者，又各減二等。五品以上，處六等罰。六品以下，處三等罰。並親聞乃坐。

### 雇工人罵家長

凡雇工人罵家長者，徒二年。罵家長期親及外祖父，處十等罰；大功，處六等罰；小功，處五等罰；緦麻，處四等罰。並親告乃坐。以分相臨，恐有讒間之言，故須親聞，以情相與，或有容隱之意，故須親告。

### 罵尊長

凡罵內外緦麻兄姊，處五等罰；小功兄姊，處六等罰；大功兄姊，處七等罰；

尊屬兼緦麻、小功、大功。各加一等。若罵期親同胞兄姊者，處十等罰；伯叔父母、姑、外祖父母，各加罵兄姊一等。並須親告乃坐。弟罵兄妻，比照毆律，加凡人一等。

## 罵祖父母父母

凡罵祖父母、父母，及妻妾罵夫之祖父母、父母者，並絞監候。入於秋審情實。須親告乃坐。義子罵義父母，罪同，若既聘未娶子孫之婦罵舅姑，照子孫違犯教令律治罪。

## 妻妾罵夫期親尊長

凡妻妾罵夫之期親以下、緦麻以上內外尊長，與夫罵罪同。妾罵夫者，處八等罰；妾罵妻者，罪亦如之。若罵妻之父母者，處六等罰。並須親告乃坐。律無妻罵夫之條者，以閨門敵體之義恕之也，若犯，擬不應輕罪可也。

## 妻妾罵故夫父母

凡妻妾，夫亡改嫁，其義未絕。罵故夫之祖父母、父母者，並與罵舅姑罪同。按：妻若夫在被出，與夫義絕，及姑婦俱改嫁者，不用此律。又，子孫之婦，守志在室，而罵已改嫁之親姑者，與罵夫期親尊屬同。若嫡、繼、慈、養母已嫁，不在罵姑之例。

按：以上均係明律，順治三年添入小註，雍正、乾隆年間修改，現又改笞杖為罰金，並删去“奴婢”一項。唐律無罵詈專條，統於毆律以內。明始立為《罵詈》一篇，與《鬬毆》分作兩門，其實用者甚少，律文半成虛設，故不逐條細講，略釋大義，聊備一格。《輯註》謂：惡言陵辱曰罵，穢言相訕曰詈，總皆穢惡之言，不必細分。罵人已為非禮，且恐馴致鬬毆，故設此禁以杜爭鬬之漸。首條言凡人相罵之罪，二條言惡聲不可加於官長，三條言相臨之分以懲犯上之罪，四條懲雇工人干犯之罪，五條懲卑幼干犯之罪，六條重不孝之罪，七條言婦人不睦於夫黨之罪，八條言罵舅姑者無分夫之存歿。凡以分相臨者，須親聞乃坐，不許指告，恐開讒譖之端也；以情相與者，須親告乃坐，亦不聽指告，許其以恩義容隱也。此皆律之精義。外又有條例數項，足補律所未備，當一併參考。

**條例**

一、凡毀罵公侯、額駙伯及京省文職三品以上、武職二品以上者，依罵制使及本屬本管律治罪。

一、凡毀罵祖父母、父母，及夫之祖父母、父母，告息詞者，奏請定奪，再犯者，雖有息詞不與准理，若祖父母、父母聽信後妻愛子蠱惑，謀襲官職爭奪財產等項，捏告打罵者，究問明白，不拘所犯次數，亦與辦理。

按：初一條係於本管官之外又分出官品之最尊者，毀罵非止罵詈，乃造有誹謗之語也，此外又有“罵親王立絞”一項，見於《比引律條》，現已刪除；第二條因罵無證據，而絞罪又為至重，父母於子孫婦妾或有愛憎之偏，而後母尤多，故議此例，既許其親息告以全恩愛，又許問官辦理以申冤枉，皆合乎天理人情之至，當詳譯之。

# 訴訟

漢九章律本無訴訟之名，魏始有《告劾律》，晉改為《告劾擊訊律》，北齊坿於《鬬律》，名曰《鬬訟》，隋、唐因之。明始析“鬬”、“訟”為二門，曰《鬬毆》、曰《訴訟》，國朝仍舊不改，而最嚴於《誣告》。通篇雖分十章，惟《越訴》、《誣告》二章尤為詳要。《輯註》有：冤抑之事而陳告曰訴，有爭論之事而陳告曰訟。外國分民事訴訟法、刑事訴訟法，現修新律，雖亦倣照分編，其精意仍統括於此篇，不能出其範圍，不過條目較為繁細。然此篇《干名犯義》一條，實為我中華國粹所存，外律恐亦無此精深耳。

## 越訴

凡軍民詞訟，皆須自下而上陳告，若越本管官司，輒赴上司稱訴者，即實亦處五等罰。須本管官司不受理，或受理而虧枉者，方赴上司陳告。○若迎車駕及擊登聞鼓申訴而不實者，處十等罰；所誣不實之事重於十等罰者，從誣告重罪論；得實者免罪。若衝突仗衛，自有本律。

按：此仍明律，順治三年添入小註，現改笞杖為罰。唐律：諸越訴及受者，笞四十，即邀車駕及撾登聞鼓若上表訴，而主司不即受者，加一等，其邀車駕訴而入部伍內，杖六十。註云：部伍，謂入導駕儀仗中者。又，問曰：云有人於殿庭訴事，或虛或實，合科何罪？答曰：依令，尚書省訴不得理者，聽上表，受表恆有中書舍人、給事中、御史三司監受，若不於此三司上表，而因公事得入殿庭而訴，是名“越訴”，不以實者，依上條杖八十，得實者不坐云云，與此律用意相似而罪名較輕。此律之意，重在禁刁訟以息囂風也。凡軍統於營衛、民統於州縣，乃其本管官司也，一應詞訟，皆須先由本管官司自下陳告，如不受理，或有枉斷，方許赴上司陳告。若驟赴上司衙門稱訴，是謂“越訴”，越訴者蔑視本管之官，挾借上司之勢，越分妄呈，必非善良，故不實者，依誣告律論罪；即得實者，亦五等罰，以其不當訴也。至迎候車駕出入及擊登聞鼓申訴，則與越訴不同矣，蓋人至迎駕、擊鼓，必有大不得已之情，而官司不能為之剖斷者，故必不實方擬罰罪，而得實即免治罪，與上越訴無論實與不實均治其罪者不同，又於遏禁刁風之中以達民隱而申民冤也，雖連類以及而用意各有不同，此必須於申訴之時，在儀仗以外俯伏以聽，若衝突儀仗以內，則又當別論，查《宮衛律》，衝突儀仗而訴事不實者，雜犯，絞；又，上書詐不實者，徒三年，與此僅擬十等罰者異矣。二律輕重不同，故彼則衝入儀仗以內，此僅於杖外俯仗以聽，彼則詐妄以言他事，此僅申訴冤抑期脫己罪而已，須分別觀之。外國刑法雖無此名目，然訴訟法須先由初級裁判起訴，然後以次及於地方高等，用意正復相合，不過官職名稱之間有不同耳。律外又有條例，以申律所未盡之義，坿錄於後，以備研究。

**條例**

一、軍民人等遇有冤抑之事，應先赴州縣或審判廳具控，如審斷不公，再自下而上呈明，若再有屈抑，方准來京呈訴，如未經在本籍地方及該上司先行具控，或現在審辦未經結案，遽行來京控告者，先治以越訴之罪。

一、凡控訴案件，即於事犯地方告理，不得於原告所住之州縣及審判廳呈告，原籍之官亦不得濫准行關，彼處之官亦不得據關拘發，違者分別議處，其於事犯地方衙門告准關提質審，而彼處之官匿犯不解者，照例叅處。

一、軍民人等干已詞訟，若無故不行親齎，並隱下壯丁，故令老幼殘疾婦女家人抱齎奏訴者，俱各立案不行，仍提本身或壯丁問罪。

一、外省人民上控已結、未結各案，由大理院酌量情形，調取卷宗核對，若原審各員果有未允及他項情弊，即將該案發交本省遴員覆鞫，如所控不實，即予駁斥，仍照原擬定案，儻上控之人於案外添砌情節，希圖翻案，審係在本省各衙門歷控者，照誣告律加一等治罪，揑稱已控者，再加一等，本罪重者，仍從重論，知情受雇扛幫者，各減一等。

一、凡在外州縣有事款干礙本官不便控告，或有冤抑審斷不公，須於狀內將控過衙門審過情節開載明白，上司官方許受理，若未告州縣，及已告州縣，不候審斷越訴者治罪，上司官違例受理者亦議處。

一、曾經考察考覈被劾人員，若懷挾私忿摭拾察覈官員別項贓私，不干己事，奏告以圖報復者，不分現任、去任，文武官俱革職為民，已革者問罪，奏告情詞不問虛實，立案不行。

一、在外刁徒直入衙門，口稱奏訴，挾制官吏者，所在官司就拏送問，若係干己事情及有冤枉者，照例審斷，仍治以不應重罪，其不係干己事情，別無冤枉，並究明主使之人，一體問罪，俱流二千五百里。

一、凡假以建言為由，挾制官府，及將曖昧不明姦贓情事，污人名節，報復私讎者，文武官俱革職，軍民人等，徒三年。

一、軍民人等控訴事件，其有曾經內外問刑各衙門問斷明白，意圖翻異，輒於長安左右門等處自刎自縊、撒潑喧呼，或因小事糾集多人，妄行謊告，及揑開大款，欲思報復，聚衆呼冤者，追究主使之人，與首犯俱徒三年，餘人各減一等，有在受理詞訟各衙門前故自傷殘者，嚴追主使教唆之人，與自傷未死之犯，俱徒二年半，餘人亦各減一等。如自戕之犯身死，亦究明主使教唆，及預謀各犯，分別治罪。儻誣告罪重者，仍各從重論。

一、凡擅入午門、長安等門，叫訴冤枉，奉旨勘問得實者，照擅入禁門律治罪，涉虛者，流三千里，其奉旨止拏犯人治罪者，所訴情詞不分虛實，立案不行，仍將本犯照擅入禁門律治罪。

一、凡姦徒身藏金刃欲行叩閽，擅入午門、長安等門者，不問所告虛實，立案不行，仍照持刃入禁門律治罪。

## 投匿名文書告人罪

凡投隱匿自己姓名文書，告言人罪者，絞監候。雖實亦坐。見者，即便燒燬。若不燒燬。將送入官司者，處八等罰。官司受而為理者，處十等罰。被告言者，雖有指實。不坐。若於方投時能連人與文書捉獲解官者，官給銀一十兩充賞。指告者勿論。若詭寫他人姓名詞帖，訐人陰私陷人；或空紙用印，虛揑他人文書，買囑鋪兵遞送，陷人得罪者，皆依此律絞。其或係泛常罵詈之語，及雖有匿名文書，尚無投官確據者，皆不坐此律。

按：此仍明律，順治三年添入小註，雍正、乾隆年間修改，現又刪易。唐律：諸投匿名書告人罪者，流二千里，得書者皆即焚之，若將送官司者，徒一年，官司受而為理者，加二等，被告者不坐，輒上聞者，徒三年云云。此律改流為絞，而送官司及受理者復較唐律為輕，且此律刪去“上聞者，徒三年”一語，而添入捉獲給賞之法，雖因後世人情日趨狡詐，不得不設重法，然擬絞未免過嚴，是以律註有尋常罵詈及雖有匿名文書尚無投官確據不坐此律之文，可見律文曰“投”，必送入官司方是，若僅黏貼要路即不得謂之“投”也。《輯註》云：若在其家中或別於閑處，雖有匿名文書，尚無投官之據，安知其不悔悟中止，豈可使捉獲解官問擬死罪云云，即是此意。而王氏《箋釋》謂黏貼要路亦是，未免涉於深文周內，殊不可從。再，此律固重匿名，尤重在告言人罪，若泛是尋常罵詈之詞，不曾訐發陰私，或無所訐之人姓名，皆與此律不合，不得妄引。蓋死罪法重，引斷尤須詳慎，故拏獲者必在方投之時，而又須連人與文書一併捉獲，窮究得實，方坐，否則盡索夙有讐嫌之人而對其筆跡亦不可得，蓋姦狡之徒，既欲匿名害人，豈肯以常時筆法書寫，非自變易字體，則必假手他人，更或摹仿他人筆跡而偽為之，以冀害兩家，故註中添出“連人”二字，極有深意，所以防其誣指也。此律之意，總是杜陰謀以防傾陷，凡告言人罪，必須出名指實，若羅織人之陰私而隱匿己之姓名，或揑造鬼名、或詭託他人暗投官府以告人罪，既欲陷人於罪中，又欲脫身於事外，其心至險，故其法至嚴。若見者送入官司，則姦言得通於上矣；官司受理，則姦言得行於上矣，故均治以罰罪。但見者是不知法令之人，故將送之罪稍輕；官司是執掌法令之人，故受理之罪較重。日本刑法有摘發惡事醜行誹毀處重禁錮、加罰金一條，雖亦此意，然尚無匿名之說，故治罪稍從輕也。

**條例**

一、凡布散匿名揭帖，及投遞內外各衙門者，俱不准行，拏獲照律治罪，如不行嚴拏者，交部議處，接受揭帖具奏及審理者，革職。若不肖官員，唆使惡棍黏貼揭帖，或令布散投遞者，與犯人罪同。如該管文武官弁不嚴加查拏，別經發覺，將該管官弁及失察之上司，俱交部分別議處。

一、凡有拾獲匿名揭帖者，即將原帖銷燬，不准具奏。惟關係國家重大事務者，密行奏聞，候旨密辦。

以上二例與律相輔而行，首條特為內外地面官員而設，二條係於不准具奏之中仍寓變通辦理之意，以關係國家重大事務也。考之《唐律疏議》云：若得告反逆之書，或不測，理須奏聞，不合燒除云云。可見匿名告人，非盡全不准理。此例即唐律之意，足補現律之所未備也。

## 告狀不受理

凡告謀反叛逆，官司不即受理，差人掩捕者，雖不失事。徒三年。因不受理掩捕，以致聚衆作亂，或攻陷城池，及刼掠人民者，官坐絞監候。若告惡逆，如子孫謀殺祖父母、父母之類。不受理者，處十等罰。告殺人及強盜不受理者，處八等罰。鬬毆、婚姻、田宅等事不受理者，各減犯人罪二等，並罪止八等罰。受被告之財者，計贓以枉法罪與不受理罪。從重論。○若詞訟原告、被論即被告。在兩處州縣者，聽原告就被論本管官司告理歸結；其各該官司自分彼此，或受人財，推故不受理者，罪亦如之。如上所告事情輕重，及受財枉法，從重論。○若督撫、按察使，提法使同。巡歷去處，如有詞訟未經本管官司陳告，及雖陳告而本宗公事未結絕者，並聽督撫等官置簿立限，發當該官司追問，取具歸結緣由勾銷。若有遲錯而督撫等官不即舉行改正者，與當該官吏同罪。輕者，依官文書稽程十日以上，吏典處四等罰；重者，依不與果決，以致耽誤公事者，處八等罰。○其已經本管官司陳告，不為受理，及本宗公事已絕，理斷不當稱訴冤枉者，各督撫等衙門即便勾問。若推故不受理，及轉委有司，或仍發原問官司收問者，依告狀不受理律論罪。○若本管衙門追問詞訟及大小公事，自行受理，並上司批發。須要就本衙门歸结，不得轉行批委，致有冤枉擾害。違者，隨所告事理輕重，以坐其罪。如所告公事合得罰罪，坐以罰罪。死罪已決放者，同罪；未決放，減等。徒流罪，抵徒流。

按：此仍明律，順治三年修改，雍正三年改定，現又改易，笞杖俱改罰金。唐律雖無此項專條，而密告謀反大逆門內：官司承告不即掩捕，經半日者，各與不告罪同；諸知謀反及大逆，不告者，絞；知謀大逆、謀叛，不告者，流二千里；知指斥乘輿及妖言，不告者，各減本罪五等；又，諸強盜及殺人賊發，官司不即檢校捕逐及有所推避者，一日，徒一年，竊盜各減二等；又，監臨主司知所部有犯法不舉劾者，減罪人罪三等，糾彈之官減二等云云。蓋即此律之所本祖，不過罪名輕重不同，而文義較唐律詳備耳。律文共分五節，總是儆官司曠職以達下民之情。三節、四節專指出巡之官，前明設巡按御史以察民隱而達下情，巡歷去處，必行放告，故設此置簿立限勾銷之律。國朝改為“巡道”，雖非古制，尚有巡歷之名，現在並巡道之名而並裁之，此律已成虛設，然其前後三節，嚴懲官司廢弛推諉釀禍之弊，無論何時均不可廢。日本刑法官吏瀆職門，凡裁判官、檢查官無故不受刑事之訴，或遷延不受理者，處禁錮加罰金，關於民事之訴訟亦同。又，官吏受人囑託收受賄賂，允許之者，處重禁錮、加罰金，因而曲庇被告人及陷害被告人者，加等；又，人之身體財產有人犯害時，官吏受其報告不速為保護處置者，處輕禁錮、加罰金云云。正與此律用意相同，特其輕重詳畧稍有區分耳。律言告狀不受理之罪，例又補出農忙受理之罪，雖與律意反對，要各有精義存焉，當合參之。

**條例**

一、每年自四月初一日，至七月三十日，時正農忙，民間詞訟，除謀反叛逆盜賊人命，及貪贓壞法，並一切呈訴無妨農業之事者，俱照常受受理外。其一應戶婚田土等細事，如兩造均係農民，一概不准受理，自八月初一日以後方許聽斷。

若田土等案，呈告雖在四月以前，如須丈量踏勘已至農忙期內，有妨耕作者，准其詳明上司照例展限。至查勘水利界址等事，清理稍遲，必致有妨農務者，即由該管官親往審斷速結，不得票拘至城，或致守候病農。若農忙期內受理細事病農者，該上司衙門指名条處。如各該衙門將應審結之事，藉稱停訟稽延者，亦照例據實条處。

一、州縣及審判廳所有詞訟，凡遇隆冬歲暮，俱隨時審理，不得照農忙之例停訟展限，該管官嚴加察核，違者照例揭条。

一、各省州縣及審判廳並有刑名之責等官，每月自理詞訟設立號簿，將到案月日、審訊情形，及已結未結詳細登記，按月申送各該上司以備查考，如有遺漏，或開載不明，及隱匿裝飾，該管上司即行奏条。若上司徇庇，一經首告，或被給事中各道糾条，將該管上司一併交部從重議處。

## 聽訟迴避

凡官吏於訴訟人內，關有服親及婚姻之家，若受業師，或舊為上司，與本籍官長有司。及素有讎隙之人，並聽移文迴避。違者，雖罪無增減。處四等罰；罪有增減者，以故出入人罪論。

按：此仍明律，順治三年添入小註，雍正三年修改，現改笞為罰。唐律無此律目，明設此條，所以遠嫌疑而杜私弊也。親屬姻家及受業師等項，則當避徇情之嫌；舊有讎隙，則當避挾怨之嫌。一則恐徇私而悖公理，一則恐借公以報私讎，均係防其徇私之意。凡人之避嫌者，雖皆內有不足，然祁奚、謝安世有幾人，況瓜田李下，君子不處，此律正不可少。日本訴訟法，審判官迴避之例有四：一、審判自係受害人；二、審判官及其妻與被告、受害人或該等人之配偶者係屬親屬，雖婚姻離斷者亦同；三、審判官就其事件曾為證人、勘定人，或為被告及受害人法律上之代理人；四、審判官曾干預其事件之豫審、終審，或干預此案呈訴不服以前之審判云云。雖與中律界限不同，且親屬僅舉其妻，不言別親，亦不如中律該括。然其別嫌避疑，以維持裁判大公則一也。

## 誣告

凡誣告人罰金罪者，加所誣罪二等。流徒罪，不論已決配，未決配。加所誣罪三等，各罪止流三千里。不加入於絞。遣罪，即反坐以遣罪。若所誣徒罪人已役，流遣罪人已配，雖經改正放回，須驗其被逮發回之日，於犯人名下追徵用過路費，給還；被誣之人。若曾經典賣田宅者，著落犯人備價取贖；因而致死隨行有服親屬一人者，絞監候，至死罪，而所誣之人已決者，依本絞、斬。反坐誣告人以死。雖坐死罪，仍令備價取贖。未決者，流三千里，就於配所加徒役三年。〇其犯人如果貧乏，無可備償路費、取贖田宅者，止科其罪。〇其被誣之人詐冒不實，反誣犯人者，亦抵所誣之罪，犯人止反坐本罪。謂被誣之人本不曾致死親屬，詐作致死，或將他人死屍冒作親屬，誣賴犯人者，亦抵絞罪；犯人止反坐誣告本罪，不在加等、備償路費、取贖田宅之限。〇若告二事以上，重事告實，輕事招虛，及數事不一，凡所犯罪同等，但一事告實者，皆免罪。名例律：罪各等者，從一科斷。非逐事坐罪也，故告者一事實，即免罪。〇若告二事以上，輕事告實，重事招虛，或告一事誣輕為重者，除被誣之人應得罪名外，皆為剩罪。皆反坐以所剩。不實之罪。若已論決，不問罰金、徒、流、遣。全抵剩罪；刑名不同者，從徒入流遣亦以所剩論，流遣同比徒一年為剩，從近流入遠流，每等比徒半年為剩，遣罪同遠流，從內遣入外遣，同比徒半年。從十等罰以下，入徒流遣，從徒流遣，入死罪，亦以全罪論，未論決，十等罰以下及死罪，各減一等，徒以上仍罰贖。謂徒一年折銀二十兩，每一等加五兩，五徒准此遞加。由徒入流，一等加十兩，三流准此遞加，遣罪仍照滿流科斷。〇若律該罪止者，誣告雖多，不反坐。謂如告人不枉法贓二百兩，一百三十兩是實，七十兩是虛，依律不枉法贓一百二十兩之上，罪應監候絞，即免其罪。〇其告二人以上，但有一人不實者，罪雖輕，猶以誣告論。謂如有人告三人，二人徒罪是實，一人五等罰罪是虛，仍以一人五等罰罪上加二等，反坐原告之類。〇若各衙門官進呈實封誣告人，及風憲官挾私彈事有不實者，罪亦如告人罰金、徒、流、遣、死，全誣者坐。之。若誣重反坐及全誣加罪輕，不及徒三年。者，從上書詐不實論。以徒三年科之。〇若獄囚已招伏罪，本無冤枉，而囚之親屬妄訴者，減囚罪三等，罪止處十等罰。若囚已決，而自妄訴冤枉，摭拾原問官吏過失而告之者，加所誣罪三等，罪止流三千里。若在役限內妄訴，當從已徒而又犯徒律。

按：此仍明律，原有小註，順治、雍正、乾隆年間迭次修改，現又改易。唐律：諸誣告人者各反坐，即糾彈之官挾私彈事不實者亦如之。註云：至死而前人未決者，聽減一等；又，若二罪以上，重事實及數事等，但一事實，除其罪；重事虛，反其所剩。即罪至所止者，所誣雖多，不反坐。其告二人以上，雖實者多，猶以虛者反坐。若上表告人，已經聞奏，事有不實，反坐罪輕者，從上書詐不實論。諸告小事虛，而獄官因其告，檢得重事及事等者，若類其事，則除其罪；離其事，則依誣論。諸誣告人流罪以下，前人未加拷掠，而告人引虛者，減一等；若前人已拷者，不減。即拷證人，亦是。註云：誣告期親尊長、外祖父母、夫、夫之祖父母，及奴婢、部曲誣告主之期親、外祖父母者，雖引虛，各不減。又，誣告謀反及大逆者，斬；從者，絞。若事容不審，原情非誣者，上請。告謀大逆、謀叛不審者，亦如之。誣告本屬府主刺史縣令者，加所誣罪二等云云。明律多採其意，而刪去“告小事虛，獄官檢得重事、類其事，除罪；離其事依誣論”以下數條。未免缺略不完。再，唐律誣告止反坐其罪，而明律改為加二、三等，已較從重，又增“給償路費”、“斷產”各項，則更重矣。法重則難行，故現在誣告之案，俱以事出有因及懷疑誤控曲為開脫，而按律辦理者十無一二，此為訴訟中一大問題。蓋嚴訐告不實之罪以懲刁詐，凡人愬己之冤，或言人之罪，皆當據實呈告，若揑造虛無，是謂誣告，告人何罪即以其罪科誣告之人，是謂反坐。但誣告有輕、重、虛、實、已決、已配、未決、未配、全誣及誣輕為重之分，故治罪有加二等、加三等、全科、減等、免罪及反坐所剩之別，此是律中長篇，層次極多、文義極細。共分九段：首節言全誣無罪之人；二節、三節則推廣誣告中之事而補其未備也；四節、五節言誣告有罪之人；六節則推廣誣重中之事而補其未備也；七節推及告二人以上有一不實與告一人二事者不同；八節推及進呈誣告及彈事不實之罪；末節推及事已問結而妄有辨訴，係親屬則減罪，係本人則加罪，雖與平空誣告不同，究與誣告相類。蓋全誣者反坐，無剩罪，故不煩折算；誣重者必折算乃得剩罪；全誣至死未決者，流，又加役，誣重至死未決者，則不加役，至誣死已決者，無論全誣與誣重，均反坐以死，且全誣則有追償，誣重則不追償；誣告應加等，而兩相誣者不加，誣告者反坐而外又追償，若兩相誣者則不追償。此皆律中最要關鍵。舊註剩罪折杖之法，分別由笞入杖、由笞入徒、由笞入流、由徒入徒、由徒入流，並由近流入遠流，其法極細極微，現在廢除笞杖，故照唐律三流比徒一年，流罪每等比徒半年之法，並將遣罪增入，則較舊法甚為簡便，讀者合新舊兩註，熟思詳味，可見古人心思之密，推算之精。考之日本刑法，以不實之事誣告人者，因陷人重罪，處重禁錮二年以上、五年以下；因陷入輕罪，處重禁錮六月以上、二年以下；因陷人違警罪，處重禁錮一月以上、三月以下；因誣告致被告人處死刑時，其反坐刑減一等，未行刑前發覺者減二等，若以陷害被告人於死為目的而誣告者，反坐死刑，未行刑前發覺者減一等云云。雖不如中律詳細，而分別所誣罪之輕重以為反坐，亦自簡當可法。中律已詳，而例更周匝，當併研究。

**條例**

一、凡詞狀止許一告一訴，告實犯實證，不許牽連婦女，波及無辜，亦不許陸續投詞攀引原狀內無名之人，違者，概不准理，仍照違令律治罪。

一、赴各衙門告言人罪，一經批准，即令原告到案投審，若不即赴審，輒行脫逃，及並非因疾病事故，亦非程途遼遠，一月不到案聽審者，即將被告及證佐俱行釋放，其所告之事不與審理，拏獲原告，仍治以誣告之罪。

一、詞內干證，令與兩造同具甘結，審係虛誣，將不言實情之證佐按律治罪，若非實係證佐之人，挺身硬證者，與誣告人一體治罪，受贓者，計贓以枉法從重論，承審官故行開脫者，該督撫奏叅嚴加議處。

一、凡實係切己之事，方許陳告，若將弁剋餉，務須營伍管隊等頭目率領兵丁公同陳告，州縣徵派，務須里長率領衆民公同陳告，方准受理，如違禁將非係公同陳告之事，懷挾私讎，改捏姓名，砌款黏單，牽連羅織，希圖准行妄控者，除所告不准外，照律治以誣告之罪。

一、凡官民人等告訐之案，察其事不干已，顯係詐騙不遂，或因懷挾私讐以圖報復者，內外問刑衙門不問虛實，俱立案不行。若呈內臚列多款或涉訟後復告舉他事，但擇其切己者准為審理，其不係干己事情，亦俱立案不行，仍各將該原告照違制律治罪，係官革職，已革者與民人一例辦理。如敢妄捏干已情事，聳准，及至提集人證審辦，仍係不干已事者，除誣告反坐罪重者仍從重定擬外，其餘無論所告虛實、詐贓多寡、已未入手，俱不分首從流二千五百里。

一、胥役控告本管官，除實有切己冤抑，及本官有不法等情，既經承行，懼被干連者，仍照例辦理外，若一經審係誣告，應於常人誣告加等律上再加一等治罪。

一、直省各上司有恃勢抑勒者，許屬員詳報督撫奏叅，若督撫徇庇不叅，或自行抑勒者，准其直揭各部都察院奏請定奪，審實將該上司分別議處。若屬員已知上司訪揭奏叅，即摭砌款蹟捏詞誣揭部院者，由部院查叅，將該員解任，令該督撫確審，係誣揭者革職，一事審虛即行反坐，於誣告加等律上再加一等治罪，如被叅本罪重於誣告罪者，亦於被叅本罪上加一等治罪，武職悉照文職例行。

一、無藉棍徒私自串結，將不干己事捏寫本詞，聲言奏告詐贓滿數者，准竊盜論，贓至一百二十兩以上者為滿數。不分首從，俱流三千里。若妄指宮禁親藩誣害平人者，俱發極邊足四千里安置。

一、姦徒串結衙門人役，假以上司察訪為由，纂集事件，挾制官府，無贓，問違制。陷害良善，問誣告。或詐騙財物，奸徒依詐欺，衙門人役依枉法。或報復私讎以所纂集事件坐誣。者，審實各依律於本罪上加一等治罪，為從各減一等。

一、有舉首詩文書札悖逆者，除顯有逆跡仍照律擬罪外，若祇是字句失檢，涉於疑似，並無確實悖逆形跡者，將舉首之人即以所誣之罪依律反坐，至死罪者分別已決、未決辦理，承審官不行詳察輒波累株連者，該督撫及給事中各道察出奏条，將承審官照故入人罪律交部議處。

一、控告人命，如有誣告情弊，即照誣告人死罪未決律治罪，不得聽其自行攔息，其間或有誤聽人言，情急妄告，於未經驗屍之先盡吐實情，自願認罪遞詞求息者，訊明果無賄和等情，照不應重律治罪完結。如有教唆情弊，將教唆之人仍照律治罪，該承審官如有准其攔息不究或徇私賄縱者，指名奏条，照例分別議處。

一、凡捏造姦贓款蹟，寫揭字帖，及編造歌謠，挾讐污衊，以致被誣之人忿激自盡者，照誣告致死例，擬絞監候，其鄉曲愚民因事爭角，隨口斥辱，並無字蹟及並未編造歌謠者，各依應得罪名科斷。

一、凡將良民誣指為竊，及寄買賊贓，將良民捉拏拷打嚇詐財物，或以起贓為由，沿房搜檢，搶奪財物，淫辱婦女，除實犯死罪外，其餘不分首從，俱發極邊足四千里安置，若誣指良民為強盜者，亦發極邊足四千里安置。其有前項拷詐等情，俱發煙瘴地方安置。誣指送官，依誣告論；淫辱婦女，以強姦論。

一、凡誣良為竊之案，如拷打致死及誣告到官或捆縛嚇詐逼認致令自盡者，俱擬絞監候，其止空言捏指，並未誣告到官，亦無捆縛嚇詐逼認情事，死由自盡者，流三千里，至疑賊斃命之案，訊係因傷身死，仍悉照謀故鬭殺共毆，及威力制縛主使各本律例定擬。

一、誣告叛逆，被誣之人已決者，誣告之人擬絞立決，未決者擬絞監候。

一、誣告人因而致死，被誣之人委係平人，及因拷禁身死者，擬絞監候。其將案外之人拖累拷禁致死者，亦擬絞監候。若誣輕為重，及雖全誣平人，卻係患病在外身死者，止擬應得罪名發落。

一、挾讐誣告人謀死人命，致屍遭蒸檢者，不論平人、尊長之屍，為首者絞監候，為從流三千里。其官司刑逼妄供者，革職；審出實情者，交部議敘。

一、凡捕役人等奉差緝賊，審非本案正盜，若其人素行不端，或曾經犯竊有案者，將捕役照誣良為盜例減一等，徒三年。至其人雖犯竊有案，已改惡為善，確有實據，仍復妄拏，并所獲竊盜私行拷打，嚇詐財物，逼勒認盜，及所緝盜案已獲有正賊，因夥盜未獲，將犯有竊案之人教供誣攀，濫拏充數等弊，俱照誣良為盜例，分別強竊治罪。

一、凡捕役誣竊為盜拏到案日，該地方官驗明並無拷逼情事，或該犯自行誣服，并有別故例應收禁，因而監斃者，將誣拏之捕役流三千里，其嚇詐逼認因而致死及致死二命者，俱照誣告致死律擬絞監候，拷打致死者，照故殺律擬絞監候。

一、番捕等役誣陷無辜，妄用腦箍及竹籤烙鐵等刑致斃人命者，以故殺人論，傷者照凡鬭傷加二等。

## 干名犯義

凡子孫告祖父母、父母，妻妾告夫及告夫之祖父母、父母者，雖得實，亦徒三年。祖父母等同。自首者，免罪。但誣告者，不必全誣，但一事誣，即絞。若告期親尊長、外祖父母，及妾告妻者，雖得實，處十等罰。告大功，得實，亦處九等罰。告小功，得實亦處八等罰。告緦麻，得實亦處七等罰。其被告期親、大功、尊長，及外祖父母，若妻之父母，及夫之正妻，並同自首免罪；小功，緦麻尊長，得減本罪三等。若誣告罪重於干犯本罪者，各加所誣罪三等。謂止依凡人誣告律加三等，便不失於輕矣。○加罪不入於絞。若徒、流已未決，償費、贖產、斷付、加役，並依誣告本律。若被告無服尊長，減一等，依名例律。○其告尊長謀反、大逆、謀叛、竊藏姦細，及嫡母、繼母、慈母、所生母殺其父，若所養父母殺其所生父母，及被期親以下尊長侵奪財產，或毆傷其身，據實應自理訴者，並聽卑幼陳告，不在干名犯義之限。其被告之事，各依本律科斷，不在干名犯義之限，並同自首免罪之律。被告卑幼同此。又犯姦及損傷於人，於物不可賠償者，亦同。○若告卑幼得實，期親大功及女壻亦同自首免罪，小功、緦麻亦得減本罪三等。誣告者，期親減所誣罪三等，大功減二等，小功、緦麻減一等。若夫誣告妻，及妻誣告妾，亦減所誣罪三等。被告子孫、妻妾、外孫及無服之親，依名例。○若誣卑幼死未決，仍依律減等，不作誣輕為重。○若雇工人告家長及家長緦麻以上之親者，各減子孫卑幼罪一等，誣告者不減。又雇工人被告得實，不得免罪，以名例不得為容隱故也。○其祖父母、父母、外祖父母誣告子孫、外孫、子孫之婦、妾，及己之妾，若雇工人者，各勿論。不言妻之父母誣女壻者，在緦麻親中矣。○若女壻與妻父母果有義絕之狀，許相告言，各依常人論。義絕之狀，謂如身在遠方，妻父母將妻改嫁，或趕逐出外，重別招壻，及容止外人通姦；又如女壻毆妻至折傷，抑妻通姦，有妻詐稱無妻，欺妄更娶妻，以妻為妾，受財將妻妾典雇，妄作姊妹嫁人之類。

按：此仍明律，原有小註，順治三年增改，雍正三年删定，現又删去“奴婢”一項，杖均改罰。唐律無干名犯義之名，而告祖父母、父母，告期親尊長，告緦麻卑幼，及奴婢告主分作四條，明合為一章，名曰“干名犯義”。唐律告祖父母、父母者，絞，不分告實與誣，均坐死罪，此律必係誣告方絞，若告實，僅徒三年，則較唐律為輕。唐律告期親尊長，得實即徒二年，此律僅十等罰，亦較唐律輕至三倍。唐律尊長告緦麻小功卑幼得實，杖八十，大功以上遞減一等，此律告卑幼得實，除卑幼同自首減免外，尊長俱不論罪。唐律尊長誣告卑幼期親，減所誣罪二等，大功減一等，小功以下以凡論，亦較此律期親減三等、大功減二等、小功緦麻減一等者為重。再，唐律惟告尊長謀反、逆叛之事者不坐，此律補添“窩藏姦細”一層，又於篇末增“妻父母與女壻義絕”一段，均為唐律所無，其餘俱與唐律相同，不過文字詳略之間稍異耳。此律之意，蓋定親屬訐告之通例，以正名分也。名者，名分之尊，義者，恩義之重，本章與《名例》“犯罪自首”及“親屬相為容隱”並“誣告”三章理本一貫而義實相須。夫親屬得相容隱，又准為首犯免罪，而告則干名犯義，蓋名分所關，恩義為重，若不許容隱，則恐有以傷其恩，若不許為首，則恐無以救其親。首則欲其親之免罪，本乎親愛之意而出之也；告則欲其親之罹法，本乎賊害之意而出之也。故既著容隱為首之例，又嚴干名犯義之法。《輯註》謂為天理人情之至，非虛言也，此正中華國粹所寄，扶植綱常、敦厚風俗，全在於此，而非外國刑法所可同矣。通篇共分六段，首節言子孫告祖父母、父母，及卑幼告期親以下尊長，分別得實與誣告，以定罪之輕重，夫父為子天，有隱無犯，即有違失理，須諫諍起敬起孝，無令陷罪名，告則忘情棄禮，蔑絕倫理矣，故制為重辟以懲之，而期親以下尊長則漸減焉；二節言尊長謀反、叛逆，則事關重大，恩難掩義，不當為親者諱矣，又如嫡、繼、慈母殺其父，及恩養父母殺其所生，則人倫大變，當各權其所重，以申讎義，至被期親以下尊長侵奪、毆傷，則身家之禍，理所難忍，剝膚之痛，情不容已，均不得以干犯之常理拘矣；三節言尊長告卑幼，亦分別得實與誣告，以定免罪減等之差，蓋尊長於卑幼，其情既當相隱，則有過不合告言，故告得實者，卑幼既得減免，尊長自當弗論，若係誣告，在卑幼犯尊長，固當從重加等，即尊長訐卑幼，亦應照反坐之法從輕減等，而不得同毆卑幼折傷以下之律概予勿論，以分當親愛不容誣陷也；四節言雇工告家長，及家長親屬得實之罪；五節言祖父母、外祖父母誣告子孫、外孫之婦妾，夫誣告妾、家長誣告雇工，名義尤尊，與別項尊長不同，故各得勿論，而不得以反坐為繩；末節言妻父母與女壻義絕，則同凡論，而非天合骨肉之親所同，小註歷舉義絕之狀，詳盡無遺，凡斷翁壻相犯之案者，均當先知此義。此外如《輯註》所載，夫被父殺，女告父，不科干名犯義；又，《唐律疏議·問答》載：繼母殺所出之生母者，得告，嫡繼母殺其所生庶母，則不得告。又如《示掌》所載：夫曾為盜，妻因別故相罵吐出，致夫事發禁死，止科不應云云。議論新奇，均足補律未及，故附錄之。

## 子孫違犯教令

凡子孫違犯祖父母、父母教令，及奉養有缺者，處十等罰。謂教令可從，而故違；家道堪奉，而故缺者。須祖父母、父母親告乃坐。

按：此仍明律，其小註係唐律原文。唐律子孫違犯教令及供養有缺者，徒二年，明律改為滿杖，現又改杖為罰，較唐律為輕。《唐律疏議》：若教令違法，行即有愆，家實貧窶，無由取給，如此之類，不合有罪云云。可見此律專指教令可從及家道堪供而言，然教令不可從則當幾諫，非違犯之謂也；家即貧難，容有不盡之力，斷無不盡之心，非有缺之謂也。設有教令不可從，不幾諫而違犯家道，貧難不盡心而偶缺者，當察其情，不得概援此律。此律立法以教孝，其違犯教令即《禮記》“事親有隱無犯”之道也，其奉養有缺即《孟子》“惰其四肢，不顧父母”之說也，故僅以罰刑懲之，然不孝之事更有重於此者，故例補出不能養贍致親自盡，及犯姦盜致親被殺及自盡，並觸犯呈告各條，以推廣律所未盡，均屬有關引用，不可不知。日本刑法，子孫對其祖父母、父母不供給衣食，及缺其他必需之奉養者，處重禁錮十五日以上、六月以下，附加罰金二圓以上、二十圓以下，亦即此律之意，可知外國重忠不重孝之說非篤論也。

**條例**

一、子游惰不能營生養贍父母，因致父母自盡者，流三千里。

一、凡呈告觸犯之案，除子孫實犯毆詈罪干重辟及僅止違犯教令者，仍各依律例分別辦理外，其有祖父母、父母呈首子孫懇求發遣及屢次違犯觸犯者，即將被呈之子孫發極邊足四千里安置，如將子孫之婦一併呈送者，即與其夫一併發遣。

一、凡子孫因姦、因盜以致祖父母、父母憂忿戕生，並畏累自盡，或被人毆死及謀故殺害者，均擬絞監候。如祖父母、父母知子孫犯姦盜，而縱容袒護，並教令子孫犯之者，子孫止科本罪。若因姦盜罪犯應死，及謀故殺人事情敗露，致祖父母、父母自盡者，即照原犯罪名擬以立決。子孫之婦有犯，悉與子孫同科。

## 見禁囚不得告舉他事

凡被囚禁不得告舉他人之事，其為獄官、獄卒非理淩虐者，聽告。若應囚禁被問，更首己之別事，有干連之人，亦合准首，依法推問科斷。〇其年八十以上，十歲以下，及篤疾者，若婦人，除謀反、叛逆、子孫不孝，或己身及同居之內為人盜詐，侵奪財產，及殺傷之類，聽告，餘並不得告。以其罪得收贖，恐故意誣告害人。官司受而為理者，處五等罰。原詞立案不行。

按：此仍明律，順治三年添入小註，現改笞為罰，大致一依唐律，惟唐律止列“老、少、篤疾”三項，其“婦人”一層係明所增。唐律官司受理者，各減所理罪三等，明改為笞五十。其上段“禁囚首己別事干連他人則各合推問”數語，係採唐律《問答》之詞而編為律。總言首告之詞有應聽理、不應聽理之別也。他人之事與己無干，禁囚舉告他人之事，恐其負罪在身，借端誣陷，故不准告。若被獄官等凌虐，如毆傷其身、尅扣衣糧之類，是己身受害，故聽陳告。至更首自犯別事，其詞內干連之人，亦准勾提，依法推問，不在不得告舉他事之限，又所以矜恤罪犯而曲盡獄情之意也。又，《名例》：八十以上、十歲以下及篤疾犯罪者勿論，婦人得免流徒收贖，此四項人，若聽其首告，則自恃罪輕易於誣陷，故除重大及患害切身外，其餘均不准告，以其難於反坐也。《輯註》謂：囚在禁而許其告人，則姦徒恣其誣妄，囚被虐而禁其不告，則冤抑不得伸辯，囚被問而首別事，是無害人之心，固法之所不禁云云。詮釋最為明透。《斷獄門》又有“獄囚誣指平人”一項，彼係治罪於既告之人，此係禁遏於未告之先，兩律本自相因，當合參之。若老疾之人，律不准告，而例又立代告之條，以補律之未備，按：代告即今之報告，蓋不准告則恐有冤抑，而准告又不無誣陷，故罪坐代告之人，則情法兩得矣。此讀律所以又貴看例也。

**條例**

一、年老及廢疾之人，並婦人，除告謀反叛逆及子孫不孝聽自赴官陳告外，其餘公事，許令同居親屬通知所告事理的實之人代告，誣告者，罪坐代告之人，若婦人夫亡無子，或身受損害，無人代告者，聽許入官告訴。

## 教唆詞訟

凡教唆詞訟，及為人作詞狀，增減情罪誣告人者，與犯人同罪。至死者，減一等。若受雇誣告人者，與自誣告同；至死者，不減等。受財者，計贓以枉法從重論。其見人愚而不能伸冤，教令得實，及為人書寫狀而罪無增減者，勿論。姦夫教令姦婦誣告其子不孝，依謀殺人造意律。

按：此仍明律，順治三年添入小註，原註有“律不言雇人誣告之罪，既坐受雇之人，雇者無重罪之理，依有事以財行求科斷”，乾隆五年刪去，另立專例，從重治罪。唐律：為人作辭牒加增其狀不如所告者，笞五十；若加增，罪重減誣告一等；受雇誣告人罪者，與自誣同，贓重者，坐贓論，加二等；雇者從教令法，若告得實，坐贓論，雇者不坐。諸教令人告，事虛應反坐、得實應賞者，皆以告者為首、教令為從，即教令人告緦麻以上親，及奴婢告主者，各減告者罪一等，被教者，論如律，若教人告子孫者，各減所告罪一等，雖誣亦同云云。與此律大致不差。惟唐律受雇誣告者受財，坐贓論，加二等，明改為以枉法論，則較唐律為重；唐律為人作辭牒增加其狀，笞五十，罪重減誣告一等，明律改為與犯人同罪，亦較唐律為重；又删去唐律“教令告親屬、告主”一節，而增入“見人愚不能伸冤”數語，更覺參差。此律之意，總是禁攬訟刁徒以安善良也。教者，導引之意，謂人本不知告而教令之；唆者，哄誘之意，謂人本不欲告而唆使之也。“教唆”與“作狀增減”雖是兩項，而事實相連，教唆內即有增減情罪之事，若無增減，便是教令得實矣；作狀增減內亦有教唆之事，若不教唆，何為增減耶？至於受雇告人與被誣之人本無讎怨，衹以貪財之心揑造虛無之事，挺身到堂出名對理，雖有受雇之因，實行誣告之事，故與自誣同，而至死不減，深惡之也。後例又補出訟師、訟棍各條，均係推廣律意，當統玩之。日本刑法，凡教唆人犯，內亂罪者處死刑，教唆人聚衆暴動者與首魁罪同，教唆人毆傷人者不得減等，又，教唆人使自殺者處輕禁錮，若圖自己之利教唆人使自殺者處重懲役云云。其法較中律為嚴，中律教唆雖與犯人同罪，而至死仍減一等，日律則與首魁一體治罪，並無減等之法，雖與中律用意不同，實與中例嚴懲訟師之意暗合。

**條例**

一、內外問刑衙門，務擇里民中之誠實識字者，考取代書，凡有呈狀，如本人不能自作者，令其照本人口訴情詞，據實謄寫，呈後登記代書姓名，該衙門驗明方准收受，如無代書姓名，即嚴行查究，其有教唆增減者照律治罪。

一、審理詞訟，究出主唆之人，若係積慣訟棍，串通胥吏，播弄鄉愚，恐嚇詐財，一經審實，即依棍徒生事擾害例，問發極邊足四千里安置，該地方官不能查拏禁緝，如止係失於覺察，照例議處，若明知不報，經上司訪拏，將該地方官交部，照奸棍不行查拏例議處。

一、凡審理誣控案件，不得率聽本犯揑稱倩過路不識姓名人書寫呈詞，務須嚴究代作詞狀唆訟之人，指名查拏，依律治罪。

一、教唆詞訟誣告人之案，如原告之人並未起意誣告，係教唆之人起意主令者，以主唆之人為首，聽從控告之人為從，如本人起意欲告，而教唆之人從旁慫慂者，依律與犯人同罪，有贓者，計贓以枉法從其重者論。若僅止從旁談論是非，並非唆令控告者，科以不應重罪，不得以教唆論。

一、凡將本狀用財雇寄與人赴京奏訴者，並受雇受寄之人，俱流二千五百里，贓重者，從重論。

一、坊肆所刊訟師秘本，如驚天雷相角法家新書刑臺秦鏡等一切搆訟之書，盡行查禁銷毀，不許售賣，有仍行撰造刻印者，流三千里，將舊書復行印刻及販賣者，徒三年，買者處十等罰，藏匿舊板，不行銷毀，減印刻一等治罪，藏匿其書，照違制律治罪，其該管失察各官，分別次數交部議處。

一、凡欽差馳審重案，如果審出虛誣，除赴京捏控之人，照誣告例治罪外，其有無訟師唆使扛幫情節，原審大臣即就案嚴行（跟）[根][①]究，按例分別問擬，失察之地方官從重議處，如無此種情弊，亦即隨案聲明。

## 官吏詞訟家人訴

凡官吏有事爭論婚姻、錢債、田土等事，聽令家人告官對理，不許公文行移，違者處四等罰。

按：此仍明律，唐律無此條目，外國刑法亦無此例。蓋言私事不得用公移也。私事而用印信公文行移，未免恃勢陵人，故聽家人告理，所以存其體面，而仍禁公文行移，所以抑其私情。僅言婚姻等項細事者，舉輕以見重，蓋細事如此，則大於此者可知矣。

# 受贓

古律無受贓之目，魏制《請賕律》，是即受贓之說所創始，晉改為《受賕律》，周、隋皆曰《請求》，唐律附於《職制門》內，宋、元因之，至明始另設《受贓》一篇，列於《刑律》之內。國朝因之，而易其前後次序，又改枉法、不枉法贓均為實犯死罪，所以懲貪墨者深矣。日本刑法亦有官吏瀆職之目，即此意也。

## 官吏受財

凡官吏因枉法、不枉法事。受財者，計贓科斷，無祿人，各減一等；官追奪除名，吏罷役，贓止一兩。俱不敘用。〇說事過錢者，有祿人減受錢人一等，無祿人減二等。如求索、科斂、嚇詐等贓，及事後受財過付者，不用此律。罪止徒二年。有贓者，過錢而又受錢。計贓從重論。若贓重，從本律。

有祿人：凡月俸一石以上者。

枉法贓各主者，通算全科。謂受有事人財，而曲法處斷者，受一人財，固全科，如受十人財，一時事發，通算作一處，亦全科其罪。若犯二事以上，一主先發，已經論決，其他後發，雖輕若等，亦並論之。

一兩以下，處七等罰。

一兩至五兩，處八等罰。

一十兩，處九等罰。

一十五兩，處十等罰。

二十兩，徒一年。

二十五兩，徒一年半。

三十兩，徒二年。

三十五兩，徒二年半。

四十兩，徒三年。

四十五兩，流二千里。

五十兩，流二千五百里。

五十五兩，流三千里。

八十兩，實，絞監候。

不枉法贓各主者，通算折半科罪。雖受有事人財，判斷不為曲法者，如受十人財，一時事發，通算作一處，折半科罪。一主者，亦折半科罪。准半折者，皆依此。

一兩以下，處六等罰。

一兩之上至一十兩，處七等罰。

二十兩，處八等罰。

三十兩，處九等罰。

四十兩，處十等罰。

五十兩，徒一年。

六十兩，徒一年半。

七十兩，徒二年。

八十兩，徒二年半。

九十兩，徒三年。

一百兩，流二千里。

一百一十兩，流二千五百里。

一百二十兩，流三千里。

一百二十兩以上，實，絞監候。

無祿人：凡月俸不及一石者。

枉法扶同聽行及故縱之類。一百二十兩，絞監候。

不枉法，一百二十兩以上，罪止流三千里。

按：此仍明律，順治三年改定並添小註，雍正三年增改，現又改杖為罰。明律有祿人枉法贓八十兩、無祿人枉法贓一百二十兩，俱係雜犯絞罪，准徒五年；有祿人不枉法贓一百二十兩，罪止流三千里，均無死罪。國朝順治三年，以治國安民首在懲貪，均改為實絞。再，原律“不枉法贓”下小註：凡受一人之財不半科，如非一人財，通算一處，折半科罪。乾隆五年以律貴持平，贓多者因各主而折半，贓少者因一主而全科，情罪不符，因改為一主者亦折半科罪。又，原律說事過錢者，罪止杖一百，各遷徙，本朝改遷徙為徒二年，均與明律不符。唐律：諸監臨主司受財而枉法者，一尺杖一百，一疋加一等，十五疋，絞，不枉法者，一尺杖九十，二疋加一等，三十疋，加役流，無祿者各減一等，枉法者，二十疋，絞，不枉法者，四十疋加役流云云。均較明律為重。本朝改定之律，雖與唐律大致符合，但枉法八十兩即擬實絞，名為嚴懲貪墨，其實刑法愈重則規避愈巧，現在官吏受贓者盈千累百，而照例辦理百無一二，嚴刑之不可止奸，此其一端也。此條是官吏犯贓正律，單指官吏言之，法自官出，操縱在手，吏雖受制於官，實同執法之人，官受財吏得阻之，吏受財官應察之，故官吏受財之罪同，而吏之無祿者得減一等，緣官皆有祿，吏則有有祿、無祿之分也。若止官受財，吏亦有不稟阻之罪，止吏受財，官亦有失察之咎，官、吏二字雖係兩項，實則相因。凡律有正條，是謂之“法”，法有出入，是謂之“枉”，執法之人受有事人財而逆理曲法枉斷是非，是謂“枉法贓”，雖受有事人財而於事之是非並無曲法判斷，是謂“不枉法贓”，總皆指判斷事情而言，若其他受一切不應得之財，止謂之“犯法”，而不謂之“枉法”，緣其人非執法之人，法不由己操縱也。至於無祿人枉法，雖不關於判斷，而情事有類於判斷者，如里長、捕役雖非官吏，而里長檢踏災傷，受財朦朧供報，捕役受財故縱罪人，俱以枉法論。蓋既應役在官，事即操縱由己，應守法而賣法，故亦謂之“枉法”。若餘人及在官之人不得專主事情者，有犯受財，自有本律，不得以枉法論也。又，枉法、不枉法贓，各計入己之數定罪，與竊盜併贓論罪者不同，蓋竊盜得財之罪，為事主被害者言之，故併贓論罪，如一人盜得數家之財，止計一主重者，雖數人分得一主之贓，亦併計所失之贓，同科各盜之罪，惟併贓故依首從法也。官吏受財之罪，為官吏貪財者言之，故各計入己之贓，雖一人受各主之財，亦通算全科，雖數人分受一主之財，亦計入己之贓，分科各人之罪，惟計入已，故無首從可分也，其中分別微細，須詳參之。日本刑法，裁判官、檢事、警察官吏，關民事、刑事之裁判，收受賂賄或允許之者，處重禁錮二月以上、二年以下，附加罰金五圓以上、五十圓以下，因而曲庇被告人者，處重禁錮三月以上、三年以下，加罰金十圓以上、百圓以下，其陷害被告人者，處重禁錮二年以上、五年以下，加罰金二十圓以上、二百圓以下，若所枉之罪重於此刑者，從重論云云。亦即中律受財枉法之意，特擬罪較中律為輕耳。律外條例甚多，宜一併研究。

**條例**

一、凡在官人役，取受有事人財，律無正條者，果於法有枉縱，俱以枉法計贓科罪。若屍親鄰證等項，不係在官人役，取受有事人財，各依本等律條科斷，不在枉法之律。

一、凡上司及出差巡察之員，經過州縣地方，收受屬員及地方官門包，並下程供應暨一切陋規，與者受者，均革職嚴訊治罪，該督撫不行奏糸，交部議處。若因勒索而與者，屬員及地方官，均照逼抑取受律不坐，其隨役家人私自索取，本官不知情者，照例議處；如知情故縱，罪坐本官，照在官求索人財物律治罪，其隨役家人，照在官求索無祿人減一等律治罪，并許被索之員據實詳揭。若上司及出差巡察之員，因不迎送、不供應，別尋他事中傷屬員、地方官者，照例分別議處。

一、官吏婪贓審係枉法入己者，雖於限內全完，不准減等，如審無入己各贓，並坐贓致罪者，果能於限內全完，仍照挪移虧空錢糧之犯准其減免外，其因事受財入己，審明不枉法，及律載准枉法不枉法論等贓，果於一年限內全完，死罪減二等發落，流徒以下免罪，若不完，再限一年勒追，全完者，死罪及流徒以下，各減一等發落，如不完，流徒以下即行發配，死罪人犯監禁，均再限一年著追，三年限外不完，死罪人犯永遠監禁，全完者奏明請旨，均照二年全完減罪一等之例辦理。

一、凡各衙門書吏差役如有舞文作弊、藉案生事擾民者，係知法犯法，俱照平人加一等治罪，受財者計贓從重論。

一、縣總里書如犯贓入已者，照衙役犯贓擬罪，保人歇家串通衙門行賄者，照不係在官人役取受有事人財科斷。

一、凡正身衙役違禁私帶白役者，並處十等罰，革役，如白役犯贓，照衙役犯贓例科罪，正身衙役知情同行者，與同罪，不知情不同行者，不坐。

一、白役詐贓逼命之案，如事由白役，應以白役照例擬抵，正役知情同行，發極邊足四千里安置。如由正役主使詐贓，應以正役照例擬抵，白役嚇逼幫索，亦發極邊足四千里安置。若白役詐贓，正役並未主使，亦未知情同行，但於事後分贓，即於白役死罪上減二等，徒三年，贓多者計贓從重論。若並未分贓，及白役詐贓並未致斃人命，仍照私帶白役例處罰革役。

一、各衙門差役逼斃人命之案，訊無詐贓情事，但經藉差倚勢陵虐嚇逼，致令忿迫輕生者，為首流三千里，其差役子姪親屬私代辦公逼斃人命，除訊係詐贓起釁，仍照蠹役詐贓斃命例一體問擬外，若非釁起詐贓，為首發煙瘴地方安置。至差役有因索詐不遂，將奉官傳喚人犯私行羈押拷打陵虐者，為首亦發煙瘴地方安置，其僅止私行羈押，並無拷打陵虐情事，為首徒三年，為從各減一等。

一、內外大小衙門蠹役恐嚇索詐貧民者，計贓一兩以下，處十等罰，一兩至五兩，徒一年，六兩至十兩，徒三年，十兩以上，流二千五百里。其因索詐致令賣男鬻女者，十兩以下，亦流二千五百里，至一百二十兩者，絞，為從分贓並減一等，計贓重於從罪，仍從重論。如嚇詐致斃人命，不論贓數多寡，已未入手，擬絞監候，入於秋審情實，拷打致死，擬絞立決。若死係作姦犯科有干例議之人，如係嚇逼致令自盡，或拷打致死者，均擬絞監候，為從並減一等。

## 坐贓致罪

凡官吏人等，非因枉法、不枉法之事，而受人之財，坐贓致罪，各主者，通算折半科罪；與者，減五等。謂如被人盜財，或毆傷，若賠償及醫藥之外，因而受財之類。各主者，通算折半科罪，一主者，亦折半科罪。為兩相和同取與，故出錢人減受錢人罪五等。又如擅科斂財物，或多收少徵，如收錢糧稅糧斛面，及檢踏災傷田糧，與私造斛斗秤尺，各律所載雖不入己，或造作虛費人工物料之類，凡罪由此贓者，皆名為坐贓致罪。〇官吏坐贓，若不入己者，擬還職役，出錢人有規避事重者，從重論。

一兩以下，處二等罰。

一兩之上至十兩，處三等罰。

二十兩，處四等罰。

三十兩，處五等罰。

四十兩，處六等罰。

五十兩，處七等罰。

六十兩，處八等罰。

七十兩，處九等罰。

八十兩，處十等罰。

一百兩，徒一年。

二百兩，徒一年半。

三百兩，徒二年。

四百兩，徒二年半。

五百兩，罪止徒三年。

按：此仍明律，現改杖為罰，原有小註，順治三年增修，現又添“一主者亦折半”一句。唐律：坐贓致罪，一尺笞二十，一疋加一等，罪止杖一百；諸貸所監臨財物者，及借衣服器玩之屬，經三十日不還者，俱坐贓論；役使非供己者，計庸坐贓論，其應供己驅使而收庸直者亦如之；諸監臨官受豬羊餚供坐贓論；營公廨借使所監臨奴婢、牛馬、車船、碾磑、邸店之類，各計庸賃坐贓論，減二等；諸因官挾勢及豪強之人乞索者坐贓論，減一等云云。與此律小註所指各項不同，而計贓罪止杖一百，亦較此為輕。此言實非受贓而以贓科罪者，其名為坐贓，律文“非因事”三字當重看，若一因事，則是上枉法、不枉法矣。按：監守常人竊盜之贓，曰“併贓論”，枉法不枉法之贓，曰“計贓科斷”，此條曰“坐贓致罪”，字法不同，各有精義，蓋此係和同取與，於法無礙，本非贓也，科斂等不入己之項，實無贓也，然非贓而分不應受，無贓而罪不能免，非贓而得是贓之罪，無贓而得有贓之罪，故不曰“計贓”而曰“坐贓”，不曰“論罪”而曰“致罪”，所謂“致”者，猶之文致之致也。註云：不入己者擬還職役，亦自九等罰以下言之，凡入己之贓，不論多少，係行止有虧，即應罷職，此不入己，故必至十等罰始行照例罷職，若未至十等罰，仍留職役，以係坐贓不同犯贓之有虧行止也，六贓之中惟此最輕，各主者固折半科罪，即一主者亦應半科，蓋一輕而無不輕者，律之例也。《輯註》：如官吏新任、新役、生辰時節受人慶賀者，及饋送之類，皆所謂“非因事受財”也，在凡人為交際之常，在官吏則坐贓致罪，所以杜貪污之漸者深矣。中律文義之精細如此，若外國刑法則無是特色也。

**事後受財**原在事後，故別於受財律。

凡官吏有承行之事，先不許財，事過之後而受財，事若枉斷者，准枉法論；事不枉斷者，准不枉法論。無祿人各減有祿人一等，風憲官吏仍加二等。若所枉重者，仍從重論。官吏俱照例為民，但不追奪誥敕。律不言出錢過錢人之罪，問不應從重可也。

按：此仍明律，其小註係順治三年添入，與唐律文義相同，惟唐律不枉斷者以受所監臨財物論，較之不枉法為輕，蓋不枉法，一尺杖九十，三疋加役流，而受所監臨財者，一尺笞四十，五十疋止流二千里，較不枉法之贓輕數等矣。此言私與之財，雖事後亦不得受也。“先不許財”四字須重看，若先許財而後未受，是聽許財物矣。凡先許財而後受之，即應照官吏受財科斷矣。蓋先未許，則枉不枉原無成心，若先已許定，則先有受財之心，後有受財之實，先受、後受實無異也。此條較官吏受財律所輕者，止是至死得減一等，其餘一概同論，其嚴如此，所以懲貪墨也。註添“官吏”二字，可見此律專指官吏，與上條有“人等”二字統括一切者不同，緣非官吏則不得有枉斷之事也。註又添“官吏照例為民”一句者，以《名例》官犯私罪必至十等罰乃革職，若犯贓，則行止有虧，與尋常私罪不同，雖九等罰以下，俱罷為民。但事後受財，究與枉法真贓有異，故雖罷職而不追奪誥敕，輕重權衡一豪不爽，此中律之所以可羽翼經傳也。

## 官吏聽許財物原未接收，故別於事後受財律。

凡官吏聽許財物，雖未接受，事若枉者，准枉法論；事不枉者，准不枉法論；各減受財一等。所枉重者，各從重論。必自其有顯迹，有數目者，方坐。〇凡律稱准者，至死減一等，雖滿數亦罪止流三千里。此條既稱准枉法論，又稱減一等，假如聽許准枉法贓滿數，至死減一等，流三千里；又減一等，徒三年，方合律。此正所謂犯罪得累減也。〇此明言官吏，則其餘雖在官之人，不用此律。

按：此仍明律，其小註係順治三年採《箋釋》之意而增入，唐律無此條目。此蓋杜官吏受賄之端也。前枉法不枉法贓是因事而已受者，然充官吏，貪贓之類，必有聽許而未受者，已受者法固難寬，即未受者，亦已薰染於心，而受賄之端已開矣。律貴誅心，其心貪污即是罪案，故計其所許之數，以論其應得之罪，分別枉法、不枉法，較已受者遞減一等。《輯註》云：前條受財在於事後，事前未許也，枉法、不枉法均非有心；此條聽許在於事前，事後未受也，其枉法、不枉法已有成見。乃前重而此輕者，以無實贓也。前是因贓而追論其事以定罪，此是因事而虛坐其贓以定罪，分晰最為明確。至於“所枉重者從重論”一語，乃科受贓枉法之通例，諸律皆然，而獨附於此者，以此條聽許未受，輕罪猶且如此，前條受有實贓，重罪自不待言。後有條例，當併參之。

### 條例

一、聽許財物若甫經口許，贓無確據，不得概行議追，如所許財物封貯他處，或寫立議單文券，或交與說事之人，應向許財之人追取入官。若本犯有應得之罪，仍照律科斷。如所犯本輕，或本無罪，但許財營求者，止問不應重律，其許過若干，實交若干者，應分別已受、未受數目計贓，並所犯情罪從重科斷，已交之贓在受財人名下著追，未交之財，仍向許財人名下著追。

## 有事以財請求

凡有事以財行求，官吏，欲得枉法者，計所與財，坐贓論。若有避難就易，所枉法之罪重於與財者，從重論。其贓入官。其官吏刁蹬，用強生事，逼抑取受者，出錢人不坐。避難就易，謂避難當之重罪，就易受之輕罪也。若他律避難，則指難解錢糧、難捕盜賊皆是。

按：此仍明律，其小註係順治三年添入。唐律：諸有事以財行求得枉法者，坐贓論，不枉法者，減二等，即同事共與者，首則併贓論，從者各依已分法。又，諸受人財而為請求者，坐贓論，加二等；監臨勢要，准枉法論，與財者，坐贓論，減三等；若官人以所受之財分求餘官，元受者，併贓論，餘各依已分法云云。較此加詳。此律僅首二句係用唐律原文，“若有避難就易”以下數語，當係明所添纂。以上數條，皆言受財之罪，此言出錢行賄之罪也。以財行求，所謂彼此俱罪之贓也，故註云：其贓入官。用強逼抑，所謂取與不和之贓也，雖未言其贓應即還主，律文得枉法之上，註加一“欲”字，最有深意，蓋不論官吏果為枉法與否，而行求本念欲得枉法，即應以此科斷，所以誅其心也。律意本係嚴懲受財之人，而稍寬出財、過財之人，現行條例凡以財行求及說事過錢人，計贓與受財同科，則非律意矣。然有例不得用律，故錄條例於後，以備引用。

### 條例

一、凡有以財行求得枉法者，與受財人同罪，不枉法，計所與財減一等，說事過錢者，如得贓，亦與受財人同罪，不得贓，依律減等定擬，其行求及說事過錢為從者，遞減一等，如抑勒詐索取財者，與財人及說事過錢人俱不坐。至於別項餽送，不係行求，照坐贓擬罪。

一、姦徒得受正兇賄賂，挺身到官頂認，審係案外之人，業已成招定罪，幾致正兇漏網者，俱照正兇罪名一例全科，若正兇放而還獲，及逃囚自死者，頂兇之犯，照本罪減一等，其行賄本犯，除罪應立決，及秋審應入情實者，毋庸另議外，原犯應入緩決者，秋審時擬入情實，原犯遣流等罪，照遣流脫逃例治罪，徒罪以下，按律各加一等，如尚未成招，罪未擬定，旋即破案者，行賄兇犯仍照原犯罪名問擬，受賄頂兇者減正犯罪二等，至同案之犯代認重傷致脫本犯罪名，已招解者，減正犯罪一等，若原犯本罪重於所減之罪或相等者，各加本罪一等，未招解者，仍照本律科斷，行賄兇犯均各照原犯罪名定擬，教誘頂兇者與犯人同罪，說合過錢者各減頂兇之犯罪一等，受財重者，以枉法贓從重論。

## 在官求索借貸人財物

凡監臨官吏挾勢，及豪強之人，求索、借貸所部內財物，並計索借之贓，准不枉法論；強者，准枉法論。財物給主。無祿人，各減有祿人一等。〇若將自己物貨散與部民，及低價買物，多取價利者，並計餘利，准不枉法論；強者，准枉法論。物貨價錢並入官給主。賣物，則物入官，而原得價錢給主。買物，則物給主，而所用之價入官。〇此下四條，蓋指監臨官吏，而豪強亦包其中。〇若於所部內買物，不即支價，及借衣服器玩之屬，各經一月不還者，並坐贓論。仍追物還主。〇若私借用所部內馬、牛、駝、贏、驢，及車船、碾磨、店舍之類，各驗日計雇賃錢，亦坐贓論，追錢給主。計其犯時雇工賃直，雖多不得過其本價。〇若接受所部內餽送土宜禮物，受者處四等罰，與者減一等。若因事在官而受者，計贓以不枉法論。其經過去處供餽飲食，及親故餽送者，不在此限。〇其出使人於所差去處求索借貸，賣買多取價利，及受餽送者，並與監臨官吏罪同。〇若去官而受舊部內財物，及求索借貸之屬，各減在官時三等。

按：此仍明律，其小註係順治三年添入，雍正、乾隆年間刪改。蓋言倚勢取財者之罪也。唐律分作六條：一為“挾勢乞索”：諸因官挾勢，及豪強之人乞索者，坐贓論，減一等，將送者為從坐，親故相與者勿論。一為“貸所監臨財物”：諸貸所監臨財物者，坐贓論，若百日不還，以受所監臨財物論，強者各加二等，若買賣有剩利者，計利以乞取監臨財物論，強者笞五十，有剩利者，計利準枉法論，即借衣服器玩之屬，經三十日不還者，坐贓論罪，止徒一年。一為“役使所監臨”：諸監臨之官私役使所監臨，及借奴婢、牛、馬、駝、騾、車船、碾磑、邸店之類，各計庸賃，以受所監臨財物論，即役使非供己者，計庸坐贓論罪，止杖一百，其應供己驅使而收庸直者，罪亦如之，若有吉凶借使所監臨者，不得過二十人，人不得過五日，其與親屬，雖過限及受饋乞貸者勿論。一為“監臨受供饋”：諸監臨之官受豬羊供饋，坐贓論，強者依強取監臨財物法。一為“去官受舊官屬”：諸去官而受舊官屬士庶饋與，若乞取借貸之屬，各減在官時三等。一為“因使受送饋”：諸官人因使於使所，受送饋及乞取者，與監臨同，經過處所減一等，即強乞取者各與監臨罪同云云。此律合為一章，大致均本之唐律，而前後次序及罪名輕重略有改易，又劃出“役使所監臨”數語，移入私役部民律內，俾各以類相從也。蓋前之官吏受財是有事人行求者，坐贓致罪是和同而與者，事後受財是人所饋送者，皆非官吏要挾而取也。然官吏及豪強人貪贓之類，必有求索借貸之事，其情節不同，有求借者，有買賣多取價利及買物不即支價、並私借所部器物者，有受餽送土宜及飲食者，以上皆言監臨及豪強之人。此外又有出使人求索者，更有去官之後求索者。夫求索之人既有監臨官吏、豪強、出使、去官之分，所索之物又有財物、衣服器玩、畜牲、車船、店舍、土宜、飲食之別，求索之情更有強與非強之判，故擬罪有准枉法、不枉法、坐贓、減等之異，分觀合參，自知其妙。此外又有數例，足補律所未備，詳錄於後，以備互參。

**條例**

一、各上司如有勒薦長隨及幕賓者，許屬員揭報，將該上司革職，如長隨鑽營上司引薦在各衙門招搖撞騙財物者，照蠹役詐贓例計贓治罪，幕賓鑽營引薦，事後收受為事人禮物，尚非舞弊詐財者，計贓以不枉法論，仍照衙門書役知法犯法加一等例治罪，如倚仗聲勢，欺壓本官，舞弊詐財者，亦照蠹役詐贓例計贓治罪，其不由上司引薦者，有犯亦照此例定擬，如幕賓長隨鑽營引薦別無情弊，但盤踞屬員衙門者，均處十等罰，各遞回原籍分別發落，若屬員營求上司因所薦幕賓長隨有勾通行賄等弊，分別議處治罪。

一、凡外任旗員該旗都統參領等官，有於出結時勒索重賄，及得缺後要挾求助，或該旗本管王貝勒及門上人等有勒取求索等弊，許本官據實密詳督撫轉奏，儻督撫瞻顧容隱，許本官直揭都察院轉為密奏，儻不為奏聞，許各御史據揭密奏。

一、苗蠻黎僮等僻處外地之人，并改土歸流地方，如該管官員有差遣兵役騷擾逼勒科派供應等弊，因而激動番蠻者，照引惹邊釁例，從重治罪。

## 家人求索

凡監臨官吏家人，兄弟、子姪、雇工皆是。於所部內取受所求索借貸財物，依不枉法。及役使部民，若買賣多取價利之類，各減本官吏罪二等；分有祿、無祿，須確係求索借貸之項，方可依律減等，若因事受財，仍照官吏受財律定罪，不准減等。若本官吏知情，與同罪，不知者，不坐。

按：此仍明律，順治三年添入小註，乾隆五年改定，舊註“家人”未經指明，因採《箋釋》之說，添入“兄弟、子姪、雇工皆是”，又，“取受”、“求索”、“借貸”，舊註分為三項，未免錯謬，因於取受下添一“所”字，謂“取受所求索、借貸之財物”也，此可見律註一字一句均有來歷，不可滑口讀過。唐律：監臨之官家人，於所部有受乞借貸役使賣買有剩利之屬，各減官人罪二等，官人知情與同罪，不知情者各減家人罪五等，其在官非監臨及家人有犯者，各減監臨及監臨家人一等云云。此律即本唐律，惟統言官吏而不分監臨與非監臨，又改“不知情減五等”為“不坐罪”，是其小異耳，定律之意，係誡官吏以約束家人也。以上諸條皆言官吏身自犯贓之事，然推而極之，必有官吏之家人犯贓者。凡官吏之家人挾官吏之勢，或因事而取之，或因送而受之，其求索、借貸、多取價利，即上條所載各項，不言不即支價及借衣服諸項者，統括於“之類”兩字中也。其“役使部民”一項，即指役使部民之律也。《輯註》：凡隨在任所同往之人皆可以言家人，不必拘兄弟、子姪也。若吏則不同，必是家人方坐。此等狐假虎威、招搖誆騙、無所不至，故設此專條以防其漸。律言官吏不知者不坐，例則補出大臣不約束家人致令交結借貸治罪三條，足補律所未備，宜併參之。

**條例**

一、執事大臣不行約束家人，致令私向所管人等往來交結借貸者，一經發覺，將伊主減五等治罪。

一、長隨求索嚇詐得財舞弊者，照蠹役詐贓例治罪，其有索詐婪贓託故先期預遁，及本官被衆後，聞風遠颺者，拏獲之日，照到官後脫逃例各加二等治罪，仍追原贓，其各衙門現任大小官員，如有收用犯案長隨者，交部議處。

## 風憲官吏犯贓

凡風憲官吏受財，及於所按治去處，求索借貸人財物，若賣買多取價利，及受餽送之類，各加其餘官吏受財以下各款。罪二等。加罪不得加至於死，如枉法贓須至八十兩方坐絞，不枉法贓須至一百二十兩之上方坐絞。〇風憲吏無祿者，亦就無祿枉法、不枉法本律斷。〇其家人如確係求索借貸，得減本官所加之罪二等；若因事受財，不准減等，本官知情與同罪，不知情者不坐。

按：此仍明律，其小註係順治三年添入，雍正三年删改，乾隆五年復改，唐律無此名目。此重風憲官吏敗檢之罪也。風憲衙門職司糾察，操守尤宜謹嚴，若己犯贓，何以肅人？故有加等治罪之法。憲者，法也，執法不撓，則羣僚承風攝服，故曰“風憲”。《箋釋》云：內而都察院科道，外而臬司各道，即督撫大吏亦當同論。現在司法、行政劃分兩途，凡各審判衙門任司法之責者，均可謂之“風憲”。以上各條皆言監臨等官吏，此更推極於風憲者，其任重，其罰亦重也。此條乃風憲官吏犯罪之通例。

## 因公科斂

凡有司官吏人等，非奉上司明文，因公擅自科斂所屬財物，及管軍官吏科斂軍人錢糧賞賜者，雖不入己。處六等罰；贓重者，坐贓論；入己者，並計贓以枉法論。無祿人減有祿人之罪一等，至一百二十兩，絞監候。〇其非因公務科斂人財物入己者，計贓以不枉法論。無祿人，罪止流三千里。若餽送人者，雖不入己，罪亦如之。

按：此仍明律，其小註係順治三年添入，雍正三年修改，現又改杖為罰。唐律謂之“率斂監臨財物”：諸率斂所監臨財物饋遺人者，雖不入己，以受所監臨財物論。《疏議》：率斂者，謂率人斂財也。明律改為科斂，劈分“因公”、“不因公”兩項，而因公內又有公用、入己之別，非因公內更有入己、送人之別。以上各條，受贓皆言一主、各主之財，然推而極之，必有科斂所屬、所管軍民之財者。科者，分派之謂，斂者，聚斂之謂，分派於人而聚斂之，故曰“科斂”。因公者，是枉法，非因公者，是不枉法，蓋陽託公務之名，陰為納賄之計，將法所應用者侵漁入己，則法已虧矣，故其罪重；非因公者，不過私下求取，止是貪利，於法無虧，較之假公濟私有間，雖有貪婪之罪，尚無要挾之情，故其罪次之。蓋一則奸法以營私，一則貪贓而犯法，犯法者法存，奸法者法亡，此枉、不枉之所以分也。若餽送他人，是取人之財以市己惠，與入己何異？故亦如入己之罪。日本刑法有官吏徵收租稅及各種進項於正數外多徵者，處重禁錮、加罰金之條，亦即此意，特不如中律之詳細耳。後例又有內外衙門不許罰取錢穀、銀兩等項。又，舊例有“運黃兩河遇有公事題請定奪，不許輒派商捐，違者題參”之例，均係嚴禁私行勒派之意。《吏部则例》：凡民间寻常詞訟，所犯之事本輕，地方官酌量示罰，以充橋道、廟宇等工之用，亦須詳報上司，奏明辦理，不許擅自批結，如違例科罰，數在百兩以內者，降一級調用云云。與此律互相發明，當併參之。

**條例**

一、凡京城及外省衙門，不許罰取紙劄筆墨銀硃器皿錢穀銀兩等項，違者計贓論罪，若有指稱修理，將並無罪犯之人用強科罰米穀至二十石，銀至二十兩以上，絹帛貴細之物，直銀二十兩以上者，事發交部照例議處。

## 尅留盜贓

凡巡捕官已獲盜賊，尅留贓物不解官者，處四等罰；入己者，計贓以不枉法論，仍將其所尅之贓併解過贓通論盜罪。

按：此仍明律，順治三年添入小註，現删去末兩句，言官役不可因捕盜而為利也。贓物統強、竊盜、監守常人、掏摸、搶奪等項而言；尅留者，尅扣存留，非全留不解也。蓋既未縱盜則法無所枉，而尅留盜贓僅不應之小過，故止擬罰，仍還其職，以尚未入己也。若隱匿入己，則以不枉法論，即應罷職不敘矣。例文又有“胥捕侵剝盜贓照不枉法律科斷”之條，須合參之。

**條例**

一、胥捕侵剝盜贓者，計贓照不枉法律科斷。

# 詐偽

古律無詐偽之目，魏於《賊律》中提出各項，另立一門，名曰《詐偽》，歷代迄今，因之不改。共分十二章，首重制書、詔旨，次印信、曆日，而《私鑄銅錢》一章尤為切要，用處最多。日本刑法謂之害信用罪，共分九節，而以偽造貨幣、官印為首，亦係先公後私之意。其餘互有異同，彼此合參，各有深意存焉，當詳玩之。

**詐為制書**詐為，以造作之人為首從坐罪，轉相謄寫之人非是。

凡詐為原無制書，及增減原有者，已施行，不分首從。皆絞監候；未施行者，為首流三千里。為從者，減一等。傳寫失錯者，為首處十等罰。為從者，減一等。〇詐為各部、都察院、大理院、將軍、督撫、提鎮守禦緊要隘口衙门文書，套畫押字，盜用印信，及將空紙用印者，必盜用印，并事關軍機錢糧刑名，方坐。皆絞監候。不分首從。未施行者，為首減一等，為從又減一等。其非關軍機錢糧刑名者，各遞減一等。〇詐為布政司、按察司、提法司同。府、州、縣衙門印信文書者，為首流三千里；詐為其餘衙門印信文書者，為首徒三年；為從者，減一等。未施行者，各分首從。減一等。若有規避事重於前事者，從重論。如詐為出脫人命，以規避抵償，當從本律科斷之類。〇其詐為制書文書已施行，及制書文書所至之處。當該官司知而聽行，各與同罪。至死減等。不知者，不坐。〇一、將印信空紙，捏寫他人文書，投遞官司害人者，依投匿名文書告言人罪者律。〇盜用欽給關防與印信同，有例。

按：此仍明律，順治三年修改，並添小註，現又改易，蓋言偽造制書之誅而並及詐官文書之罪也。唐律：諸詐為制書及增減者，絞；未施行者，減一等；詐為官文書者，杖一百。現律，已施行者改斬為絞，未施行者改絞為流，則與唐律無異，又添“各衙門文書”三段，更為詳密。制書者即聖旨，如詔誥敕諭赦書皆是也，凡本無而憑空撰出者，謂之“詐為”，本有而更正字句者，謂之“增減”。首節言詐為制書之罪；二節言詐為內外緊要衙門文書之罪；三節言詐為在外各衙門印信文書之罪；四節總承上三條而言，知情聽行之罪。詐為制書，則上侵天子之權，故其罪重；若傳寫失錯，不過無心之過，不慎重之咎耳，故止擬罰。而已凡詐為文書，必盜畫押字、盜用印信，故備言之，然二者究重在印信，而押字為輕，故條例又分言之，若空紙用印，乃是盜用印信以為詐偽之計，或先寫文書而後盜印，或先盜印而後填寫，其為詐偽同也。日本刑法，偽造詔書或增減變換者，處無期徒刑；偽造官文書或增減變換行使者，處輕懲役；偽造公債證書地券及其他官吏之公證文書，或增減行使者，罪同上項云云。擬罪較中律為輕，而公債證書地券二項，則中律所無也。律外又有條例，補律未備，可並參之。

**條例**

一、凡詐為各衙門文書盜用印信者，不分有無押字，依律坐罪，若止套畫押字，各就所犯事情輕重，查照本等律條科斷，其詐為部院各司文書者，俱與其餘衙門同科。

## 詐傳詔旨詐傳，以傳出之人為首從坐罪，轉相傳說之人非是。

凡詐傳詔旨自內而出者，為首絞監候。為從者，流三千里。〇若詐傳一品、二品衙門官言語於各屬衙門分付公事，自有所規避者，為首徒三年；三品、四品衙門官言語有所規避者，為首處十等罰；五品以下衙門官言語者，處八等罰；為從者，各減一等。若得財而詐傳，無礙於法者，計贓以不枉法；因得財詐傳而變動事情枉，曲法度者，以枉法，各以枉法、不枉法贓罪，與詐傳規避本罪權之。從重論。〇其詐傳詔旨、品官言語所至之處，當該官司知而聽行，各與同罪；至死減一等。不知者，不坐。〇若內外各衙門追究錢糧，鞫問刑名公事，當該官吏將奏准合行免追、免問。事理，妄稱奉旨追問者，是亦詐傳之罪。絞監候。

按：此仍明律，順治三年添入小註，原律“皇太子令”下尚有“親王令旨”四字，雍正三年御批刪除，現又刪去“皇后”、“皇太子”兩層，止餘詔旨，並改斬為絞。唐律：口詐傳制書及口增減者，絞。而無此律。一品、二品以下等罪定律之意，係重詔旨而並及品官言語，以分別詐傳者之罪也。自文書而言謂之“詐為”，自言語而言謂之“詐傳”，詔旨謂言語也，詐傳必有私行亂政之事，故與詐為罪同。詐為文書則以衙門之散要為輕重，而以盜畫押字、盜用印信為詐偽之成；詐偽言語則以官品之崇卑為輕重，而以分付公事有所規避為詐傳之據。蓋文書實有憑據，印信各有執掌，上下衙門可以通行，而言語則尊可以論卑，卑不可以論尊，故彼以衙門論，此以品級論，義各有當也。日本刑法無詐傳言語之罪而有詐稱身分之罪，凡以文書言語對官署詐稱屬籍、身分、姓名、年齡、職業者，罰金二十圓以下，詐稱官職位階者，處輕禁錮云云。雖與中律情罪不同，而彼此可以互參。

## 對制上書詐不以實

凡對制敷陳及奏事有職業該行而啟奏者，與上書，不係本職，而條陳時務者。詐妄不以實者，徒三年。其對奏上書非密謂非謀反、大逆等項。而妄言有密者，加一等。〇若奉制推按問事，轉報上不以實者，徒二年。若徇私曲法，而所報不實之事重於徒二年者，以出入人罪論。

按：此仍明律，順治三年添入小註，蓋言陳奏不實之罪有輕重也。唐律：諸對制及奏事上書詐不以實者，徒二年，非密而妄言有密者，加一等，若別制下問案推報不以實者，徒一年云云。與此律情事相同而擬罪稍輕。凡承制命而回奏曰“對制”，題奏應行公事曰“奏事”，建言獻策之類曰“上書”，至如人有罪過未有告言而奉制按驗其虛實則謂之“按問”，已有告言而奉制推鞫其情罪則謂之“推問”。臣子於君當抒誠直言，有犯無隱，若詐不以實，則是偽詐詭譎之詞以欺君也，非密妄言則是造作誣妄之言以罔上也，情有輕重，故治罪各殊，若報不以實，或智識不及，或無心失錯，未必盡出於詐妄，故減前罪二等，曰“詐”、曰“妄”、曰“不以實”，律文深細，當詳繹之。

## 偽造印信時憲書

凡偽造諸衙門印信，及時憲書、起船、起馬符驗、茶鹽引者，為首雕刻。絞監候。為從者，減一等，流三千里。有能告捕者，官給賞銀五十兩。偽造關防印記者，為首徒三年；告捕者，官給賞銀三十兩；為從及知情行用者，各減一等。“各”字承上二項而言。若造而未成者，首從各又減一等。其當該官司知而聽行，與同罪；不知者，不坐。〇印所重者文，若有篆文，雖非銅鑄，亦可以假詐行事，故形質相肖而篆文俱全者，謂之偽造。惟有其質而文不全者，方謂之造而未成。至於全無形質，而惟描之於紙者，乃謂之描摹也。

按：此仍明律，其小註係順治三年添入，雍正、乾隆年間改定，現又改斬為絞，蓋嚴偽造印信關防以行私之罪也。唐律：偽造帝王八寶者，斬；太皇太后、皇太后、皇后、皇太子寶者，絞；皇太子妃寶，流三千里；偽寫官吏文書印者，流二千里；餘印徒一年。註云：寫者，倣傚而作，不限用泥、用蠟云云。此律刪去“偽造御寶”三項，而添“時憲書”、“符驗”、“茶鹽引”及“關防印記”等項，又改“偽寫”為“偽造”，並添告獲給賞之法，其擬罪亦較唐律為嚴。蓋各衙門印信所以傳信四方者，時憲書則頒行之正朔也，起馬、起船用符驗皆陸軍部所管，猶今之火牌勘合也，商人販賣茶鹽，皆須納引，給自度支部批驗之後，截角繳銷，以杜重冒，關防印記亦由部頒，非私刻條記也，若今之督撫等衙門欽給關防，則以印信同論，又與尋常之關防不同，此皆朝廷所頒天下，奉以為信，所係至重，故偽造之罪亦重。日本刑法，偽造御璽、國璽及使用者，處無期徒刑；偽造各官府之印及使用者，處重懲役；偽造、變造官所發行各種印紙、格紙及郵票，處重禁錮、加罰金云云。較中律治罪為輕，而御璽一項又與唐律符合，至於印紙、郵票等項，中國現在通行，已於他門纂立偽造專條，以資引用。再，律止言偽造之罪，例又以使用偽造之印關係重大者較律治罪加重，關係輕微者又較律治罪從輕，尤為平允，當合參之。

**條例**

一、偽造印信之案，如假印行質已具，篆文字體已成，僅止筆畫少缺，但經行用得財為數多者，分別首從擬以絞候滿流，即為數無多，亦分別首從照例擬以流徒，甫經雕刻，尚未行用者，各減得財一等，若篆文筆畫實未齊全，又未誆騙得財，方以造而未成科斷，其偽造關防印記者，亦照此分別首從，各按本例辦理。

一、偽造假印之案，如起意者自行雕刻，或他人同謀分贓代為雕刻者，將起意之人，與雕刻之人，並以為首論，案內為從者減一等，若僅受些微價值代為私雕，並無同謀分贓情事者，以起意之人為首，雕刻之人為從，與案內為從者並減首犯罪一等。

一、凡盜用總督巡撫等官欽給關防，俱照各官本衙門印信擬罪，若盜及棄毀偽造，悉與印信同科。

一、凡偽造諸衙門印信及欽給關防，事關軍機，冒支錢糧，假冒官職，大干法紀者，俱擬絞立決，為從者擬絞監候，若非關軍機錢糧假官等弊，止圖誆騙財物，為數多者俱照律擬絞監候，為從者流三千里，若誆騙財物為數無多，銀不及十兩者，為首雕刻者流三千里，為從及知情行用者各減一等，其偽造關防印記誆騙財物為數多者，將為首雕刻之人發極邊足四千里安置。若為數無多，為首者仍照律徒三年，為從及知情行用者各減一等，其造而未成者又各減一等。若描摹印信行使誆騙財物，犯該徒罪以上者，流三千里。其為數無多，犯該徒罪以下者，各計贓以次遞減。四十兩，徒三年，三十兩，徒二年半，二十兩，徒二年，一十兩，徒一年半，一兩以下，徒一年，不得財者，罪止十等罰。

## 私鑄銅錢

凡私鑄銅錢者，絞監候；匠人罪同；為從及知情買使者，各減一等。告捕者，官給賞銀五十兩。里長知而不首者，處十等罰；不知者，不坐。○若將時用銅錢翦錯簿小，取銅以求利者，處十等罰。○若以銅鐵、水銀偽造金銀者，徒三年；為從及知情買使者，各減一等。金銀成色不足，非係假造，不用此律。

按：此仍明律，順治三年添入小註，現改杖為罰，蓋禁私鑄罔利以重國寶也。唐律：私鑄錢者，流三千里；作具已備未鑄者，徒二年；作具未備者，杖一百；若磨錯成錢令簿小取銅以求（力）[利][②]者，徒一年。《疏議》云：若私鑄金銀等錢不通時用者，不坐云云。明改為絞，又添“偽造金銀”一項，已較唐律從重，國朝改為斬罪。現雖仍改為絞，更增偽造銀圓、銅圓錢幣及偽造外國銀圓各項，但禁令愈密而私鑄者愈多，不得其人以實力奉行，雖徒法，亦何益哉！蓋圜法自有定制，國家開局鼓鑄以生財利用，非民間所得而私，故私鑄即作死罪。至於偽造金銀，如今鼎銀之類，用藥造作，全無金銀成色在內，若有成色，則是低潮，非偽造矣。銅錢曰“私鑄”，其體質猶銅也；金銀曰“偽造”，其體質非金銀矣。然私鑄之罪重於偽造者，錢法之權出乎上，私鑄則犯禁亂法；金銀之產出乎地，偽造但罔民取利而已，故科罪各有差等。日本刑法，偽造內國通用之金銀貨及紙幣而行使者，處無期徒刑；偽造內國通用之外國金銀貨而行使者，處有期徒刑；偽造內國通用之銅貨而行使者，處輕懲役；偽造官許發行之銀行紙幣而行使者，分別內國、外國，照前二條處斷云云。考之德、法、英、美各國，亦均無死罪，與唐律尚相符合。惟中律加重處絞，現例更為緊重，然錢法之壞，日甚一日，即此一節，而民俗之偷薄、財政之困難已可見矣。

**條例**

一、凡私鑄無論砂殼鉛錢，所鑄錢數在十千以上，或雖不及十千，而私鑄不止一次者，為首及匠人俱擬絞監候，為從發煙瘴地方安置，受些微雇值挑水打炭者，徒三年，其鑄錢不及十千者，首犯匠人俱發煙瘴地方安置，為從及受雇之犯，各照十千以上從犯受雇之罪遞減一等，房主鄰佑總甲十家長，知而不首，以違制論，房屋入官，受賄縱容者，徒三年，不知情者不坐。若私鑄未成，畏罪中止者，首犯與匠人，俱流三千里，仍迴避雲貴等省出產銅鉛地方。受雇之人徒二年，房主人等知而不首，照不應重律治罪，受賄縱容者徒二年，不知情者不坐，失察之地方官交部議處。

一、凡私鑄銀圓，銅圓，偽造紙幣，但經鑄成造就，無論銀數、錢數、次數多寡，為首及鑄造雕刻之匠人，俱擬絞監候，入於秋審情實，為從俱發煙瘴地方安置，受雇之犯徒三年。私鑄偽造未成，畏罪中止者，為首及匠人俱發極邊足四千里安置。

一、凡將銀空孔，傾入銅鉛等物，及用銅鉛等物傾成錠錁，外用銀皮包好，并銅鉛等物每兩內攙實銀二三四五錢不等，偽造銀使用者，均照偽造金銀律分別首從擬徒，其用銅鐵錫鉛等質藥煮偽造假銀騙人行使者，發極邊足四千里安置，為從者流三千里。

一、銷燬制錢，照私鑄銅錢例分別首從治罪，房主人等知而不首，亦照私鑄銅錢例分別定擬。將制錢翦邊圖利者，徒三年，為從減一等。地方官能設法拏獲，交部議敘，失察者地方官及該管上司交部分別議處。

一、收買私鑄制錢、銀圓、銅圓，及偽造假銀紙幣，攙和行使，或貨賣與人者，不計銀數、錢數、次數，俱徒三年，收買翦邊錢者，徒二年，官船戶夾帶者罪同。甫經收買，尚未攙和貨賣者，照不應重律治罪。

一、凡偽造外國銀圓、紙幣行使，不論銀數、次數多寡，為首及匠人俱流三千里，為從及鑄造未成之犯，各減一等。

一、凡地方文武各官嚴拏私鑄，務於山陬水濱人迹罕到，及居民繁庶人煙稠密處所，並宜差委妥練員役不時察訪查拏，如遇有私鑄之事，知情故縱者，與犯同罪外，其不知情者，從前雖漫無覺察，今但能拏獲，不論年月遠近，俱免其處分，文官拏獲者，並免同城武職之處分，武弁拏獲者，亦免同城文官之處分，交界之所，此縣拏獲，彼縣亦免處分，至果能實心查拏者，不論本管地方及別州縣，准以拏獲之多寡交部量予議敘，若該地方官不加意緝拏，或係上司查出，或被旁人告發，俱仍照例處分。

## 詐假官

凡偽造憑劄。詐為假官，及為偽劄，或將有故官員文憑，而假與人官者，絞監候；其知情受假官者，流三千里；須有劄付文憑方坐，但憑劄皆係與者所造，故減等。不知者，不坐。○若無官而不曾假造憑劄，但詐稱有官，有所求為，或詐稱官司差遣而捕人，及詐冒見任官員姓名有所求為。者，徒三年。以上三項，總重有所求為。若詐稱見任官子孫、弟姪、家人、總領，於按臨部內有所求為者，處十等罰；為從者，各減一等。若得財者，並計贓，各主者，以一主為重。准竊盜從重論。贓輕，以詐科罪。○其當該官司知而聽行，與同罪；不知者，不坐。

按：此仍明律，順治三年添入小註，現改斬為絞、改杖為罰，蓋重懲假冒官職之罪以杜姦偽也。唐律：諸詐假官、假與人官及受假者，流二千里；其於法不應為官而詐求得官者，徒二年；若詐增減功過年限而預選舉，因之以得官者，徒一年；流外官各減一等；求而未得者，又各減二等；諸詐為官及稱官所遣而捕人者，流三千里；詐稱官及冒官人姓字，權有所求為者，罪亦如之云云。此律改擬絞候，受假者滿流，較唐律加重數倍，又刪去“於法不應為官”及“增減功過”等項，似不及唐律之詳。蓋詐假官者，本身原無官職，或詐為劄付文憑赴任，或將他人劄付文憑冒認頂替者皆是也，假與人官者，他人本無官職，或假為劄付文憑與之以官，或將所得別人劄付文憑與之假冒者皆是也，故皆坐絞。至於詐稱有官、詐稱差遣、詐冒姓名、詐稱官員家人等項，止是假借名色，托諸語書，以為求為之地。其稱有官者，原無憑劄，稱差捕者，原無批牌，與上造有憑劄實據者不同，故擬罪減輕二等。以上四項，總重有所求為，若僅擅用冠帶詐稱差捕，無所求為，則止問違制之罪，不在此限。律文渾言詐官及詐稱官員子孫，例又補出假冒皇親族屬，及假充大臣近侍官員家人各項，情節較重，故治罪加嚴，須合參之。日本刑法，詐稱官職位階，或僭用官服徽章及內外國勳章者，處輕禁錮、加罰金；偽造官給免狀鑑札行使者，處重禁錮、加罰金云云。亦是此意，但不如中律之完備耳。

**條例**

一、凡詐冒皇親族屬姻黨家人，在京、在外巧立名色，挾騙財物，侵占地土，并有禁山場，攔當船隻，指要銀兩，出入大小衙門囑託公事，販賣制錢私鹽，包攬錢糧，假稱織造，私開牙行，擅搭橋樑侵漁民利，或假充大臣及近侍官員家人名目，豪橫鄉村，生事害民，強占田土房屋，招集流移住種者，許所在官司拏問，除實犯死罪如詐冒、假勢、凌虐、故殺、鬬殺、私鹽、拒捕之類。外，徒罪以上各於本罪上加一等定擬。若被害之人，赴所在官司告訴不即受理，及雖受理觀望逢迎不即問斷舉奏者，各治以罪。

一、凡無官而詐稱有官，并冒稱見任官員姓名，並未造有憑劄，但係圖騙一人，圖行一事者，各於本律、本例上加一等定擬。若假冒頂帶自稱職官，止圖鄉里光榮，無所求為，亦無憑劄者，徒一年。假冒生監頂帶者，處十等罰。

一、偽造憑劄自為假官者，偽造憑劄並將有故官員憑劄賣與他人者，及買受憑劄冒名赴任者，俱擬絞監候。知情說合者，流三千里。

一、凡詐充各衙門差役，假以差遣體訪事情緝捕盜賊為由，妄拏平人，搜查客船，嚇取財物，擾害人民者，審係捏造簽票，執持鎖鍊，恐嚇詐財，照詐稱官司差遣捕人律徒三年，所犯重於滿徒者，各於本罪上加一等治罪，計贓重者，照蠹役詐贓例問擬。其未捏有簽票，止係口稱奉票嚇唬者，於恐嚇取財及各項本罪上加一等治罪，若計贓逾貫，及雖未逾貫，而被詐之人因而自盡者，均擬絞監候。拷打致死，及嚇詐忿爭毆故殺被詐之人者，均照罪人殺所捕人律擬絞監候，為從各減一等。如假差遣有偽造印信批文，或以捕盜搶檢傷人，按律應擬死罪者，仍各從其重者論，所在官司阿從故縱者，各治以罪。若被詐之人毆死假差者，照擅殺罪人律擬絞監候，至非被詐之人，有與假差謀故鬬殺者，仍各按本律科斷。

## 詐稱內使等官官與事俱詐。

凡憑空詐稱內使、近臣。內閣、各部、都察院、給事中、監察御史、按察司官，在外體察事務，欺詐官府，煽惑人民者，雖無偽造劄付。絞監候；知情隨行者，減一等。流三千里。其當該官司，知而聽行，與同罪。罪止流三千里。不知者，不坐。〇若本無符驗。詐稱使臣乘驛者，流三千里；為從者，減一等。驛官知而應付者，與同罪；不知情，失盤詰者，處五等罰；其有符驗而應付者不坐。符驗係偽造，有偽造符驗律；係盜者，依盜符驗律。

按：此仍明律，原文係詐稱內使、都督府、四輔、諫院，順治三年改為內閣、六科，並添入小註，雍正三年改定，現又改易，蓋重懲假勢要以欺官民之罪也。唐律詐冒官司、詐乘驛馬分作兩條，此合為一。唐律詐乘驛馬者，加役流，此止擬流三千里，則較唐律為輕。此律前節言詐稱體訪之罪，後節言詐稱乘驛之罪。上條無官詐稱有官，尚係泛言，此就有官內抽出關係重大者言之，姦宄不逞，至於蠹政害民，較上條之有所求為者情罪較重，故立法較嚴，當與上條《詐假官》參看，彼係偽造劄付以赴任所，此係假借名色以为聲勢，又與《诉讼門》“假以察訪為由挾制官府”及《賊盜門》“指官撞騙”二例名目相似而情節不同，彼此互參，其義自各有當也。

## 近侍詐稱私行官實而事詐。

凡近侍之人，在外詐稱私行體察事務，煽惑人民者，絞監候。此詐稱，係本官自詐稱，非他人。

按：此仍明律，其小註係順治三年增修，現改斬為絞，蓋指以實官而行詐事者之罪也。近侍之人，日近君側，習知朝廷之事，易以惑人，故坐死罪以重懲之。前條官與事俱詐，此則官真而事假，須分別觀之。

## 詐為瑞應

凡詐為瑞應者，徒一年。〇若有災祥之類，而欽天監官不以實對者，加二等。

按：此仍明律，蓋懲欺隱之罪以重休咎之徵也。唐律：諸詐為瑞應者，徒二年；若災祥之類而史官不以實對者，加二等。較此律稍重。瑞應者，陸賈云：瑞者，寶也、信也，天以寶為信，應人之德，故曰“瑞應”。詐為瑞應，即《唐律疏議》所謂詐言麟鳳龜龍，無可案驗者。宋王欽若之天書亦其類也。本無瑞應而詐為，是欺罔朝廷，姦人之尤也；若遇災祥而不以實對，是有負職守，其欺罔更甚矣。故科罪有輕重之分，與《禮制門》內“失占天象”相似而實不同者，彼係無心失占，此則有心不實對耳。

## 詐病死傷避事

凡官吏人等，詐稱疾病，臨事避難如難解之錢糧，難捕之盜賊之類。者，處四等罰；如所避之事重者，處八等罰。〇若犯罪待對，故自傷殘者，處十等罰；詐死者，徒三年；傷殘以求免拷訊，詐死以求免出官。所避事重於十等罰及徒三年。者，各從重論。如侵盜錢糧，仍從侵盜重者論。若無避罪之情，但以恐嚇詐賴人。故自傷殘者，處八等罰；其受雇倩為人傷殘者，與犯人同罪；因而致死者，減鬬殺罪一等。〇若當該官司知而聽行，謂知其詐病，而准改差；知其自殘避罪，而准作殘疾；知其詐死，而准住提。與同罪。不知者，不坐。

按：此仍明律，順治三年添入小註，現改杖為罰，蓋懲託故避事之罪也。唐律：諸詐疾病有所避者，杖一百；若故自傷殘者，徒一年半。註云：有避、無避等，雖不足為疾殘，而臨時避事者皆是。又，受雇倩為人傷殘者，與同罪，以故致死者，減鬬殺罪一等。《疏議》云：若為祖父母、父母遣之傷殘因致死者，同過失法云云。明律即本於此，而又添“詐死”一層，較為詳備。上段與《職制門》“擅離職役”相似，但彼言避難在逃，此言詐病避難，比在逃之罪較輕矣；下段與《斷獄門》“罪囚令人自殺”相似，但彼係犯罪應處死而使親故自殺或倩人殺之，此係犯罪應待對而故自傷殘或雇人傷之，情節各有不同也，如穩婆受姦夫雇倩為姦婦打胎，皆為人傷殘之類也。日本刑法，受囑託為自殺人下手者，處輕禁錮、加罰金；幫助自殺者，減一等。亦即此意。但彼言“自殺”，此言“自傷”，有不同耳。

條例

一、各省獲罪之犯，報稱病故者，著該管官員出具印結，並行文原籍地方官稽查，儻有詐稱病故者，分別從重治罪。

一、凡未經到案之犯，報稱病故，該撫嚴飭地方官悉心確查，取具甘結報部，儻有捏報等情，日後發覺，將該地方官與該撫一併嚴加議處。

## 詐教誘人犯法

凡設計用言教誘人犯法，及和同其事故誘。令人犯法，却自行捕告，或令人捕告，欲求賞給，或欲陷害人得罪者，皆與犯法之人同罪。罪止滿流。和同令人犯法，看令字，還是教誘人而又和同犯法也。若止和同犯法，則宜用自首律。

按：此仍明律，順治三年採《箋釋》語添為小註，蓋言詐誘人之罪以懲姦險也。唐律：詐教誘人使犯法，及和令人犯法即捕，若告或令人捕告欲求購賞，及有憎嫌欲令入罪，皆與犯法者同坐云云。與此律擬罪相同而文法稍為增修。凡陰險之徒害人利己，遇有鄙俚之人不嫻法式，而設為計謀、誑以言語，教人為犯法之事，或和同共為犯法之事，以身誘之，其後欲自行捕告，或令人捕告，致人罹於法網，其心至毒，其術至險，在被教誘犯法者，業已墮其術中，不能免罪，而教令之人，雖自行捕告，亦不准同自首免罪，所以深誅其心，使之不能行其詐也。律註甚細，宜加細玩。後例又補出教師演弄拳棒教人，及土官延幕友長隨滋事妄為累及本官各條，皆足補律文所未備，當合參之。

條例

一、凡土官延幕，必將所延之姓名年籍通知專轄州縣確加查驗，人果端謹，實非流棍，加結通報，方准延入。若知係犯罪之人，私聘入幕，並延請後縱令犯法者，照職官窩匿罪人例革職。如有私聘私就者，即令專轄州縣嚴加驅逐，若土幕教誘犯法，即視其所犯之輕重依律治罪，敗露潛逃，即行指拏重懲，私聘之文武土官，及失察之該管州縣，交部分別議處。

一、凡地方官有被參降革治罪之案，嚴究幕友長隨書役等，除犯詐贓誣拏等項罪有正條者，仍照例辦理外，其但係倚官滋事，慫令妄為，累及本官者，各按本官降革處分上加一等，如本官應降一級者，將該犯處七等罰，降二級、三級者，以次遞加，至革職者，徒一年，本官罪應擬徒者，亦各以次遞加一等，加至徒三年而止，至總徒、准徒流罪以上者，均與同罪，徒罪以下將該犯遞回各原籍，分別充徒管束，永遠不准復充，如有犯罪之後，仍潛身該地，欺瞞後任，改易姓名復充者，察實嚴加治罪。

一、遊手好閒不務本業之流，自號教師，演弄拳棒教人，及投師學習，並輪叉舞棍遍遊街市，射利惑民者，嚴行禁止，如有不遵，一經拏獲，本犯流三千里，隨同學習者，徒三年，限滿遞籍嚴加管束。如坊店寺院容留不報，地保人等不行查拏，均照不應重律治罪，地方文武各官失於覺察，照例議處。若曾學拳棒，並未輾轉教人，亦不游街射利者，免議。

## 犯姦

唐律無犯姦專門，凡涉姦事者俱統於《雜律》之中，元律謂之“姦非”，明始於《雜犯律》中提出，另立《犯姦》一門。唐律止有《凡姦》、《親屬相姦》及《奴姦良人》各條，其《官吏宿娼》、《買良為娼》各項則皆明所增入，國朝因之。共分十篇，而首篇尤為諸篇之通例，凡問姦罪者宜先參看此篇。

### 犯姦

凡和姦，處八等罰；有夫者，處九等罰；刁姦者，無夫、有夫。處十等罰。〇強姦者，絞監候；未成者，流三千里。凡問強姦，須有強暴之狀，婦人不能掙脫之情，亦須有人知聞，及損傷膚體、毀裂衣服之屬，方坐絞罪。若以強合，以和成，猶非強也，酌減為徒二年，婦女不坐。如一人強捉，一人姦之，行姦人問絞，強捉問未成，流罪。又如見婦人與人通姦，見者因而用強姦之，已係犯姦之婦，難以強論，依刁姦律。〇姦幼女十二歲以下者，雖和，同強論。〇其和姦、刁姦者，男女同罪。姦生男女，責付姦夫收養。姦婦給付本夫，聽其離異。若嫁與姦夫者，姦夫、主婚之人，各處八等罰，婦人仍離異，財物入官。〇強姦者，婦女不坐。〇若媒合容止人在家通姦者，各減犯人和、刁。罪一等。〇如人犯姦已露而代私和姦事者，各減和、刁、強。二等。〇其非姦所捕獲及指姦者，勿論。若姦婦有孕，姦婦雖有據，而姦夫則無憑。罪坐本婦。

按：此仍明律，順治三年添入小註，現又添入“強始和成減二等”二句，蓋禁姦淫以端風化也。唐律：諸姦者，徒一年半；有夫者，徒二年；強者，各加一等；折傷者，各加鬬折傷罪一等。諸和姦，本條無婦女罪名者，與男子同；強者，婦女不坐；其媒合姦，通減姦者罪一等云云。與此罪名輕重不同。此律和姦，罪止於罰，較唐律為輕，而強姦擬絞，則較唐律重數等矣，又添“刁姦”、“強姦未成”並“姦幼女”各項，更為詳備。和姦者，男女情願，和同私姦也；刁姦，謂姦夫刁誘姦婦引至別所通姦，亦和姦也。夫淫人婦女、壞人閨門，罪本重在姦夫，然必姦婦淫邪無恥，有以致之，故男女同坐。若婦女本守貞潔，而人用強姦之，肆己淫惡，污人節操，故嚴其法，擬以死罪，所以深惡之也。惟是強姦之情易於誣捏，用強之事亦復不同，故小註獨詳言之，須加細玩。至於十二歲以下幼女，情竇未開，本無淫心，而又易欺易制，故雖和，亦以強論。此律已較唐律為詳，而例又添“輪姦”、“雞姦”及“姦十二歲以下幼童、幼女”各項，皆補律所未及，亦以見後世風俗日趨敗壞，非此重法不足以警之。外國姦罪甚輕，日本刑法，姦淫未滿十二歲幼女者，處輕懲役；強姦者，處重懲役；強姦十二歲以上婦女者，處輕懲役；有夫之婦姦通者，處重禁錮，相姦者亦同，須俟本夫之告訴，始論其罪云云。可見姦無夫之婦女即不論罪矣，即姦有夫之婦而非本夫告訴亦不治罪矣。非獨日本，即歐西各國大抵皆是，蓋外國圖富強而輕禮節，故視姦罪亦為甚輕；中國重防閑而敦風教，故治姦罪為獨嚴。中外政治之宗旨不同，即此可見一斑。再，此律姦生男女，責付姦夫收養，而元律諸姦生男女，男隨父、女隨母，各有不同，亦可以備參考。

**條例**

一、凡職官及軍民姦職官妻者，姦夫、姦婦並流三千里，若職官姦軍民妻，及軍民相姦者，姦夫、姦婦各處十等罰，其雇工人相姦不分一主、各主，及軍民與官員軍民之妾相姦者罪同。如男子和同雞姦者，亦照此例辦理。

一、凡婦女有先經和姦，後因別故拒絕，致將婦女殺死者，俱仍照謀故鬬毆本律定擬。

一、強姦婦女，除並未傷人者，已成、未成，仍照本律定擬外，其因強姦執持金刃戳傷本婦，及拒捕致傷其夫與父母，並有服親屬，或手足他物毆至折傷以上，無論已、未成姦，均擬絞監候。如傷非金刃又非折傷，已成姦者，仍擬絞監候，未成姦者，發極邊足四千里安置。其圖姦、調姦婦女未成，拒傷本婦，並其夫與父母及有服親屬，如至殘廢篤疾罪在滿徒以上，無論金刃、手足、他物，俱擬絞監候，但係刃傷者，發極邊足四千里安置，若手足他物未至殘廢篤疾者，仍依罪人拒捕律，於本罪上加二等問擬。

一、強姦十二歲以下幼女因而致死者，絞立決。若強姦未成，審有確據者，發煙瘴地方安置。

一、凡婦女與人父子通姦，致其子因姦殺死其父，釀成逆倫重案者，將犯姦之婦女監禁十年。

一、凡姦夫拒捕刃傷應捉姦之人，或毆至折傷以上者，照竊盜拒捕毆所捕人至折傷以上者擬絞監候。縱容、抑勒，不用此例。

一、輪姦良人婦女已成，為首擬絞立決，為從同姦者擬絞監候，同謀未經同姦餘犯，發煙瘴地方安置，因而殺死本婦者，首犯擬斬立決，為從同姦又幫同下手者擬絞立決，同姦而未下手，及下手而未同姦者，均擬絞監候，入於秋審情實，其同謀而並未下手又未同姦者，發煙瘴地方安置，如致本婦自盡者，首犯擬絞立決，為從同姦之犯均擬絞監候，入於秋審情實，同謀未經同姦餘犯，發煙瘴地方安置。若夥謀輪姦未成審有實據者，為首發煙瘴地方安置，為從流三千里，因而殺死本婦者，首犯擬絞立決，為從幫同下手者擬絞監候，入於秋審情實，未經下手者發煙瘴地方安置，如致本婦自盡者，首犯擬絞監候，為從發煙瘴地方安置。

一、輪姦已經犯姦婦女已成者，為首發煙瘴地方安置，為從同姦者流三千里，同謀未經同姦餘犯，徒三年，因而殺死本婦者，首犯擬絞立決，下手為從者，無論同姦、未同姦，均擬絞監候，同姦而未下手者，發煙瘴地方安置，並未同姦又未下手者，流三千里，如致本婦自盡者，首犯擬絞監候，為從同姦者，發煙瘴地方安置，同謀未經同姦餘犯，流三千里，若輪姦未成，首犯流三千里，為從徒三年，因而殺死本婦者，首犯擬絞監候，為從除案係謀殺，仍照謀殺本律分別曾否加功問擬外，如係毆殺幫同下手者，發煙瘴地方安置，未經下手者，徒三年，如致本婦自盡者，首犯發煙瘴地方安置，為從徒三年。如婦女犯姦後，已經悔過自新，審有確證者，仍以良人婦女論。

一、惡徒雞姦十二歲以下幼童者，酌量情形，比依強姦幼女輪姦婦女各本例分別治罪。

## 縱容妻妾犯姦

凡縱容妻妾與人通姦，本夫、姦夫、姦婦，各處九等罰。抑勒妻妾及乞養女與人通姦者，本夫、義父各處十等罰，姦夫處八等罰，婦女不坐，並離異歸宗。〇若縱容、抑勒親女及子孫之婦妾與人通姦者，罪亦如之。〇若用財買休、賣休因而和同娶人妻者，本夫、本婦及買休人，各處十等罰，婦人離異歸宗，財禮入官。若買休人與婦人用計逼勒本夫休棄，其夫別無賣休之情者，不坐，買休人及本婦，各徒一年，婦人給付本夫，聽其離異。妾，減一等。媒合人，各減犯人買休及逼勒賣休。罪一等。其因姦不陳告，而嫁賣與姦夫者，本夫處十等罰，姦夫、姦婦各盡本法。

按：此仍明律，順治三年添入小註，現改杖為罰，蓋嚴懲自敗閨閫之罪以戒淫風也。唐律不著此律。元律有“夫受財縱妻為娼”及“不受財勒妻妾為娼”並“以財買休和娶為妻”三條，此律即本於此。首二節言縱容、抑勒之罪，後一節言買休、賣休之罪。縱容、抑勒情異而事同，然皆通姦也；賣休、買休事異而情同，非姦而同於姦也。夫妻妾固有淫行，本夫不禁制而反縱容，則敗壞風化之罪與姦夫、姦婦無異，故均擬罰；抑勒通姦者，寡廉鮮恥之事全在本夫、義父，而婦女本無淫心，特迫於情不得已，故不坐罪。蓋縱容已失夫綱，抑勒尤為無恥，義不可以令合，故並離異。若賣休、買休不曰“姦婦”而曰“本婦”，不曰“姦夫”而曰“買休人”，可見與犯姦者不同，然賣休者自棄其妻，既失夫婦之倫，買休者謀娶人妻，亦失婚姻之正，有類於姦，故與通姦並列一條。賣休、買休按律雖應離異，然亦有不可拘泥者，據《會典》云：家貧將妻不告官而嫁賣與人者，問不應，婦人仍歸後夫。又，《輯註》云：因貧賣妻，本夫既不能養贍，或無宗可歸，勢必又將失節，轉嫁不如仍歸後夫，免追財禮云云。二說雖與律不合，均足補律之未備，當合參之。此外又如義父縱容養女與縱容、抑勒乞養子孫婦妾，及正妻縱容、抑勒妾犯姦，律皆不言，當參酌比擬。外國不設此律，其風俗概可知矣。

## 親屬相姦

凡姦同宗無服之親及無服親之妻者，各處十等罰。強者，姦夫絞監候。〇姦內外緦麻以上親，及緦麻以上親之妻，若妻前夫之女，同母異父姊妹者，各徒三年；強者，姦夫絞監候。姦義子婦、義女、義妹、乞養子婦，並同，仍斷還本宗。若姦從祖祖母、祖姑、從祖伯叔母、從祖伯叔姑、從父姊妹、母之姊妹及兄弟妻、兄弟子妻者，姦夫、姦婦各絞監候；強者，姦夫決絞。惟強姦小功再從姊妹、堂姪女、姪孫女、出嫁降服者，監候絞。〇若姦妻之親生母者，以緦麻親論之太輕，還比依母之姊妹論。〇若姦父祖妾、伯叔母、姑、姊妹、子孫之婦、兄弟之女者，姦夫、姦婦各決絞。強者，姦夫決絞。妾，各減妻一等；強者，絞監候。其婦女同坐、不同坐，及未成姦、媒合、縱容等件，各詳載犯姦律，惟同宗姦生男女不得混入宗譜，聽隨便安插。

按：此仍明律，末句原有小註，順治、康熙、乾隆年間迭次修改，現又添改，蓋嚴敗倫內亂之罪以正風化也。唐律分作三條，一為“姦緦麻親及妻”：諸姦緦麻以上親及親之妻，若妻前夫之女、同母異父之姊妹者，徒三年，強者，流二千里，折傷者，絞。一為“姦從祖母姑”：諸姦從祖祖母姑、從祖伯叔母姑、從父姊妹、從母及兄弟妻、兄弟子妻者，流二千里，強者，絞。一為“姦父祖妾”：諸姦父祖妾、伯叔母、姑姊妹、子孫之婦、兄弟之女者，絞，即姦父祖所幸婢，減二等。明合為一篇，較唐律擬罪從輕，又刪去“父祖所幸之婢”一節，而增入“無服之親”及“無服親之妻”二項。唐律強姦無死罪，即強姦從祖母姑以下各項亦止於絞，明律由絞而加至斬，又由斬候而加至斬決，嚴懲姦罪，至斯已極，然犯者紛紛，現均改斬為絞，則重法漸從淘汰矣。共分五節，首節言同宗無服，誼屬疏遠而名分猶存，故姦加凡人二等；二節言緦麻以上親及其妻，既有服制，理應加重，即前夫之女與同母異父姊妹，雖無服而義亦重，故與緦親同論；三節言從祖祖母各項，蓋從祖祖母即祖親兄弟之妻，小功服也，從祖祖姑即祖之親姊妹，在室小功、出嫁緦麻也，皆長己兩輩者，從祖伯叔母即父同祖堂兄弟之妻，小功服也，從祖姑即父同祖之堂姊妹，在室小功、出嫁緦麻也，母之姊妹即己之母姨，小功服也，皆長己一輩者，從父姊妹即己之同祖堂姊妹，在室大功、出嫁小功也，兄弟之妻，小功服也，皆與己同輩者，兄弟子之妻，大功服也，此晚己一輩者，以上皆大功、小功親中之至重者，與別項大功、小功親不同，姦淫內亂，罪在十惡之列，故犯者另置重典；四節言父祖妾伯叔母各項，其親為尤近，而其倫為尤重，姦至於此，則行同禽獸，淫亂逆倫，大惡不赦，和者俱擬立決，已處極刑，即強姦亦無可再加，故亦止於絞決也；五節專言姦妾之罪，承上各項而統言之。律文止言和姦、強姦、已成而不言未成之罪，舊例補出“強姦未成，分別擬軍流，調姦未成，滿徒”云云，雖便引用，然未免失古意矣，蓋律不言未成之罪，非疏漏也，古人之所不言者，俱有至理，自可於言外求之，後世事事求備，於古人不言者而亦言之，遂不免有窒碍難通之處。即如此項，若業已成姦，自屬恩不掩義，若僅屬調戲，尚可法外原情。薛氏《存疑》有云：父子伯叔兄弟均屬骨肉至親，未可全以法繩，假使父兄調戲子弟之妻，照例擬以流罪，在父兄固罪無可辭，而試問子弟之心安乎？否乎？為子弟者將代妻伸訴耶？抑代父兄隱諱乎？即不然，袖手旁觀、坐視不理乎？且由何人告官、何人質證耶？其婦女仍給親完聚乎？抑合離異歸宗乎？種種窒碍，殊覺未盡允叶，似不如不言為當云云。其言極為中理。現雖删去“調姦未成”一層，而強姦未成仍擬遣流。外國不著此律，蓋亦風尚不同也。

**條例**

一、凡親屬和姦，律應死罪者，若強姦未成，發極邊足四千里安置，其和姦罪不至死者，若強姦未成，仍照律流三千里。

## 誣執翁姦

凡男婦誣執親翁，及弟婦誣執夫兄欺姦者，絞監候。○強姦子婦未成，而婦自盡，照親屬強姦未成例科斷。○義子誣執義父欺姦，依雇工人誣家長。○嫂誣執夫弟，及緦麻以上親誣執者，俱依誣告。

按：此仍明律，其小註係順治三年添入，雍正三年修改，現改斬為絞，蓋重懲污蠛尊長之罪也。唐律無此名目。元律有男婦虛執翁姦，有司加翁拷掠，男婦報虛者，杖一百七之條，是即此律所本祖，而治罪特嚴且重。凡欺其卑幼而淩制以成姦，謂之"欺姦"，翁欺姦子媳，當坐絞決，兄欺姦弟婦，當作絞候，今無此情而誣執之，欲陷夫之父兄於大辟，婦人之險惡，至此已極，故直坐絞罪，不用誣告反坐之律。若嫂誣夫弟及緦麻以上親，註云：俱依誣告。則誣執大功、小功期親者，皆在其內矣。

## 雇工人姦家長妻

凡雇工人姦家長妻女者，各絞。○若姦家長之期親，若期親之妻者，絞監候；婦女減一等。若姦家長之緦麻以上親，及緦麻以上親之妻者，各流二千里；強者，絞監候。○妾各減一等，強者，亦絞監候。在官役使之人，俱作雇工人。

按：此仍明律，順治三年添入小註，現改斬為絞，蓋正雇工犯姦之罪以肅名分也。唐律：部曲及奴姦主及主之期親，若期親之妻者，絞；婦女減一等；強者，斬；即姦主之緦麻以上親及緦麻以上親之妻者，流；強者，絞。《疏議》云：若姦妾者，減妻一等，即妾子現為家主，其母亦與子不殊云云。明律雖本於此，而改"姦家長妻女"一項為各斬，不同姦家長之期親婦女減等者，蓋以家長之妻女於雇工分尊而義重，乃至和同姦淫，其情必起於妻女穢亂之罪浮於雇工，故同斬罪，不照唐律減等。若家長之期親，則與家長之妻女有間，雇工既改絞候，婦女可減一等，夫和姦，本男女同罪，獨此條婦女減一等者，蓋以期親之分殺於妻女，雇工淫惡犯上，難免於死，婦女雖賤辱無恥，究較雇工稍輕，故不妨稍貸一死。至於緦麻以上又同罪者，婦女流罪原係收贖，並不實發，名雖同而實異也。妾各減一等，係統上數項而言。至於家長與雇工人之妻通姦，律不言者，非遺之也，蓋家長於雇工本無倫理，徒以名分尊卑相事，使如家長姦雇工之妻，不過降其尊而自卑，自取辱賤而已，《瑣言》曰：律不著罪，各問不應。考之唐律，姦他人部曲妻，杖一百，而無己家部曲，《疏議》云：明己家部曲妻各不坐也，又，考之漢律，姦妻婢者，厥罪曰"姘"，罰金四兩，可見此項人犯，古法本不科罪，現例雖有親屬強姦雇人妻女致令自盡二條，若非有夫或係婢女，或非強姦釀命，則仍不治其罪矣。

### 條例

一、家長之有服親屬，強姦雇工妻女未成，致令羞忿自盡者，流二千五百里。

一、凡雇工人，強姦家長之母與妻女，審有損傷膚體，毀裂衣服，及鄰證見聞確據者，無論已、未成姦，均擬絞立決，若調姦未成，發煙瘴地方安置。

## 姦部民妻女

凡軍民本管官吏，姦所部妻女者，加凡姦罪二等，各罷職役不敘，婦女以凡姦論。○若姦囚婦者，徒三年，囚婦止坐原犯罪名。若保管在外，仍以姦所部坐之，強者，俱絞。

按：此仍明律，順治三年添入小註，雍正三年改定，蓋重倚勢行姦之罪也。唐律監臨主守於所監守內姦者，加姦罪一等，此加二等，則較唐律稍重，又添"姦囚婦"一項，更為詳備。上段"姦所部妻女"，是倚勢為姦者，下段"姦囚婦"，是倚法為姦者。此律大意，原是嚴於官吏，故不用男女同罪之法，上官吏加二等，婦女止坐凡姦，下官吏坐滿徒，囚婦並不坐罪，惡其淫亂無行而挾威勢以行之也。然同一挾勢為姦，而姦囚婦之罪尤重者，所部雖受統攝，婦女若無淫行，官吏何由得姦？若囚婦，則禁制在官吏之手，可以脅誘而姦，故擬罪輕重不同，而被姦之婦女亦有科罪、不科罪之分也。官吏而外，如獄卒及押解人役，有姦囚婦者，仍當照官吏科之。

## 居喪及僧道犯姦

凡居父母及夫喪，若僧、尼、道士、女冠犯姦者，各加凡姦罪二等。相姦之人，以凡姦論。強者，姦夫絞監候，婦女不坐。

按：此仍明律，順治三年添入小註，蓋懲蔑禮違教之罪也。唐律：居父母及夫喪，若道士、女冠姦者，加凡姦二等，婦女以凡姦論。與此律罪名相同，此特多僧、尼二項耳。居喪犯姦，則忘哀縱慾；出家者犯姦，則穢亂清規。相姦之人，兼男女言，既非出家又不居喪，故仍坐凡姦之罪，不加等也。唐律又有居喪生子徒一年之律，今律不載，則不坐罪。又，凡律犯祖父母，與父母同論，此律止言父母而不言居祖父母喪者，祖父母恩義雖重，而服制則輕，有犯仍以凡論，不在加等之列。至居父母喪，則兼男女言；居夫喪，則兼妻妾言。律曰"僧、尼"，例曰"尼僧"，顛倒之下，其義不同：稱"僧、尼"者，指二人稱；"尼僧"者，指一人，緣尼亦稱僧也。

## 官吏宿娼

凡文武官吏宿娼者，處六等罰。挾妓飲酒，亦（作）［坐］[③]此律。媒合人，減一等。○

若官員子孫應襲廕宿娼者，罪亦如之。

按：此仍明律，順治三年刪去末二句，又添入小註，現改杖為罰，蓋慎官方而戒淫佚也。官吏宿娼，雖非姦良人可比，而蕩閑踰矩，有玷官箴，故擬六等罰，其罪雖輕，而行止有虧，仍應革職罷役，與犯別項六等罰止應降級者不同也。若官員子孫，雖非現任之比，然亦有礙行止，故擬罪從同。註曰“應襲廕”，可見非應襲廕者不在此限矣。至官吏娶娼，則應比照官吏娶娼妓為妻妾之律，亦擬六等罰、離異，當合參之。

## 買良為娼

凡娼優買良人子女為娼優，及娶為妻妾，或乞養為子女者，處十等罰。知情嫁賣者，同罪。媒合人，減一等。財禮入官，子女歸宗。

按：此仍明律，現改杖為罰，蓋懲陷良為賤之罪也。娼優最為下賤，不齒於平民，若買良人為娼優，及娶為妻妾，或乞養為子女，是使良人子女陷身於下賤也。若良人之家知係娼優而將子女嫁賣者，是徒知貪利，而陷其子女，辱其家門，故與買者同罪。律止擬十等罰，後例加重，擬以滿徒，嚴懲買良人之罪，正所以遏絕娼優之源，正風俗而端風化，用意良深。現在倣照外國之法，娼寮一概收捐，其舊例“窩娼開設下處並宿娼宿優”之例一概刪除，雖係因時變通，然古法從此益蕩然矣。

**條例**

一、凡無藉之徒，及生監衙役兵丁，私自窩頓流娼土妓引誘局騙，及得受窩頓娼妓之家財物，挺身架護者，照窩賭例治罪。如係偶然存留，為日無幾，徒一年，其窩頓月日經久者，徒三年，再犯流三千里。得受娼妓家財物者，仍准枉法計贓從重論。鄰保知情容隱者，處八等罰，受財者亦准枉法論，計贓從重科斷。其失察之該地方官，交部照例議處。

一、私買良家之女為娼，及設計誘買良家之子為優者，俱徒三年，知情賣者與同罪，媒合人及串通說合之中保減一等，姦宿者照抑勒妻女與人通姦姦夫律治罪，子女不坐，並發歸宗。

# 雜犯

李悝《法經》，五曰《雜法》，至後周更名《雜犯》，隋、唐復改為《雜律》，條數甚多，凡犯姦、私鑄、負債、坐贓各項，均在其內。明始按款分隸他律。此篇舊共十一條，現又删去《搬做雜劇》一條，止餘十條，拾遺補缺，錯綜成文，以其班雜不齊，故名《雜律》，列於各律之後。

## 拆毁申明亭

凡拆毁申明亭房屋及毁亭中板榜者，流三千里。仍各令修立。

按：此仍明律，順治三年添入小註，蓋言義關勸懲，不容擅廢也。申明教化之所，板榜即教化板文，凡州縣各里，俱設立申明亭而置板刻榜文於內，一切戶婚、田土細事，耆老、里長於此解勸剖決，民有不孝、不弟、犯盜、犯姦之人，俱書其姓名事蹟於板榜，以示懲戒而發其羞惡之心，能改過自新，則去之，若敢拆毁，則是不遵教化之亂民，故重其法，流而遣之。考之《周禮》：布憲，掌憲邦之刑禁，正月之吉，執旌節以宣佈於四方，而憲邦之刑禁，以詰四方邦國及其都鄙。註：憲，表也，謂懸之也。此律申明亭，即倣《周禮》之意，所謂禁於未然也。乾隆三十四年上諭：嗣後恭遇諭旨，有宣示中外知之者，令內外文武衙門刊刻謄黄，張挂曉諭，仍前不行宣示，罰俸一年等因，亦即此意。而後例又有“一切條教規約刊刻木榜曉諭”之例，均良法也。無如有司奉行不力，視為具文，遂致古人教化之所，反為乞丐匪人所託迹，安得咎立法之不善哉？故日本刑法違警罪，凡毁棄各處榜示之通行禁止者，處拘留十日，可見此制原為中外所通行，外國則實事求是耳。

**條例**

一、凡欽奉教化民俗之敕諭，該督撫督率屬員繕寫刊刻，敬謹懸挂於申明亭，並將舊有一切教條規約悉行刊刻木榜曉諭。

## 夫匠軍士病給醫藥

凡軍士在鎮守之處，丁夫、雜匠在工役之所，而有疾病，當該鎮守監督。官司不為行移所司。請給醫藥救療者，處四等罰；因而致死，處八等罰。若已行移所司，而不差撥良醫，及不給對症藥餌醫者治者，罪同。

按：此仍明律，順治三年添入小註，現改笞杖為罰金，蓋立法以恤服勞之人也。唐律謂之“工匠防人等疾病”：諸丁匠在役及防人在防，若官戶奴婢疾病，主司不為請給醫藥救療者，笞四十；以故致死者，徒一年云云。此律大致相同，惟删去“奴婢”一項，並改徒一年為八等罰，則較輕矣。夫軍民疾病，官司所當軫恤，況軍士在鎮，則為王事而有守禦之勞，夫匠在工，則為公事而有力役之苦，若遇病不請醫藥，及因而致死者，此所司之罪也。如按醫調治，藥不對症而致死，則有庸醫殺人本律，所司不任咎也。“所司”，在內則太醫院，在外則州縣，均是。

## 賭博

凡賭博財物者，皆處八等罰，所攤在場之財物入官。其開張賭坊之人，雖不與賭列，亦同罪。坊亦入官。止據見發為坐，職官加一等。〇若賭飲食者，勿論。

按：此仍明律，順治三年添入小註，現改杖為罰，蓋禁遊蕩費財以正風俗也。唐律：諸博戲賭財物者，杖一百；贓重者，各依己分，准盜論；輸者，亦依己分為從坐，其停止主人及出頭，若和合者，各如之；賭飲食者，不坐云云。此律大致與唐律相同，而畧為減輕，並刪去“贓重准盜論”一語，而添“職官加等”之文。凡以遊戲之具角勝負而賭財物，則謂之賭博，古之奕棋、今之擲骰鬬牌皆是也。習於賭博，必至妨廢本業、蕩罄家產，比之匪人，入於敗類，故特設此條以懲之。但必見發有據方坐，恐有指攀誣陷之弊，與捉姦必在姦所、捕獲私鹽必人鹽並獲者，均係防其誣指濫及之意。律文罪止於罰，後例格外加重，擬以流徒，並嚴定存留窩賭、造賣賭具、租給賭房之罪，原以賭博不但為風俗之害，且為盜賊藏迹之所，治賭博正所以靖盜源也。但立法過於嚴厲，而規避愈多，日久必至廢弛，近來衹有禁賭之名，其認真查拏者百無一二，其實賭具、賭場到處皆是，地方官從不過問，甚至收受開賭陋規，或縱令轎夫開賭以為自己養轎之費，吏治之壞，一至於此，此風俗之所以日偷而盜風之所以愈熾也。又有甚者，從前廣東等省，花會、白鴿等局習以為常，而闈姓一事，又彰明較著，以為國家公款所出；近則開設彩票之局，通於京外，甚至形諸奏牘，藉此以為辦公之資，而官場風氣又以打麻雀為高雅，幾於無處不有，世風日下，尚可問乎？國初盛時，禁令何等森嚴，未幾而改從寬典，又未幾而視為具文，上下相蒙，即此賭博一端，而其他便可知矣！外國賭禁亦嚴，日本刑法，開設賭場圖利，或招納博徒，或現賭財物博奕，或醵醵集財物以富籤行僥倖利益之業者，均處重禁錮、加罰金，知情給與房屋者，亦同，賭博之器具財物在現場者，收沒入官云云。中外禁令何嘗不同？但外國立法而事在必行，中國有法而視為虛文，不探其本而斤斤徒言變法，恐愈變而愈離其宗矣。

### 條例

一、凡賭博之人各處十等罰，偶然會聚開場窩賭，及在家容留賭博，或將自己銀錢放頭抽頭無多者，各徒一年，以自己銀錢開場誘賭，經旬累月，聚集無賴，放頭抽頭者，初犯徒三年，再犯流三千里，在家容留賭博之人，初犯徒一年，再犯徒三年，若旁人出首，或賭博中人出首者，自首人免罪，仍將在場財物一半給首人充賞，一半入官，輸錢者出首除免罪外，仍追所輸之錢給還，其打馬弔鬬混江賭財物，及壓寶誘賭，或開鵪鶉圈、鬬雞坑、蟋蟀盆賭鬬者，俱照此例治罪，該管各官失察，交部議處，總甲處五等罰。以上俱拏獲賭具見發有據者方坐，不許妄攀拖累。

一、凡造賣賭具，為首者流三千里，為從者流二千里，未成各減一等，販賣者，為首流二千里，為從徒三年，其描畫紙牌售賣者，照造賣賭具之犯減一等，如藏匿製造賭具之器具不行銷燬者，照販賣為從例治罪，若於未獲之先，本犯自首，准其免罪，儻免罪之後又復造賣，流三千里，如同居之父兄伯叔等據實出首，本犯亦准免罪。地方保甲知造賣之人不首報者，處十等罰，受財者，計贓准枉法從重論，罪止流三千里。

一、現任職官有犯賭博者，革職，上司與屬員鬬牌擲骰者，亦均革職，俱永不敘用。有犯屢次聚賭及經旬累月開場者，發往新疆效力贖罪，該管上司并督撫容隱不舉，交部嚴加議處。

一、凡軍民人等，擅入宗室府內，教誘為非及賭博誆哄財物者，俱流二千五百里。

一、無賴匪徒串黨駕船，設局攬載客商，勾誘賭博，折沒貨物，掯留行李者，初犯到案，審係僅止一二次者，照開場誘賭例徒三年，贓重者仍從重論，三次以上，及再犯者，發煙瘴地方安置，其船戶知情分贓者，初犯仍照為從論，再犯亦與犯人同罪，船價入官。

一、閩省花會案犯，起意為首者，照造賣賭具例，流三千里，其夥同開設輾轉糾人之犯，照販賣賭具為首例，流二千里，在場幫收錢文等犯，均照為從例，徒三年，被誘入會之人，俱處十等罰，地保汛兵有賄庇情事，照為首一體問擬，如贓重於本罪者，仍計贓從重論，其知情容隱者，雖無受賄情事，亦科以為從之罪，徒三年，若甫經開設，實係失於查察者，比照造賣賭具（之）保甲知而不首例，處十等罰，失察之文武各官，俱照失察賭具例交部議處，如匪徒另立名色誘賭，聚衆數在三十人以上，與花會名異而實同者，均照此例辦理。

一、拏獲賭博人犯，務嚴追賭具來歷，如不將造賣之人據實供出，即將出有賭具之人，照販賣為從例徒三年，若已供出，該承審官規避失察，朦朧結案，或該犯狡詞支飾，承審官不根究實情，後經查出，俱交部分別議處。儻將無辜之人混行入罪，以失入論，其究出造賣之承審官交部議處敘，或地方有造賣之家未經發覺，能緝拏懲治，亦交部議敘。

一、凡房主知情容留賭博，除照容留賭博例治罪外，訊係經旬累月者，房屋入官，偶然聚集者，免其入官，由人經手出租者，房主實不知情，罪坐經手之人，如係官房，即將知情租給之人，照例治罪，其容留造賣賭具者，照販賣為從例徒三年，不知情者，照不應重律治罪，其左右緊鄰，能將開場窩賭及私造賭具據實出首者，照例給賞，通同徇隱者，處十等罰，若得財，准枉法贓從重論罪，止徒三年，所得之贓照追入官。

## 閹割火者

凡官民之家，不得乞養他人之子閹割火者，惟王家用之。違者，流三千里，其子孫給親。罪其僭分私割也。

［按：］此仍明律，順治三年添入小註，蓋禁私割以杜僭越也。凡淨身而未入官，名曰“火者”，舊時閩廣等處豪戶之家，多有求覓他人之子閹割驅使火者之俗，故設此法以禁之。閹割，即古之宮刑，惟王家得以役使，若官民之家閹割火者令其供役，則僭越甚矣，故有犯即擬滿流。若因閹割致死，則當酌量加重治罪，不得仍照故殺乞養之子僅擬流罪，致與僅閹割而未致死者無所分別。律不言閹割雇工者，當同乞養子論矣。至於“私自淨身”一項，前明舊例最嚴，本身及下手者一律處斬，洪熙時上諭云：自宮以求用者，惟圖一身富貴耳，而絕其祖宗父母，古人求忠臣於孝子，彼父母且不顧，豈能誠心事君？今後自宮者必不貸。後萬曆年間定例：凡有四五子者，准以一子報官閹割。則漸寬矣。現例改從輕典，分別貧難、畏罪，均罪不至死，則更寬之至也。同一淨身，而前後罪名之不同如此，可見刑法本無一定也。

**條例**

一、內務府並諸王貝勒等門上放出為民之太監，除效力年久本管本主保留外，不許仍留京師居住，違者將容留之人從重治罪，內務府總管，步軍統領，內外城巡警總廳丞，一併交部議處，如保留為民之太監有生事犯法者，將保留之人交部議處。

一、凡私自淨身人犯，審明委係貧難度日，別無他故者，照故自傷殘律，處八等罰，若係畏罪情急，起意閹割，希圖漏免者，除實犯死罪及例應外遣無可再加外，餘俱按其原犯科條，各加一等定擬，其受雇代倩下手閹割之人，皆與犯人同罪，因而致死者，減鬭殺罪一等。

## 囑託公事

凡官吏諸色人等，或為人，或為己。曲法囑託公事者，處五等罰，但囑即坐。不分從、不從。當該官吏聽從而曲法者，與同罪；不從者，不坐。若曲法事已施行者，處十等罰，其出入所枉之罪重於十等罰者，官吏以故出入人罪論。若為他人及親屬囑託以致所枉之罪重於五等罰者，減官吏罪三等；自囑託己事者，加所應坐本罪一等。〇若監臨、勢要曲法為人囑託者，處十等罰。所枉重於十等罰者，與官吏同故出入人罪；至死者，減一等。〇若曲法受贓者，並計贓通算全科。以枉法論。通上官吏人等囑託者，及當該官吏並監臨勢要言之，若不曲法而受贓者，衹以不枉法贓論；不曲法又不受贓，則俱不坐。〇若官吏不避監臨、勢要，將囑託公事實迹，赴上司首告者，升一等。吏候受官之日，亦升一等。

［按：］此仍明律，原有小註，順治、雍正年間兩次修改，現又改杖為罰，蓋言挾私背公囑託與聽從均有罪也。分四節：首節言官吏人等曲法囑託，及官吏曲法聽從之罪；次節言監臨勢要囑託，及官吏聽從之罪；三節言受人財而為人囑託，及聽行枉指之罪；末節統承上文，言官吏不避監臨勢要之威，赴上司首告者陞官之法。夫法本直也，而欲求其偏曲，故為之囑託，囑托者，私言也，若不求曲法，何用私言？儻因官吏見之不明、處之不當，而以朋友之誼從中匡正，或以親戚之誼為之關白，雖曰非分，實是公言，不得謂之囑託矣。於囑託上加“曲法”二字，則不曲法者勿論可知矣。此外，《職制門》又有“罷閑官吏干預官事”之律，可與此條參觀。

## 私和公事發覺在官。

凡私和公事，各隨所犯事情輕重。減犯人罪二等，罪止五等罰。若私和人命、姦情，各依本律，不在此止五等罰例。

按：此仍明律，順治三年添入小註，雍正三年改定，現又改笞為罰，蓋禁武斷之漸以明官法之不可廢也。凡事以發覺在官，名曰“公事”，民間有不平之事，應聽官司判斷曲直以示懲勸，若為人私和，則是侵犯官司之權，以逞其武斷鄉曲之威，故減犯人罪二等，而仍止於五等罰者，以其本心原為息訟，究無惡意也。若人命關乎生死，姦情關乎風化，與別項公事不同，故私和另有本條從重擬罪，不止五等罰而已。律註“發覺在官”四字最有深意，如事未到官，則平爭釋忿，為人排難解紛，如陳實、王烈之輩，正為鄉里所矜式，尚何有罪之可加哉？此皆專制政體之法。外國尊重民權，地方自治，此律究屬不適於用耳。

## 失火

凡失火燒自己房屋者，處四等罰；延燒官民房屋者，處五等罰；因而致傷人命者，不分親屬、凡人。處十等罰。但傷人者，不坐致傷罪，其罪止坐所由失火之人。若延燒宗廟及宮闕者，絞監候。〇社，減一等。皆以在外延燒言。〇若於山陵兆域內失火者，雖不延燒。徒二年；仍延燒山陵兆域內林木者，流二千里。若於官府公廨及倉庫內失火者，亦徒二年。主守倉庫之人因而侵欺財物者，計贓以監守自盜論。不分首從。其在外失火而延燒者，各減三等。若主守人因而侵欺財物，不在減等之限；若常人因火而盜取，以常人盜論。如倉庫內失火者，徒二年，比倉庫被竊盜，庫子儘其財產均追賠償之例。〇若於庫藏及倉廒內燃火者，雖不失火。處八等罰。〇其守衛宮殿及倉庫，若掌囚者，但見內外火起，皆不得離所守，違者，處十等罰。若點放火花、爆仗，問違制。

按：此仍明律，順治三年添入小註，現改笞杖為罰金，蓋懲失火之愆以並重官府倉庫也。唐律：諸失火及非時燒田野者，笞五十；延燒人宅舍及財物者，杖八十；贓重者，坐贓論，減三等；殺傷人者，減鬭殺二等；其行道燃火不滅而致延燒者，各減一等；諸於官府廨院及倉庫內失火者，徒二年；在宮內，加二等；損害贓重者，坐贓論；殺傷人者，減鬭殺罪一等；延燒廟及宮闕者，絞；社，減一等；諸庫藏及倉內皆不得燃火，違者，徒一年；諸見火起應告不告、應救不救，減失火罪二等；其守衛宮殿、倉庫及掌囚者，皆不得離所守救火，違者，杖一百；諸於山陵兆域內失火者，徒二年；延燒林木者，流二千里；殺傷人者，減鬭殺傷一等；其在外失火而延燒者，各減一等云云。較此律詳備，而擬罪亦少有參差。此律致傷人命者，止十等罰，而唐律殺傷人者，減一等、二等。唐律延燒財物，贓重者，坐贓論，減三等，此律延燒他人財物，無論多少，止五等罰，並無計贓加重之法，均較唐律為輕。舊例：延燒房屋至一百、二百、三百間者，從重分別加枷，即是倣唐律之意，現在均經刪除。總之，失火雖由於不慎，而究非意料之所及，延燒雖受其損害，而究為無心之失錯，故止科以不慎之罪，而並無賠償之法。惟倉庫關係公款，庫子職有專司，故註內有儘其財產賠償之法，可見此外均不賠償矣。日本刑法，失火燒燬人之家屋財產者，處罰金二圓以上、二十圓以下，若因火藥及其他爆烈物品毀壞人之家財者，如係過失，亦照失火例處斷云云。止科罰金，並無治罪之法，亦係原其無心之錯也。

## 放火故燒人房屋

凡放火故燒自己房屋者，處十等罰。若延燒官民房屋及積聚之物者，徒三年。因而盜取財物者，絞監候；殺傷人者，以故殺傷論。〇若放火故燒官民房屋，及公廨、倉庫係官積聚之物者，不分首從。皆絞監候。須於放火處捕獲，有顯跡證驗明白者，乃坐。其故燒人空閒房間，及田場積聚之物者，各減一等。〇並計所燒之物減價，儘犯人財產折剉賠償，還官給主。除燒殘見在外，其已燒物，令犯人家產折為銀數。係一主者，全償。係衆主者，計所故燒幾處，將家產剉為幾分而賠償之，即官民亦品搭均償。若家產罄盡者，免追；赤貧者，止科其罪。〇若雇工人犯者，以凡人論。

按：此仍明律，原有小註，順治三年增修，現改斬為絞、改杖為罰，蓋嚴懲有意放火之罪也。唐律：諸故燒官府廨舍及私家舍宅若財物者，徒三年；贓滿五疋，流二千里；十疋，絞；殺傷人者，以故殺傷論。此律故燒官民房屋，不分首從、不計多寡，皆絞，則較唐律為重。又添“放火燒自己房屋”，並“燒人空房及田場積聚之物”，更較唐律為詳。放火出於有意，與無心失火不同，故曰“故燒”，故燒自己房屋情雖可惡，害未及人，其罪尚輕，不過十等罰，即延燒官民房屋，害雖及人，而原其本心，止欲自焚而已，故亦罪止於徒。若乘間盜財或殺人，並故燒官民房屋、倉庫，則不能貸其死罪者，以其情可惡而其心叵測也。至於空閒房屋，則與有人居住者不同，田場積聚之物，又與家內積聚者不同，故得減等擬流。強盜例內，亦有放火燒房，而擬罪分別絞決、絞候者，彼是先有盜心而放火，以劫其財，此是先無為盜之心，及至延燒之後，見人有財，因而盜取，情節不同，故罪有區別。後例又分圖財放火、挾嫌放火，而兩項中又各分殺人及焚壓人致死、傷人、未傷人、救熄與未救熄、燒燬與未燒燬，又於律文“閒房田場積聚”而外，更添出“孤村曠野並不毗連民居閒房及田場積聚”一層，文愈加詳而罪愈增多，似不如律之簡而賅括也。日本刑法，放火燒燬住人房屋者，處死刑；無人家屋及其他建造物者，處無期徒刑；燒燬廢屋及放柴草肥料等屋者，處重懲役；燒燬載人船舶、火車，處死刑，未載人者，處重懲役；燒山林竹木、田野穀麥、露積柴草及其他物件者，處輕懲役；燒自己家屋者，處重禁錮云云。較中律更為詳細，而擬罪亦不輕於中律，可並參之。

### 條例

一、兇惡棍徒，糾衆商謀計圖得財，放火故燒官民房屋，及公廨倉庫，或官積聚之物，並街市鎮店人居稠密之地，已經燒燬搶奪財物者，均照強盜律，不分首從，擬絞立決，殺傷人者，擬斬立決，有因焚壓致死者，將為首之人擬斬立決，其情有可原者，仍照強盜例，發遣新疆當差，若本非同夥，借名救火，乘機搶掠財物者，照搶奪律加一等，分別首從治罪，其惡徒謀財放火，有已經燒燬房屋，尚未搶掠財物又未傷人者，為首擬絞監候，為從商謀下手燃火者，發極邊足四千里安置，誘脅同行者徒三年，如謀財放火隨即救熄，尚未燒燬，為首發煙瘴地方安置，為從商謀下手燃火者流三千里，誘脅同行者處十等罰，若並非圖財，而懷挾私讎放火燒燬房屋，因而殺人及焚壓人死者，為首擬絞立決，為從商謀下手燃火者擬絞監候，其未傷人及傷而不死者，為首擬絞監候，為從者發極邊足四千里安置，誘脅同行者並徒三年，如挾讎放火，當被救熄，尚未燒燬，為首流三千里，為從者徒三年，若圖財挾讎故燒空地閒房，及場園堆積柴草等物者，首犯流三千里，如係孤村曠野內並不毗連民居閒房及田場積聚之物者，徒三年，為從各減一等，當被救熄尚未燒燬者，又各減一等，地方文武官弁遇有此等惡徒放火，不即赴援撲滅、協力擒拏，照例議處，地方保甲人等，照不應重律治罪。

一、挾讎放火，止欲燒燬房屋柴草洩忿，並非有心殺人，因而致死一家三命以上者，首犯擬斬立決，從犯擬絞監候，入於秋審情實。

## 違令

凡違令者，處五等罰。謂令有禁制，而律無罪名者，如故違詔旨，坐違制；故違奏准事例，坐違令。

按：此仍明律，原有小註，順治三年增修，蓋言政令之當遵也。唐律：違令者笞五十，別式減一等。《疏議》謂令有禁制，如禮制令“行路，賤避貴、來避去”之謂，蓋唐時律文而外尚有令與格式。明亦有令，國朝改為條例，並無令之專書，不過虛存其名而已。此與《職制門》“違制處十等罰”三條參看，制為一定之法，故罪重，令則一時所行，故罪輕，惟違制之條引用者尚多，此律引用者寥寥矣。

## 不應為

凡不應得為而為之者，處四等罰；事理重者，處八等罰。律無罪名，所犯事有輕重，各量情而坐之。

按：此仍明律，原有小註，順治三年修改，現改笞杖為罰金。此為犯法而律無罪名者言也，亦即唐律原文，並無一字改易。《唐律疏議》云：雜犯輕罪，觸類宏多，金科玉條，包羅難盡，其有在律、在令無有正條可比附者，臨時處斷，量情為罪，故立此條，庶補遺闕云云。蓋以世之事變百出，人之情態無窮，恐因律無正條而附會臆斷，輕則縱姦，重則傷和，致有太過、不及，故設此條於各律之後，以補未備。若律有正條舍而不用，反引此律以開脫人罪者，則亦不能免故出之咎矣。

**校勘記**

① “跟”當作“根”，據《大清現行刑律》改。
② “力”當作“利”，據《唐律疏議》改。
③ “作”當作“坐”，據《大清現行刑律》改。

# 大清現行刑律講義卷八

## 捕亡

《捕亡》之律由來已久，李悝《法經》六篇，第四曰《捕法》，此即《捕亡律》所肇始，後魏改為《捕亡律》者，與《斷獄》合為一篇，名《捕斷律》，後周又名《逃捕律》，隋復改名《捕亡律》，由唐至明，相沿不改。以上各律，罪名已定，若有逃亡，恐其滋蔓，故須捕繫，故以此篇列於各律之後。共分七章，惟《罪人拒捕》及《脫監反獄》二門用處較多，而條例亦極繁雜，更當加意研究。

### 應捕人追捕罪人

凡在官應捕人承官差追捕罪人而推故不行，若知罪人所在而不即捕者，減罪人所犯罪一等；以最重之罪人為主，減科之。仍戴罪。限三十日內，能自捕得一半以上，雖不及一半，但所獲者最重，功足贖罪。皆免其罪；雖一人捕得，餘人亦同。若於限內雖未捕獲，而罪人已死，及自首各盡者，亦免罪。其罪人或死，或首，猶有不盡者，止以不盡之人犯罪減等。為坐。其非專充應捕人臨時差遣者，或推故不行，或知而不捕。各減應捕人罪一等。仍責限獲免。其應捕人及非應捕人，有受財故縱者，不給捕限，各與囚之最重者同罪；亦須犯有定案，可與同科。所受之贓重於囚罪者，計贓全科。以無祿人枉法從重論。

按：此仍明律，順治三年添入小註，雍正三年刪定，蓋言承捕罪犯不得遲緩也。唐律：諸罪人逃亡，將吏已受使追捕而不行及逗遛，雖行，與亡者相遇，人仗足敵不鬭而退者，各減罪人罪一等，鬭而退者，減二等，即人仗不敵不鬭而退者，減三等，鬭而退者不坐。即非將吏臨時差遣者，各減將吏一等，三十日內能自捕得罪人獲半以上，雖不得半但所獲者最重，皆除其罪。雖一人捕得，餘人亦同。若罪人已死及自首各盡者，亦從免法；不盡者，止以不盡為坐，限外若配贖以後能自捕得者，各追減三等，即為人捕得及罪人已死，若自首，各追減二等云云，較此律更分別詳細。現律刪去“人仗足敵不敵”及“鬭不鬭”兩層，並刪末後“限外配贖以後捕得追減”一節，而添入“受財故縱計贓以枉法從重”一段，其餘罪名皆與唐律同也。唐律謂之“將吏”，現律改為“應捕人”，凡專充巡緝之役有追捕之責者，一切在官弓兵、捕快人等皆是，捕人明知罪人所在而不即捕，雖係怠縱之咎，已有故縱之心，故照罪人所犯之罪祇減一等，可謂嚴矣。然限內能捕得一半或最重者，皆免其罪，仍得以功相贖，非特矜恕之仁，亦即捕亡之術也。此雖故縱之咎，尚無貪賄之情，若受罪人之財而故縱之，則不給捕限，與囚同罪，非但遣流以下與囚同科，雖死罪亦照《名例》全科，不准減等，贓輕與囚同罪，贓重者仍以枉法從重論之，皆深警貪墨之意也。律中前曰“罪人”，後復曰“囚”，皆有深意，罪人者，犯罪而未經定擬之稱，囚者，以招定罪而未經論決之稱，蓋罪人未獲，捕人應即減科，若罪不至死，可照衆證明白即同獄成之例以科之，若至死罪，則定招之囚可科同罪，如本犯未獲到官，尚未定招，豈可遽科捕人以死，仍應暫行監禁，以俟捕獲罪人再決，故前曰“罪人”，後曰“囚”也。《輯註》所謂至死者，人命為重，不可不慎，未至死者，賣法為重，不應久稽也，律文之細如此。再，後律有主守不覺失囚，減囚罪二等，給限一百日，此止減罪人一等，僅給限三十日，似乎未獲罪人反重於已禁之囚，不知彼是不覺，而失出於無心，此則托故不行，知而不捕，情節不同，故罪分輕重。日本刑法亦有逮捕官吏不遵守法律所定規則而逮捕人者，處以重禁錮、加罰金之罪，即此意也。

**條例**

一、步軍統領衙門正身番役私用白役，別經發覺，照私帶白役例治罪，該統領不行詳查，交部議處。至番役，止許於京城內外地方緝拏人犯。如係竊盜、鬪殺之類，每名預給印票一張，開明款項發交收執。如係提拏審案人犯，務必給與印票，將應拏人犯姓名逐一開明；有應密者，給與密票，亦於票內開明人犯姓名，既經拏獲，限即日送管營弁，轉送提督衙門。如稽留數日始行送官，將番役究明有無私拷、勒索情弊，分別照例定擬。如有得財縱放，照律治罪。儻無票私拏，即將該番役解送問刑衙門究訊治罪；失察該管官交部嚴加議處。

一、京城緝捕強盜、人命，或關係緊要案內人犯，如有逃逸，該衙門一面行文八旗，並提督衙門、民政部協力緝拏；一面牌行直隸附近京城之涿州、良鄉、通州、昌平、河間等處州縣，即行緝捕，再行補報直隸總督。

一、京城緝捕官，若於途次遇有兇徒不法等事，不論內外城，並准當時拘執，錄送口供，詳解該管衙門審訊。其有曖昧隱避等事，亦許密報該管衙門查拏。儻該巡役借端訛詐，駕詞妄稟，及緝捕官擅作威福，拘拏自審，或縱令滋擾，該衙門詳參，分別議處治罪。若該巡役因非本管地方，明知故縱及有受賄情弊，分別照律例治罪。大、宛二縣，亦不論京城及該縣所屬，遇有兇徒不法等事，亦一體緝拏。

一、在京番捕等役，惟於京城內外察訪不軌、妖言、人命、強盜重事，其餘軍民詞訟及在外事情，俱不許干預。

一、凡王公等家人，有犯命盜重案脫逃者，該衙門查拏之時，即行文知會伊主，協同捕緝。一年限滿不獲，將辨理包衣事務官交部議處。其該管王、貝勒、子、公等，各罰俸一箇月。未獲逃犯，仍照案協同緝拏。

一、凡命盜等案要犯脫逃，承緝官於事發之日，將該犯年貌、籍貫、事由詳細開明，一面差役密拏，一面具詳督撫通飭本省州縣，并徑檄鄰省接壤州縣一體實力協緝，仍移咨鄰省督撫，彼此督緝。各該州縣於文到之日，差捕認緝，並塡寫印票，分給各鄉總甲，徧行訪察。如果徧緝無蹤，年底取具甘結，轉詳咨部，仍令接緝，務獲知照銷案。儻接壤州縣以非本管地方，心存畛域，視為通緝具文，致犯藏境內，別經發覺，即聽原行之督撫查參，交部照例議處。

一、州縣廣緝重犯，不得濫給緝票。先將該犯年貌、案由，并差役年貌、籍貫及所差名數，一面詳明督撫，知照各該省；一面改用通關，給與差役攜帶在身，密行偵緝。如有蹤跡，即將通關呈報該地方官，添差拏解；如緝無蹤跡，仍投換回文，以為憑驗。儻有濫給印票，及差人僱倩白役代緝，以及藉端勒索，除差人照例治罪外，仍將濫給印票及僉差不愼之承緝官照例嚴加議處。

一、隔屬、隔省密拏強盜，及人命案內應擬斬、絞重犯，有縱令劫奪及徇庇不解，其該管官奏參解任；如在隔省，移咨會參解任，俟獲犯審明具奏開復；該管之鄉地甲、鄰，照知有為盜瞻徇隱匿例治罪。若本無搶犯、徇庇等弊，而捕役賄縱捏稱被劫者，將捕役照受財故縱律治罪。原參之員即行開復，誤聽捕役之員交部議處。

## 罪人拒捕

凡犯罪事發而逃走，及犯罪雖不逃走，官司差人追捕，有抗拒不服追捕者，各於本罪上加二等，罪止流三千里；本應死者無所加。毆所捕人至折傷以上者，絞監候；殺所捕人者，亦絞監候；為從者，各減一等。〇若罪人持仗拒捕，其捕者格殺之，及在禁或押解已問結之囚逃走，捕者逐而殺之，若囚因追逐窘迫而自殺者，不分囚罪應死、不應死，皆勿論。〇若囚雖逃走，已就拘執；及罪人雖逃走，不拒捕而追捕之人惡其逃走，擅殺之，或折傷者，此皆囚之不應死者，各以鬬殺、傷論。若罪人本犯應死之罪，而擅殺者，處十等罰。以捕亡一時忿激言，若有私謀另議。

按：此仍明律，順治三年添入小註，現改斬為絞、改杖為罰，蓋懲犯人之避罪，而及捕者之擅殺也。唐律：諸捕罪人而罪人持仗拒捍，其捕者格殺之，及走逐而殺，若窘迫而自殺者，皆勿論。即空手拒捍而殺者，徒二年；已就拘執及不拒捍而殺或折傷之，各以鬬殺傷論。用刃者，從故殺傷法。罪人本犯應死而殺者，加役流，即拒毆捕者，加本罪一等，傷者，加鬬傷二等，殺者，斬。又，諸被人毆擊折傷以上，若盜及強姦，雖旁人皆得捕繫以送官司，捕格法准上條，即姦同籍內，雖和，聽從捕格法，若餘犯不言請而輒捕繫者，笞三十，殺傷人者，以故殺傷論云云，與此律互有參差。此律刪去“空手拒捕而殺者徒二年，用刃者從故殺傷法”二語，而添入“毆所捕人至折傷者絞”一句，又改“本犯應死而擅殺加役流”一項，為十等罰，似較唐律為輕，而唐律拒毆捕者止加一等，傷者止加鬬傷二等，現律改為不論有傷、無傷，統加本罪二等，至折傷則擬以絞，又較唐律為重。再，現律止言捕人追捕罪人，而無唐律被人毆至折傷，若盜及強姦旁人皆得捕繫，可見非應捕之官人即不得擅自追捕矣。律文共分三節，首節定犯罪逃走拒捕之罪，分“拒捕加二等”、“折傷者絞”、“殺人者亦絞”三項；次節定免罪之法以作捕人之氣，分“格殺”、“逐殺”、“自殺”三項；末節定擅殺之罪以折捕人之強，分“不拒捕而擅殺傷”及“應死而擅殺”兩項。此與前拒毆追攝之律似同而異，彼係追攝無罪之人，故拒毆之罪輕，此是追捕有罪之人，故拒捕之罪重。篇中曰“持仗”、曰“格”、曰“罪人”、曰“囚”、曰“逐”、曰“窘迫”、曰“自殺”，字法皆關緊要，不可疏忽。《輯註》：“仗”謂“兵仗”，殺人之器也，“格”謂“格鬬”，殺人之事也，持仗拒捕，其心叵測，至於兩相格鬬，則性命呼吸非此則彼，故格殺勿論。追逐逃囚情急事迫，勢不能從容擒獲，因而殺之，如追之不及，放箭射殺之類故，亦勿論。若罪人不持仗、囚未逃走而殺之者，即不在勿論之列。至於擅殺應死罪人止十等罰者，本為捕亡者而言，必罪人有逃走之情，捕人別無私意之事，方擬此律，在常人不得引用，非謂一犯死罪不論何人殺之，皆十等罰也。日本刑法無拒捕專條，而妨害官吏章內以暴行抗拒官吏者，處重禁錮、加罰金，因而毆傷官吏者，照毆打創傷本條加一等，亦即此意，特不如中律之詳盡耳。此門條例甚多，大半皆切實用，與律相輔而行，如律文拒捕至折傷以上者絞候，例則必本罪已至滿流而又折傷方准擬絞，如係別項罪人，必傷至殘廢、篤疾方擬絞罪，僅此折傷不能擬絞云云，均較律擬罪從輕；

又，律文罪人捕拒殺人問擬絞候，例則毆死持票之差役則加重改為絞決，又較律為嚴。須參詳之。

**條例**

一、罪人在逃，除逃在未經到官以前者，仍照律不加逃罪外，如事發已經到官脫逃之犯，被獲時，無論遣流，均照本律加逃罪二等；有拒捕者，如本罪已至滿流，而拒毆在折傷以上，或係刃傷者，均擬絞監候；折傷以下者，仍於流罪上加二等問擬。其事發到官后在逃，原犯未至滿流者，亦依拘捕律，加罪二等；如拒毆在折傷以上，即照別項罪人拒捕例，分別治罪。

一、罪犯業經拏獲，因其兇悍狡猾，設法制縛誤傷其命者，如實係罪犯應死之人，將誤傷之捕役，照罪人應死而擅殺律治罪；如罪不應死之人，將誤傷之捕役照夜無故入人家已就拘執而擅殺擬徒律，遞減一等治罪。若非誤傷，仍照本律科斷。儻捕役受人賄囑，將罪人致死者，無論罪人所犯輕重，悉照謀殺人首從律治罪。

一、竊盜拒捕刃傷事主，姦夫拒捕刃傷應捉姦之人，及折傷以上，依例分別擬絞外，若傷非事主，並非例得捉姦之人，以及別項罪人拒捕，如毆所捕人至廢疾、篤疾，罪在滿徒以上者，方依律擬以絞候；其但係刃傷及刃傷以下，仍各加本罪二等問擬。若本罪已至擬流，有拒捕者，即按內、外遣，以次遞加二等，罪止發往新疆當差。

一、竊盜被追拒捕刃傷事主者，竊盜拒捕殺人案內為從幫毆刃傷者，竊盜臨時拒捕殺人案內為從幫毆刃傷者，竊盜臨時拒捕傷人未死為首刃傷者，姦夫拒捕刃傷應捉姦之人者，罪人事發在逃被獲時拒捕、本罪已至滿流而拒毆至折傷以上者，搶奪殺人案內為從幫毆刃傷者，搶奪傷人未死刃傷為首者，以上各項，除審係有心逞兇拒捕刃傷，仍各照本例問擬絞候外，如實係被事主及應捕之人扭獲，情急圖脫，用刀自割髮辮、襟帶，以致誤傷事主、捕人者，各於死罪上減一等，發煙瘴地方安置。

一、姦、匪、搶、竊，並罪人事發在逃犯該滿流等犯，如拒捕時有施放鳥鎗、竹銃、洋鎗、洋礮及一應火器拒傷捕人，按刃傷及折傷本例；應擬死罪者，悉照刃傷及折傷以上例，分別問擬絞候。若犯非姦、匪、搶、竊，並本罪未至滿流，或執持別項兇器者，仍照本例辦理。

一、凡賊犯事發，官司差人持票拘捕，及拘獲後僉派看守、押解之犯，如有逞兇拒捕殺死差役者，為首，無論謀、故、毆殺，俱擬絞立決；為從，謀殺、加功，及毆殺下手傷重至死者，俱擬絞監候，入於秋審情實，其係毆殺幫同下手者，不論手足、他物、金刃，擬絞監候；在場助勢，未經幫毆成傷者，發極邊足四千里安置。若案內因事牽連奉票傳喚之人，被追情急拒斃差役，以及別項罪人拒捕，並聚衆中途打奪，均仍照拒捕追攝打奪各本律、本例科斷。如差役非奉官票，或雖經奉官票，而有藉差嚇詐、淩虐罪囚情事，致被毆死者，各照平人謀、故、鬭殺本律定擬，均不得以拒捕殺人論。

一、搶、竊案犯拒殺差役之案，除奉票指拏有名者，仍照定例，分別絞決、絞候外，其捕役奉票指案承緝搶、竊各犯者，票內雖未指明姓名，而該犯確係本案正賊，及捕役奉票躧緝盜賊，票內並未指明何案及各犯姓名者，或遇賊犯正在搶、竊，或經事主喊指捕拏，贓證確鑿，雖未到官，實屬事發，並賊犯先經捕役奉票拏獲，送官懲治有案，並無嚇詐、淩虐，而該犯挾嫌報復，或糾夥兇毆者，亦（應）［屬］[①]藐法有據。以上三項，凡有殺傷者，各照罪人拒捕本律定擬；若捕毆至死者，亦依本律分別擅殺、格殺科斷。如傷未至死者，捕役毆傷賊匪非折傷，勿論；折傷以上，減二等。賊匪拒傷捕役者，於本罪上加二等治罪。其非奉官票，及雖奉官票而有嚇詐、淩虐情事者，各照平人謀、故、鬭殺、傷本律治罪。

一、圖姦、調姦未成罪人殺死本婦，及拒捕殺死其夫與父母并有服親屬，無論立時及越數日，俱照犯罪拒捕殺所捕人律擬絞監候。

一、擅殺律應擬絞之犯，情輕者改為流三千里，如係謀、故、火器殺人，或連斃二命，及各斃各命人數在四名以上等項情重者，仍依律擬絞。

一、凡擅殺、姦、盜，及別項罪人案內餘人，無論謀殺、加功及刃傷、折傷以上，並兇器傷人，悉照共毆餘人律處十等罰，正犯罪止擬徒者，餘人處八等罰，若正犯罪止罰金，餘人於本罪上遞減一等，如有挾嫌妒姦謀故別情，乘機殺傷圖洩私忿者，仍照謀、故殺及刃傷、折傷、兇器傷人各本律、本例科斷。

一、本夫、本婦之有服親屬殺死強姦未成罪人，係登時忿激致斃者，依夜無故入人家已就拘執而擅殺擬徒律減一等，徒二年半。其殺死圖姦未成罪人，係登時忿激致斃者，徒三年；如殺非登時，無論所殺係強姦圖姦未成各罪人，俱流三千里。

一、本夫及本夫、本婦有服親屬捉姦，毆傷姦夫或本婦，及本夫、本婦有服親屬毆傷圖姦、強姦未成罪人，或事主毆傷賊犯，或被害之人毆傷挾讎放火兇徒，及實在兇惡棍徒至折傷以上者，無論登時、事後，概予勿論。期服以下尊长因捉姦、拒姦，或因卑幼強姦、圖姦，毆傷卑幼者，悉照此例勿論。若卑幼毆尊長非折傷，勿論，至折傷以上，減本傷罪二等。此外不得濫引，仍按毆傷尊長卑幼各本律例問擬。其曠野白日盜田野穀麥者，以別項罪人論。其餘擅傷別項罪人，除毆非折傷勿論外，如毆至折傷以上，按其擅殺之罪，應擬絞擬流者，於鬬傷本罪上減一等定擬，若擅殺之罪止應擬徒者，減二等科斷。

一、本夫及本婦之子殺死強姦未成罪人，如係登時忿激致斃者，勿論；非登時殺死者，依夜無故入人家已就拘執而擅殺擬徒律減一等，徒二年半；係事後尋毆致斃者，流三千里。其殺死圖姦未成罪人，係登時殺死者，徒三年；非登時殺死者，流三千里。

一、凡卑幼圖姦強姦有服親屬未成，被尊長忿激致死之案，悉照本夫及親屬殺死圖姦強姦未成之罪人例減一等定擬，如減科仍與服制毆殺本罪相等者，應再減一等。至為從幫毆有傷之犯，除係死者有服卑幼，仍照毆故殺尊長本律例定擬，法部核擬時，將應行減擬罪名於摺內雙請、候旨定奪外，其餘無論凡人、尊長，概照鬬殺餘人律定擬。

一、凡兇徒挾讐放火，及實在兇惡棍徒無故生事行兇擾害，被害之人登時忿激致斃者，於滿徒罪上減一等徒二年半；如殺非登時，流三千里。

## 獄囚脫監及反獄在逃

凡已論決之囚即定擬遣流徒習藝之犯。脫監及越獄在逃者，徒犯加徒役一年，流犯加徒役三年，遣犯加徒役五年，仍照應役年限從新拘役；未論決之囚，各於本罪上加二等。如因自行脫越而竊放同禁他囚罪重者，與他囚罪重者。同罪，並罪止流三千里；本犯應死者，依常律。〇若罪囚反獄在逃者，不問已論決、未論決，但謀助力者。皆絞監候。同監囚人不知反情者，不坐。

按：此仍明律，順治三年添入小註，原係“自帶枷鎖”，雍正三年改為“鎖杻”，現又改首句“被囚禁”為“已論決之囚”，並改斬為絞，蓋言囚犯脫逃反獄之罪各有輕重也。唐律：諸被囚禁拒悍官司而走者，流二千里，傷人者加役流，殺人者斬，從者絞。若私竊逃亡，以徒亡論。即現律脫監之事，特治罪則有不同。明律凡反獄者，無論傷人與否一概擬斬，即脫監在逃者亦加本罪二等，罪止流三千里，均較唐律為嚴。舊例又分別在監脫逃是否糾謀聚衆，加重擬軍、擬遣加至斬絞者，若反獄一項更從重照劫囚辦理，如有殺官殺差情事，直與反逆一概同坐，則更嚴之又嚴，亦迫於世變之不得不然者也，現均改從輕減，照律辦理矣。蓋脫監者，因獄卒之不覺，乘間竊出，猶畏人知也；反獄則倚持兇橫，公然而反。故論反獄者，以打開監門、殺傷役卒為據，與脫監越獄之情迥異，猶盜之強與竊也。脫監須已出門外，越獄須已出墻外，若雖脫鎖杻逡巡觀望，欲出未出，則止依自脫鎖杻律科斷，未便依此加等。至於竊放他囚，亦必業經出外乃坐，蓋他囚雖為人放，然同有脫逃之心，亦各於本罪上加二等坐之。反獄者，自內而出之謂也，若外有應接之人，則是劫囚矣，反獄雖與劫囚同論，而情形各有不同，故彼條入《賊盜門》，而此入《捕亡門》。日本刑法，未決囚徒入監中逃走者，處重禁錮六月以下，若囚徒三人以上同謀逃走者，加一等，毀壞獄舍獄具，或以暴行脅迫逃走者，處重禁錮三年以下，劫奪囚徒或以暴行脅迫助囚逃走者，處重禁錮五年以下，加罰金云云。亦即中律脫監反獄劫囚之事，而治罪均不至重刑，不惟較中國現律為輕，較唐律亦輕，各因風俗政教之所宜，未可強同也。

**條例**

一、在監斬絞及遣流人犯，如有賭博等事，責成禁卒及有獄、管獄各官嚴加鎖銬。若禁卒知情故縱，照開局窩賭例治罪。有獄官失於覺察，管獄官故為徇隱，交部分別議處。

一、斬絞重犯，如有越獄脫逃，將管獄官及有獄官即時奏參，按例分別議處，不得同遣流等犯越獄按照疏防例限扣參。

一、斬絞人犯，如有在監年久，自號牢頭，串通禁卒捕役挾制同囚，嚇詐財物，教供誣陷，少不遂欲，恣意凌虐，以及強横不法兇惡顯著者，審實即照死罪人犯在監行兇致死人命例，依原犯罪名擬以立決。其尋常過犯，酌量嚴懲示儆。

一、罪囚由監內結夥反獄，如有持械殺傷官弁役卒，及並未傷人，首從各犯不論原犯罪名輕重，悉照劫囚分別殺傷一例科罪。

一、凡犯死罪監候人犯，在監復行兇致死人命者，照前後所犯斬絞罪名從重擬以立決。

一、拏獲越獄人犯，務究通綫與薙頭情弊，通綫之人分別有無受賄，照故縱律治罪。其代為薙頭之人，處十等罰。

一、竊盜問擬工作及罰金未能完納改折工作之犯，如在所脫逃被獲，照律加罪二等，儻逃後另犯不法別案，仍按後犯罪名與逃罪相比，從其重者論。

一、解審中途脫逃被獲，各加本罪二等，罪止發遣新疆，酌撥種地當差。其罪無可加，及本犯係斬絞者，仍各依本律、本例辦理。

一、遣犯中途脫逃，以在監論。其當差人犯，於工作期滿後脫逃被獲者，仍發原配，加監禁一年，限滿仍舊當差。

一、各省遣犯脫逃內有年老者，以年逾七十為准，如在逃時年已六十，勒限十年，年已五十，勒限二十年，逾限未獲，即於彙咨通緝案内開除停緝，儻後經緝獲，仍照例質明辦理。

## 稽留囚徒

凡應遣、流等項囚徒，斷決後，當該原問官司限一十日內，如原定法式鎖杻，差人管押，牢固關防，發往所擬地方交割。若限外無故稽留不送者，三日，處二等罰，每三日加一等，以吏為首科斷。罪止六等罰。因稽留而在逃者，就將當該提調官住俸勒限嚴捕。吏抵在逃犯人本罪發往，候捕獲犯人到官替役，以囚至配所工所之日疏放。〇若鄰境官司遇有囚遞到稽留不即遞送者，罪亦如之。稽留者，驗日坐罪。致逃者，抵罪發往。〇若發往之時，提調官吏不行如法鎖杻，以致囚徒中途解脫，自帶鎖杻在逃者，與押解失囚之人同罪。分別官吏，罪止十等罰，責限擒捕。〇並罪所坐所由。疏失之人受財者，計贓以枉法從重論。統承上言。

按：此仍明律，雍正三年删定，原有小註，順治三年修改，現又改易，删去“遷徙充軍”。蓋言起解囚法之不得稽遲也。唐律：諸徒流應送配所而稽留不送者，一日，笞三十，三日加一等，過杖一百，十日加一等，罪止徒二年，不得過罪人之罪云云，較明律為重。明律罪止杖六十，而受財者從重則加詳矣。首節言起解之時官司無故稽留之罪，二節言鄰境官司不即遞解稽留之罪，三節言發遣之時提調官吏不如法鎖杻之罪，末節總承上三項而言罪坐所由及受財從重之罪。夫因稽留而致在逃，並非有心故縱，乃即抵本犯遣流之罪，殊太嚴矣，故註曰“官住俸、吏抵犯人本罪”。凡官吏同犯，皆以吏為首，蓋主掌文案而不依期請遣乃其罪也，斷無一為稽留在逃即將官吏一同發遣之理，若吏請而官不行，則係官有私心，應即罪坐所由，仍治官以重罪，不得以吏抵之也。律文以十日為限，例又有一月、兩月之限；律止言起解之限，例又補出程限，凡程限日行五十里，見《處分則例》；律止言無故稽留，例又補出患病稽留及前途水阻或另有事故截留之條，皆當參究。

### 條例

一、直省遞解人犯，務令依限解赴，如有患病應留養者，其經過所在之州縣，即責成各該省督撫查察，必驗明患病確實，具結申請，方准照例留養。如有本係無病，及病已痊愈，率行捏結，及漫無覺察，任其遷延者，即將各該州縣嚴查叅處，并飭各屬，將每年有無患病留養人犯及已未起解之處按季報明該督撫，造冊報部查核。

一、凡隔省遞籍人犯，該州縣一面發遞，一面關會原籍并知照經過地方官，無論長解、短解，務遵定例加差轉遞，各該州縣，仍於季底將有無遞解過某省人犯若干名，造冊，由府彙詳督撫，分咨各省轉行查覈照案咨覆，其本省遞解人犯，亦責成各州縣彼此關覆查結。

一、外省發遣官常各犯，及發往軍台效力贖罪廢員與安置流罪人犯，於文到之日，均限一箇月，即行起解，勿得任其逗遛。各該督撫將各犯起解月日專咨報部，仍於年終彙造清冊報部備查，如有遲逾，即行指叅。儻實因患病逾限不能起解者，地方官驗看屬實，加具並無揑飾印甘各結，詳明督撫，起限亦不得過兩箇月，該督撫亦即咨部查覈，如有假揑及逾限不行起解者，別經發覺，將該州縣及失察之各上司，分別交部議處。

一、各省遞解人犯，如遇前途水阻，及另有事故不能前進，即由附近州縣詳報該省督撫，查看情形屬實，迅即飛咨鄰省截留，不准州縣擅自知會，仍飭令最近之州縣，將接到人犯分別監獄大小，酌留一二十名，再令各上站挨次留禁，由該州縣開具犯名事由申報該省上司咨報查考，一俟前路疏通，即行起解，如有州縣擅用公文私信知會上站截留，即由該督撫據實嚴叅。

一、凡各省距省寫遠之各廳州縣問擬遣流人犯，各督撫於出咨後，即另造冊，先行定地並發給咨牌，存俟奉到覆文，即行僉差起解，不准稍有稽滯，仍將發給咨牌並起解日期報部查核。

## 主守不覺失囚

凡獄卒不覺失囚者，減囚原犯之罪二等。以囚罪之最重者為坐。若囚自內反獄在逃，又減不覺罪二等。聽給限一百日戴罪追捕，限內能自捕得，及他人捕得，若囚已死及自首，獄卒皆免罪；管獄官典減獄卒罪三等。其有獄官曾經躬親逐一點視罪囚，鎖杻俱已如法，取責獄官、獄卒牢固收禁文狀者，不坐。若有獄官於該日不曾點視以致失囚反逃者，與獄官同罪。若提牢官、獄卒、官典故縱者，不給捕限，官役各與囚同罪，至死減等，罪雖坐定，若未斷之間，能自捕得，及他人捕得，若囚已死及自首，各減囚罪一等。受財故縱者，計贓以枉法從重論。〇若賊自外入獄劫囚，力不能敵者，官役各免罪。〇若解審遞籍、關提之類亦同。解配中途不覺失囚者，主守並押解兵役各減囚本罪三等，提調押解官又各減三等。仍責捕限，限內捕獲及他人捕獲，若囚已死及自首，俱得免罪，如有故縱及受財者，並與囚同罪，係劫者免科。

按：此仍明律，順治三年添入小註，鎖杻上原有“枷”字，雍正三年刪去，現又改易，蓋重典守獄囚之責也。唐律：諸主守不覺失囚者，減囚罪二等，若因拒悍而走者，又減二等，皆聽一百日追捕限內，能自捕得及他人捕得，若囚已死及自首，除其罪，即限外捕得及囚已死，若自首者又追減一等，監當之官各減主守三等。故縱者不給捕限，即以其罪罪之，未斷決間能自捕得及他人捕得，若囚已死及自首各減一等云云。明律即用唐律原文，而改易“監當之官”為“司獄官典”，並添“獄官”一項，篇末又增“受財者以枉法從重”及“劫囚免罪”並“押解中途失囚”數語，較唐律為詳備矣。獄卒是主守之人，不覺雖出於無心，失囚究不能辭咎，故減二等；若囚自內反獄，奪門而出，雖非獄卒所能禁制，然亦防守不嚴有以致之，故又減二等。均准給限戴罪追捕，限內無論自己、他人捕得，皆得免罪者，已無漏法之囚，即可免疏脫之咎矣。以上二項雖分輕重，皆自無心言之，若有心故縱，則不給捕限，各與囚同罪矣。官故縱則官與同罪，役故縱則役與同罪，即官役同為故縱，亦分首從，並非官役並坐故縱。雖不給捕限，然於未斷之先，或自己、或他人捕得，即不能全免其罪，亦得減罪一等，即始終未能獲囚而囚至死者，同罪之人猶得減等擬流，以其故縱而不受財也。若因受財而故縱，則依《名例》坐以死罪，即因罪不應死而故縱之人贓重者，仍以枉法從重，至八十兩者即擬絞罪，其嚴如此，所以深警貪墨也。舊律《徒流人逃門》亦有“主守押解不覺失囚”一項，情事相同而彼止擬杖罪，此減囚罪二等者，彼是已經斷決遣流人犯，其獄已成、其事已結，但押發配所耳，此則押解未經斷之囚，或尚候追贓、或停囚對待、或案候歸結，一切死罪重囚均在其內，與起發已決斷之遣流者不同，故彼曰“囚徒”，此曰“罪囚”也。此律與前脫監反獄正是一事，彼條專言囚罪，此專言主守之罪，須合參之。日本刑法，看守囚犯與護送人縱令逃走者，處重禁錮五年以下，因懈怠失察囚徒逃走者，處罰金三十元，二十元以下即中律不覺失囚與故縱之事，特治罪各有不同耳。

**條例**

一、凡監犯脫監及越獄在逃，如獄卒鬆放獄具，審明有無受賄故縱，照律分別治罪外，其有託故擅離或倩人代守，以致罪囚脫逃者，俱照囚犯本罪減一等定擬。

一、解審斬絞重犯，無論案情是否已定，如押解兵役受賄故縱以至脫逃，或本犯就獲質審明確，或犯雖未獲，訊有確據，及自行供認不諱者，仍照受財故縱律治罪外，其在途開放鎖鐐以致脫逃，嚴訊並無受賄實據，即照故縱與囚同罪律，至死減一等，擬以流三千里。若但係違例雇替，託故潛回，以致脫逃，即將起意雇替之兵役，減囚罪二等，擬以徒三年，代替之人再減一等，同行不舉首者，處十等罰。果係依法管解，偶致疏脫者，仍照本律科斷。僉差不慎之官，視該兵役所得之罪，分別議處。

一、解審命盜重犯，及流罪以上並發回原籍收管審訊等犯，務於批文內載敘事由，開明該犯年貌、疤痣、箕斗，令沿途地方官查明轉遞，如有中途雇倩頂替情事，除本犯解役人等照例究擬治罪外，將僉差不慎之員及未行查出之添解官，交部分別議處；如原文內未經開載，將遺漏開造之員照例議處。

一、凡發遣人犯起解時，務必如法鎖銬，並將年貌鎖銬填註批內，接遞官必按批驗明，於批內注入“鎖銬完全”字樣，鈐蓋印信，轉遞前途。儻解役人等有受賄開放者，計贓照枉法律治罪。若轉解之地方官，因前途未曾鎖銬，不復查明補加，聽其散行，將該地方官與前途未曾鎖銬官，均按罪犯輕重交部分別議處。

一、流遣罪犯在途、在配脫逃，沿途地方官及配所該管官，詳請該督撫，一面行文報部，一面知會原籍及犯事省分，情重者並抄錄犯事原案，同年貌冊一併分咨各直省督撫，一體緝拏，原籍地方官於咨緝文到後，即傳該犯親屬鄰佑人等逐一訊問根由下落，如果未逃回，即取確實供結咨明法部，及逃所存案，仍令保鄰不時偵緝，一經回籍，立即首報，儻知情容留，別經發覺，即將房主鄰佑，照知情藏匿罪人律治罪。其雖不容留，但明知不首者，處十等罰。至緝獲逃犯，如係在別省（同）［問］②發者，由拏獲省分調取原案查核相符，仍訊明有無別犯不法，照例辦理。

一、押解流遣人犯中途脫逃，無論赴審、赴配，押解兵役審無故縱情弊，但係違例雇替，或托故潛回，以致疏失者，限滿無獲，將起意雇替及潛回之兵役，減囚罪二等治罪，代替之人再減一等，同行不舉首者，處八等罰。若依法管解，偶致疏脫，仍照本律定擬。

一、直隸等省如遇緊要官犯等類，務擇現任文武官員弁派委押解，其試用效力未經歷練者，概不得濫行派委，如有違例濫派以致疏失者，除押解之員按照律例分別議罪外，仍將原委之文武各上司，分別有無誤失，交部議處。

一、凡宗室、覺羅發往盛京、吉林、黑龍江等處，沿途官員並不親身押解，交與兵丁解送；或不謹慎看守，以致脫逃者，限滿無獲，官交部嚴加議處，兵丁照本律治罪。

## 知情藏匿罪人以非親屬及罪人未到官者言。

凡知他人犯罪事發，官司差人追喚，而將犯罪之人藏匿在家，不行捕告，及指引所逃道路，資給所逃衣糧，送令隱匿他所者，各減罪人所犯罪一等。“各”字指藏匿、指引、資給說。〇如犯數罪，藏匿人止知一罪，以所知罪減等罪之。若親屬糾合外人藏匿，親屬雖免罪減等，外人仍科藏匿之罪。其事未發，非官司補喚而藏匿，止問不應。其已逃他所，有輾轉相送，而隱藏罪人，知情轉送隱藏者，皆坐。減罪人一等。不知者，勿論。〇若知官司追捕罪人，而漏洩其事，致令罪人得以逃避者，減罪人所犯罪一等。亦不給捕限。未斷之間，能自捕得者，免漏洩之罪。若他人捕得，及罪人已死若自首，又各減一等。“各”字指他人捕得，及囚死、自首說。

按：此仍明律，順治三年添入小註，乾隆五年又於第一節小註之後添入“犯數罪，藏匿人止知一罪”一段，蓋言犯罪之人非常人所得容隱也。唐律：諸知情藏匿罪人，若過致資給令得隱避者，各減罪人罪一等；罪人有數罪者，止坐所知云云。明律即本於此，而又增“漏洩”一節，並改“過致資給”四字為“指引道路，資給衣糧”，則較明顯矣。又，唐律小註云：卑幼藏匿已成，尊長知而聽之，獨坐卑幼，若部曲奴婢首匿，主後知者，與同罪。即尊長匿罪人，尊長死後，卑幼仍匿者，減五等，尊長死後雖經匿，但已遣去，而事發及匿得相容隱者之侶並不坐，小功以下亦同減例，若赦前藏匿罪人而罪不合赦免，赦後匿如故者，並不知人有罪，容寄之，後知而匿者，皆坐如律，其輾轉相使而匿罪人知情者，皆坐，不知者，勿論云云，道理更為精細。蓋卑幼藏匿罪人，尊長知而聽之不坐罪者，以其得相容隱也，奴婢藏匿，其主知之與同罪者，以主不得為奴婢隱也，現律不載此段，僅將末後“輾轉相送”數語纂為正律。此律與《名例》“親屬容隱”一條正相對照，故總註曰：以非親屬正可見，若係親屬、僱工則當照《名例》勿論並減等也。藏匿與漏洩雖同一減等，但未斷之先能自捕得，藏匿與漏洩者均得免罪；若係他人捕得，則漏洩得減二等，藏匿者不得同減，須分別觀之。再，此律得減一等，統指各項罪人而言，若故縱、藏匿反叛之人，則當仍依本條擬以斬絞，不得同此律也。以此律與各律合參，犯罪自首者免罪，犯罪逃走加等，親屬容隱者勿論，凡人藏匿者同罪，律義精深如此，此中律所以可羽翼經傳而足為國粹也。日本刑法，知為犯罪人或逃走囚徒及付監視之人而藏匿之，或令隱避者，處輕禁錮一年以下、加罰金二十元以下；若囚徒係重罪刑者，加一等；若係犯人之親屬，不論其罪云云，亦尚有中國唐律遺意。特渾言親屬而無大功、小功、緦麻之等差，仍不及中律之精當耳。

## 盜賊捕限

凡捕強、竊盜賊，以事發於官之日為始。限一月內捕獲。當該捕役、汛兵一月不獲強盜者，處二等罰；兩月，處三等罰；三月，處四等罰。捕盜官罰俸兩箇月。捕役、汛兵一月不獲竊盜者，處一等罰；兩月，處二等罰；三月，處三等罰。捕盜官罰俸一箇月。限內獲賊及半者，免罪。〇若被盜之人經隔二十日以上告官者，去事發日已遠。不拘捕限。緝獲。捕殺人賊，與捕強盜限同。凡官罰俸，必三月不獲，然後行罰。

按：此仍明律，順治三年添入小註，現改笞為罰，原律係“當該應捕弓兵”，雍正三年以緝捕賊盜係州縣捕役及防汛兵丁之責，因將原律“應捕弓兵”改為“捕役”、“汛兵”。按：“弓兵”二字，本係明制，查《戶部則例》載有直省、州縣額設經制民壯防衛倉庫、協緝盜賊，按地方大小，招募三、五十名，學習鳥鎗弓箭，不時操練云云。蓋即弓兵之遺意，而現在已成具文。此律之意，蓋言捕盜不可稍緩也。“盜”與“命”分作兩項，而“強盜”與“竊盜”又分緩急，“捕役”與“捕官”更分輕重，本係專言捕限，而例又補出審限各項及京城盜案、竊案捕限，並鄰縣提犯限期，審限又分尋常命案與服制重案，長短不同。總之，條例愈密，趨避愈巧，定例之意，原為嚴定限期，始則地方官尚知畏忌，漸則奉行不力。薛氏《存疑》謂百年以來，並無人議及於此，地方官視為虛文，吏治所以愈不如前也，誠慨乎其言之。現在審限定有新法，詳見《訴訟法》內，而《捕限》一層，各省舉辦警察偵探，將來捕務或有起色，拭目俟之。

**條例**

一、京城內外城地方，遇有承緝兇犯，選差幹捕勒限嚴緝，如一月不獲，照例提比，三月至五月不獲者，即將該捕役斥革處罰，另選幹捕躧緝，如捕役果能實力拏獲者，照拏獲盜案之例於贓罰銀兩內，令該管衙門酌量賞給，至巡捕五營所屬地方，遇有不知姓名之人被傷身死，據檢察官相驗的實，該汛武職即行呈報步軍統領衙門，照例勒限嚴緝正兇，仍於限內報明陸軍部，俟文職審明是讎是盜，將武職各官照例查議，其五營捕役應令該汛武弁選差幹捕報明註冊，勒限嚴緝，按期提比，如逾限不獲，即行斥革處罰，仍令另差幹捕實力緝拏，如該汛捕役有能於限內緝獲正兇者，量加獎賞，於步軍統領衙門房租項下動支發給，彙入年終奏銷。

一、京師內外城地方遇有殺傷人命、讎盜未明之案，巡捕五營武職等官照文職緝兇之例，一體扣限查叅，俟獲犯之日，如審係盜案，仍照例將專轄、兼轄各官補叅疏防。

一、營弁及捕役拏獲盜劫重犯，立即解赴該處承審衙門嚴行究詰，如訊出首夥姓名，該承審官一面通報各上司，一面迅速移會該處營弁設法緝拏，毋許稍有遲延，其承緝招解該承審官仍依例限辦理，毋庸營弁先行會同訊供。

一、凡命盜及窩娼、窩賭等項案犯竄入鄰境，一面差役執持印票密拏，一面移文關會，拏獲之後仍報明地方官添差協解，其餘尋常案犯，須俟關會後協緝，不得擅自拘提，儻有犯匿鄰境，以非其管轄不急往拏，及不應竟行拘提擅給批牌，並鄰境該管官不為協緝者，分別議處，捕役借端騷擾，越境誣拏平民，照誣告及誣良為盜各本律例治罪。

一、凡承緝盜案各官，有假借別州縣所獲之盜，指為本案盜首，別州縣亦扶同搪塞，或先報盜首脫逃，後仍在該地方隱匿，或捏報盜首病故，後於別案發覺者，將從前假借、扶同、隱匿、捏報之該地方文武各官交部議處，其鄰境他省之文武官，有能拏獲別案內首盜、夥盜質審明確者，該地方文武各官交部分別議敘，兵役分別酌量給賞，若不在夥內之人首出盜首，即行拏獲者，地方官從優給賞，捕役拏獲盜首者，亦從優給賞，若盜首不獲，將承緝捕役家口監禁勒比，如獲盜過半之外又獲盜者，地方官亦酌量給賞，若州縣賄盜狡供，展轉行查，希圖銷案者，照易結不結例治罪。

一、凡關提人犯，承審官務將緊要緣由、關提月日通報各上司，准關之州縣鄰省限文到四箇月拏解，鄰縣限文到二十日拏解，如逾期不發，及聽信地保差役人等捏詞用空文回覆，該督撫立即嚴条、照例分別議處外，地保差役人等訊明有無賄縱情形，各按本律、本例問擬。審結之時，仍將關到日期扣明程限聲敘明晰，聽候部議，如承審官將並非緊要人犯藉稱關提不到，該督撫亦即查明，嚴条議處，關傳口供，即照關提人犯辦理。

一、凡司道提比捕役，除積案久逃之犯，仍照舊例遵行，其新報之案，司道不得即行提比，專令該管之府廳比緝，仍將比過各案並捕役姓名報明該道查核，按季彙報臬司，轉申督撫查核，儻經年累月總未獲報，該府廳有徇隱之處，一并奏条交部議處。

一、凡審辦土苗案件，如該犯居土官所轄地方，該土官准州縣移會徇庇不行拏解，經督撫核實奏条，將土官革職，擇伊子弟之賢者承襲，若該犯居隔屬（隨）［隔］[③]省者，以文到日為始，限四箇月拏解。如庇匿不解，交部議處。如果兇犯實係在逃，俱限六箇月承緝，限滿無獲，交部分別議處。

一、內洋失事，仍照例文武官帶同事主會勘外，如外洋失事，聽事主於隨風漂泊進口處，帶同舵水赴所在文武衙門呈報，該衙門接據報呈，以事主所指被劫地方為准，儻事主不能指實地名，即將洋圖令其指認，如在本縣該管洋面被劫者，即行差緝，一面移會交界縣分一體緝拏，如所報係在鄰縣，或鄰省洋面被劫者，該縣一面緝拏，一面將報呈飛移失事地方並詳報該督撫分別咨行，毋庸傳同事主會勘，仍令該督撫嚴飭所屬，不分畛域，實力奉行，至詳報督撫衙門，無論內、外洋失事，以事主報道三日內出詳馳遞，以便據報行查海關各口，將稅簿贓單互相較核，有貨物相符者，即將盜船夥黨姓名呈報關拏，其稽查關口員役，如於未接文檄之先，能查出匪船拏獲稟報者，分別議敘，吏役酌量給賞，如奉到文檄能按照單簿據實查出，飛移所在地方，將盜犯拏獲者，免其處分。

一、凡捕役串通盜犯，教供妄認別案盜犯以圖銷案，承審官失於覺察，審出交部議處，捕役照誣良為盜滿流例減一等、徒三年，如有賄買情弊，以枉法從重論。

一、卑幼擅殺期功尊長、子孫違犯教令，致祖父母、父母自盡，屬下毆傷本管官，並妻妾謀死本夫，雇工人毆、故殺家長等案，承審官限一月內審解，府司、督撫各限十日審轉具奏，如州縣官於正限屆滿尚未審結，即於限滿之日接扣二叅限期，州縣限二十日，府司、督撫仍各限十日完結，如有遲延，分別初叅、二叅，照例議處。至殺死三命、四命之案，該督撫即提至省城督同速審，其審解限期，悉照卑幼擅殺期功尊長之例辦理。

# 斷獄上

古律無《斷獄》之目，魏分李悝《囚法》而創為此名，至北齊與捕律相合，更名《捕斷律》，後周復改為《斷獄》，隋、唐至今，因之不易。《唐律疏議》云：獄以實囚，造自皋陶。夏曰“夏台”，殷曰“羑里”，周曰“圜土”，秦曰“囹圄”，漢以後始名曰“獄”。此篇錯綜，全部條流以為決斷之法，故承諸篇之末，分二十八章。外國謂之裁判法，日本刑法而外有裁判所構成法、監獄法，即中國《斷獄》之別名，雖其制度詳略各有不同，要皆平爭解紛，恤囚泣罪之意。凡操三尺之法者，更當三復深之。

## 囚應禁而不禁

凡鞫獄官於獄囚應禁而不收禁，徒犯以上，婦人犯姦，收禁；官犯公私罪，軍民輕罪，老幼廢疾，散禁。應鎖杻而不用鎖杻，及囚本有鎖杻，而為脱去者，各隨囚重輕論之。若囚該罰金，當該官司，處三等罰；徒罪，處四等罰；流遣罪，處五等罰；死罪，處六等罰。若應杻而鎖、應鎖而杻者，各減不鎖杻罪一等。〇若囚自脱去鎖杻，及管獄官、典、獄卒，私與囚脱去鎖杻者，罪亦如鞫獄官脱去之。罪。有獄官知自脱，與脱之情而不舉者，與管獄官、典、獄卒同罪；不知者，不坐。〇其鞫獄官於囚之不應禁而禁，及不應鎖杻而鎖杻者，倚法虐民。各處六等罰。〇若鞫獄、管獄、有獄官、典、獄卒受財而故為操縱輕重者，並計贓以枉法從重論。有祿人，八十兩律絞。

按：此仍明律，現改笞杖為罰金，並添入“遣罪”一項，原律第二句係“應枷鎖杻而不枷鎖杻”，杖六十以下係“應枷而鎖、應鎖而枷”，雍正三年刪去“枷”字，其小註係順治三年添入。唐律亦有此條，惟文意簡略，其應鎖而杻、應杻而鎖，謂之迴易，所著亦無司獄官、典等名目，律末“受財以枉法論”之句，亦係明所增添。此律之意，蓋言拘繫囚人之法，寬嚴貴得其平也。“禁”謂收禁在獄也，凡男子犯徒罪以上、婦人犯姦及死罪，皆應收禁；軍民罰以下、婦人流以下及老幼廢疾皆散收押禁；官犯私罪，除死罪外，徒流鎖收，罰以下散禁，公罪自流以下皆散收。鎖杻皆拘禁獄囚之具也，杻施於手，惟死罪重囚用之，輕罪及婦人不用，婦人在獄，當別嫌疑，其飲食便溺不可假手於人，故不押手杻；鎖施於頸，以鐵索鎖之於柱，輕重罪囚皆用之。首節言囚應禁不禁、應鎖杻不鎖杻及已鎖杻而與脫去，並應鎖而杻、應杻而鎖之罪；二節言囚自脫去鎖杻，獄官、獄卒私與脫去，並有獄官知而不舉之罪；三節言獄官將不應禁之人而收禁，及不應鎖杻之人而鎖杻之罪；末節總承以上數項，統言鞫獄、司獄、有獄官、典、獄卒受財者之罪。凡婦人犯該實遣不准收贖者，應收禁，竊賊無論罪名輕重，概為收禁，如違例管押，以應禁不禁論罪，此皆律無明文，有成案可引也。又，日本刑法二百七十八條載，逮捕官吏不遵守法律而橫行監禁者，處重禁錮十五日以上、三月以下，附加罰金二圓以上、二十圓以下，但監禁日數過十日加一等云云，亦係此意，特罪名輕重不同耳。

**條例**

一、各處監獄，俱分建內外兩處，強盜并斬絞重犯俱禁內監，遣流以下人犯俱禁外監，再另置一室以禁女犯。

一、侵欺錢糧數至一千兩以上，挪移錢糧數至五千兩以上者，令該管官嚴行收禁監追；其侵欺在一千兩以下，挪移不及五千兩者，散禁官房，嚴加看守，勒限一年催繳。如逾限不完，即收禁監追。

一、各省招解流罪以上人犯，令各州縣酌量地方情形，如有相距在五十里以外，不及收監者，先期撥役前往於寄宿處所，傳齊地保人等，知會營汛，會同原解兵役支更巡邏防範，往回一體辦理，儻有疏虞，地保、營汛俱照原解兵役治罪，地方官從重議處。

一、遞回原籍人犯，如係奉特旨，及犯徒罪以上援免解交地方官管束之犯，經過州縣仍照例收監，其犯罰金等輕罪遞回安插者，承審衙門於遞解票內註明“不應收監”字樣，前途接遞州縣即差役押交坊店歇宿，仍取具收管，毋得濫行濫禁。

一、直省並無監獄地方，該管方遇有解犯到境即行接收，多撥兵役於店房內嚴加看守，毋致疏虞，如有藉詞推諉不收人犯，僅令原解兵役看守致犯脫逃者，該督撫即行嚴糸，交部從重議處。

一、山海關外往來解送人犯住居歇店，該店主即通知該屯，領催鄉約，按戶派夫幫同押解兵丁看守支更，如有疏脫，即將押解官兵更夫領催鄉約等一併送交該管地方官審訊，分別治罪。

一、各扎薩克蒙古徒罪以上應發遣人犯，一面分報理藩部大理院，一面委員解送應監禁之地方官監禁。

## 故禁故勘平人

凡官吏懷挾私讎，故禁平人者，處八等罰。平人係平空無事，與公事毫不相干，亦無名字在官者，與下文公事干連之平人不同。因而致死者，絞監候。有獄官、管獄官、典、獄卒知而不舉首者，與同罪；至死者，減一等；不知者，不坐。若因該問公事干連平人，在官本無招，罪而不行保管。誤禁致死者，處八等罰；如所干連事方訊鞫。有文案應禁者，雖致死。勿論。〇若官吏懷挾私讎。故勘平人者，雖無傷。處八等罰；折傷以上，依凡鬭傷論；因而致死者，絞監候。同僚官及獄卒知情而與之共勘者，與同罪；至死者，減一等；不知情不坐。

按：此仍明律，順治三年添入小註，現改杖為罰，改斬為絞，又刪去末後數語，唐律無此名目，而有“拷囚不得過三度”一條：諸拷囚不得過三度，總數不得過二百，杖罪以下不得過所犯之數，拷滿不承，取保放之。若拷過三度及杖外以他法拷掠者，杖一百，以故致死者，徒二年，即有瘡病不待差而拷者，亦杖一百，以故致死者，徒一年半。若依法拷決而邂逅致死者，勿論，仍令長官等勘驗，違者，杖六十云云，均罪止於徒，並無死罪。此律重在“挾讎”二字，故拷死者亦抵死罪，又於“故勘”外添出“故禁”一語，均較唐律為詳。此律之意，蓋言囚禁拷訊之法不得濫及無辜也。“禁”謂下獄，若拘鎖別處，不得謂“禁”；“勘”謂拷訊，若非用官刑者，不得謂之“勘”。“禁”與“勘”者皆公法也，官吏以執公法之人為報復私讎之事，故特嚴之。前節定故禁之罪，蓋犯人應禁，平人不應禁，官吏挾讎故禁平人，八等罰，致死者，絞。不知係平人，據原問衙門發下收禁者，不坐。若因公事牽連之人到官，對證無罪，即當取保釋放，如誤禁致死者，八等罰。至無罪而原係緊要干證有文案相關涉而應禁者，勿論。後節定故勘之罪，官吏挾私故勘平人者，亦八等罰，至折傷以上，依凡鬬論，致死，絞候。同僚獄卒知情而上下作姦共勘者，同罪，不知情而共勘，及雖共勘而依法拷訊者，不坐。律止言挾讎故勘，例又補出“誤執已見刑訊致斃”各項，足補律所未備，備錄於後以便引用。又，日本刑律載裁判官收受賄賂，陷害被告人者，處重禁錮二年以上、五年以下，加罰金；雖未收賄賂，但徇情挾怨陷害者亦同云云。與中律懷挾私讎之條相類，不過罪名稍有不同。

**條例**

一、凡內外大小問刑衙門設有監獄，除監禁重犯外，其餘干連并一應輕罪人犯交保看管，如有不肖官員影射待質公所名目，私立班館及擅設倉鋪所店等名，私禁輕罪人犯，及致淹斃者，即行指条，照律擬斷，若該書差串通需索陵虐，於陵虐罪囚本律上加一等治罪，贓重者以枉法從重論。

一、承審官吏凡遇一切命案盜案，將平空無事並無名字在官之人，懷挾私讎，故行勘訊致死者，照律擬罪外，儻事實無干，或因其人家道殷實，勒詐不遂，暗行賄囑罪人誣扳刑訊致死者，亦照懷挾私讎故勘平人致死律擬絞監候，如有將不應刑訊之人，誤執已見刑訊致斃者，依非法毆打致死律減一等定擬，致斃二命者，流二千里，三命以上遞加一等，罪止流三千里，若因公事違例刑訊，而其人受刑後，因他病身死者，止科違例用刑之罪，如有姦徒挾讎誣告平人，官吏知情受其囑託，因而拷訊致死者，本犯依誣告律擬抵，官吏照為從律滿流，如有誣告平人，官吏不知情依法拷訊致死者，將誣告之人擬抵，官吏交部議處，若被誣之人不肯招承，因而非法毆打致斃者，照非法毆打致死律定擬，均不得刪改律文內“懷挾私讎”字樣，混引故勘平人概擬重辟，在外不按實具奏，在內含糊照覆，照官司出入人律分別治罪。

## 淹禁

凡內外問刑衙門於獄囚情犯已完，審錄無冤，別無追勘未盡事理，其所犯罰金、徒、流遣、死罪。應斷決者，限三日內斷決；係徒、流遣。應起發者，限一十日內起發。若限內不斷決、不起發者，當該官吏過三日，處二等罰，每三日加一等，罪止六等罰。因過限不斷決、不起發，而淹禁致死者，若囚該死罪，處六等罰；流遣罪，處八等罰；徒罪，處十等罰；罰金以下，徒一年。惟重囚照例監候。

按：此仍明律，順治三年添入小註，雍正三年刪定，現又添易，並改笞杖為罰金。唐律無淹禁之名，而有“徒流送配稽程”一條，即是此意：諸徒流應送配所而稽留不送者，一日，笞三十，三日加一等，罪止徒二年。此律罪止六等罰，而因淹禁致死者，分別處罰擬徒，與唐律稍有不同。此律之意，蓋言應決放之囚，不得留獄也。凡在禁囚犯，若審問擬罪已定，則無追贓勘驗等事，應斷決者，限三日內即行斷決，應發配者，限十日內即行起發，若限外無故不斷決、起發者，三日，二等罰，每三日加一等，罪止六等罰，因而致死者，按囚罪之輕重，分別定罪。蓋獄囚之罪，以次而輕，即淹禁之罪，以次而重，《拒捕門》有“稽留囚徒”一條，彼專指徒流之人，所重在因稽留而逃，此兼五刑通言之，所重在淹禁而死，各有命意，故分載兩門。律外又有“遇赦躭延”及“監獄設循環簿”之例，與律相輔而行，當並參之。

**條例**

一、凡遇恩赦，法部將各省死罪已入秋審人犯查核情節，分別減免，分單具奏，遣流人犯，限赦到一月內各省造冊咨送法部，俟法部核定奏准行文到日，即時釋放，徒罪人犯應准援免者，各省按照赦款逐一詳查，登時釋放，另行冊報法部查考，如有情罪可疑者，亦限一月內造冊咨送法部，俟法部覆核文到之日，即時釋放，勿得躭延，如逾限未經冊報，及將應免輕罪人犯，并無辜之人濫行收禁者，交部議處。

一、各直省府廳州縣，凡有監獄之責者，除照向例設立循環簿，塡註每日出入監犯姓名，申送上司查閱外，並令與管獄官各將監禁人犯，無論新收、舊管，逐名開載，塡註犯案事由、監禁年月，及現在作何審斷之處，造具清冊，按月申送該管道，該管道認真查核，如有濫禁淹禁情弊，即將有獄官隨時糸處，仍令該道因公巡歷至府廳州縣之便，親提在監人犯查照清冊逐名點驗，其有塡註隱漏者，將有獄官及管獄官一併糸處，並令該道每季將府廳州縣所報監犯清冊彙送督撫臬司查核，若府廳州縣有淹禁濫禁情弊，該道未行揭報，經督撫查出，或別經發覺，即將該道一併交部議處。

## 陵虐罪囚

凡獄卒縱肆非理在禁陵虐毆傷罪囚者，依凡鬭傷論。驗傷輕重定罪。尅減官給罪囚之衣糧者，計尅減之物為贓，以監守自盜論。因毆傷、尅減而致死者，不論罪囚應死、不應死，並絞監候。管獄官及有獄官知而不舉者，與同罪；至死者，減一等。有不知，坐以不應。

其官典致死監候人犯，亦絞監候。

按：此仍明律，順治三年添入小註，乾隆五年增修，現又增入末後一語。唐律無此專條，而減竊囚食致死擬絞則載於《囚給衣食門》內，此嚴獄卒陵虐之禁以恤罪囚也。獄囚雖為有罪之人，然各有應得之罪，非獄卒所得肆其陵虐。若非理欺陵毆傷罪囚，依凡人鬬毆法科罪；尅減獄囚官給衣糧者，計贓以監守自盜論。或因陵虐尅減而致死者，不論囚罪應死與否，獄卒均坐絞候。《輯註》云：獄囚雖係應死之犯，獄卒自犯致死之罪，與擅殺應死罪人不同，故照凡鬬坐絞。然毆傷致死必因本傷，尅減致死必由凍餒，方坐以絞，若因他故致死者，仍止科凡鬬監守之罪。管獄官與有獄官知而不舉，與獄卒同罪。不言不知不坐者，官既以獄為職，獄卒之弊所當覺察，不容不知也。《吏部則例》亦有此項：凡陵虐致死，管獄官、有獄官知而不舉者革職，私罪不知者降二級。與此律不同，當衆看之。律外條例亦多備錄於後，均當合衆。又，日本刑法，司獄官吏不遵守程式而監禁囚人，及人應出獄時不放免者，亦處重禁錮云云，即是此意。

**條例**

一、凡內外問擬死罪監候之犯，每年責令獄官監看薙髮一次，遣流人犯，每月薙髮一次，仍令留頂心一片。

一、監犯不論已結、未結，如有患病沉危，醫官呈報救治，儻病故及猝然暴病身死，不及呈報救治者，即日派檢察官一員，會同有獄官相驗殮埋，仍知照原審衙門存案備查。

一、強盜十惡謀故殺重犯，用鐵鎖杻鐐各三道，其餘鬬毆人命等案正兇以及遣流徒罪等犯，用鐵鎖杻鐐各一道，如獄官禁卒任意輕重，將獄官奏衆，禁卒革役，照律治罪，受賄者照枉法從重論，有獄官失於覺察，交部議處。

一、徒罪以下人犯患病者，獄官報明承審官，即行赴監驗看是實，行令該佐領驍騎校地方官取具的保，保出調治，俟病痊即送監審結，其外解人犯無人保出者，令其散處外監，加意調治，如獄官不即呈報，及承審官不即驗看保釋者，俱照淹禁律治罪。若本犯無病，而串通獄官醫生揑稱有病或病已痊愈，而該佐領驍騎校地方官不即送監審結者，將本犯及獄官醫生該佐領驍騎校地方官俱照詐病避事律治罪，若保出故縱者，將保人治以本犯應得之罪，疏脫減二等，仍將取保不的之該佐領驍騎校該地方官議處，若有受賄情弊，計贓以枉法從重論，至督撫具報監斃人犯，將本犯所犯罪名、所患病證，及有無陵虐、曾否保釋逐一聲明，如有朦朧情弊，查出交部分別議處。

一、凡官員擅取病呈致死監犯者，依謀殺人造意律絞監候，獄官禁卒人等聽從指使下手者，依從而加功律，亦絞監候；未曾下手者，依不加功律，流三千里。

一、番役將盜犯及死罪人犯私拷取供者，處十等罰，將遣流人犯私拷取供者，加一等治罪，將徒罪以下人犯私拷取供者，遞加一等。如有逼索銀錢，計贓以枉法從重論。該犯有誣指捏誣情弊，照誣告律治罪。該管官失察故縱，交部分別議處。

一、監犯越獄及在獄滋事之案，如審有禁卒挾嫌設法陷害本官情事，照惡棍設法詐官實在光棍擬絞例，分別首從嚴辦。如有獄官知情徇隱故縱，照私罪嚴糸革職，若止疏於防範，失於覺察，照公罪交部議處。

一、凡犯人出監之日，有獄、管獄等官細加查問，如有禁卒人等陵虐需索者，計贓治罪，仍追贓給還犯人，有獄、管獄等官不行查問，事發之日亦照失察例議處。

一、內外問刑衙門問發程遞人犯，除原有杻鐐照舊外，其押解人役若擅加杻鐐，非法亂打，搜檢財物，剝脫衣服，逼致死傷，及受財故縱，并聽憑狡猾之徒買求殺害者，除實犯死罪外，徒罪以上，俱發煙瘴地方安置。

一、凡內外問發程遞人犯，僉差官員務選有家業正役解送，如犯人中途患病，原解即報明所在官司親身驗明，出具印結，即著該地方官留養醫治，候病痊起解，仍將患病日期報部，如不行留養，致有病故，及受財囑託，捏病遲延者，將該地方官交部議處。其取結後，犯人身死者，官役免議；若未取病結，在途身死者，僉差官員交該部照例按名議處，一名解役徒一年，每一名加一等，罪止徒三年。

## 與囚金刃解脫

凡獄卒以金刃及他物，如鴉片毒藥之類，凡可以使人自殺，及解脫鎖杻之具而與囚者，處十等罰。因而致囚在逃，及於獄中自傷或傷人者，並徒一年。若致囚獄中自殺者，徒二年。致囚反獄而逃，及在獄殺人者，絞監候。其囚脫越反獄在逃，獄卒於未斷罪之間能自捕得，及他人捕得，若囚已死及自首者，各減一等。〇若常人非獄卒。[以][4]可以解脫之物與囚人，及子孫與在獄之祖父母、父母，雇工人與在獄之家長者，各減獄卒一等。〇若管獄官、典及有獄官知而不舉者，與同罪，至死者減一等。〇若獄卒、常人及有獄、管獄官、典受財者，計贓以枉法從重論。贓重論贓，贓輕論本罪。〇若失於檢點防範。致囚自盡原非縱與可殺之具者，獄卒處六等罰；管獄官、典各處五等罰；有獄官處四等罰。

按：此仍明律，雍正三年改定，其小註係順治三年添入，現又改杖為罰，唐律亦有此條，大致相同。惟唐律致囚殺人者與自殺均擬徒二年，此將致囚殺人改重擬絞，又添入“致囚反獄”一句，則較唐為重。又，唐律渾言以解脱之物與囚，不分獄囚、他人，即子孫、奴婢與者，亦同。此律專言獄卒，而他人與者，較獄卒減一等，子孫、雇工與者，亦減一等，則與唐律不同，而律末“管獄、有獄官受財以枉法論從重”一段，亦為唐律所無，蓋律之意係言脱囚之弊，以示防範也。凡獄卒以金刃、他物但可以自殺及解脱鎖杻之具而與囚人者，坐十等罰；因而致囚在逃，或自傷、或傷人、或自殺、或反獄、或殺人，獄卒各分別科罪；至囚雖脱逃反獄，獄卒若於未斷罪之間，能自捕得，或他人捕得，或囚已死，或囚自首，各減罪一等。若常人以可解脱之物與囚，及子孫與祖父母、父母，雇工與家長者，各減獄卒罪一等。管司獄、有獄官知而不舉者，同罪；若因受財而不舉者，計贓以枉法論。若獄囚在禁失於檢點，致囚自盡者，獄卒六等罰，管獄官、典各減一等。此條與《捕亡門》內“不覺失囚”一節參看：凡獄卒不覺失囚者，減罪二等；若失死罪囚，則應擬滿徒；失流罪囚，亦應徒二年半。此因與解脱之物致囚在逃，止問徒一年，則反輕於本條失囚矣，故囚罪輕者，依此條擬徒一年；若囚罪重者，仍當照彼條減二等科之。參觀互證，自知其妙，此讀律所以貴乎貫通融洽，而不可執一論也。

**條例**

一、獲犯到案，并解審發回之時，該管官當堂細加搜檢，無有夾帶金刃等物，方許進監，並嚴禁禁卒，不許將磚石樹木銅鐵器皿之類混行取入，并不准買酒入監，違者將禁卒照與囚金刃律治罪。

## 主守教囚反異反，訓翻。

凡管獄官、典、獄卒，教令罪囚反異成案，變亂已經勘定之事情，及與傳通言語於外人，以致罪人扶同。有所增入他人減去自己之罪者，以故出入人罪論。外人犯教令、通傳，有所增減者，減主守一等。〇若獄官、典、卒容縱外人入獄，及與囚傳通言語。走洩事情，於囚罪無增減者，處五等罰。外人罪同。〇若獄官、典、卒、外人受財者，并計入己贓，以枉法從重論。

按：此仍明律，順治三年添入小註，現（入）［又］⑤添改，蓋嚴教令罪囚之禁以杜亂法之端也。唐律：諸主守受囚財物導令翻異及與傳通言語有所增減者，以枉法論。十五疋，加役流，三十疋，絞。贓輕及不受財者，減故出入人罪一等，無所增減者，笞五十，其非主守而犯者，各減一等云云，與明律大致相同而文義略為變通。凡獄官、典、卒教令罪囚反異變亂事情，及與囚通傳言語，致有所增減其罪者，以故出入人罪論；外人犯者，減主守一等。若縱容外人入獄及與囚通傳言語、走洩事情，於囚罪無增減者，五等罰。若獄官、典、卒及外人接受囚財而教令反異及通傳增減，或獄官、典、卒接受外人之財而縱容入獄教令通傳者，並計贓以枉法論，蓋典獄之責，原有專司，若教令通傳，必致翻更定案，拖累枉濫，為害甚大，故立法不得不嚴。《輯註》云：翻改已成之案謂之“反”，在官司伸冤理枉為之翻案者，為平反。罪囚變亂事情希圖翻案者，為反異。蓋變亂事情，即反異之註腳。若於囚先自誣服而教之反異伸冤理枉者，乃得事情之實，非變亂也，此不當即科以罪，須合參之。

## 獄囚衣糧

凡獄囚，無家屬者，應請給衣糧、有疾病者，應請給醫藥，而不請給；患病重者應脫去鎖杻，而不請脫去；應保管出外，而不請保管；及疾至危篤者，應聽家人入視，而不請聽，以上雖非管獄官、典、獄卒所主，但不申請上司。管獄官、典、獄卒處五等罰。因而致死者，若囚該死罪，處六等罰；遣流罪，處八等罰；徒罪，處十等罰；罰金以下，徒一年。有獄官知而不舉者，與獄官、典、卒同罪。〇若管獄官已申稟上司，而上司官吏不即施行者，一日，處一等罰，每一日加一等，罪止四等罰。因而致死者，若囚該死罪，處六等罰；遣流罪，處八等罰；徒罪，處十等罰；罰金以下，徒一年。

按：此仍明律，順治三年添入小註，雍正三年修改，現又刪改，蓋係矜恤貧病罪囚之典也。唐律謂之“囚給衣食醫藥”：諸囚應請給衣食醫藥而不請給、應聽家人入視而不聽、應脫去枷號鎖杻而不脫去者，杖六十，以故致死者，徒一年。即減竊囚食，笞五十，以故致死者，絞云云，與明律稍有不同。此律無“減竊囚食致死擬絞”一層，已載入前《陵虐罪囚門》內也。凡獄囚貧苦者，應請給衣糧，有病者，應請給醫藥，病重者，應脫去鎖杻，輕罪保管出外，重罪聽家人入視，此皆獄官典卒之專責也。前節言獄官典卒不稟請之罪，若因不請而致疾病死亡，各視囚罪之輕重，以為罪之等差；後節言獄官典卒已稟請而上司不即施行之罪，因不施行而致囚死者，亦視囚罪為輕重。蓋囚罪愈輕則坐罪愈重，蓋即應死之囚亦當明正典刑，若淹抑而死，即不足惜，亦為非法，況非應死者乎？至於死罪患病不開鎖杻，舊註本有明文，而《輯註》有云：夫死罪之用杻，恐其脫逃，非欲以此苦之也。今既患重病，必無脫逃之虞，豈忍聽其桎梏而死？當酌行之云云。現已照此刪改。律外又有數例，足補律所不備，亦當合叅。又，日本刑法載，司獄官吏如屏去囚人衣食，及施其他苛刻之所為者，亦處重禁錮三月以上、三年以下，附加罰金。因而致囚死傷者，照毆打、創傷各本條加一等，又有當水火震災之際，官吏懈怠不解囚人監禁，因致死傷者，亦照毆打創傷加一等云云。較中律更為加詳，當並究之。

**條例**

一、凡京外遞解各項人犯，有司官照支給囚糧之例，按程給與口糧，如遇隆冬停遣，照重囚例，每名給與衣帽，儻有官吏兵役侵蝕，以監守自盜論。

一、凡牢獄禁繫囚徒，年七十以上，十五以下，廢疾散收，輕重不許混雜，鎖杻常須洗滌，蓆薦常須鋪置，冬設暖床，夏備涼漿，凡在禁囚犯，日給倉米一升，冬給絮衣一件，病給醫藥，看犯支更禁卒夜給燈油，並令於本處有司在官錢糧內支放，獄官預期申明關給，毋致缺誤，有官者犯私罪，除死罪外，徒以上鎖收，公罪自流以下皆散收。

一、流罪以上人犯，在監及解審發配，俱著赭衣。

一、內外監獄人犯，除未結各案及監禁待質官常各犯，均不准親屬探視外，其已結各案，許令犯人祖父母、父母、伯叔、兄弟、妻妾、子孫，一月兩次入視，其隨從入視之使役人等，不越兩名，有獄、管獄官，定立號簿，將某日某案某犯某親屬入監探視，逐一詳訊登記，如有捏稱犯屬入監教供舞弊情事，一經察覺，嚴拏本犯究辦，將未能查出之有獄、管獄各官分別議處，自行查出免議。至犯人親屬有齎送飲食者，管獄官驗明，禁子轉送，其盜犯妻子家口均不許放入監門探視，違者將妻子家口照不應重律治罪，有獄、管獄官糸處，禁卒人等究辦。

## 功臣應禁親人入視

凡功臣及五品以上文武官犯罪應禁者，許令服屬親人入視，犯徒、流遣應發配者，并聽親人隨行。若在禁，及徒、流遣已至配所，或在中途病死者，在京原問官、在外隨處官司，開具在禁、在配、在（徒）[途][①]致死緣由奏聞，一面將其入視隨行之親人發放，違者，處六等罰。

按：此仍明律，雍正三年修改，現又改易，其小註係順治三年增入，唐律無此專條，蓋言優恤之典及於罪人也。功臣著有勳勞者，五品以上官亦班聯之貴者，或犯罪應禁，許令親人入監看視，或犯徒流罪應發配，並聽親人隨行，若因病而死，在京則原問官，在外則所在有司，開具因病致死緣由奏聞，其親人亦即發放，違者處罰，恐有別故而死非其所也，雖已死而猶矜憫之，皆格外寬恤之意。上條言獄囚患病始聽親人入視，此不患病亦許入視，則優貴之典也。

## 死囚令人自殺

凡死罪囚已招服罪，而囚畏懼刑戮使令親戚故舊自殺，或令親故雇倩他人殺之者，親故及雇倩下手之人，各依親屬凡人鬭毆本殺罪，減二等。若囚雖已招服罪，不曾令親故自殺，及雖曾令親故自殺，而未招服罪，其親故輒自殺訖，或雇倩人殺之者，不令自殺，已有倖生之心，未招服罪，或無可殺之罪。親故及下手之人，各以親屬凡人鬭殺傷論。不減等。〇若死囚雖已招服罪，而囚之子孫為祖父母、父母，及雇工人為家長聽令自下手，或令雇倩他人殺之。者，皆絞監候。受雇之人，仍依本殺罪減二等。

按：此仍明律，順治三年添入小註，現改斬為絞，蓋言囚雖坐死而不應私殺也。唐律謂之“死罪囚辭窮竟”：諸死罪囚辭窮竟，而囚之親故為囚所遣，雇倩人殺之及殺之者，各依本殺罪減二等；囚若不遣雇倩、辭未窮竟而殺，各以鬭殺傷論，至死者，加役流；辭雖窮竟，而子孫於祖父母、父母，奴婢於主者，皆以故殺論云云。與明律大致相同。首節言囚之親故及雇倩他人下手之罪，囚已服罪，而令親故自殺，或令雇倩他人殺之者，各依凡人鬭殺罪減二等，若囚雖已招服罪，不曾令親故自殺，及雖令親故自殺而尚未招服，其親故輒自殺訖，或倩他人殺之者，則親故及下手之人各依親屬凡人鬭殺本律，不在減等之限；末節言囚之子孫及雇工人下手，或雇人下手之罪，蓋囚雖招服罪，令其自殺，但子孫於祖父母、父母倫常至重，雇工於家長名分攸關，豈得忍心擅殺，故皆坐絞，雇者如係他人，仍依本殺罪減二等，蓋子孫殺祖父母、父母，雇工殺家長，皆應擬斬，而此止絞者，因父母家長已犯死罪，自畏刑戮而使令之，則與惡逆有間，故雖坐皆絞，猶得監候也。至於前條子孫以可解脫之物與父母，或有自殺，與常人同，止比獄卒減一等擬徒，與此不同者，蓋與解脫之物有望其生之心，是可原也；聽令而殺有速其死之意，不可逭也。二項合參，均係致親於死而科罪各有不同，律理之精微如此，善讀者當自知之。

## 老幼不拷訊

凡應八議之人，禮所當優。及年七十以上，老所當恤。十五以下，幼所當慈。若廢疾疾所當矜。者，雖犯死罪，官司并不合用刑拷訊，皆據衆證定罪。違者，以故失入人罪論。故入抵全罪，失入減三等。其於律得相容隱之人，以其情親有所諱。及年八十以上，十歲以下，若篤疾，以其免罪有所恃。皆不得令其為證，違者處五等罰。皆以吏為首，遞減科罪。

按：此仍明律，順治三年添入小註，現又改易，蓋於刑訊中存優恤之仁也，大致一本唐律，惟唐律尚有“若證不足，告者不反坐”一句，謂證不滿三人，告者不反坐，被告之人亦不合入罪，明律刪去此句，唐律末句有“違者，減罪人罪三等”，現又改為處五等罰，其餘俱與唐律相同。凡七十以上、十五以下，及廢疾之人，理當優恤，非但不合用刑拷訊，而亦不勝刑訊，故皆據衆證定罪。若官司不加體恤而加拷訊，分別故、誤，以故、失出入人罪論。其於律得容隱之人，如同居及大功親各項，並年八十以上、十歲以下，若篤疾，皆不得令其為證，蓋以容隱之人當為親諱，老幼篤疾法所難加，皆不足以為據，且恐恃此以罔人，故違律而令其為證者，治以罰罪，此與“親屬相為容隱”一條，皆教人親厚之意，中律之精粹全在於是，非外國所可及矣。律內凡涉老幼疾者，皆得寬恤，如老幼疾犯罪者散禁，見《獄囚衣糧門》內；老幼疾不得告舉，見《見禁囚不得告舉他事門》內；故令老幼疾及婦人代告，見《越訴門》內；老幼疾收贖後再犯，見《名例》。皆與此律互相發明，須並參之。

## 鞫獄停囚待對

凡鞫獄官推問當處罪囚，有同起內犯罪人伴見在他處，官司當處停囚，專待其人對問者，雖彼此職分不相統攝，皆聽直行文書勾取。他處官司於文書到後，限三日內即將所勾待問人犯發遣。違限不發者，一日，處二等罰；每一日加一等；罪止六等罰。當處鞫獄者，無以其不發而中止。仍行移他處本管上司，問違限之罪，督令將所取犯人解發。〇若起內應合對問同伴罪囚，已在他處州縣事發見問者，是彼此俱屬應鞫。聽輕囚移就重囚；若囚罪相等者，聽少囚從多囚；若囚數相等者，以後發之囚，送先發官司併問；若兩縣相去三百里之外者，往返移就，恐致疏虞。各從事發處歸斷。移文知會。如違輕不就重，少不從多，後不送先，遠不各斷。者，處五等罰。若違法反將重囚移就輕囚，多囚移就少囚者，當處官司隨即收問；不得互相推避。仍申達彼處所管上司，究問所屬違法移囚五等罰。之罪。若當處官司囚到不受者，一日，處二等罰，每一日加一等，罪止六等罰。

按：此仍明律，現改笞為罰，其小註係順治三年添入，蓋立拘提就審之法，以速結案件也。唐律亦有此條，分作兩門，一為諸鞫獄官停囚對待，問者雖職不相管，皆聽直牒追攝，牒至不即遣者，笞五十，三日以上杖一百；一為諸鞫獄官，囚徒伴在他所者，聽移送先繫處並論之，違者，杖一百。若違法移囚，即令當處受而推之，申所管屬推劾，若囚至不受，及受而不申者，與移囚同罪云云。明合為一條，而文加詳，罪亦稍輕。人犯尚未定罪，故曰“人伴”；“勾取”即關提之意；所謂“起內”者，即同起事內之說也。前節言一事，人在兩處而事發於一處，若本處官司停囚待對而彼處官司違限不發遣之罪；後節亦是一事，人在兩處而先後同發，若彼處官司違法移囚及當處官司囚到不受理之罪。總是恐案久懸，不令稽遲遷延使受拖累也。《訴訟門》內“告狀不受理”條有原告就被告論歸結之法，當與此參看。律外有條例，以補律所未及，備錄以便參考。

**條例**

一、大理院及各級審判廳取保犯證，由檢察廳知照警廳飭區就近取保，其由外省提到人證，即令本人自舉親識寓居所在，由檢察廳知照警廳飭區就近發保，仍將保人姓名報案查核，如無保可取者，均暫行看守。

一、大理院及各級審判廳承審事件罰金等罪，限十日完結，遣流徒等罪，限二十日完結，命盜等案，限一箇月完結，其鬭毆殺傷之犯到案後，以傷經平復及因傷身死之日為始，內外移咨行察及提質並案犯患病，以查覆及提到并病愈之日為始，接審者以接審之日為始，儻承問官任意因循，致書役得乘機作弊者，將書役嚴加治罪，承問官交部分別議處，若內外移咨行察，催文至三次無回文者，奏參。

一、大理院及各級審判廳，凡逮捕人犯，及傳集人證，行文該管各衙門，限文到三日內傳獲送案，如違，將該管官參處。儻人犯已至，而胥役勒索不行放入，查明照例嚴加治罪，如徇隱不究，察出或被首告，將徇隱之員一併參處。

一、凡校尉等有犯，應提拏者，移咨鑾輿衛提拏，不得差拘。

一、各府州縣及審判應廳審理徒流以下人犯，除應行關提質訊者，務申詳該上司批准照例展限外，如無關提應質人犯，該承審官俱遵照定限完結，儻敢陽奉陰違，或經發覺，或經該上司指參，將承審官交部照例分別議處。

一、內外問刑衙門於聽斷詞訟時，如供證已確，案內縱有一二人不到，非係緊要犯證，即據現在人犯成招，不得借端稽延，違者議處。

一、直隸各省審理案件，尋常命案限六箇月，盜刼及情重命案、欽部事件，並搶奪、發掘墳墓一切雜案，統定限四箇月，俱以人犯到案之日起限，其限六箇月者，州縣三箇月解府州，府州一箇月解司，司一箇月解督撫，督撫一箇月奏咨，限四箇月者，州縣兩箇月解府州，府州二十日解司，司二十日解督撫，督撫二十日奏咨；仍准扣除封印日期及解府州司院程限。如案內正犯及要證未獲，情事未得確實者，奏明展限，按察司提法司同。自理事件，限一箇月完結，府州縣自理事件，俱限二十日審結，上司批審事件，限一箇月審報。若隔屬提人及行查者，以人文到日起限，如有遲延情弊，該督撫察參，若該督撫徇情不行奏參，察出一併交部議處。

一、凡承審命盜及欽部事件，至限滿不結，無論應限六箇月、四箇月事件，該督撫照例咨部，即於限滿之日接算，再限二叅四箇月，仍令州縣兩箇月解府州，府州臬司督撫，各分限二十日。如逾限不結，該督撫將易結不結情由詳查註明奏叅，照例議處，至承審官內有陞任革職降調及因公他往，委員接審者，如前官承審未及一月離任者，接審官准其另起審限，應分限兩月者，仍另扣六十日，三月仍另扣九十日。一月以上離任者，准其扣限一箇月，無論分限兩箇月、三箇月俱另扣審限三十日，並前官所剩分限日期，俱准其扣展。初叅逾分限離任者，准其扣半加展，分限兩箇月者，准另扣三十日，三箇月者，准另扣四十五日。初叅統限外離任者，無論應限六箇月、四箇月事件，俱另扣統限四箇月審結，至原問官審斷未當，及犯供翻易情節，督撫另委賢員，或會同原問官審理，委審之員扣限一箇月，該管各上司亦統限一箇月覈轉具奏，（辦）［總］[⑦]以兩箇月完結。如官員承審案件，借端巧為掩飾，不行速結者，該督撫奏叅交部嚴加議處，上司徇庇不行奏叅，及下屬已經解審，混行駁查，以致承審官違限，並知屬官例限將滿，借端故為派委，希圖展限者，一併交部議處，督撫叅遲延時將何月日解審駁查次數聲明，聽部查核。

一、審理盜劫及情重命案，欽部事件，並一切雜案，無論首犯、夥犯緝獲幾名，如供證確鑿，贓跡顯明者，一經獲犯，限四箇月完結，如果虛實情形未分，盜贓未確，或獲案止係餘犯，因正犯及要證未獲，情詞未得，或盤獲賊犯，究出多案，事主未經認贓，必須等候方可審擬，或因隔省行查，限內實難完結者，承審官立即據實申詳督撫，分別奏咨，准其展限，若正犯要證及案內首從人犯已經到案，間有餘犯未獲者，即將現獲之犯據情研審，按限完結，不得藉詞展限，若承審期內遇有續獲之犯，如到案在州縣分限以內者，即行一併審擬，毋庸另展限期，如到案已在州縣分限以外，不能併案審擬者，將續獲之犯另行展案，扣限四箇月完結，如間有獲犯到案時在州縣分限將滿，不能依限審擬者，准其扣滿統限審解，儻承審官有將易結之案藉端遲延，濫請扣展限期，該督撫不遵定例嚴加查核，漫為奏咨，俱交部分別議處。

一、各省審辦無關人命徒罪案件，即照承審一切雜案扣限，依次上詳，無須解審，俟督撫批結後，由該臬司按季彙齊，於每季後二十日內造冊，詳報該督撫，該督撫於十日內出咨報部，總不得過一月之限，有關人命徒罪案件，仍照審理命案例扣限解審，由督撫專案咨部覈覆，如有審辦逾限及造報遲延者，交部議處。

## 依告狀鞫獄

凡鞫獄，須依原告人所告本狀推問。若於本狀外別求他事，摭拾被告人罪者，以故入人罪論。或以全罪科，或以增輕作重科。同僚不署文案者，不坐。〇若因其所告本狀事情或法應掩捕搜檢，因掩捕而檢得被犯別罪，事合推理者，非狀外摭拾者比。不在此故入同論之限。

按：此仍明律，順治三年添入小註，蓋禁問刑官不得事外吹求也。唐律亦有此條：諸鞫囚者，皆須依所告狀鞫之，若於本狀之外別求他事者，以故入人罪論云云。明律即本於此，而末後一段則係採《疏議》之說纂入。凡鞫獄當依原狀、本狀內事情推問虛實，以定招案。若於本狀外別求他事，摭拾被告人之罪者，是羅織文致，有意為之，故隨其輕重以故入人罪論。若所告本狀事情，或法應搜檢，因而檢得被告別項情罪，事合推問者，則非狀外摭拾可比，如被告藏匿罪人而掩捕時又得窩藏強盜，又如被告收買盜贓而搜檢時又得偽造印信，皆合推理者，故曰"不在故入之限"，當分別觀之。

## 原告人事畢不放回

凡告詞訟，對問得實，被告已招服罪，原告人別無待對事理，鞫獄官司，當隨即放回。若無待對事故稽留三日不放者，處二等罰，每三日加一等，罪止四等罰。

按：此仍明律，順治三年添入小註，現改笞為罰，蓋嚴禁稽留無罪之人以安民生也。一應詞訟，原、被對問得實，被告已經招承服罪，則原告即為無罪之人，如無別項待對事理，自當即放回家。如無故稽留在官者，分別按日治罪。律意重在"得實"二字，若不得實，則原告不能無罪，而被告亦未必招服也。《強盜門》內有"事主不許往返拖累"之例，與此互參。

### 條例

一、督撫應奏案件，有牽連人犯情罪稍輕者，准取的保，俟審結日發落，其重案內有挾讐扳害者，承問官申解督撫詳審，果係誣枉，即行釋放，不得令候結案。若承問官審係無辜牽連者，不必解審，即行釋放，止錄原供申報。

一、凡內外審奏案件內，有擬以罰金人犯，審結日即先行追取罰金釋放，仍於具奏之日聲明。

## 獄囚誣指平人

凡囚在禁誣指平人者，以誣告人加三等論；其本犯罪重於加誣之罪者，從原重者論。〇若本囚無誣指平人之意，官吏鞫問獄囚，非法拷訊，故行教令誣指平人者，以故入人全罪論。〇若官司追徵逋欠錢糧，逼令欠戶誣指平人代納者，計所枉徵財物，坐贓論。

罪止徒三年，以贓不入已也。其物給代納本主。〇其被囚誣指之平人，無故稽留三日不放回者，處二等罰，每三日加一等，罪止六等罰。〇若官司鞫囚，而證佐之人有所偏徇。不言實情，故行誣證，及通事傳譯犯人言語，有所偏私。不以實對，致斷罪有出入者，證佐人減罪人罪二等。證佐不說實情，出脫犯人全罪者，減犯人全罪二等；若增減其罪者，亦減犯人所得增減之罪二等之類。通事，與同罪。謂犯人本有罪，通事扶同傳說，出脫全罪者，通事與犯人同得全罪。若將犯人罪名增減傳說者，以所增減之罪坐通事。謂如犯人本招承六等罰，通事傳譯增作十等罰，即坐通事四等罰；又如犯人本招承十等罰，通事傳譯減作五等罰，即坐通事五等罰之類。

按：此仍明律，原有小註，順治三年增修，現又改易，蓋禁囚之誣陷而因及證佐通事人之罪也。唐律謂之“囚引人為徒侶”：諸囚在禁，妄引人為徒侶者，以誣告罪論，即本犯雖死，仍准流徒加杖及贖法云云。明律即本於此，而添入後三段，更為詳密。首節言囚誣指平人之罪；二節言官吏非法拷訊、故行教令誣指之罪；三節言官司追徵錢糧，逼令欠戶誣指代納之罪，不以誣告論，而以故入論者，以其託於獄囚之口，而非自誣之也；四節言前項被誣之人已經問明，無故稽留不放之罪；末節言證人扶同偏庇，故行誣證及通事傳譯番語，欺瞞問官不以實對之罪，二者坐罪不同，蓋證佐之人難以盡欺，通事之語易於全罔，故罪分輕重也。前《訴訟門》內既有“誣告”之條，又有“禁囚不得告舉他事”之條，而又設此條者，蓋《誣告門》內並無犯罪囚誣指平人，至於不得告舉他事，止禁其告舉，而未著罪名，故復增此條以補二律之闕，當合參之。

# 斷獄下

## 官司出入人罪

凡官司故出入人罪，全出全入者，以全罪論。謂官吏因受人財及法外用刑，而故加以罪，故出脫之者，並坐官吏以全罪。〇若於罪不至全入，但增輕作重，於罪不至全出，但減重作輕，以所增減論，至死者，坐以死罪。刑名不同者，從徒入流遣，流遣同比徒一年，從近流入遠流，每等比徒半年，遣罪以滿流論，從內遣入外遣，同比徒半年，若從罰金入徒流遣，從徒流遣入死罪，仍以全罪論，減重作輕者亦如之。〇若斷罪失於入者，各減三等；失於出者，各減五等；並以吏典為首，首領官減吏典一等，佐貳官減首領官一等，長官減佐貳官一等科罪。坐以所減三等、五等。〇若囚未決放，及放而還獲，若囚自死，故出入，失出入。各聽減一等。

按：此仍明律，原有小註，順治三年刪定，現又改從唐律不用折杖之法，蓋言官司科斷宜當也。唐律：諸官司入人罪者，若入全罪以全罪論，從輕入重以所剩論。刑名易者，從笞入杖，從徒入流，亦以所剩論。從徒入流者，三流同比徒一年為剩，即從近流而入遠流者，同比徒半年為剩，從笞杖入徒流，從徒流入死罪，亦以全罪論。其出罪者，各如之。即斷罪失於入者，各減三等；失於出者，各減五等。若未決放及放而還獲，若囚自死，各聽減一等，即別使推事通狀失情者，各又減二等，所司已承誤斷訖，即從失出入法，雖有出入，于決罰不異者，勿論云云。明律改為流徒折杖之法，現又改復唐之舊法。首節言鞫獄故全入、故全出之罪，或受財枉法，或法外用刑，而故加無罪之人，出脫有罪之犯，則官吏並抵全罪；次節言故增輕作重、減重為輕之罪，各以所增減之剩罪坐之；三節言失入失出之罪，斷罪之時非出有心，因所見錯誤失於入者，或於失入全罪上及失入增輕作重之剩罪上，各減三等，失於出者，各減五等，並以承刑吏典為首，承審首領官次之，佐貳官又次之，覆核長官又次之，遞減科罪，減盡無科者不坐。若故失出入而囚未決放，並放而還獲，及自死者，各於囚罪上減一等。查閱《輯註》有云：故出入罪，註謂因受人財及法外用刑，蓋舉受財以例一切徇私曲法之故者，舉法外用刑以例一切殘暴曲法之故者，每有酷虐之吏任意立威，明知非法，以鍛鍊而周內之，雖無受財等情，亦是故也。法外用刑，舊註：謂如用火燒烙鐵烙人，或冬月用冰水澆身體之類，夫用刑有法，法所不當用，即非刑也。五刑之外，古之拷問惟用訊杖，自明至今，改用夾棍、桚指、竹板三項，然亦有定制，如夾棍，桚太短，竹板太大，而疊夾、套桚、責過四十以外，均屬違制。現在刪去各項，刑制除死罪以外，不用刑訊矣。此項罪名，如受財者當參用枉法律，法外用刑者當參用故勘平人律，各從其重者論之。律外又有條例，較為詳備，錄之以便參考。

**條例**

一、承審官改造口供，故行出入人罪者，革職，故入死罪，已決者抵以死罪，其草率定案，證據無憑，枉坐人罪者，究明有無威逼妄供及枉坐罪名輕重，分別辦理。

一、凡初次供招不許擅自刪改，俱應備錄上詳，若承問官增減原供，希圖結案，按察使提法司同。依樣轉詳，該督撫嚴察奏參，不行察參，將該督撫交部一併議處，按察使亦不得借簡招之名，故為刪改。儻遇有意義不明，序次不順，與情罪並無干礙，即就近核正申轉，將改本備案，不得發換銷毀，違者依改造口供故行出入人罪例議處。

一、凡謀反謀叛之案，承審官不得存心陷害，借言情重罪大，誣指朋黨，妄議株連，若於本罪外揑造此等言語，株連父母兄弟妻子者，照故入人死罪律治罪。

一、凡駁飭改正之案，大理院即檢查該府州縣原詳據實核辦，如原詳本無錯誤，經上司飭駁致錯者，知照法部將上司議處，如原詳未奉飭駁，該上司代為承當，除原擬之員仍按例處分外，將該管上司照徇庇例嚴議。

一、知府直隸州，有將各州縣審擬錯誤關係生死出入大案，虛公研鞫，究出實情，改擬得當，經上司核定奏奉大理院核議准行者，交與吏部查明，奏請送部引見。

## 辯明冤枉

凡內外問刑衙門辯明冤枉，須要開具本囚所枉事蹟，實封奏聞。委官追問其冤情得實，被誣之人依律改正，所枉之罪坐原告、誣告。原問官吏。以故失入罪論。〇若罪囚事本無冤枉，朦朧辯明者，徒三年，既曰朦朧，則原告、原問官為其誣矣。若所誣罪重於徒三年者，以故出入人罪論。所辯之罪人知情，與朦辯同罪；如原犯重，止從重論。不知者，不坐。

按：此仍明律，雍正三年改定，現又刪改，其小註係順治三年添入，蓋言斷罪之當慎，而冤抑之宜伸也。唐律無此專條。凡內外問刑衙門皆有辯明冤枉之責，於審錄時，如有冤枉，須開具事蹟奏聞，候委員追問得實，依律改正。若事情本無冤枉，而問官為之朦辯，即是奏事詐不以實也，應坐滿徒。若所辯之罪人與問刑官和同朦辯者，同坐應得之罪。如問刑官自行奏辯，而本犯不知者，不坐，止坐原犯罪名。前節是辯其冤枉者，故曰“被誣之人”；後節是辯其不冤枉者，故曰“所辯之人”，義各有別，故文法不同。律外又有條例，當並參之。

### 條例

一、法司凡遇一應稱冤調問，及各衙門奏送人犯，如有冤枉及情罪有可矜疑者，即與辦理具奏發落，毋拘成案，若明知冤枉不與辦理者，以故入人罪論。

一、凡處決人犯，有臨刑時呼冤者，奏聞覆鞫，如審明實有冤抑，立為申雪，將原審官糸奏照例懲治。如係妄行翻異，冀延顯戮，仍按原犯罪名，即行正法。

一、凡審理事件，除事涉兩邑，或案情重大，發審之初即委員會審者，仍令會同審詳外，其因承審錯誤，另委別官審理者，專責委員虛心質訊，毋庸原問官會審，至定案後，如原問官果有徇私枉斷，故出故入情弊，仍照例糸處，其或供情疏漏，或援引拘泥，誤出無心，經委員改正者，照審處錯誤例議處。

一、凡管獄官專管囚禁，如犯人果有冤濫，許管獄官據實申明，如有獄官不准，許即直申上司提訊。

一、各省督撫除事關重大、案涉疑難應行提審要件，或奉旨發交審辦以及民人控告官員營私枉法濫刑斃命各案，俱令率同司道等親行研審，並司道等官接受所屬控詞，遇有前項各情，或經上司批發之案，亦即親提審辦，間有戶婚田土案件，頭緒紛繁，必須酌派妥員代為查審者，於結案時，仍由該司道等官覆勘定擬具詳，不得僅委屬員承審外，其餘上控之件，訊係原問各官業經定案，或案雖未定，而有抑勒畫供，濫行羈押及延不訊結，並書役詐贓舞弊情事，如在督撫處具控，即發交司道審辦，或距省較遠，即發交該管守巡道審辦，如在司道處具控，即分別發交本屬知府或鄰近府州縣審辦，如在府州處具控，即由該府州親提審辦，概不准復交原問官，並會同原問官辦理審明後，按其罪名，係例應招解者，仍照舊招解，係例不招解者，即由委審之員詳結，其有委審之後復經上控者，即令各上司衙門親提研鞫，不得復行委審，若命盜等案尚未成招，尋常案件尚無堂斷，而上控呈詞內又無抑勒畫供濫行羈押及延不訊結並書吏詐贓舞弊各等情，應即照本宗公事未結絕者，發當該官司追問律，仍令原問官審理，該管上司仍照律取具歸結緣由勾銷，儻有應親提而委審，或應親提委審而發交原問衙門者，即令該督撫指名嚴참，交部照例議處，其所委之員若有瞻徇聽囑等弊，亦即嚴參治罪，該督撫有違例委審者，亦照例議處，至於刁健之徒本無冤抑，或因負罪受懲，掩飾己非，捏款誣控，或因鬬毆婚姻田宅等事，不赴本管官控理，輒赴上司衙門架詞妄控者，仍按律治罪。

## 有司決囚等第

凡有司於獄囚始而鞫問明白，繼而追勘完備，遣流徒罪，各從府州縣決配；至死罪者，在內法司定議，在外聽督撫審錄，無冤依律議擬，斬絞，情罪法司覆勘定議，奏聞候有回報，應立決者，委員處決，故延不決者，處六等罰。〇其公同審錄之際，若犯人自行反異，原招或家屬代訴稱冤，審錄官即便再與推鞫，事果違枉，即公同將原問、原審官吏通問改正。同將原問、原審之官吏通行提問，改正其罪。〇若囚犯明稱冤抑，審錄官不為申理改正者，以入人罪故或受贓挾私。失或一時不及參究。論。

按：此仍明律，雍正三年改定，現改杖為罰，其小註係順治三年添入，蓋言決囚宜詳慎也。唐律無此名目。此門專載秋審各例，秋審始於康熙年間，從前無此名目，是以律無明文，至於死罪囚，過限不決，六等罰，見《死囚覆奏待報門》

內，與此重複，其律末一段與前條《辯明冤枉》條參看。凡獄囚招狀已明，應行追勘；事理已完，遣流徒罪詳明，上司定地發配報部。惟死罪至重，在內聽法司會勘，在外聽督撫具報擬罪、法司覆勘，覈實定擬奏聞，請旨定奪。其應立決者，即行委官處決，故延不決者，六等罰，至朝審秋審之時，若犯人反異原招或家屬稱冤，即便詳鞫，其果事有違枉，將初鞫及勘錄之原審官吏提問，公同改正其罪。若囚犯稱冤而審錄官不為辦理者，以入人罪分別故失論。律文略舉大義，例更詳細無遺，須合參之。

**條例**

一、法部秋審人犯勾到時，先期知照步軍統領衙門，臨時派步軍翼尉一員護送，行刑時著給事中及法部侍郎一人監視。

一、每年秋審勾到後，大學士會同法部將已勾未勾情節摘敘簡明事由奏聞，劄行各省按察司或提法使於處決時揭示通衢曉諭，京師秋審人犯由法部榜示。

一、秋審情實之犯，有經十次未勾者，法部查明奏聞改入緩決，不得擅改可矜，其服制人犯，俟兩次免勾之後，大學士會同法部堂官將人犯招冊覆加詳勘，其有實在情節可寬者，摘敘實情，確加看語，請旨改入緩決。

一、秋審官犯，法部於每年年終彙開清單具奏一次，單內將所犯事由罪名及監禁年分，並該犯年歲詳細註明。

一、凡官犯及常犯罪干服制，法部於秋審時俱各另繕一冊，列於各省常犯之前進呈。

一、每年秋審新事人犯，凡例應情實，及實緩矜留未定，應歸入秋審冊內核辦者，備敘案由，確加看語，以憑核辦，並刊刷招冊，暨舊事情實未勾人犯招冊，分送給事中各道存查，至緩決人犯，除新事隨本擬緩者由法部繕單具奏外，其舊事人犯，亦由法部彙齊摘敘簡明節略繕單具奏，毋須備冊以省繁冗。

一、各省秋審人犯，按察司或提法使定擬情實緩決可矜，造具秋審後尾，限五月內申送法部，法部就原案加具看語，刊刷招冊，咨送給事中各道各一冊，按勾到日期前五日請旨定奪，俟命下日先後咨行直省，將情實人犯於霜降後冬至前正法，其咨文到地方限期：雲南、貴州、四川、廣西、廣東、福建限四十日，江西、浙江、湖南、甘肅限二十五日，江蘇、安徽、陝西、湖北限十八日，河南限十二日，山東、山西限九日，直隸限四日，奉天限十五日，吉林、黑龍江限一箇月，限內遲延不到者，該督撫將遲延地方官察明指參，其截止日期，雲南、貴州、四川、廣西、廣東以年前封印日，福建以正月三十日，奉天、吉林、黑龍江、陝西、甘肅、湖北、湖南、浙江、江西、安徽、江蘇以二月初十日，河南、山東、山西以三月初十日，直隸以三月三十日，如有新結重案，俱入次年秋審。

一、凡內外問擬斬絞各犯，察有父祖子孫陣亡者，除十惡、侵盜錢糧、枉法不枉法贓、強盜、放火、發塚、詐偽、故出入人罪、謀故殺各項重罪外，如所犯係尋常鬬殺，及非常赦所不原各項死罪，核其情節應入情實者，在內由各審判衙門，在外由各省，於取供定罪後，即移咨八旗陸軍部查取確實簡明事跡聲敘入本，俟秋審辦理，勾到時法部於進呈黃冊內，將本犯父祖子孫陣亡事蹟黏籤聲敘，恭候欽定，其前項人犯應入緩決者，亦照前聲敘，准其緩決一次後，即予減等，一人優免一次後，不准再行聲請。

一、各省應入秋審人犯，除例應情實，及實緩介在疑似，並矜留暫難確定各案，仍照舊一體歸入秋審冊內核辦外，其應入緩決毫無疑義者，於定案具奏時，妥擬確實出語，隨本聲明，酌入緩決，按察司或提法使每年冊送後尾時，將隨本奏准擬緩各案另分一冊，法部彙齊此項人犯案由罪名，再行繕單覆奏一次。

一、凡應擬斬絞人犯，染患重病，該督撫接到州縣通詳，即先具文報部，仍責成該督撫詳加查核，如有假捏情事，立將承審及核轉各員嚴行叅處，儻督撫不行詳查，經院核對原咨查出弊竇，知照法部將該督撫一併嚴叅，其前項人犯遇有在監病故，無論曾否結案，及已未入秋審情實緩決，該州縣立時詳報，該督撫據詳派員前往相驗，若時逢盛暑，或離省窵遠之各廳州縣，該管道府據報即派鄰近之員往驗，如病故係新舊事情實人犯，該督撫於接到詳文之日先行咨冊，於秋審冊內扣除，總不得過十日之限，其派員相驗，及研訊刑禁人等有無陵虐情弊，除去程限日期，以一月為限，若係緩決及應入次年秋審情實人犯，仍照向例辦理，如驗報遲逾，分別交部議處。

一、各省官犯，於定案時即在按察使提法司同。衙門收禁，秋審勾本到省，照法部決囚之例，將情實官犯全行押赴行刑場，即令該司監視行刑，奉到諭旨當場開讀，按照予勾之犯驗明處決。

一、各省每年奏結斬絞重案，法部於次年開印後分類摘敘簡明事由，繕摺奏聞。

一、大理院奉特交事件，即審明無罪可科，應具摺覆奏，如罪至斬絞，即由大理院核擬具奏，其他案件犯該遣流徒等罪，儻非尋常經見之事，及酌重酌輕之案，並犯罪，文自生監以上，武自驍騎校以上，或本身雖白丁，係現任大員子弟，犯該斷決者，俱詳敘供招，不拘件數時日，隨結隨奏，內有酌重酌輕案件，仍於改擬之處粘貼黃簽，恭呈御覽，俟奉旨之日發落，尋常遣流徒等罪，於審結之日先行發落，按季彙奏。

一、大理院覆判各省審奏事件，內有餘犯擬罪未當，應駁令覆審，而正犯應立正典刑無庸質訊，其罪又無可加者，即先決正犯，不必一概駁令覆審。

一、凡審辦逆倫重案，除子孫毆傷、誤傷、誤殺祖父母、父母仍各照本例辦理外，其子孫毆殺祖父母、父母之案，無論是否因瘋，悉照本律問擬，於審明後恭請王命即行正法。

一、直省處決重囚，部文到日，如州縣無同城佐貳，印官公出，除公出報府有案，並縣在附郭者，仍照定例由府委員監決外，其非附郭首縣，如有卒奉調遣不及報府者，部文到日，即准令該吏目典史會同營員代為監決，仍將印官因何公出，及代為監決緣由具報上司查核，毋庸申請本府另行委員。

一、凡兇盜逆犯干涉軍機應行立決，及須刑鞫者，均即隨時辦理，聲明咨部，毋庸拘泥停刑舊例，其尋常案件，仍照定例月日停刑。

一、凡立決之犯，部文到日，如正印官公出，令同城之州同州判縣丞主簿等官，會同本城武職，遵查不停刑日代行監決，若該地方無佐貳官，令該知府於部文到時，即委府屬之同知通判經歷等官，速至該州縣會同武職代行監決，該佐貳等官監斬後，將正印官因何事公出，並見委某官於何年月日會同武職某官監決何犯，逐一詳報各上司查核。

一、凡各省州縣招解逆匪兇盜罪應斬絞立決人犯，該督撫於各州縣解省審明具奏後，即留禁省監，俟奉到部文，臬司會同督撫標中軍，督率府縣親提各犯，驗明處決。

一、凡扈從車駕官員之跟隨僕役，如有在途次毆斃人命等案，該督撫即行具奏，恭候欽派大臣會同行在法司審明迅速辦理，不得拘泥尋常例限，其餘日行事件亦不得輾轉稽遲，違者將該督撫交部嚴加議處。

一、凡兵丁因事斥革後，即移明地方官另記年貌冊檔嚴加管束，按季點驗稽查，若有作姦犯科，除實犯死罪，及罪至外遣，仍各照本律例定擬外，犯該安置流徒以下，俱照凡人加一等治罪，約束不嚴之地方官交部議處。

一、凡祖父母、父母因子孫觸犯呈送發遣之案，該州縣於訊明後不必解勘，止詳府司核明，轉詳督撫核咨，俟院覆准，即定地起解，若係嫡母繼母及嗣父母呈送發遣，仍照舊解勘。

一、廣西東蘭州屬之那地土州，凌雲縣屬之天峩哨，去州縣城在三百里以外，及全州屬之西延州同，西隆州屬之八遠州同，去州城在一百里以外之盜案，准令該處分駐州同州判縣丞會同營汛前往代勘，錄供送交該州縣承審，如有查勘不實，照例議處，其東蘭凌雲去州縣不及三百里，全州西隆州去州不及一百里之盜案，仍由該州縣自行往勘。

一、直省州縣案犯由府審轉解司，直隸州案犯由道審轉解司，其湖南直隸靖州，鳳凰、乾州、永綏、晃州四廳，四川直隸邛州，一應命盜重案徑行招解臬司，毋庸解道審轉，至各省距道較遠之直隸州、直隸廳，遇有命盜案犯亦照此例辦理。

一、距省寫遠府廳州所屬之各廳州縣，除命案內之遣流人犯，仍各解省覆審外，其尋常之遣流徒，及命案擬徒人犯，均毋庸解省，如直隸省承德、朝陽、宣化、永平、順德、廣平、大名七府所屬，張家口、獨石口、多倫諾爾三廳，及遵化、赤峯州並所屬，江蘇省徐州、淮安二府所屬，及海州並所屬，安徽省鳳陽、潁州二府所屬，及泗州並所屬，江西省南安、贛州二府所屬，及甯都州並所屬，浙江省溫州、處州二府，及玉環廳並所屬，湖北省鄖陽、襄陽、宜昌、施南四府所屬，湖南省永順、沅州二府所屬，靖州及鳳凰、永綏、乾州、晃州四廳並所屬，河南省汝甯府所屬，及光州並所屬，山西省大同、朔平、平陽、蒲州四府所屬，又解、絳二州，口外歸化等十二廳並所屬，陝西省榆林、漢中、興安三府所屬，甘肅省慶陽、甯夏二府，及涇、階、肅、安西四州所屬，並西甯府所屬之循化、貴德、丹噶爾三廳，大通一縣，四川省甯遠、重慶、夔州、綏定四府所屬，及酉陽、忠二州，敘永、石砫二廳並所屬，廣東省雷州、瓊州、高州、廉州、潮州五府所屬，廣西省泗城、鎮安、太平三府所屬，及思恩府所屬之武緣一縣，並百色廳，雲南省昭通、大理、麗江、永昌、順甯、普洱六府所屬，元江州及永北、景東、蒙化、鎮沅、鎮邊五廳並所屬，貴州省黎平府本屬及所管之古州、下江、開泰、永從、錦屏各處，大定府所屬之威甯州水城廳，解赴各該管道員，其貴州之貴陽、石阡、大定、興義、遵義、安順、都匀、鎮遠、思南、思州、銅仁十一府，及平越州所屬，解赴各該管府州，就近審轉，詳報院司覈辦，儻有鳴冤翻異，分別提審解省，其餘距省寫遠府廳州所屬之各廳州縣例內未經賅載者，亦照此辦理。

一、滇省審辦結盟擾害匪徒，除犯該死罪者，仍行解省審辦外，其罪應遣流人犯，無論離省道途遠近，均令該管府州審轉，臬司覆覈詳咨，毋庸解省審勘，儻承辦之員有故勘及捏飾情弊，以致案犯申訴怨抑者，令各督撫嚴行究叅，提省審辦。

一、搶竊及捉人勒贖案內罪應遣流，並搶竊逾貫首犯已故，從犯罪止擬流之案，除直隸州所屬向例由道審轉者，仍由該管道審轉，毋庸解司，及各道所轄直隸州，離道較遠，仍照舊章徑行解司外，其餘各廳州縣，概將人犯解該管府廳州審轉具詳，由司覆覈，專案請咨，毋庸轉解司道勘轉，儻犯供翻異，由該管府廳州就近查提質訊，或發回另審，若有關係拒捕及陵虐重情並干礙条處之案，仍分別解司解道以昭詳慎，儻承辦之員有故勘及揑飾情弊，致犯申訴冤抑，仍令各督撫嚴条提審。

## 檢驗屍傷不以實

凡官司初檢驗屍傷，若承委牒到，託故遷延不即檢驗，致令屍變；及雖即檢驗。不親臨屍所監視，轉委吏卒；憑臆增減傷痕。若初檢與復檢官吏相見，扶同屍狀，及雖視臨監視。不為用心檢驗，移易如移腦作頭之類。輕重，如本輕報重，本重報輕之類。增減如少增作多，如有減作無之類。屍傷不實；定執要害致死根因不明者，正官處六等罰，同檢首領官處七等罰，吏典處八等罰。仵作行人，檢驗不實，扶同屍狀者，罪亦如吏典，以八等罰坐之。其官吏仵作，因檢驗不實而罪有增減者，以失出入人罪論。失出減五等，失入減三等。〇若官吏仵作受財，故檢驗不以實致罪有增減者，以故出入人罪論。贓重於故出、故入之罪者，計贓以枉法各從重論。止坐受贓檢驗不實之人，其餘不知情者，仍以失出入人罪論。

按：此仍明律，順治三年添入小註，現改杖為罰，蓋言檢驗不可遲緩疏忽也。唐律亦無此名目。凡人命牒到不即檢驗致令屍變，及檢驗而不親臨監視，轉委吏卒致有增減傷痕；或初驗與復驗官吏扶同屍狀，及雖親臨監視，不細心查勘，或將傷痕移易其處，或以輕作重、以重作輕；又或增少為多，減有作無，以致傷痕不實，與所執致死根由不明，如先勒後縊、先傷後病，及傷杖不符之類，正官以下至吏典遞加罰罪，仵作扶同揑報，亦如吏典之罪。其因檢驗不實而罪有增減者，以失出入人罪論。若官吏仵作人等受財故作檢驗不實，致罪有增減，以故出入人罪論，受財之贓重於故出入人罪者，計贓以枉法從重論。若一人受財，其餘不知情者，仍依失出入人罪論。查驗屍之法，詳載《洗冤錄》一書，凡有檢驗之責者，均當研究，此律所云不過略舉大要，《輯註》有云：人命事情報到州縣，印官即先檢驗，然後申報，不待委牒也。人命非身首異處者，究抵全憑屍傷，報到即驗，其屍未變，其傷易見，驗時仵作報一傷痕，必須與凶器符合，聽屍親看驗，取兇犯認供，令干證質證，再查果無遺漏，然後塡註屍狀，即今之屍格也。初檢的確，可免日後復檢蒸骨之慘。然血肉之傷，一至發變，即易游移，是傷、非傷與顏色深淺、長闊分寸便難辨別，仵作因而作弊妄報不實之故往往在此，故此律首言遲延之罪。凡不論初檢、復檢，古人皆稱“檢驗”，今人以驗屍為“相驗”，以折蒸為“檢驗”，又以初視皮肉為“驗”，復行折蒸為“檢”，皆非古法。律外條例甚繁，當合參之。

**條例**

一、遇呈報人命，檢驗官立即親往檢驗，止許隨帶仵作或檢驗吏一名、書手一名、皁隸二名，一切夫馬飯食俱行自備，並嚴禁書役人等需索，其果係自盡，毆非重傷者，即於屍場審明定案，將鄰證人等釋放。如檢驗官不行自備夫馬，取之地方者，照因公科斂罪律議處，書役需索者照例計贓，分別治罪，至該管上司於州縣所報自盡命案果係明確，不得苛駁，准予立案，若情事未明，仍秉公指駁，俟其詳覆核奪。

一、凡人命重案，必檢驗屍傷，註明致命傷痕，一經檢明，即應定擬，若屍親控告傷痕互異者，許再行覆檢，勿得違例三檢，致滋拖累，如有疑似之處，委別官審理者，所委之官帶同仵作親詣屍所，不得弔屍檢驗。

一、凡檢驗量傷尺寸，照部頒工程制尺一例製造備用，不得任意長短，致有出入。

一、地方呈報人命到官，正印官公出，移請不過五六十里之鄰邑，印官代往相驗，或地處窵遠，不能朝發夕至，又經他往，方許派同城佐貳官往驗，塡具格結通報，仍聽正印官承審。其原無佐貳，或雖有佐貳而不同城者，准令同城雜職官帶領諳練吏仵往驗，若距城遙遠，往返必須數日處所，該雜職官據報，一面移會該管巡檢就近往驗，俱寫立傷單報明，印官回日查驗塡圖通報，如印官不能即回，請鄰邑印官查驗塡報，其訊無別故之自盡病斃等案，准取結殮埋，俱報明印官通詳立案，其各省已設檢察官專司相驗者，不用此例。

一、檢驗自盡人命，如屍親遠居別屬，一時不能到案，檢驗官即驗明立案殮理。

一、凡州縣額設仵作或檢驗吏，大縣三名，中縣二名，小縣一名，並於額外募一二人跟隨學習，每名給發《洗冤錄》一部，選派諳練吏仵逐細講解，每年造具清冊申送，該管府廳州彙送院司存案，該管府廳州，每年隨時就近提考一次，如果明白，從優給賞，儻有講解悖謬，飭令分別革罰，並將州縣查叅，至吏仵工食，每名撥給皁隸工食一分，學習者兩人共給一分，若有曖昧難明之事，檢驗得法，果能洗雪沉冤，從優給賞。若吏仵額缺不行募補，州縣官及各上司均交部分別議處，在京檢察廳應設吏仵，即責成該廳每年照此辦理。

一、直省州縣命案，如逢盛暑，印官公出不能即回，鄰封窵遠往返數日者，准雜職官代驗，取立傷單，將屍棺殮，其州縣未能覆驗緣由，及原驗雜職銜名，俱於原文聲敘，若印官計日即回，鄰封相距不遠者，仍照舊例行。

一、遇告訟人命，有自縊自殘及病死而妄稱身死不明，意圖詐賴者，究問明確，不得一概發檢，其果係謀故鬬殺等項當檢驗者，檢驗官先詳鞫屍親證佐兇犯人等，令其實招以何物傷何致命之處立為一案，隨即親詣屍所督令仵作或檢驗吏如法檢報，定執要害致命之處，細驗其圓長斜正青赤分寸，果否係某物所傷，當衆質對明白，各情輸服，然後成招，或屍久發變，亦須詳辨顏色，不許聽憑吏仵混報擬抵，其吏仵受財增減傷痕，扶同屍狀以成冤獄，審實贓至滿數者，依律從重科斷。不先究致死根因明確，概行檢驗者，官吏以違制論。

一、諸人自縊溺水身死，別無他故，親屬情願安葬，官司詳審明白，准告免檢。若事主被強盜殺死，苦主自告免檢者，官與相視傷損將屍給親埋葬。其獄囚患病責保看治而死者，情無可疑，亦許親屬告免覆檢。若據殺傷而死者，親屬雖告，不聽免檢。

一、內外各級審判檢察廳吏役有犯命案，本廳官員概令迴避，速調別級廳員帶領本管吏仵前往相驗辦理，其各省州縣，如本州縣吏役有犯命案，即就近稟請上司，立委別州縣帶領本管吏仵前往驗辦。

一、差役奉官暫行看押人犯，有在押身死者，無論有無陵虐，均令稟明本管官傳到屍親眼同驗明，不得任意私埋，如有私理情事，經屍親控告破案者，官為究明致死根由，詳請開檢，毋庸取具屍親甘結，檢明後除訊係差役索詐陵虐致斃者，仍照各本律例從重治罪外，若止係因病身死，亦將私理之差役徒一年半，控告之屍親如有挾讎添砌情節，仍按誣告各本律分別科斷，地方官有任聽私埋及庇護差役不即開檢者，交部分別嚴加議處，至差役私押斃命之案，應令稟請鄰封州縣傳到屍親眼同驗明究辦，若有私埋匿報，以及一切兇徒挾讎謀財致斃人命私埋滅跡者，經屍親告發之後，如業將致死根由究問明白毫無疑義，而屍傷非檢不明者，亦即詳情開檢，按例懲辦，均無庸取具屍親甘結。

一、廣西東蘭州屬之那地土州，凌雲縣屬之天峩哨地方，去州縣城在三百里，及全州屬之西延州同，西隆州屬之八達州同，去州城在一百里以外之命案，准令該處分駐州同州判縣丞帶領諳練吏仵前往代驗，塡格取結，送交該州縣承審，其東蘭凌雲去州縣不及三百里，全州西隆州去州不及一百里之命案，仍各照舊例辦理。

一、奉天、吉林、黑龍江各府廳州縣命案，如距治所在三百里外者，准雜職官帶領諳練吏仵前往代驗，如印官公出，無論三百里內外，亦准雜職官前往代驗，均塡格取結，送交各該府廳州縣承審，其訊無別故自盡病斃等案，准取結驗埋，報明各該府廳州縣通詳立案，其已設審判廳之地，各應報明該管審判廳辦理。

一、歸化城各廳所屬，遇有蒙古民人交涉命案，呈報到官，即令該廳員星往驗明，填格錄供通詳，仍照例詳請該管上司派委蒙古官員會同審擬，毋庸詳派會驗致滋稽延，儻該廳員等遲延貽誤，該管上司查明条處，其內地商民在廳犯有命案，即由該廳員自行審辦。

## 決罰不如法

凡官司於應刑訊之罪囚，有非法毆打者，處四等罰；因而致死者，處十等罰。○若監臨有司管軍之官，因公事主令下手者。於人虛怯去處非法毆打，及親自以大杖或金刃、手足毆人至折傷以上者，減凡鬬傷罪二等；致死者，徒三年，追埋葬銀一十兩；其聽使下手之人，各減一等，並罪坐所由。如由監臨，坐監臨。由下手，坐下手。若非公事，以故勘平人論。若於應刑訊之人臀腿受刑去處，依法決打，邂逅致死，及決打之後。自盡者，各勿論。

按：此仍明律，原有小註，順治三年修改，現又改易，並刪除笞杖，蓋言決罰不得任一己之私也。唐律原係二條，一為“決罰不如法”：諸決罰不如法者，笞五十，以故致死，徒一年，即杖粗細長短不如法者亦如之。一為“監臨以杖捶人”：諸監臨之官因公事自以杖捶人致死及恐迫人致死者，各從過失殺人法，若以大杖及手足毆擊折傷以上，減鬬殺傷二等。雖是監臨主司，於法不合行罰，及前人不合捶拷而捶拷者，以鬬殺傷論，至死者加役流，即用刃者，各從鬬殺傷法云云。明合為一條，而輕重詳略亦有互易。凡官司用刑，皆有定制，不得妄用重刑毆打。前節言非法毆打及致死之罪，後節定監臨官非法酷虐毆人至折傷或至死與聽使下手人之罪，若於人臀腿受刑去處依法決打而其人邂逅致死，及決打之後懷憤自盡者，各勿論，與前《故勘故禁平人》條合參。凡有聽訟之責者，各宜書之座右，以自警省。此與前條故勘平人不同者，故勘是借公法以行私意，即依法拷訊而故勘之，罪不可逭也，故治罪重；此因暴怒而致過差，雖非法毆打，而因公之情猶可原也，故治罪輕。須細分之。上節官司非法毆打係例應刑訊之人，下節監臨非法毆打係止為公事之人，且同一致死，上節有“因而”二字而下節無之，故擬罪輕重不同，律法之細密如此，最當慎思詳辨。又，日本刑法，裁判官欲令被告人陳述罪狀而加暴行，或有陵虐之所為者，處重禁錮四月以上、四年以下，附加罰金；因而致死傷者，照毆打創傷各本條加一等云云。與中律情節相類，而中律照凡鬬減一等，彼照凡鬬加一等，則不同耳。

## 長官使人有犯

凡在外各衙門長官，及在內奉制出使人員，於所在去處有犯一應公私等罪。者，所部屬官等，流罪以下。不得越分輒便推問，皆須開具所犯事由。申覆本管上司區處。若犯死罪，先行收管，聽候上司回報；所掌本衙門印信及倉庫牢獄鎖鑰，發付次官收掌。若無長官，次官掌印有犯者，亦同長官，違者部屬官吏。處四等罰。

按：此仍明律，順治三年添入小註，現改笞為罰，蓋言印官命使之體宜存也。唐律亦無明文。凡在外各衙門長官，及在京奉命出使人員，於所在去處有犯一應公私等罪者，所部屬官等不得越分輒使推問，皆須申覆上司，聽其區處。若犯該死罪者，許所在官司先行收管，聽候上司回報施行。其所掌印信並倉庫牢獄鎖鑰，發付以次佐貳官收掌。若本衙無長官而次官掌印有犯者，亦照長官一體申覆上司區處，不得輒行推問，違者所部屬擬罰。總之，犯罪固不可縱，而體統亦所當存。漢賈誼有言：大臣犯姦、犯贓不便明言，而曰"帷簿不修"、"簠簋不飾"，即此意。《名例》已有"官員犯罪不許擅勾"之條，此專言掌印官與出使人員，故較一切官員特為從重，蓋長官有犯，屬官不得推問，若使人有犯，雖長官亦不得擅問，當如屬官申覆收管而已，此係律外之意，說見《輯註》。

## 斷罪引律令

凡官司斷罪，皆須具引律例，違者如不具引。處三等罰；若律有數事共一條，官司止引所犯本罪者，聽。所犯之罪，止合一事，聽其摘引一事以斷之。○其特旨斷罪，臨時處治，不為定律者，不得引比為律。若輒引比致斷罪有出入者，以故失論。故行引比者，以故出入人全罪及所增減坐之；失於引比者，以失出入人罪減等坐之。

按：此仍明律，順治三年添入小註，現改笞為罰，蓋言律令皆宜詳引也。唐律原係二條，一係"斷罪引律令"：諸斷罪皆須具引律、令、格、式正文，違者，笞三十，若數事共條，止引所犯罪者，聽。一係"制敕斷罪"：諸制敕斷罪臨時處分不為永格者，不得引為後比，若輒引致罪有出入者，以故失論云云。明合為一條，而文字畧為改易。凡科斷罪囚，皆須具引律例，如摘用其文不合本意者，笞三十，若律有數事共在一條、所犯之罪止合一事，則聽其摘引，不在具引之限。如一人犯兩事，則全引之，若事不共條，自依二罪俱發以重論，如云"除某事輕罪不議外，合依某律"是也。其有特旨裁斷罪名，輕重出於臨時處治，不為定律者，用法之權也，官司輒引比擬斷，以致罪有出入者，以故出、故入、失出、失入科斷。《據會》云：引律可摘字，不可增字。即是此意。此與《名例》“斷罪引新頒律”及“斷獄無正條”兩門合參，則於引律之道思過半矣。再者，凡斷罪有例不引律，有章程不引例，必章程與例均無明文，方始引律，此亦問案者所當知也。律外有例，當並參之。

**條例**

一、承問各官審明定案，務須援引一定律例，若先引一例，復云不便照此例治罪，更引重例及加“情罪可惡”字樣坐人罪者，以故入人罪論。

一、除正律、正例而外，凡屬成案未經通行著為定例，一概嚴禁，毋得混行牽引，致罪有出入，如督撫辦理案件，果有與舊案相合可援為例者，許於本內聲明，仍聽大理院覆判。

## 獄囚取服辯服者，心服；辯者，辯理。不當則辯，當則服。或服，或辯，故曰服辯。

凡獄囚有犯死罪，鞫獄官司，喚本囚及其家屬到官，具告所斷罪名，仍責取囚服辯文狀。以服其心。若不服者，聽其文狀中自行辯理，更為詳審。違者，處六等罰。○其囚家屬遠在三百里之外，不及喚告者。止取本囚服辯文狀，不在具告家屬罪名之限。

按：此仍明律，順治三年添入小註，現去徒、流兩項，止留死罪，並改杖為罰，蓋欲斷獄無冤而使囚心服也。唐律謂之“獄結竟取服辯”：諸獄結竟，徒以上各呼囚及其家屬，具告罪名，仍取囚服辯，若不服者，聽其自理，更為詳審，違者笞五十，死罪杖一百云云。明律即本於此，而文較加詳，更添末後數語，分為兩節，前節言斷死罪不取獄囚及家屬服辯之罪，後節言家屬有在三百里外者止取本囚服辯文狀，不在具告家屬罪名之限。蓋刑名一成不變，必究得真情，使人心服無辭，方可結案，《大學》所謂“無情者不得盡其辭”也，若囚犯及親屬妄訴冤枉，則又以誣告之罪，見《訴訟門》內，與此對參。現在競言變法，擬仿外國問案重證而不重供，則此律亦將成虛設，然又不可不知。

## 赦前斷罪不當

凡官司遇赦，但經赦前處斷刑名，罪有不當，若處輕為重其情本係赦所必原。者，當依律改正從輕，以就恩宥。若處重為輕，其情本係常赦所不免者，當依律貼斷。以杜倖免。若處輕為重，處重為輕，係官吏於赦前故出入而非失出入者，雖會赦並不原宥。其故出入之罪。若係失出入者，仍從赦宥之。

按：此仍明律，順治三年添入小註，蓋專言赦前枉斷之罪，遇赦宜更正也。唐律亦有此條：諸赦前斷罪不當者，若處輕為重，宜改從輕；處重為輕，即依輕法；其常赦所不免者，依常律即赦書定罪名。合從輕者，又不得引律比附入重，違者各以故失論云云。明律大致相同，惟刪去後數句。凡官司於赦前處斷刑名事件，罪有不當，一經遇赦，即須詳察原案，若情輕應宥而處作重罪，致遇赦不得免者，則當改從輕，使得原宥；若其情本重卻處作輕罪，則察其原犯之罪，係赦款所不免者，當依律貼斷，不使罪人倖免。如係失出失入，則原問官吏免科；若故出故入，則官吏赦前處斷之罪，雖會赦並不原宥。蓋猶是出入人罪，失者無心枉法，不妨原免；故者有意枉法，仍依法懲治。蓋本犯遇赦得免，而官司故出入不得原免者，以出入人罪原在《名例》"常赦不免"之內也，須與《名例》"常赦不原"一條互相參看。律外又有條例，亦可合參。

**條例**

一、遇直省特差恤刑之時，有審豁者，原問官俱不追究。恐官慮罪及己，不肯辯明冤枉也，則會赦可以類推。

一、承問官審理事件，錯擬罪名者，不拘犯罪輕重，錯擬官員，遇赦免議。

一、奉恩詔以前，直省虧空已結各案，令各督撫分晰造冊送部，其案內人犯有罪名而會赦邀免者，俱准釋回原旗籍，如案內有不應豁免之項，即行文原旗籍著追，其甫經審奏各案，俟已結之日，將並無罪名已結各犯查明任所有無貲財，取結報部，亦令釋回原旗籍，儻本案已清，別案有查追事件，清結之日亦即報部釋回原旗籍，其奉恩詔以後之案不在此列。

一、原非侵盜入己照侵盜擬罪之犯，較之實犯侵欺情罪稍輕，及虧空軍需錢糧，係由挪移獲罪，或經核減著賠，尚與入己軍需有間，遇恩赦豁免，行令各該旗省咨報度支部查明，會同法部奏請定奪。

## 聞有恩赦而故犯

凡聞知將有恩赦而故犯罪以覬倖免。者，加常犯一等；其故犯至死者，仍依常律。雖會赦，並不原宥。○若官司聞知將有恩赦，而故論決囚罪者，以故入人罪論。若常赦所不原而論決者，不坐。

按：此仍明律，順治三年添入小註，原律"加常犯一等"下係"加入於死"，雍正三年刪去，乾隆五年增入現註，蓋言有心倖赦者不可輕宥也。唐律亦有此名目：諸聞知有恩赦而故犯，及犯惡逆，若部曲奴婢毆及謀殺，若強姦主者，皆不得以赦原；即殺小功等屬從父兄姊及謀反大逆者，身雖會赦，猶流兩千里云云。明律删去“犯惡逆”數項，而添入“官司聞赦故論決”一段。又，唐律聞赦故犯，皆不得赦，明律改為“加常犯一等”，則較為嚴厲。至惡逆、謀反等項不得赦原，已另有赦款章程，故律文不言。此分兩節，前節言聞赦故犯，是使法無所施也，故凡聞知有赦而故犯，加常犯之罪一等，雖所犯之事例當赦原，亦不准援赦，蓋惡其有心故犯，希圖倖免也，其故犯罪至死者，自依常律；後節言官司聞赦故決，是使恩無所逮也，聞將有赦而故決囚罪，不特深刻殘忍，其中亦恐有他故，或受財、或受囑、或衔私、或挾讎，俱不可知，故嚴其法，以故入人罪科斷，不在原宥之限。若常赦所不原者，原不禁其論決也。至官司故將現監不應赦之囚指赦而放免者，亦依故出人罪論。

## 婦人犯罪

凡婦人犯罪，除犯姦及實犯死罪收禁外，其餘俱責付本夫收管。如無夫者，責付有服親屬、鄰里保管，隨衙聽候，不許一概監禁，違者，處四等罰。〇若婦人懷孕犯死罪，聽令穩婆入禁看視，應拷訊者，待產後一百日拷訊。若未產而拷決，因而墮胎及致死，或產限未滿而拷決致死者，徒一年。〇若孕婦死罪已定，應行刑者，亦待產後百日行刑。未產而決者，處八等罰；產訖限未滿而決者，處七等罰；其過限不決者，處六等罰。〇失於詳審而犯。者，各減三等。兼上文諸款而言。如不應禁而禁，處一等罰；懷孕不應拷決而拷決，因而墮胎或致死，及產限未滿而拷決致死者，處八等罰；及犯死罪不應刑而刑、未產而決者，處五等罰；未滿限而決者，處四等罰；過限不決者，處三等罰。

按：此仍明律，順治三年添入小註，現又改易，蓋養犯罪婦人之廉恥而恤其生育也。唐律分作兩門，一為“婦人懷孕犯死罪”：諸婦人犯死罪懷孕當決者，聽產後一百日乃行刑，若未產而決者，徒二年，產訖限未滿而決者，徒一年，失者，各減二等，其過限未決者，依奏報不決法。一為“拷決孕婦”：諸婦人懷孕犯罪應拷及決杖笞，若未產而拷決者，杖一百，傷重者，依前人不合捶拷法，產後未滿百日而拷決者，減一等，失者，各減二等云云。明律合為一條，又增入前一段“收禁管保”數語。再，唐律未產而決徒二年，產訖未滿而決徒一年，明改為杖八十、杖七十，則輕數等。通篇共分三節，首節言婦人不得濫禁，除犯姦、死罪外，其餘雜犯責付本夫或親屬或鄰里保管，在外隨衙聽候，不許濫禁，違者處罰；二節言婦人懷孕不可拷決，如有應拷訊之事，俟產後百日方許拷決，若未產拷決而致墮胎因而致死，或已產之後未滿百日而拷決致死，分別擬徒；三節言婦人犯死罪產後方決，凡孕婦犯死罪者，須產後百日以外方許行刑，蓋孕婦雖應死，而所孕之子無罪，必產後百日待兒可以哺食存活，然後行刑，仁之至也，若未產而決、產未滿限而決與過限不決者，各坐罪有差；四節統承以上諸款而言，凡非故意而失於詳審者，各減三等。再，未產拷決而不墮胎，產限未滿拷決不致死，律無明文，當坐不應輕罪，現已纂為通例。《名例》亦有婦人犯罪，與此不同者，彼條專言問結斷決之事，此條則事犯到官乃收問犯罪婦人之通例，現已合為一條，刪除彼條。律外更有詳例，當並參考。

**條例**

一、婦女有犯姦盜人命等重情，及別案牽連，身係正犯仍行提審，其餘小事牽連，提子侄兄弟代審，如遇虧空累賠追贓搜查家產雜犯等案，將婦女提審永行禁止，違者以違制治罪。

一、凡婦女有犯毆差鬨堂，及犯係積匪，或窩留盜犯多名，或屢次行兇訛詐，並京城姦媒誘姦誘拐多次罪坐本婦者，核其罪名，如在流置以上，收入本地習藝所工作十年，遇赦不赦。

一、各直省審理婦女翻控之案，實係挾嫌挾忿，圖詐圖賴，或恃係婦女自行翻控，審明實係虛誣，罪在流置以上者，將該犯婦收入習藝所工作三年，限滿由該管官察看情形，實知改悔，據實結報，即行釋放，若訊明實因伊夫及尊長被害，並痛子情切，懷疑具控，及聽從主使出名誣控，到官後供出主使之人，俱准罰贖一次，如不將主使之人供明，仍照例收所工作。

一、凡擬徒收贖婦女，除係案內緊要證犯，仍行轉解質審外，其經該州縣審訊明確，毋庸解審者，即交親屬收管，聽候發落。

一、未產拷決不墮胎，及產限未滿拷決不致死者，依不應輕律。

一、犯婦懷孕律應死罪者，除初審證據未確，案涉疑似，必須拷訊者，仍俟產後百日限滿審鞫，若初審證據已明，供認確鑿者，於產後一月起限解審。

## 死囚覆奏待報

凡死罪囚，不待覆奏回報而輒處決者，處八等罰；若已覆奏回報應決者，聽三日乃行刑；若限未滿而刑，及過三日之限不行刑者，各處六等罰。〇其犯十惡之罪應死，及強盜者，雖決不待時，若於禁刑日而決者，處四等罰。

按：此仍明律，順治三年刪改，並添小註，現改笞為罰，蓋於應死之中而寓緩刑之意也。唐律：諸死罪囚不待覆奏報下而決者，流二千里，即奏報應決者，聽三日乃行刑，若限未滿而行刑者，徒一年，即過限，違一日，杖一百，二日加一等云云。明律改徒為杖，則較輕數等矣。其律末一段，則係明代採唐令續纂為律。首節言應死罪囚不待奏報而即行刑，及未限滿而行刑，與已過限而不行刑之罪；末節言犯十惡應死，及強盜決不待時之囚，而於禁刑日處決之罪。現在凡一切應決之囚，係在京者，奉旨即日處決；在外省者，奉到釘封亦即日處決，並不拘此聽候三日然後行刑之律。又，強盜會匪等重罪，現章亦有先行正法然後奏報者，此律必待覆奏回報而後處決，乃通常之法。若先行正法，後始彙奏，乃特別之法，二者原並行不悖，未可執一而論也。又，考唐律有"立春後不決死刑"一條：諸立春以後、秋分以前決死刑者，徒一年，其所犯雖不待時，若於斷屠月及禁殺日而決者，各杖六十，待時而違者，加二等。又，唐令：立春至秋分不得奏決死刑，若犯惡逆以上及奴婢殺主者，不拘此令，其大祭祀及致齋、朔望、上下弦、二十四氣、雨未晴、夜未明、斷屠月日及假日，並不得奏決死刑，《疏議》云：斷屠月，謂正月、五月、九月；禁殺日，謂每月十直日，如初一、初八、十四、十五、十八、二十三、二十四、二十八、二十九、三十等日；其正月、五月、九月有閏者各同正月，亦不得奏決死刑云云，解釋刑禁至為詳細。現律末段"犯十惡等項，于禁刑日而決者"一條即本於此，特不如唐律明晰，故國朝又纂有條例，雖與唐律不甚相同，要皆由唐律變通而來，當並參之。

**條例**

一、凡遇慶賀穿朝服，及祭享、齋戒、封印、上元、端午、中秋、重陽等節，每月初一、初二並穿素服日期，俱不理刑名，四月初八日不宰牲，亦不理刑名，內外一體遵行。

一、每年正月、六月俱停刑，內外立決重犯俱監固，俟二月初及七月立秋之後正法，其五月內交六月節，及立秋在六月內者，亦停正法。

一、凡遇南郊、北郊大祀之期前五日、後五日，法部及大理院凡在京立決重犯俱停止具奏，其核覆外省速議及立決本章，仍止迴避齋戒日期。

一、秋審處決重囚及一應立決人犯，如遇冬至夏至，以前五日為限，俱停止行刑，若文到正值冬至夏至齋戒日期，及已過冬至夏至者，於冬至七日，夏至三日後，照例處決。

一、應行立決人犯，應在京處決者，如適當雨澤愆期清理刑獄之時，並祈雨祈雪期內，法部大理院將此等應結案牘，暫行停止具奏，俟雨澤霑足，再行請旨，如係應在外省處決者，俱照常具奏。

一、凡勾決重囚，向例三次覆奏，今簡去二覆，於勾到之後再將原本進呈御覽遵奉施行。

一、各省奉到立決人犯部文，該督撫按程按日計算，如由府廳州轉行州縣在正月、六月停刑期內者，即將部文密存按察使內署，提法司同。仍按程日計算行至州縣已非停刑日期，釘封專差馳遞，該州縣奉到部文，即日處決。

## 斷罪不當

凡斷罪，應決配而收贖，應收贖而決配，各依出入人罪，減故失一等。○若應絞而斬，應斬而絞者，處六等罰；此指故者言也，若係失者，減三等。其已處決訖，別加殘毀死屍者，處五等罰。讐人砍毀其屍，依別加殘毀。

按：此仍明律，順治三年添入小註，現刪末節“反逆緣坐人口入官”數語，並改笞杖為罰，蓋言斷罪之失宜，以補“官司出入人罪”條所未盡也。唐律分作三條，一為“斷罪決配而收贖”：諸斷罪應決配之而聽收贖，應收贖而決配之，若應官當而不以官當，不應官當而以官當者，各依本罪減故失一等。一為“斷罪應絞而斬”：諸斷罪應絞而斬，應斬而絞，徒一年，自盡，亦如之，失者，減二等，即絞訖別加害者，杖一百。《疏議》云：依令：五品以上犯非惡逆以上，聽自盡於家，若應自盡而絞斬，應絞斬而自盡，故云“罪亦如之”。一為“緣坐沒官放之”：諸緣坐應沒官而放之，及非應沒官而沒之者，各以流罪故失論云云。明合為一條，統謂之“斷罪不當”，而罪名亦稍有變易。首節言應決配而收贖，應收贖而決配之罪，出於有意則減故出入律一等，出於無意則減失出入律一等；二節言應絞而斬、應斬而絞之罪，故者六等罰，失者減三等，其已處決，若無親族收掩而將死屍別加殘毀，或縱令牲畜殘毀者，坐五等罰，與前《囚應禁而不禁》及《官司出入人罪》各條參考互證，然後臨事方有把握。律後又有條例，以補未盡之義，當併究之。

### 條例

一、凡斬絞案件，如各省擬罪過輕，而大理院覆判從重者，駁令再審，如擬罪過重，而大理院覆判從輕，其中尚有疑竇者，亦當駁令妥擬，儻大理院所見既確，即改擬奏覆，不必展轉駁審致滋拖累。

一、凡各省問刑衙門於一切刑名事件，務各研究確情，毋稍遷就，其由大理院駁審之案，無論失出、失入，一經訊得實情，即當據實平反，毋得固執原奏，含糊了結，如駁至三次，仍執原議，大理院覆判應改正者，即行改正，仍知照法部，將承審官交部議處。

一、各省審奏案件，遇有不引本律、本例定擬，妄行援照別條減等者，大理院即將本案改正，知照法部，將該承審官叅奏，毋庸再行駁令另擬。

一、卑幼毆死本宗期功尊長尊屬之案，於敘案後，毋庸添入“詰非有心致死”句，專用“實屬有心干犯”勘語，以免牽混，其例內載明情輕，如被毆抵格無心適傷之類，仍於勘語內聲明“並非有心干犯”，援例雙請。儻有聲敘未確，經大理院核覆時改正具奏，將承審之員隨本附叅，交吏部分別從重議處。

一、凡州縣審解案件，如供招已符，罪名或有未協，該上司不必將人犯發回，止用檄駁，俟該州縣改正申覆，即行招解，督撫核覆分別奏咨完結。

## 吏典代寫招草

凡諸衙門鞫問刑名等項，必據犯者招草以定其罪。若吏典人等為人改寫及代寫招草，增減其正實情節，致官司斷罪有出入者，以故出入人罪論。若犯人果不識字，許令在官不干礙之人依其親具招情。代寫。若吏典代寫，即罪無出入，亦以違制論。

按：此仍明律，順治三年添入小註，蓋防姦吏出入人罪之弊也。唐律無此名目。凡鞫問刑名必憑犯人親筆招草以定罪名，其書吏等係在官承行案件之人，不得干預，若有為犯人改寫及代寫招草而增減其親供正實情節，致令問官斷罪有出入者，隨其所增、所減事情以故出入人罪論。若犯人係屬愚民，不識字義、不能親寫，亦當令覓在官不干礙之人代為書寫，即俗所謂“代書”也；若吏典代寫，即罪無出入，亦當治以違制之罪。總是防其作姦舞弊之意。《官司出入人罪門》內，有改造口供及增減原供治罪之條，又有改本備案不得改換銷毀之條，皆與此律相輔而行。現在內外衙門革除書吏，而審案亦擬用證而不重供，果能實行，則此弊亦可不禁而自息矣。

### 條例

一、各有司鞫獄時，令招房書手照供錄寫，當堂讀與兩造共聽，果與所供無異，方令該犯畫供，該有司親自定稿，不得假手胥吏，致滋出入情弊，如有司將供詞輒交經承，致有增刪改易者，許被害人首告，督撫察實奏叅，將有司官照失出入律議處，經承書手照故出入律治罪，受財者，計贓以枉法從重論。

# 營造

按：漢有作《興律》，魏以擅事附之，名曰《擅興》，晉仍曰《興》，齊、梁以後，或名《興擅》或名《擅興》，隋、唐因之。至明始改名曰《營造》，凡工作之事胥附於此，國朝因而不改。共分九條，現又將《有司官吏不住公廨》一條刪去，止餘八條。其詳見於農工商部《則例》，此其大略也。

## 擅造作

凡軍民官司有所營造，應申上而不申上，應待報而不待報，而擅起差人工者，即不科斂財物。各計所役人雇工錢，每日一錢二分五釐。以坐贓致罪論。〇若非法所當為，而輒行。營造，及非時所可為，而輒行。起差人工營造者，雖已申請得報，其計役坐贓之。罪亦如不申上待報者坐。之。〇其軍民官司如遇城垣坍倒，倉庫公廨損壞，事勢所不容緩。一時起差丁夫、軍人修理者，雖不申上待報，不為擅專。不在此坐贓論罪之限。〇若營造計料申請合用財物，及人工多少之數於上，而不實者，處五等罰。若因申請不實，以少計多，而於合用本數之外，或已損財物，或已費人工，各併計所損物價，及所費雇工錢，罪有重於罰五等者，以坐贓致罪論。罪止徒三年，贓不入己，故不還官。

按：此仍明律，順治三年添入小註，雍正三年增修，現改杖為罰，蓋言工役不可擅興也。唐律：諸有所興造應言上而不言上，應待報而不待報，各計庸坐贓論減一等，即料請財物及人功多少違實者笞五十，若事已損費，各併計所違贓庸重者，坐贓論減一等。註云：本料不實，料者坐；請者不實，請者坐。又，律：諸非法興造及雜傜役十庸以上，坐贓論。註云：謂為公事役使而非法令所聽者。《疏議》曰：非法興造，謂法令無文，雖則有文，非時興造亦是云云。明律本此，而添入中間“城垣倉庫不在此限”一段，且坐贓而不減等，亦較唐律為重。此條專指官司，若民間則有禮制服舍違式之條。首節言不申上不待報之罪，雖為當役之時而又無害於義，為法當造且猶罪之者，惡其專擅，致有假公濟私擾害軍民之事也；次節言非法、非時而造之罪，非法之役，惡其不義而傷財也，非時之役，惡其妨農而病民也；末節計料不實，乃無心之過，而贓非入己，故擬罪惟輕，若有心冒破而入已者，自有《冒破物料》之條，應從重以監守自盜論。舊例有：在京各處工程，工價銀五十兩以內、物料銀二百兩以內，用印文移咨工部修理；工銀五十兩以上、料銀二百兩以上，啟奏工部差官覆覈；各省工程物料銀五百兩以上、工價銀二百兩以上者，督撫提報不及前數者，咨明工部定議云云。現在工部併於商部，各處工程均不照例辦理，故現將此例刪除。

**條例**

一、各項工程完竣，有應繳盈餘銀兩，承辦官不即交庫完結者，將該員叅革，照例勒限催追，限內全完，准其開復，逾限不完，照侵蝕正項錢糧例治罪，仍著落家產追銀還庫。

## 虛費工力採取不堪用

凡官司役使人工採取木石材料及燒造磚瓦之類，虛費工力而不堪用者，其役使之官司及工匠人役，并計所費雇工錢（作）［坐］⑧贓論。罪止徒三年。若有所造作，及有所毀壞，如拆屋壞牆之類。備慮不謹而誤殺人者，官司人役并以過失殺人論。採取不堪，造毀不備。工匠、提調官，各以所由經手管掌之人。為罪。不得濫及也。若誤傷，不坐。

按：此仍明律，順治初年添入小註，蓋言庀材鳩工之宜謹也。唐律：諸役工力有所採取而不任用者，計所欠庸坐贓論減一等，若有所造作及有所毀壞，備慮不謹而誤殺人者，徒一年半，工匠主司各以所由為坐云云。明律本此而文較詳明，備慮不謹而誤殺以過失論，亦與唐律擬徒一年半者不同，有所毀損如拆屋破牆之類，止言誤殺而不及誤傷，則傷自可勿論，各以所由為坐者，止坐經手之人，不得濫及也。

## 造作不如法

凡官司造作官房器用之類。不如法者，處四等罰。若成造軍器不如法，及織造緞疋粗糙紕薄者，物尚堪用。各處五等罰。若造作、織造各不如法，甚至全不堪用，及稍不勘用應再改造而後堪用者，各併計所損財物及所費雇工錢，罪重於罰四等、五等者，坐贓論。罪止徒三年。其應供奉御用之物，加坐贓罪二等。罪止流二千五百里。工匠各以所由造作、織造之人。為罪，局官減工匠一等，提調官吏又減局官一等，以上造作、織造不如法，不堪用等項。並著工匠、局官、提調官吏。均償物價工錢還官。

按：此仍明律，順治初年添入小註，現改笞為罰，蓋言工作當遵法制也。唐律：諸工作有不如法者，笞四十，不任用及應（工）［更］⑨作者，併計所不任贓庸，坐贓論減一等，其供奉作者加二等，工匠各以所由為罪，監當官司各減三等云云。明律本此，又添入“軍器、緞疋加一等”兩項，其坐其贓論者並不減等，亦較唐律稍（輕）［重］⑩。不如法者，謂大小長短不合於法，即王制所謂不中度量也，而軍器緞疋又造作中之重者，然雖不如法，與粗糙紕薄猶皆堪用，則不必更造也，若全不堪用，及應改造，則各併計所損過財物、所費過工錢為贓，坐贓論罪。至於御用之物，更當敬謹盡心，若不如法，則加二等，贓輕者照四等罰、五等罰罪上加二等，贓重者照坐贓罪上加二等，罪止流二千五百里也。以物料與工錢併作一處通算其數，故曰“各併計”。前條計料不實以致損費者，但坐罪而不追贓，其法與此不同者，蓋計料出於懸度，恐心思有所不到，造作本有成法，非智力之所不逮。律法之精細如此。

## 冒破物料

凡造作局院頭目工匠，有於合用數外，虛冒多破物料而侵欺入己者，計入己贓，以監守自盜論。不分首從，併贓論罪，至四十兩絞。追物還官。若未入己，只坐以計料不實之罪。○局官并承委覆實官吏知情扶同捏報不舉者，與冒破同罪。至死減一等。失覺察者減三等，罪止十等罰。

按：此仍明律，順治初年添入小註，現改斬為絞，改杖為罰，蓋言核實工料以定冒破侵欺之罪也。凡造作局院一切工作人匠於正用物料之外虛冒多開，破費財物者，謂之“多破”，若不入己，則係錯誤，坐以計料不實之罪，如侵尅入己，則計入己之數，以監守自盜律論罪，覆實者，謂局院官報銷又委官覆勘其報銷之數是否得實也。舊例又有：各省收貯軍器，若有侵欺物料、挪移掩飾、虛數開報者，以監守盜論，贓重者，照侵欺錢糧例治罪。又，京城物料價值，工部會同內務府酌中更定，照例給發，如有贏餘，並無別項需用，承辦官自行侵蝕，查出叅究。又，修造工程夫頭人等領帑侵蝕及私逃者，照常人盜錢糧律治罪。又，各省修造標營船隻，承修之員修不如式貽誤軍工，及監驗查收之員需索掯勒，並船上件物不交代清楚，兵丁盜賣殘缺者，指名題叅，分別著追云云。均足補律未備，現雖刪除，亦可合參。

**條例**

一、各省應修水利地方有動用帑項者，承修各員，若侵蝕錢糧至工程不能堅固，照侵欺河工錢糧例叅革治罪。

一、各省修建工程所需物料，須核實估計，儻承辦各員浮開捏報，查實照冒銷錢糧例治罪。

一、凡修造工程，如夫頭人等領帑侵蝕及私逃者，俱照常人盜倉庫錢糧律計贓治罪。

## 帶造段疋

凡監臨主守官吏將自己物料，輒於官局帶造段疋者，處六等罰，段疋入官，工匠處五等罰，局官知而不舉者，與監守官吏同罪，亦處六等罰，失覺察者，減三等。則處三等罰，若局官違禁帶造，監守官吏亦坐不舉失察之罪。

按：此仍明律，順治初年添入小註，乾隆五年又添“若局官”以下數語，現又改杖為罰，蓋禁用官匠以造私物也。以官局而帶造私用緞疋，雖係自己物料，而既有帶造，必誤官程，以私累公，故擬罰金；若以官之物料造自用緞疋，則照上條冒破物料入己之律從重治罪，不止六等罰而已。至註內局官帶造，監臨官吏亦坐罪者，因其職當互相覺察也。

## 織造違禁龍鳳紋段疋

凡民間織造違禁龍鳳文紵絲、紗羅貨賣者，處十等罰，段疋入官。機戶及挑花、挽花工匠同罪。

按：此仍明律，順治初年添入小註，現律又將小註删去，蓋禁民間服用之僭越也。唐律無文。元律有：諸緞疋織造周身大龍者禁之。明律似本於此。凡有龍鳳文者，皆御用之物，非民間所得私有，故違禁主使織造貨賣者，處十等罰，貨物入官，工匠同罪。此與《禮制門》“服舍違式”條次節吻合。若工匠自首，又須照彼條免罪給賞也。

## 造作過限

凡各處每年額造常課段疋、軍器，工匠過限不納齊足者，以所造之數十分為率，一分，工匠處二等罰，每一分加一等，罪止五等罰，局官減工匠一等，提調官吏又減局官一等。〇若官司不依期計撥額造之物料於工匠者，局官處四等罰，提調官吏減一等。工匠不坐。

按：此仍明律，順治初年添入小註，現改笞為罰，蓋嚴額造定期不使稽緩也。凡額造有定數，常課有限期，過限不納齊足，則工匠遲慢之罪；若不依期會計派撥物料與工匠以致過限，則非工匠之過而官司之罪也。故分別擬罪，止於五等罰而已。

## 修理倉庫

凡內外各處公廨倉庫局院，一應係官房舍，非文卷所關，則錢糧所及。但有損壞，當該官吏隨即移文所在有司計料修理，違者處四等罰。若因不請修而損壞官物者，依律科以四等罰之罪，賠償所損之物。還官。若當該官吏已移文有司，而失誤施行不即修理。者，罪坐有司。亦處四等罰，損壞官物亦追賠償，當該官吏不坐。

按：此仍明律，順治三年添入小註，現改笞為罰，蓋言官舍宜修理也。唐律無文。凡一切官舍，各有經管官吏，即各有收掌之物，而修則有司之事也。有損壞而官吏不移文修理，或因不移而損壞官物，則官吏之罪；若已移文而有司失誤不修，則有司之罪，而官吏不坐。《倉庫門》有損壞財物坐贓論之條，與此不同者，彼是主守之人安置不如法，致有損壞，全由人事所致，故罪重；此是不即移修，因損壞房屋而併及官物，半由人事、半出不虞，故罪輕，止於四等罰而已。須分別觀之。

**條例**

一、凡各省督撫、提鎮及有屬員等官到任，其屬員派累兵民修理衙署，備辦鋪設，及州縣守禦等官到任，其屬下人役豫為鋪設修理衙署派及官民，并官員每年指稱添換器物，修飾衙署，派累官民者，該管上司即行指枀，文員照科斂律治罪，武弁照尅扣律治罪。再，官員升任或去任，署內官物件俱著清載簿籍，移交接任官員，如被家人毀盜，將家人照毀盜官物律治罪，仍著落舊任官照數賠補。

# 河防

歷代無《河防》之律，明始於唐律《雜律》中提出數節，另立此門，名曰《河防》，國朝因之不改，共分四條，均係有關罪名者，其餘細則，詳見農工商部《則例》及《治河全書》。

## 盜決河防

凡盜決河防者，處十等罰。盜決圩岸陂塘者，處八等罰。若因盜決而致水勢漲漫。毀害人家及漂失財物，渰沒田禾，計物價重於罰者，坐贓論。罪止徒三年。因而殺傷人者，各減鬬殺傷罪一等。“各”字承河防圩岸陂塘說。若或取利，或挾讐。故決河防者，徒三年。故決圩岸陂塘，減二等；漂失計所失物價為贓重於徒者，准竊盜論。罪止流三千里。因而殺傷人者，以故殺傷論。

按：此仍明律，順治三年添入小註，現又刪去首二句原註“官民”二字，只論被害之輕重，不分民與官。此律蓋保水利以弭水患也。唐律：諸盜決隄防者，杖一百，若毀害人家及漂失財物，贓重者坐贓論，以故殺傷人者減鬬殺傷罪一等，若通水入人家致毀害者亦如之，其故決隄防者，徒三年，漂失贓重者准盜論，以故殺傷人者以故殺傷論云云。明律本此，而隄防分別官、民，民防減官二等，亦無唐律“通水入人家”一層。河防者，河之隄岸，凡江河近處為隄以防泛溢者皆是；圩岸者，低田之岸，障水以作田者也；陂塘者，湖蕩之類，蓄水以溉田者也；盜決者，掩襲而決之，不敢使人知也；故決者，公然而決之，不復畏人知也，猶強盜、竊盜之別。損人之物，其害猶輕；害及人身，其情為重。但因盜決而殺傷，終與身自殺傷者有間，故減一等；因故決而殺傷，則與故殺傷人者無異，故不減等。又，《輯註》云：上節詳看“盜”字，下節詳看“故”字。盜者，如因捕魚過船之類，其意止於偷水，初無害人之心；若故決，則非求水利，實欲害人，且近於強矣。故罪之輕重不同。其說亦為有理，可以備參。後有條例，可與律文合參。

**條例**

一、故決盜決山東南旺湖，沛縣昭陽湖，蜀山湖，安山積水湖，揚州高寶湖，淮安高家堰，柳浦灣，各隄岸，並河南山東臨河大隄，及盜決格月等隄，如但經故盜決尚未過水者，首犯流三千里，其已經過水，尚未侵損漂沒他人田廬財物者，首犯發極邊安置，既經過水，又復侵損漂沒他人田廬財物者，首犯發煙瘴地方安置，因而殺傷人者，照故殺傷問擬，從犯各減首犯罪一等，其阻絕山東泰山等處泉源，有干漕河禁例，軍民俱流二千五百里，閘官人等用草捲閣閘板盜洩水利，串同取財，犯該徒罪以上，於本罪上加一等定擬。

一、河員有將完固隄工故行毀壞，希圖興修，借端侵蝕錢糧者，該兼管河道督撫察訪奏聞，於工程處正法。

## 失時不修隄防

凡不先事修築河防，及雖修而失時者，提調官吏各處五等罰；若毀害人家，漂失財物者，處六等罰；因而致傷人命者，處八等罰。○若不先事修築圩岸，及雖修而失時者，處三等罰；因而渰沒田禾者，處五等罰。○其暴水連雨損壞隄防，非人力所致者，勿論。

按：此仍明律，順治初年添入小註，現改笞杖為罰金，蓋言提調官吏宜預防水患也。唐律：諸不修隄防及修而失時者，主司杖七十，毀害人家、漂失財物者，坐贓論減五等，以故殺傷人者，減鬬殺傷罪三等，即雨水過常，非人力所防者，勿論。註云：水流漂害於人，人自涉而死者，非所司不坐云云。明律本此，而罪名輕重不同，且於河防而外添入“圩岸”一段，則更詳細矣。河道隄防，關係民生至重，若殘損而不及時修築，則有潰決之虞；修築而失時，則有妨農之害。至於田間圩岸，雖次於河防，而農家所關，亦民事之不可緩者，故分別輕重以定其罪。後有詳例，可與律文互參。

**條例**

一、凡運河一帶用強包攬閘夫溜夫二名以上，撈淺鋪夫三名以上，及河工指稱夫頭包攬代雇勒措良民二名以上者，俱照豪強求索財物律，計贓准枉法論。攬當一名，不曾用強生事，并勒措良民一名者，俱照不應為律科罪。各省歲修隄塍，如有勒措業戶將夫工包折銀錢者，亦照此例分別名數定擬。

一、遇河工緊要工程，如有浮議動衆，以致衆力懈弛者，將倡造之人擬絞監候，附和傳播者，照違制律治罪。

一、河工承修各員採辦料物，如有姦民串保領銀侵分入己，以致虧帑誤工，該兼管河道督撫，將承辦官叅究，仍將虧帑姦民發該州縣嚴查追徵，審實照常人盜倉庫錢糧律計贓治罪，應追銀兩逾限不完，著落原領官名下追賠。

一、凡隄工宜加意慎重以固河防，除已成房屋無礙隄工者，免其遷移外，如再違禁增蓋者，即行驅逐，照違制律治罪。

## 侵占街道

凡侵占街巷道路，而起蓋房屋及為園圃者，處六等罰，各令拆毁修築。復舊。

按：此仍明律，順治初年添入小註，原律末節有“穿牆出穢污之物於街巷者笞四十，出水者勿論”等語，現以違警已定專律，將此節刪除，並改杖為罰。此律蓋言侵占官地之罪也。唐律：諸侵巷街阡陌者，杖七十，若種植墾食者，笞五十，各令復故，雖種植，無所妨廢者不坐，其穿垣出穢污者，杖六十，出水者勿論，主司不禁與同罪云云。明律本此，而治罪較輕，又改唐律“種植墾食”為“起蓋房屋及為園圃”則有不同，亦無唐律“主司不禁與同罪”一語。凡城市通行之地曰街巷，郊野通行之地曰道路，均係官地，若有侵占，無論蓋為房屋、治為園圃，處罰而外均令拆毁復舊。舊例：京城街道若有作踐、掘成坑坎、淤塞溝渠、蓋房侵占或傍城使車、放牲、損壞城腳，及於大清門前、正陽門外一帶作踐損壞者，俱問罪，枷號一月云云。現雖刪除，亦可與律互參。

## 修理橋梁道路

凡橋梁道路，府州縣佐貳官職專提調於農隙之時，常加點視修理，橋梁務要堅完，道路務要平坦。若損壞失於修理，阻擬經行者，提調官吏處三等罰。此原有橋梁而未修理者。○若津渡之處，應造橋梁而不造，應置渡船而不置者，處四等罰。此原未有橋梁而應造置者。

按：此仍明律，順治初年添入小註，現改笞為罰，蓋言官司廢弛修造之罪以便行旅也。唐律：津濟之處應造橋航及應置船栰而不造置，及擅移橋濟者，杖七十，停廢行人者，杖一百云云。明律後節即本於此而刪去"擅移"、"停廢"二語，殊不詳備。凡橋梁道路以通往來之人，務要堅完平坦，利涉便民，亦有司職業之事，若失於修理則阻滯經行，故分別處罰，但止言佐貳而不及正官者，正官政務繁多，不能常行點視，故專責於原委之佐貳也。又《禮部則例》：士民人等捐修公所及橋梁道路裨益地方者，督撫具題，其銀過千兩者，請旨建坊給與"樂善好施"字樣；不及千兩者，請旨交地方官給匾旌賞云云。與律文可以對參。

---

**校勘記**

① "應"語意不通，當作"屬"，據《大清現行刑律》改。
② "同"當作"問"，據《大清現行刑律》改。
③ "隨"語意不通，當作"隔"，據《大清現行刑律》改。
④ 原文缺"以"，語意不順，據《大清現行刑律》補。
⑤ "入"語意不通，當作"又"。
⑥ "徒"當作"途"，據《大清現行刑律》改。
⑦ "辦"當作"總"，據《大清現行刑律》改。
⑧ "作"當作"坐"，據《大清現行刑律》改。
⑨ "工"語意不通，當作"更"，據《唐律疏議》改。
⑩ 根據文意，此處"輕"當作"重"。

# 自記

舊律，《工律》之後，尚有《比引律條》數十項，及《督捕則例》數十條，現律已將《比引律條》各項刪除，其《督捕則例》一門，原係專為旗下家奴及旗人逃走而設，近日旗下逃走之事鮮見，此例無關引用，多成虛設，現已刪除。第將其中切要有用者，揀擇數條移入各門之內，故《講義》概不列入。

宣統二年正月，韓城吉同鈞石笙氏記於律學館

# 跋

龍門斥法家為刻薄寡恩，惡申韓也。漢晉以來，國家立法多取材於儒，故“十惡”、“八議”及關係服制諸律，皆特重之，刑罰之中隱寓德禮遺意，一王大法與專家學問固自不侔，泰西刑法根源羅馬，始采畏喝，今一以保護法益為主，可見世輕世重，中外無殊。今日我《大清律》之一變而為《現行律》也，豈非時勢使然歟？惟律文簡括，解釋為難，非旁搜博覽、積學有素，未易得其壼奧。現值研究法學時代，吉先生石笙編授各學堂講義，彙輯成帙，其文顯、其旨正，蓋擷取各箋菁華而折衷一是者也。法家著述幾至充棟，讀此可得主要，較之自行涉獵，勞逸懸殊矣。思璘職任校讐，書既成，略識數言於後，以質海內之同志者。

宣統二年庚戌秋七月上弦，受業吳思璘謹識

# 跋

讀今律而不讀古律可乎？曰無以知法學之沿革也；讀中律而不讀外律可乎？曰無以辨法學之異同也。然則將取漢、唐、宋、元、有明刑罪之全書，一一手披而目覽乎？將偏德、俄、法、義、日本法典之譯本，一一殫精而研思乎？竊恐卷帙浩繁，條件紛賾，殆非窮年累世不為功，且也篆籀雖尊，非所以判公牘；鰈鶼雖異，非所以責常饈。今律未習而古是求，中律未諳而外是務，其失與不知沿革、不辨異同均也。安得一法律大家，綜古今、貫中外，俾講授既親一舉而三善備乎？吾師石笙夫子，知律之名洋溢遐邇，所著《講義》擷精挹華，獨得的解，而又字梳句櫛，無義不申，無理不顯，篇首必揭明此條係本諸唐、根諸宋、或沿諸元、明，見源流也；篇末必揭明是條較某國罪輕、某國罪重、與某國科罪從同，昭得失也。律學館同人比年以讀律稱者，靡不得力於先生是書，文魁亦與有幸焉。今春全冊脫稿，適值《現行刑律》告成，先生復逐條參改，以規完備。同人亟謀付石印，監督提調諸先生總司編輯，文魁亦隨諸學友任分輯與校勘，藉增學識，欣幸益深。已當世志司法者，誠奉是書為寶鑰，以求《現行律》可也，以考古律、以采外律，亦無不可也。然則如吾夫子，誠所謂綜古今、貫中外，卓卓然法學大家哉！

宣統二年庚戌孟秋，受業仁和韓文魁謹跋

# 跋

昔人謂校書至難，譌字如風掃落葉，隨掃隨落，此殆指鈔胥梓匠而言耳。茲集之有舛午則不盡然，《講義》起於舊律，無何而《現行刑律草案》出矣，無何而《核訂案語》出矣，無何而《修正清單》而《勘誤表》又相繼出矣，其間凡歷數變，每值一變，著者輒隨時檢查，逐條更改，每有更改，分輯勘誤，校對諸館友，輒重檢底本，作累日忙，新稾一來，舊者難免成誤，舊稾再易新者，又復成訛，諸君乘伏假餘暇襄理此事，或手披，或目覽，或口誦，或筆註，雖盛暑炎午不少輟，良以法律關係絕大，故隻字不敢放過也。惟原稾已付石者，雖有魚魯，實不及棄板再印，謹製正誤表附各卷末以便檢閱。識者諒之！

庚戌七月十日，崇芳秋浦甫再誌於律學館之庶務室